办公自动化案例教程

王春红　李叶青　张　芹　主　编

王素苹　蒙　君　彭殿波　郭广丰　唐　磊　副主编

清华大学出版社

北　京

内 容 简 介

本书全面系统地介绍了计算机入门基础知识、Windows 7＋Office 2013 办公软件的基本操作方法，强调理论与实践相结合，按照循序渐进的原则，通过大量典型案例由浅入深地介绍计算机基础知识、中文操作系统 Windows 7、文字处理软件 Word 2013、电子表格软件 Excel 2013、演示文稿制作软件 PowerPoint 2013 等内容。

本书语言简练、结构清楚、图文并茂，内容实用且富有启发性，以项目的形式进行综合实践，步骤清晰、描述鲜明，能够全面培养读者办公自动化的综合应用能力。

本书适合计算机类、经管类相关高校学生使用，也可作为政府机关和企事业单位管理人员的办公自动化培训用书以及供广大计算机爱好者自学使用。

图书在版编目(CIP)数据

办公自动化案例教程/王春红，李叶青，张芹主编. —北京：清华大学出版社，2017
ISBN 978-7-302-47954-3

Ⅰ. ①办…　Ⅱ. ①王… ②李… ③张…　Ⅲ. ①办公自动化—教材　Ⅳ. ①C931.4

中国版本图书馆 CIP 数据核字(2017)第 205972 号

责任编辑：张龙卿
封面设计：徐日强
责任校对：李　梅
责任印制：李红英

出版发行：清华大学出版社
网　　址：http://www.tup.com.cn，http://www.wqbook.com
地　　址：北京清华大学学研大厦 A 座　　**邮　　编**：100084
社 总 机：010-62770175　　**邮　　购**：010-62786544
投稿与读者服务：010-62776969，c-service@tup.tsinghua.edu.cn
质量反馈：010-62772015，zhiliang@tup.tsinghua.edu.cn
课件下载：http://www.tup.com.cn，010-62770175-4278
印 装 者：北京密云胶印厂
经　　销：全国新华书店
开　　本：185mm×260mm　　**印　　张**：29.75　　**字　　数**：720 千字
版　　次：2017 年 10 月第 1 版　　**印　　次**：2017 年 10 月第 1 次印刷
印　　数：1～3000
定　　价：54.00 元

产品编号：074850-01

前　言

中文版 Office 2013 是当前使用较多的办公自动化套装软件之一，应用于文字、表格、幻灯片、邮件的管理等方面。

本书内容新颖、概念清晰、实用性强、通俗易懂，并通过案例讲解知识。本书各章按照“本章导读→知识目标→能力目标→知识讲解→实训案例→拓展练习→本章小结→思考与练习”的思路编排内容。知识目标、能力目标和知识讲解帮助读者了解本章学习的知识点；实训案例帮助读者巩固和加强实操能力；拓展练习加强读者的自主学习能力和拓展能力；本章小结总结了本章的核心知识和操作要点；思考与练习帮助读者复习和进一步掌握本章的知识点和设计技巧。

每章均结合实际案例引入相关知识点和常用技能，既便于教师课堂讲授演示，又适合学生对照进行上机操作学习。同时在难于理解和掌握的部分内容上给出相关提示，帮助读者能够快速提高操作技能。此外，本书配有大量综合实例和练习，让读者在不断的实际操作中更加牢固地掌握书中讲解的内容。

通过本书的学习，读者能在较短时间内快速、全面地掌握日常工作、学习和生活中所需要的计算机基础知识和常用技能。本书共分为 13 章，主要内容如下。第 1 章介绍计算机基础知识，第 2 章介绍 Windows 7 操作系统，第 3 章介绍文字处理软件 Word 2013，第 4 章介绍文字和段落格式，第 5 章介绍 Word 图形处理，第 6 章介绍 Word 表格处理，第 7 章介绍 Word 文档的其他功能，第 8 章介绍电子表格处理软件 Excel 2013，第 9 章介绍在 Excel 2013 中美化工作表，第 10 章介绍 Excel 2013 公式与函数，第 11 章介绍 Excel 2013 数据分析与管理，第 12 章介绍 Excel 2013 图表应用，第 13 章介绍演示文稿制作软件 PowerPoint 2013。

本书第 1 章和第 2 章由蒙君（内蒙古财经大学）编写；第 3 章由彭殿波（内蒙古师范大学）编写；第 4 章由王春红（内蒙古财经大学）编写；第 5 章和第 6 章由李叶青（内蒙古财经大学）编写；第 7 章由唐磊（内蒙古财经大学）编写；第 8 章、第 11 章和第 12 章由王素苹（内蒙古财经大学）编写；第 9 章和第 10 章由张芹（内蒙古财经大学）编写；第 13 章由郭广丰（包头师范学院）编写。顾艳林（内蒙古财经大学）、何永琴（内蒙古财经大学）担任本书主审，审阅全稿并对内容提出了修改意见和合理化建议，同时参与本书编写的还有萨日娜、王应时、马宁、韩勇、张维化、杨静、殷文辉、孙志伟、曹文继、刘宇君、袁克刚、王红梅、温建英、宋丽新、高建强。

本书是多位教师经过多年实践而形成的行之有效的案例教程，相信会受到广大读者的欢迎。但是由于 Windows 7＋Office 2013 的知识点较多，书中难免有不足之处，恳请各位专家和读者批评、指正。使用本书的学校和个人可以联系作者索取相关的教学资料。欢迎专家和读者提出意见和建议，邮箱是 nmg_wch@163. com。

作　者

2017 年 7 月

目 录

第 1 章　计算机基础知识

本章导读

在信息技术飞速发展的今天，计算机已经成为人们工作、生活不可或缺的一部分，因此，计算机的基础知识及基本操作，成了人们必须掌握的知识和技能。通过本章的学习，读者应能了解计算机领域中最基本的知识，包括计算机的产生与发展、计算机的发展趋势、计算机的特点和分类、计算机的应用领域及主要指标、计算机系统的构成、信息在计算机中的表示、计算机语言、多媒体技术、信息安全等内容。

知识目标

- 计算机的发展过程。
- 计算机的分类。
- 进制转换。
- 计算机系统的组成。
- 计算机安全的基本知识。
- 多媒体技术。
- 计算机语言。

能力目标

- 了解计算机的产生与发展。
- 了解信息与信息技术的概念及区别。
- 了解计算机的特点、分类、应用、发展趋势、主要技术指标。
- 掌握计算机系统的构成，包括硬件系统和软件系统。
- 掌握信息在计算机中的表示形式、数制转换。
- 了解计算机语言的发展。

- 了解多媒体技术基础。
- 了解信息安全领域中的病毒的概念、分类、防范、清除。

1.1 计算机概述

随着社会的进步和科学技术日新月异的发展，作为这个时代的标志——计算机在人们的日常生活中扮演着不可替代的角色，计算机作为一种工具已经渗透入人们工作生活的方方面面，改变着我们的思维方式。

1.1.1 电子计算机的发展

1. 世界上第一台计算机

1946 年 2 月，世界上第一台电子数字计算机 ENIAC（Electronic Numerical Integrator And Computer，电子数值积分和计算机）在美国宾夕法尼亚大学诞生。

计算机的最初设计方案，是由 36 岁的美国工程师莫奇利于 1943 年提出的。计算机的主要任务是分析炮弹轨道。美国军械部拨款支持研制工作，并建立了一个专门研究小组，由莫奇利负责。总工程师由年仅 24 岁的埃克特担任，组员格尔斯是位数学家，另外还有逻辑学家勃克斯。

ENIAC 如图 1-1 所示，共使用了 18000 个电子管，另加 1500 个继电器以及其他器件，其总体积约 90 立方米，重达 30 吨，占地 170 平方米，需要用一间 30 多米长的大房间才能存放，是个地地道道的庞然大物。这台耗电量为 140 千瓦的计算机，运算速度为每秒 5000 次加法，或者 400 次乘法，比机械式的继电器计算机快 1000 倍。

图 1-1 ENIAC

当 ENIAC 公开展出时，一条炮弹的轨道用 20 秒钟就能算出来，比炮弹自身的飞行速度还快。它能够在一天内完成几千万次乘法，大约相当天一个人用台式计算器操作 40 年的工作量。它是按照十进制，而不是按照二进制来操作的。但其中也用少量以二进制方式工作的电子管，因此机器在工作中不得不把十进制转换为二进制，而在数据输入、输出时再变回十进制。ENIAC 最初是为了进行弹道计算而设计的专用计算机。英国无线电工程师协会的蒙巴顿将军把 ENIAC 的出现誉为“诞生了一个电子的大脑”，“电脑”的名称由此流传开来。

2. 世界上第一台具有现代意义的电子计算机

1945年冯·诺依曼(美籍匈牙利数学家)以“关于 EDVAC (Electronic Discrete Variable Automatic Computer)的报告草案”为题,起草了长达101页的总结报告。报告广泛而具体地介绍了制造电子计算机和程序设计的新思想。这份报告是计算机发展史上一个划时代的文献,它向世界宣告:电子计算机的时代开始了。

EDVAC方案明确奠定了新机器由五部分组成,并描述了这五部分的职能和相互关系。报告中,诺伊曼对EDVAC中的两大设计思想(二进制和程序存储)做了进一步的论证,为计算机的设计树立了一座里程碑。

ENIAC和EDVAC的建造者均为宾夕法尼亚大学的电气工程师约翰·莫奇利和普雷斯波·艾克特。和ENIAC一样,EDVAC也是为美国陆军阿伯丁试验场的弹道研究实验室研制,如图1-2所示。

图1-2　冯·诺依曼和EDVAC

3. 计算机的发展过程

计算机的发展阶段通常以构成计算机的电子器件来划分,至今已经历了四代。每一个发展阶段在技术上都是一次新的突破,在性能上都是一次质的飞跃,如表1-1所示。

表1-1　计算机的发展过程

计算机	第一代	第二代	第三代	第四代
时间	1946—1957年	1957—1964年	1964—1970年	1970年至今
代表机型	IBM650、IBM709	IBM7094、DC7600	IBM360	
特征	采用电子管作为计算机的逻辑元件,运算速度每秒仅几千次,内存容量仅几KB	采用晶体管作为计算机的逻辑元件,运算速度每秒达几十万次,内存容量扩大到几十KB	采用集成电路作为计算机的逻辑元件,运算速度每秒达几十万次至几百万次	采用大规模和超大规模集成电路作为计算机的逻辑元件,运算速度每秒达几千万次至十万亿次
应用	仅限于军事和科研中的科学计算;用机器语言或汇编语言编写程序	由科学计算扩展到数据处理和自动控制;出现了FORTRAN等高级语言	开始广泛应用于各个领域;高级语言有了很大发展,并出现了操作系统和会话式语言	应用范围已渗透到各行各业,并进入了以网络为特征的时代;操作系统不断完善,应用软件已成为现代工业的一部分

1.1.2 计算机的特点与分类

1. 计算机的特点

电子计算机是能够高速、精确、自动地进行科学计算及信息处理的现代电子设备。它与过去的计算工具相比,有以下几个主要特点。

(1) 计算速度快。计算机的计算速度是用每秒执行指令数来衡量的。指令即指挥计算机工作的一串命令,通常由二进制组成。现代计算机是以百万条指令来衡量的,数据处理的速度相当快。计算机这么高的数据处理速度是其他任何处理工具无法比拟的。

(2) 计算精度高。在计算机内部采用二进制数编码,数的精度由表示这个数的二进制码的位数决定。现代计算机的计算精度可达十几位,甚至几十位、几百位以上的有效数字。

(3) 存储容量大。计算机可以存储大量的信息,存放在存储器中。目前微机系统的内存可达 4GB,硬盘可达到几百 GB 或达到几 TB。

(4) 工作自动化。用户只需把程序输入,计算机就会在程序控制下自动完成任务。

(5) 具有可靠的逻辑判断能力。冯·诺依曼结构计算机的基本思想,就是先将程序输入并存储在计算机内,在程序执行过程中,计算机会根据前一步的执行结果,运用逻辑判断方法自动确定下一步该做什么。计算机能完成推理、判断、选择和归纳等操作。

(6) 可靠性高。由于采用了大规模和超大规模集成电路,计算机具有非常高的可靠性,可以连续无故障运行几万小时、几十万小时以上。

2. 计算机的分类

计算机有许多种分类方法,按照不同的角度来看待计算机,便有不同的分类。

1) 按计算机的原理划分

从计算机中信息的表示形式和处理方式(原理)的角度来进行划分,计算机可分为数字电子计算机、模拟电子计算机和数字模拟混合式计算机三大类。

在数字电子计算机中,信息都是以"0"和"1"两个数字构成的二进制数的形式,即不连续的数字量来表示。在模拟电子计算机中,信息主要用连续变化的模拟量来表示。

2) 按计算机的用途划分

计算机按其用途可分为通用机和专用机两类。

通用计算机适于解决多种一般性问题,该类计算机使用领域广泛,通用性较强,在科学计算、数据处理和过程控制等多种用途中都能使用。专用计算机用于解决某个特定方面的问题,配有为解决某问题的软件和硬件。

3) 按计算机的规模划分

计算机按规模即存储容量、运算速度等可分为:巨型机、大型机、中型机、小型机、微型机、工作站和服务器七大类。

巨型计算机即超级计算机,它是计算机中功能最强、运算速度最快、存储容量最大的一类。2011 年 10 月 27 日,国家超级计算济南中心正式揭牌,这是中国首台全部采用国产 CPU 和系统软件构建的千万亿次计算机系统,标志着中国成为继美、日之后采用自主 CPU 构建千万亿次计算机的国家。

大、中型计算机具有较高的运算速度,每秒可以执行几千万条指令,而且有较大的存储空间。小型计算机主要应用在工业自动控制、测量仪器、医疗设备中的数据采集等方面,其规模较小、结构简单，对运行环境要求较低。

微型计算机采用微处理器芯片，微型计算机体积小、价格低、使用方便。

工作站是以个人计算机环境和分布式网络环境为前提的高性能计算机，工作站不仅可以进行数值计算和数据处理，而且支持人工智能作业和作业机，通过网络连接包含工作站在内的各种计算机可以互相进行信息的传送，资源、信息的共享和负载的分配。

服务器是在网络环境下为多个用户提供服务的共享设备，一般分为文件服务器、打印服务器、计算服务器和通信服务器等。

1.1.3　计算机的应用

1. 科学计算

如计算量大、数值变化范围大的天文学、量子化学、空气动力学、核物理学和天气预报等领域中的复杂运算。

2. 数据处理

这是计算机应用的一个重要方面，如办公自动化、企业管理、事务管理、情报检索等非数值计算的领域。

3. 过程控制

如冶金、石油、化工、纺织、水电、机械、航天等现代工业生产过程中的自动化控制。

4. 计算机辅助系统

- 计算机辅助设计 CAD：如飞机、船舶、建筑、机械、大规模集成电路等的设计。
- 计算机辅助制造 CAM：用计算机进行生产设备的管理、控制和操作。
- 计算机辅助教育 CBE：如计算机辅助教学 CAI、计算机辅助测试 CAT、计算机管理教学 CMI。

5. 人工智能 AI

这是计算机进行应用研究的前沿学科。

6. 电子商务

利用国际互联网 Internet 进行网上商务活动，始于 1996 年，后来发展迅速，全球已有许多企业先后开展了“电子商务”活动。

1.1.4　计算机的发展趋势

随着计算机技术的进步，移动互联网的发展，以及这两者的融合，使信息社会进入了一个崭新的时代。目前计算机正向功能巨型化、体积微型化、资源网络化和处理智能化方向发展。

1. 功能巨型化

巨型化指的是发展高速运算、大存储容量和强功能的巨型计算机，其运算能力一般在每秒千万亿次以上、内存容量在几万兆字节以上。巨型计算机主要用于尖端科学技术和军事国防系统的研究开发。巨型计算机的发展集中体现了计算机科学技术的发展水平，推动了计算机系统结构、硬件和软件的理论和技术、计算数学以及计算机应用等多个科学分支的发展。

因此，巨型机标志着一个国家的科学技术水平，可以衡量某个国家科技能力、工业发展水平和综合实力。

2. 体积微型化

随着微电子技术和超大规模集成电路的发展，计算机的体积趋向微型化。从20世纪80年代开始计算机得到了普及。到了20世纪90年代，微机在家庭的拥有率不断升高。之后，又出现了笔记本型计算机、掌上计算机、手表计算机等。微型机的生产和应用体现了一个社会的科技现代化程度。

3. 资源网络化

现代信息社会的发展趋势就是实现资源的共享，在计算机的使用上表现为网络化，即利用计算机和现代通信技术，把各个地区的计算机互联起来，形成一个规模巨大、功能很强的计算机网络，从而使一个地区、国家甚至全世界的计算机能够共享信息资源。这样，信息就能得到快速、高效的传递。随着智能手机技术的井喷式发展，人们可以轻松地通过PAD、智能手机等终端访问网络资源。因此，计算机技术的发展正在逐步实现“足不出户而知天下事”的工作和生活方式。

4. 处理智能化

计算机的智能化指的是计算机技术(硬件和软件技术)发展的一个高级目标。智能化是指计算机具有模仿人类较高层次智能活动的能力：模拟人类的感觉、行为、思维过程；使计算机具备“视觉”“听觉”“话语”“行为”“思维”“推理”“学习”“定理证明”及“语言翻译”等能力。机器人技术、计算机对弈、专家系统等就是计算机智能化的具体应用。计算机的智能化催促着第五代计算机的孕育和诞生。

1.2 信息在计算机内的表示

1.2.1 基本概念

1. 位

计算机存储信息的最小单位是“位”。“位”是指二进制数中的一个数位，一般称为比特(bit)，其中的值为“0”或“1”。

2. 字节

字节(byte)在计算机中作为计量单位，一个字节由8个二进制位组成，其最小值为0，最大值为$(11111111)_2=(FF)_{16}=255$。一个字节对应计算机的一个存储单元，它可存储一定的内容，例如存储一个英文字母“A”的编码，其对应的内容为“01000001”。

3. 扩展存储单位

计算机存储容量的基本单位是字节，用B表示。还有KB或MB或GB或TB作为存储容量的计算单位，它们之间的关系为

1KB(Kilobyte：千字节) = 2^{10} B

1MB(Megabyte：兆字节，简称兆) = 2^{10} KB

1GB(Gigabyte：吉字节，又称千兆) = 2^{10} MB

1TB(Trillionbyte：万亿字节，太字节) = 2^{10} GB

1PB(Petabyte：千万亿字节，拍字节) = 2^{10} TB

1EB(Exabyte：百亿亿字节，艾字节) = 2^{10} PB

1ZB(Zettabyte：十万亿亿字节，泽字节) = 2^{10} EB

1YB(Yottabyte：一亿亿亿字节，尧字节) = 2^{10} ZB

1BB(Brontobyte：一千亿亿亿字节) = 2^{10} YB

1.2.2　数制

1. 计算机中常用的几种进制

计算机中常用的几种进制如表 1-2 所示。

表 1-2　计算机中的常用进制

进位制	二进制	八进制	十进制	十六进制
规则	逢二进一	逢八进一	逢十进一	逢十六进一
基数	$r=2$	$r=8$	$r=10$	$r=16$
数符	0,1	0,1,…,7	0,1,…,9	0,1,…,9,A,B,C,D,E,F
权	2^i	8^i	10^i	16^i
形式表示	B	O	D	H

2. 不同进制之间的转换

不同进制之间的转换如表 1-3 所示。

表 1-3　不同进制之间的转换

转换方式	示　例
二进制→十进制	$(100110.101)_B=1\times2^5+1\times2^2+1\times2^1+1\times2^{-1}+1\times2^{-3}=(38.625)_D$
八进制→十进制	$(76.2)_O=7\times8^1+6\times8^0+2\times8^{-1}=(62.25)_D$
十六进制→十进制	$(A2F.C)_H=10\times16^2+2\times16^1+15\times16^0+12\times16^{-1}=(2607.75)_D$
十进制→二进制	$(117.625)_D=(1110101.101)_B$ 整数部分"除以 2 取余法" + 小数部分"乘以 2 取整法"
十进制→八进制	$(193.12)_D\approx(301.075)_O$ 整数部分"除以 8 取余法" + 小数部分"乘以 8 取整法"
十进制→十六进制	$(222.6875)_D=(DE.B)_H$ 整数部分"除以 16 取余法" + 小数部分"乘以 16 取整法"
八进制→二进制	$(16.3)_O=(001\ 110.011)_B=(1110.011)_B$
十六进制→二进制	$(4C.2)_H=(0100\ 1100.0010)_B=(1001100.001)_B$
二进制→八进制	$(11101.01)_B=(011\ 101.010)_B=(35.2)_O$
二进制→十六进制	$(11101.01)_B=(0001\ 1101.0100)_B=(1D.4)_H$

计算机中采用二进制码的原因：

- 二进制码在物理上最容易实现；
- 二进制数的编码、记数、加减运算规则简单；
- 二进制码的两个符号"1"和"0"正好与逻辑命题的两个值"是"和"否"相对应，便于计算机实现逻辑运算。

3. 二进制数的运算

二进制的运算规则相对于平常用的十进制要简单很多，具体如表 1-4 所示。

表 1-4 运算规则一览表

加法	减法	乘法	除法	与	或	异或
0+0=0	0−0=0	0×0=0	与十进制除法类似	按位进行“与”运算。两位均为 1 时，其结果为 1；否则为 0。 “与”运算用符号∧或·表示	按位进行“或”运算。两位中有一位为 1 时，其结果为 1；两位均为 0 时，结果为 0。 “或”运算用符号∨或+表示	按位进行异或运算。两位不相同时，其结果为 1；两位均为 0 时，结果为 0。 异或运算用符号⊕表示
0+1=1	1−0=1	0×1=0				
1+1=10 （有进位）	1−1=0	1×0=0				
1+1+1=11 （有进位）	0−1=1 （有借位）	1×1=1				

4. 计算机中带符号数的表示

计算机中规定一个数的最高位代表符号，该位为 0 表示正，该位为 1 表示负。

例：00110100 代表+52，被称作机器数。

　　10110100 代表−52。

而 +0110100 代表十进制数+52，被称作机器数的真值。

　−0110100 代表十进制数−52。

机器数的三种表示法如表 1-5 所示。

表 1-5 机器数的三种表示法

表示法	原　码	反　码	补　码
正数表示法	符号位用 0 表示	$[X]_{反}=[X]_{原}$	$[X]_{补}=[X]_{原}$
负数表示法	符号位用 1 表示	符号位不变，其余各位按位取反	$[X]_{补}=[X]_{反}+1$ 注意：1 加在最低位上
数 0 表示法	$X=+0$ $[X]_{原}=0\ 0000000$ $X=-0$ $[X]_{原}=1\ 0000000$	$X=+0$ $[X]_{反}=00000000$ $X=-0$ $[X]_{反}=11111111$	$X=+0[+0]_{补}=00000000$ $X=-0$ $[-0]_{反}=00000000$

引进补码的目的：在二进制的算术运算中，乘法采用加法和移位来完成，除法采用减法和移位来完成。而在计算机中为节省设备，只设加法器，故引进补码运算来将减法运算转换成加法运算。计算机中，凡是涉及带符号数都一定是用补码表示的，运算的结果也用补码表示。

5. 机器数的表示法

机器数的表示法如表 1-6 所示。

表 1-6 机器数的三种表示法

类　型		8 位二进制数	16 位二进制数
无符号数		0～255(0 ～FFH)	0～65535(0 ～FFFFH)
有符号数（补码）	最大	01111111B→+127	7FFFH→+32767
	最小	10000000B→−128	8000H→−32767
	一个 0	00000000B→0	0000H→0

1.2.3　常用的信息编码

二进制编码的由来：由于计算机需要处理各种数据，而它只能识别二进制数，故对字符要用若干位二进制码来表示。

1. BCD 码(二进制编码的十进制)

定义：用二进制编码来表示十进制数的编码。

特点：保留了十进制的权，而数字用 0 和 1 的组合来表示。

最常用的 BCD 码是 8421 码。

8421 码：用 4 位二进制数来表示 1 位十进制数，且逢十进位。因 4 位二进制数中从左至右的各位的权分别为 $2^3=8$、$2^2=4$、$2^1=2$、$2^0=1$，即权重依次为 8、4、2、1，故被称为 8421 BCD 码。

如：

$$(0110)_{BCD}=(6)_D,\quad (0001\ 0101)_{BCD}=(15)_D$$

注意：不能与二进制数混淆，例如，

$$(0100\ 0111)_{BCD}=(47)_D,\quad (01000111)_B=(71)_D$$

2. 美国标准信息交换码 ASCII

ASCII 码是目前计算机中用得最普遍的字符编码。每个字符用 7 位二进制编码表示，在计算机中用一个字节(8 位)来表示一个 ASCII 码，其第 8 位除在传输中作奇偶校验用外，一般保持为 0。

ASCII 码是由 128 个字符组成的字符集，其中编码值 0～31(0000000～0011111)不对应任何可印刷字符，常称为控制符，用于计算机中的通信控制或对计算机设备的功能控制；编码值 32(0100000)是空格字符 SP；编码值 127(1111111)是删除控制符 DEL；其余 94 个字符称为可印刷字符。

3. 汉字的编码

计算机通过包含汉字在内的字符集与用户进行信息交换，这些信息由计算机处理时，首先要把它变成计算机能接受的代码形式，最终计算机处理的信息又必须将内部代码形式转换成汉字的字形，才能被用户所理解。

4. Unicode

Unicode(Universal Multiple-octet Coded Character Set)是一种由国际组织设计的编码方法，可以容纳全世界所有文字的字符编码方案。

计算机只能处理数字，在处理字母或其他字符时，需指定一个数字来表示。在 Unicode 之前，有数百种指定这些数字的编码系统，这些编码系统会相互冲突，也就是说，两种编码可能使用相同的数字代表两个不同的字符，或使用不同的数字代表相同的字符。例如，在简体中文(GB)、繁体中文(BIG5)和日文中，同一字“文”的编码各不相同，在不同的编码或平台之间会产生乱码。Unicode 解决了这个问题，由于采用统一的编码，每个字符的编码各不相同且是唯一的，不必管它在哪种文字里。

Unicode 给每个字符提供了一个唯一的数字，不论是什么平台、什么程序，还是什么语言。它将世界上使用的所有字符都列出来，并给每个字符一个唯一的特定数值。Unicode

标准已经被业界主要厂商 Apple、HP、IBM、JustSystem、Microsoft、Oracle、SAP、Sun、Sybase、Unisys 和其他许多公司所采用，许多操作系统，所有最新的浏览器和许多其他产品都支持 Unicode。Unicode 标准的出现和支持它的工具的存在，是近年来全球软件技术最重要的发展趋势。

Unicode 中采用两个字节的编码方案，可以表示 $2^{16}-1=65535$ 个字符，前 128 个字符是标准 ASCII 字符，接下来是 128 个扩展 ASCII 字符，其余字符供不同语言的文字和符号使用。在 2000 年公布的版本 V3.0 内包括 10236 个字母和符号、27786 个汉字、11172 个韩文拼音、6400 个造字区、20249 个保留区和 65 个控制符。Unicode 只与 ASCII 兼容，与 GB 不兼容。目前 Windows 的内核已经采用 Unicode 编码，以便支持全世界所有的语言文字。

1.3 计算机系统

一个完整的计算机系统由硬件系统和软件系统两部分组成，如图 1-3 所示。硬件系统是软件系统的物质基础，软件系统是硬件系统发挥功能的必要保证。

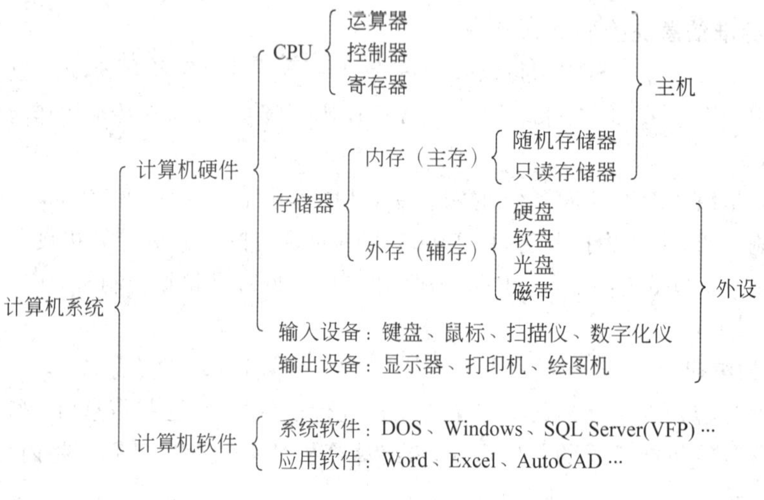

图 1-3　计算机系统

1.3.1 计算机硬件系统

1. 计算机的基本结构

现代计算机结构采用冯·诺依曼提出的设计思想，如图 1-4 所示。

(1) 计算机应由 5 个基本部分组成：运算器、控制器、存储器、输入设备和输出设备。

(2) 采用存储程序的方式，程序和数据存放在同一个存储器中。

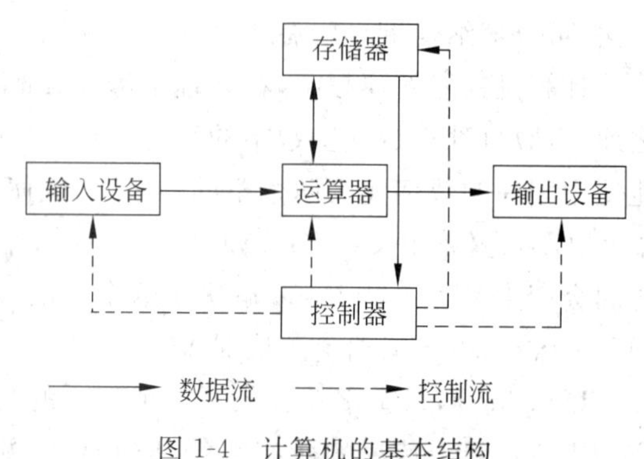

图 1-4　计算机的基本结构

(3) 指令在存储器中按执行顺序存放，由指令计数器指明要执行的指令所在的单元地址，一般按顺序递增，但可按运算结果或外界条件而改变。

(4) 机器以运算器为中心，输入/输出设备与存储器间的数据传送都通过运算器。

而常见的微型计算机结构如图 1-5 所示。

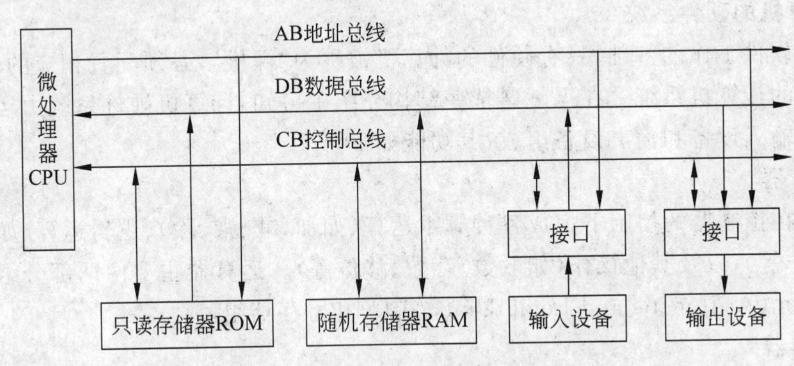

图 1-5　微型计算机结构

可以看出，微机与通用计算机没有本质上的差别，但微机广泛采用了集成度相当高的器件和部件(如：将算术逻辑单元和控制器集成在一个单片上，形成微处理器)，并采用了独特的总线结构，任何一个部件只要符合总线标准，就可以挂到采用这种总线标准的系统中去。

为了节省计算机硬件连接的信号线，简化电路结构，计算机各部件之间采用公共通道进行信息传送和控制。计算机部件之间分时占用着这些公共通道进行数据的控制和传送，这样的通道简称为总线。根据传输的数据不同，总线可分为以下三类。

① 数据总线：用来传输数据，是双向传输的总线，CPU 既可通过数据总线从内存或输入设备读入数据，又可通过数据总线将内部数据送至内存或输出设备。

② 地址总线：用于传送 CPU 发出的地址信号，是一条单向传输线，目的是指明与 CPU 交换信息的内存单元或 I/O 设备的地址。

③ 控制总线：用来传送控制信号、时序信号和状态信息等。其中有的是 CPU 向内存和外设发出的控制信号，有的则是内存或外设向 CPU 传递的状态信息。

2. 计算机的工作过程

计算机的工作过程其实就是一个执行指令和程序的过程。

指令的执行过程包括两个阶段。第一阶段，计算机将要执行的指令从内存取到 CPU，此阶段称为取指周期；第二阶段，CPU 对取入的指令进行分析译码，判断该指令要完成的操作，然后向各部件发出完成该操作的控制信号，完成该指令的功能，此阶段称为执行周期。

程序的执行过程就是逐条执行指令的过程，取指令→执行指令→取指令→执行指令……

(1) 指令就是让计算机完成某个操作所发出的命令，是计算机完成某个操作的依据。它包括操作码和操作数两部分。

① 操作码指明该指令要完成的操作。

② 操作数指参加运算的数或者数所在的单元地址。

(2) 指令的分类包括数据传送指令、算术运算指令、逻辑运算指令、移位运算指令、字符串操作指令、控制转移指令、输入/输出指令、其他指令。

(3) 指令系统指一台计算机的所有指令的集合。不同计算机的指令系统不一定相同。

(4) 程序是由一系列指令构成的有序集合。

3. 计算机的硬件系统

硬件是软件工作的基础,只有硬件的计算机被称为"裸机",必须配置相应的软件才能成为一个完整的计算机系统。在冯·诺依曼结构介绍中可知,计算机硬件系统由运算器、控制器、存储器、输入设备和输出设备组成,其功能如下。

1) 运算器

运算器在控制器的控制下完成各种算术运算(如加、减、乘、除)、逻辑运算(如逻辑与、逻辑或、逻辑非等),以及其他操作(如取数、存数、移位等)。运算器主要由两部分组成,即算术逻辑运算单元(Arithmetic and Logic Unit,ALU)和寄存器组。

2) 控制器

控制器是控制计算机各个部件协调一致、有条不紊工作的电子装置,也是计算机硬件系统的指挥中心。

运算器和控制器集成在一起被称为中央处理器(Central Processing Unit,CPU),在微型计算机中又称为微处理器,它是计算机硬件的核心部件。

CPU 与内部存储器、主机板等构成计算机的主机。

3) 存储器

存储器是用来存储数据和程序指令的部件,可分为内部存储器(简称内存)和外部存储器(简称外存)两大类。

内部存储器一般包括 ROM(Read Only Memory,只读存储器),以及 RAM(Random Access Memory,随机存储器)。

对于 ROM,计算机只能从其中读出数据,而不能写入数据,它的内容是由厂家在出厂时就已写入的,一旦写好就不能改变。

对于 RAM,也称为可读写存储器,它是暂时存储信息的地方,在计算机加电运行时存储信息,当电源切断后,RAM 中所存放的信息将全部消失。

为了提高 CPU 与内存之间的传输速度,在 CPU 和内部存储器之间增加了一层用 SRAM 构成的高速缓冲存储器,简称 Cache。它所采用的存储器比内部存储器的速度快,但容量小。其工作原理是将当前 CPU 常使用的一小部分程序和数据放到 Cache 中,当需要使用时先访问 Cache,若没有再访问内存,这样,大大提高了 CPU 从内部存储器存取数据的速度。

与外部存储器相比,内部存储器的存储容量较小,但内部存储器的存储速度快。

外存又叫辅助存储器,具有相当大的存储容量,是永久存储信息的地方。不管计算机接通或切断电源,在外存中所存放的信息是不丢失的。但外存的速度较慢,而且不能直接和 CPU 交换信息,必须通过内部存储器过渡才能和 CPU 交换信息。常见的外存有 U 盘、硬盘和光盘等。

4) 输入设备

输入设备的功能是把计算机程序和数据输入计算机。常见的输入设备有键盘、鼠标、图像输入设备(摄像机、数码相机、扫描仪和传真机等)及声音输入设备等。

5) 输出设备

输出设备的功能是把计算机程序和数据从计算机输出。常见的输出设备有显示器、打印机、绘图机和声音输出设备等。

4. 微型计算机的外存储设备

微型计算机常用的外存储设备有硬盘存储器、光盘存储器和移动存储设备等。

1) 硬盘

硬盘是由一组圆盘形状的铝合金(或玻璃)盘片组成,它的上下两面都涂满磁性介质。它的组织结构与过时的软盘差不多,是由磁道、扇区和柱面所组成。

硬盘分为固定硬盘和可移动硬盘两种。固定硬盘一般安装在主机箱中。早期硬盘的存储容量有几百 MB、几十 GB,而现在的硬盘存储容量一般是几 TB。

硬盘是由操作系统管理的设备,操作系统按一定的方法对硬盘进行分区,合理地组织文件和数据。存储在硬盘的信息可以长期永久地保存,不会因断电而丢失。

2) 光盘

光盘是用盘面上的凹槽来反映信息的,当激光读取设备中的激光束投到凹槽的边沿上时,根据凹槽的深浅不同,所反射的光束也不同,这样可以表示不同的数据。一张光盘的容量一般为 650MB。光盘可分为三种:只读光盘、一次性写入光盘和可擦写光盘。

只读光盘或 CD－ROM(Compact Disk Read Only Memory)是指生产厂家在制造时把内容写入光盘,用户只能读出光盘的内容,而不能写入信息。一次性写入光盘是指用光盘刻录机只能一次刻录内容到光盘上、而不能再次刻录的光盘,但它可以被多次读。可擦写光盘是指可以多次刻录的光盘。

新一代光盘——DVD 光盘,是数字多功能光盘,是 Digital Versatile Disc 的简写,它的外形大小与现在的 CD-ROM 光盘的大小相同,这种光盘容量大,单面单层的 DVD 光盘可存储 4.7GB 的信息,双面双层的 DVD 最高能够存储 17.8GB 的信息。DVD 是多功能的光盘,有三种格式,即只读数字光盘、一次写入光盘和可重复写入的光盘。

光盘存储器的优点是:记录密度高、存储容量大,可长期保存信息,又是无接触式记录。光盘存储器逐步替代磁盘存储器,是计算机技术发展的必然趋势。

光盘的读写依靠光盘驱动器。光盘驱动器的主要性能指标如下。

(1) 传输速度

光驱开始是按数据的传输速度来分类的。世界上第一台光驱的传输速度为 150KB/s,后来的光驱就以 150KB/s 为一个基数,按照它来衡量传输速度。如倍速光驱的传输率就是 300KB/s。随着科学技术的日益发展,光驱的传输速度也越来越快,从最初的单速、倍速,到后来的 8 速、12 速,以至后来的 24 速、32 速、40 速等。

(2) 光驱的纠错性能

光驱发展到现在,追求的已不仅仅是它的速度,更重要的是它的纠错性能。影响光驱纠错性能的因素主要有光驱的转速、激光头的激光功率及其是否可升降、所使用光盘的质量好坏和光驱所采用的变频调速电机变频调速速率。

3) 移动存储设备

常见的移动存储设备有软盘、U 盘和移动硬盘。它们的特点是可反复存取数据,在

Windows 等操作系统中可以即插即用。

U 盘采用一种可读写非易失的半导体存储器——闪速存储器(Flash Memory)作为存储媒介,通过通用串行总线接口(USB)与主机相连,用户可在 U 盘上很方便地读写、传送数据。U 盘体积小巧、重量轻、携带方便、可靠性高,目前的 U 盘,一般可擦写至少 100 万次以上,数据至少可保存 10 年,容量一般以 GB 为单位。

移动硬盘体积稍大,但携带仍算方便,而容量比 U 盘更大,一般以 GB 和 TB 为存储单位,可以满足大量数据的存储和备份。

5. 微型计算机常用的输入、输出设备

1) 输入设备

微型计算机常见的输入设备有键盘、鼠标、图像输入设备(摄像机、扫描仪和传真机等)及声音输入设备等。下面重点介绍键盘、鼠标的外观和基本操作,其他设备进行简单介绍。

(1) 键盘

键盘是计算机的标准输入设备,同时它又是计算机的控制台,是用户控制计算机的工具。

根据键盘上键数的多少,键盘分为 101 键盘、102 键盘、103 键盘和 104 键盘等多种类型。

一般地,按照功能的不同,将键盘上的键划分为 4 个区,即功能键区、标准打字键区、编辑键区和辅助键区。

① 功能键区:该键区共包括 12 个功能键和 Esc、PrintScreen、Scroll Lock、Pause/Break 等键。

② 标准打字键区:该键区共包括四类键,它们分别为数字键、字母键、符号键和控制键。控制键的作用如表 1-7 所示。

表 1-7 标准打字键区控制键的作用

键	功 能
Tab	跳格键。每按一次,光标在屏幕上移动 8 列
Caps Lock	字母大小写转换键。在键盘的右上角有一个与之对应的标志灯,灯亮时处于大写状态
Shift	上档键。其作用有两种:一是用于字母大小写的临时切换;二是用于取得双挡键的上档字符。如“:”的输入可先按住 Shift 键,再按下“:”所在的键
Ctrl	控制键。必须和其他键联合使用,以完成某些特定功能。如:Ctrl+Break 用于中断某些操作;Ctrl+P 用于打印机和计算机之间的联机与脱机
Alt	选择键。和其他键联合使用,以完成某些特定功能。如在 Windows 系统下,Alt+F4 组合键用于关闭应用程序窗口
Enter	回车键。在 DOS 下是命令行结束的标志,在编辑状态下用于换行
Backspace	退格键。用于擦除光标左边的一个字符

③ 编辑键区:此区中的键多用于编辑软件中,其中 4 个箭头方向的键用于控制光标。编辑键区部分编辑键的作用如表 1-8 所示。

表 1-8 编辑键区部分编辑键的作用

键	功 能	键	功 能
Home	将光标移到行首	Page Down	向后翻页
End	将光标移到行尾	Insert	插入/改写状态切换
Page Up	向前翻页	Delete	删除光标上的字符

④ 辅助键区：又称为小键盘，这些数字键与计算器键位一致，可用于一些专业数字录入人员的单手操作。

NumLock：数字锁定键。主要用于对小键盘的双挡键进行切换，键盘右上角有一个与之对应的标识灯，灯亮时为数字功能，灯灭时为编辑键功能。

PrintScreen：屏幕复制键。把屏幕的内容复制下来。在 Windows 中按此键可以把屏幕内容复制到剪贴板上。

(2) 鼠标

鼠标是计算机的主要输入设备之一，仅次于键盘。

常用鼠标按其构造可分为三种：机械式鼠标、光电式鼠标和光电机械混合式鼠标。按键数分一般有一键、两键和三键三种。

① 机械式鼠标：机械式鼠标里面有一个橡胶球，通过摩擦两个滚轮，将滚轮移动的距离转换为电信号，使屏幕上的光标移动，其中转换的器件即编码器是机械的，因此称为机械式鼠标。机械式鼠标定位精度低、容易磨损、寿命也较短，但它的结构简单，价格也很低，又容易操作。机械鼠标现在基本已经淘汰。

② 光电式鼠标：光电式鼠标的内部有一个光电管，它要配备专用的鼠标板。这类鼠标是通过光电管照射在鼠标板上再反射回来的点的位置来定位。光电鼠标的精度高，适合用于工程设计等要求定位精度准确的地方。但是光电鼠标的结构复杂，价格也比机械式鼠标贵。随着使用次数的增多，鼠标板也容易磨损，会影响一些精度。

③ 光电机械混合式鼠标：这类鼠标器的工作原理与机械式鼠标相似，只是编码器采用的是光学器件。这类鼠标器综合了机械式和光电式两类鼠标的优点，其精度比机械式鼠标高，又不需要光电式鼠标的底板，价格也在两者之间，成为市场上的主流产品。

(3) 触摸屏

触摸屏的基本原理是：用手指或其他物体触摸安装在显示器前端的触摸屏时，所触摸的位置(以坐标形式)由触摸屏控制器检测，并通过接口(如 RS-232 串行口)送到 CPU，从而确定输入的信息。

常见的触摸屏主要有以下四种。

① 电阻式触摸屏：这种触摸屏得用压力感应进行控制。它的表层是一层塑胶，底层是玻璃，能在恶劣环境下工作，但手感和透光性较差。

② 电容式触摸屏：这种触摸屏是在玻璃表面贴上一层透明的特殊金属导电物质。当有导电物体触碰时，就会改变触点的电容，从而可以探测出触摸的位置。由于电容随温度、湿度或接地情况的不同而变化，所以其稳定性较差。

③ 红外触摸屏：该触摸屏由装在触摸屏外框上的红外线发射与接收感测元件构成，在屏幕表面上，形成红外线探测网，触摸物体可改变触点上的红外线而实现触摸屏操作。红外

触摸屏不受电流、电压和静电干扰。

④ 表面声波触摸屏：表面声波是一种沿介质表面传播的机械波。该种触摸屏的角上装有超声波换能器，能发送一种高频声波跨越屏幕表面，当手指触及屏幕，触点上的声波即被接收。表面声波触摸屏清晰度较高、透光率好，抗刮伤性良好，不受环境温度、湿度等因素影响。

(4) 手写输入设备

手写输入法是把要输入的汉字写在一块叫书写板的设备上(实际上是一种数字化仪器，现在有的与屏幕结合起来，可以显示笔迹)。这种设备将笔尖走过的轨迹按时间采样后发送到计算机中，由计算机软件自动完成识别，并以机器在内部的方式保存、显示。从技术发展的角度上看，更为重要的是手写板的性能。手写板主要分为三类：电阻式压力板、电磁式感应板和电容式触控板。目前电阻式压力手写板技术落后，几乎已经被市场淘汰。电磁式感应手写板是现在市场上的主流产品。电容式触控手写板作为市场的生力军，由于具有耐磨损、使用简便、敏感度高等优点，所以是以后手写板的发展趋势。

输入设备还有以下四种。

① 图形数字化仪：它是将图形的模拟量转换成数字量输入计算机的图形输入设备。

② 光笔：指在显示器屏幕上输入、修改图形或写字的设备。

③ 写字板：用写字板中的笔输入图形符号，通过软件转换成字符编码，用来输入文字。

④ 条形码阅读器，广泛用于商品流通管理、图书管理等领域。还有数码相机、扫描仪以及各种模/数(A/D)转换器等。

2) 输出设备

微型计算机常见的输出设备有显示器、打印机、绘图机和声音输出设备等。

(1) 显示器

显示器是计算机系统中不可缺少的部分，用来显示用户输入的命令、数据和运行的结果。

目前使用的显示器主要有阴极射线管显示器(CRT)和液晶显示器(LCD)。

显示器按颜色来分有单色和彩色两种，按分辨率来分有高、中、低三种。显示器的分辨率用整个屏幕上的光栅的列数(每一行上显示的光点——像素的点数)和行数(每一列中显示的像素的点数)的乘积表示。如 320×200 分辨率显示器属于低分辨率，640×480 分辨率显示器属于中分辨率，1024×768、1024×1024 分辨率显示器属于高分辨率。分辨率越高，所显示的图像越清晰。

显示器一般通过一块显示卡与主机相连。显示卡也称图形卡，是由字符库、控制线路和显示缓冲存储器等组成。显示卡插在主机主板的扩展槽上，显示器与显示卡一起构成显示系统。

(2) 打印机

打印机是一种能够在纸上打印字符或图形的输出设备。打印机的种类很多，按工作原理分为击打型和非击打型，按打印方式分为激光打印机、喷墨打印机和点阵式打印机。

① 激光打印机(Laser Printer)：激光打印机印制原理与复印机相似，先用激光把要印的字符或图像照在感光鼓上，产生潜像，然后吸附色粉再转印到纸上，经过加热固化，形成稳

定的直观字符和图像。激光打印机是计算机最理想的打印机，它输出的文本清晰，可与铅字质量媲美，印刷速度快，没有噪声，适用于排版印刷行业中或用在办公室中输出正式的图文资料。

② 喷墨打印机(Ink-Jet Printer)：喷墨打印机是靠墨水通过精细的喷头喷到纸面上产生字符和图像。价格比较低，但打印速度慢，喷墨头使用寿命短。喷墨打印机比较适合家庭使用，不适合用在办公室中打印繁多的材料。

③ 点阵打印机(Dot-Matrix Printer)：点阵打印机又名针式打印机。点阵打印机通过有选择地驱动一个由针组成的阵列撞击色带，靠针的压力把色带上的印油印在纸上。针的阵列是一个机械装置，针与针之间的距离使得其分辨率低，所以相对打印的质量不高。但其性价比好，并且可以直接打印在复写纸和蜡纸上。

打印机有两种工作方式：点阵方式和字符方式。其中，点阵方式是主机逐点地向打印机输送信号；字符方式是主机向打印机输送字符代码，由打印机将此代码转换为字符的字型打印出来。

1.3.2　计算机软件系统

软件是利用计算机本身提供的逻辑功能，合理地组织计算机的工作，简化或代替人们在使用计算机过程中的各个环节，提供给用户的一个便于掌握操作的工作环境。无论是支持计算机工作还是支持用户应用的程序都是软件。

1. 系统软件

系统软件分为操作系统软件与计算机语言翻译系统软件两部分，包括以下四类程序。

(1) 操作系统软件。操作系统软件是由一组控制计算机系统并对其进行管理的程序组成，它是用户与计算机硬件系统之间的接口，为用户和应用软件提供了访问与控制计算机硬件的桥梁。常用的操作系统有 DOS、Windows 系列、UNIX 等。

(2) 各种语言翻译系统。各种程序设计语言，如汇编语言、C、Java 等高级语言所编写的源程序，计算机不能直接执行源程序，必须经过翻译，这就需要语言翻译系统。

(3) 系统支撑和服务程序。这些程序又称为工具软件，如系统诊断程序、调试程序、排错程序、编辑程序、查杀病毒程序等，都是为维护计算机系统的正常运行或支持系统开发所配置的软件系统。

(4) 数据库管理系统。主要用来建立存储各种数据资料的数据库，并进行操作和维护。

2. 应用软件

为解决各类实际问题而设计的软件称为应用软件。按照其服务对象，一般分为通用的应用软件和专用的应用软件。

通用的应用软件一般是为了解决许多人都会遇到的某一类问题而设计的，包括文字处理、电子表格、数据库管理、辅助设计与辅助制造、计算机通信与网络等软件。

专用的应用软件是专为少数用户设计的、目标单一的应用软件，如某机床设备的自动控制软件、用于某实验仪器的数据采集与数据处理的专用软件和学习某门课程的辅助教学软件等。

1.4 计算机语言

计算机语言按其和硬件接近的程度可以分为低级语言和高级语言两大类。

1.4.1 低级语言

低级语言包括机器语言和汇编语言。

1. 机器语言

机器语言是最内层的计算机语言，由计算机硬件直接识别的二进制代码来构成指令。由二进制代码组成的指令的集合称为计算机指令系统，它与计算机硬件关系密切。每种机器都有自己的一套机器语言，不同机种之间的机器语言不能通用，所以是一种只面向机器的语言。

机器语言是唯一能被计算机直接识别和执行的语言，因而执行速度最快。但缺点是编写程序不便，直观性差，阅读困难，修改、记忆和调试费力，且不具有可移植性。

2. 汇编语言

汇编语言是一种符号化的机器语言。为了便于理解和记忆，采用帮助人们记忆的英文缩写符号(也称指令助记符)来代替机器语言指令代码中的操作码，用地址符号来代替地址码，这种用指令助记符和地址符号来编写的指令称为汇编语言。它与机器语言指令之间基本上是一一对应的，因此，汇编语言也是从属于特定的机型，也是面向机器的语言，与机器语言相差无几，不能被机器直接识别与执行。由于汇编语言采用了助记符，因此，它比机器语言更直观、便于记忆和理解，也比机器语言程序易于阅读和修改。

1.4.2 高级语言

由于机器语言或汇编语言对机器的依赖性大，它们都不能离开具体的计算机指令系统，并且编写程序复杂、效率低、通用性差，因此出现了一种面向过程的程序设计语言，这种语言称为高级语言。

目前，世界上已有很多种不同类型和功能的高级语言，如 BASIC、Fortran、C、VB、Delphi、C++、Java、C#等。高级语言编写的程序是由一系列的语句(或函数)组成的，每一条语句可以对应若干条机器指令，用高级语言编写计算机程序大大地提高了编程效率。而且由于高级语言的书写方式接近人们的表达习惯，所以这样的程序更便于阅读和理解，出错时也容易检查和修改，给程序的调试带来很大的方便，大大地促进了计算机的普及。

高级语言分为两种：一种是面向过程的程序设计语言，如 BASIC、Fortran、C 等都属于面向过程的程序设计语言；另一种是面向对象的程序设计语言，如 VB、Delphi、C++、Java、C#等都属于面向对象的程序设计语言。面向过程的程序设计语言使用“函数”或“过程”等子程序来组成程序，而面向对象的程序设计语言使用“类”和“对象”来组成程序。语言处理的核心内容是进行语言翻译，有两种基本的处理方式：解释和编译。

1. 解释方式

解释方式是边解释边执行。用高级语言编写的源程序输入计算机后，就启动执行相应的解释程序。这个解释程序的作用是逐条分析源程序中的语句，按照源程序描述的过程，执行一个等价的机器语言程序，直到整个源程序都被扫描一遍，再被解释执行完毕为止。

解释方式的特点是并不产生完整的目标程序，而是局部地形成等价的子程序，一边解释，一边执行。解释程序的工作过程如图 1-6 所示。

在解释方式中，并不产生目标文件，源程序（即被解释的程序）的全部信息仍保留在内存之中，因而用户可以根据解释执行的情况，对源程序进行调整和修改，然后重新执行。程序每次重复执行，都需要解释程序翻译。离开解释程序，源程序不能独立运行。QBASIC 语言就是采用解释方式工作的。

2. 编译方式

编译方式是将源程序全部翻译成用机器语言表达的目标程序。执行时，机器将直接执行目标程序，不再需要源程序和翻译程序，为此需要一种编译程序（Compiler）。用汇编语言或高级语言编写的源程序被当作数据来接收，作为处理的对象，经过翻译转换，产生机器代码输出，再由一个装配（连接）程序做进一步加工，最后得到可执行的目标程序，交由计算机执行。

与解释方式相比，编译方式是最后让计算机直接执行目标程序，所以效率较高，执行速度较快。虽然编译过程本身也需要花费时间，但这往往可以事先安排，编译一次后，所产生的目标程序可以多次使用。编译程序的工作过程如图 1-7 所示。

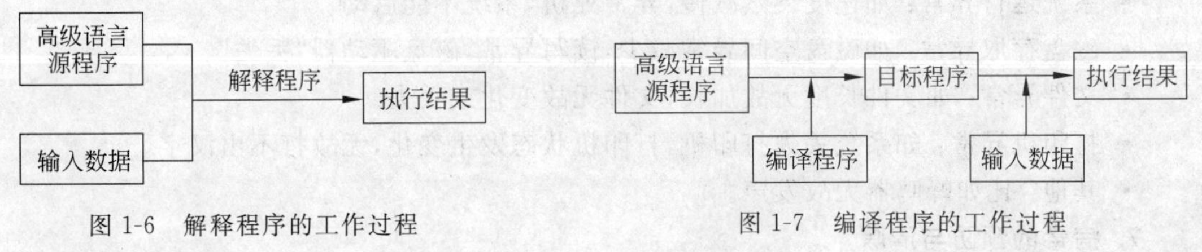

图 1-6 解释程序的工作过程　　图 1-7 编译程序的工作过程

目前，对大多数高级程序设计语言的处理都采取编译方式。

1.5 计算机安全

1.5.1 计算机病毒

1. 病毒的定义

病毒是一些人蓄意编制的一种寄生性的计算机程序，它能在计算机系统中生存，通过自我复制来传播，在一定条件下被激活，会给计算机系统造成一定损害，甚至严重破坏。

据估计，至今在计算机上流行的病毒已有一万多种，且每天有新病毒产生。

2. 病毒的特点

病毒一般具有这 5 个特点：传染性、破坏性、针对性、变种性、潜伏性。

3. 病毒的结构

一般而言，计算机病毒（并非任何病毒）包括三大功能模块：引导模块、传染模块、表现或破坏模块。

4. 病毒的类型

一般可分为四种主要类型。

(1) 引导区型病毒：主要通过软盘在DOS操作系统里传播。病毒隐藏在软盘第一扇区，在系统文件装入内存之前先进入内存，从而获得对DOS的完全控制，先侵染软盘的引导区，再蔓延到硬盘，并能侵染硬盘中的主引导记录。

(2) 文件型病毒：它运作在计算机存储器里，通常感染扩展名为COM、EXE、DRV、BIN、OVL、SYS等的文件，被激活时，感染文件把自身复制到其他文件中。

(3) 混合型病毒：具有引导区型和文件型病毒二者的特征。

(4) 宏病毒：一般是指用BASIC书写的病毒程序，寄存在Microsoft Office文档上的宏代码。它影响对文档的各种操作。当文档打开时，宏病毒就处于活动状态，当触发条件满足时，宏病毒就开始传染、表现和破坏。它能通过电子邮件、软盘、Web下载、文件传输和合作应用等途径传播。据统计，目前宏病毒占全部病毒的80%，是发展最快的病毒。

5. 病毒的传染

目前，病毒主要通过软盘、硬盘、网络这三种途径来传染。

6. 病毒的症状

病毒常见的症状如下。

- 屏幕出现异常情况：如出现异常图形，异常滚动，异常的信息提示。
- 系统运行异常：如速度突然减慢，异常死机，系统不能启动。
- 磁盘存取异常：如磁盘空间异常减少，读写异常，磁盘驱动器“丢失”。
- 文件异常：如文件长度无故加长，文件无故变化或丢失。
- 打印机异常：如系统丢失打印机，打印机状态发生变化，无故打不出汉字。
- 其他：比如蜂鸣器无故发声。

7. 病毒的预防与清除

病毒的预防：不在带病毒的计算机上使用软盘、不在计算机上使用带病毒的软盘和光盘(不要轻易使用来历不明的软盘、光盘)，经常对计算机和软盘进行病毒检测，在自己的计算机上安装病毒预防软件。

病毒的清除：当发现计算机有异常情况时，用正版杀毒软件对计算机进行一次全面的清查，注意不要用那些盗版的、解密的、从别处复制的杀毒软件。目前常用的杀毒软件有卡巴斯基、诺顿、瑞星、金山毒霸等。

1.5.2 数据的安全维护

由于计算机硬件故障、病毒、用户误操作等多种意外情况都会导致计算机中的系统数据或其他重要数据丢失或破坏，为安全起见，应将硬盘上的有用数据定期地复制到其他的存储设备上，如软盘、磁带、ZIP、MO等设备上，并放在安全的地方保管。平时对这些数据备份介质，也要防止霉变和其他自然灾害。

1.5.3 软件的法律保护

可用于保护计算机软件的法律有三种：著作权法、专利法、商业秘密法。

1991 年 6 月由国务院正式颁布了《计算机软件保护条例》，作为我国保护软件著作权的专门性行政法规。

1.6　多媒体技术

1.6.1　多媒体的基本概念

1. 多媒体

多媒体是一种以交互方式将文本、图形、图像、音频、视频等多种媒体信息，经过计算机设备的获取、操作、存储等综合处理后，以单独或合成的形式表现出来的技术和方法。

多媒体的特性是多样化，指信息媒体的多样化；交互性指提供人们多种交互控制的能力；集成性指不同媒体、不同视听设备及软、硬件的有机结合。

(1) 超文本是一种采用非线性的网状结构来组织信息的信息管理技术。

(2) 超媒体指基于多媒体信息结点的超文本。

(3) 数字音频文件包括 WAVE(波形)文件(后缀为 .WAV)；MIDI(乐器数字化接口)文件(后缀为 .MID)。WAVE 文件记录的是自然界实际的声音，以波形曲线表示，可以用软件进行再编辑。不仅可以通过麦克风录音，还可以通过 Line in 输入，录下电视、广播、收音机以及放像机中的声音。

MIDI 文件记录的是能够产生声音的动作(用什么乐器演奏、每个音的力度等)，以五线谱的形式表示，是用来演奏的曲谱(但比普通曲谱的信息丰富得多)，也可以用专门的软件进行编辑。

这两种文件都可以通过操作系统中的媒体播放机、录音机和声卡自带的播放程序进行播放。

音频信息的技术指标如下。声道为单声道、双声道；采样频率为 11.025kHz、22.05kHz、44.1kHz；采样大小为 8 位、16 位。

其中，双声道、44.1kHz、16 位产生的是 CD 音质(计算机常用此音质)；单声道、11.025kHz、8 位产生的是电话音质。

(4) 数字视频文件 AVI 文件(Microsoft 的标准)，可用 Windows 98 中的媒体播放机播放；MOV 文件(Apple 的标准)，安装专门的驱动程序后播放；MPEG 文件(VCD 标准)，可用 XING 软件在 Windows 95 中播放。

(5) 位图是图像在计算机内存中的一种表示方法，每个图像元素都被表示成数个位而存于内存中。

位图采用的是写实的手法，忠实地记录每个像素的颜色，再把这些像素点组合成一幅图像。一般用来表达真实的照片，也可以表现复杂绘画的某些细节。位图可以用扫描仪、视频采集设备和绘图软件手工制作。常用的位图制作软件有 Photoshop、Publisher 等，它们可对位图进行特殊效果处理。

位图文件常见格式如下：BMP、PCX、GIF、TIF、JPG。

(6) 矢量图采用的是一种计算的方法，它记录的是生成图形的算法，每次显示时都要重新计算再生成。无论如何放大图形，矢量图打印出来时都不会失真。常用的矢量图制作软件有：CorelDraw、Freehand 等。

矢量图文件常见格式为 CDR、DWG、WMF 等。

同样一张图，用位图格式表示所占内存大，但显示速度快；用矢量图格式表示所占内存小，但显示速度慢（因需要计算再生成）。

2. 几个常见缩写词的解释

几个常见缩写词的解释如表 1-9 所示。

表 1-9　常见缩写词

编　写　词	说　　明
JPEG(Joint Photographic Experts Group)	这是一种主要针对静止图像的图像压缩国际标准，广泛用于多媒体 CD-ROM、彩色图像传真、图文档案管理等方面。它对单色和彩色图像的压缩比通常分别为 10:1和 15:1
MPEG(Moving Picture Experts Group)	这是数字电视标准，它是针对 CD-ROM 式有线电视传播的全动态影像的压缩标准，其平均压缩比为 50:1。其中 MPEG-1 的设计目标是达到 CD-ROM 的传输速率(150KB/s)和盒式录像机的图像质量；MPEG-2 的设计目标是在一条线路上传输更多的有线电视信号，其数据传输速率更高，图像质量更好
CD(Compact Disc)	光盘，相对于 VCD 小影碟，一般人们特指其为激光唱片
CD-ROM(Compact Disc-Read Only Memory)	光盘存储器，其上存储的信息在计算机上一般是只读的，不像软盘那样可进行读/写操作。要在光盘上存储信息时，需用光盘刻录机
VCD(Video Compact Disc)	视频光盘，采用 MPEG-1 标准进行图像的压缩与解压，每张盘只能记录 74 分钟的彩色图像，播放质量比 LD(激光视盘)差
DVD(Digital Video Disc)	数字式视频光盘，既可以存储视频数据、音频数据，也可以存储计算机数据。它采用 MPEG-2 标准进行图像的压缩与解压，单层容量达 4.7GB，每张盘播放时间可达 135 分钟，播放质量超过 LD

1.6.2　多媒体计算机(MPC)的组成

多媒体计算机的基本硬件组成如下。

PC＋声频卡(及音箱)＋CD-ROM 驱动器 ＋ 视频卡(可选)＋电影解压卡(可选)

1) 声频卡(声卡)

声频卡是计算机中处理声音的硬件，多媒体计算机一般都应配声卡，其主要功能如下。

(1) 将话筒或音响输入的声音进行数字化处理并将处理后的数字波形声音还原为模拟信号声音，经功率放大后输出。

(2) 可外接 MIDI 键盘，将弹奏的乐曲以 MIDI 形式输入计算机并合成为音乐声音后输出。

(3) 与 CD-ROM 相连直接播放激光唱片的声音。

2) 视频卡(视卡)

视频卡是计算机中将采集到的视频信息(特指运动图像)进行数字化处理和实时压缩编码所用的硬件。一般的计算机用户不配视频卡(注意不要与显示卡搞混，显示卡是与微机显示器相对应的部件)。

3）电影解压卡

电影解压卡是利用硬解压方式看 VCD 小影碟时所用的硬件,直接插在计算机主板上。其工作原理是：影片的视频和音频信息是用 MPEG 技术压缩在 VCD 光盘中的,计算机通过光驱读取这些数据后,解压卡使用 MPEG 实时解压缩技术对数据进行快速解码,再把解码后的音频和视频数据分别送到音频转换器和显示卡。解压卡每秒钟能连续播放 20 帧或 30 帧的全屏幕彩色视频图像及其立体声配音。若想用低档微机看 VCD 必须配此卡。用电影卡看 VCD 时,图像和声音都是由电影卡直接解压播放的,与显示卡、声卡无关。

一般高档计算机可以不配电影解压卡而用软件解压方式看 VCD,但必须配声卡。

1.6.3　多媒体实用操作

(1) 更改操作系统中事件的声音。

(2) 在文档中加入 WAVE、MIDI 或 AVI 文件。

(3) 为解说词配背景音乐。

(4) 在计算机上唱卡拉 OK。

(5) 通过计算机在电视上看 VCD。

(6) 将 VCD 转录到录像带上。

(7) 将计算机与家中高级音响连接起来听音乐。

(8) 用视频捕捉卡将摄像机拍摄的录像制作成计算机中的小电影。

(9) 计算机画像(用摄像头捕捉图像,再通过彩色打印机打印出来)。

(10) 用计算机创作音乐。

(11) 用计算机收看电视。

1.6.4　多媒体技术的应用

1）多媒体出版物

以光盘为载体的多媒体电子出版物：各种文化、娱乐作品。

以国际互联网为载体的电子网络出版物：订阅报纸、杂志、书籍等。

2）多媒体广播电视

数字音频广播：不仅音质好,而且在听到声音的同时,还可以看到文字、图形。

数字电视：不仅可以看到更多、更清晰的电视节目,还可以点播电视、实时响应用户中断。

3）多媒体通信

可视电话,视频会议,远程会诊,远程教学。

实训案例

通过“金山打字通”了解计算机正确的操作姿势和键盘指法。

拓展练习

利用MOOC、微课等在线资源进行相关知识的拓展学习，并进行上机操作拓展训练。

本章小结

本章主要介绍了计算机的基础知识。包括计算机的产生与发展，信息与信息技术，计算机的特点与分类、应用、发展趋势、主要技术指标；计算机系统是由软件系统和硬件系统组成的，软件系统运行于硬件系统之上，而硬件系统依靠软件系统来充分发挥其功能。任何信息在计算机中都是以二进制形式表示的，为了方便管理，计算机中的二进制有自己的计量单位，数值和文字在计算机中有不同的编码体系。计算机只能识别二进制数0、1表示的机器语言，使用汇编语言和其他高级语言编写的源程序，必须经过翻译程序翻译成机器语言，方能在机器上执行。随着语音、视频技术的发展，将原来单一用于数值处理的计算机进行了扩展，带动了多媒体技术及多媒体计算机的研究，使计算机在生活、工作、学习方面的应用更深入。计算机技术的高速发展，导致以计算机及相关介质为载体的信息安全也成了一个需要重视的领域，信息是现代社会发展的三大支柱之一，对于信息保护技术的研究愈发得到人们的重视。

思考与练习

1. 选择题

(1) 计算机的核心部件是(　　)。

A. 显示器　　B. 内存　　C. 硬盘　　D. 中央处理器(CPU)

(2) 计算机系统中的存储器系统是指(　　)。

A. RAM存储器　　B. ROM存储器

C. 主存储器　　D. 主存储器和外存储器

(3) 下列计算机设备中，属于输出设备的是(　　)。

A. 显示器　　B. 扫描仪　　C. 鼠标　　D. 键盘

(4) 半个世纪以来，对计算机发展的阶段有过多种描述。比较全面的描述是(　　)。

A. 计算机经过四个发展阶段，电子管阶段、晶体管阶段、集成电路阶段、超大规模集成电器

B. 计算机经过四段发展，即大型机、中型机、小型机、微型机

C. 计算机经过三个发展时代，即主机系统时代、微机时代、网络时代

D. 计算机经过五段发展，即大型主机、小型机、微型机、局域网、广域网

(5) 以下设备中，只能作为输出设备的是(　　)。

A. 键盘　　B. 打印机　　C. 鼠标　　D. 扫描仪

(6) 世界上公认的第一台电子计算机诞生在(　　)年。

A. 1945　　B. 1946　　C. 1948　　D. 1952

(7) CAI 是计算机的应用领域之一，其含义是(　　)。

A. 计算机辅助教学　　B. 计算机辅助管理

C. 计算机辅助设计　　D. 计算机辅助测试

(8) 下列说法正确的是(　　)。

A. 操作系统是一种系统软件

B. 操作系统是计算机硬件的一个组成部分

C. 操作系统的目的是使用户能按菜单操作

D. 操作系统是数据库管理系统的子系统

(9) 计算机病毒是(　　)。

A. 一种生物病毒　　B. 程序软件中的 BUG

C. 人为创造的程序　　D. 以上都对

2. 思考题

(1) 简述计算机的发展过程。

(2) 简述计算机的应用。

(3) 列举 3 个以上常用的信息计量单位。

第 2 章　Windows 7 操作系统

本章导读

Windows 7 是由微软公司开发的操作系统，旨在让人们的日常计算机操作更加简单和快捷，为人们提供高效易行的工作环境。Windows 7 在硬件性能要求、系统性能、可靠性等方面，都颠覆了以往的 Windows 操作系统，是微软开发的非常成功的一款产品。此外，Windows 7 完美支持 64 位操作系统，支持 4GB 以上内存和多核处理器。

用户成功安装 Windows 7 操作系统以后，需要对系统进行一些个性化的设置，有些新特性在 Windows XP 系统上是从来没有使用过的。此外，在 Windows 7 系统中，有些操作和 Windows XP 系统是不同的。为了更好地使用新系统的功能，读者需要对 Windows 7 操作系统做一个初步的了解。

知识目标

- 安装 Windows 7 的软/硬件基本要求。
- Windows 7 桌面元素。
- Windows 7 资源管理的基本方法。
- Windows 7 程序管理的基本操作。
- Windows 7 账户的基本管理操作。
- Windows 7 的设备管理。

能力目标

- 了解 Windows 7 的软/硬件基本要求。
- 熟悉 Windows 7 桌面元素。
- 掌握 Windows 7 资源管理的基本方法。
- 掌握 Windows 7 程序管理的基本操作。

- 掌握 Windows 7 账户的基本管理操作。
- 了解 Windows 7 的设备管理。

2.1　Windows 7 新体验

2.1.1　Windows 7 的软/硬件基本要求

Windows 7 的安装同其他操作系统基本一样，将 BIOS 设置为由光驱启动，然后使用安装光盘进行全新安装；也可以使用升级安装光盘，在 Windows XP 系统的基础上进行升级安装。

但是一般不建议用户采用升级安装，最好能在一个单独的分区中进行全新安装。Windows 7 对硬件的要求并不高，目前大部分机器都能够流畅地运行。安装 Windows 7 的基本硬件要求如表 2-1 所示。

表 2-1　安装 Windows 7 的基本硬件要求

项　目	32 位系统	64 位系统
处理器	双核 1GHz	双核 1GHz
内存	1GB	2GB
可用硬盘空间	16GB	20GB
显卡	支持 DirectX 9 的图形设备	
其他设备	屏幕纵向分辨率不低于 768 像素	

2.1.2　Windows 7 的启动与退出

1. Windows 7 的启动

Windows 7 的启动过程如下。

(1) 按下计算机主机电源键，使计算机启动。

(2) 启动完成后，进入 Windows 7 系统的登录界面。

(3) 若操作系统有多个用户，则选择一个用户，并输入该用户的密码，当出现 Windows 7 系统桌面时启动完成。

2. Windows 7 的退出

当不再使用计算机时应及时将其关闭，正确的关闭计算机的顺序如下。

(1) 关闭所有打开的应用程序。

(2) 退出 Windows 7 操作系统。操作步骤为：单击任务栏左下角的"开始"按钮，在弹出的"开始"菜单中单击"关机"按钮。

(3) 依次关闭所有外围设备的电源，如显示器、打印机等。

此外，Windows 7 还提供了退出或暂停当前用户操作的方法。用户只需单击"关机"按钮右侧的三角形按钮，弹出一个菜单，如图 2-1 所示，选择其中任意一个选项，即可

图 2-1　退出或暂停用户操作

执行相应操作。

2.2 日常任务

2.2.1 桌面

桌面是用户和操作系统间的桥梁，Windows 中几乎所有操作都要在桌面中完成。在 Windows 7 中，桌面发生了彻底的改进，通过外观、特效、强大的任务栏以及资源管理器等诸多全新改进，最大化地提高操作效率和用户体验，那么下面就从桌面开始了解 Windows 7 的改变。

1. 界面外观

用户对操作系统的第一印象首先会从界面外观开始，因此用户界面的设计也就成了衡量一款操作系统是否贴近用户的标准之一。在后 Windows XP 时代已经很难见到白云配蓝天的视觉外观了，取而代之的是用户自行下载的各种第三方视觉样式，这说明用户对于操作系统用户界面的要求已经不只是能用就好，美观易用和个性也是用户当今的要求。

Windows 7 在这方面相比以往任何一个版本的操作系统都更优秀，提供了精致、高效、实用的用户界面，对于用户个性需求的满足也是前所未有的。

1）半透明效果的界面

借助 DWM(Desktop Window Manager，桌面窗口合成管理器)，首先能实现半透明效果的界面外观，也就是 Windows Aero。对于 Windows XP 用户来说，这种外观无疑是一大亮点，半透明的任务栏、“开始”菜单以及窗口边框给用户带来了全新的视觉冲击，如图 2-2 所示。

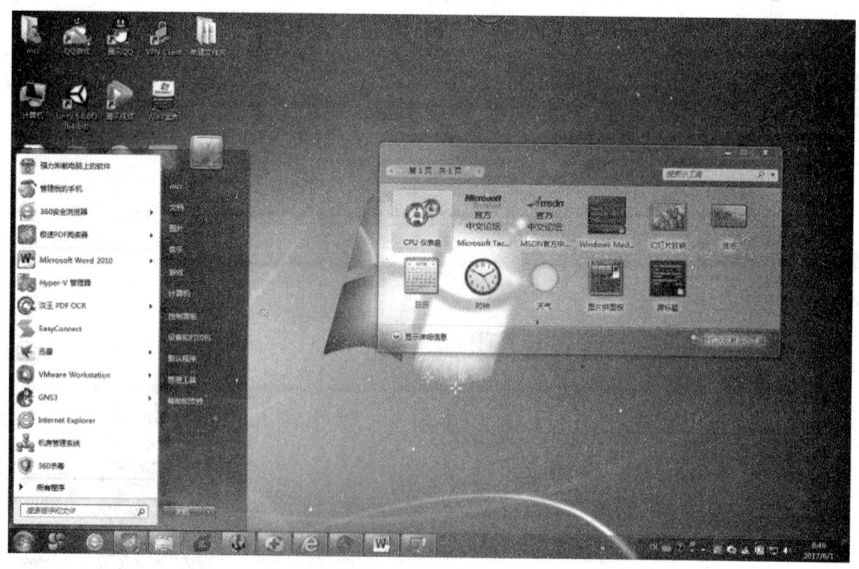

图 2-2　半透明的 Windows Aero 外观

表面上看起来透明的效果仅仅是为了美观，这里也无须进行更多介绍，其实不然。为了实现更好的用户体验，Windows 7 沿用半透明的界面外观绝非“花瓶”，透明效果意在降低用户对于辅助界面的关注而将注意力更好地集中在关键内容上，如窗口有效区域、任务栏图标。

2）桌面透视

为了给用户提供更好的桌面体验，Windows 7 除了具备半透明的界面效果外，在某些时候会根据功能操作的需要让当前桌面上的窗口呈现为仅保留轮廓、内容全透明的效果，即 Aero Peek 桌面透视。通过完全透明的效果，用户可以透过当前打开的所有窗口直接查看桌面上的小工具，这样可以省去先最小化窗口再还原的烦琐操作。

Aero Peek 桌面透视除了这里介绍的效果和基本作用外，还有结合窗口切换和预览的作用，随后将进行详细的讲解。

首先是窗口动画效果的完善。

微软在设计 Windows 界面时，会注意每个效果给用户带来的实用价值，但过去用户往往会忽略或不愿接受这些价值的意义，比如将要介绍的窗口动态效果。

不少用户在使用 Windows XP 时，为了让系统运行速度“更快”，都会进行一些优化设置，当然也包括对系统默认外观效果的更改，彻底禁用所有窗口动画效果。大家是否思考过这些窗口动画效果的作用？

借助 DWM，Windows 7 的窗口动画效果比 Windows XP 更生动，在最小化窗口时可以看到窗口是以整体外观逐渐缩小到任务栏的效果，这样做的好处在于能够提醒用户的潜意识记住窗口最终最小化到任务栏的大概位置，在任务栏图标数量比较多的情况下，也能够通过之前的记忆快速找到需要还原的窗口的位置。如果没有这种动画效果，用户则需要额外寻找位置，得不偿失。

另外，为了让界面体验更加完善，Windows 7 的所有窗口打开关闭操作都会伴随渐隐效果，而不是凭空出现和消失，让用户界面效果更加流畅连贯。

在 Windows 7 中，DWM 得以全面改进，一改 Windows Vista 效能较低的表现，同时进行了以下改进。

(1) 更加充分地利用显卡资源进行加速，低端集成显卡也能实现更加流畅、轻盈的界面体验。

(2) 通过对于 Direct3D 10.1、Direct3D 11 的支持，系统所有程序窗口都可以利用显卡的流处理器进行最终加速渲染，效能比 Windows Vista 更胜一筹。

(3) 每个窗口对于系统资源的占用降低了 50%，并同样利用显卡的显存进行单独处理，只有桌面中看得到的窗口才会占用资源，最小化后不会占用资源，降低了 Windows 7 对于硬件性能需求。

3）个性化

微软过去从没有像对待 Windows 7 这样大胆地注重个性，通过面向全球的数字艺术家征集作品，并从中精心挑选出最佳作品作为桌面壁纸。Windows 7 的出现意味着 Windows 不再是仅用于枯燥工作的操作系统，而是代表时尚、个性化的产品。

其实，Windows 7 不仅仅提供了可爱的壁纸，还提供了更多外观颜色选择、适合不同国家和不同文化背景的主题和声音方案，比如在简体中文版的 Windows 7 中提供了“中国”主题，如图 2-3 所示，包含具有代表中国文化的景点壁纸和古筝“弹奏”的系统声音，拉近了

Windows 与中国用户之间的距离。另外,用户还可以通过微软网站获取更多风格的官方主题。

图 2-3　中国风格主题

除了系统内置主题和官方站点的丰题外,Windows 7 还提供了丰富的个性化设置,多款声音主题、灵活的 Windows Aero 颜色调整,满足用户打造符合个性要求的桌面,可以参考后面的内容以了解如何使用个性化选项创建自己的主题风格。

4）系统图标

完整的用户界面离不开与之风格匹配的图标,Windows 7 系统图标不仅外观精致,文件的预览功能也让图标更加实用。除了精致之外,Windows 7 的图标还具备以下两个实用功能。

(1) 文件夹图标快照

文件夹图标会抓取内部当前文档的预览快照,以图 2-4 所示的效果显示。

图 2-4　文件夹预览快照

(2) 文档预览

Windows 7 的图标已经没有"缩略图"这种视图类型,只要图标呈现尺寸在 48 像素×48 像素以上,即可直接对文档进行预览,并且文档预览的支持类型不再仅限于图片和视频,系统会自动调用已安装第三方应用程序对相关联的文档进行预览,如 PDF 文档、Office 文档以及 Crysis 的游戏存档。

5）桌面

为了保证产品的一致性,Windows 7 默认的界面外观设置并不一定能满足每个用户的个人习惯,用可以根据自己的习惯个性化桌面,包括设置桌面图标、图标尺寸、半透明窗口边框颜色、桌面背景图片以及声音主题等。

(1) 更改外观主题

Windows 7 默认提供了多个外观主题,其中包含不同颜色的窗口、多组风格背景图片以及与其风格匹配的系统声音以满足用户个性化需求。

① 在桌面空白处右击，选择菜单中的“个性化”，打开如图 2-5 所示的系统个性化设置面板。

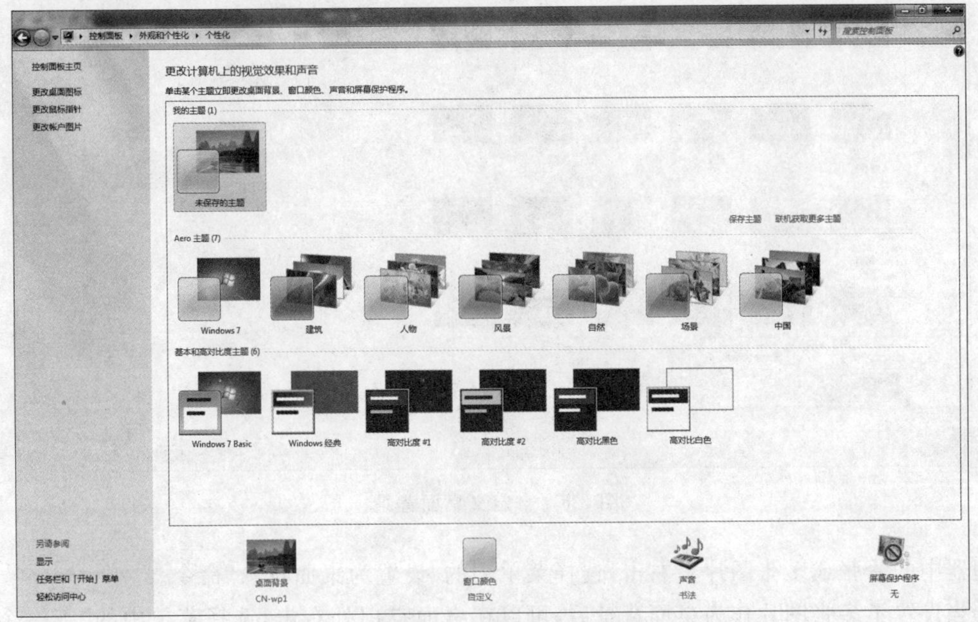

图 2-5　系统个性化设置面板

② 可以看到在“Aero 主题”分类下预置了多个主题，直接单击主题即可将当前 Windows 7 界面外观更换为所选主题。在个性化设置面板的“基本和高对比度主题”分类下提供了非透明的 Windows 7 基本、Windows 经典以及高对比度的外观，这里不推荐使用，因为此类外观无法启用 DWM 机制对界面进行渲染。

(2) 自定义桌面背景

如果需要自定义桌面背景，单击个性化设置面板下方的“桌面背景”图标，在桌面背景面板中可以单选或多选系统内置的图片，多选时注意鼠标指针对准图片左上角的复选框，如图 2-6 所示，单击“保存修改”按钮即可生效。

① 选择多张图片作为桌面背景后，图片会定时进行自动切换，在“更改图片时间间隔”的下拉菜单中可以设置切换间隔时间。

② 设置“无序播放”选项。

③ 如果使用的是笔记本电脑，还可以设置“使用电池供电时不自动切换桌面背景”，以延长待机时间。

④ 单击“浏览”按钮即可选择包含自定义图片的文件夹作为一组桌面背景。

当使用其他自定义图片作为桌面背景时，则可以单击图 2-6 所示面板上侧的“浏览”按钮，在随后打开的对话框中指定一个包含图片的文件夹。

选定包含图片的自定义文件夹后，“桌面背景”设置面板中的预览即可显示选择文件夹中的图片，可参照前面介绍的方法进行设置。

除了通过个性化设置面板设置自定义桌面背景外，还可以通过传统的方法直接在资源

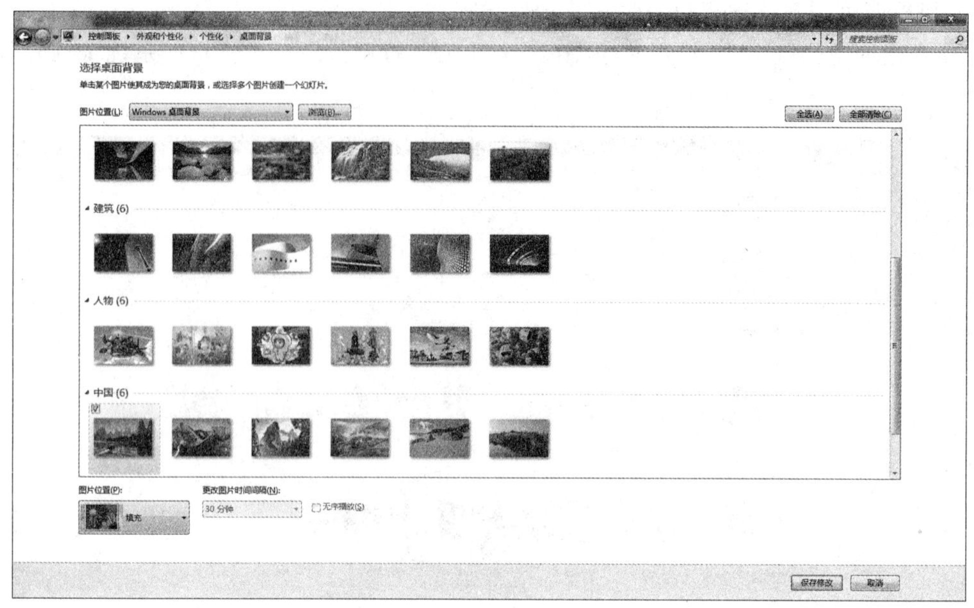

图 2-6　自定义桌面背景

管理器中的一张或多张图片上右击，选择菜单中的“设置为桌面背景”命令。

当设置了多张图片作为桌面背景后，可以在桌面空白处右击，选择菜单中的“下一个桌面背景”命令，即可立即切换图片。

(3) 自定义窗口边框颜色

系统内置主题都提供了不同颜色的 Aero 效果，如果需要选择其他颜色或进一步自定义，可以单击图 2-5 所示的系统个性化设置面板下方的“窗口颜色”图标，打开如图 2-7 所示的“窗口颜色和外观”设置面板。

在图 2-7 所示的面板中，可以选择系统预置的一种颜色或通过下方的各项调节滑块创建自定义颜色，单击“保存修改”按钮。

(4) 创建自己的主题

掌握桌面背景和窗口颜色的自定义方法后，就可以创建属于自己的桌面主题了。在如图 2-8 所示的个性化设置面板“我的主题”分类下，可以看到用户之前的桌面背景与窗口颜色搭配组成的主题，但是在未进行保存的情况下，这些主题会随着用户以后的搭配而被替换，可以在自定义主题缩略图上右击，以保存主题。

从快捷菜单中选择“保存主题”，并输入名称，即可将主题保存在个性化设置面板的“我的主题”分类下，以后可以直接选取。

如果从快捷菜单中选择“保存主题用于共享”命令，则会弹出“通用”对话框，将主题包保存到指定路径，方便与朋友分享。

(5) 获取更多主题

除了 Windows 7 系统内置和用户创建的主题外，还可以通过微软站点获取更多桌面主题。在个性化设置面板“我的主题”分类下，单击“联机获取更多主题”，即可打开微软官方 Windows 7 个性化站点，在这里可以获取更多主题。

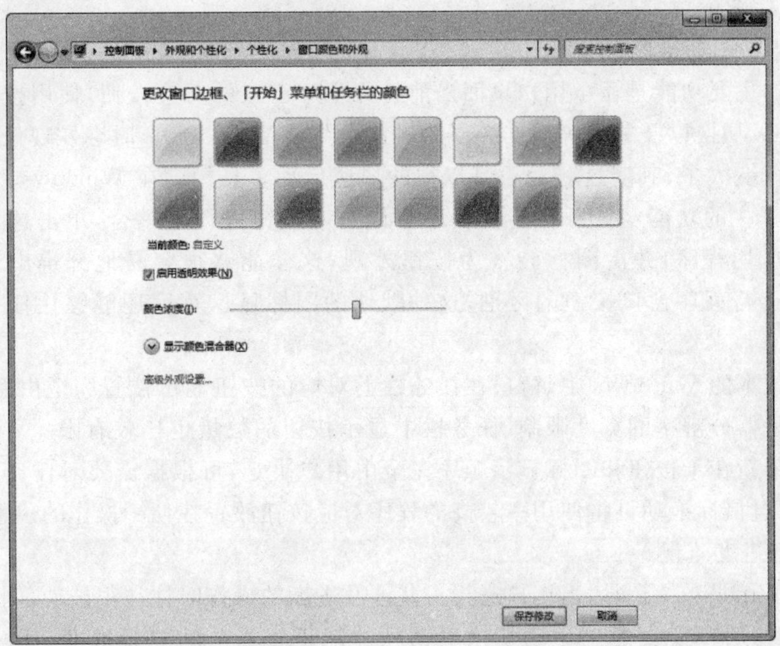

图 2-7　自定义窗口边框颜色

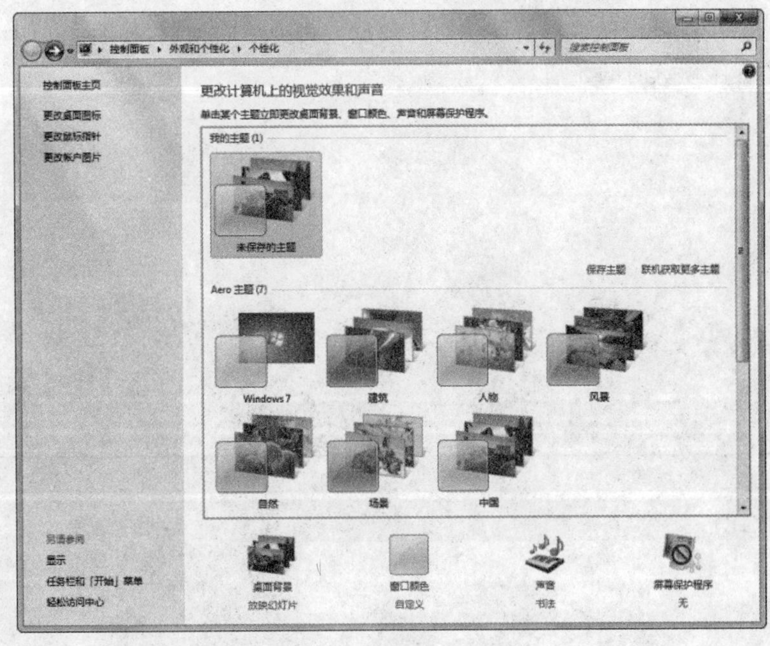

图 2-8　自定义主题

2. 任务栏

作为用户使用最频繁的界面元素之一，从 Windows 95 开始，这个位于桌面下方的任务栏基本没有发生过功能和结构上的变化，不过在 Windows 7 中情况有所不同，任务栏的作用更为多样化。

1）任务栏图标

（1）任务栏图标排序

任务栏的主要功能是显示用户桌面当前打开程序窗口的对应按钮，使用按钮对窗口进行还原到桌面、切换以及关闭等操作。当用户首次登录 Windows 7 时会发现任务栏快速启动工具栏图标变大了，其实这已经不是以往的快速启动工具栏。在 Windows 7 中，微软将快速启动工具栏的功能与任务栏传统程序窗口对应按钮进行了整合，单击这些图标即会打开对应的应用程序，并由图标转换为按钮外观，这样能够很容易地分辨出未启动程序的图标和已运行程序窗口按钮的区别，这种默认的图标显示宽度还能够让任务栏显示更多的项目。

在以往版本的 Windows 中，窗口在任务栏上对应的按钮显示位置完全由系统决定，并且受限于显示器分辨率的宽度限制，任务栏中显示按钮的数量也比较有限。Windows 7 任务栏真正的革新在于按钮和图标显示顺序完全由用户决定，可根据需要对任务栏中的项目进行排序，通过鼠标拖动可将使用率较高的程序对应按钮放置在便于操作的位置。

（2）任务进度监视

在使用 Windows XP 时，当用户进行一些涉及进度的操作时往往很被动，例如复制一个较大的文件时，用户需要通过手动切换对话框才能了解当前的执行进度。而 Windows 7 中，任务栏按钮会主动显示当前涉及进度操作的窗口执行状态。

（3）预览和专有程序窗口切换

Windows 7 任务栏程序窗口对应按钮的预览方式为横向预览，如图 2-9 所示，这样就解决了多个相同程序预览时的矛盾。

图 2-9　任务栏窗口按钮预览

除了预览功能外，用户还可以通过预览图标对窗口进行切换和关闭操作，单击目标窗口对应预览图标，窗口即可变为当前活动。单击预览图标右上角的“关闭”按钮即可关闭对应窗口，也可以在缩略图标上右击，即可看到熟悉的菜单。如果用户使用的鼠标滚轮支持单击操作，则可以通过单击预览图标直接将窗口关闭。

(4) 跳转列表

在任务栏任意一个按钮(或图标)上右击、按住鼠标滚轮向上拖动(通过屏幕触摸控制需要按住图标并指向上方)或按住鼠标左键向上拖动,会看到 Windows 7 的“跳转列表”功能,如图 2-10 所示。跳转列表取代了传统任务栏按钮的“关闭”菜单,在程序的跳转列表当中会根据应用程序的类型提供两类功能,分别是程序最近使用项目和程序常规任务。

图 2-10　任务栏上的跳转列表

可以将跳转菜单显示程序最近使用项目的功能看作以往 Windows 开始菜单中“最近使用项目”的增强,因为借助不同程序的跳转菜单可以将程序关联的文档进行分类,如记事本程序最近打开的文本都会在自身图标的跳转列表中显示,一改过去所有程序关联的使用项目都会混杂在“最近使用项目”菜单中的情况。

除此之外,用户还可以通过单击最近使用项目右侧的“图钉”图标,将需要始终存在于跳转列表中的文档锁定,避免项目被滚动替换。除了单击“图钉”图标,还可以直接将文档或文件夹拖放到任务栏,任务栏会根据项目类型自动进行归类锁定,例如对于文件夹,任务栏会自动将其添加至资源管理器图标跳转菜单中并锁定。

一些特定的应用程序会拥有专有的跳转列表,其中提供该应用程序的一些常规任务,例如图 2-10 中针对 Windows Media Player 的跳转列表,除了列出最近播放的媒体项目,还提供了一些常规播放控制选项。

(5) 图标锁定和解锁

任务栏默认只有 Internet Explorer、Windows Media Player 和资源管理器三个程序图标,因此任务栏还有很大的空间。如果把任务栏图标看作以往的快速启动工具栏,那么理所应当地可以在空白区域添加其他程序的启动图标,将使用频率较高的应用程序图标固定在任务栏上,以提高使用效率,同样,也可以将不需要的程序图标从任务栏上移除。

对于未运行的程序,可以将程序图标快捷方式直接拖放到任务栏。而对于一个正在运行的程序,则可以单击该程序按钮跳转列表中的“将此程序锁定到任务栏”选项。要将一个程序图标从任务栏中移除,单击跳转列表中的“将此程序从任务栏解锁”即可。

图 2-11　通过程序跳转列表打开新窗口

(6) 打开一个新的窗口

在程序的跳转列表下方就可以找到开启新窗口的选项,如图 2-11 所示。或者按住 Shift 键再单击程序图标,同样可以实现相同效果。如果用户使用的鼠标滚轮支持单击操作,直接用滚轮单击程序图标是最方便的。

2) 通知区域和显示桌面

通过前面内容的介绍,可以看出任务栏的改进几乎囊括了所有桌面窗口管理操作,如启动新程序、窗口切换和预览,下面看看任务栏通知区域的改进。

Windows 7 任务栏的通知区域变得更易用,设置图标的隐藏、显示或查看隐藏图标全部可以在通知区域中进行操作,无须打开设置面板。

隐藏图标会被放置在一个集中的小面板当中，查看时只需单击通知区域左侧箭头即可，如图 2-12 所示；如果需要隐藏一个图标，只需要将目标图标向通知区域上方空白处拖动；要让图标重新显示在通知区域，只要将其从隐藏面板中拖回来即可。除此之外，可以通过鼠标拖动即可改变图标的显示顺序。

由于 Windows 7 的任务栏不存在快速启动工具栏，因此无法通过单击“显示桌面”图标来显示桌面，不过在任务栏最右侧有一个矩形按钮，如图 2-13 所示。单击该按钮即可快速显示当前桌面，设计在最右侧的目的在于用户可以完全“盲”操作，只要凭感觉将鼠标指针“无限”移动到屏幕右下角，单击鼠标左键即可，相比早期版本需要对准快速启动栏图标的操作更加贴心。

图 2-12　通知区域小面板

图 2-13　任务栏右侧的显示桌面按钮

3）任务栏属性设置

任务栏作为用户使用最频繁的界面元素之一，决定着用户使用 Windows 的操作效率，因此这里有必要介绍一些涉及常用操作的任务栏设置，帮助用户设置符合自己操作习惯的任务栏。

要对任务栏进行属性更改，首先可以在任务栏空白区域右击，并选择菜单中的“属性”命令，打开“任务栏和『开始』菜单属性”设置面板，如图 2-14 所示。

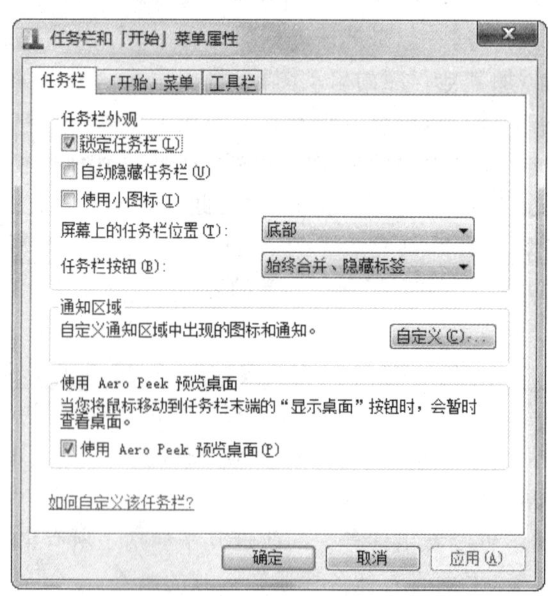

图 2-14　任务栏属性设置面板

(1) 降低任务栏高度或自动隐藏

早期一些上网本的屏幕纵向分辨率等于或低于768像素，Windows 7的任务栏图标默认为48像素×48像素，其高度可能会遮挡对话框下方的“确定”按钮，同时也减少了屏幕有效面积，因此可以对任务栏进行设置。

选择图2-14所示属性面板中的“自动隐藏任务栏”或“使用小图标”，以减少任务栏高度对于屏幕有效面积的影响。

(2) 选择任务栏的位置

绝大多数Windows用户都会默认使用任务栏位于屏幕下方的系统预设，其实在以往版本的Windows中，任务栏就可以排放在屏幕两侧和上方，只需要解除任务栏锁定，并用鼠标拖动任务栏到其他位置即可。在Windows 7中，这种设置被加入任务栏属性设置面板中，因此用户可以根据自己的需要对其位置进行更改。

(3) 任务栏图标按钮外观

Windows 7任务栏的按钮(图标)默认仅显示“图标”外观(始终合并、隐藏程序名称)，这样是为了节省空间，从而容纳更多的图标，同时通过预览图标表示程序名称要比标签更为直观。如果用户不习惯这种新的显示方式，则可以对其进行更改。

在图2-14所示的任务栏属性设置面板中，“任务栏按钮”右侧下拉菜单中还提供了“当任务栏被占满时合并”和“从不合并”属性。

3. “开始”菜单

1) 重新认识“开始”菜单

与Windows传统样式“开始”菜单相比，宽幅“开始”菜单的优势在于自身并列结构能够显示大图标外观，同时显示常用程序列表和Windows内置功能区域，如图2-15所示。

常用程序列表能够显示用户使用频率较高的应用程序，无须转到“所有程序”列表即可快速打开常用项目。由于菜单会根据每个程序的使用频率对项目进行自动排序，用户使用频率较高的程序会被置于顶端。如果希望某个程序不受自动排序影响而始终显示在列表中，可以用鼠标右击程序，并选择“附到『开始』菜单”命令，如图2-15所示。

在介绍任务栏图标时讲到过Windows 7引入的全新功能——跳转列表，其实在“开始”菜单中也存在跳转列表，并且同样用于显示程序最近使用的项目和常用功能选项。例如这里单击常用程序列表中VMware Workstation项目右侧箭头，“开始”菜单右侧会展开一个列表，显示用户最近所使用的控制面板项目，如图2-16所示。与此同时，可以根据需要通过单击跳转列表右侧的“图钉”来锁定项目。

2) 查找程序

在Windows 7中，宽幅“开始”菜单左侧的常用列表能够在一定程度上减少用户访问“所有程序”列表的次数，降低使用上的烦琐程度。当单击“所有程序”后，程序列表并不会占据屏幕很大的面积，而是以树形文件夹结构呈现，无论有多少快捷方式，都不会超出当前的“开始”菜单。

Windows 7提供了强大的程序和文件搜索功能，如通过“开始”菜单打开Windows Update，在搜索框中输入了“UP”，然后直接通过搜索结果打开对应程序，非常方便。

搜索框让程序的使用变得更加简单，无须在程序列表层层检索。当然如果要让搜索框提供更好的服务，应该进一步学习使用方面的技巧。

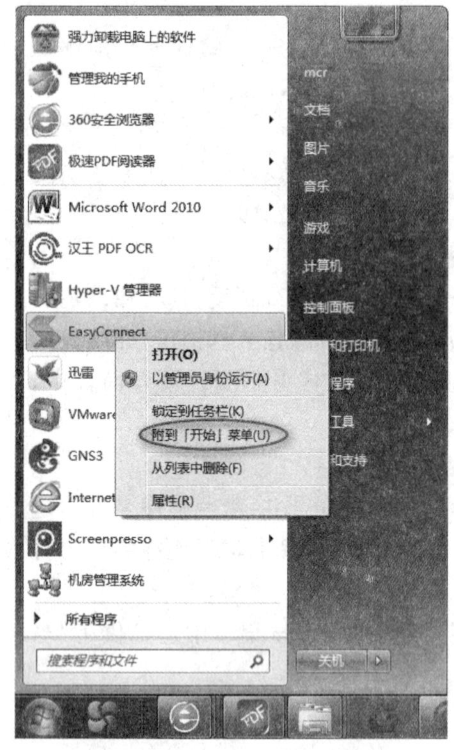

图 2-15　Windows 7 的“开始”菜单

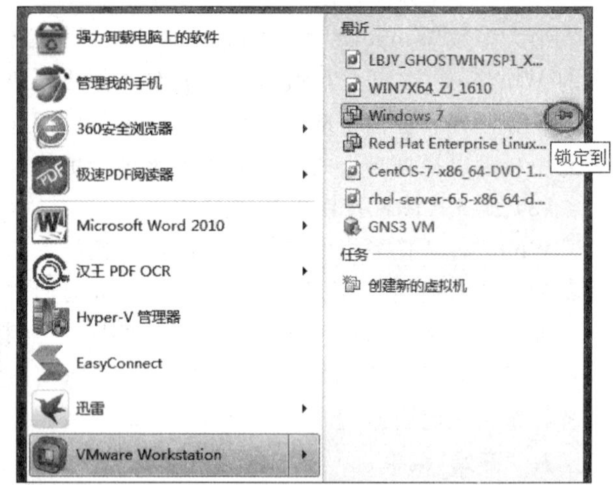

图 2-16　“开始”菜单的跳转列表

使用搜索功能查找程序的前提是知道程序的名称或名称的关键字，可以通过所有程序列表或桌面快捷方式来了解。

技巧：在通过搜索框查找应用程序时，中文名称的项目在查找时相比英文名称项目多出输入法切换这一环节，因此为了进一步提高易用性，可以在程序安装完成后对中文名称的应用程序快捷方式进行“小手术”，通过程序列表找到程序快捷方式进行重命名，在程序原有名称前添加拼音字母，例如对于“记事本”，可在其名称前添加“jishi＋空格”，将原有名称改为“jishi 记事本”，这样当需要搜索应用程序时就免去了切换输入法这一环节，只需输入“jishi”即可，做到与英文名称程序同样的查找效率。同理还可以进一步简化程序名称，无论中英文名称，都可以改为自己便于记忆和输入的名称。

3）“开始”菜单属性的设置

由于 Windows 7 的“开始”菜单涉及的功能比较多，因此有必要对常用功能的属性进行设置。

（1）设置最近打开程序列表和跳转列表。“开始”菜单左侧最近打开程序列表和跳转列表会记录用户近期使用的程序和文档，如果不希望列表保留这些历史记录，或想清除历史记录，可以右击“开始”菜单“Windows 徽标”按钮，并选择菜单中的“属性”，打开如图 2-17 所示的设置面板，取消图中标注位置的复选框，并单击对话框右下角“应用”按钮；如果希望临时清除历史记录，则在单击“应用”按钮后重新选择两个复选框，并单击“确定”按钮。

最近打开程序项目和跳转列表中使用项目的默认数量为 10，由于“开始”菜单的高度取决于最近打开程序列表的数量，可以根据屏幕情况进行灵活设置，在高分辨率、大尺寸的显示器中，默认的“开始”菜单就显得比较低，可以在 10 个的基础上适当增加数量，不仅能够显示更多的项目，也可以提高“开始”菜单的高度；而对于上网本来说，则可以适当减少或者使用小图标来显示列表，从而降低“开始”菜单的高度，单击图 2-17 所示面板右上角的“自定义”按钮，打开如图 2-18 所示的设置面板。

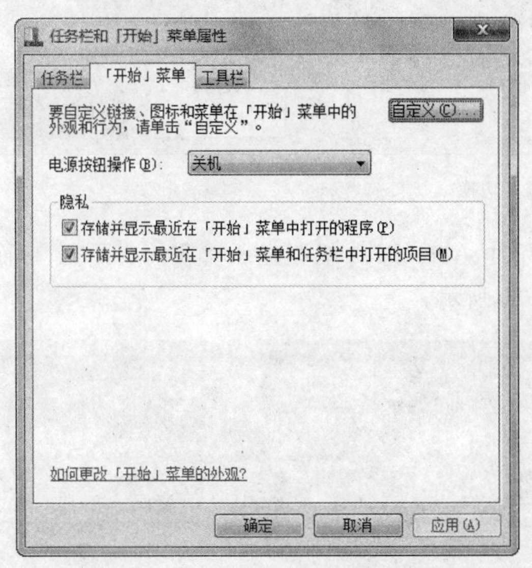

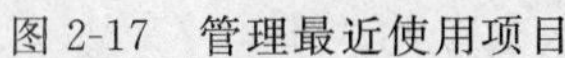
图 2-17　管理最近使用项目

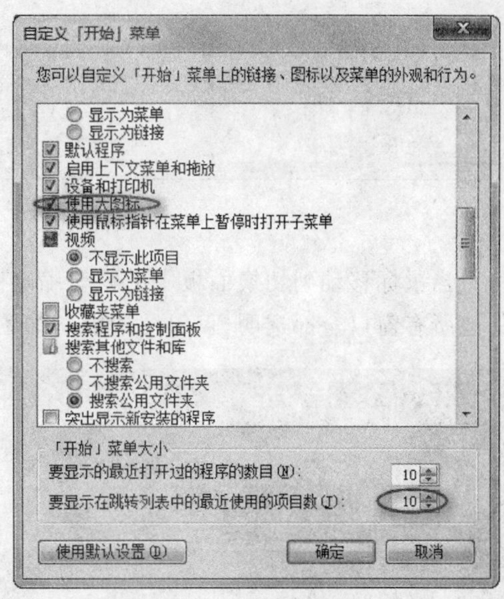

图 2-18　自定义开始菜单

注意：跳转列表显示项目的数量对于任务栏图标同样有效。

(2) 设置“开始”菜单搜索框的搜索范围。“开始”菜单搜索框默认会同时搜索 Windows 库和包含在索引中的用户文件(邮件、图片、文档、音乐、收藏夹)、Internet 浏览历史、系统 System32 目录下的程序以及控制面板内的功能，如果希望“开始”菜单搜索框仅对程序快捷方式进行搜索，可以在图 2-18 所示的设置面板中“搜索其他文件和库”节点下选择“不搜索”单选钮，这样可以缩小使用“开始”菜单搜索程序时的搜索范围。

(3) 设置“开始”菜单的其他属性。在图 2-18 所示的面板中，还详细列出了对应“开始”菜单右侧列表的属性设置，由于每个用户对于预设功能的需求有所不同，这里就不进行详细介绍了，可以根据需要进行设置。

4. 窗口预览和控制

微软在设计 Windows 7 的过程中，加入了很多和窗口有关的新的操作体验，例如通过拖拽即可控制窗口尺寸，改进的预览功能可有效减少使用过程中的烦琐操作，大幅提升用户操作效率。

1) 预览与切换同时进行

在以往版本的 Windows 中，用户会使用 Alt+Tab 组合键在多个窗口间进行切换，不过对于这种传统的窗口切换功能来说，在执行切换操作时无法提供更多的可视信息，用户仅能通过程序图标和对应名称来判断切换的窗口。

由于 Windows 7 的标准界面等级 Aero 由 DWM 处理，因此可实现丰富实用的界面效果，比如任务栏窗口预览和 Aero Peek 桌面透视，窗口切换也由此得到增强。

(1) Alt+Tab组合键再加预览

在Windows 7中使用Alt+Tab组合键进行窗口切换时会发现,切换面板中会显示实际窗口对应的缩略图,同时空白桌面也作为一项包含在其中,就像当前屏幕中的所有窗口都平铺在这里,一目了然,可以通过单击切换到所要的项目,如图2-19所示。

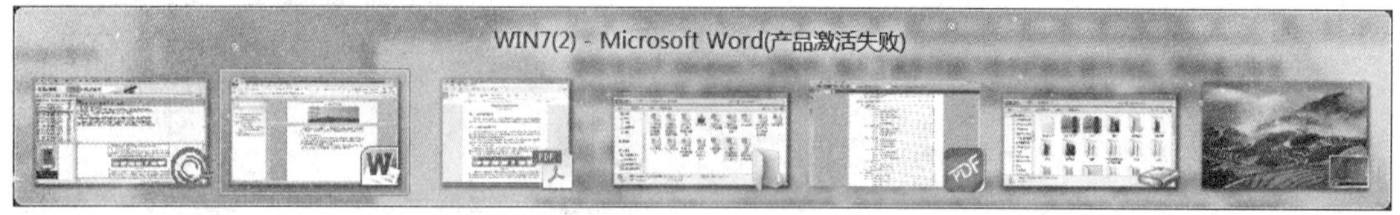

图2-19 切换

当鼠标移动到切换面板中的窗口缩略图标时,Aero Peek机制显示对应的实际窗口,而其他所有窗口全部透明(仅保留边框),如图2-20所示。

图2-20 伴有Aero Peek效果的Windows Flip

(2) 任务栏专有程序窗口切换

当鼠标指针悬停在不同的缩略图标上时,桌面中的所有窗口和鼠标所指向缩略图标的对应窗口同样会出现预览和透视效果,如图2-21所示。最重要的一点,当一个程序打开多个窗口后,完全可以利用任务栏窗口缩略图标在当前程序下的专有窗口进行切换。不用在各类混合的程序以及窗口间进行切换。

(3) 3D切换效果窗口切换

虽然Windows 7借助Aero Peek机制增强了传统Windows Flip切换,但还有一种3D窗口切换效果。

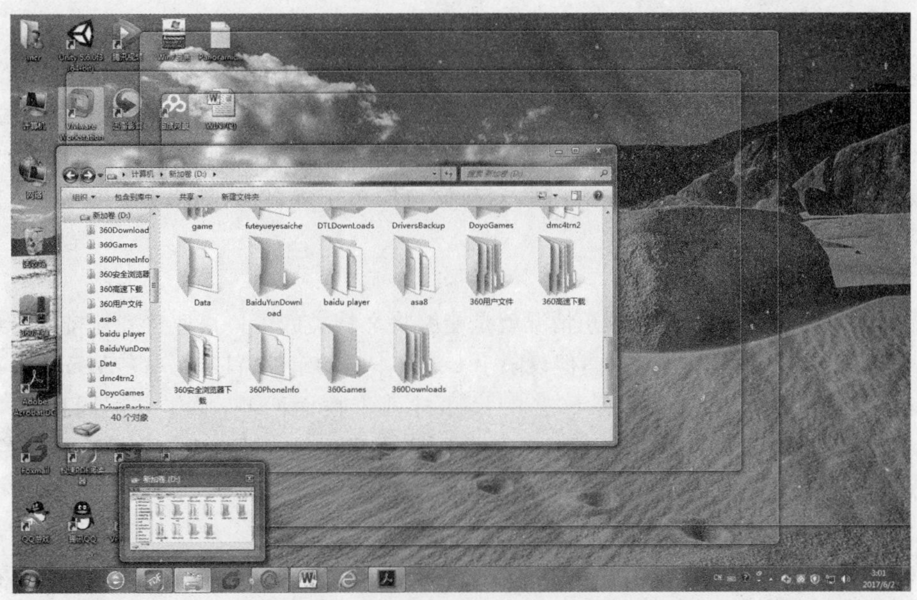

图 2-21 通过任务栏缩略预览图标切换窗口

按下 Windows+Tab 组合键后即可看到如图 2-22 所示的切换效果,所有窗口都以 3D 效果堆叠呈现。反复按 Tab 键即可让所有窗口从后向前滚动,松开 Tab 键即可切换到堆叠最前面的窗口。用户可以根据自己的操作习惯,在进行窗口切换操作时灵活使用以上介绍的方法。

图 2-22 Windows Flip 3D

2) 窗口管理

Windows 绝大多数功能都是以窗口为载体的,因此用户在操作过程中会频繁进行窗口最大化、还原和最小化操作。下面讲解一下 Windows 7 中非常实用的窗口管理。

(1) 窗口的最大化和最小化

以往用户让窗口最大化或还原的操作方法是双击窗口上侧边框，或单击右上角的按钮，在 Windows 7 中可以通过鼠标“拖”和“拽”实现窗口大小的调整。如果需要让窗口最大化，只需要拖住侧边框“向上扔”，当鼠标指针与屏幕上边缘碰撞出现“气泡”，同时看到 Aero Peek 效果填充桌面，此时松开鼠标左键，当前窗口即可全屏显示；如果要还原窗口，只要单击窗口上侧边框并“向下拽”即可。

(2) 并排显示窗口

要想有效利用宽屏显示器，理想情况就是能够将文档类的窗口快速整齐地排列于屏幕两侧。Office 2007 可以实现这种操作，但仅限于 Office 本身的组件窗口，而现在 Windows 7 实现了所有类型窗口都能快速以屏幕 50% 的尺寸排列于桌面两侧，操作方法同样是“拖”和“拽”。将窗口拖动到屏幕左侧，当鼠标光标与屏幕边缘碰撞出现“气泡”，松开鼠标左键，即可实现。如果需要还原，将窗口“拽”回到桌面中央即可。

(3) 窗口垂直填充屏幕

在 Windows 7 中还能够让窗口保持当前宽度不变，快速垂直填充桌面，例如查看一个网页时，如果希望窗口在当前位置垂直铺满桌面，可以将鼠标指针置于窗口边框的上边缘或下边缘，当出现“双箭头”光标时双击即可。当然除了双击，还可以直接拖动窗口上下边缘到屏幕上边缘或下边缘，同样可以实现窗口的垂直填充。

(4) 窗口排队

如果当前桌面中打开了多个大小不一的窗口，有什么方法能够快速让窗口整齐排队呢？右击任务栏空白区域，如果任务栏已经被图标占满无从下手，则可以右击通知区域的“系统时间”，在菜单中会看到“层叠窗口”“堆叠显示窗口”和“并排显示窗口”3 个命令，根据具体需要选择即可。

(5) “摇一摇”清理桌面窗口

为了让用户更容易将注意力集中在所需要的窗口，在 Windows 7 中无论是任务栏预览还是 Windows Flip 都进行了改进，通过透明化其他窗口减少界面中的干扰。不过，离开切换模式后，“隐身”的窗口又会重新现身，其实在 Windows 7 中可以实现快速清理桌面窗口，只要将需要保留的窗口拖住“摇一摇”，其余无用的窗口都会自动最小化，给用户一个清净的视野。

5. 便捷小程序

Windows 7 提供附带了多个方便用户日常使用的便捷小程序，如时钟、日历、便利贴和计算器等。

1) 桌面小工具

在桌面空白区域右击，选择菜单中的“小工具”命令，即可打开小工具管理面板，如图 2-23 所示。将要使用的小工具直接拖动到桌面上即可。

2) 便利贴和计算器

在 Windows 7 中，便利贴和计算器这些日常生活中经常用到的实体物品被集成到了计算机世界，不用担心便利贴纸会用完，也不用购买价格昂贵的科学计算器了。

(1) 无限使用的便利贴

在“开始”菜单搜索框中输入“便笺”，即可打开“便利贴”小工具。

图 2-23 小工具管理面板

便笺程序运行后即可输入需要记录的内容，只要不关闭便笺程序，Windows 7 下次启动便笺会自动运行，避免忘记记录的内容。单击便笺左上角的“+”按钮即可添加新的空白便笺；单击右上角“×”钮可删除当前便签。在便笺上右击，可以为便笺设置不同的颜色以便于区分。

便笺程序无须用户额外进行保存操作，只要不删除便笺，每次运行便笺程序都会显示之前的内容。

(2) 强大的计算器

在“开始”菜单搜索框中输入“计算”，并按 Enter 键，可打开全新的计算器程序，Windows 7 中的计算器程序具备全新的外观和强大的科学计算功能，如计算历史记录、单位换算、计算模板、日期计算和为多点触控优化的操作按钮，过去所有要借助实体计算器的工作全部可以在 Windows 7 中完成。

3) 其他增强改进

Windows 7 在用户界面易用性方面的改进还有很多，限于本书篇幅不能一一进行展示。这里介绍几个用户会经常用到的功能改进。

(1) Windows 功能区

微软在 Office 2007 中引入了一种全新的用户界面——Windows Ribbon，这里称为 Windows 功能区。这种全新结构的界面将程序的常用功能特性集中在一个取代工具栏和菜单的功能区中，并通过选项卡来对不同的功能进行分类，双击选项卡即可隐藏功能区，提供更大的可视面积。在 Windows 7 中，自带的画图和写字板程序界面也引入了 Windows 功能区的设计，如图 2-24 所示。

(2) 带有扩展名的文件重命名改进

不少用户都会启用系统文件名的扩展名显示，以快速辨别文件类型，但在以往版本的 Windows 中，对文件进行重命名时会连同扩展名一起选中，需要小心翼翼地过滤掉默认选

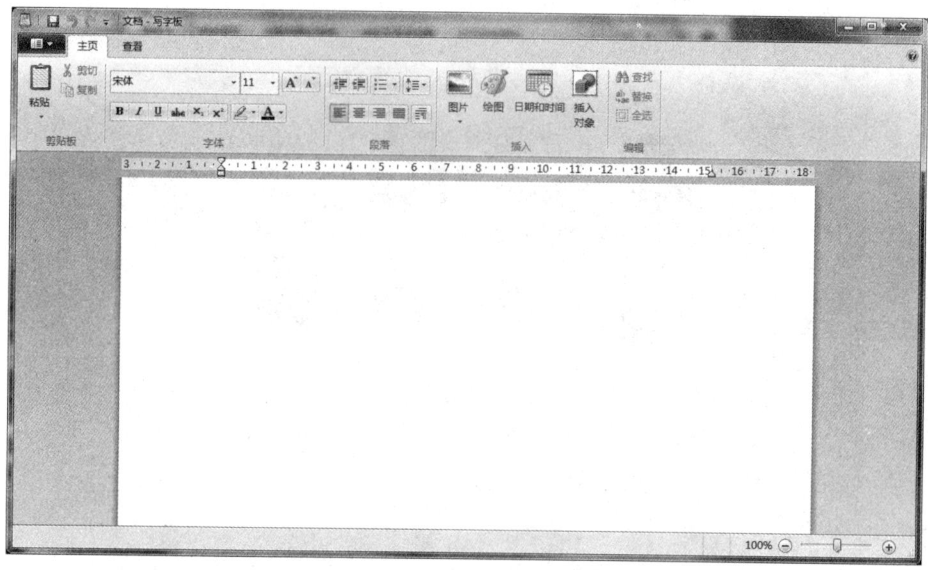

图 2-24　具备 Windows 功能区的写字板

中的扩展名部分，非常不方便。在 Windows 7 中，当用户按下 F2 键对文件进行重命名操作时，会发现系统已自动过滤了扩展名部分可直接修改单纯的文件名部分。

(3) 用鼠标复选多个不连续的项目

选取多个不连续的项目时，用户通常会先按住 Ctrl 键再单击选取需要的项目，需要键盘和鼠标配合操作。Windows 7 提供了更加简便的方式，单独使用鼠标即可完成。

使用项目图标上的复选小方格，用户在进行跳跃式复选文件时无须键盘的配合即可操作，如图 2-25 所示。不过 Windows 7 默认没有启用这项功能，需要手动。在“开始”菜单搜索框中输入“文件夹”，并按 Enter 键，打开“文件夹选项”面板，切换到“查看”选项卡，选中“使用复选框以选择项”复选框，如图 2-26 所示。

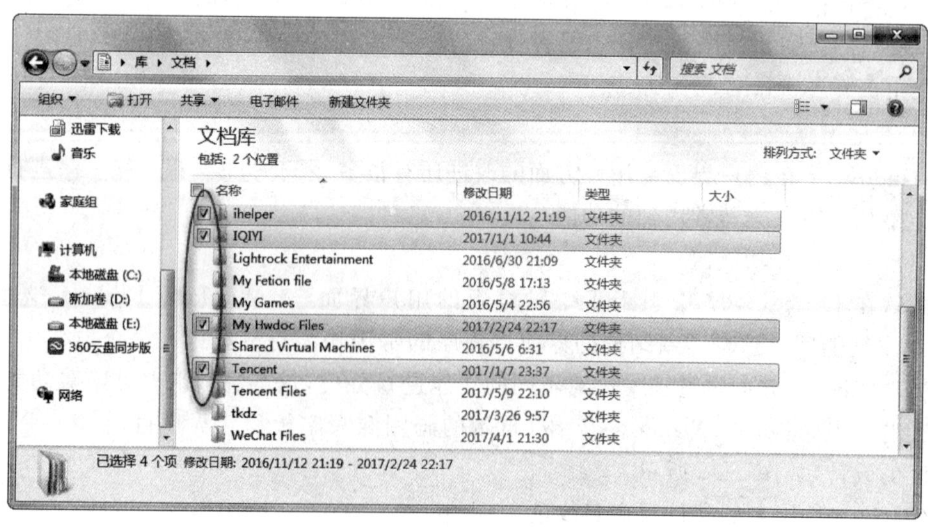

图 2-25　复选文件

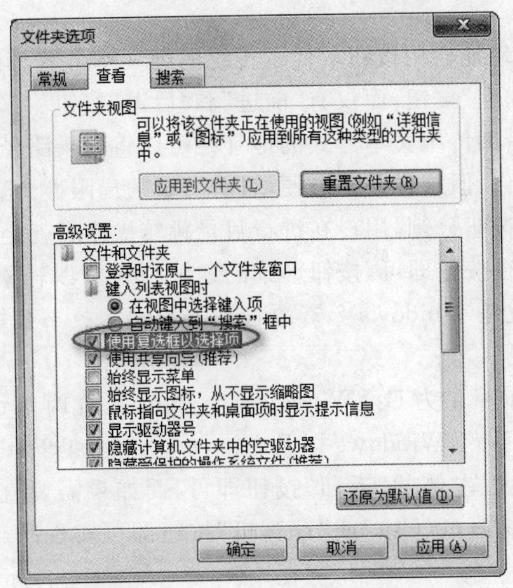

图 2-26　启用复选功能

2.2.2　资源管理

1. 资源管理器简介

首先来认识全新的资源管理器，这样才能在日后的使用中快速、轻松、高效地对数据进行管理和使用。图 2-27 所示为标准的 Windows 7 资源管理器界面，也就是"计算机"或"我的电脑"。

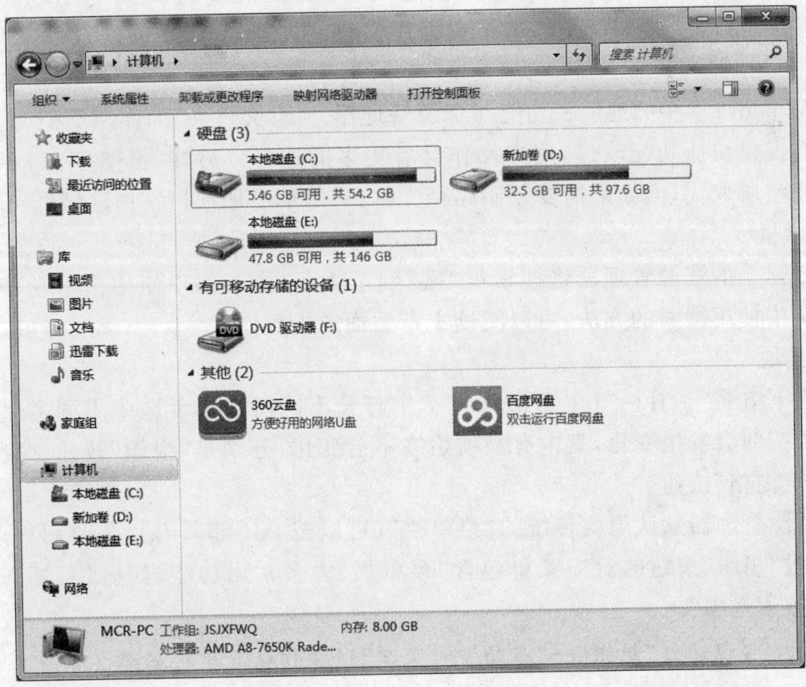

图 2-27　Windows 7 资源管理器

1）地址栏

Windows 7 默认的地址栏用按钮取代了传统的纯文本方式，并且在地址栏周围找不到传统资源管理器中的“向上”按钮，而仅有“前进”和“后退”按钮。

通常情况下，用户借助传统文本方式的地址栏可以将目录路径复制用于粘贴，或手动修改文本实现目录跳转操作，但这样并不方便，且有一定的局限性。Windows 7 的地址栏通过将不同层级路径由不同按钮分割，用户在进行目录跳转操作时就会很方便，只需要直接单击需要到达目录对应的路径按钮即可，按钮形式的地址栏还可以轻松实现跨越性目录跳转和并行目录快速切换，这就是 Windows 7 资源管理器界面中找不到“向上”按钮的原因，下面介绍一下具体操作。

如图 2-28 所示，当前目录为 C:\Windows\System32，此时地址栏中有 4 个按钮，依次为“计算机”“本地磁盘(C:)”，Windows 以及 System32。返回 System32 目录的上一层目录非常简单，只需单击地址栏左侧的“返回”按钮即可，而如果需要直接返回“C 盘”根目录或“计算机”，直接单击“本地磁盘(C:)”或“计算机”按钮即可实现跨越性跳转，无须连续单击两次“返回”按钮。

图 2-28　地址栏按钮用法

如果需要跳转到当前 Windows 文件夹中与 System32 并列关系的目录，需要先返回 Windows 文件夹根目录吗？不需要。文件夹按钮前后都有一个“小箭头”，如果需要跳转到一个与当前目录并列的文件夹，可以单击当前目录对应地址栏按钮前的“小箭头”，在弹出的菜单中选择文件夹即可进行快速跳转，例如需要跳转到与 System32 并列的 ehome 文件夹(Windows Media Center 主程序文件夹)，那么直接单击菜单中的 ehome 按钮即可。

其实 Windows 7 中的地址栏功能与资源管理器“树形文件夹”的作用类似，但 Windows 7 从多个方面提供快捷功能改进，用户操作会有更多的选择。另外，虽然 Windows 7 的地址栏默认被按钮所取代，但如果需要复制路径文本，只需单击地址栏空白区域即可。

2）搜索框

Windows 7 的资源管理器将搜索框“搬”到了表面，便于用户使用搜索功能，想要了解 Windows 7 中使用搜索的方法，可以阅读本章后面的内容。

3）工具栏

地址栏下方是“工具栏”，在 Windows 7 中打开不同窗口或者选中不同类型的文件时，工具栏中的按钮会发生变化，其中有三项始终不会变化，分别是“组织”按钮、“视图”按钮以及“展开预览窗格”按钮。

虽然资源管理器默认隐藏传统的“菜单栏”(可以按 Alt 键调出)，一些用户可能会不习惯，其实通过“组织”按钮的对应菜单包含“菜单栏”大多常用功能，如剪切、复制、属性以及“文件夹和搜索选项”。

提示：可以通过“组织”→“布局”→“菜单栏”操作让菜单栏始终显示在工具栏上方。

如果需要更改当前资源管理器窗口内图标的大小，可以单击“视图”按钮快速进行切换，或单击“视图”按钮右侧的“箭头”，在弹出的菜单中选择图标尺寸。

提示：除了使用资源管理器工具栏的“视图”按钮外，还可以通过 Ctrl＋鼠标滚轮上下滚动的方式来更改图标尺寸。

工具栏中的按钮除了上述通用功能外，当选中不同类型的文件夹或不同类型的文件时，会出现一些对应的功能按钮，如“刻录”“包含到库中”“新建文件夹”“播放幻灯片”以及“打开”等操作。

4）导航栏

在 Windows 7 中，资源管理器左侧导航栏内提供了“收藏夹”“库”“家庭组”“计算机”以及“网络”节点，用户可以通过这些节点快速切换到需要跳转到的目录，如库目录、家庭组共享目录、计算机中的任何一个分区和子目录等。

这里需要强调的功能是导航栏中的第一项“收藏夹”。该收藏夹不同于 IE 浏览器的收藏夹，它的作用是允许用户将常用的文件夹以链接的形式加入此节点，就和跳转列表的作用一样，用户可以用它快速访问常用文件夹。

“收藏夹”中预置了几个常用的目录链接，如“下载”“桌面”“最近访问的位置”以及“用户文件夹”。当需要添加自定义文件夹收藏时，只需要将文件夹拖拽到收藏夹的图标上或下方的空白区域即可。

5）详细信息栏

Windows 7 资源管理器提供的文件信息更丰富，最下方的“详细信息栏”可以看作是传统“状态栏”的升级，它能够为用户提供更丰富的文件信息。并且可以直接在此修改文件信息和属性并添加标记，十分方便。

6）预览窗格

Windows 7 中通过大尺寸图标能够实现一些文件的预览，不过在类型方面也有一定的局限性，例如当查看文字类型文档时，图标无法起到实际作用。

这时可以在工具栏中单击圆形“帮助”按钮左侧的“显示预览窗格”按钮，展开预览窗格，当选中文字文档、图片、视频、音乐时，预览窗格会调用文件关联的应用程序进行预览。

2. 库和用户文件夹

Windows 7 中另一项增强的资源管理功能主要体现在“库”和改进的“用户文件夹”上。

1）用户文件夹

在 Windows 7 中，打开“开始”菜单或桌面中以当前用户名命名的文件夹，用户可以直接访问到“网页收藏夹”“桌面”“保存的游戏”“文件夹收藏”“我的视频”“我的图片”“我的文档”“我的音乐”“下载”以及 AppData（应用程序配置文件目录）目录，如图 2-29 所示，在一定程度上提升了管理的易用性。

特别是新增的“下载”目录，如果用户通过 Internet Explorer 8 下载文件，会自动选择保存在该目录下，便于用户集中管理。

对于“网页收藏夹”和“桌面”这种默认存放于系统分区中的目录，在 Windows 7 中也可以轻松更改默认路径（如转移到其他分区），在增强数据安全性的同时减少对系统分区的占用。如果需要更改这两个目录默认的路径，可以按照以下步骤进行操作。

（1）在文件夹图标上右击，选择菜单中的“属性”命令，打开“属性”对话框。

（2）切换到“位置”选项卡，通过修改图中标注的文本路径或单击“移动”按钮指定一个

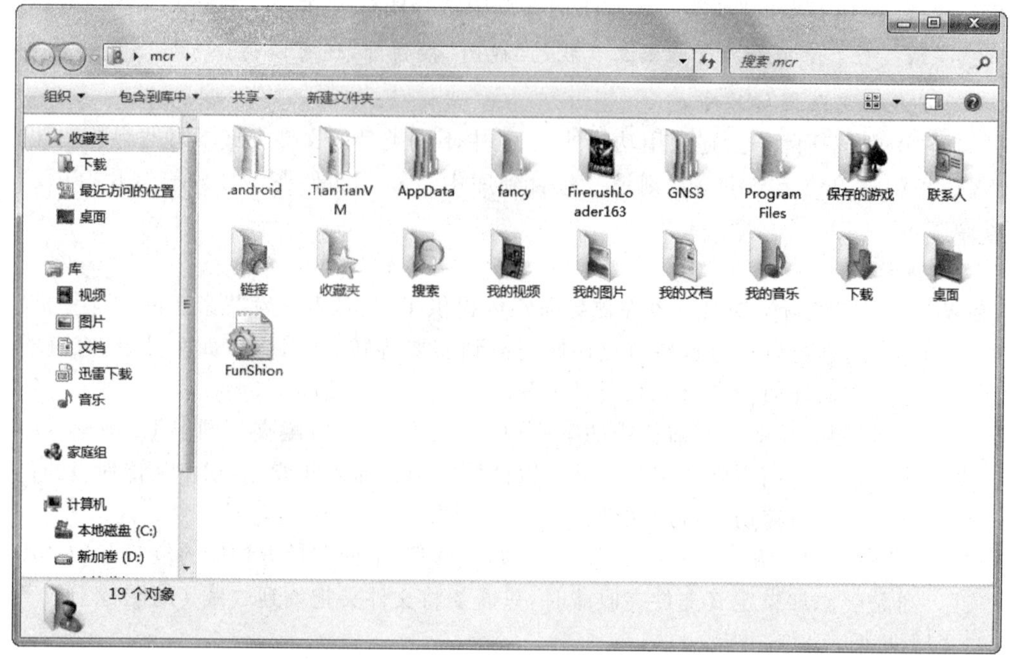

图 2-29　用户文件夹

新的位置，单击“确定”按钮，如图 2-30 所示。

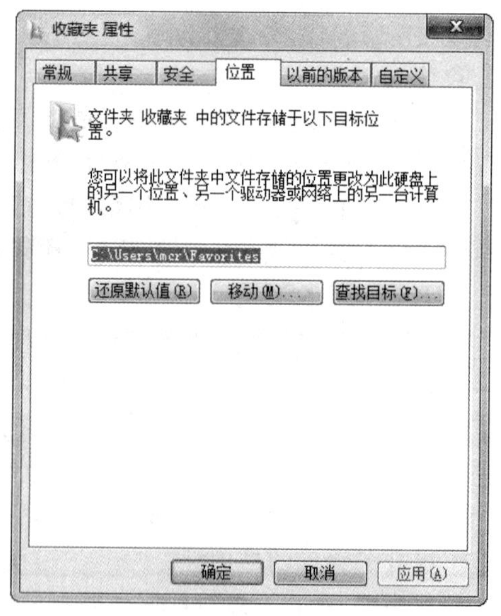

图 2-30　更改系统预置文件夹默认路径

其他媒体目录默认路径的修改方法与此类似，可以用以上方法修改。

2）库

在 Windows 7 测试版中用户遇到过一个问题，就是当使用快捷键 Win＋E 打开“计算机”（我的电脑）时，看到的界面是如图 2-31 所示的“库”，当中列出了“视频”“图片”“文档”以及“音乐”4 个图标；单击“开始”菜单右侧列表的几个预置媒体目录链接，打开的窗口中会有系统文件夹、用户个人文件夹和公用文件夹，而当打开桌面中以用户名命名的文件夹时看到的又是图 2-29 所示的内容。此时，体验 Windows 7 测试版的系统爱好者们已经开始糊涂了，并且对“库”这个功能的作用进行了“激烈”讨论。其实，对于普通用户而言，如果不仔细研究一下库，相信在迷糊的同时也会无法利用该功能带来的便捷。

注意：其实，“库”功能的使用非常简单，只要了解它的作用，同时理解“库”与系统预置用户媒体目录的层级关系，在使用 Windows 7 进行资源管理时会更加方便。

实际上，在 Windows 7 中“库”的地位要高于“计算机”和系统预置用户个人媒体文件

图 2-31 库目录

夹。就像图 2-31 所示的“视频”“图片”等，“库”自身并不能作为文件夹将数据存放于其根目录，它只是一个抽象的组织条件，将类型相同的文件目录归为一类。当用户通过“库”访问“视频”“图片”以及“音乐”等条件相同的文件夹集合时，就会看到用户个人媒体文件夹和系统公用媒体文件夹。

现在可以利用“库”功能将之前已存在于硬盘其他分区的文件夹加入对应类型的“库”中，这样就免去了用户安装 Windows 7 后手动对大量文件重新进行整理。同时，使用添加的自定义目录就可以方便地在“开始”菜单中快速访问，无须再使用资源管理器层层浏览。

将文件夹添加到库的方法很简单，只需要在目标文件夹图标上右击，在“包含到库中”子菜单中选择一项类型相同的“库”即可。

如果感觉 Windows 7 的“库”功能默认提供的 4 个条件分类无法满足需求，可以通过资源管理器导航窗格的“库”节点进入“库”功能的根目录，在空白区域右击，新建一个“库”，其类型由用户决定。为了便于区分，在命名时就应加入限定，如“下载”库。

Windows 7 的“库”与功能与索引、家庭组以及 Windows 媒体库紧密结合，包含在“库”当中的文件夹都可以与其他三项功能分享使用。

3. 文件及文件夹操作

文件及文件夹的创建和命名

Windows 7 提供了多种新建文件和文件夹的操作方法对于新建文件，最常见方式是使用程序创建，而对于新建文件夹最常用的方法是在资源管理器中创建。

1）新建文件

有些程序打开时就会创建新文件，例如，打开记事本时，它使用空白页启动，表示空文件，尚未保存过。准备保存文件时，选择“文件”菜单中的“另存为”菜单项，在所打开的“另存为”对话框中，输入文件名，选择存储的位置，然后单击“保存”按钮完成保存。

默认情况下，大多数程序将文件保存在常见文件夹中，如“文档”“图片”和“音乐”等，这便于再次查找文件，当然也可以根据需要选择相应的文件夹进行保存。

或者在资源管理器中新建常见类型的文件，在这种情况下，不需要打开应用程序，在资源管理器文件列表区域的空白处右击，在弹出菜单中打开“新建”菜单的级联菜单，选择想要创建的文件类型即可产生一个新文件，此时可以把系统默认添加的文件名修改为更加合适的文件名，也可以打开文件进行编辑。

注意：由于计算机中不允许在同一个位置出现两个同名的文件夹或两个同名的文件(主文件名和扩展名都相同)，所以系统会自动用不同的名字进行区分。如在某个位置第一次新建文本文档，默认的文件夹名是“新建文本文档 txt”。如果不改名接着新建第二个文本文档，则名字为“新建文本文档(2). txt”。

2）新建文件夹

可以新建文件夹来分门别类地整理文件。在资源管理器的导航栏中，选择要创建的文件夹，单击工具栏“新建文件夹”按钮，即可新建文件夹。或者在资源管理器文件列表区域的空白处，右击并在弹出的菜单中选择“新建”菜单的级联菜单，选择“文件夹”选项也可新建文件夹。也可以在文件的“另存为”对话框中新建文件夹。

3）创建快捷方式

快捷方式也是一个文件，只不过存储的是系统对象(文件、文件夹或磁盘驱动器)的一个链接。快捷方式有以下特点。

(1) 快捷方式的图标与其所链接对象的图标相似，只是在左下角多了一个标志。

(2) 原对象的位置和名称发生变化后，快捷方式能自动跟踪所发生的变化。

(3) 删除快捷方式后，所链接的对象不会被删除。删除链接的对象后，快捷方式不会随之删除，但已经无实际意义了。

在“计算机”和“资源管理器”内容窗格中，创建快捷方式有两种常用方法：通过拖动对象创建或通过菜单命令创建。

(4) 拖动对象创建快捷方式。打开要创建快捷方式的项目所在的位置。右击该项目，然后选择“创建快捷方式”命令。新的快捷方式将出现在原始项目所在的位置上。将新的快捷方式拖动到所需位置。

用以上方法创建的快捷方式名称为原对象名后加上“快捷方式”字样。

(5) 通过菜单命令创建快捷方式。在“计算机”或“资源管理器”内容窗格的空白处右击，从弹出的快捷菜单中选择“新建”子菜单，从中选择“快捷方式”命令，弹出“创建快捷方式”向导。

在“请键入对象的位置”文本框中，输入要链接对象的位置和文件或文件夹名，或者单击“浏览”按钮，在弹出的对话框中选择需要的对象保存位置，单击“下一步”按钮，输入快捷方式名称或保持默认，单击“完成”按钮。

4）重命名文件和文件夹

有时候需要对文件或文件夹重新命名，以便于查找和管理。文件和文件夹重命名的方法非常简单，以文件夹重命名为例，可以通过鼠标单击想重命名的文件夹两次，或使用鼠标右键菜单中的“重命名”命令使文件夹名字处于反白的编辑状态，输入新的名称即可。

5）文件及文件夹的复制和移动

在使用计算机的过程中，经常需要将文件或文件夹复制到其他位置，或者更改文件或文件夹在计算机中的存储位置。例如，要将文件移动到其他文件夹，或者将其复制到可移动存储器，如U盘或活动硬盘，以便与其他人共享等。

复制或移动文件及文件夹要用到Windows 7剪贴板。剪贴板是一个临时存储区域用来临时存储从一个地方复制或移动并打算应用到其他地方的内容，这些信息可以是文本、图片、文件或文件夹。移动文件和文件夹是指将文件或文件夹从一个位置移动到另外一个位置，就像是日常生活中将一件东西从一个地方拿到另外一个地方一样，在原先的位置就没有了。移动操作实际上分为两个过程，一是一个剪贴文件或文件夹到剪贴板的过程；二是从剪贴板粘贴源文件或文件夹的过程。

复制文件是指制作一个该文件的副本到新位置，而复制文件夹是指制作该文件夹本身及其所包含的所有文件和子文件夹的副本到新位置。

可以通过下拉菜单、鼠标右键菜单、快捷键等多种方式完成移动或复制操作。如果利用鼠标右键菜单的“复制”或“移动”命令来进行复制或移动，首先选中要复制或移动的文件、文件夹，在该文件或文件夹上右击，在弹出的菜单中选择“复制”或“移动”命令，接着打开需要放置文件的位置，在窗口的空白处右击，在弹出的菜单中选择“粘贴”命令，此时所复制或移动的文件就会出现在相应的位置上。

使用编辑菜单中的“复制”或“移动”命令和“粘贴”命令，基本过程和使用鼠标右键菜单基本一致。而前面所说的复制选项的功能，可以用Ctrl＋C快捷键代替；移动选项的功能，可以用快捷键Ctrl＋X代替；粘贴选项的功能，可以用Ctrl＋V快捷键代替，这样操作起来会更加便捷。

也可以使用“拖放”的方法复制或移动文件。首先打开包含要复制或移动文件、文件夹的源文件夹然后打开要复制或移动到的目标文件夹，将两个文件夹窗口都置于桌面上，以便可以同时看到它们的内容，接下来从第一个文件夹将选定内容拖到第二个文件夹，这样就完成了复制或移动。如果在一个窗口中可以同时看到源位置和目标位置，在一个窗口中就可以完成拖放操作。

注意：使用拖放方法时，可能出现移动和复制两种结果．如果在同一个硬盘驱动器上的文件夹之间拖动，则是移动，但如果拖放的过程中按住Ctrl键，则是复制。如果拖放的目标位置是其他硬盘驱动器或网络中某个位置上的文件夹，也是复制。

4. 搜索文件

随着硬盘技术的发展，硬盘的容量不断增大，数字生活的绝大部分信息都要储存在硬盘中，包括文档、图片、音乐以及各种类型的文件。日积月累的众多文件，怎样才能以最快的速度进行有效检索，成了大容量硬盘用户的头疼问题。Windows 7中比较突出的改进就是加强了针对文件的搜索功能，并且检索方式上也发生了不小的变化。本节所涉及的内容并不多，希望通过介绍 Windows 7 在搜索和文件组织方面的功能改进，让用户提高硬盘数据的管理和使用效率。

1）搜索改进

在 Windows 7 中，搜索框遍布资源管理器各种视图的右上角，用户需要进行文件搜索时无须像在 Windows XP 先打开搜索面板，直接在搜索框中输入关键字即可，非常方便。最重要的一点，对于系统预置的用户个人媒体文件夹和“库”中的内容，搜索速度非常快，这要感谢 Windows 7 中加入了索引机制，对处在系统预置目录以及“库”中的用户个人数据建立索引数据库，当用户进行文件搜索操作时，搜索实际上只是在数据库中进行，而非直接扫描硬盘上的实际位置，从而大幅提升搜索效率。

搜索完成后，搜索结果中数据名称与搜索关键词匹配的部分都会以黄色高亮显示，类似于 Web 搜索引擎，让用户更容易锁定所需要的项目。

2）管理索引

默认情况下，Windows 7 搜索机制仅会对系统预置的用户媒体文件夹和“库”进行索引如果用户需要添加其他索引路径，可以按照以下方法将项目加入索引数据库，提高搜索速度。

（1）在“开始”菜单搜索框中输入“索引选项”，并按 Enter 键，打开如图 2-32 所示的“索引选项”对话框。

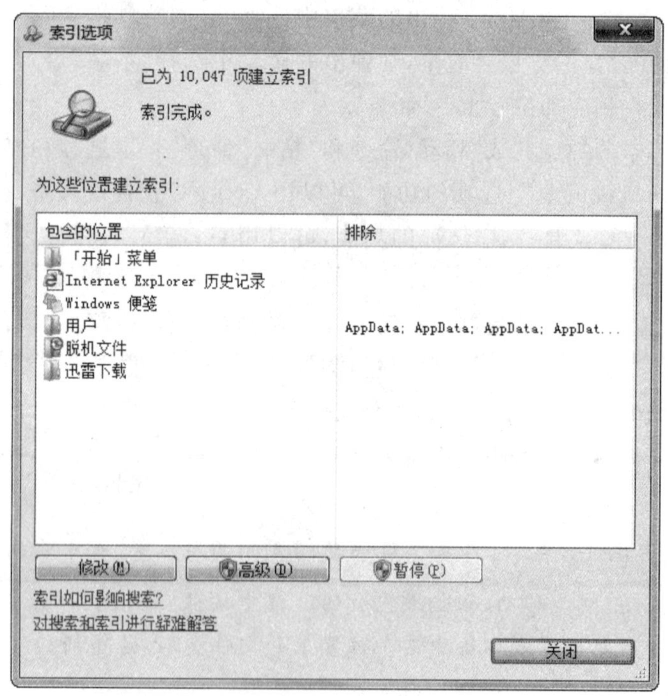

图 2-32　打开“索引选项”

（2）单击“修改”按钮，在弹出的“索引位置”对话框中选中需要添加的盘符和目录，单击“确定”按钮，如图 2-33 所示。

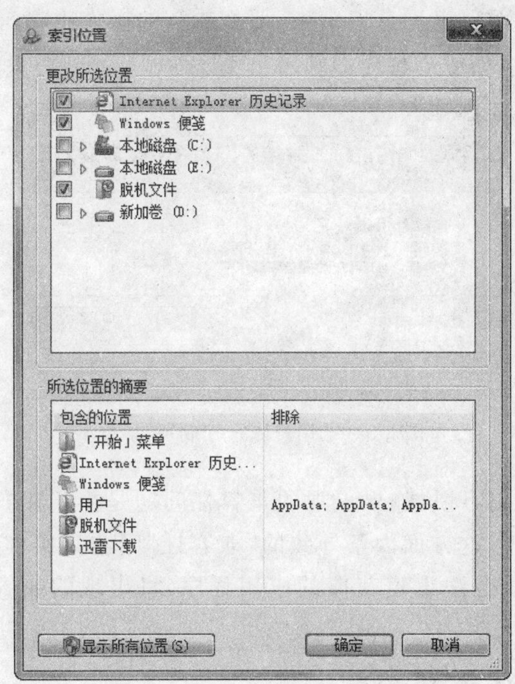

图 2-33　选择需要添加的路径

2.3　程序管理

2.3.1　影响应用程序正常运行的因素

抛开 Windows 7 在系统功能、易用性方面的改进，用户之前使用的应用程序能否在 Windows 7 中正常运行是关键所在，那么影响应用程序正常运行的具体因素都有哪些呢？

首先是 Windows，也就是微软方面，考虑到安全、性能（系统自身性能和发挥最新硬件的性能）、易用性等因素，产品的更新是必然前进的，从 Windows XP 到 Windows Vista，再到今天的 Windows 7，更新都是围绕这几点进行的。同时，由于 Windows XP“服役”年限太久，与应用程序的磨合让用户忘记了兼容性这个问题。其实，伴随新版本 Windows 出现的兼容性问题是不可避免的，这种情况也同样发生在其他操作系统中。

其次是第三方应用程序和硬件设备驱动程序方面的因素。Windows 作为一款普及率非常高的操作系统，为其开发的应用程序数不胜数。在 Windows 7 发布初期，将针对 Windows XP 开发的应用程序安装在 Windows 7 中这种情况会比较普遍，这是因为一些应用程序开发厂商受限于技术、成本等方面的因素不能及时推出或根本不会推出与 Windows 7 兼容的产品，兼容性问题也就随之而来。

从安全角度考虑，Windows 7 中沿用了 UAC 用户账户控制机制，没有通过认证的应用程序在安装或运行时，若要执行向系统注册表、系统目录写入文件等操作，用户会遇到如图 2-34 所示的用户账户控制对话框，这时只有单击“是”按钮，才能够继续执行操作；若应用程序无法请求提升权限而无声无息地结束，那么执行的操作也将是失败的，当开发不够严谨、针对旧版本 Windows 的应用程序遇到用户账户控制机制，就可能会出现兼容性问题。

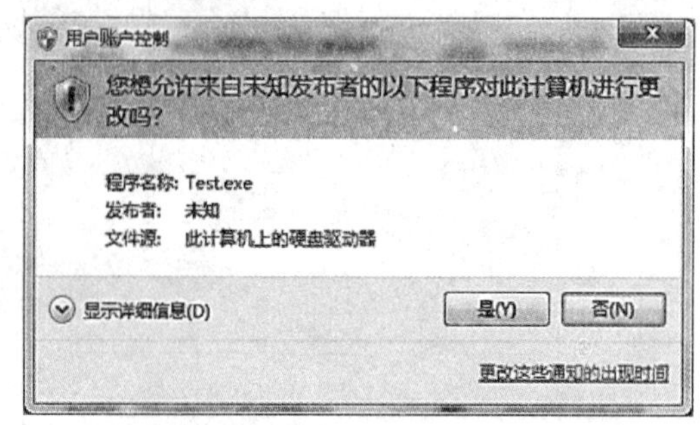

图 2-34 “用户账户控制”对话框

最后就是用户的使用习惯，如果出现的兼容性问题是由于用户所选择应用程序为改版、重新打包或盗版软件，这方面因素导致的“兼容性”问题其实称不上兼容性问题，因此应尽可能使用通过正规、合法渠道获取的应用程序，将出现的兼容性问题的可能性降至最低。

2.3.2 应用程序的安装与管理

用户选择 Windows 作为 PC 平台的重要因素之一就是可以安装很多应用程序，下面就来了解 Windows 7 在应用程序的安装与管理方面的改进以及用户需要注意的问题。

1. 安装应用程序

虽然应用程序的安装并不复杂，只需要根据安装程序向导提示的步骤单击“下一步”按钮即可。然而，当这样一路单击“下一步”按钮安装完应用程序后，可能用户会发现系统中莫名其妙地出现了一些不想安装的组件。因此在安装应用程序时，需要注意每个环节的提示选项。同时，在 Windows 7 中安装应用程序建议主动提升权限以进行操作，从而避免出现兼容性问题。

Windows 平台的应用程序数量庞大，每款应用程序的安装程序也不尽相同，此处就不进行具体针对某款软件的安装流程详解了。不过，安装流程需要用户参与操作的典型环节如下：

- 选择安装路径；
- 阅读许可协议；
- 组件选择；
- 附加选项。

对于安装路径的选择，一般情况下安装程序默认会指向“C:\Program Files”目录，这就需要注意了，因为不少用户在此环节会对该默认的安装路径进行较大更改，例如指向一个中文名称的“软件”路径。其实最简单、最稳妥的方法就是仅更改默认的盘符，也就是将 C 更改为 D 或其他盘符，保证后面的路径默认不变，这样一来不仅更便于管理，同时能避免一些英文程序因不兼容中文路径而运行出错。

另外，注意最后阶段的附加选项，避免安装一些额外的应用程序。

除了注意安装环节,事先了解应用程序的运行环境要求也很重要,如所针对的 Windows 版本、硬件需求等。对于一般的小型软件来说,建议通过软件的下载页面了解当前版本所兼容的 Windows 版本,从而避免兼容性问题。再如,对于 Intel x58 平台的用户来说,往往都配备了 3～6GB(甚至更大)的物理内存,因此操作系统架构方面必须选择 64 位的 Windows 7 版本才能够识别和利用所有物理内存,目前针对 32 位的应用程序运行在 64 位操作系统中,用户存在很大的争论和顾虑,担心普通应用程序无法与 64 位环境兼容。其实,如果是能够运行在 32 位 Windows 7 中的应用程序,同样也能很好地运行在 64 位环境中,因为目前的 64 位 Windows 操作系统同时具备了 32 位的系统核心,可以理解为嵌套了一个 32 位的操作系统。当 32 位的应用程序运行在 64 位 Windows 7 中时,无非是无法利用 64 位运算的优势,完全可以正常运行,同时兼容性方面与 32 位 Windows 所面临的情况是相同的。

2. 查看和管理已安装的应用程序

如果需要查看或管理当前 Windows 7 中安装的应用程序,可以单击开始菜单右侧列表中的“控制面板”,在默认“类别”视图的控制面板界面中单击“程序”按钮下方的“卸载程序”,即可打开 Windows 应用程序管理器。

1) 管理已安装的应用程序

通过 Windows 应用程序管理器,可以查看当前系统中已安装的应用程序,同时还可以对应用程序进行修复和卸载操作。

(1) 查看已安装的应用程序

打开 Windows 应用程序管理器,可以看到当前系统中已安装的应用程序,应用程序管理器的界面与 Windows 资源管理器类似,除了以默认列表方式查看视图,还能以大图标方式显示应用程序。另外,通过类别栏还可以让应用程序根据不同的条件排序,例如以“发行者”和“安装时间”排序可以提高浏览的效率,还可以通过窗口右上角的搜索框进行搜索,具体视图控制和使用方法和 Windows 资源管理器的使用方法类似。

(2) 更改或修复已安装的应用程序

在列表中选中应用程序后,根据安装程序的不同,可以在工具栏中看到“更改”“修复”及“卸载/更改”按钮。由于一些应用程序的安装流程会将原始安装文件保留在硬盘中,那么这类应用程序就具备修复或更改安装组件的功能。如果此类应用程序出现问题或需要对已经安装的组件进行添加或删除,则可以通过“更改”或“修复”按钮来进行操作。

(3) 卸载应用程序

如果需要卸载一款不需要的应用程序,在列表选中程序后单击工具栏中的“卸载”按钮即可。双击需要卸载的应用程序条目或在其上右击,在菜单中选择“卸载”可以启动卸载程序。

2) 管理已安装的更新

在默认的 Windows 应用程序管理器中,只能看到当前系统中安装的应用程序,如果需要查看和管理 Windows 以及其应用程序已安装的更新补丁,可以单击图 2-35 中窗口左侧列表中的“查看已安装的更新”,打开如图 2-36 所示的管理界面。

需要注意,由于更新补丁具有特殊性,建议不要轻易进行卸载,否则可能会导致其他应用程序出现故障。

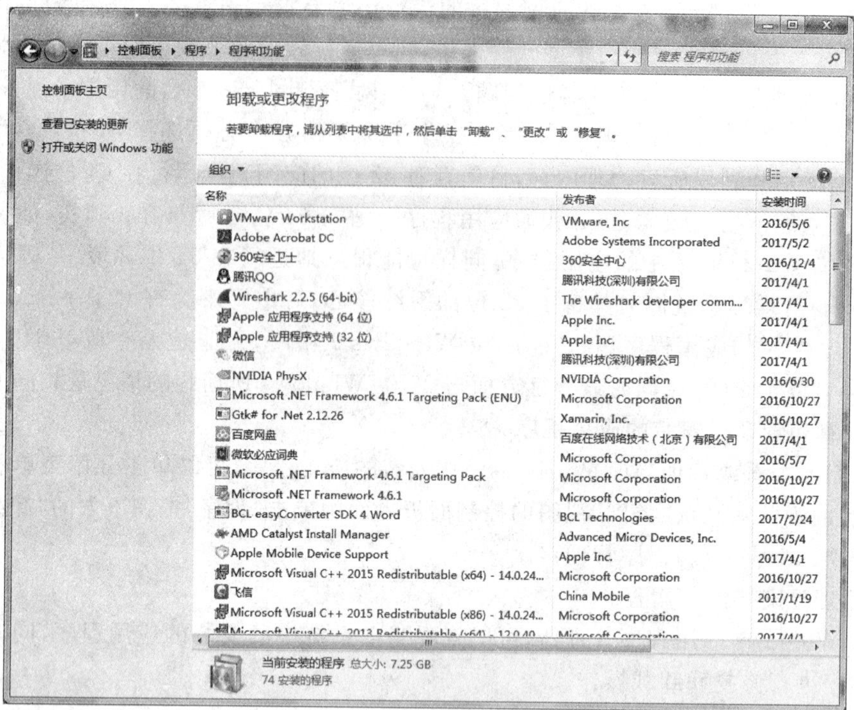

图 2-35　Windows 应用程序管理器

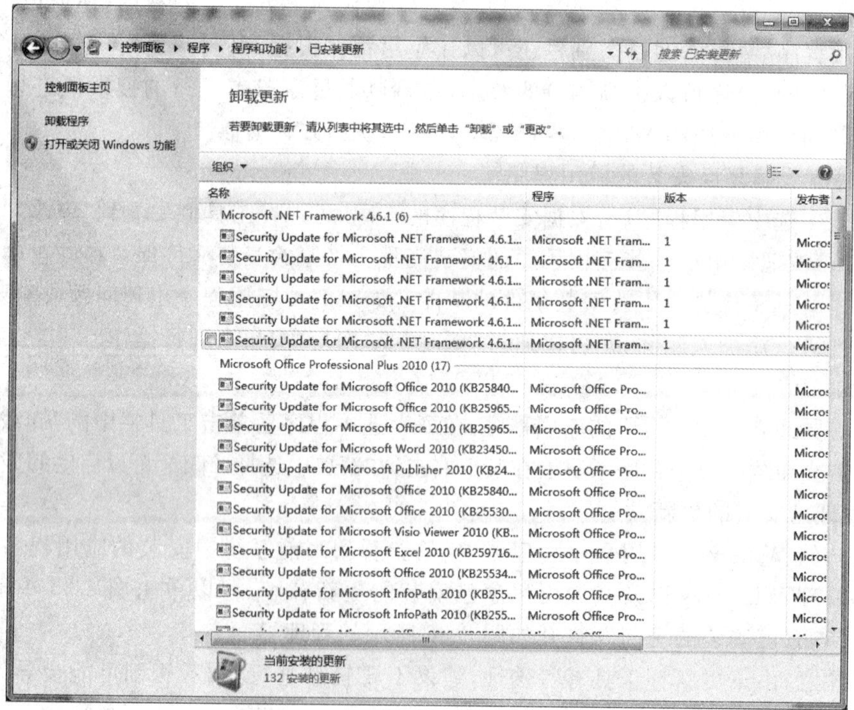

图 2-36　查看和管理已安装的更新

2.3.3 让不兼容的程序正常运行

应用程序与 Windows 7 的兼容性很重要，决定着整个平台的用户体验。由于 Windows 7 的系统代码是建立在 Windows Vista 的基础之上的，针对后者开发的应用程序都能够很好地兼容 Windows 7。如果在 Windows 7 中使用为老版本 Windows 开发的应用程序，可以尝试使用兼容模式，兼容模式会提供 Windows 早期版本的运行环境，如 Windows XP、Windows 2000 甚至 Windows 95 模式等。

1. 手动选择一种兼容设置

如果安装和使用的应用程序是针对旧版本 Windows 开发的，为避免直接使用出现兼容性问题，可以根据程序对应的操作系统版本来选择一种兼容模式，例如本例程序是针对 Windows XP 开发的，那么可以按照以下步骤进行操作。

(1) 右击应用程序或其快捷方式图标，选择菜单中的“属性”命令，打开属性对话框，切换到“兼容性”选项卡，如图 2-37 所示。

(2) 默认情况下，通过图 2-37 所示的对话框所进行的设置仅会对当前用户有效。若希望对所有用户账户有效，单击对话框下方的“更改所有用户的设置”按钮，弹出如图 2-38 所示的对话框。

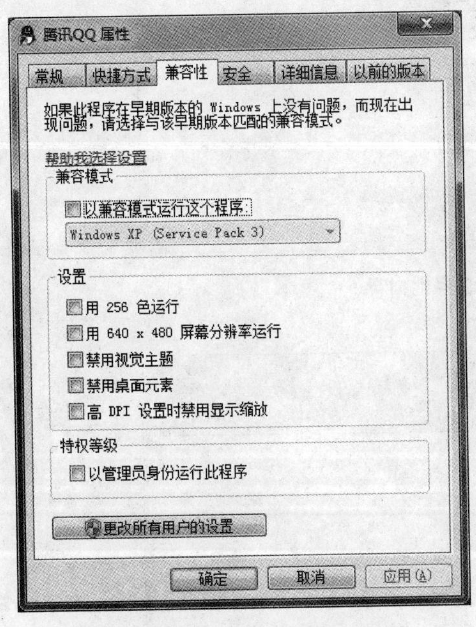

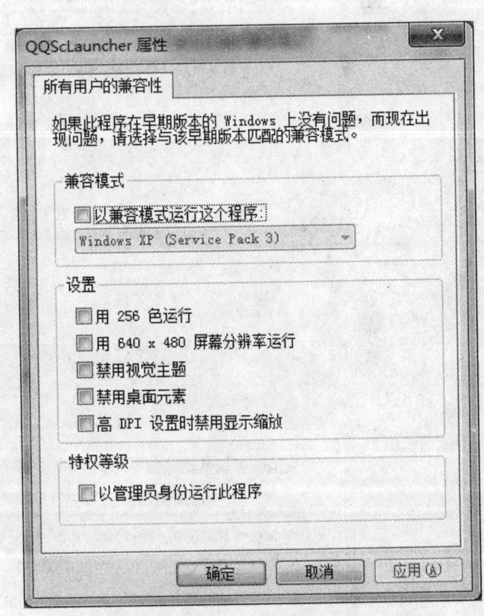

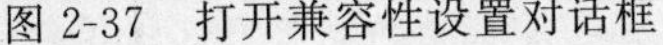

图 2-37 打开兼容性设置对话框

图 2-38 让设置应用于所有用户账户

(3) 选中“以兼容模式运行这个程序”复选框，在下拉列表中选择一种操作系统版本。一般情况下，针对 Windows XP 开发的应用程序选择 Windows XP(Service Pack 2)即可正常运行。

(4) 如果当前 Windows 7 的 UAC 用户账户控制处于默认级别，为了避免应用程序无法与其兼容，建议选中对话框下方的“以管理员身份运行此程序”复选框。

(5) 依次单击对话框中的“确定”按钮，然后尝试运行该应用程序。

2. 让 Windows 7 来选择兼容设置

对于普通用户来说，如果不了解目标应用程序的详细信息，可以让 Windows 7 选择以何种兼容模式设置来运行程序。

(1) 右击应用程序或其快捷方式图标，选择菜单中的"兼容性疑难解答"，如图 2-39 所示。

(2) 系统会打开针对该程序的兼容性疑难解答向导，单击"尝试建议的设置"，如图 2-40 所示。

(3) 向导会转至如图 2-41 所示的界面，Windows 会提供一种兼容模式设置来让用户尝试运行目标程序，这里选择了 Windows XP Services Pack 2 的兼容模式，单击"启动程序"按钮来测试程序能否正常运行。

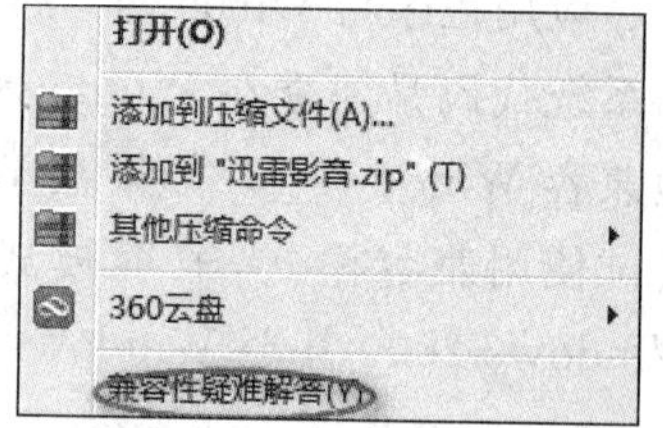

图 2-39　选择兼容性疑难解答

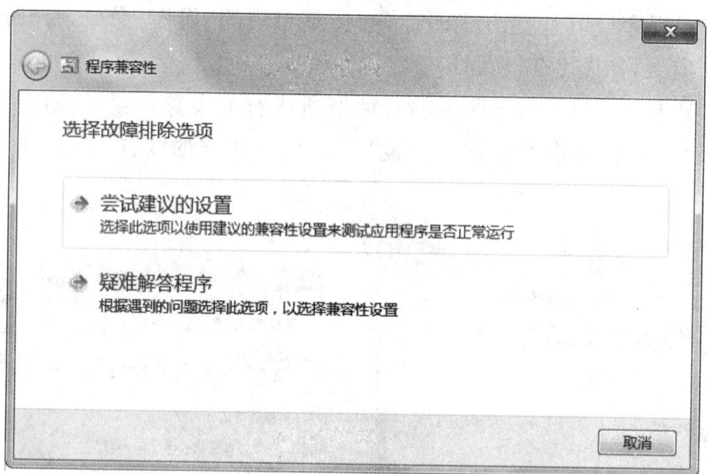

图 2-40　程序兼容性向导

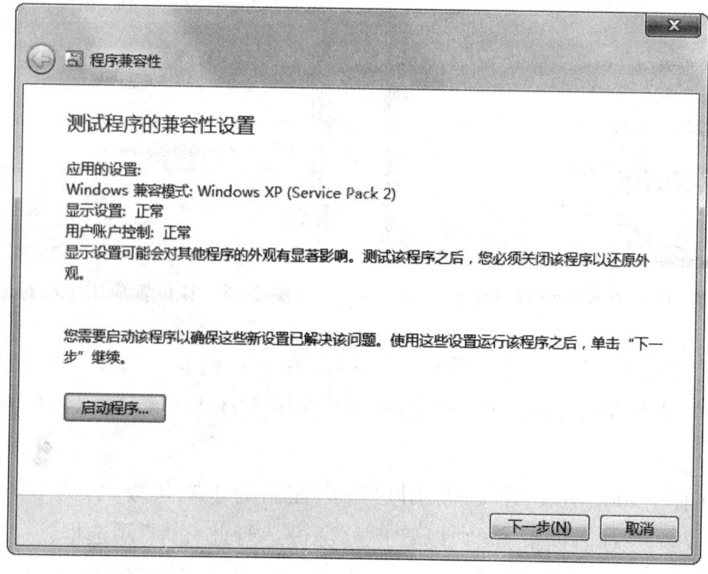

图 2-41　单击"启动程序"按钮测试程序是否正常运行

(4) 完成测试后,单击“下一步”按钮,这时会看到一个向导界面,如果程序已经可以正常运行,单击“是,为此程序保存这些设置”,否则应选择“否,使用其他设置再试一次”。

(5) 若测试后应用程序没有正常运行,那么选择“否,使用其他设置再试一次”,随后向导会转到如图 2-42 所示的界面,根据提示给出的描述来进行选择。如尝试增加权限以便程序正常运行,则可选中“该程序需要附加权限”复选框,再单击“下一步”按钮。

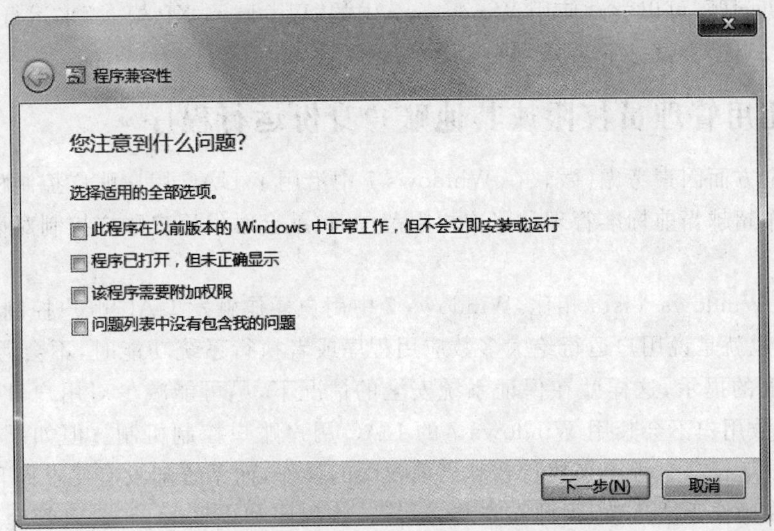

图 2-42　根据测试选择程序兼容性设置

(6) 转到如图 2-43 所示的界面,在这里为应用程序选择一个过去可以正常运行的 Windows 版本,单击“下一步”按钮。

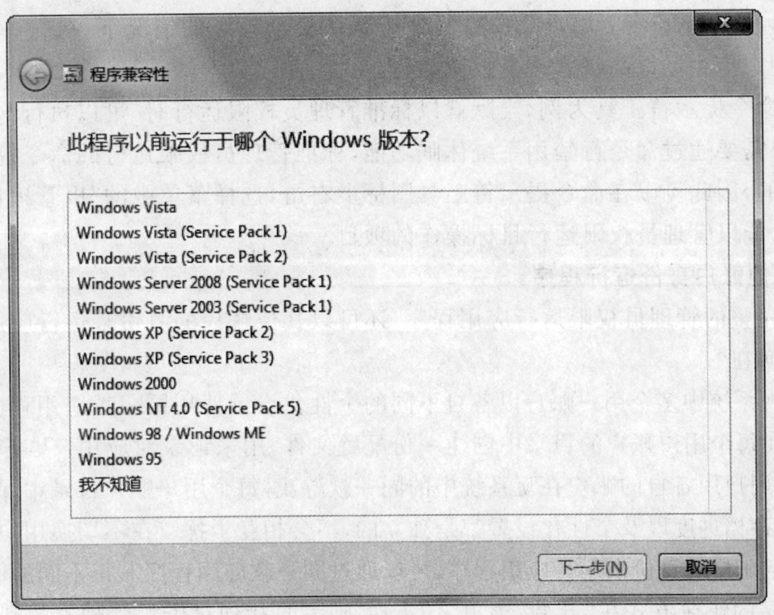

图 2-43　再次调整兼容性设置

(7) 再次单击"启动程序"按钮检查程序是否正常运行,后面的操作参考以上步骤即可。

由于绝大多数应用程序都会采用安装的方式入驻 Windows,因此为了避免安装程序存在兼容性问题造成应用程序无法正常安装,可以使用兼容模式进行安装。当完成程序的安装后,再对主程序或快捷方式使用兼容性设置即可。

使用兼容模式可以解决绝大部分应用程序的兼容性问题,但如果程序实在太旧,兼容模式也无法解决问题,可以尝试使用 Windows 7 中的"Windows XP 模式"来运行程序。有兴趣的读者可以自己尝试一下。

2.3.4 使用管理员权限或其他账户身份运行程序

出于安全方面因素考虑,微软在 Windows 7 中沿用了 UAC 用户账广控制机制,当用户所执行的操作超越当前标准管理员账户权限范围时,就会触发用户账户控制对话框,要求提升权限。

不过,与 Windows Vista 相比,Windows 7 中用户操作触发 UAC 账户控制机制的频率降低了很多,也就是说用户运行绝大多数应用程序或者执行系统功能时,不会遇到 UAC 用户账户对话框的提示,这样就在保证系统安全的情况下,尽可能减少对用户日常操作的干预,因此大多数用户不会禁用 Windows 7 的 UAC 用户账户控制机制。但如果以默认标准管理员的权限运行一个程序来执行超越当前权限的操作,而系统却没有要求提升执行权限,那么就会造成操作无法生效,因此在安装、运行一些程序和操作时,需要以管理员权限来运行。另外,也可以选择以其他账户身份来运行指定的应用程序。

1. 以管理员权限运行程序

以标准管理员账户执行超越当前权限的应用程序或操作时。如果 Windows 7 没有提示提升权限,用户也没有主动以高级管理员权限进行操作,就会导致所执行的操作失败。因此需要注意,在 Windows 7 用户账户控制处于默认安全等级的情况下,执行一些跨越权限的操作时,用户应主动以高级管理员权限运行。

这里以命令提示符工具为例,当默认以标准管理员权限运行时,可以执行绝大多数常规操作,但如果需要通过命令行禁用系统休眠功能,标准管理员权限运行的命令提示符是无法让操作生效的,因此可以在命令提示符工具图标上右击,选择菜单中的"以管理员身份运行"命令,这样才能以管理员权限运行目标操作的项目。

2. 以其他账户身份运行程序

除了以完整的管理员权限运行应用程序,还可以其他账户的身份来运行应用程序,这种做法的意义何在?

为了实现系统中多个用户账户以各自不同的个性化设置使用同一款应用程序,大多数应用程序都会在每个用户账户的目录中创建一份配置文件,用来记录对应用户账户使用该程序的设置,例如用户用各自的账户在玩系统中的同一款游戏,每个用户账户目录中保存了游戏配置文件,游戏存档进度以及个性化设置都是独立的,不会相互干扰。在不切换用户账户登录的情况下以指定账户的身份来运行应用程序,可以通过同一款应用程序获得不同的使用体验。

无论程序的快捷方式在"开始"菜单、任务栏,或者直接通过资源管理器找到程序的可执行文件,需要以其他账户身份运行程序时,先按下 Shift 键,然后在程序或快捷方式图标上右击,选择菜单中的"以其他用户身份运行"命令,随后会弹出"以其他用户身份运行"对话框，在这里输入目标账户名和密码并单击“确定”按钮。如果此时通过 Ctrl＋Shift＋Esc 组合键打开任务管理器就会看到，该程序正在以其他账户身份运行。

2.4　账户管理

2.4.1　了解 Windows 用户账户

在开始配置 Windows 7 用户账户前，先通过本节对 Windows 中的用户账户进行一定的了解，从而帮助大家更好地管理 Windows 7 中的用户账户，避免由于设置方面的漏洞给系统带来安全隐患。

Windows 7 允许多个用户设置和使用多个账户，这其中包括系统内置的 Administrator（管理员）、Guest（来宾）以及用户后续自行增加的账户。不同的账户可以给使用计算机的每个用户提供单独的桌面环境以及个性化的应用程序设置，避免相互干扰。

在 Windows 7 中用户可以接触到以下类型账户。

1）系统内置的 Administrator 账户

Windows 7 系统内置一个权限等级最高的名为 Administrator 的管理员权限账户，它拥有 Windows 的完全控制权限，不受 Windows 7 用户账户控制机制的限制。

2）用户自行创建的账户

在 Windows 7 安装向导的结尾，会提示用户创建一个用于初始化登录的账户。为了避免 Windows XP 时代的用户对管理员权限账户任意使用而造成的安全问题，在 Windows 7 中所有用户自行创建的管理员权限账户在用户账户控制机制的保护下默认运行在标准权限，这样可以有效地阻止恶意程序随意调用管理员权限执行对系统有害的操作。

除了用户通过 Windows 7 安装向导创建的账户外，用户后续通过控制面板新增账户时，系统默认会建议创建标准类型的账户。相比管理员账户而言，标准账户所拥有的权限被进一步限制，受限于用户账户控制机制，在标准账户尝试执行更改系统关键设置的操作时都会受到用户账户控制机制的阻拦，这样可以避免仅掌握初级计算机知识的用户人为对系统进行错误设置影响系统正常运行。

基于安全方面的考虑，默认情况下 Windows 7 内置的 Administrator 和 Guest（来宾）账户都处于禁用状态，这样可以从根本上避免出现 Windows XP 时代默认处于启用并无密码保护的系统内置 Administrator 账户被黑客利用对系统进行有害的操作。

2.4.2　账户的配置与管理

要对 Windows 7 中的用户账户进行管理，最简单的方法就是通过“开始”菜单的用户头像进入“用户账户”管理界面，如图 2-44 所示。

1. 创建新账户

具体操作步骤如下。

(1) 单击如图 2-44 所示“用户账户”管理面板中的“管理其他账户”选项，随后会转到如图 2-45 所示的界面。

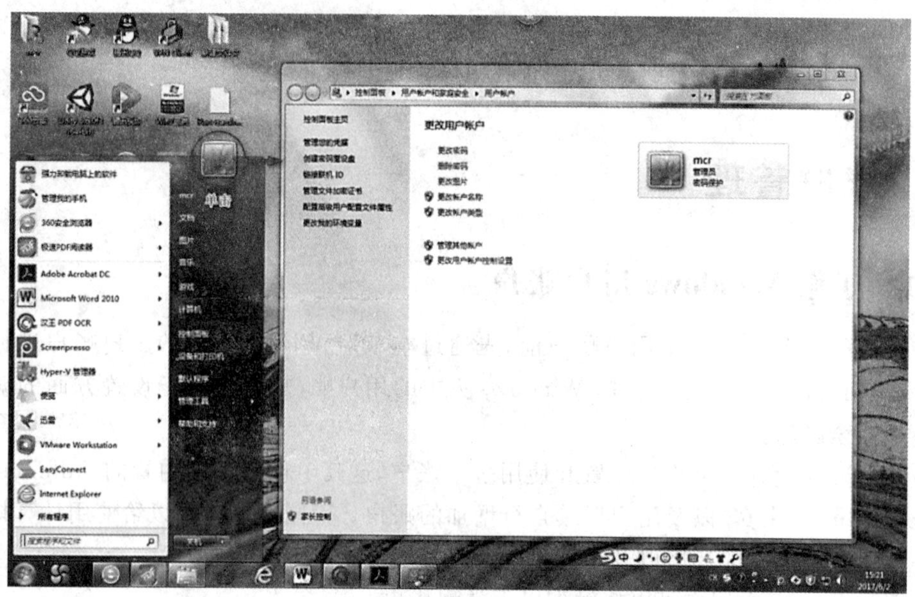

图 2-44　快速打开“用户账户管理”面板

图 2-45　“管理账户”面板

(2) 单击如图 2-45 所示界面下方的“创建一个新账户”选项后，会看到如图 2-46 所示的界面。

(3) 在如图 2-46 所示的界面中，输入用于显示的账户名并选择该账户的权限，如“标准用户”或“管理员”。关于这两种账户类型的对应权限，可以参考本章前面的内容，完成后单击“创建账户”按钮。

2. 更改账户类型(账户权限)

如果要更改已经创建账户的权限类型，必须登录一个具有管理员权限的账户进行操作。

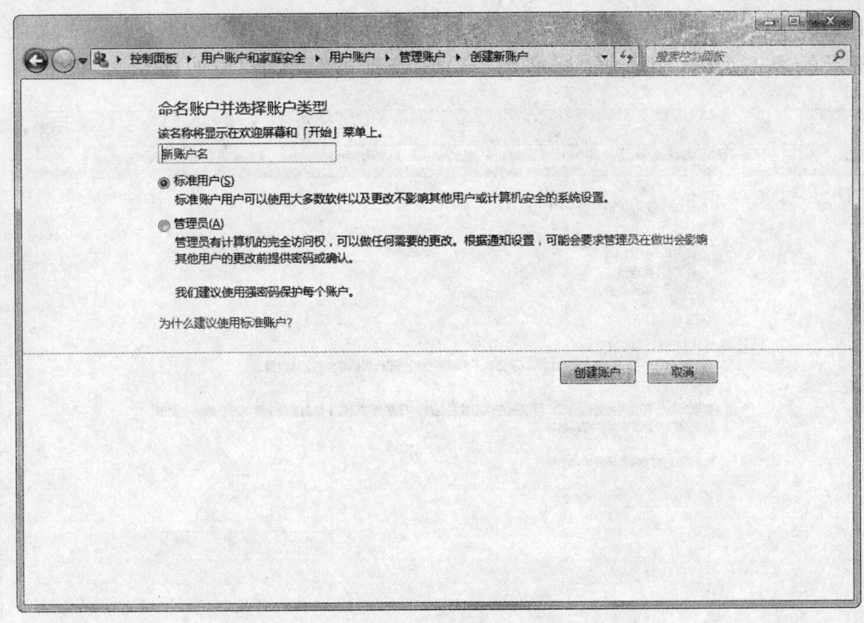

图 2-46　输入账户显示名并选择权限类型

通常有两种途径可以定义账户的权限类型，由于品牌计算机预装的 Windows 7 版本大多为家庭普通版和家庭高级版，并不附带“本地用户和组”管理单元，因此针对所有版本的 Windows 7 来说，可以通过控制面板界面进行操作；而对于 Windows 7 旗舰版、专业版、企业版而言，除了控制面板外，还可以通过“本地用户和组”管理单元进行操作。

(1) 通过系统控制面板界面进行操作，步骤如下。

① 打开“管理账户”面板，这时可以看到本地的用户账户，如图 2-45 所示。

② 单击目标账户，如这里的 admin，随后会转到如图 2-47 所示的界面。

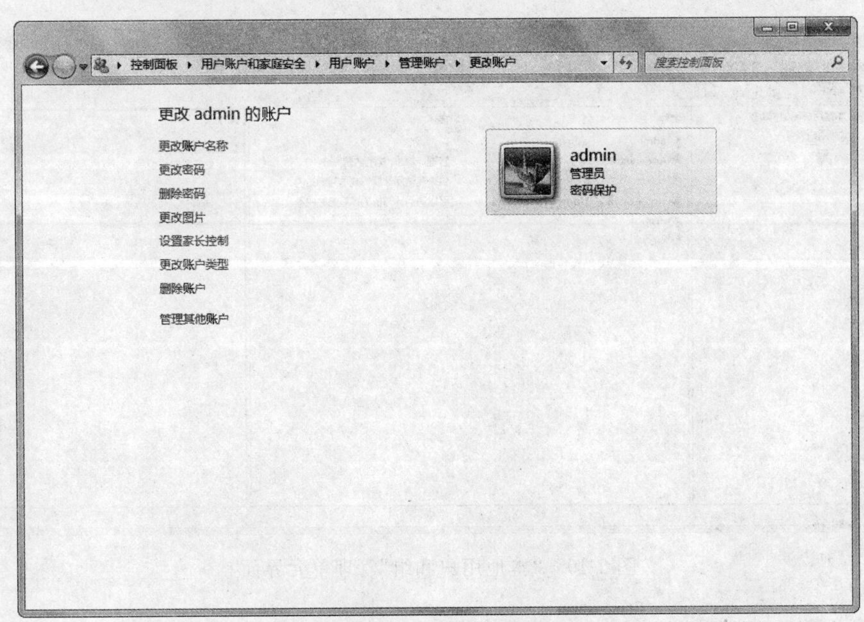

图 2-47　更改账户界面

③ 单击如图 2-47 所示管理界面左侧任务列表中的“更改账户类型”链接，会看到如图 2-48 所示的界面，在这里选择“标准用户”或“管理员”，单击“更改账户类型”按钮。

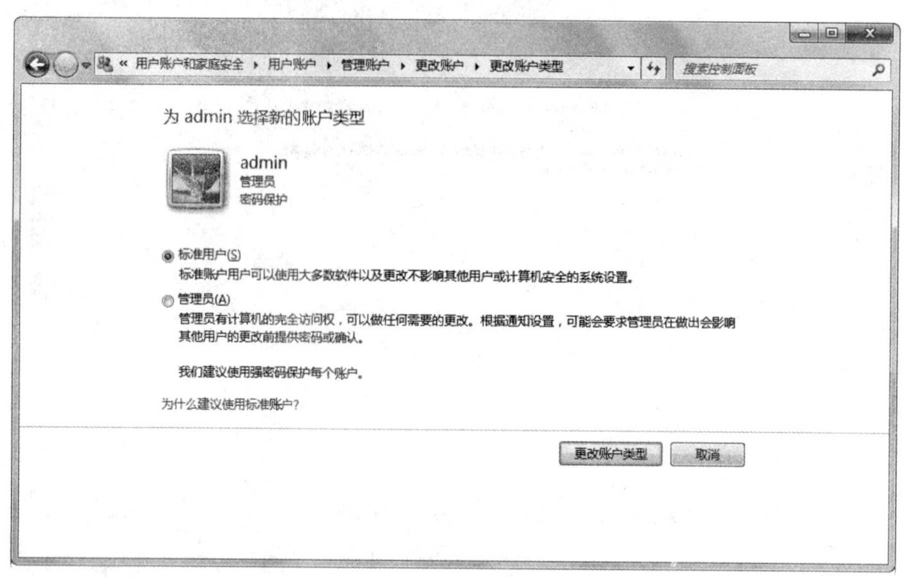

图 2-48　更改账户权限类型

(2) 通过“本地用户和组”管理单元进行操作。对于 Windows 7 专业版、旗舰版和企业版来说，还可以通过“本地用户和组”管理单元实现账户的高级设置。这里依然以账户 admin 为例，通过“本地用户和组”管理单元将其更改为管理员类型的账户。

① 在“开始”菜单搜索框中输入 lusrmgr.msc 并按 Enter 键，即可打开“本地用户和组”管理单元。单击左侧树形控制台中的“用户”节点，即可在窗口中央的详细信息区域看到当前系统中的用户账户，如图 2-49 所示。

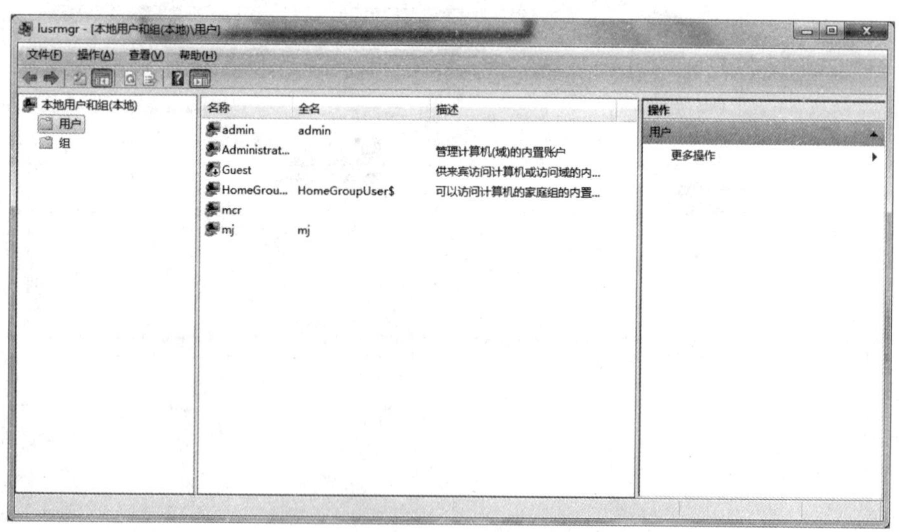

图 2-49　“本地用户和组”管理单元界面

② 双击详细信息区域列表中需要进行操作的用户，如这里的 admin，弹出该账户的属

性对话框后，切换到“隶属于”选项卡，如图 2-50 所示。

③ 通过如图 2-50 所示的账户属性对话框“隶属于”选项卡可以看到，当前账户 admin 隶属于 Users 组，也就是对应“管理员”类型。如果需要将当前账户的权限变更为普通用户，单击如图 2-50 所示对话框左下角的“添加”按钮，打开如图 2-51 所示的“选择组”对话框。

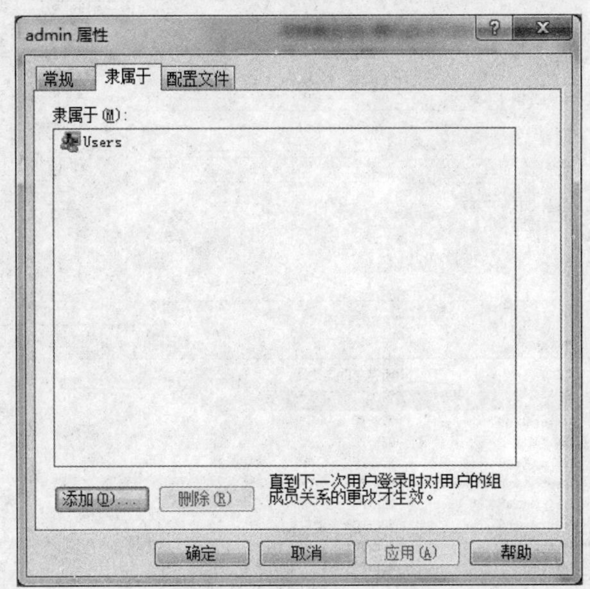

图 2-50 查看账户的属性

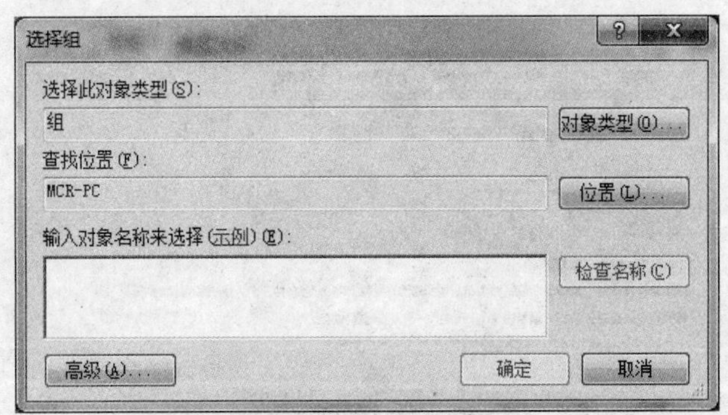

图 2-51 “选择组”对话框

(3) 单击“选择组”对话框左下角的“高级”按钮，单击随后弹出的对话框右侧的“立即查找”按钮，对话框底部列表即可显示当前系统中的所有用户组，如图 2-52 所示。

(4) 双击图 2-52 所示对话框底部列表中的 Administrators，最后依次单击对话框中的“确定”按钮。

3. 创建、更改或删除密码

1) 创建密码

如果在 Windows 7 安装结尾阶段创建账户向导并未设置登录密码，那么可以通过控制面板进行添加。单击“开始”菜单用户头像，打开“用户账户”控制面板界面。单击“为您的账户创建密码”链接，即可看到如图 2-53 所示的界面。在这里输入密码后(密码提示可以选填)，单击“创建密码”按钮。

图 2-52 查看当前所有用户组

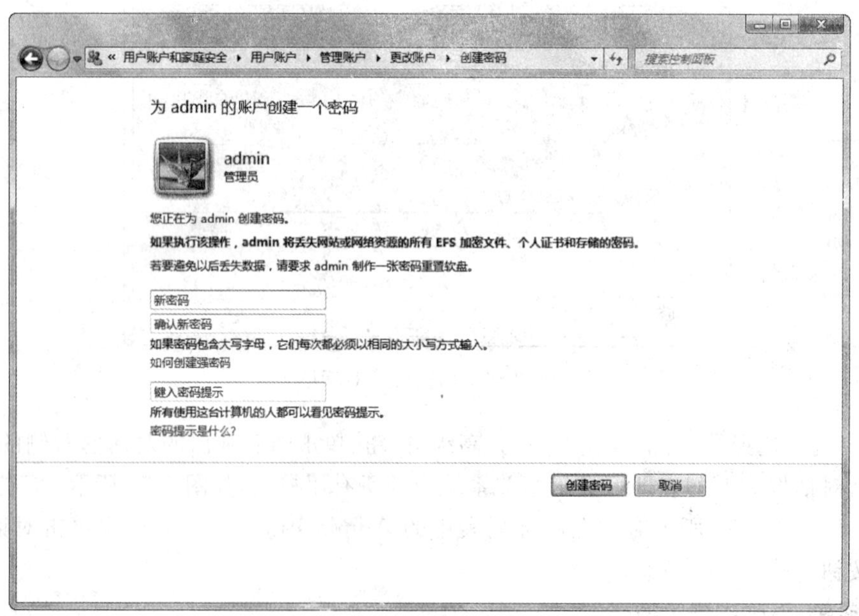

图 2-53 创建密码

2) 更改密码

如果需要更改以前设置的账户密码，则可以通过“开始”菜单用户头像打开“用户账户”

控制面板界面并单击“更改密码”链接，即可看到如图 2-54 所示的界面。根据界面中的提示分别输入当前的密码和新密码，完成后单击界面右下角的“更改密码”按钮。

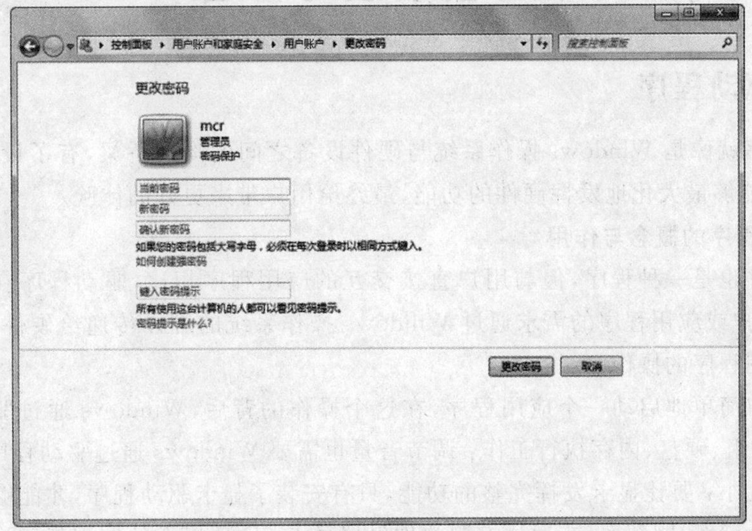

图 2-54 更改密码

3）删除当前密码

如果希望删除当前账户的密码，可以通过“开始”菜单用户头像打开的“用户账户”控制面板，单击界面中的“删除密码”链接后会转到如图 2-55 所示的界面，在这里输入当前的账户密码后单击“删除密码”按钮。

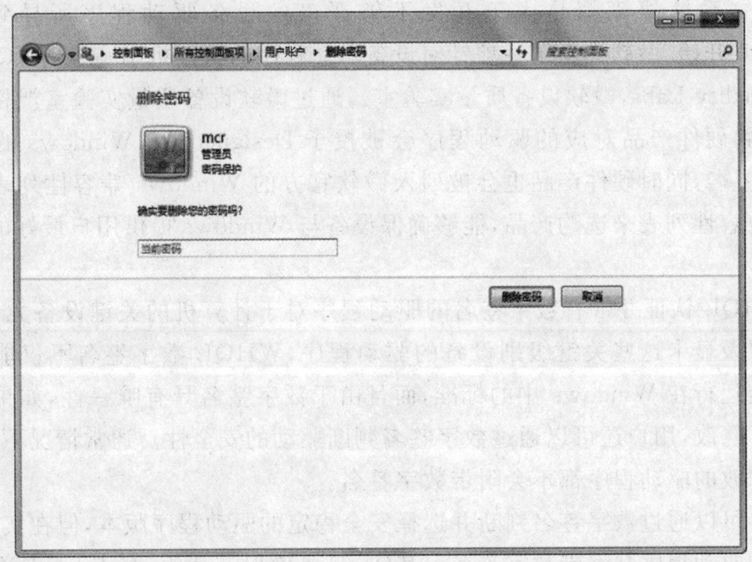

图 2-55 删除账户密码

可以看出，Windows 7 提供了良好的用户交互界面，账户管理的操作，可根据系统提示步骤轻松完成。

2.5 设备、驱动程序的安装与管理

2.5.1 驱动程序

驱动程序就像是 Windows 操作系统与硬件设备之间的沟通桥梁，有了设备驱动程序，Windows 才能够最大化地发挥硬件的功能，最终给用户带来更好的体验。

1. 驱动程序的概念与作用

驱动程序也是一种程序，但与用户直接交互的应用程序相比，驱动程序在系统底层运行，负责将用户或应用程序的需求通过 Windows 操作系统的翻译传递给硬件设备，最终实现用户或应用程序的操作。

例如用户简单地启动一个应用程序，在这个操作的背后，Windows 通过驱动程序来协同 CPU、芯片组、硬盘、内存执行工作：调节音量也需要 Windows 通过驱动程序来控制声卡输出声音的大小：要让显卡发挥完整的功能，只有安装了显卡驱动程序，才能够在 Windows 中设置屏幕分辨率、刷新率，或通过控制软件设置显卡 3D 环境下的抗锯齿、显卡核心、显存以及流处理器的工作频率。通过驱动程序，Windows 才能收到来自键盘、鼠标、麦克风的输入操作，甚至将硬件设备的温度反馈给用户。

2. 驱动程序数字签名

与应用程序情况相同，设备驱动程序会针对不同版本和架构的 Windows 操作系统，包含针对 Windows XP、Windows Vista、Windows 7 以及对应的 32 位和 64 位版本。

过去，很多系统故障都是由于开发不够严谨的设备驱动程序所导致的，因此从 Windows 2000 开始，微软推出了一项针对设备驱动程序的认证机制——WHQL（Windows Hardware Quality Labs，微软设备质量实验室），通过微软设备质量实验室严格的兼容性和稳定性测试后，硬件产品对应的驱动程序会被授予 Designed for Windows 的标志并添加 WHQL 数字签名，同时硬件产品也会被列入微软官方的 Windows 兼容性列表。通过参考微软提供的兼容性列表来选购产品，能够确保设备与 Windows 提供用户最好的兼容性和稳定性体验。

通过 WHQL 认证并带有数字签名的驱动程序对于计算机的关键设备尤为重要，对于主板芯片组以及显卡这些关键级别设备的驱动程序，WHQL 数字签名不仅能够衡量驱动程序能否稳定运行在 Windows 中的标准，而且由于数字签名具有唯一性，如果驱动程序被第三方进行了篡改，用户还可以通过数字签名判断驱动的安全性。通常情况下，非正式版和经过第三方修改的驱动程序都不会附带数字签名。

虽说用户可以通过数字签名判断并选择安全稳定的驱动程序版本，但在实际情况中，并非所有设备的驱动程序都附带数字签名。其实，只要确保芯片组、显卡、声卡这类关键级别设备使用带有数字签名的驱动程序，其他外部设备的驱动程序即便没有数字签名，其对于系统运行稳定性不会造成太大威胁。在 Windows 7 测试阶段，微软就已经开始与设备厂商紧密合作，并在中国成立了产品兼容实验室，相信随着各方面的努力，中国用户在使用 Windows 7 时，在硬件设备兼容性方面的体验会比以往任何一个版本的 Windows 操作系统更好。

3. 驱动程序自动安装

在 Windows 7 中，只要计算机连接到 Internet，那么系统都能够帮助用户来完成后续的设备驱动程序安装工作。在完成 Windows 7 的安装后，如果发现网卡、声卡、显卡等设备都无驱动程序，那么用户只需手动安装网卡驱动程序，然后使用 Windows Update 检查更新，Windows 7 会通过微软的服务器下载并安装剩余设备的驱动程序，甚至是驱动程序关联的软件控制面板。

为了提升显卡的性能和游戏兼容性、改善声卡的音质，驱动程序也会定期推出新的版本。对于普通用户来说，并不会特别关注 IT 站点这方面的信息，因此在 Windows 7 也会定期通过微软服务器来检查新版本的驱动程序并下载安装，这样不仅降低了维护硬件设备的复杂性，同时通过 Windows Update 获取的驱动程序全部是通过微软认证并带有数字签名的版本，保证 Windows 平台运行的稳定性。

4. 手动安装驱动程序的注意事项

在 Windows 7 中，通过 Windows Update 下载并安装的驱动程序可以满足设备的基本需求，同时通过 Windows Update 也可以获取一些设备驱动程序附带的控制面板软件，例如，NVIDIA 和 Intel 的显卡就可以通过 Windows Update 获取包含控制面板软件的完整驱动程序包，无须用户进行额外的下载操作。

当然，对于一些高端鼠标、键盘等外部设备而言，Windows Update 可能并不会提供某些品牌产品的设备驱动程序控制面板，这样用户就无法使用设备额外的高级功能。对于这类设备来说，如果 Windows 7 自带的驱动程序无法满足用户的高级需求，用户则可以登录设备厂商的支持站点手动下载并安装包含控制面板软件的完整驱动程序。

在手动安装驱动程序时需要注意，选择的驱动程序架构要与当前 Windows 7 的版本一致，针对 32 位的 Windows 7 版本则要下载标注“32 位”或 x86 的驱动程序版本。同样对于 64 位的 Windows 7 而言，也需要选择标注“64 位”或 x64 的驱动程序版本。

2.5.2 设备管理

Windows 7 可以帮助用户完成大多数设备驱动程序的安装，因此用户需要做的就是使用和管理硬件设备。

1. 外部设备管理方式

由于普通用户在使用计算机过程中通常只是对外部设备进行管理，因此为了更加贴近用户，通过 Windows 7 中的“设备和打印机”功能，用户可以非常直观地了解当前与计算机连接的外部设备，并可以轻松地对这些设备进行管理。

单击“开始”菜单右侧列表中的“设备和打印机”，即可打开如图 2-56 所示的界面。从图中可以看到，此处与计算机连接的设备大多数都是以自身实际外观呈现的，如显示器、鼠标、键盘、游戏手柄、U 盘，甚至笔记本电脑本身。

2. 屏幕显示管理

1）调节屏幕显示效果

(1) 使用显示器的最佳分辨率

由于 LCD 液晶显示器更加轻薄，因此它目前取代了传统 CRT 阴极射线管显示器，并在外观比例尺寸方面提供了 16:9和 16:10 的选择。但与 CRT 显示器在使用过程中需要注意

图 2-56 “设备和打印机”功能界面

的问题不同,LCD显示器只有处于标准分辨率时才能够呈现正确的几何度和细腻的效果。然而,过去大多数用户在使用LCD显示器时,由于某种原因,屏幕的分辨率都处于非标准的设置下,特别对于宽屏液晶显示器,如果设置不符合屏幕尺寸比例的错误分辨率,则会导致图像呈现错误的几何度,让原本是圆形的图像呈现为椭圆,同时也会让屏幕当中的文字变得模糊。

显示器的最佳分辨率是多少?针对不同尺寸和不同比例的显示器来说,对应的标准分辨率不尽相同,通常情况下LCD显示器的标准分辨率是显卡驱动程序正常工作情况下能够设置的最大分辨率数值,因此判断LCD显示器分辨率设置得是否正确的方法非常简单。同时,为了避免出现用户在以往使用Windows时错误的屏幕分辨率设置情况,Windows 7系统会帮助用户为显示器选择标准的分辨率设置。例如,若Windows 7自身集成的显卡驱动程序正好匹配用户正在使用的显卡型号,那么系统在安装的最后阶段会自动设置正确的屏幕分辨率。而对于晚于Windows 7设备管理推出的显卡产品,在完成驱动程序安装后,系统也能够自动将分辨率调整到正确的设置。

如果需要检查或手动更改当前屏幕分辨率设置,则可以在桌面空白区域右击,选择菜单中的“屏幕分辨率”命令,打开如图2-57所示的屏幕分辨率设置界面。在图中标注的“分辨率”右侧的下拉菜单中可以查看并选择当前显示器所支持的分辨率。这里需要注意,通常在显卡和显示器驱动程序正确安装的情况下,列表会以黑色加粗外观字体显示显示器的正确比例分辨率,列表最顶部显示的则是屏幕的标准分辨率,如图2-58所示。

(2) 设置显示器的刷新率

刷新频率这个概念对于LCD显示器的日常使用意义看似不大,60Hz即为LCD显示器的最佳设置,不过,对于3D游戏而言则需要注意刷新频率。

玩家们往往会启用FPS(第一人称射击)类游戏的垂直同步设置以保证画面稳定,但开启垂直同步后,游戏画面的最高帧帧数会被限制在当前显示器的刷新频率数值以下或高于

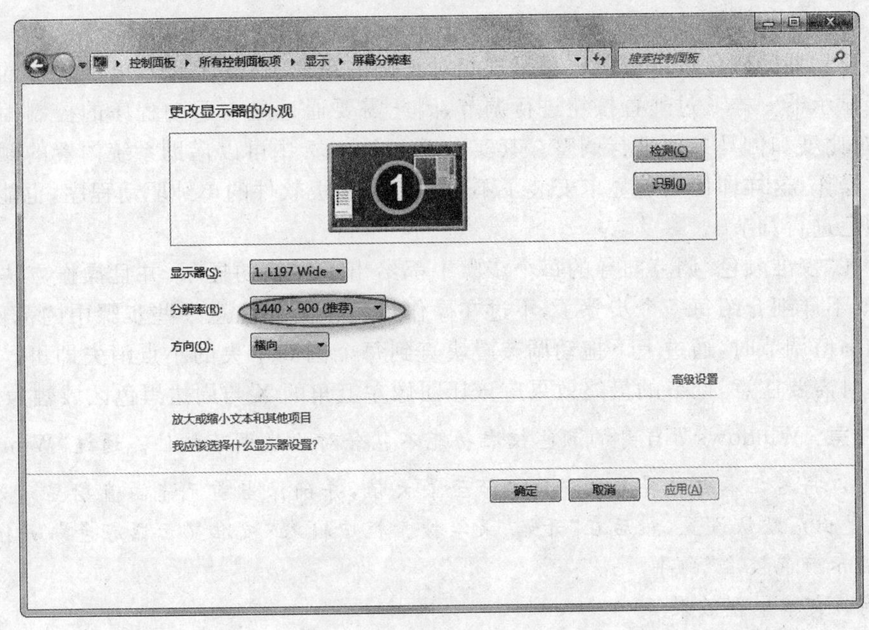

图 2-57　屏幕分辨率设置界面

刷新频率 1～2 帧。如果此时 LCD 显示器的刷新频率设置过低，则会影响游戏在开启垂直同步后高帧数的发挥，因此有必要检查当前 LCD 显示器的刷新频率设置。目前，较新的 LCD 显示器产品在中等分辨率下都能提供高于 70Hz 的刷新率设置，因此可以适当地提高刷新频率，以保证开启垂直同步后游戏帧数超越 60Hz 的限制。

在 Windows 7 中，可以通过以下方法设置显示器的刷新频率。单击如图 2-57 所示"屏幕分辨率"管理面板右侧的"高级设置"连接，打开如图 2-59 所示的显示器和显卡属性对话框并切换到"监视器"选项卡，通过"屏幕刷新频率"下方的下拉列表选择一个当前显示器所能支持的最高刷新频率数值，然后单击对话框下侧的"确定"按钮即可。

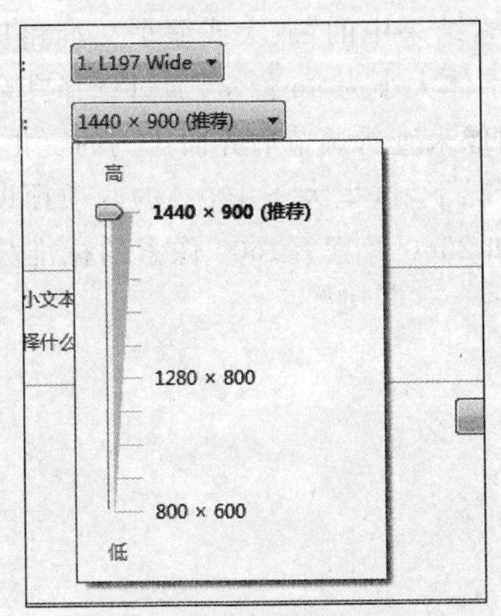

图 2-58　查看和选择屏幕分辨率

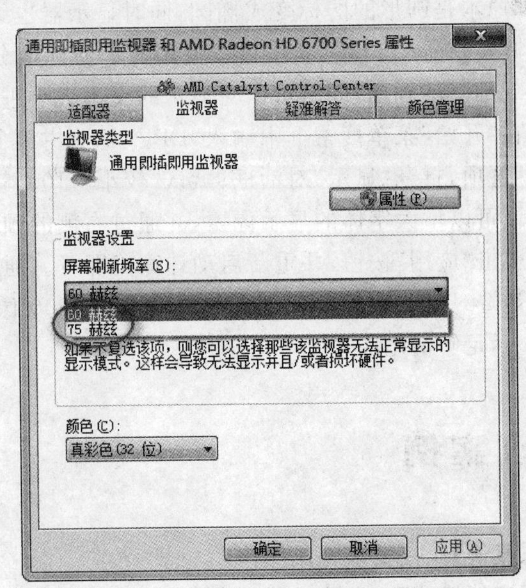

图 2-59　设置显示器刷新频率

(3) 校准显示颜色

校准显示器的颜色可以确保屏幕呈现相对正确的色彩,然而笔记本电脑屏幕的颜色不能像外接显示器一样通过外置按钮进行调节,因此需要通过显卡驱动程序的控制面板软件对色彩、对比度和伽马参数进行调整。其实在 Windows 7 中可以借助系统内置的颜色校准功能进行操作,这样即使当前显卡安装了不包括控制面板软件的单纯驱动程序,也能够对屏幕显示颜色进行调节。

由于在"校准颜色"调节向导的每个步骤中都给出了详细的提示,并且操作方法非常简单,这里就不详细介绍每一个步骤了,不过在操作过程中需要注意一些步骤中的范例图像。在进行伽马值调节时,通过上下拖动调节滑块直到每个圆圈中央的小点消失即可。在进行亮度调节时需要注意,调节的最终效果应该让图像左上角的 X 与周边黑色区域融为一体。

注意:Windows 7 自身的颜色校准功能不包含对比度调节控件。通过"Windows 移动中心"可以将笔记本电脑屏幕的亮度调节至最大值,并确保当前无光源直射显示器,外接显示器恢复出厂默认设置,然后在"开始"菜单搜索框中输入"校准显示器颜色",并按 Enter 键打开"显示颜色校准"向导。

2) 调节文本呈现效果

每款 LCD 显示器所采用面板类型、尺寸、分辨率以及点距的不同,都对屏幕呈现文本的效果有一定影响,因此需要用户根据实际情况对 Windows 7 默认的文本呈现效果进行调节,从而进一步提高文本的可读性。

(1) 调节系统文本的渲染效果。"开始"菜单搜索柜中输入 cleartype,选择并运行搜索结果中的"调整 Cleartype 文本"选项,打开"Cleartype 文本调谐器"向导,按照向导完成即可。

(2) 定义用户界面的文本显示尺寸。对于老年用户来说,Windows 界面默认的文本大小阅读起来比较吃力,特别是面对大尺寸高分辨率的显示器,情况会更加严重。因此在以往版本的 Windows 中,用户通常会通过降低显示器分辨率来增大文本的显示尺寸,但这并不是正确的方法,因为对于液晶显示器而言,错误的分辨率会导致屏幕内界面的几何度错误呈现,如原本是圆形的图标变成椭圆,同时显示器也无法呈现细腻的图像。

其实,在 Windows 7 中可以使用显示器标准分辨率,确保界面元素呈现正确的几何度并呈现细腻的画面,同时可以对显示的文本大小进行单独调节,具体方法如下:

在"开始"菜单搜索框中输入"DPI",选择并运行搜索结果中的"放大或缩小文本和其他项目"选项,打开"显示"对话框;默认"较小－100%"的字体大小为 96 像素,通过选择其余两项预设可以增大字体的显示像素,并通过右侧的预览图像来查看调节后界面比例的变化,确定后单击"应用"按钮,并重新启动计算机即可。通常情况下,这里大于 100%的两项预设即可满足 24～30 寸液晶显示器 1920 像素×1200 像素和 2560 像素×1600 像素的标准分辨率,显示足够清晰的系统界面字体。

实训案例

【案例】 按要求完成操作。

【实训目的】 掌握转移个人文件夹的方法(默认在 C 盘);理解库的含义。

【实训内容】 在 D 盘上建立文件夹我的个人文件 my test,并建立五个子文件夹“视频”“图片”“文档”“音乐”和“程序”。将当前用户个人文件夹中“我的视频”“我的图片”“我的文档”和“我的音乐”迁移到以上对应的子文件夹中;建立库程序,将程序文件夹加入该库中。

【实训步骤】

(1) 双击桌面上的“计算机”或单击“开始”(桌面左下角 Windows 徽标)→“计算机”命令,转到“计算机”窗口。

(2) 双击 D 盘符,转到 D 盘窗口。

(3) 在 D 盘窗口空白处右击并依次选择“新建”→“文件夹”,输入文件夹名 my test。双击进入该文件夹。按照同样方法建立“视频”“图片”“文档”“音乐”和“程序”五个文件夹。

(4) 单击“开始”→“用户名”(菜单右上角用户名,不是用户图片),转到用户文件夹窗口。

(5) 右击“我的视频”→“属性”,转到“我的视频属性”对话框。单击“位置”选项卡,单击“移动”按钮,转到“选择一个目标”窗口,找到并单击“D:\my test”→“视频”文件夹,单击“选择文件夹”→“确定”完成转移操作。重复以上步骤,完成另外三个文件夹的转移。

(6) 进入“D:\my test”文件夹,单击选中程序文件夹,单击窗口上方工具栏“包含到库中”右侧下拉箭头按钮,选择“新建库”选项,完成建立“程序”库。也可在“资源管理器”“库中”直接“新建库”选项,输入库名“程序”即可。

本章小结

本章首先为读者介绍了 Windows 7 基本界面及其特色,在后续的内容中比较详细地介绍了资源管理、程序管理、账户管理和设备管理等基本操作。

思考与练习

1. 选择题

(1) 在 Windows 7 的资源管理器窗口内又分为左右两个窗格,(　　)。

A. 左边显示磁盘上的树形目录结构,右边显示指定目录里的文件夹和文件信息

B. 左边显示指定目录里的文件信息,右边显示磁盘上的树形目录结构

C. 两边都可以显示磁盘上的树形或指定目录里的文件信息,由用户决定

D. 左边显示磁盘上的文件信息,右边显示指定文件的具体内容

(2) 在 Windows 7 下,对任务栏的描述错误的是(　　)。

A. 任务栏是不可隐藏的

B. 任务栏上可以添加图标的快捷方式

C. 任务栏内显示的是已打开文档或已运行程序的标题

D. 任务栏的位置大小均可改变

(3) 将桌面停留在3D浏览窗口界面的组合键是(　　)。

A. Alt+Tab　　B. Win+e

C. Ctrl+Win+Tab　　D. Win+Tab

(4) 以下不是Windows 7的账户类型的是(　　)。

A. 来宾账户　　B. 标准账户

C. 管理员账户　　D. 高级用户账户

(5) Windows 7任务栏可以(　　)。

A. 预览窗口　　B. 锁定和解锁图标

C. 切换窗口　　D. 以上都对

(6) 关于Windows 7"开始"菜单搜索说法错误的是(　　)。

A. 可以搜索程序　　B. 可以搜索文件和文件夹

C. 不可以使用关键字搜索　　D. 可以执行Windows命令

(7) 多窗口情况下,用鼠标拖动某一窗口在桌面上摇动,则(　　)。

A. 该窗口最小化　　B. 该窗口最大化

C. 其他窗口最小化　　D. 无变化

(8) 关于Windows 7账户管理,错误的说法是(　　)。

A. 管理员账户可以管理其他管理员账户

B. 管理员账户可以访问其他账户的个人文件及文件夹

C. 管理员能够以其他账户身份运行程序

D. 管理员运行程序默认不受UAC限制

2. 思考题

(1) 删除一个账户密码需要什么权限,删除密码对用户有什么影响?如何避免?

(2) 在用鼠标拖动文件或文件夹时执行的是什么操作?配合键盘如何转换?

(3) 列举出5个以上常用组合键并说明功能。

(4) Windows 7是否应该安装未经签名的驱动程序?

第 3 章　文字处理软件 Word 2013

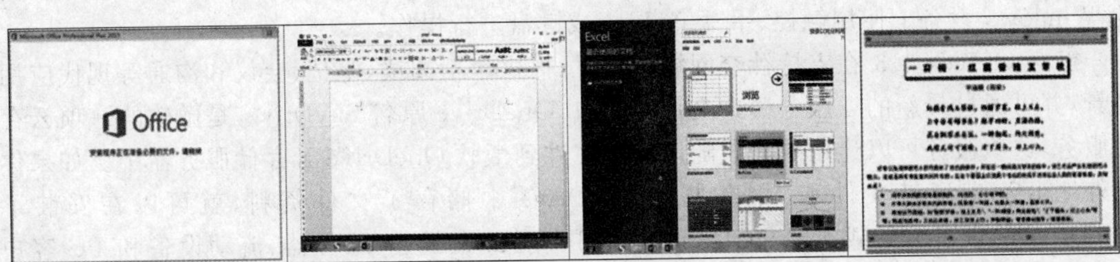

本章导读

Microsoft Office 2013 是一套办公室套装软件，是继 Microsoft Office 2010 后的新一代套装软件。Word 2013 是其中最主要的部分，集文字的编辑、排版、表格处理、图形处理和打印功能为一体，用户可以轻松、高效地完成文档工作，如文件、信函、传真、报刊、表格等，在 Word 文档中可以插入图形、公式、表格以及页眉、页脚等元素，从而完成一个图文并茂的排版文件。本章主要介绍了 Office 2013 的安装、启动、退出以及文件的基本操作等。

知识目标

- 了解 Office 2013 主要组件的功能与特点。
- 熟悉 Microsoft Office Word 2013 的工作界面。
- 掌握 Microsoft Office Word 2013 的基本操作。
- 掌握文本字符的输入方法。

能力目标

- 掌握运用文本编辑 Office Word 2013 的窗口界面。
- 熟悉 Microsoft Office Word 2013 的视图模式。
- 掌握 Word 2013 的新建、打开、保存等基本操作。
- 熟练掌握文档排版的基本操作技巧。

3.1 Office 2013 的安装与卸载

Microsoft Office 2013 是一套由微软公司开发的办公软件，与办公室应用程序一样，它包括联合的服务器和基于互联网的服务。Microsoft Office 2013 是运用于 Microsoft Windows 视窗系统的办公室套装软件，是继 Microsoft Office 2010 后的新一代软件，并且支持打开 pdf 文档。Microsoft Office 2013 采用全新人性化设计，完美支持包括平板电脑在内的 Windows 设备上使用触控、手写笔、鼠标或键盘进行操作。

新版 Office 2013 在支持社交网络的同时，提供包括阅读、笔记、会议和沟通等现代应用场景，并可通过最新的云服务模式交付给用户，OneDrive 原名 SkyDrive，是微软的一项云存储服务，这项服务可以让用户随时随地更新文件到微软 OneDrive 云存储服务器中。如果你在外地出差忘记带文件了，并事先在 OneDrive 中储存了文件资料，就可以在安装了 OneDrive 的设备上下载文件。Office 2013 可实现云端服务、服务器、流动设备和 PC 客户端、Exchange、SharePoint、Lync、Project 以及 Visio 同步更新，可实现用户共享，无论用户在哪里，都可以在设备上查看和编辑 Office 文档，并且将文档存储在 Web 上。即使其他用户未安装 Office，只要他们安装了支持的浏览器，也可以进行共享。

3.1.1 Office 2013 简介

Microsoft Office 2013 全面采用 Metro 界面，它为 Microsoft Windows 和 Apple Macintosh 操作系统而开发。Microsoft Office 2013 官方下载(Office 2013 专业增强版)包括 Word、PowerPoint、Excel、Outlook、OneNote、Access、Publisher 和 Lync 等组件，如图 3-1 所示。需要注意的是 Office 2013 将不再支持 XP 和 Vista 操作系统！

图 3-1 Office 2013 组件的快捷方式

Office 2013 简洁的界面和触摸操作更加适合平板电脑等触屏设备，Office 2013 中包括 Word 2013、Excel 2013、PowerPoint 2013 等多种组件，这三款组件是日常办公中最常用的三大组件，简称为办公三剑客。它们分别用于文字处理领域、数据处理领域和幻灯片演示领域。它由许多实用组件程序所组成，包含文字处理、电子表格和幻灯片制作等办公应用工具。

1. Word 2013 简介

Word 组件是 Office 软件中的一个文字处理应用程序，利用它不仅可以进行常规的文字输入、文档编排等操作，还可以在其中使用各种对象制作精美的文档截屏。

2. Excel 2013 简介

Excel 组件是 Office 软件中的一个数据计算与分析工具，利用它可以进行各种数据的处理、统计分析和辅助决策操作。它被广泛地应用于管理、财经统计、金融等众多领域。

3. PowerPoint 2013 简介

PowerPoint 是 Microsoft 公司设计的演示文稿软件。利用它不仅可以创建播放效果精美的演示文稿，还可以在互联网上进行远程会议或在网上给观众展示演示文稿。

4. Office 其他组件

Access 组件是 Office 软件中的数据库管理工具，具有更强大的数据处理、统计分析能力。利用它的查询功能，可以方便地进行各类汇总、平均等统计工作。

Outlook 组件是 Microsoft 主打邮件传输和协作客户端的产品，使用它可以方便地完成收发电子邮件、管理联系人信息、记日记、安排日程、分配任务等工作。

Publisher 是 Microsoft 公司发行的桌面出版应用软件。它提供了比 Word 更强大的页面元素控制功能，从而可以方便地创建和发布各种出版物。

OneNote 是一种数字笔记本工具，它为用户提供了收集笔记和信息的位置，以及强大的搜索功能和易用的共享笔记本，让用户更加轻松地收集、组织、查找和共享笔记信息。

Office 家族组件中有很多功能窗口存在共性和通用型。

在一般情况下，Windows 7 桌面上都会有 Word 2013 软件的快捷方式图标，如果桌面上无快捷方式图标，也可以自行创建。自行创建的方法为：选择“所有程序”→Microsoft Office 2013 菜单项，右击准备创建桌面快捷方式的菜单项，在弹出的快捷菜单中选择“发送到”→“桌面快捷方式”菜单项即可。

3.1.2　Office 2013 的安装

【案例 3-1】　学习并掌握 Office 2013 的安装方法。

在使用 Office 2013 简体中文版的各个组件之前，首先要先安装 Office 2013 软件产品。下面将介绍如何安装 Office 2013，其具体操作步骤如下。

(1) 将 Office 2013 的安装光盘放入光驱中，在“我的电脑”窗口中单击光盘驱动器，双击 setup. exe 安装程序以启动安装程序，或者下载 Microsoft Office 2013 安装包并解压，在文件夹中找到 setup. exe 并双击，以管理员身份运行，如图 3-2 所示。

图 3-2　启动安装程序

(2) 准备完成必要的文件后，将会弹出如图 3-3 所示的对话框。在该对话框中选中“我接受此协议的条款”复选框，如图 3-3 所示。

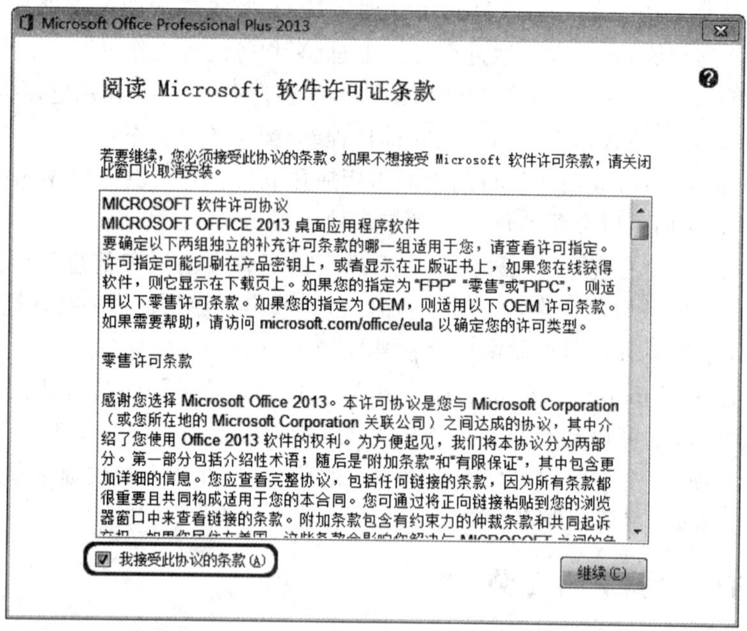

图 3-3　软件许可对话框

(3) 单击“继续”按钮，在弹出的对话框中单击“自定义”按钮，如图 3-4 所示。

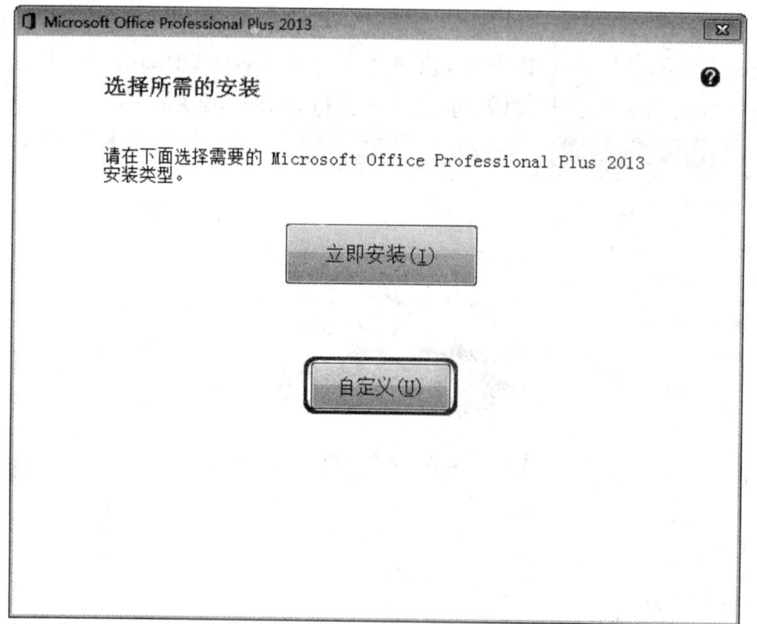

图 3-4　安装界面

(4) 在弹出的对话框中切换到“文件位置”选项卡，用户可以在该选项卡中指定安装路径，如图 3-5 所示。

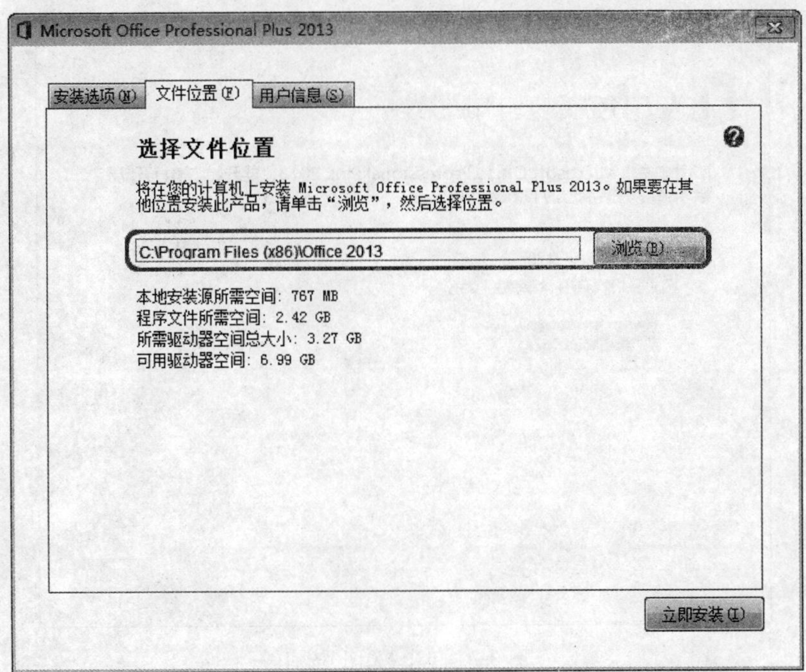

图 3-5　指定保存路径

(5) 设置完成后，单击"立即安装"按钮，即可进行安装，如图 3-6 所示。

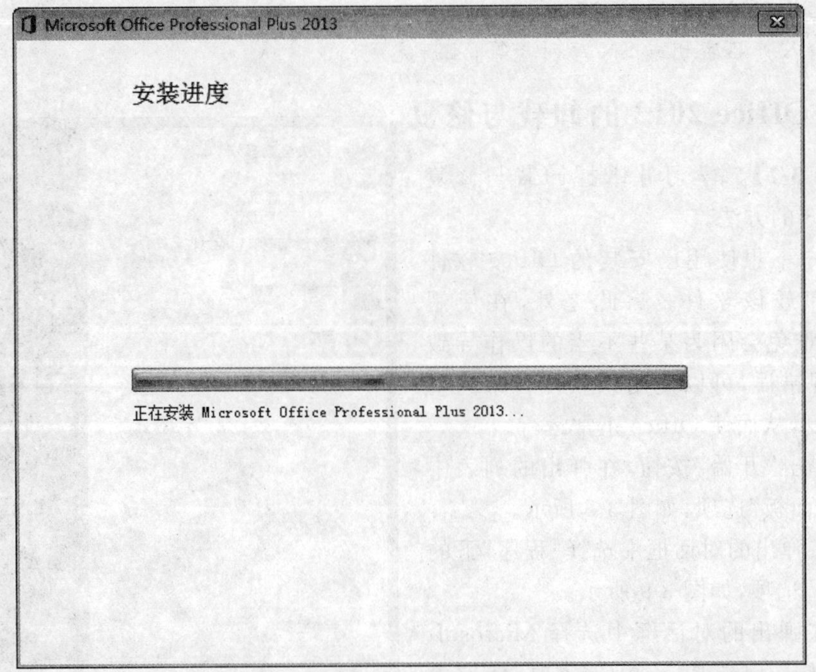

图 3-6　安装进度条

(6) 安装完成后，会弹出如图 3-7 所示的对话框，在该对话框中单击"关闭"按钮即可。

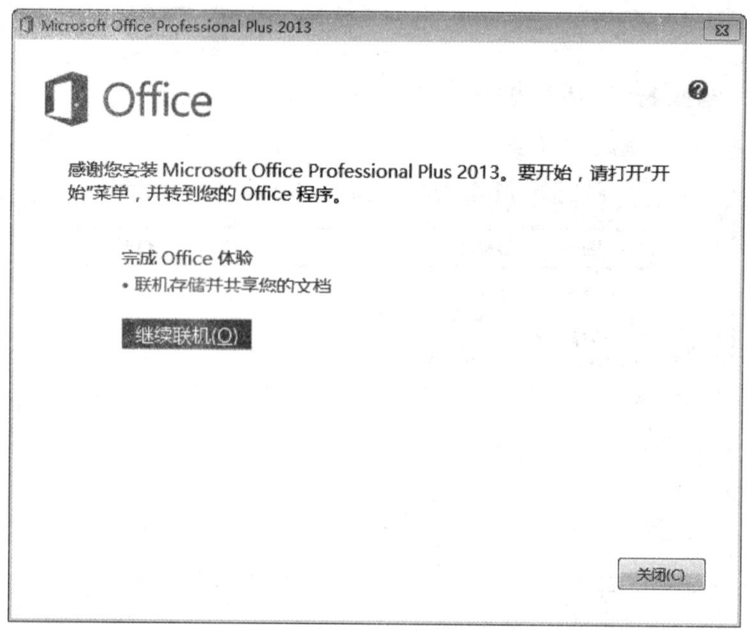

图 3-7　单击"关闭"按钮

提示：软件安装可分为以下三步。

(1) 找到软件安装包(安装源文件)里的 setup.exe 文件运行安装，并同意安装条款。

(2) 选择确定安装路径，可以自定义。

(3) 输入产品密钥或 SN 序列号等，注册完成。

3.1.3　Office 2013 的卸载与修复

【案例 3-2】 学习并掌握卸载与修复 Office 2013 的方法。

当用户不想使用已安装的 Office 软件时，可以卸载该软件。除此之外，在使用 Office 时，难免会因为某些不当的操作导致 Office 出现错误，可以使用该软件自带的功能进行修复，从而使 Office 正常运行。

(1) 单击"开始"按钮，在弹出的列表中选择"控制面板"选项，如图 3-8 所示。

(2) 在弹出的对话框中选择"程序"下的"卸载程序"选项，如图 3-9 所示。

(3) 在弹出的对话框中选择 Microsoft Office Professional Plus 2013 选项，然后单击"卸载"按钮，可以卸载该软件；如果修复该软件，可以单击"更改"按钮，如图 3-10 所示。

图 3-8　"控制面板"选项

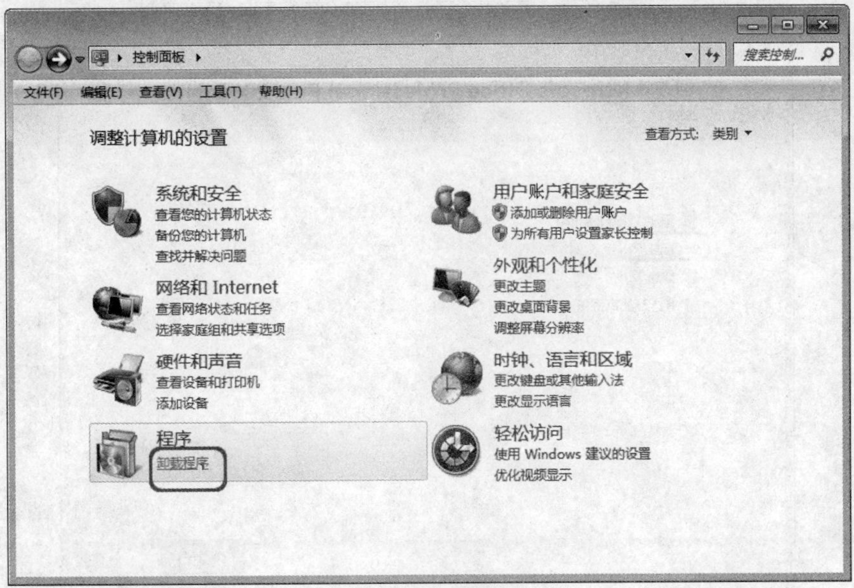

图 3-9　“卸载程序”选项

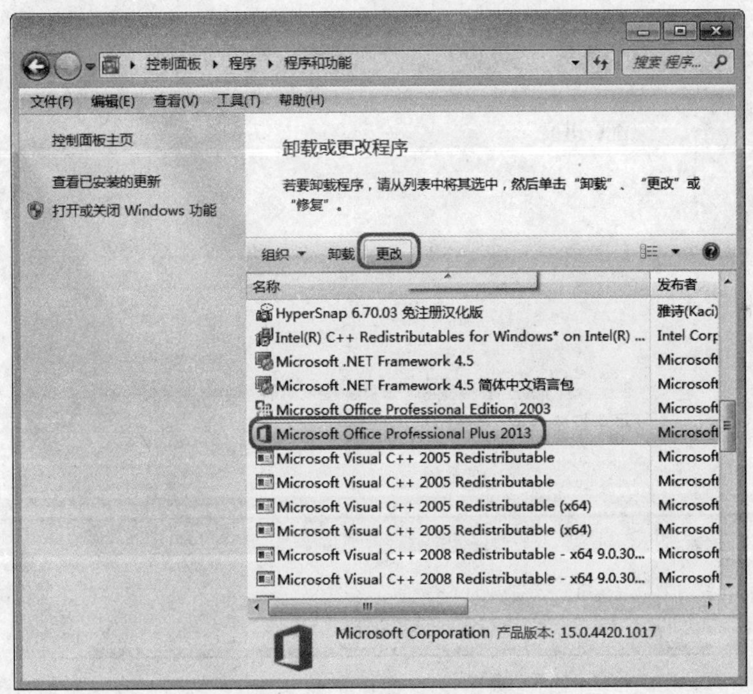

图 3-10　卸载、更改对话框

（4）在弹出的 Microsoft Office Professional Plus 2013 对话框中选择“修复”单选按钮，如图 3-11 所示。

（5）在该对话框中单击“继续”按钮，在弹出的“配置进度”界面中将会显示修复进度，效果如图 3-12 所示。

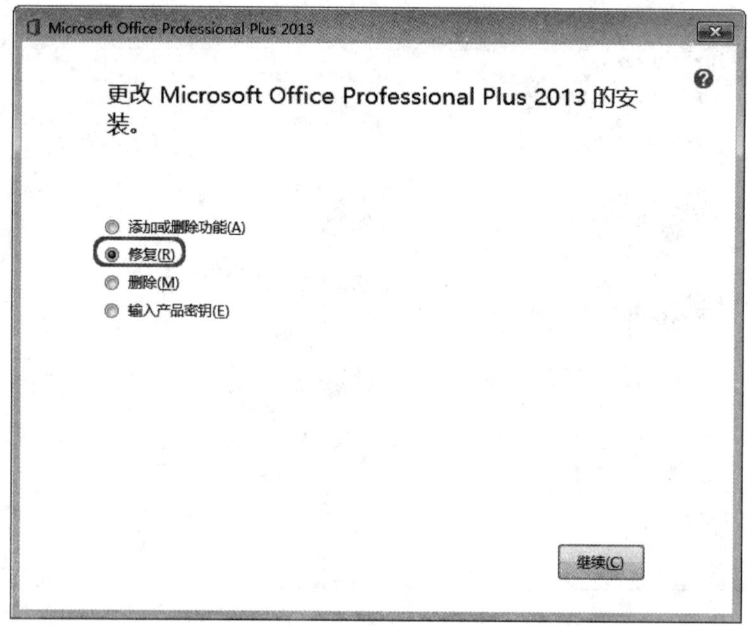

图 3-11 “修复”单选按钮

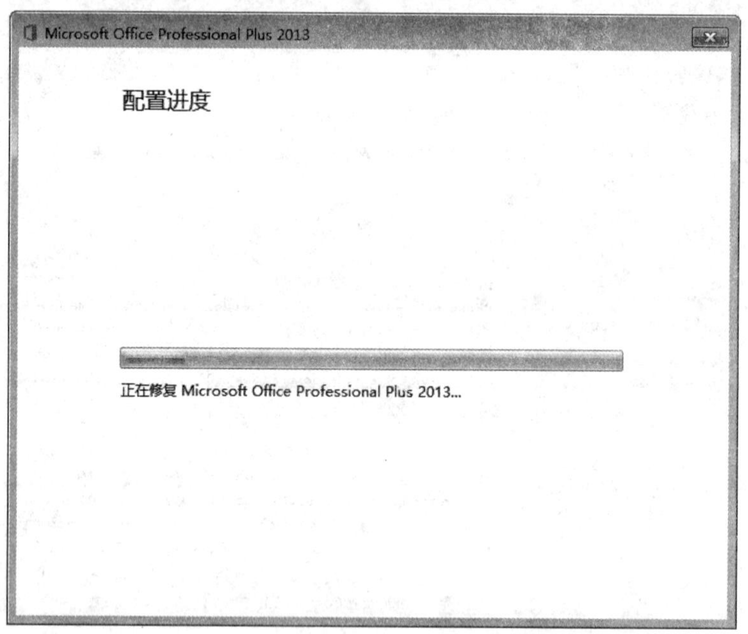

图 3-12 “配置进度”界面

(6) 修复完成后,在弹出的界面中单击“关闭”按钮即可,如图 3-13 所示。

注意:卸载并不是仅仅删除所有安装的程序文件,还包括删除软件使用所需要的注册表信息和系统文件夹内的相关配置文件。因此,用户不应该通过删除 Office 程序文件或文件夹来进行程序的卸载。

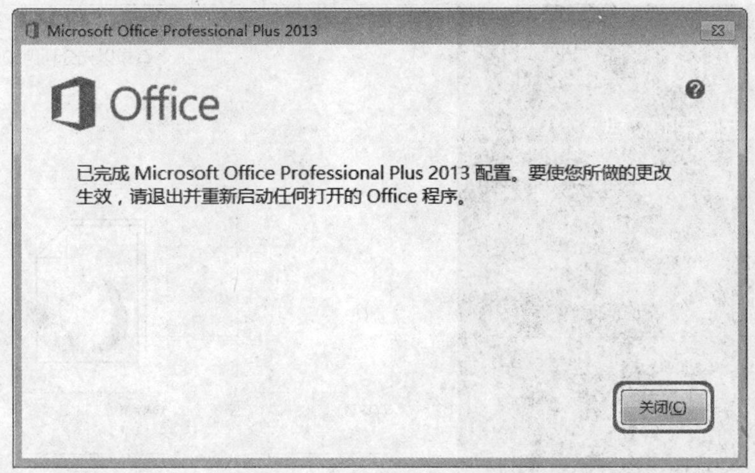

图 3-13　关闭对话框

3.2　Word 2013 快速入门

要利用 Office 中的各组件辅助办公，首先要了解各个 Office 组件的操作界面构成。由于各组件界面的主要构成相似，因此下面将以 Word 操作界面为例进行讲解。

3.2.1　启动、新建与退出 Word 2013

初次使用 Word 2013，需要学会程序的启动、关闭。初步认识工作界面的组成，重要的是能够正确操作和管理文档，以掌握 Word 2013 的基本操作，提高文字处理效率。

1. 启动 Office 2013

单击任务栏上的"开始"按钮，选择"所有程序"→Microsoft Office 2013→Word 2013 命令项，启动中文 Word 2013，如图 3-14 所示，同时系统会自动建立一个名为"文档 1.docx"的空白 Word 文档，执行该操作后，即可启动 Word 2013，如图 3-15 所示。

图 3-14　选择 Word 2013 选项

2. 新建 Word 文档

启动 Office Word 2013 的同时会新建一个 Word 文档，新建 Word 文档还有以下四种方法。

方法 1：选择"文件"→"新建"菜单命令，屏幕的右侧会自动打开"新建文档"任务栏。在该任务窗格的"新建"选项区域中列举了多种新建 Word 文档的选项，单击第 1 项"空白

图 3-15　启动 Word 2013

文档"，可新建空白 Word 文档。

方法 2：双击桌面上的 Microsoft Word 快捷方式图标。

方法 3：通过"资源管理器""我的电脑"或"我的文档"等，找到要打开的已存在的中文 Word 2013 文档，然后双击该文档图标，可启动中文 Word 2013，同时打开该文档。

方法 4：单击快速启动工具栏上的"新建"按钮。

3. 退出 Word 2013

用户可以通过多种方法退出 Word 2013。下面将简单介绍如何退出 Word 2013，其具体操作步骤如下。

在 Word 2013 的标题栏上右击，在弹出的快捷菜单中选择"关闭"命令，如图 3-16 所示。如果有未保存的文档，程序会提示用户保存文档，如图 3-17 所示。

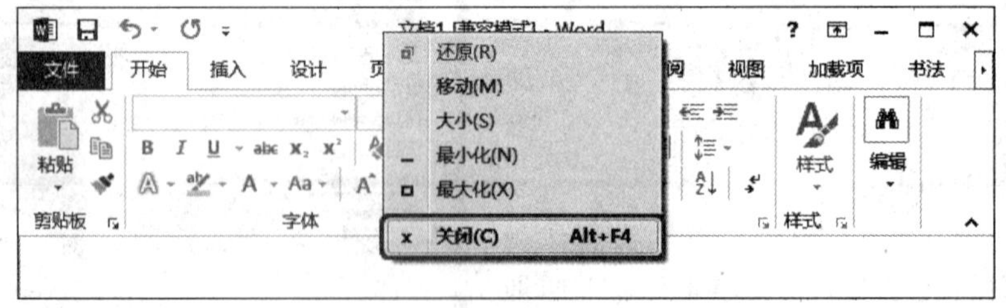

图 3-16　选择"关闭"命令

单击"保存"按钮将会弹出"另存为"对话框，用户可以在该对话框中指定路径、名称以及类型等；如果单击"不保存"按钮，将不会对当前文档保存，程序将直接关闭；如果单击"取消"按钮，将不执行关闭操作。

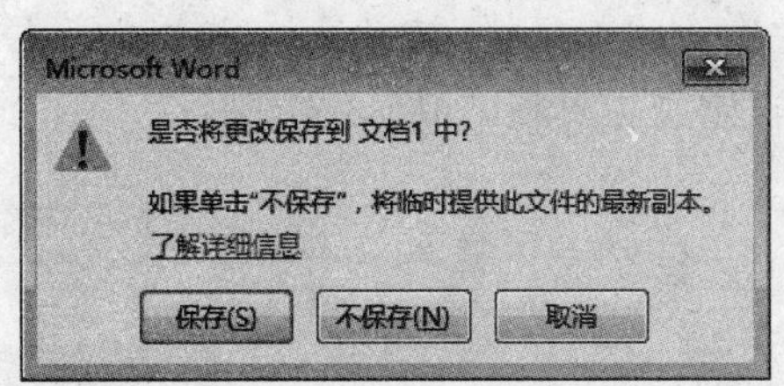

图 3-17 提示对话框

提示：除了上述方法外，还可以按 Alt+F4 组合键关闭程序；或单击标题栏右端的“关闭”按钮；或单击 Office 按钮，在弹出的下拉菜单中选择“关闭”命令。

3.2.2 中文 Word 2013 工作界面

中文 Word 2013 的工作界面包括标题栏、快速访问工具栏、功能区、文档编辑区、滚动条、状态栏、视图按钮和缩放滑块 8 部分，如图 3-18 所示。

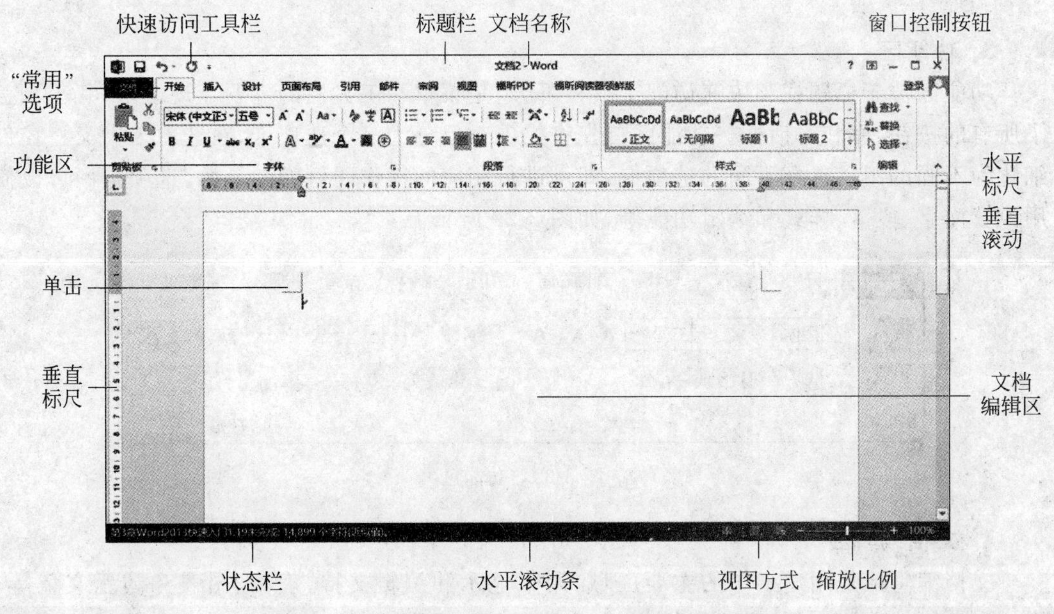

图 3-18 中文 Word 2013 的工作界面

1. 标题栏

标题栏位于窗口顶部右侧，用于显示窗口名称，在窗口的右侧显示有 5 个按钮，分别是“帮助”“功能区显示”“最小化”按钮、最大化按钮（又称还原按钮）和“关闭”按钮，单击相关的按钮可以对窗口的大小进行调节或关闭窗口，如图 3-19 所示。

图 3-19 标题栏

2. 快速访问工具栏

快速访问工具栏位于窗口顶部左侧，用于显示程序图标和常用命令，用户使用快速访问工具栏可以实现常用的功能，如保存、撤销、恢复、打印预览和快速打印等，也可以添加个人常用的命令，如图 3-20 所示。

单击右边的“自定义快速访问工具栏”按钮▾，在弹出的下拉列表中选择快速访问工具栏中相应的工具按钮即可自定义工具栏，如图 3-21 所示。

图 3-20　快速访问工具栏

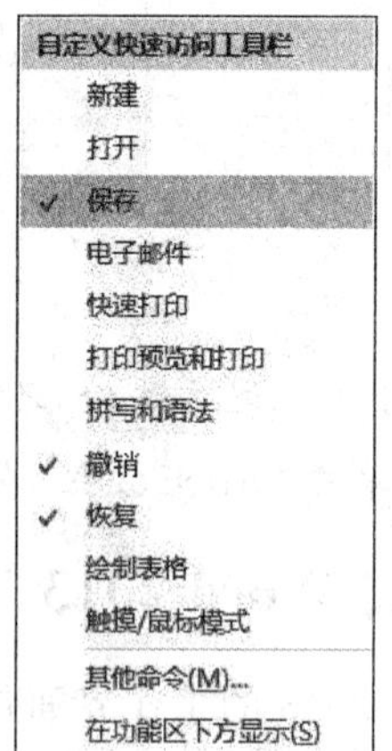

图 3-21　设置更改快速访问工具栏

3. 功能区

功能区位于标题栏和快速访问工具栏下方，是菜单和工具栏的主要显现区域，几乎涵盖了所有的按钮、库和对话框。功能区首先将控件对象分为多个选项卡，在选项卡中又将控件细化为不同的组。选择不同的选项卡，即可进行相应的操作。例如，“开始”选项卡中可以使用设置文字、段落、样式和编辑功能等，如图 3-22 所示。

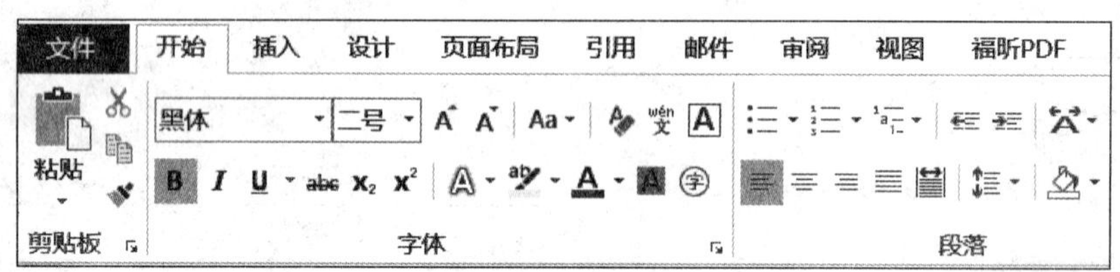

图 3-22　功能区

4. 文档编辑区

文档编辑区是用户工作的主要区域，用来显示和编辑文档、表格、图表和演示文稿等。Word 2013 的文档编辑区除了可以进行文档的编辑之外，还有水平标尺、垂直标尺、水平滚动条和垂直滚动条等文档编辑的辅助工具，如图 3-23 所示。

5. 滚动条

滚动条包括垂直滚动条和水平滚动条，分别位于工作区的右侧和下方，用于调节工作区的现实区域，如图 3-24 所示。

6. 状态栏

状态栏位于窗口左下方，用于显示当前文档正在执行的操作信息，状态栏具有统计页码和字数、检查拼音和语法、改写、调整视图方式、显示比例和缩放滑块等辅助功能。例如，文档中当前光标所在页码、校对错误，以及文档字数等，如图 3-25 所示。

7. 视图按钮

视图按钮位于窗口下方中间处，用于更改正在编辑文档的显示模式，以符合当前文档的

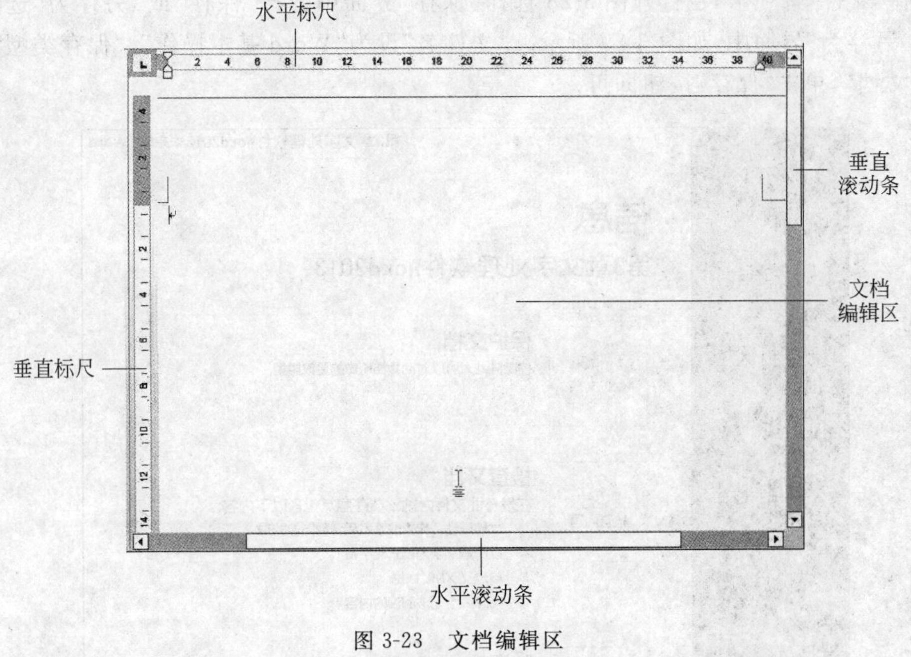

图 3-23　文档编辑区

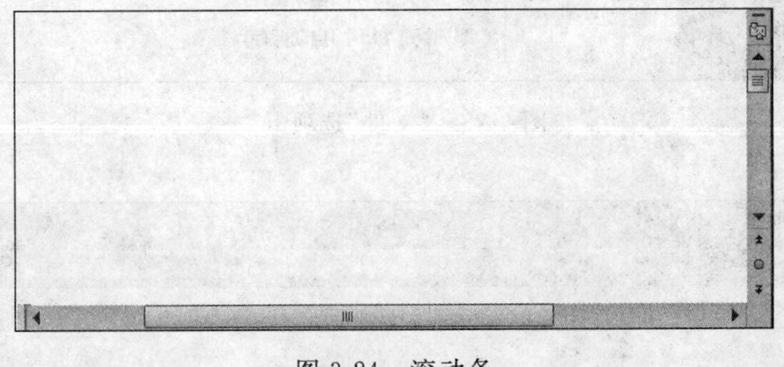

图 3-24　滚动条

图 3-25　状态栏

要求。例如，页面视图、阅读版式视图、Web 版式视图等，如图 3-26 所示。

8. 缩放滑块

缩放滑块位于窗口右下方，用于更改正在编辑文档的显示比例设置。拖动滑块即可进行设置文档显示比例大小，如图 3-27 所示。

图 3-26　视图按钮　　图 3-27　缩放滑块

3.2.3　保存文档

要想永久地保留编辑的文档，就需要将文档进行保存，保存文档的操作步骤如下。

选择“文件”选项卡，在打开图 3-28 选择“保存”界面中选择“保存”或“另存为”选项，可以进入“另存为”界面中，如图 3-29 所示。“文件名”设为“Word 基本操作”，“保存类型”设为“Word 文档”，单击“保存”按钮即可。

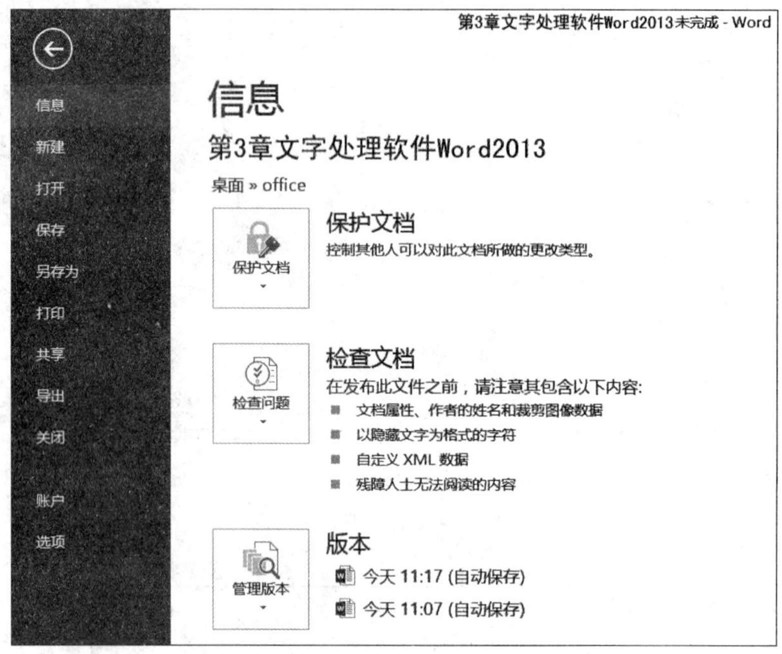

图 3-28 “文件”选项卡

图 3-29 “另存为”对话框

文档的保存还可通过下述方法来进行。

(1) 单击窗口右上角的“关闭”按钮，在弹出的对话框中，单击“是”按钮，也可保存文档。

(2) 对于已保存过的文档，也可采用上述方法进行保存，在保存过程中不再弹出“另存为”对话框。

(3) 选择快速启动工具栏的“保存”按钮，可实现文档的备份保存。

(4) 使用 Ctrl＋S 组合键。

3.3 应用 Word 文档视图

为了方便阅读文档，Word 2013 提供了多种文档视图方式，包括页面视图、阅读版式视图、Web 版式视图、大纲视图和草稿视图。本节将分别予以详细介绍。

3.3.1 页面视图

页面视图可以显示 Word 2013 文档的打印效果，包括页眉、页脚、图形对象、分栏配置、页面边距等元素，是最接近打印效果的页面视图，如图 3-30 所示。

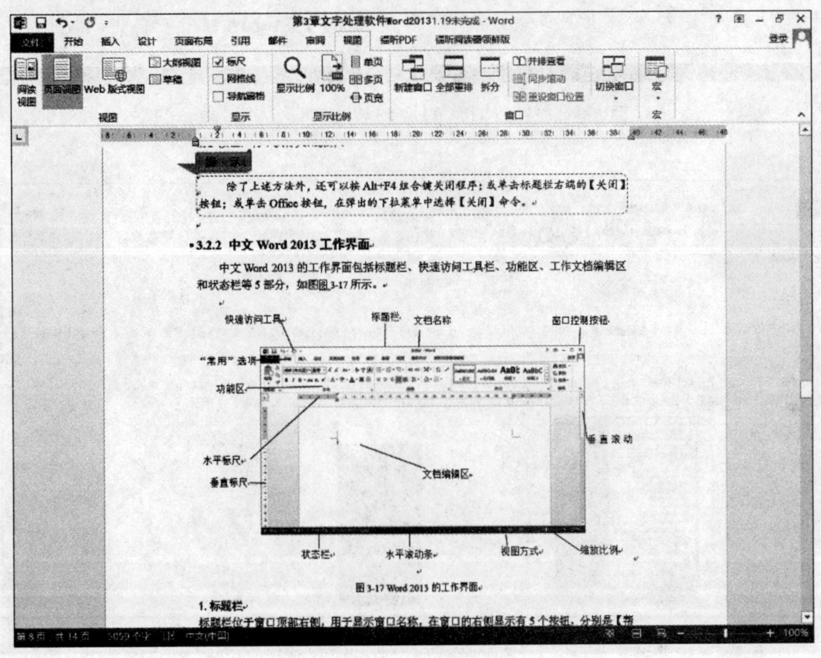

图 3-30 页面视图

3.3.2 阅读版式视图

阅读版式视图以图书的分栏样式显示文档、功能区等窗口元素被隐藏起来。在阅读版式视图中，用户还可以单击“工具”按钮选择各种阅读工具，如图 3-31 所示。

3.3.3 Web 版式视图

Web 版式视图以网页的方式显示文档，Web 版式视图适用于发送电子邮件和建立网页，如图 3-32 所示。

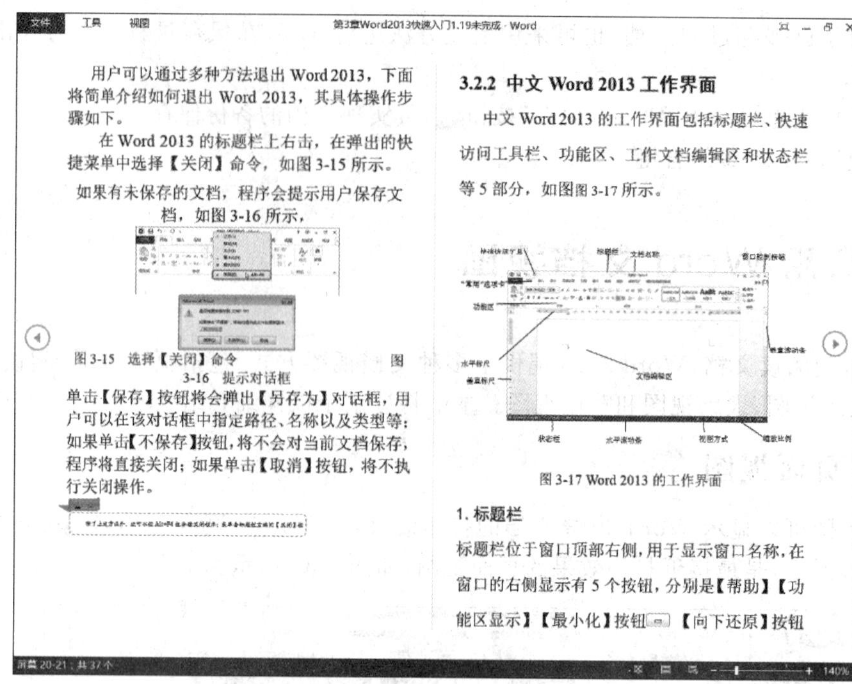

图 3-31　阅读版式视图

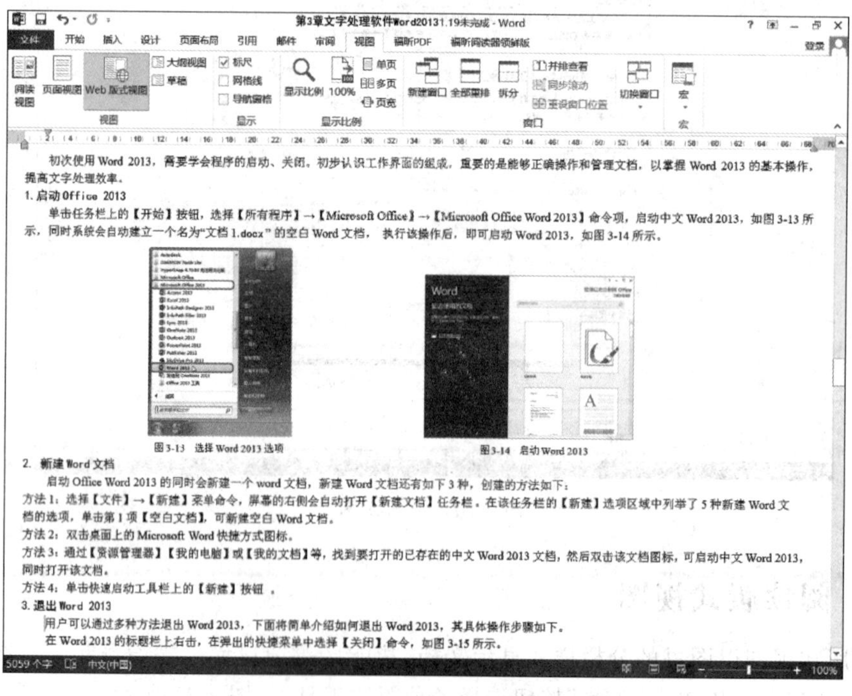

图 3-32　Web 版式视图

3.3.4　大纲视图

大纲视图用于 Word 2013 文档的配置和显示标题的层级结构，并可以简约地折叠和展开各种层级的文档。大纲视图普遍用于 Word 2013 长文档的高速浏览和配置中，如图 3-33 所示。

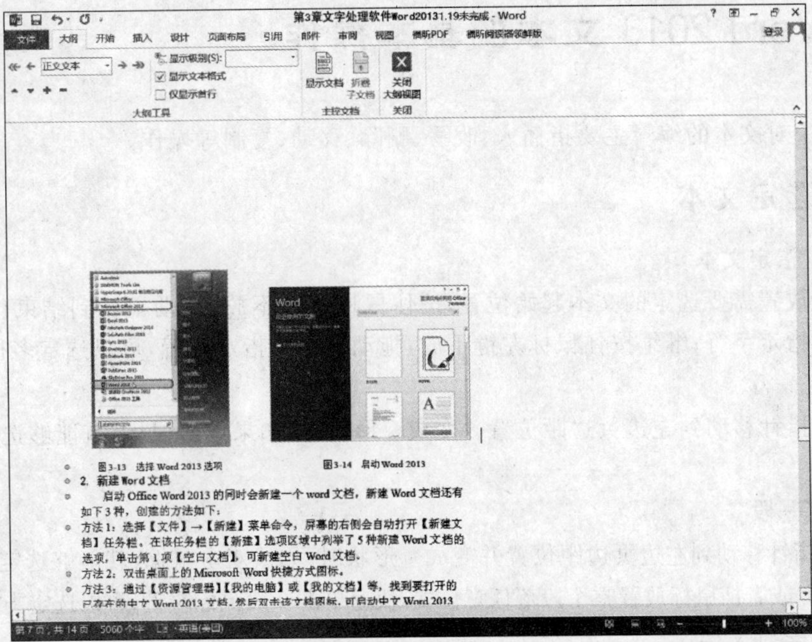

图 3-33　大纲视图

3.3.5　草稿视图

草稿视图撤销了页面边距、分栏、页眉页脚和图片等元素，仅显示标题和主体，是最节省计算机系统硬件资源的视图方式，如图 3-34 所示。

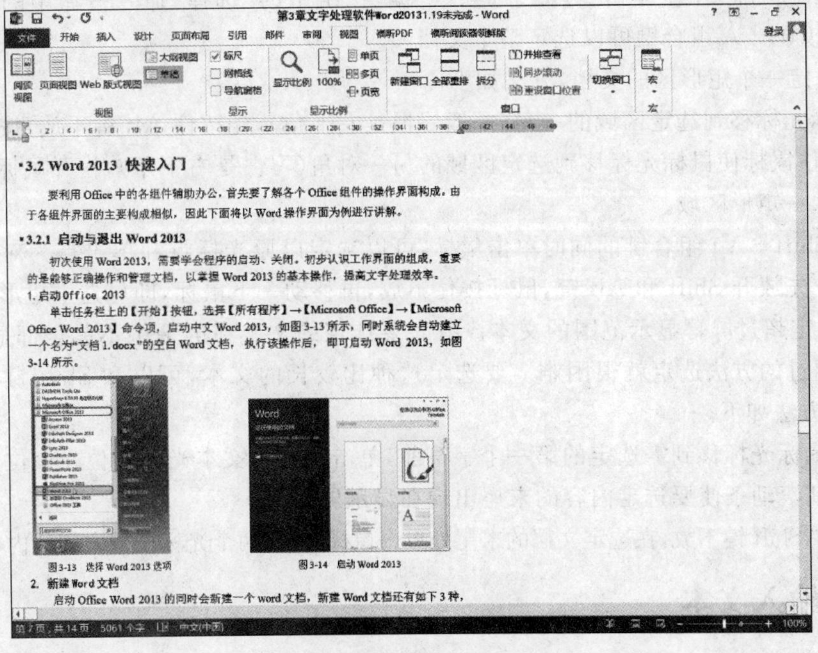

图 3-34　草稿视图

3.4 Word 2013 文本的基本操作

Word 中对文本的编辑主要指插入、改写、删除、移动、复制等操作。

3.4.1 选定文本

1）选定指定文本

将鼠标放置需要选定的文本起始位置，按住鼠标左键不放，拖动鼠标到结束位置，就能够选定一行指定字符；继续按住鼠标左键不放，拖动鼠标到指定位置，可以选定多行文本。

2）选定一行

当鼠标指针移动到左边页边距位置并变成↗形状时，如果单击鼠标，就能够选定光标对准的行。

3）选定一段

当鼠标指针移动到左边页边距位置并变成↗形状时，如果双击鼠标，就能够选定光标对准的整个段落。或者把鼠标放置整个段落任意位置，快速单击 3 次鼠标左键；可以选定当前段落。

4）选定全部文档

当鼠标指针移动到左边页边距位置并变成↗形状时，快速单击 3 次鼠标左键，能够选定当前正在编辑的文档中的所有字符及图片，即选定了全文。

5）其他选定操作

(1) 利用键盘选定字符。先定位文本光标，然后按住 Shift 键不放，连续按下→、←、↓、↑键，可以选定原光标所在点和光标停止点之间的所有字符。

(2) 选定全部文档：单击“开始”选项卡“编辑”组中的“选择”命令按钮中的“全选”命令，或者按 Ctrl＋A 组合键可以选定整个文档。

(3) 选定一个矩形区的文档，方法如下。

把鼠标光标移到选定区域的一角(一般习惯是左上角)，先按住 Alt 键不放，按住鼠标左键不放，拖住鼠标使鼠标光标移到选定区域的另一对角(习惯是右下角)，松开鼠标和 Alt 键即可选定这一矩形区域。

按住 Shift＋Alt 组合键的同时单击鼠标，可以选定以原光标点和单击点为对角的一个矩形区域。先放开 Shift 和 Alt 键，鼠标按住不放，再移动一下鼠标，即可选中矩形区域。

(4) 选定超过屏幕显示范围的文本。有时要选定的文本在屏幕中不能全部显示，这时用前面介绍过的方法选定就很困难。要选定这种比较长的文本，可以和 Shift 键配合进行选定，操作方法如下。

① 把鼠标光标移到需选定的第一个字符前，单击鼠标将文本光标定位在该位置。

② 拖动滚动条使要选定内容的末尾出现在显示屏幕上。

③ 按住 Shift 键不放，在选定文档的末尾处单击鼠标左键，两个光标位置之间的内容被选取。

3.4.2 输入文本

下面介绍插入和改写操作。

Word 2013 中输入文本提供了两种模式，一种是插入，另一种是改写。如果需要在任意位置插入文字，只需要将输入状态变为插入状态(默认为此状态)，如果想改写文字，只需要转为改写状态。具体步骤如下。

(1) 查看输入状态。Word 2013 状态栏默认并不显示插入和改写状态，可以在“状态栏”上右击，弹出“自定义状态栏”窗格，然后将“改写”选中，如图 3-35 所示。

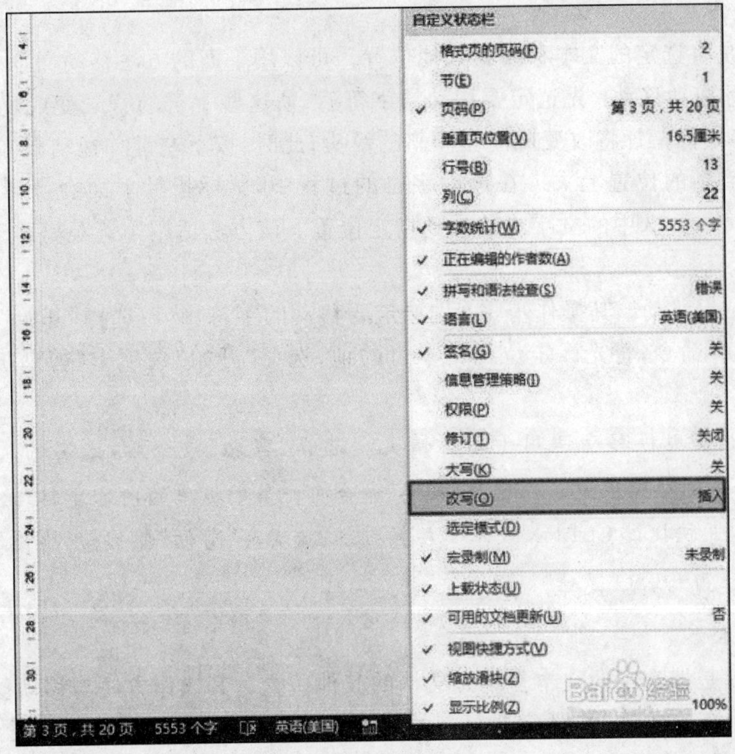

图 3-35　“改写”命令

此时状态栏就显示了输入文本的状态，如图 3-36 所示为插入状态。

(2) 在插入状态，将光标放到需要插入的位置，输入要插入文字即可，插入点之后的文字会向后移动。

插入的含义是把新字符插在两个字符的中间，其右侧的字符自动向右侧移动，以免被新字符覆盖。比如，在“插入”工作状态，在字符“欢来到 Word 2013 教程”的欢和来之间插入“迎”，结果变成“欢迎来到 Word 2013 教程”。

提示：改写状态时，可以单击状态栏“改写”，即可变为“插入”。

(3) 切换状态。可以单击“状态栏”的“插入”，即可变为“改写”。改写状态如图 3-37 所示。

图 3-36　插入状态

图 3-37　改写状态

在“改写”状态，把文本光标移到要改写字符左边的位置，此时输入的字符将会替代文本光标后边(右边)原来的字符。

提示：切换状态还可以使用快捷键，按键盘上的 Insert 键可以进行切换。

3.4.3 移动和复制文本

1. 移动操作

移动文本是将选定的文本移动到其他位置。可以用下面的方法移动文本。

(1) 用鼠标拖动移动：先选定要移动的字符后，使这些字符的背景变成反色，将指针对准黑色区域时，鼠标指针将改变成向左倾斜的箭头；此时，按下左键并拖动鼠标，就可以把选定的字符移动到新的位置上去。在拖动字符的过程中，鼠标指针下面会携带一个“虚线方框”，如，释放鼠标，选中的文字将移动到指定位置。该方法适用于近距离移动内容较少的情况。

(2) 用剪贴板移动。其操作步骤：先选定要移动的字符，然后选择“开始”选项卡“剪贴板”组中的“剪切”命令；将光标定位到文本目的地，选择“开始”选项卡“剪贴板”组中的“粘贴”命令。

提示：用剪贴板移动适用于各种情况。选择“剪切”命令后，选定的文本就会消失(实际上是被传送到剪贴板中了)，选择“粘贴”命令可把剪贴板中的内容复制到文本光标所在的位置。也可以用快捷键 Ctrl＋X 或工具栏按钮剪切实现“剪切”操作；用快捷键 Ctrl＋V 或工具栏按钮粘贴实现“粘贴”操作。

2. 复制文本

复制文本就是把选定的文本复制到文档的其他位置。其操作方法与移动操作类似。

(1) 用鼠标拖动复制：先选定要复制的字符后，使这些字符的背景变成反色，将指针对准黑色区域时，鼠标指针将改变成向左倾斜的箭头；此时，先按下鼠标左键，再按住 Ctrl 键。在该方法复制字符的过程中，鼠标指针下面就会携带一个“小十字”。拖动鼠标就可以把选定的字符复制到新的位置上去。

(2) 用剪贴板复制。其操作步骤是，先选定要复制的字符，然后选择“开始”选项卡中“剪贴板”组中的复制按钮；将光标定位到文本目的地；选择“开始”选项卡中“剪贴板”组中的粘贴按钮，实现文本复制操作。

3.4.4 查找和替换文本

利用 Word 的查找与替换功能，可以快速实现文档中的自动查找和替换操作。

1. 查找操作

单击“开始”选项卡中“编辑”组中的查找按钮，或者按 Ctrl＋F 组合键，可以打开“导航”对话框，在该对话框中有“搜索文本输入框”，输入要查找的文本内容，查找功能将返回所有检查结果，并高亮显示查找到的内容，如图 3-38 所示。

2. 高级查找

单击“开始”选项卡中“编辑”组中的查找按钮右侧下拉列表框中“高级查找”命令，如

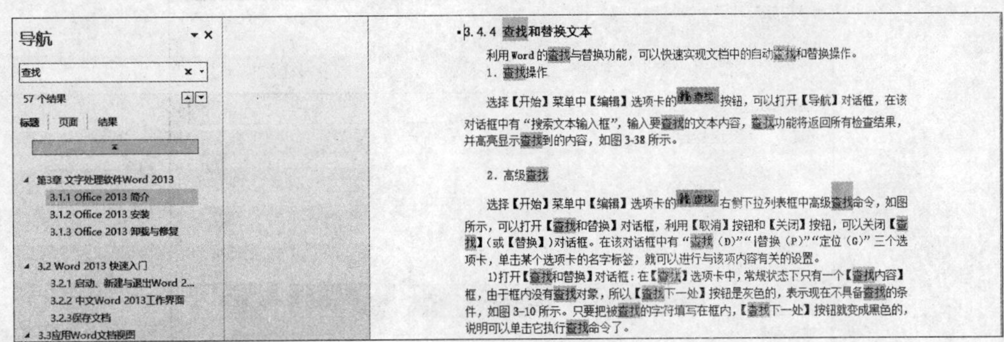

图 3-38　查找文本

图 3-39 所示，可以打开“查找和替换”对话框，利用“取消”按钮和“关闭”按钮，可以关闭“查找和替换”对话框。在该对话框中有“查找(D)”“替换(P)”“定位(G)”3 个选项卡，单击某个选项卡的名字标签，就可以进行与该项内容有关的设置。

(1) 打开“查找和替换”对话框

在“查找”选项卡中，常规状态下只有一个“查找内容”框，由于框内没有查找对象，所以“查找下一处”按钮是灰色的，表示现在不具备查找的条件，如图 3-40 所示。只要把被查找的字符填写在框内，“查找下一处”按钮就变成黑色的，说明可以单击它执行查找命令了。

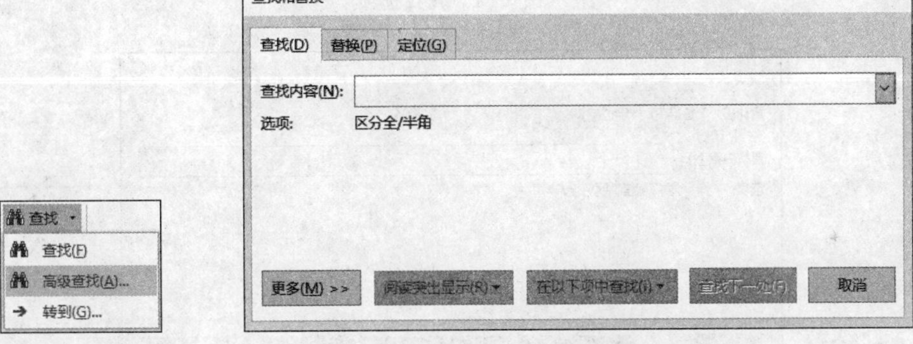

图 3-39　高级查找　　　　图 3-40　“查找”选项卡

默认情况下，在“查找”选项卡的“查找内容”框下面有一行文字，如“选项：向下搜索，区分全/半角”，文字描述的是本次查找字符的附加选项。搜索范围：向下；附加条件：区分全/半角。

单击“查找”选项卡中的“更多”按钮，选项卡就会向下展开，展示出更多查找选项。如图 3-41 所示。其中，搜索范围有三种情况：“向下”是从当前光标所在之处向下搜索，直到文档末尾为止；“向上”是从当前光标所在之处向上搜索，直到文档开始第一个字符为止；“全部”搜索的范围包括了向上和向下两个动作，换句话说，这种搜索方式将要查遍整个文档，决不会漏掉一个字符。如图 3-42 所示。

(2) “查找和替换”对话框中查找条件的含义

① 区分大小写。表示在查找指定字符或字符串的时候，把同一个字符的大写和小写来式视为两个不同的字符。比如，要查找的是 Research，而文档中的 research 将不会被查找

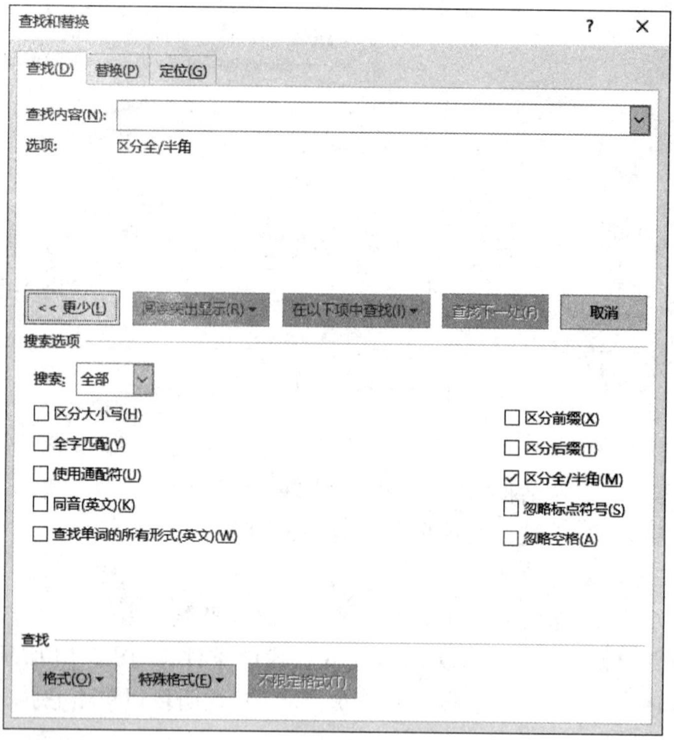

图 3-41　查找选项

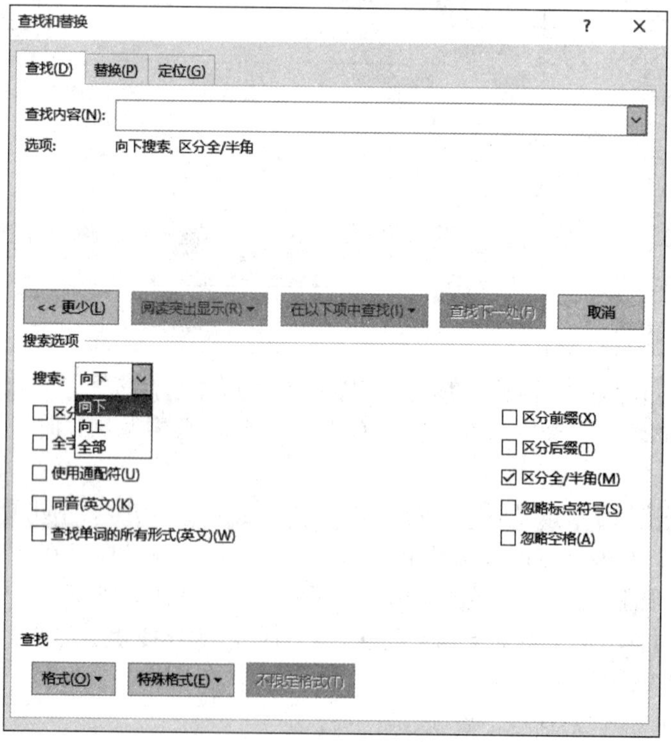

图 3-42　查找范围

出来。

② 全字匹配。选定“全字匹配”为查找条件之后，如果要查找的是 search，那么文档中的 research 将不会被查找出来。

③ 使用通配符。使用通配符进行查找主要是为了在一个句子或单词中找到关键的几个字符。比如，在文档中有一个单词 research，确定使用通配符后，如果被查找内容为“s * r”，查找的结果是 sear；如果被查找内容为“?s * r”，查找的结果是 esear；如果被查找内容为“?7s * r?9”，查找的结果是 research，在此查找过程中，除了 s 和 r 符之外，对其他字符都不关注。

④ 同音。要求查找所有的同音字符，主要针对的是英文的音标读音，其目的是查找发音相同的所有字符。比如，如果要查找的字符的音标是 s，那么，不但所有的字母 s 都能够被找到，而且 ci 也能够被找到，因为 c 在 i 前面发 s 的音。但是，如果把 i 去掉，只有一个 c，它就不会被找到。“同音”主要是针对英文字符而言，如果被查找的英文字符与中文字接触，中文字将影响英文字符的读音，此时不能保证准确地查找到英文字符。

⑤ 查找单词的所有形式(英文)。

⑥ 区分全/半角。从形态上看，输入的字符有全角和半角之分，半角比较清秀，全角显得丰满。即使是同一个字符，也经常以两种形态出现。如果要区分一个字符的全角和半角形式，应该选中该条件。比如选中“区分全/半角”后，如果要查找的内容是全角符号“…”，那么，文档中的半角符号“...”就不会被找到。

⑦ 其他选项很好理解，不做解释。

3. 替换操作

在“查找和替换”对话框中，打开“替换”选项卡，如图 3-43 所示。在查找的基础之上，可以把找到的字符用指定的字符代替，新字符的个数及类型不受原字符的限制。它的操作方法绝大部分与“查找”选项卡相同，唯一的区别是，需要在“替换为”框中输入新的字符，一旦找到目标后，可以用这些字符替换掉原来的字符。

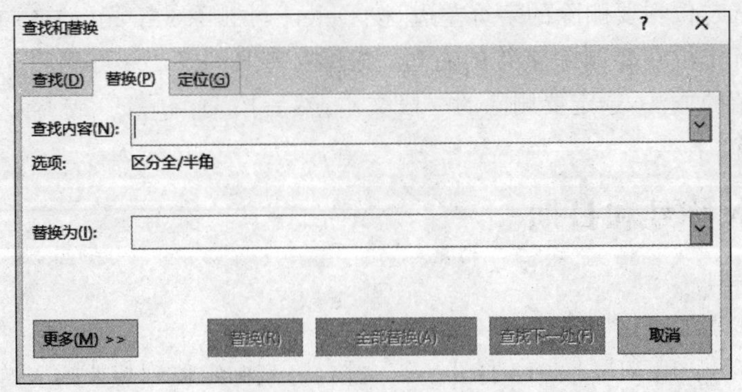

图 3-43　“替换”选项卡

在“替换为”框中，可以输入的内容多种多样，可以把很长的字符串替换为一个“。”；如果在“替换为”框中什么都不输入，替换的结果相当于删除找到的字符串：还可以把查找到的符合条件的一句话替换为一个回车符“↵”，不但这句话将被删除，而且它后面的字符将另起一行，也就是说，产生了一个新的段落。

提示：在 Word 文档替换中，回车符用^P 代替，手动换行符"↓"用^l 代替。将网页中的文字复制、粘贴到 Word 文档中，网页中的换行符就转换成 Word 文档中的手动换行符"↓"，给编辑带来麻烦。用手工改耗时又费力，可用替换功能将手动换行符转换成回车符。

4. 定位操作

利用"定位"选项卡，通过在"定位目标"列表框中限定要定位的目标类型，如页、节、行或批注等，并输入指定的页号、行号等，就能过快速地把光标定位在文档中的任意一页的某一行，还可以定位在某个脚注或尾注之处，如图 3-44 所示。

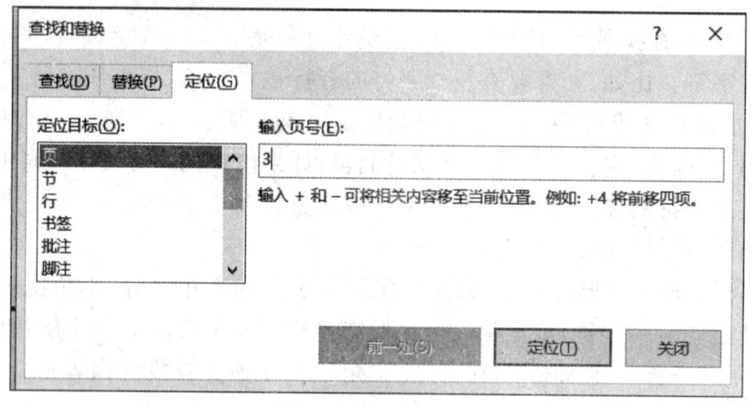

图 3-44 "定位"选项卡

3.4.5 删除文本

删除操作，可以用下面的方法删除不需要的字符。

提示：采用这种方法时，尽量使用键盘编辑区的 Delete 键。如果使用小键盘区的 Del 键，应该关闭该区域的 Num Lock 指示灯。

把文本光标定位在要删除的字符左边，按 Delete 可删除文本光标右边的字符。

把文本光标定位在要删除字符的右边，按退格键 BackSpace 可删除光标左侧的字符。按照上面的介绍的方法，选定要删除的一段文本，然后按 Delete 键(或 BackSpace 键)，均可将所选内容删除。

3.4.6 输入符号和日期

1. 插入符号

具体操作步骤如下。

(1) 插入符号：用 Word 2013 打开一篇文档，将光标定位到想要插入特殊符号的位置，并选择"开始"选项卡中"符号"组中的"符号"命令，此时会弹出一个窗格，选择"其他符号"选项，如图 3-45 所示。

(2) 在弹出的"符号"对话框中，我们选择"符号"选项卡，并单击"字体"下拉列表框右侧的下拉按钮，在展开的下拉列表中选择 Wingdings 选项，如图 3-46 所示。

(3) 在选择符号的字体类型之后，"符号"对话框下方的列表框中会显示出相应的符号，我们可以选择自己想要插入的符号，并单击"插入"按钮。例如，现在选择字符代码为 74 的

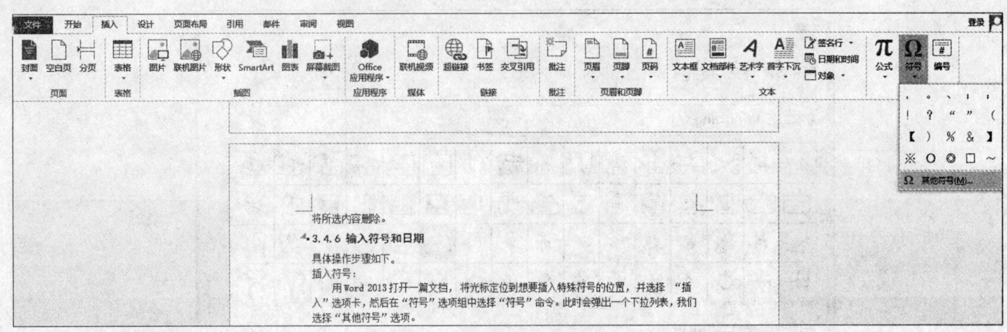

图 3-45　插入特殊符号

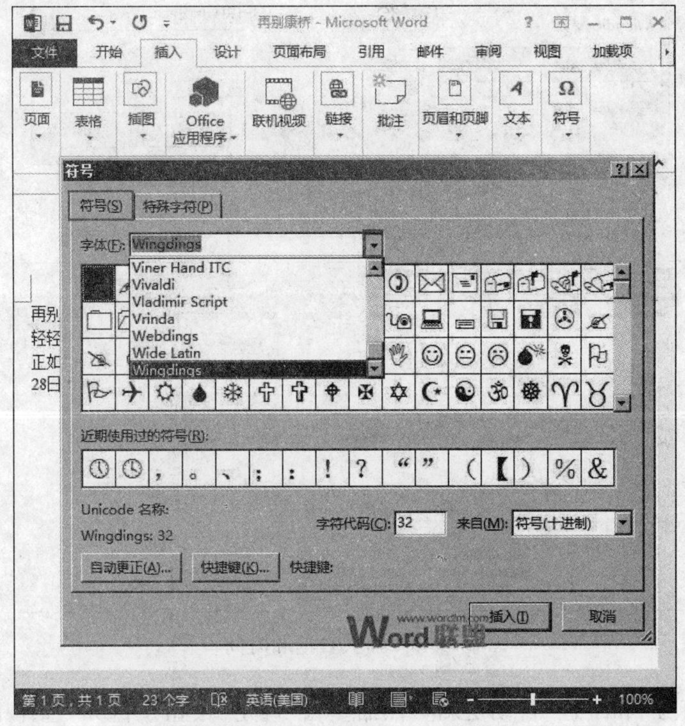

图 3-46　选择插入字符集

笑脸“☺”，并单击“插入”按钮，如图 3-47 所示。

（4）现在文档中已经插入了我们需要的特殊符号，单击“关闭”按钮，即可返回文档查看插入效果。

！提示：大家可以根据自己的需要来选择自己需要的符号或是特殊字符，在弹出的“符号”对话框中自行选择即可。

2. 插入时间

具体操作步骤如下。

（1）打开一篇文档，将光标定位到需要插入日期的位置，并切换到“插入”选项卡，现在选择“文本”组中的“日期和时间” 日期和时间 命令按钮，如图 3-48 所示。

（2）弹出“日期和时间”的对话框，可以根据自己的需要选择“可用格式”和“语言”，以及

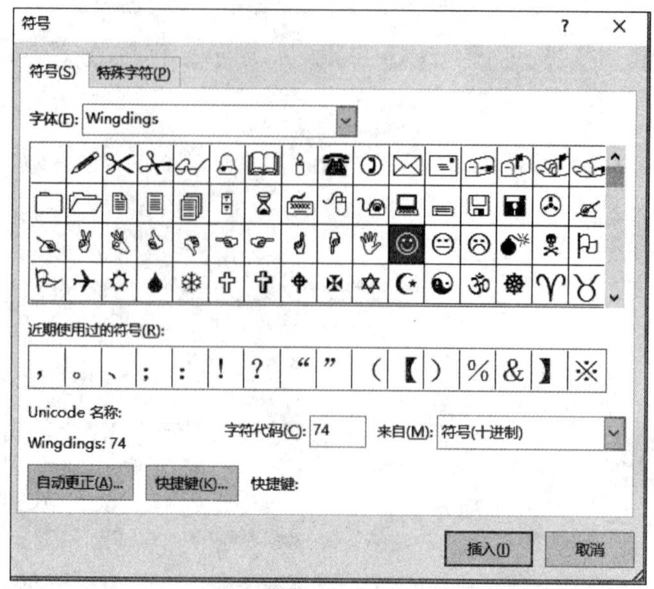

图 3-47　选择插入字符

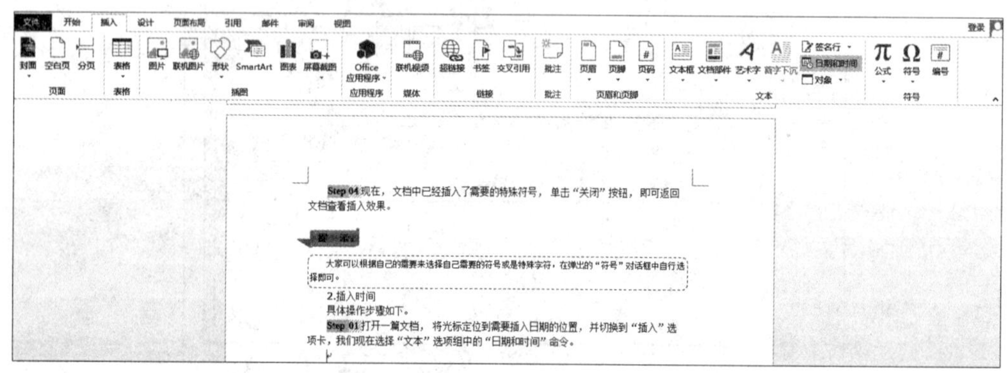

图 3-48　插入日期和时间

是否“使用全角符号”和是否“自动更新”，然后单击“确定”按钮。例如，选择中文格式中的第五种，并选中“自动更新”复选框，单击“确定”按钮，如图 3-49 所示。

(3) 时间插入成功后就会显示当前的时间了，保存 Word 文档。

(4) 关闭 Word 文档，然后重新打开 Word 文档后，系统当前时间为 11 时 25 分 24 秒，可以看到时间已经自动更新了。

提示：插入的动态日期就是计算机系统中的日期，它会随着计算机系统自动更新。当然，也可以根据自己的需要在文档中插入具体时间，在“可用格式”中选择相应的时间格式即可。

3.4.7　撤销和恢复操作

Word 具有记忆操作顺序的功能。如果在编辑文档的过程中出现错误操作，使用 Word 的“撤销”功能可以取消这些操作；如果想恢复被撤销的操作，可以使用 Word 的“恢复”功能。

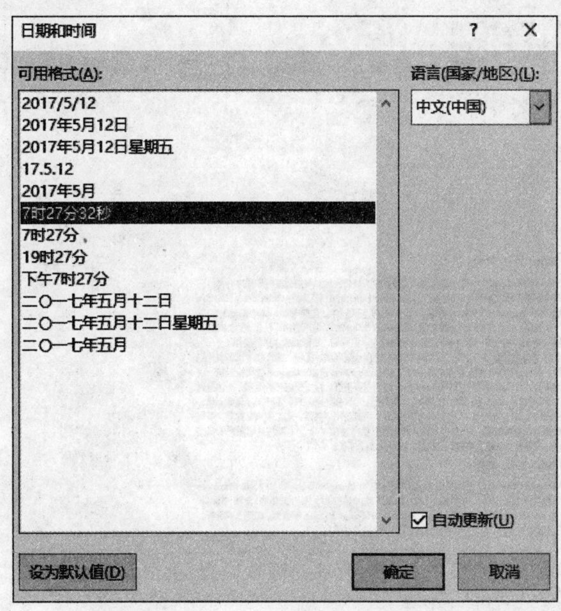

图 3-49 插入时间的格式

1. 撤销操作

撤销操作可以撤销前面已进行的一次或多次操作。单击“撤销”按钮,可以撤销前面一次的操作;使用“撤销”按钮旁的向下箭头,可以撤销前面已进行的一次或多次操作。

2. 恢复操作

使用“恢复”按钮可以更正撤销操作,直至未做“撤销”操作前的状态。只有在执行了“撤销”操作后,“恢复”才会显现。如果在执行“撤销”命令后又执行了其他操作,“恢复”命令就不能恢复被撤销的操作。

3.4.8 用“拼写和语法”检查文档

Word 的“拼写和语法”功能是针对录入和编辑文档时出现的拼写和语法错误而进行的。这种检查可以针对英文,也可以针对中文。

1. 使用菜单命令检查、编辑文档

(1) 先将光标置于文档的起始位置,然后选择“审阅”选项卡中的“校对”组中的“拼写和语法”按钮,如图 3-50 所示。系统开始向下扫描,当发现文档中有语法错误时,系统会自动打开“拼写和语法”对话框,如图 3-51 所示。

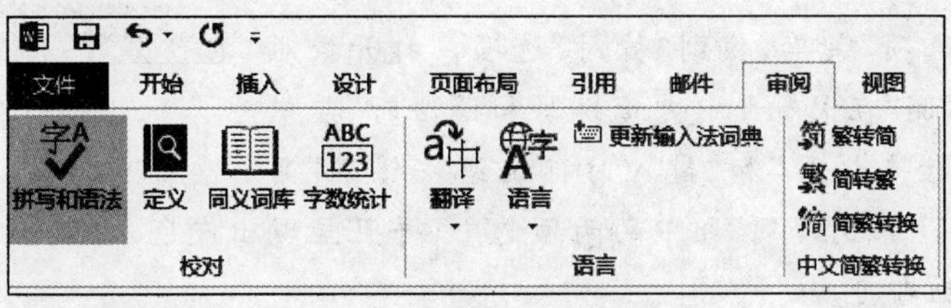

图 3-50 拼写和语法检查

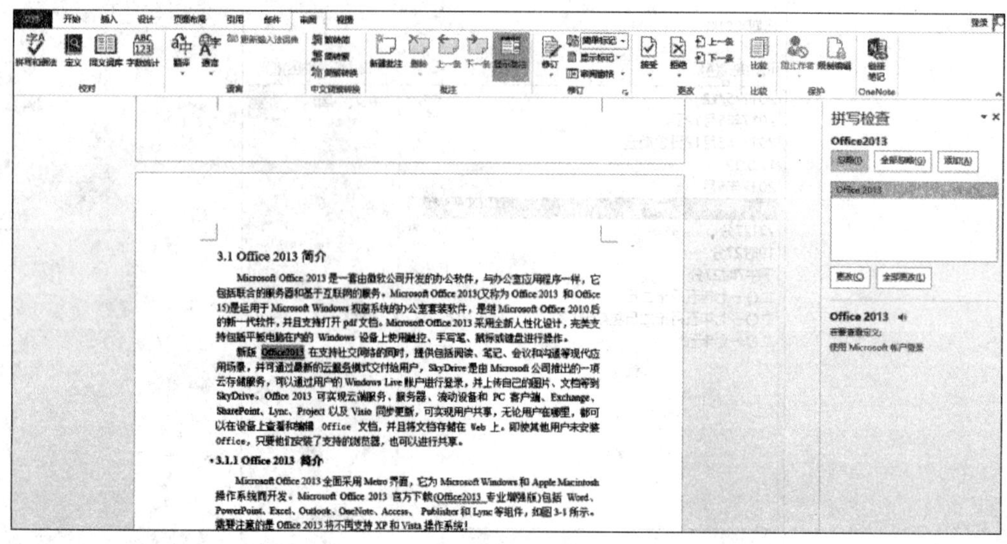

图 3-51　拼写检查

（2）在“拼写和语法”对话框中的“不在词典中”文本框中显示当前的错误，在“建议”框中提供了修改的建议。如果用户认为该处确实有错，可以在“建议”框中选择合适的修改方案，然后单击“更改”按钮，如图 3-52 所示。如果用户认为该处没有错误，则可单击“忽略”按钮，跳过此处检查。

2. 使用快捷方式检查、编辑文档

实际上，系统的拼写和语法检查在录入操作的同时已经开始了。系统一旦判定某个单词拼写错误或者某句语法有错，就会在该单词或错误语句下标识一条波浪纹，这时可以用快捷菜单方式进行修改。方法如下。

用鼠标右击加有波浪线的单词，即可打开快捷菜单。如果是拼写错误（红色波浪线），菜单中出现“拼写”选项；如果是语法错误（蓝色波浪线），菜单中出现“语法”选项。选中它们，打开相应的对话框，就可以进行修改。如果是单词错误，也可单击快捷菜单中所列的正确的单词直接进行替换；如果该词没有错误，单击“忽略”或“全部忽略”按钮即可。

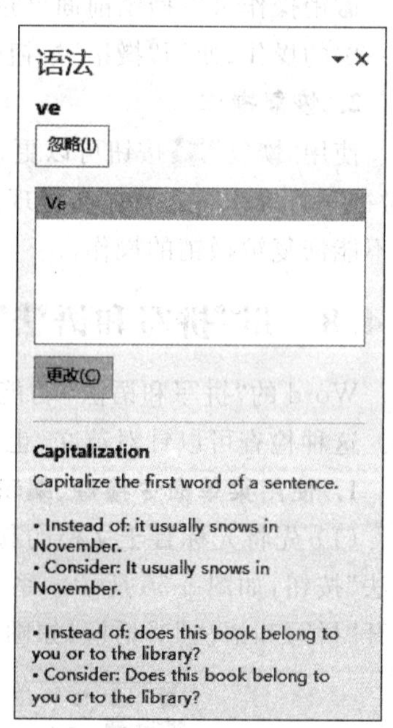

图 3-52　更改错误

提示：语法和拼写检查功能可以关闭，具体方法：打开“文件”按钮中“选项”菜单，找到“校对”选项。打开校对选项界面。窗口右侧“在 Word 中更正拼写和语法时”组中取消选中“键入时检查拼写”和“键入时标记语法错误”两项，系统会自动将下面“例外项”组中的两项选中，并且呈现出灰色，也就是不能再更改的状态，单击“确定”按钮即可。

实训案例

【案例 3-3】 制作一份开会通知。

【实训目的】 熟悉 Word 的操作界面，能快速找到各命令功能，会利用 Word 输入文字，进行文档的基本操作。

【实训内容】 通过本章学习的相关知识，练习制作一份开会通知。

（1）启动 Word 2013 软件，新建 Word 文档。

（2）输入文字，插入日期和时间。

（3）利用替换功能，查找“个”字，替换成“各”。

（4）保存文档。

（5）效果文件可参考“素材\chapter03\案例 3-3 通知.docx”。

【实训步骤】

（1）打开 Word，选择“开始”→“新建”命令，新建一个空白文档。

（2）在文档按照格式要求中输入的文字如下。

通　　知

请各学院负责教学的院长于 2017 年 5 月 9 日星期二下午 2:30 到教务处 402 会议室开会。主要讨论在全新的“学分制”框架下，如何组织实施灵活生动的教育教学工作。请各学院选派一名教学秘书参会。请大家积极主动地献计献策，踊跃发言！

请各位代表准时到会，不得缺席。

特此通知！

教务处教学管理科

（3）插入日期。在输入完上述文字后，换行，切换到“插入”选项卡，在“文本”组中，单击“日期和时间”，打开“日期和时间”对话框，在“可用格式”列表框中选择第三种格式，不选择“自动更新”。单击“确定”按钮。

（4）将会在文档中插入当前系统日期，根据要求，修改日期为 2017 年 5 月 5 日星期五。

（5）切换到“开始”选项卡，在“编辑”组中单击“替换”命令按钮，弹出“查找和替换”对话框，在“查找内容”中输入“个”字，“替换为”栏输入“各”字，单击“全部替换”按钮，把错别字全部修改正确。

（6）检查整个文档无误后，单击快速访问工具栏上的“保存”按钮，在“另存为”界面中，单击“计算机”，右侧单击“浏览”按钮，文件名命名为“通知.docx”，选择文件保存的位置，最后单击“保存”按钮。

拓展练习

利用MOOC、微课等在线资源进行相关知识的拓展学习，以及进行上机操作拓展训练。

本章小结

Word 2013是Office 2013办公组件中的一个，是编辑文字文档的主要工具。本章为读者介绍Word 2013的工作界面和基本操作，包括新建文档、保存文档、输入文本内容、编辑文本内容等。

思考与练习

1. 填空题

(1) Word 2013是Microsoft公司开发的Office 2013办公组件之一，主要用于________工作。

(2) Word 2013工作界面是由________、快速访问工具栏、________、工作区、滚动条、状态栏、视图按钮和缩放滑块组成。

(3) 文本的基本编辑操作包括复制与粘贴文本、________、撤销与恢复操作等。

(4) 默认情况下，快速访问工具栏中有________几个按钮。

(5) 选定文本后单击工具栏上的复制按钮，Word就把所选内容放到________上，以便随时使用。

2. 判断题

(1) 安装微软Office以后，安装程序会在桌面上自动创建Word 2013快捷方式图标。 (　　)

(2) Word 2013只能进行公文写作。 (　　)

(3) 在标题栏空白处右击，选择“关闭”命令，可以退出应用程序。 (　　)

(4) 快速访问工具栏可以自己定义添加。 (　　)

3. 思考题

(1) Word 2013提供了哪几种文档视图方式？

(2) 新建Word文档有几种方式？请列举。

(3) 简述选定多行和选定一个矩形区域的方法。

(4) 复制字符和移动字符操作本质上的区别是什么？

(5) 举例说明“撤销”和“恢复”操作的功能。

(6) “查找和替换”中“使用通配符”有什么作用？

第 4 章　文字和段落格式

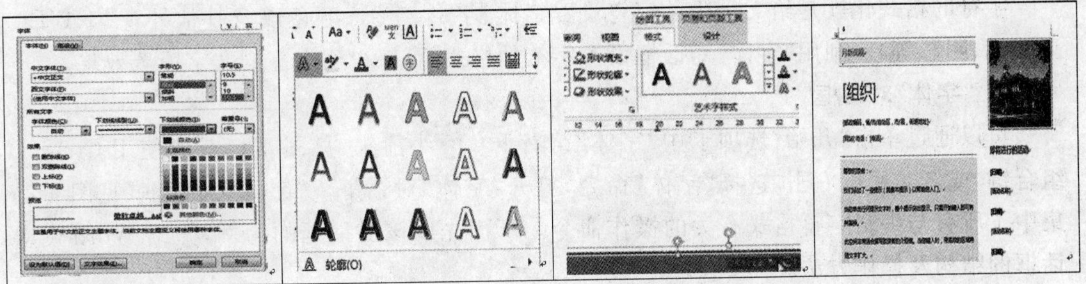

编写好文档的内容后，还应该进行排版操作(也叫格式化)。Word 文档格式化操作主要包括字符格式化、段落格式化和页面格式化，分别用来修饰文档的不同部分。

- 设置字体、字形、字号、颜色以及其他外观。
- 缩放和间距。
- 使用格式刷复制字符格式。
- 设置段落格式、边框和底纹。
- 制表位、项目符号和编号。
- 设置页眉和页脚。
- 分栏、设置页面的边框。
- 模板。

- 掌握运用字体和段落的各命令按钮来格式化文档的方法。
- 熟悉 Word 2013 的模板创建的方法。
- 掌握 Word 2013 的页眉和页脚的操作方法。
- 熟练掌握文档排版的基本操作技巧。

4.1 字符格式化

在默认情况下，Word 2013 使用的文字大小为五号，字体为宋体。对于用户来说，不同的文档对文字的大小和字体会有不同的需求，可以设置文字的各种格式。

4.1.1 设置字体、字号和字形

字符的格式化就是给文档中的字符设置字体、字形、字号、颜色以及其他外观(下划线、上下标、阴影等)。利用“字体”对话框设置字符的格式，可以得到丰富的文字设置效果。

1. “字体”对话框

可以通过单击“开始”选项卡中“字体”组右下角小箭头(见图 4-1)或者使用 Ctrl+D 组合键，或者也可以右击，选择“字体”命令，打开“字体”对话框。“字体”对话框(见图 4-2)集中了所有与编辑字符格式有关的操作命令。下面先以该对话框的为例，介绍 Word 中对话框的结构及操作方法。

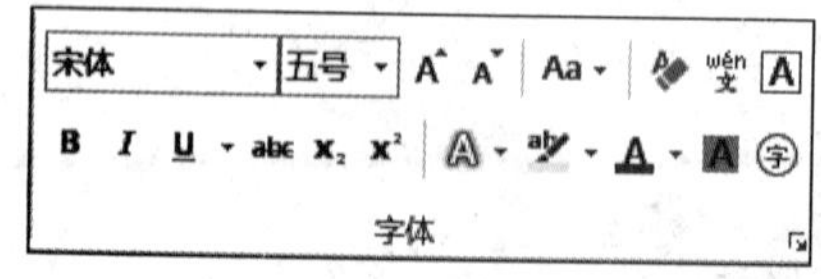

图 4-1 字体组

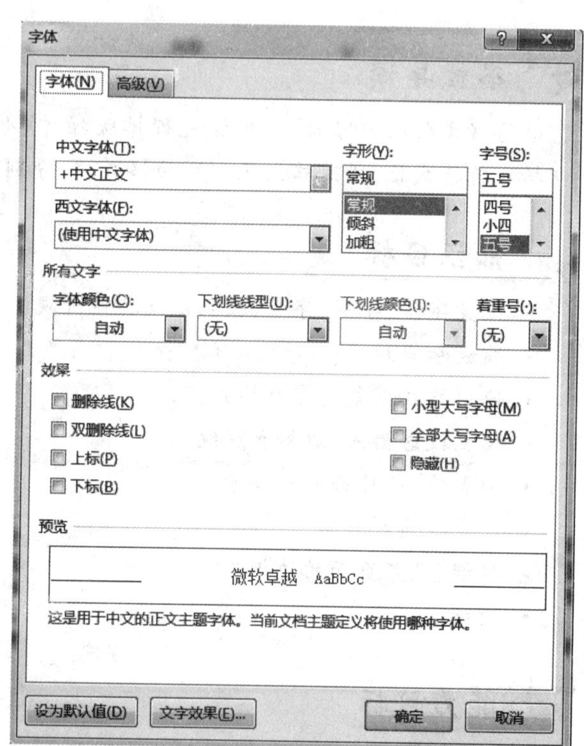

图 4-2 字体选项卡

(1) 选项卡。对话框有单一型和复合型两种结构，复合型把许多单一型对话框集成在一起，这种对话框上的识别标签叫作选项卡。从图 4-2 可看出“字体”对话框包括“字体”和“高级”两个选项卡，只要单击某个标签，该选项卡将成为当前选项卡。

(2) 列表框。在选项卡中，比较重要的工具是列表框。从图 4-2 可看出“字体”选项卡中浅色的横线把整个窗口划分为字体、效果和预览三个独立的区域。

在"字体"选项卡中有8个列表框。有的列表框一直展开，如"字形"和"字号"列表框。列表框较大的矩形区域是表体，集合了多种选项。其右侧是滚动条，当表体中容纳不下所有的选项时，单击滚动条上、下两端的按钮，或是拖动滚动条，列表框中的内容就会向上或向下滚动。如果单击某个选项，该选项就会出现在列表框上面的"选中"栏中，再单击"确定"按钮，该选项将对选定的字符产生指定格式的效果；列表框中的选项可以是具体的文字叙述，也可以用图形、符号或颜色来表示。比如，在"字体"选项卡中，把各种下划线的实际线形放置在"下划线"列表框中。

(3) 复选框。在效果区中，有7个复选框，可以从中任选一个或多个复选框，为被选定的字符设置多种格式。

(4) 预览区。预览区可以看到用户设置字符格式后的效果，如果认为效果符合自己的要求，单击"确定"按钮即可实现该设置效果。

(5) "设为默认值"按钮。如果单击"字体"选项卡中的"设为默认值"按钮，弹出如图4-3所示对话框。

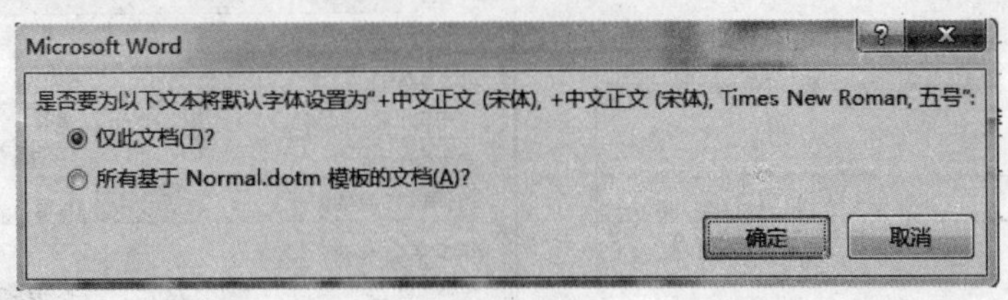

图4-3 单击"设为默认值"按钮打开的对话框

如果单击"确定"按钮，系统将完成两个重置的动作，一是将光标所在段落的所有字体格式作为当前样式的固有格式默认值；二是文档中凡是已经采用了"正文"格式的所有字符，将自动更新自己的格式，变成默认值。使用"默认值"功能要格外小心，在没有弄清楚样式的概念之前，不要轻易地使用"默认"格式按钮。

2. 字体的分类

从图4-2可看出Word 2013的字体格式分为"西文字体"和"中文字体"两大类列。

(1) "西文字体"列表框："西文字体"列表框中的字体格式只适用于英文字母、数字及其他符号(如句号、逗号、等号等)。

(2) "中文字体"列表框："中文字体"列表框中的字体格式既适用于中文字符，又适用于英文字符、数字或符号，包括从"符号"对话框中插入的图形化符号。

3. 设置字体、字号、字形和颜色

利用"格式"工具栏设置。从左边第1个到第6个按钮的名字分别是样式、字体、自加粗、倾斜和下划线。

(1) 设置字体：用"字体"列表框可以选择不同的字体，例如可以选择"宋体""黑体"或其他英文字体。Word默认的字体是宋体。

(2) 设置字号：使用"字号"列表框可以选择字的大小；英文字号习惯以磅为单位，磅值越大，字号越大，中文字号分为"初号""小初号""一号""小一号"到"八号"共16个级别，"初号"最大，"八号"最小。Word默认的字号是"五号"。

(3) 设置字形：使用“加粗”或者按 Ctrl+B 组合键、“倾斜”或者按 Ctrl+I 组合键、“加粗 倾斜”按钮可以设置字型。

(4) 设置颜色：选中文字，单击“开始”选项卡中的“字体”组中的“字体颜色”菜单旁边的小三角 A ·(若直接单击菜单，则自动设置为当前颜色)，选择合适的字体颜色。

4.1.2 设置字符的效果

1. 设置下划线和颜色

单击“字体”组 U · 按钮右侧的下拉三角，可通过弹出选项为字符设置(或取消)下划线和颜色，如图 4-4 所示。

利用“字体”对话框中“字体”选项卡中的“下划线线型”列表框和“下划线颜色”列表框，能够为字符设置多种样式的下划线，如单线、双线、点划线、波浪线等。从显示的“色块”列表中选择所需颜色，为下划线设置颜色，如图 4-5 所示。

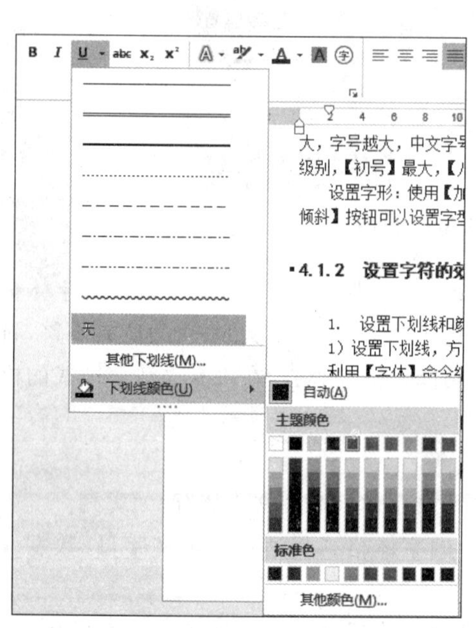

图 4-4 设置下划线样式和颜色

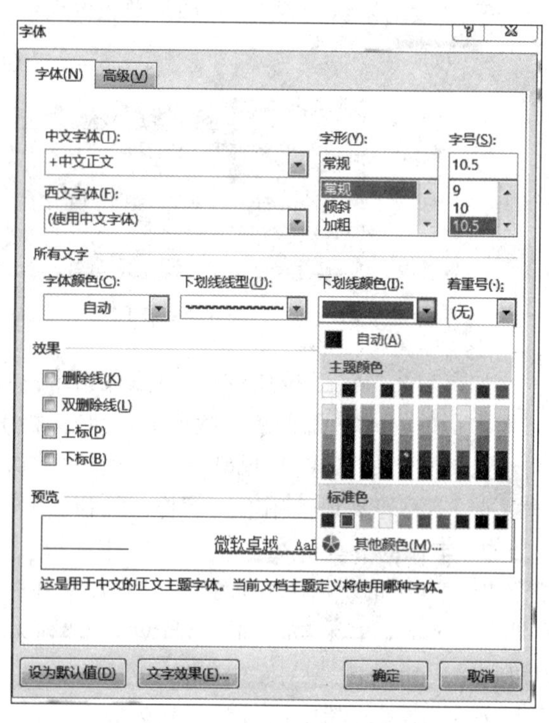

图 4-5 通过选项卡设置下划线

2. 设置其他效果

“字体”选项卡对话框提供了“上标”“下标”“删除线”“双删除线”“空心”“阴影”“小型大写字母”等 7 个复选框，来设置字体的特殊效果。

(1) 设置上标和下标字符。设置字符上、下标的过程是，选定一个或多个字符，单击“字体”选项卡，单击“效果”区中的“上标”或“下标”选项后，被选定的所有字符就会被设置成上标或下标格式。

【案例 4-1】 把字符设置成下面的效果：

$$Y=A_0X^3+A_1X^2-4$$

① 先用三号字体输入 $Y = \mathrm{A}0X3 + \mathrm{A}1X2 - 4$。

② 分别设置 0 和 1 为下标。

③ 分别设置 3 和 2 为上标。

④ 将上、下标的字符均设置为五号字。

(2) 设置删除线。和设置上下标的方法类似。Word 2013 中的删除线有这样一个特点，字符是什么颜色，删除线是什么颜色；字符的字号增大时，删除线的宽度和长度也跟着增大；字符提升或降低，其删除线也随着提升或降低。

(3) 设置效果。阴影、轮廓、发光、映像都是特殊字符效果，可根据需要进行效果样式选择。

单击“字体”组 A 按钮右侧的下拉三角，可通过弹出选项为字符设置特殊效果，如图 4-6 所示。

利用“字体”对话框中“文字效果”按钮，为字符设置文本填充、文本边框、文本效果、三维格式等详细参数的调整设置，如图 4-7 所示。

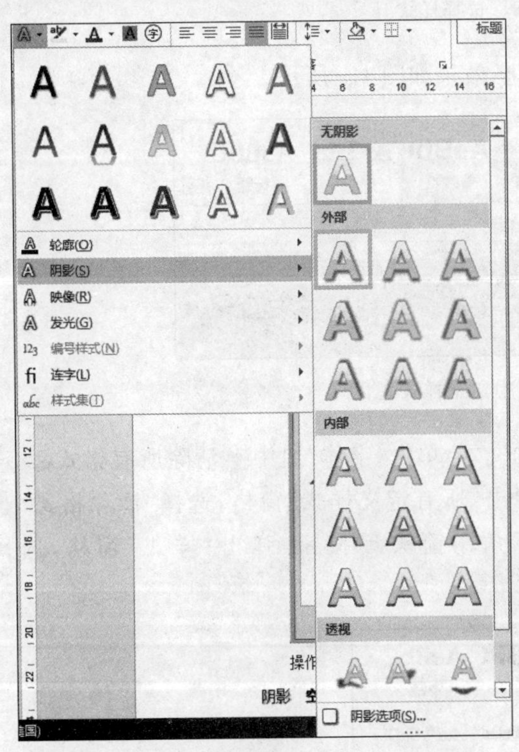

图 4-6　设置文本效果

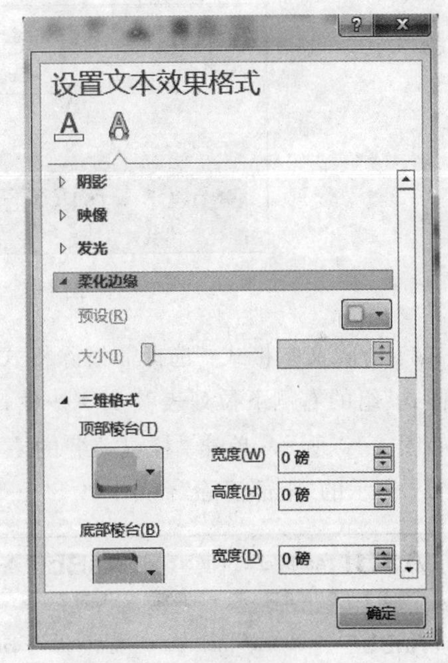

图 4-7　详细参数调整文字的效果

【案例 4-2】 输入下面的字符并设置成下面的效果：

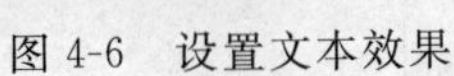

操作步骤如下。

① 先输入文字：“阴影 映像 发光 轮廓 红色 下划线 删除线”(中间有空格)。

② 用“字体”组，将所有文字设置成：黑体、加粗、三号字。

③ 用“字体”组中的“文本效果和版式”命令，将“阴影”设置成“外部向左倾斜”；将“映

像”设置成“全映像”；将“发光”设置成“橙色、11pt”；将“轮廓”设置成“0.75 磅、实线、绿色”。

④ 用“字体”组，将“红色”两个字的字体颜色设置成“红色”；将“下划线”设置成“红色波浪实线”；为“删除线”文字设置删除线。

4.1.3 利用样式修改文字

1. 利用样式修改文字

(1) 启动 Word 2013，新建文档，在文档输入文字。

(2) 在“开始”选项卡中“样式”组的样式中选择一种样式。默认样式为“正文”，如图 4-8 所示。

图 4-8　选择样式

(3) 可以看到文字的样式已经发生变化，效果如图 4-9 所示。

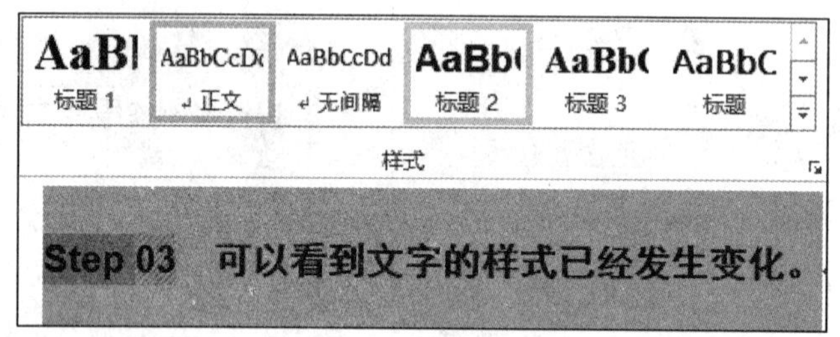

图 4-9　选中文字样式变化

(4) 清除文本格式：选择需清除格式的文本，单击“字体”组中清除所有格式命令；单击“样式”组的右侧下拉列表箭头按钮，弹出“所有定义样式”窗格，选择“清除格式”命令，如图 4-10 所示；单击“样式”组的右下角小箭头按钮，弹出“样式”窗格，选择如图 4-11 所示的“全部清除”命令。

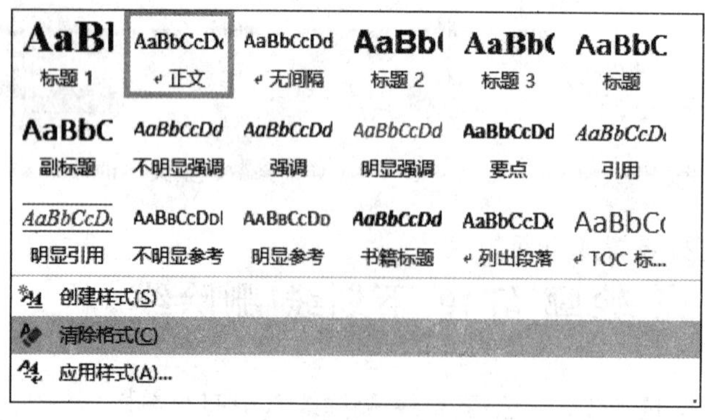

图 4-10　清除格式

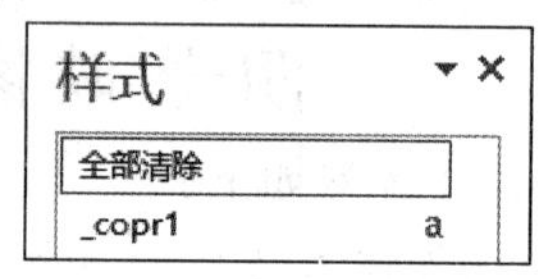

图 4-11　全部清除

2. 修改样式

对于自定义的快速样式，用户可以随时对其进行修改。Word 2013 文档中修改样式的方法，以对“样式”窗格中列出的样式进行修改为例，具体方法如下。

(1) 选择在“样式”组中显示的样式，右击，从弹出菜单中选择“修改”命令，如图 4-12 所示；单击“样式”组的右下角小箭头按钮，弹出“样式”窗格，在窗格中选择需要修改的样式选项，单击其右侧的下三角按钮，在弹出的菜单中选择“修改”命令，如图 4-13 所示。

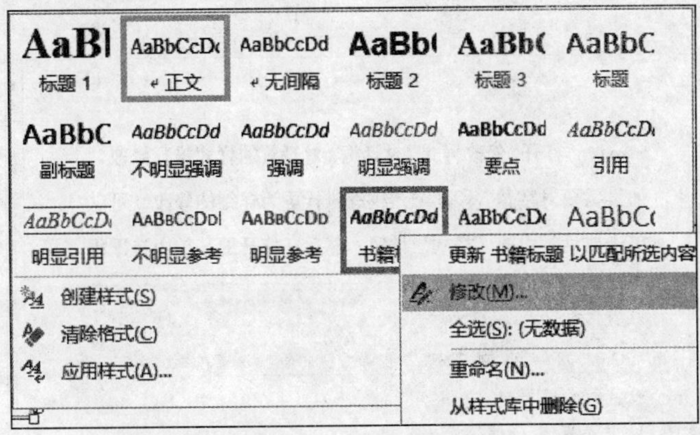

图 4-12　“修改”命令

注意：单击“从样式库中删除”命令将能够删除选择的样式，但 Word 的内置样式是无法删除的。如果选择“更新　标题样式 2 以匹配所选内容”命令，则带有该样式的所有文本都将会自动更改以匹配新样式。

(2) 打开“修改样式”对话框，如图 4-14 所示，对设置的样式进行修改。如果需要对字体、段落或边框等进行更为详细的修改，可以单击对话框中的“格式”按钮，然后在打开的菜单中选择相应的命令，这里提供了丰富的修改样式格式的命令。如这里的“字体”命令，如图 4-15 所示。打开“字体”对话框，对文字的样式进行更为具体的设置，完成修改后单击“确定”按钮，关闭对话框。

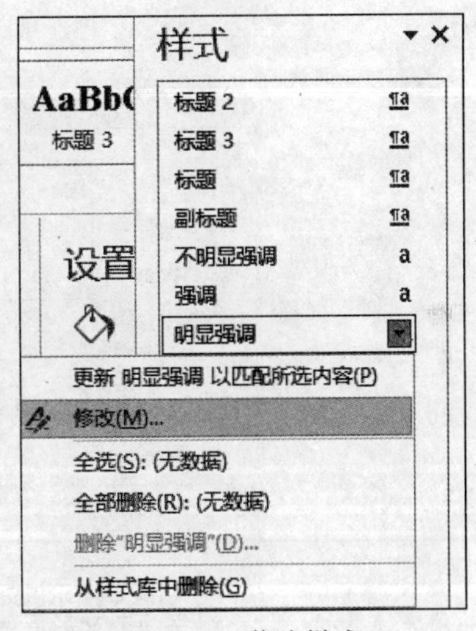

图 4-13　修改样式

注意：在文档中输入文本时，在一个段落完成后按 Enter 键会生成新的段落，此时后续段落将继承当前段落的样式。在“修改样式”对话框的“后续段落样式”下拉列表中可以选择后续段落的样式，如图 4-16 所示。

(3) 单击“确定”按钮，关闭“修改样式”对话框后，文档中所有使用该样式的段落格式都会被修改。

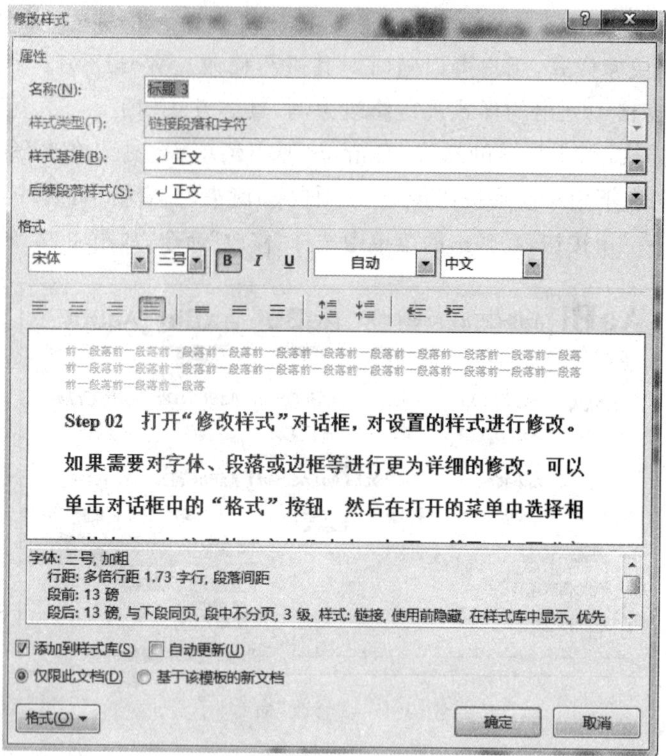

图 4-14 “修改样式”对话框

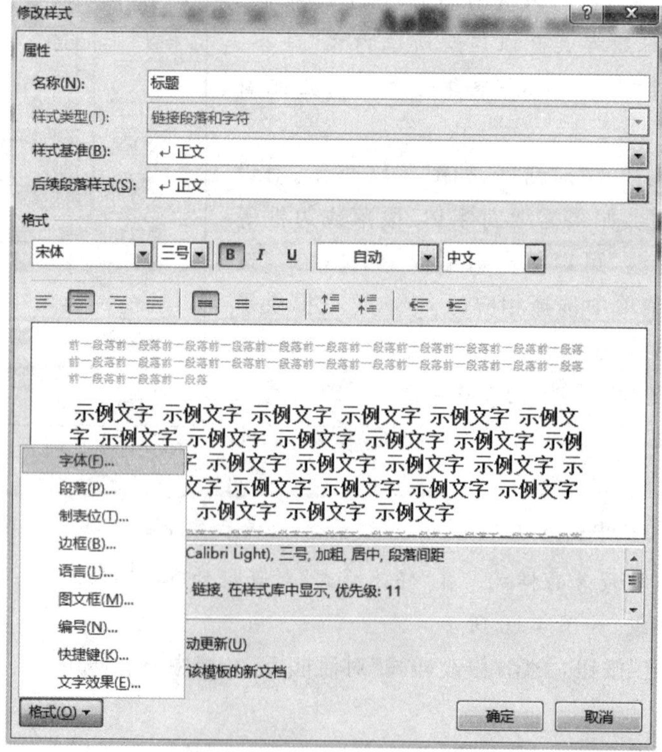

图 4-15 “格式”按钮

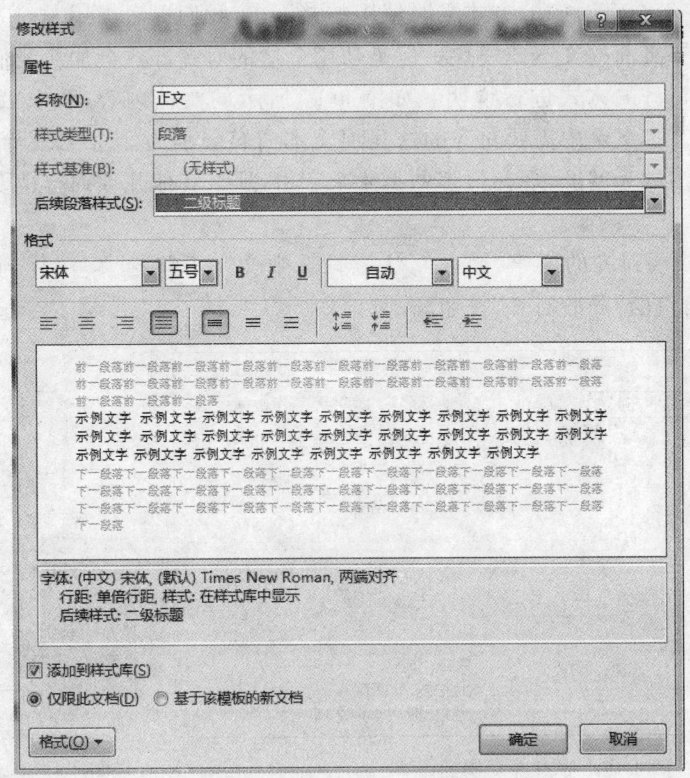

图 4-16　修改后续段落样式

4.2　设置段落格式

在 Word 文档排版中有许多细节和技巧都需要我们去掌握熟知，只有这样我们才可以在日常生活中快速地完成工作。

4.2.1　设置文本水平对齐方式

Word 的对齐方式有以下五种。

(1) 左对齐：将文档内容与左边距对齐的方式，左对齐通常用于正文文本，便于阅读。

(2) 居中对齐：使文档内容在页面中居中对齐。

(3) 右对齐：将文档内容与右边距对齐的方式。

(4) 两端对齐：在 Word 文档中将内容分布在左边或者右页边距对齐，将两侧内容具有整齐的边缘。所选的内容每一行全部向页面两边对齐，字与字之间的距离根据每一行字符的多少自动分配。一段中最后一行没有占满一行，以左对齐的方式显示。

(5) 分散对齐：Word 文档中分散对齐就是将段落按每行两端对齐。排版的时候某一行文字换行后空了一大截，利用分散对齐可以让这一行文字之间的距离均匀地拉开，字体间距自动拉长，看上去就是像满满地占据了这一行。

其中两端对齐、分散对齐的方式平时使用的并不多，我们更习惯用左对齐、居中对齐、右对齐的方式来对齐页面的文本或模块。但是巧用合适的对齐方式会加快我们编辑文档的速度。下面就分散对齐的方式进行说明。如图 4-17 所示的文档内容，要求“姓名”“出生地”“出生日期”对齐。本案例中需要对齐的这几项文本内容分别为 2 个字、3 个字、4 个字。这里要以字符数最多的为基准，现在最多的是 4 个字符，那么其他几项内容也要变成 4 个字符的宽度。

（1）首先选中要对齐的文字“姓名”，注意只选中文字不包括冒号，找到“开始”选项卡里，选择“段落”组里的“分散对齐”按钮。

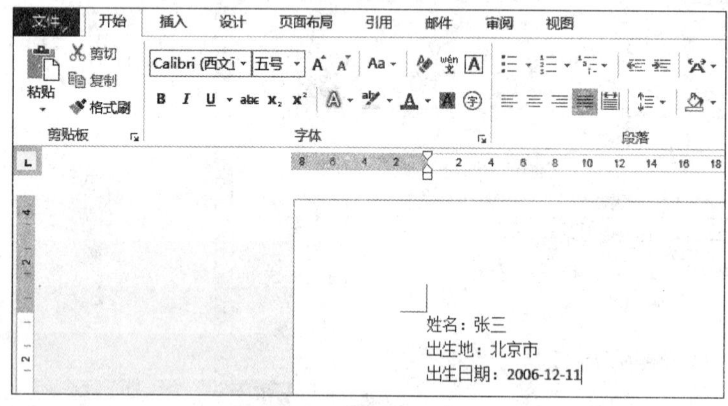

图 4-17　需对齐文档的内容

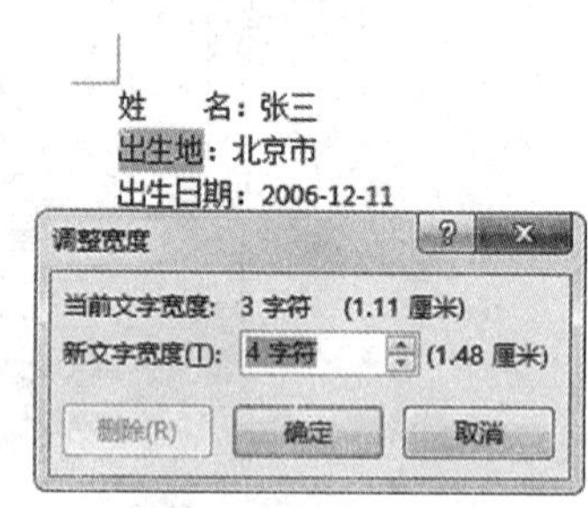

图 4-18　调整字符的宽度

（2）此时会弹出调整宽度对话框，在新文字宽度输入框中输入被对齐段落字体的宽度，数值确定值等于你要对齐字体目标值，本例中是要对齐 4 个字符，所以本处输入 4 字符，如图 4-18 所示，单击“确定”按钮，完成设置。此时“姓名”“出生日期”已经对齐。

（3）选中要对齐的文字“出生地”，同上操作，在“调整宽度”对话框里设置文字宽度为 4 个字符，单击“确定”按钮。都设置好了，来看看最后的效果，不管是 2 个字符、3 个字符还是 4 个字符的都是一样整齐了，如图 4-19 所示。

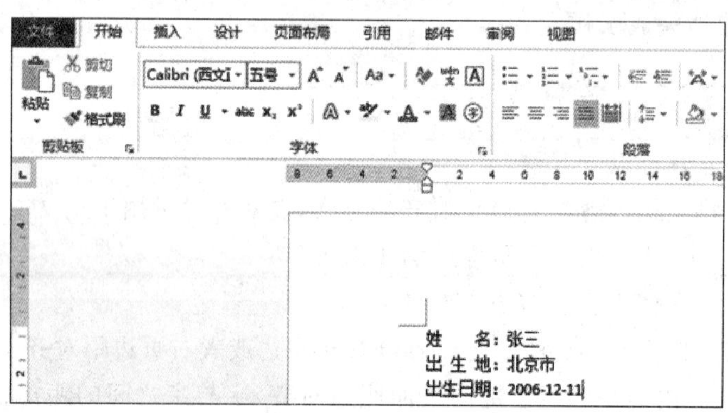

图 4-19　对齐后的文档

提示：调整宽度，在“开始”选项卡里，选择“段落”组中有一个“中文版式”按钮。单击按钮右侧的下拉三角，然后选择“调整宽度”命令，也可以弹出调整宽度对话框。

4.2.2　设置纵向文字列对齐

段落设置可以设置行距，但没有列距的设置，怎么才能让文字纵向对齐？Word 2013 中有如图 4-20 所示的文字，发现文字纵向并不会自动对齐。步骤如下。

(1) 在"页面布局"选项卡中的"页面设置"组中，单击右下方的按钮(如图 4-21 所示)。

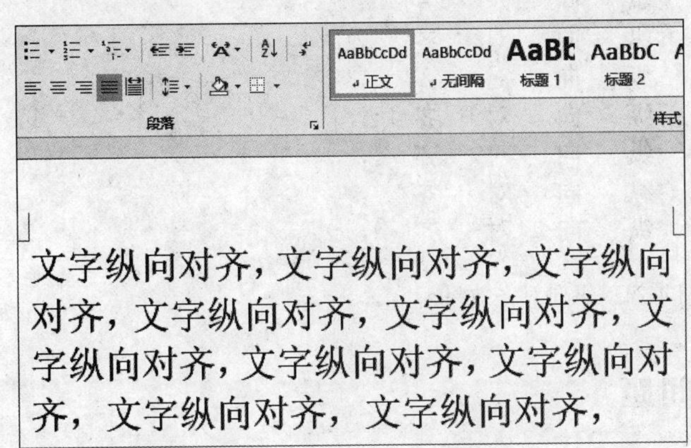

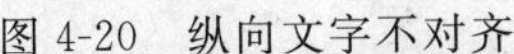

图 4-20　纵向文字不对齐

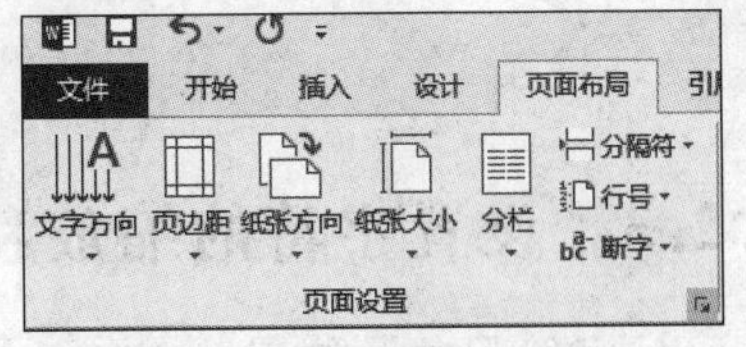

图 4-21　页面设置

(2) 打开"页面设置"对话框，在"文档网格"选项卡，在"网格"栏中选择"文字对齐字符网格"，此时"字符数"栏中的"每行"字符处可以通过输入数值来设定每行的字符数，如图 4-22 所示。

(3) 如果想限制每行显示的字数，可以在第 2 步打开的"页面设置"对话框中将"字符数"选项组中的"每行"选项设置一个值，本案例设置值为 7，如图 4-23 所示。然后单击"确

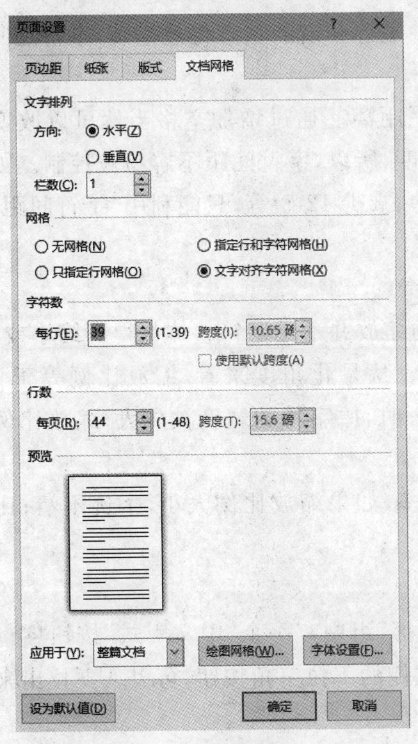

图 4-22　文字对齐字符网格

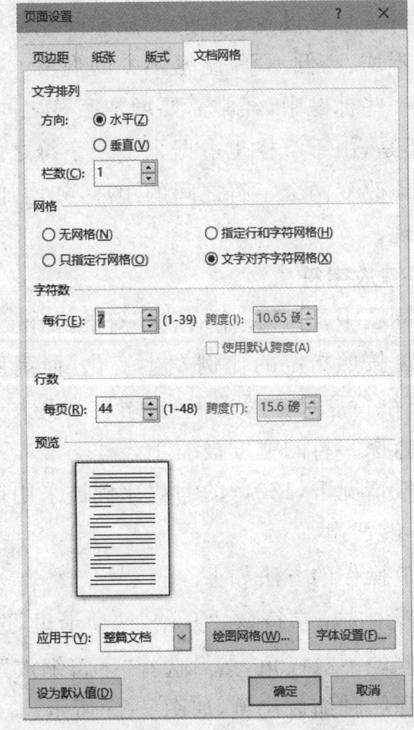

图 4-23　设定每行对齐的字符数

定”按钮，这样设置后的效果如图 4-24 所示。

文　字　纵　向　对　齐　，
文　字　纵　向　对　齐　，
文　字　纵　向　对　齐　，
文　字　纵　向　对　齐　，
文　字　纵　向　对　齐　，
文　字　纵　向　对　齐　，
文　字　纵　向　对　齐　，
文　字　纵　向　对　齐　，
文　字　纵　向　对　齐　，
文　字　纵　向　对　齐　，

图 4-24　纵向对齐效果

4.2.3　设置字符的缩放和间距

1. 字符尺寸及位置

Word 2013 默认的字体是宋体、字号是五号，在这种默认字符格式下输入的字符高和宽都是 10.5 磅，两个字符之间的间距是 1 磅，并且一行中的所有字符都整齐地排列在一条水平基线上。另外，在每行字符之间，也保留了 6 磅的间距，这就是我们在后面将要学习的行间距。把这 6 磅的空间分给上下两行中的字符后，每个字符实际占用的高度是：3 磅＋10.5 磅＋3 磅＝16.5 磅。

字符一旦被设置了新的缩放和间距格式，这种平等和谐的状态将被打破，字符之间将出现宽窄不均、高低不平、疏密不一的现象。

在一些标题中，经常需要增加字符之间的水平距离。通过增加空格当然可以改变字符间距，但是，由于空格也占据了一个字符之间的宽度，所以，字符间距不容易被控制。如果要想精确地改变两个字符之间的距离，如增加 2.5 磅、减少 12 磅等，只能利用“字符间距”选项卡来实现。

2. 缩放字符

在标题中，经常使用缩放字符的操作。这里的缩放并不是字符整体都得到缩小或放大，只有宽度按照指定的比例发生变化，而高度不变。从量化角度来看，缩放比例等于 100%时，字符维持原尺寸大小不变；缩放比例大于 100%时，原字符的宽度被放大；缩放比例小于 100%时，原字符的宽度被缩小。

一般情况下，150%的缩放比例被采用得比较多，如果缩放比例大小，字迹不清；比例太大，又不够严肃。

缩放操作的方法如下。

(1) 先选定字符，在“开始”选项卡里，选择“段落”组中有一个“中文版式”按钮，单击按钮右侧的下拉三角，然后选择“字符缩放”命令右侧的下拉三角按钮，可以从下拉出来的窗格中选择一种缩放比例，如图 4-25 所示。

(2) 在列表框中找不到所需的比例，可以单击最后一项“其他...”，弹出“字体”对话框，打开"高级"选项卡(见图 4-26),然后直接在"缩放"比例框中输入 1～600 的整数数字,设置相应的缩放比例。

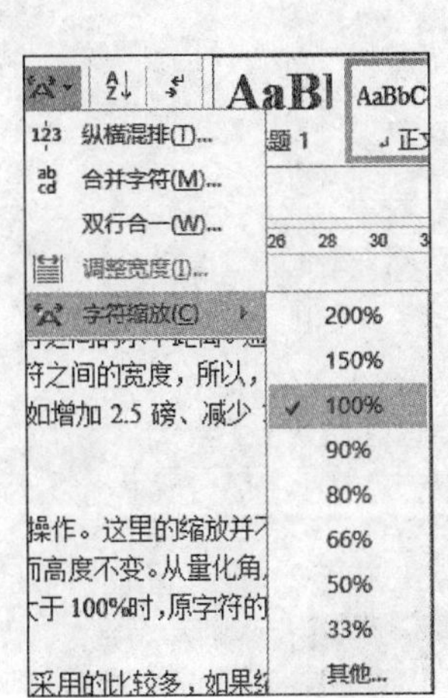

图 4-25　字符缩放比例

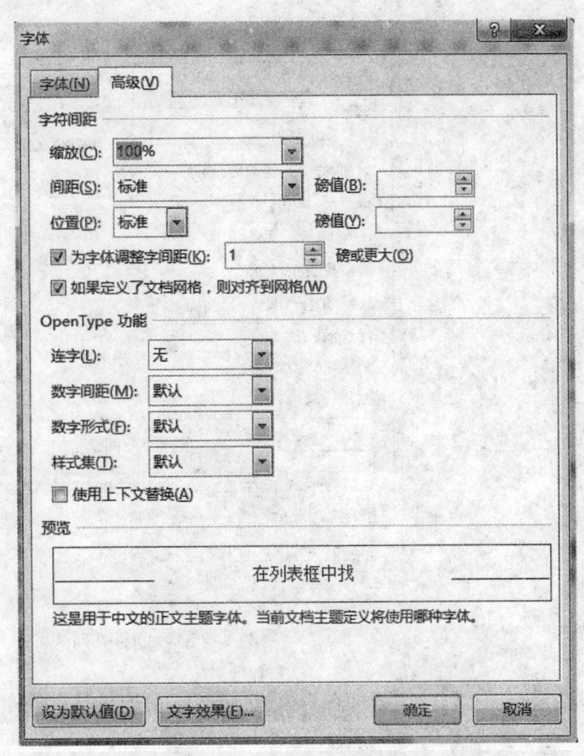

图 4-26　字符间距高级选项

3. 改变字符之间的间距

在"高级"对话框中选中"间距"框。此时可进行字符间距的设置。

(1) 设置水平间距

"间距"列表框可用来设置字符之间的水平间距。

单击列表框的下三角按钮,可以从列表框中选择标准、加宽或紧缩模式。模式选定后,还应该在右侧的"磅值"框中输入间距的数值,或单击上、下按钮来调整字符的间距。间距的最大值是 1584 磅,最小是 0 磅。

如图 4-27 所示,"间距"列表框中有 3 个选项,其中"标准"是默认的字符间距;"加宽"是在标准的基础之上,按照输入的磅值增加字符的间距。同样,"紧缩"是减小两个字符之间的间距。

(2) 设置垂直间距

如图 4-28 所示,"位置"列表框用来设置字符之间的垂直位置。同样有三种位置,"标准"是字符的默认位置;"提升"是相对于原来的基线,字符上升一定的磅值;"降低"是相对原基线字符下降一定的磅值,它的操作方法与"间距"列表框相同。

注意:设置字符提升或降低的操作要点是,打算使哪个字符升降,必须选定该字符,然后打开"字符间距"选项卡,直接在与"位置"对应的"磅值"调整框中输入要升降的磅值,然后单击"确定"按钮,被选定字符的垂直位置就会发生相应的变化。

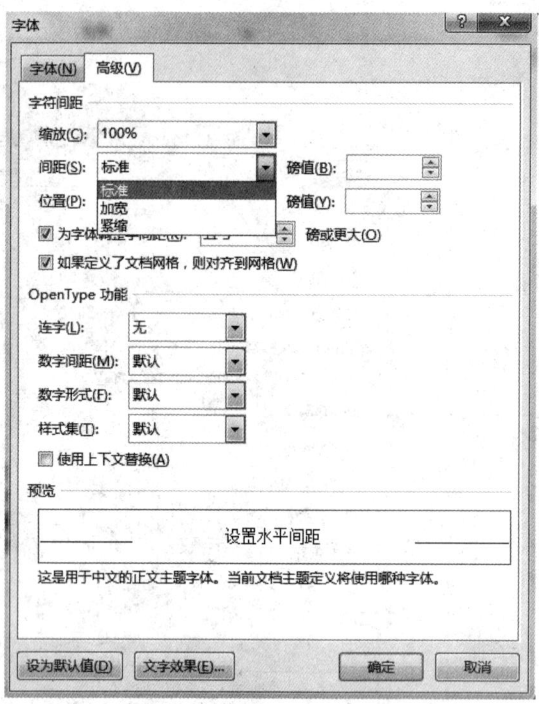

图 4-27 “间距”列表框

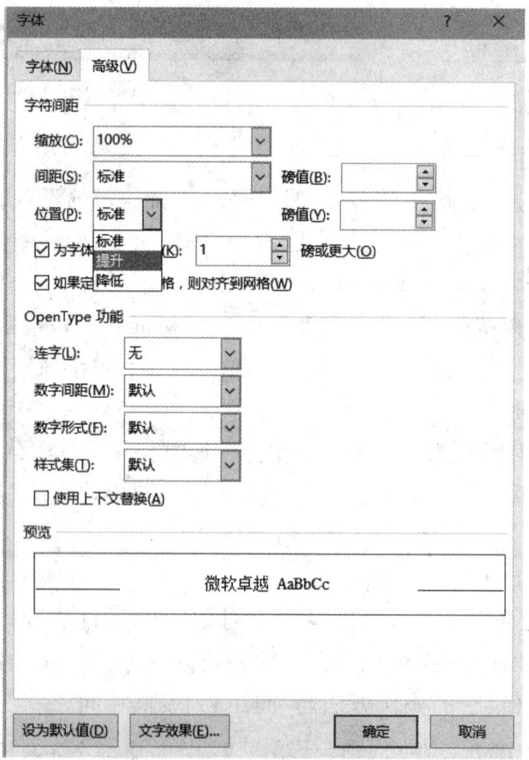

图 4-28 “位置”列表框

4. 设置段落间距和行间距

在 Word 2013 文档中，行距是指 Word 文档中行与行之间的距离，用户可以将 Word 2013 文档中的行距设置为固定的某个值(如 15 磅)，也可以是当前行高的倍数。通过设置行距可以使 Word 2013 文档页面更适合打印和阅读。段落间距是指段落和段落之间的距离，在编辑文档时常常需要根据版面要求设置段落与段落之间的距离。在 Word 中，段间距分为两种，段前间距和段后间距。段前间距是指本段与上一段之间的距离；段后间距是指本段与下一段之间的距离。如果相邻的两个段落，段前和段后间距不同，以数值大的为准。

打开“段落”对话框有以下几种方法。

方法 1：在“开始”选项卡里，单击“段落”组中的“行和段落间距”按钮，在弹出的下拉框中选择“行距选项”。

方法 2：在文档页面上右击，在弹出的活动窗口中选择“段落”。

方法 3：在“开始”选项卡里，单击“段落”组右下角的“段落设置”按钮。

(1) 设置行间距

选中需要设置行间距的文本，在“开始”选项卡里，单击“段落”组中的“行和段落间距”按钮，在弹出的窗格中选择相应的行距，可以快速设置行距，如图 4-29 所示。

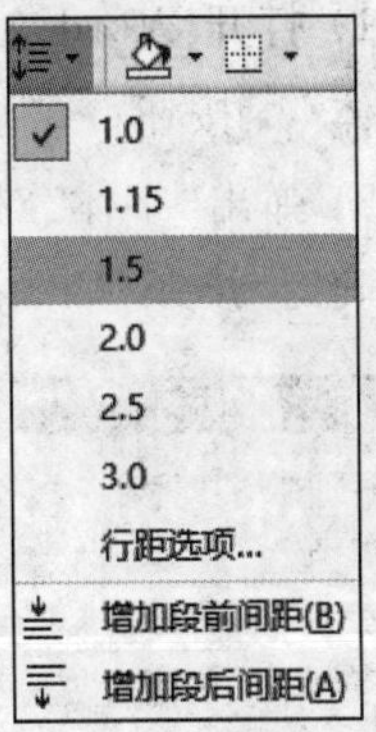

可以通过单击“行距选项”，打开“段落”对话框，在“缩进和间距”选项卡中可以精确设置行距。单击“行距”下拉三角按钮，可以按照给定的类型选项设置行距，也可以在“设置值”里直接填写具体的数值，如 30 磅。在“行距”下拉列表中包含 6 种行距类型，分别具有如下含义。

图 4-29　快速设置行间距

- 单倍行距：行与行之间的距离为标准的 1 行，Word 文档默认设置行距为 1 行。
- 1.5 倍行距：行与行之间的距离为标准行距的 1.5 倍。
- 2 倍行距：行与行之间的距离为标准行距的 2 倍。
- 最小值：行与行之间使用大于或等于单倍行距的最小行距值。如果用户指定的最小值小于单倍行距，则使用单倍行距；如果用户指定的最小值大于单倍行距，则使用指定的最小值。
- 固定值：行与行之间的距离使用用户指定的值，需要注意该值不能小于字体的高度。
- 多倍行距：行与行之间的距离使用用户指定的单倍行距的倍数值。

(2) 设置段落间距

选中需要设置段落间距的段落，或者把光标定位在段落的任意位置，在“开始”选项卡里，单击“段落”组中的“行和段落间距”按钮，在弹出的窗格中选择“增加段前间距”或者“增加段后间距”，如图 4-29 所示。通过这种方式可以快速设置段落间距。

注意：增加的段落间距并不能通过退格键或删除键删除掉，只能通过段落间距设置来删除。设置了段落间距后，如图 4-29 所示的“增加段前间距”或者“增加段后间距”会自动变成“删除段前间距”或者“删除段后间距”，选择相应选项，可以删除段落间距。

在"段落"对话框中可以在段前或段后输入合适的数值，调整段与段的间距。段间距设置完后，单击"确定"按钮，如图 4-30 所示。

段落间距决定段落前后空白距离的大小，按 Enter 键重新开始一段时，光标会跨过段间距直接到下一段的位置。要更改少量的段前或段后间距，最简捷的方法就是将插入点定位到该段的段前或段后，然后一次或多次按 Enter 键来产生空行。

4.2.4 设置字符的特殊格式

在编辑 Word 文档时，经常会用到组合字符、并排字符、着重符、字符边框、字符底纹等格式。这些格式的设置，一般需由"字体"对话框和"字体"组中的命令按钮来完成。

1. 着重符

在读书或者写文章时，经常针对重点句加上着重号，Word 2013 可以为字、词、句子或段落设置着重符。Word 2013 中添加着重号的方法如下。

(1) 打开 Word 文档，选中要着重的语句，然后切换到"开始"选项卡，在"字体"组中单击"字体" 按钮。

(2) 弹出"字体"对话框，在"字体"选项卡单击"着重点"下拉按钮，选择 "."选项。然后单击"确定"按钮，如图 4-31 所示。

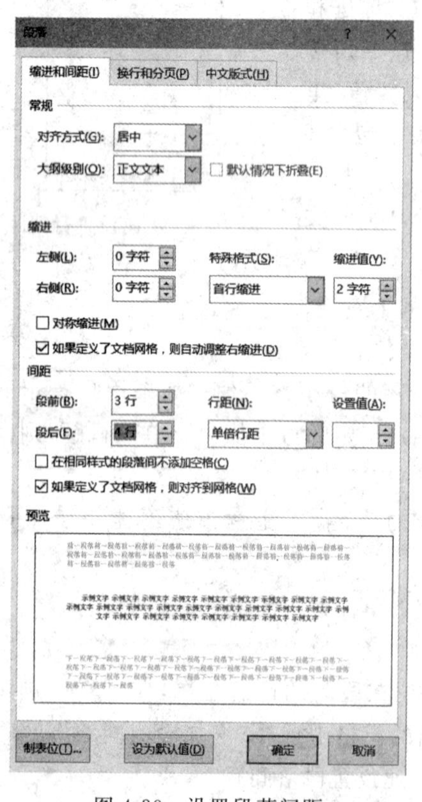

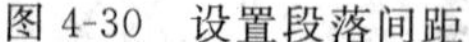
图 4-30 设置段落间距

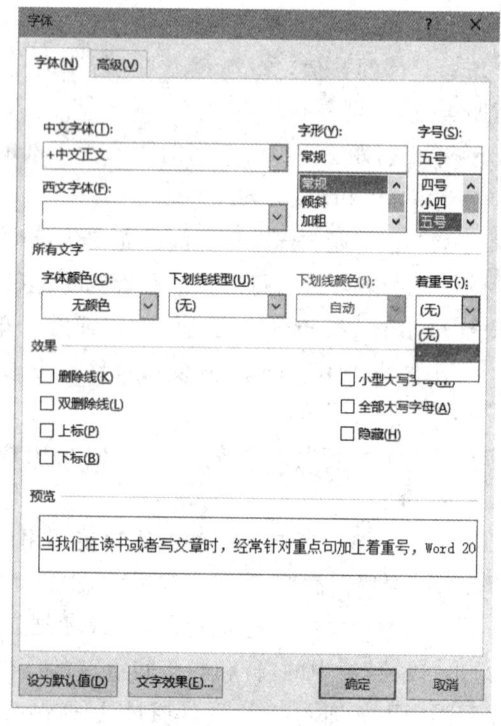

图 4-31 选择着重号

(3) 着重句效果如图 4-32 所示。所选中的文本内容添加了着重号。

着重符和字符形成一体后，无论字符的格式发生怎样变化，着重符都将和它保持一致。

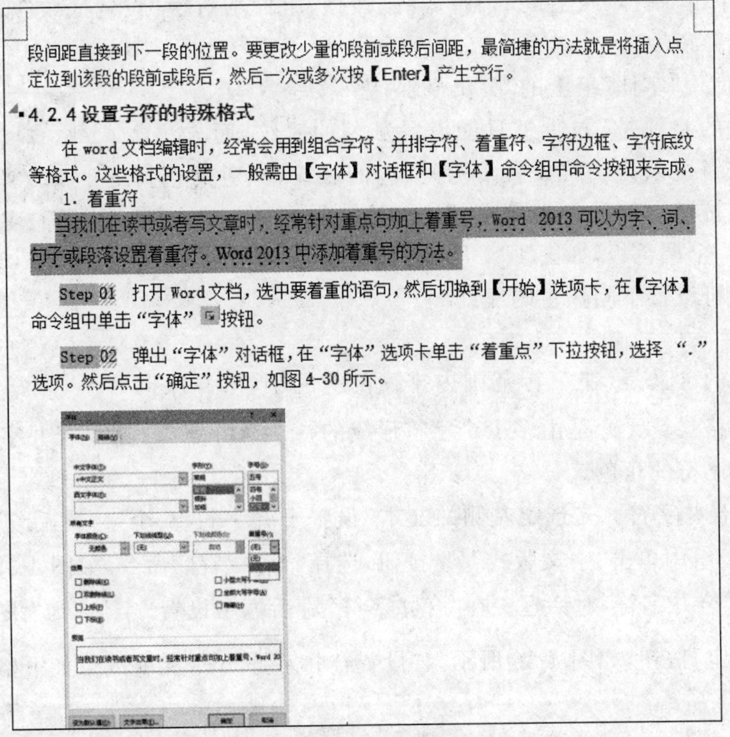

段间距直接到下一段的位置。要更改少量的段前或段后间距，最简捷的方法就是将插入点定位到该段的段前或段后，然后一次或多次按【Enter】产生空行。

4.2.4 设置字符的特殊格式

在 word 文档编辑时，经常会用到组合字符、并排字符、着重符、字符边框、字符底纹等格式。这些格式的设置，一般需由【字体】对话框和【字体】命令组中命令按钮来完成。

1. 着重符

当我们在读书或者写文章时，经常针对重点句加上着重号，Word 2013 可以为字、词、句子或段落设置着重符。Word 2013 中添加着重号的方法。

Step 01　打开 Word 文档，选中要着重的语句，然后切换到【开始】选项卡，在【字体】命令组中单击“字体”按钮。

Step 02　弹出“字体”对话框，在“字体”选项卡单击“着重点”下拉按钮，选择“.”选项。然后点击“确定”按钮，如图 4-30 所示。

图 4-32　着重号效果

2. 带圈字符

在 Word 2013 中可以在字符外围放置圆圈或者设置边框以示强调，操作方法如下。

(1) 先选定字符，然后切换到“开始”选项卡，在“字体”组中单击“带圈字符”㊕按钮，打开“带圈字符”对话框，如图 4-33 所示。

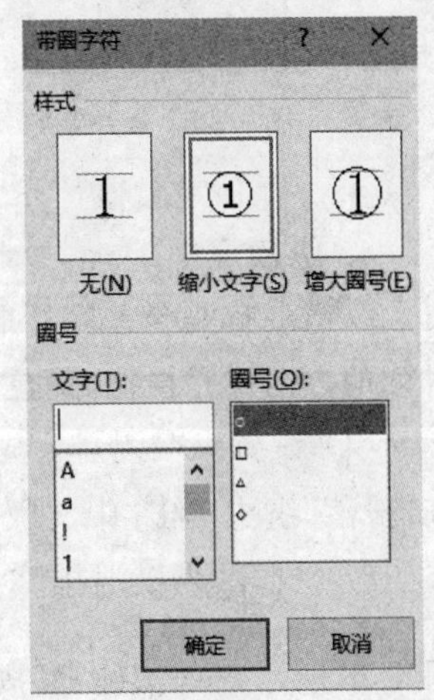

图 4-33　“带圈字符”对话框

对话框中有如下两部分内容让用户选择。

- 样式：“无”是指设置字符不带圈；“缩小文字”可以让字符缩小，被圆圈圈上：“增大圆圈”可以让圆圈扩大。
- 圈号：可以为字符增加圆形、正方形、三角形和菱形的外圈。

(2) 选定所需“样式”和“圈号”，单击“确定”按钮。

3. 字符边框

要想给几个字符设置边框线，可以使用“字体”组上的“字符边框”A按钮设置。

例如，选定了上面一行的“边框线”几个字，然后单击“字体”组上的“字符边框”按钮，“边框线”三个字就成了“边框线”。

4. 字符底纹

在 Word 2013 的文档中输入字符时，默认的字符颜色是黑色，默认的字符底纹（背景）是白色，可以用下面的方法为字符设置底纹。

方法 1：使用“字体”组上的“字符底纹”A按钮 。例如，选定了上面一行的“设置底纹”

几个字，然后单击“字体”组上的“字符底纹”按钮，上面一行字“设置底纹”就变成了如下格式：设置底纹。

方法 2：使用“字体”组上的“突出显示”按钮。

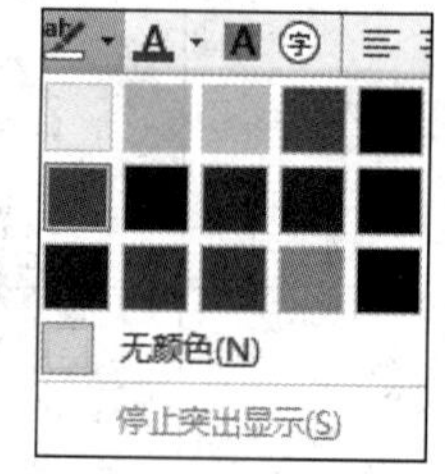

图 4-34 “突出显示”按钮

两种方法的差别是，方法 1 只能设置灰色的底纹，而方法 2“突出显示”按钮可以为字符设置 15 种颜色的底纹，颜色的选择需要借助于该按钮右侧的下三角按钮来实现。单击下三角按钮后，可以展开一个调色板，如图 4-34 所示。单击指定的颜色，就可以为选定的字符设置不同颜色的底纹。

5. 合并字符

合并字符的含义是，在一行范围内排列两行的字符，并保持原字符的基本格式。无论是由多少个字符形成的一个合并字符，这个合并字符在整个文档中只充当一个字符的角色。

(1) 设置合并字符。先选定左侧的文本“设置合并字符”6 个字，然后切换到“开始”选项卡，在“段落”组中单击“中文版式”按钮，选择“合并字符”命令，如图 4-35 所示。

(2) 打开“合并字符”对话框。在“合并字符”对话框中设置“字体”为“宋体”，“字号”为 10.5，单击“确定”按钮，如图 4-36 所示。“设置合并字符”6 个字就成了如下格式：设置合并字符。

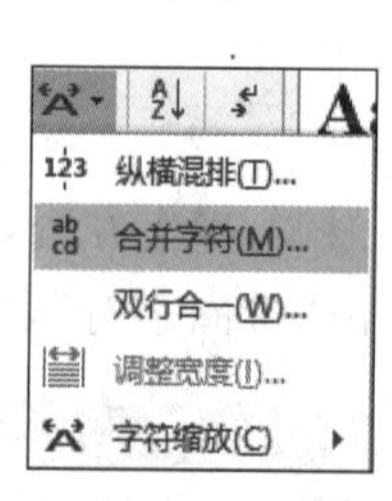

图 4-35 合并字符

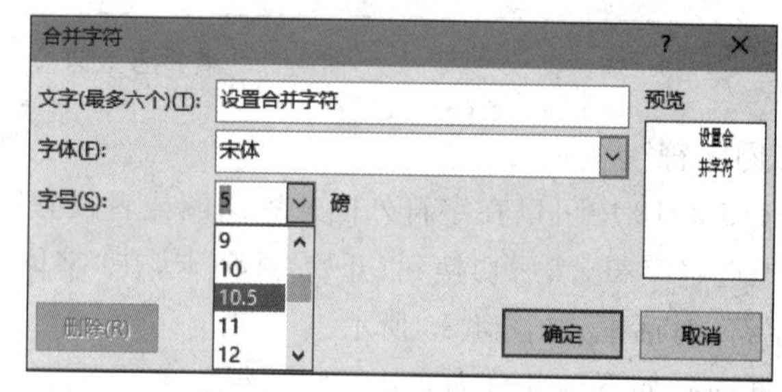

图 4-36 设置合并字符

6. 纵横混排

纵横混排是合并字符的另一种方式，其功能也是把多个字符合并组合成一个字符，不过排列的方向不是横向，而是纵向，并且字符由直立变成横卧，这是它与合并字符的根本区别。

(1) 设置纵横混排。先选定左侧的文本“纵横混排”4 个字，然后切换到“开始”选项卡，在“段落”组中单击“中文版式”按钮，选择“纵横混排”命令，如图 4-37 所示。

(2) 打开“纵横混排”对话框。在“纵横混排”对话框中，取消选中“适合行宽”选项，如图 4-38 所示，单击“确定”按钮，“纵横混排”4 个字就成了如下样式：设置纵横混排。

7. 双行合一

利用双行合一功能可以实现将两行的文本放在一行中，多应用于日常工作中部门联合下发的文件中文件头的制作，其目的是为了说明参与双方共同完成某项事情。比如有图 4-39 所示文档内容，如何实现两个部门的双行合一呢？

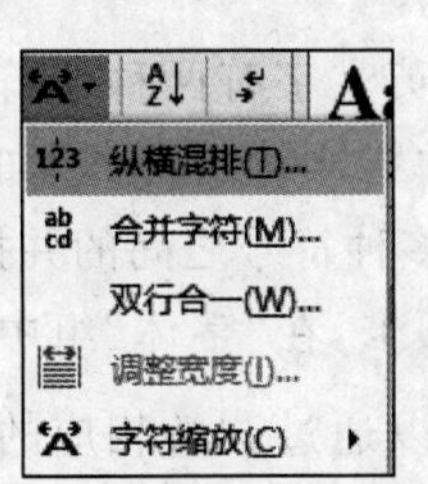

图 4-37　“纵横混排”命令

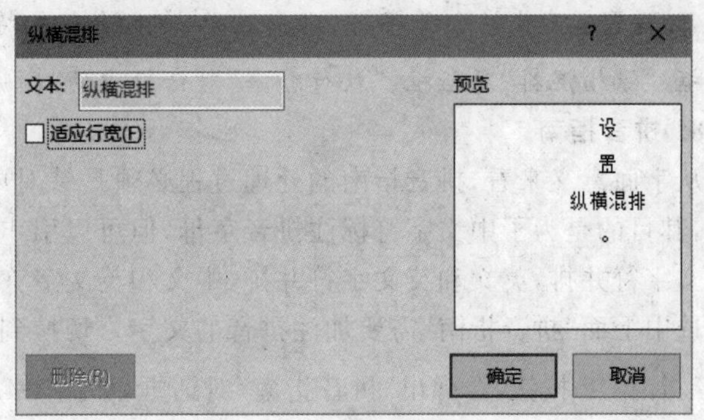

图 4-38　设置纵横混排

内蒙古自治区 教育厅科技厅 联合文件

图 4-39　双行合一

(1) 在文档中输入“内蒙古自治区教育厅科技厅联合文件”,然后把这段文字设置为居中,字体为宋体,字体颜色设置成红色,字体大小为二号。

(2) 选中“教育厅科技厅”六个字。然后切换到“开始”选项卡,在“段落”组中单击“中文版式”按钮,选择“双行合一”命令,如图 4-40 所示。

(3) 在打开“双行合一”的对话框中,单击“确定”按钮,就可以将选定的字符分为上、下两行。如果选中“带括号”复选框,“括号类型”列表框将被激活,从中可以选择圆形、方形、尖形及花括号,将重新组合后的两行字符包括起来,如图 4-41 所示。

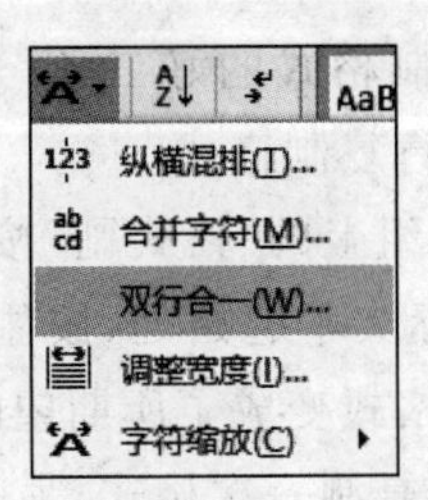

图 4-40　“双行合一”命令

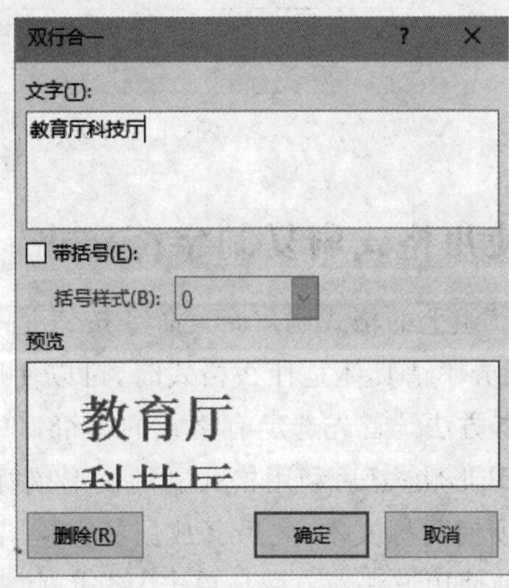

图 4-41　“双行合一”对话框

提示:如果这里需要分为 2 行的部门名称字符数不同,则字少的部门名称后面应该使用空格将字符数补齐,这样才能保证它们分别位于 2 行中。另外,该功能只能用来创建只有 2 个部门的联合公文标题,否则就只能使用表格来创建了。

注意：产生的合并字符、纵横混排、双行合一等特殊字符格式，可以使用“合并字符”对话框、“纵横混排”对话框、“双行合一”对话框中的“删除”按钮来解除。

8. 拼音指南

从字面意义来看，拼音指南的处理过程必须是针对中文文字和英文字符两种字符来进行的，其目的是为了中文字符标注拼音字母，但可以引申出许多种并排字符的形式，如中文和中文字符并排，英文和英文字符并排，中文和英文字符并排，乃至多种符号之间的并排。

选中上面“拼音指南”需要加注拼音的文字。切换到“开始”选项卡，在“字体”组中单击“拼音指南”按钮，会弹出“拼音指南”对话框，如图 4-42 所示。可以通过调整相应的参数对拼音进行设置，删除拼音可以通过“清除拼音”来去掉。添加拼音后，“拼音指南”四个字就成了拼音指南样式。

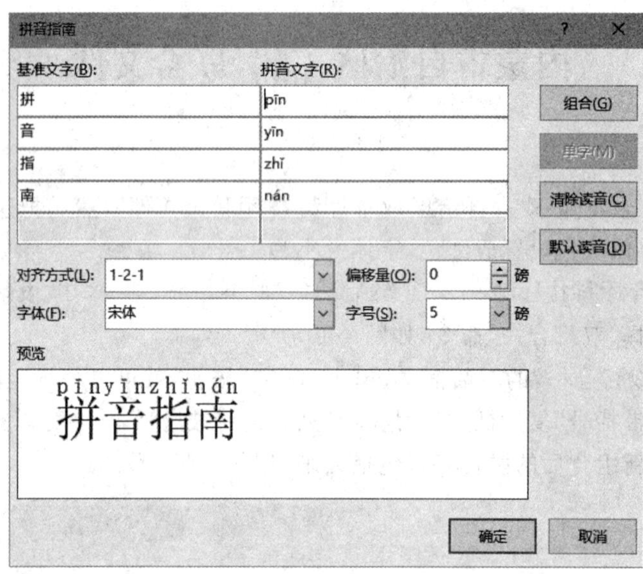

图 4-42 “拼音指南”对话框

4.2.5 使用格式刷复制字符格式

“剪贴板”组上的格式刷命令按钮是一种快速复制格式的好工具，当需要某种字符格式，但又弄不清具体是什么格式时，可以使用格式刷进行复制格式。

（1）基本方法。首先选定有格式的字符，单击“剪贴板”组上的“格式刷”按钮，此时鼠标光标变成了形状；然后利用格式刷的刷形鼠标移动到目标文本起始处，按住鼠标左键，拖动鼠标选取所有目标文本，之后释放鼠标左键，被刷文本的格式变成了所期望的格式。

（2）两种使用方法：一种是单击“格式刷”按钮，只可以复制一次格式；另一种是多次使用，在选定某种格式后，双击“格式刷”按钮，可以重复使用这个“小刷子”，什么时候不需要了，再次单击“格式刷”按钮可以卸掉格式刷。

【案例 4-3】 利用格式刷快速将字符设置成下面的效果：

格式刷操作实例

操作步骤如下。

(1) 首先输入字符“格式刷操作实例”。

(2) 设置 7 个字为宋体、四号、加粗字体。

(3) 设置“格”字的格式为添加字符底纹、下划线。

(4) 选中带有特殊格式的“格”字，双击“格式刷”按钮，用“刷形”鼠标指针先后去刷“刷、作、例”3 个字。单击“格式刷”按钮卸下“小刷子”。

4.3 制表位、项目符号、编号、多级列表

4.3.1 制表位

制表位是指在水平标尺上的位置，指定文字缩进的距离或一栏文字开始之处。制表位的三要素包括制表位位置、制表位对齐方式和制表位的前导字符。

(1) 打开 Word 2013 文档窗口，在“开始”选项卡的“段落”组中单击“段落设置”按钮。

(2) 在打开的“段落”对话框中单击“制表位”按钮，如图 4-43 所示。

(3) 打开“制表位”对话框，首先在制表位列表框中选中特定制表位，在“制表位位置”编辑框中输入位置数值并单击“设置”按钮，可以创建一个制表符；调整“默认制表位”编辑框的数值，以设置制表位间隔；在“对齐方式”区域选择制表位的类型；在“前导符”区域选择前导符样式。设置完毕单击“确定”按钮即可，如图 4-44 所示。

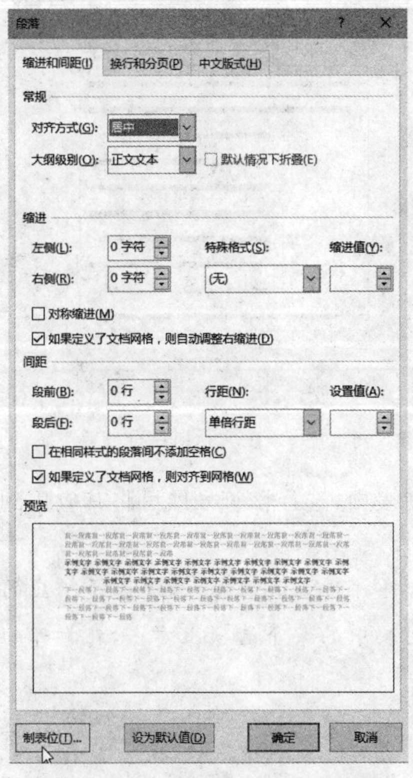

图 4-43 “制表位”按钮

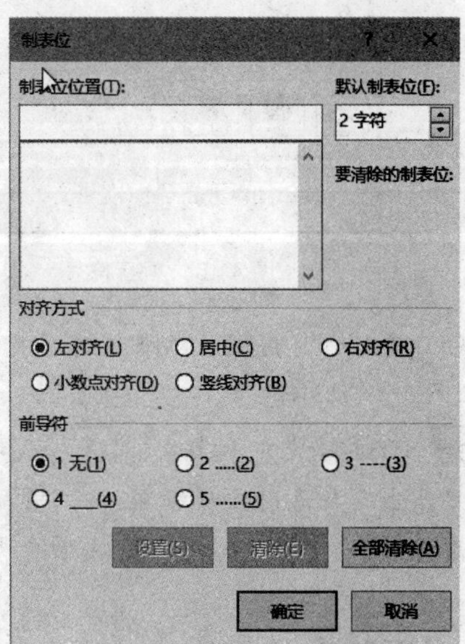

图 4-44 “制表位”对话框

在水平标尺上双击任意制表符 也可以打开“段落”对话框，并且在“制表位”对话框中单击“清除”或“全部清除”按钮可以删除制表符。

4.3.2 项目符号

如果 Word 2013 文档中存在一组并列关系的段落，可以在各个段落前添加项目符号。使用项目符号能够使层次更分明，便于读者阅读理解。下面介绍在文档中添加项目符号的方法。

(1) 在需要插入项目符号的段落中单击，将插入点光标放置到段落中。在“开始”选项卡的“段落”组中单击“项目符号”按钮 的下三角按钮，在弹出的“项目符号库”列表中单击需要使用的项目符号，选择段落即可被添加项目符号，如图 4-45 所示。这里如果直接单击“项目符号”按钮，将添加最近使用过的项目符号。

(2) 如果打开的“项目符号库”列表中没有需要的项目符号，可以单击“定义新项目符号”选项打开“定义新项目符号”对话框。单击“符号”按钮，如图 4-46 所示，打开“符号”对话框，在对话框中选择作为项目符号的符号即可，如图 4-47 所示，然后依次单击“确定”按钮关闭对话框。

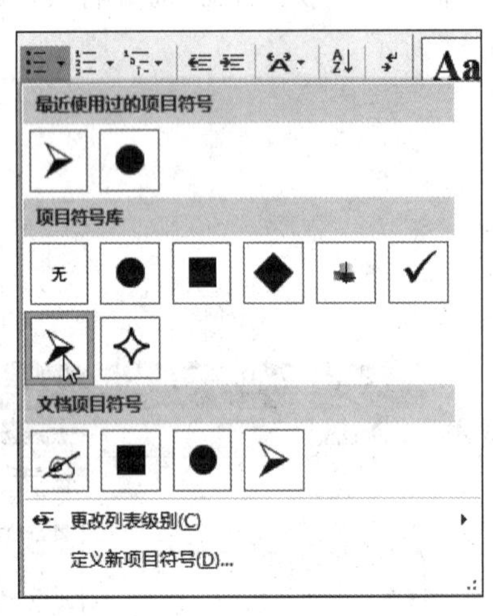

图 4-45 项目符号

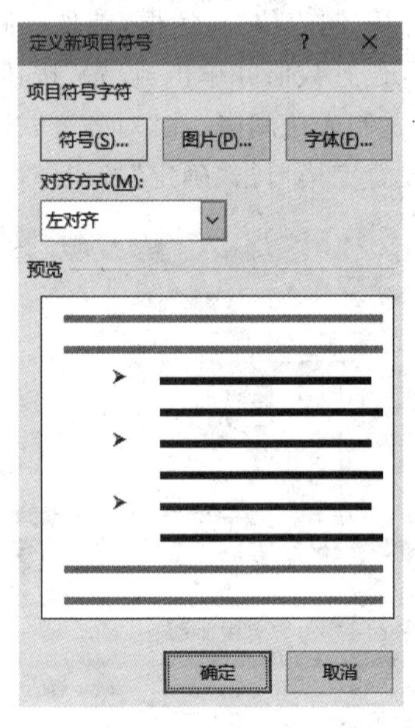

图 4-46 定义新项目符号

(3) 此时指定的符号将添加到了项目符号库列表中，选择该符号即可将其应用到段落中，如图 4-48 所示。

提示： 这里如果选择“更改列表级别”选项，将打开级联列表，通过选择相应的选项可以更改当前段落的项目级别。在“项目符号库”列表中的某个选项上右击，在打开的快捷菜单中选择“删除”命令，可以将选择的项删除。

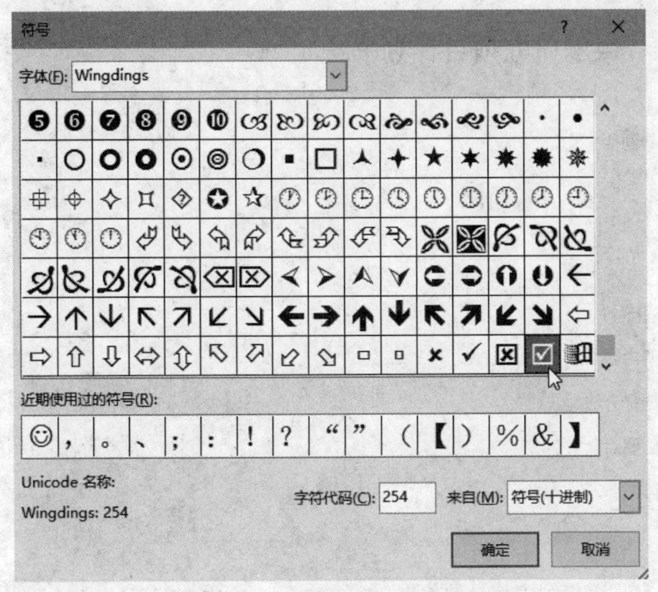

图 4-47　选择新的项目符号

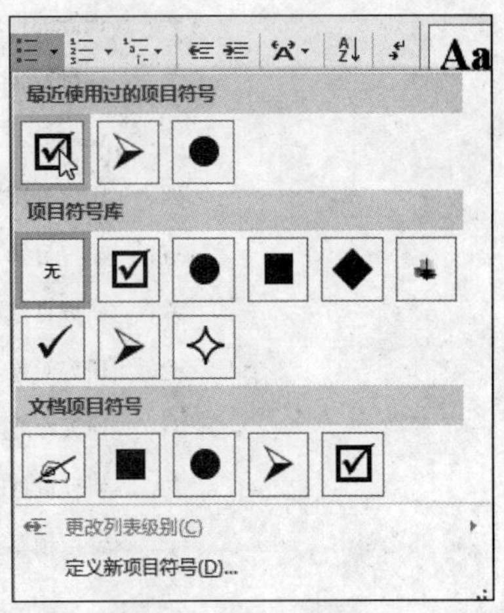

图 4-48　段落中应用项目符号

4.3.3　编号和多级列表

在日常编辑 Word 文档中我们经常会用到章节标题，以更清晰地标识出段落之间的层次关系。在组织文档的时候，最原始的做法就是写一个标题然后将其格式化为标题样式。对于较短的文档，使用这种方式自然不会出现太多的问题，然而，如果文档规模达到一定的程度，采用这种手工编号的方式存在诸多的弊端。Word 2013 提供了“编号”和“多级列表”功能来设计文档层次结构，方便其他人的阅读理解。

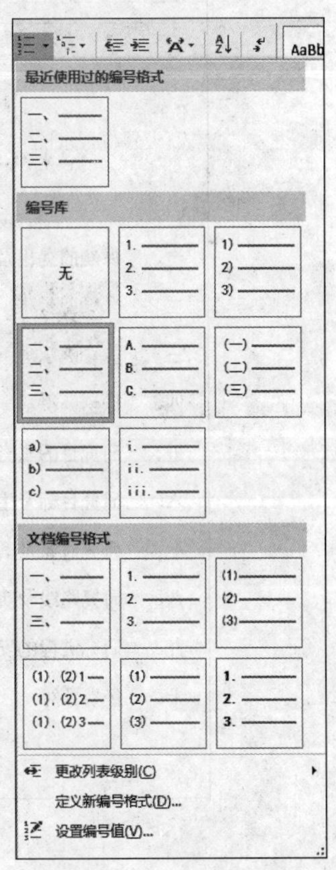

图 4-49　选择编号样式

1. 使用编号

(1) 新建一个 Word 文档。

(2) 在“开始”选项卡的“段落”组中单击“编号”按钮的下三角按钮，在弹出的“编号”窗格中单击选择一种符合实际需要的编号格式，如图 4-49 所示。

(3) 此时在文档中会出现第一个编号。在第一个编号后面输入内容，按 Enter 键自动生成第二个编号(注意不是第 2 级编号)，接着输入内容。完成所有内容的输入后，如图 4-50 所示。

(4) 2 级编号设置。选中需要更改级别的段落，并再次单击“编号”按钮，在菜单中选择“更改列表级别”选项，并在下一级菜单中选择“2 级”，如图 4-51 所示。

(5) 在文档页面中，我们可以看到刚才创建的编号，如图 4-52 所示。

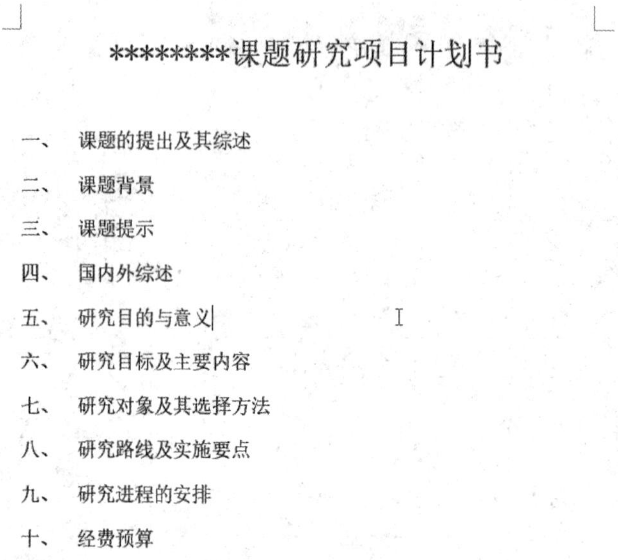

********课题研究项目计划书
一、 课题的提出及其综述
二、 课题背景
三、 课题提示
四、 国内外综述
五、 研究目的与意义
六、 研究目标及主要内容
七、 研究对象及其选择方法
八、 研究路线及实施要点
九、 研究进程的安排
十、 经费预算

图 4-50　多级列表编号的效果

字体
样式
AaBbCcDd
AaBbCcDd
AaBb
无间隔
标题 1
最近使用过的编号格式
编号库
无
文档编号格式
更改列表级别(C)
定义新编号格式(D)...
设置编号值(V)...
****
一、 课题的提出及其综
二、 课题背景
三、 课题提示
四、 国内外综述
五、 研究目的与意义
六、 研究目标及主要内
七、 研究对象及其选择
八、 研究路线及实施要
九、 研究进程的安排
十、 经费预算

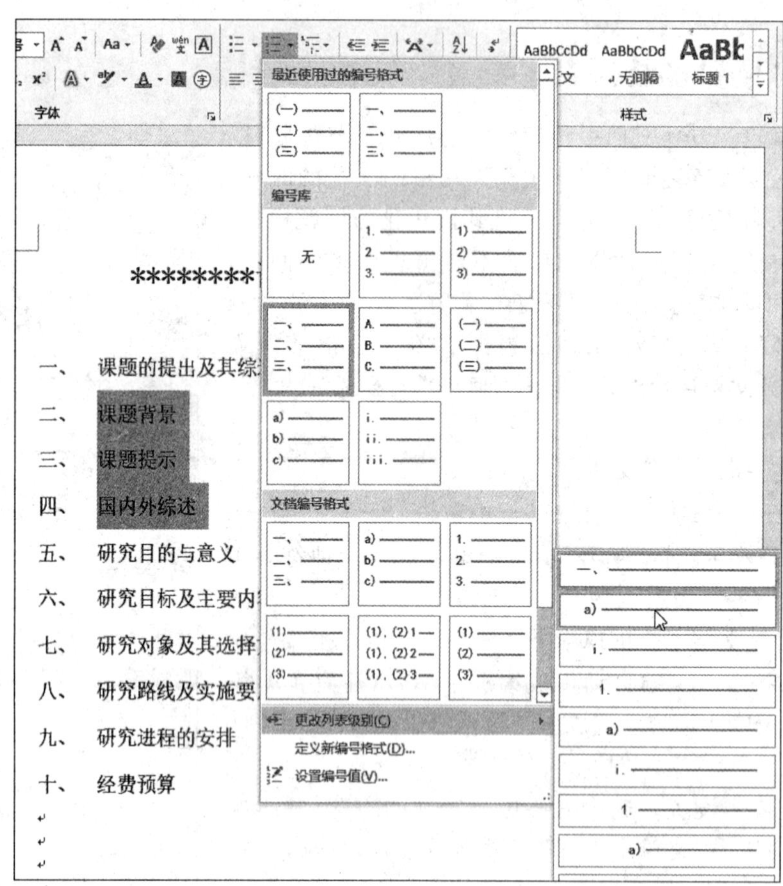

图 4-51　设置 2 级编号

********课题研究项目计划书

一、 课题的提出及其综述

a) 课题背景

b) 课题提示

c) 国内外综述

二、 研究目的与意义

三、 研究目标及主要内容

四、 研究对象及其选择方法

图 4-52 2 级编号的效果

(6) 修改 2 级编号,选中刚设置的 2 级编号,并再次单击“编号”按钮。在“编号库”列表中选择一种符合实际需要的 2 级列表编号格式,如图 4-53 所示。

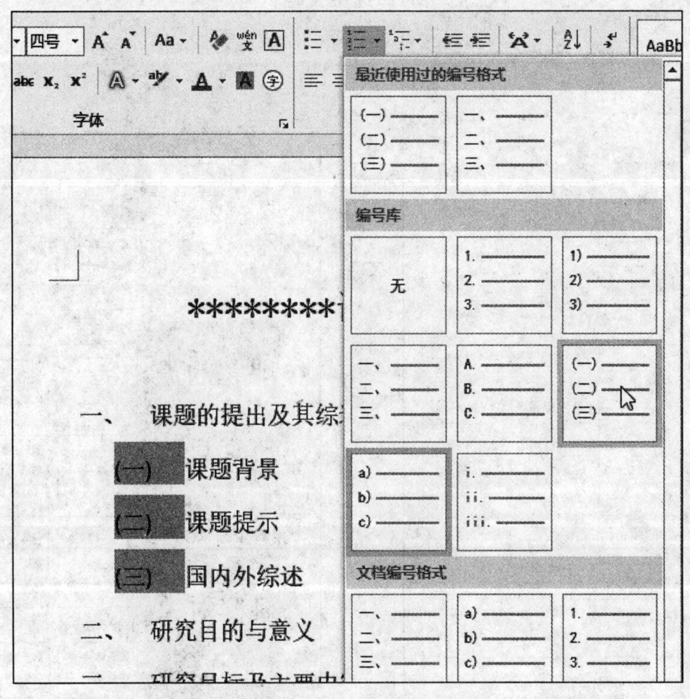

图 4-53 修改 2 级编号

2. 使用“多级列表”

(1) 在如图 4-54 所示文档中,选择需要添加列表的文本,在“开始”选项卡的“段落”组中单击“多级列表”按钮。

(2) 在展开的列表中单击选择需要的多级列表样式,此处选择最后一个样式,并单击。此时即可在文档中看到自动编号后的效果,如图 4-55 所示。

(3) 如果对自动编号效果不满意,想取消自动编号,可以选中对应的文档,单击"多级列表"按钮,在展开的列表中单击列表库中的"无",即可取消自动编号功能,如图 4-56 所示。

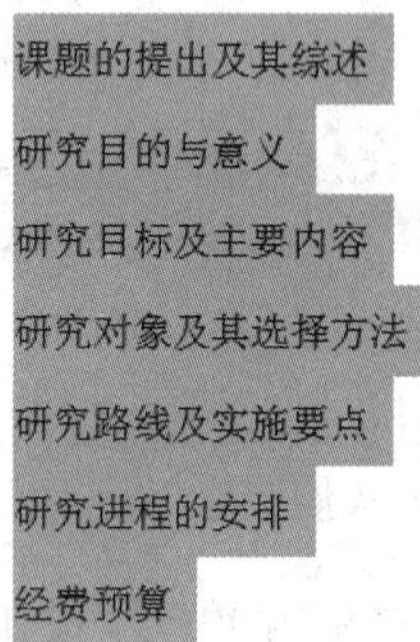

图 4-54　选中文档内容

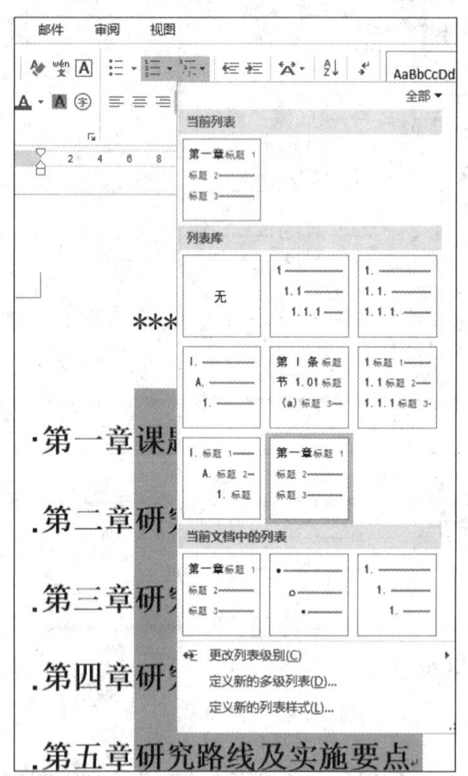

图 4-55　选择列表样式

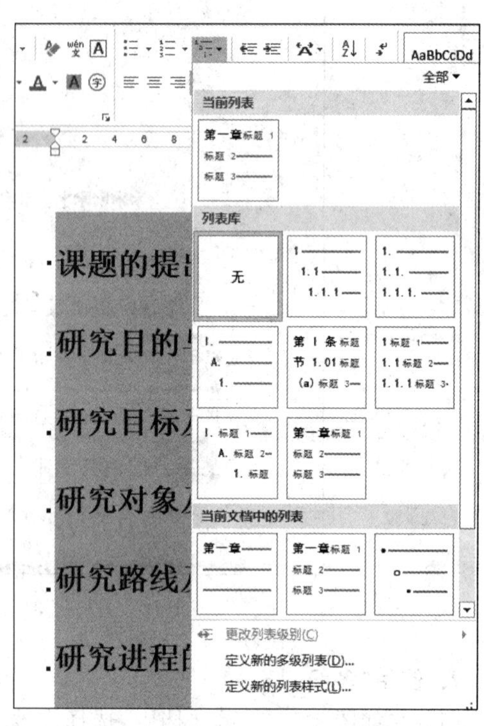

图 4-56　取消自动编号

提示:选择了多级列表样式后,文本内容的格式会做出相应变化。取消编号后,文本内容的格式并不会恢复原样。可以通过修改字体大小和行间距来调整标题格式。

3. 定义新的多级列表

(1) 首先单击“多级列表”图标，然后单击“定义新的多级列表”。具体如图 4-57 所示。

(2) 在“定义新的多级列表”的对话框内，首先选择设计 1 级标题，然后设置标题格式。单击“字体”，设计标题的样式，如图 4-58 所示。此处我们设计编码样式为“一、二、三(简)…”，然后章为第一章、第二章……如图 4-59 所示。

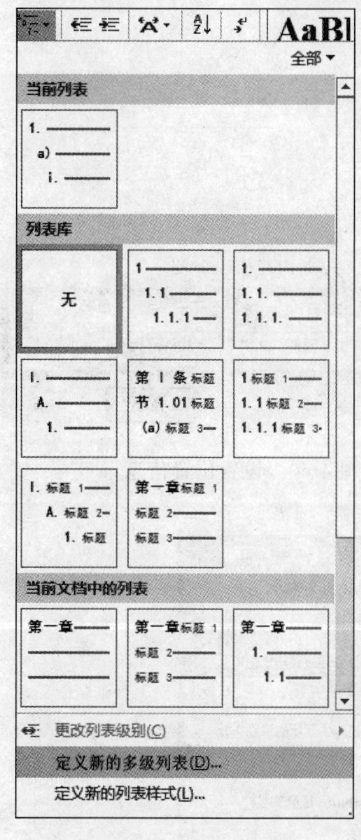

图 4-57　定义新的多级列表

图 4-58　设计字体的格式

(3) 设置“位置”。此处可设置编号的对齐方式，对齐位置以及文本的缩进位置，如图 4-60 所示。

(4) 单击“更多”，在“更多”对话框中选择“将级别链接到样式”为“标题 1”，然后在“要在库中显示的级别”中选择“级别 1”，设置“起始编号”为“一”，如图 4-61 所示。

(5) 选中“级别 2”，设置相应的格式，主要在“将级别链接到样式处”中选择“标题 2”，然后在“要在库中显示的级别”中选择“级别 2”，再选中“重新开始列表的间隔”复选框，然后选择“级别 1”(即为“级别 2”的上一级级别)，如图 4-62 所示。

(6) 设置“级别 3”。相应的级别处选择相应的标题。如涉及更多的级别样式，需要进一步设置，级别对应的标题样式，如图 4-63 所示。

(7) 设置完毕，单击“确定”按钮。此时多级列表中会多出自定义设计的新多级列表样式。

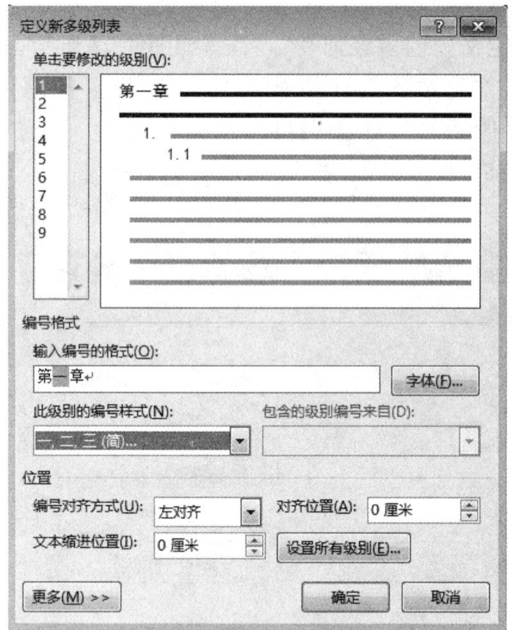

图 4-59　设计 1 级标题

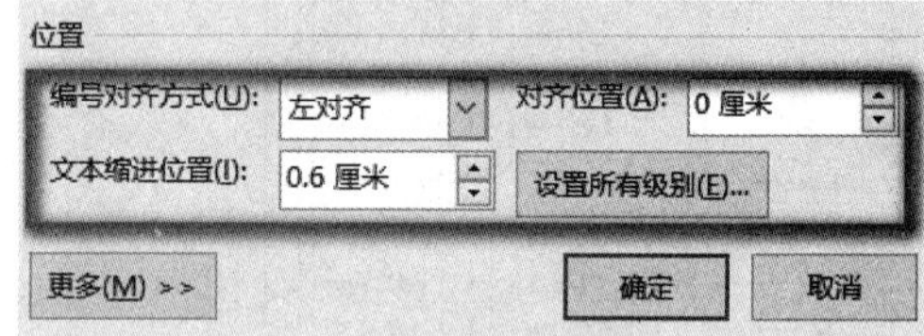

图 4-60　设置位置信息

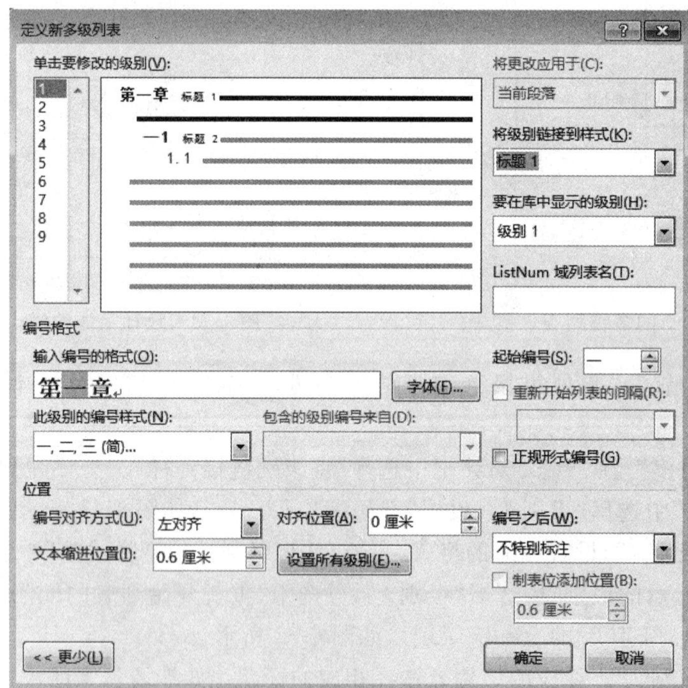

图 4-61　设置 1 级标题的参数

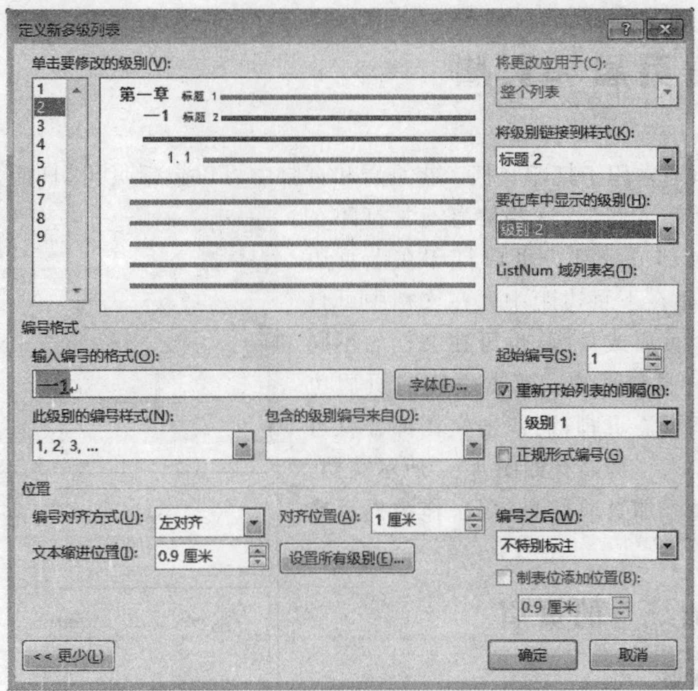

图 4-62　设置 2 级标题的参数

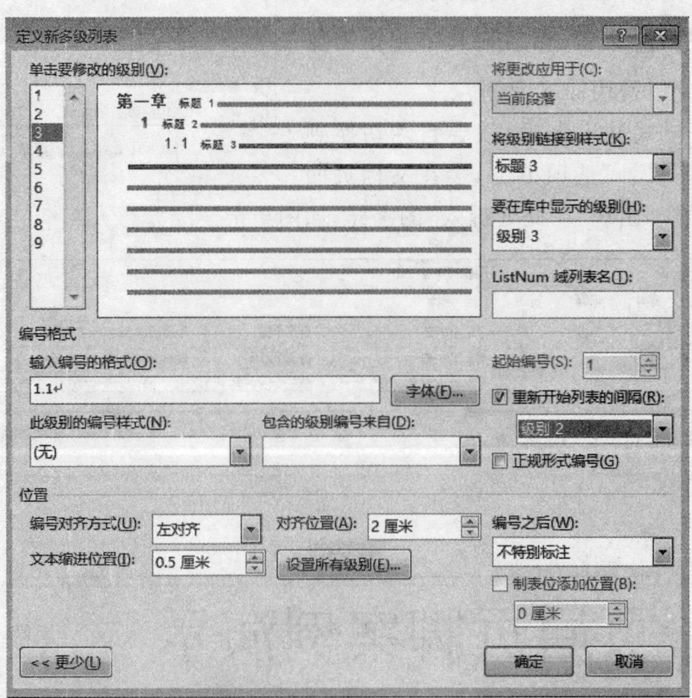

图 4-63　设置 3 级标题的参数

4.4　设置页眉和页脚

页眉或页脚通常用于打印文档。在页眉和页脚中可以包括页码、日期、文档标题、文件名或作者名等文字或图形，这些信息通常打印在文档中每页的顶部或底部。页眉打印在上页边距中，而页脚打印在下页边距中。在文档中可自始至终用同一个页眉或页脚，也可在文档的不同部分用不同的页眉和页脚。双击页脚或页眉位置就可以切换到页眉页脚，而双击文档部分就可以切换到文档输入。例如有如图 4-64 所示文档，在文档页面上边添加页眉信息，用来作为提示或者说明。

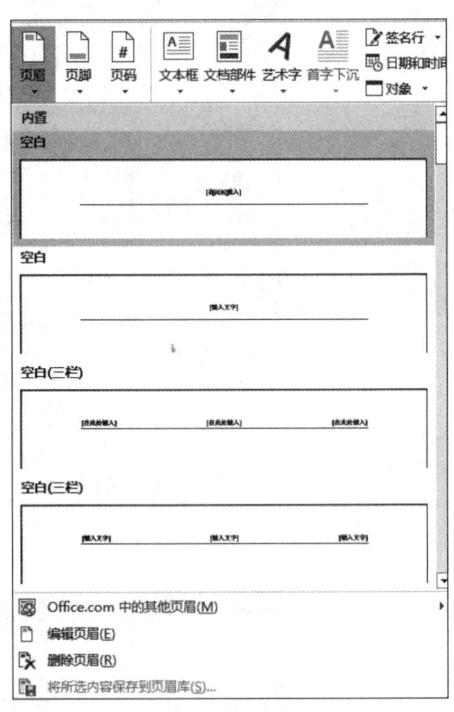

图 4-64　插入页眉

4.4.1　添加统一的页眉

具体步骤如下。

(1) 首先用 Word 2013 打开要编辑的文档。

(2) 切换到“插入”选项卡下，找到“页眉和页脚”组，单击“页眉”按钮，然后在其中选择需要的页眉样式，此处以常用样式为例。

(3) 选择好样式并单击后，就会自动切换到“页眉页脚工具—设计”选项卡下，会在文档页面上方添加一个横线，出现“在此处键入”的字样，如图 4-65 所示。

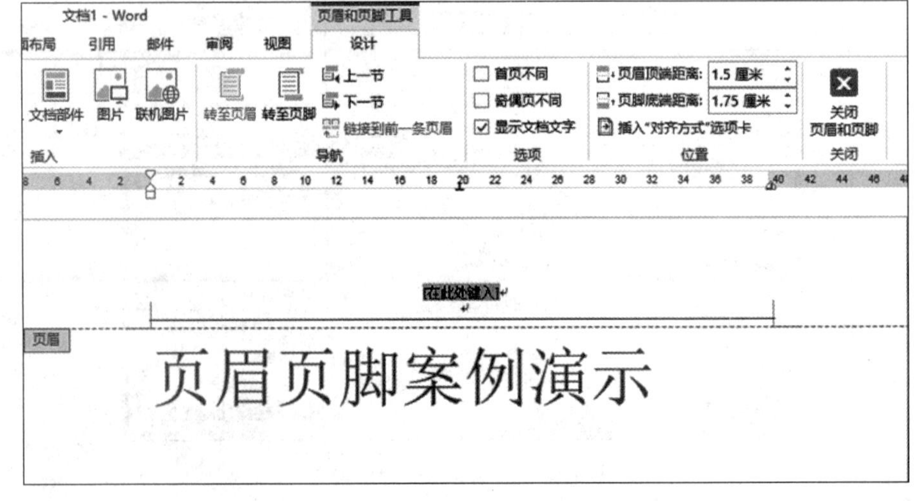

图 4-65　页眉设计选项卡

(4) 输入需要添加的页眉文字,可以设计页眉的字体、大小、颜色等格式,如图 4-66 所示。

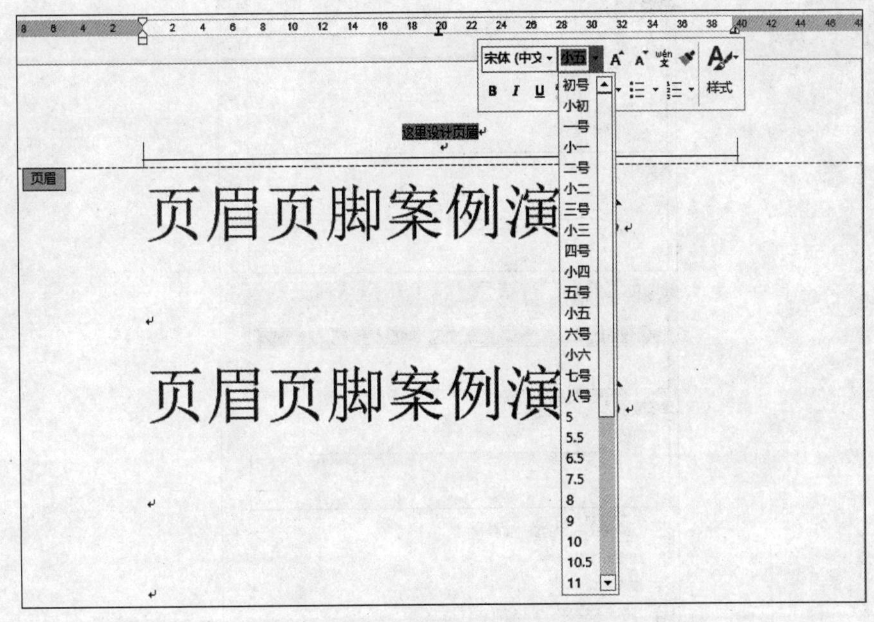

图 4-66　设计页眉的字体样式

(5) 单击“页眉页脚工具—设计”选项卡上的“关闭页眉和页脚”按钮,文档的每一页顶部页边距都添加了一致的页眉,如图 4-67 所示。

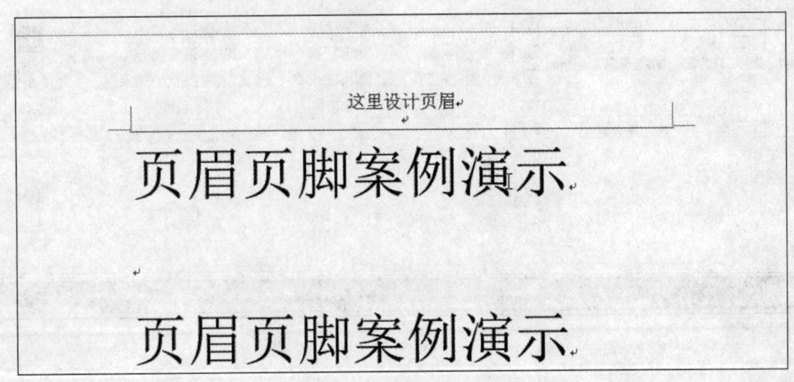

图 4-67　页眉效果

4.4.2　设置页脚

(1) 打开 4.4.1 小节中设置好页眉的文档。

(2) 切换到“插入”选项卡下,找到“页眉和页脚”组,单击“页脚”按钮,然后在其中选择需要的页脚样式,此处以“瓷砖型”样式为例,如图 4-68 所示。

(3) 选择好样式并单击后,就会自动切换到“页眉页脚工具—设计”选项卡下,同时会多出一个“绘图工具格式”选项卡。在文档页面底部页边距会出现如图 4-69 所示的页脚样式,

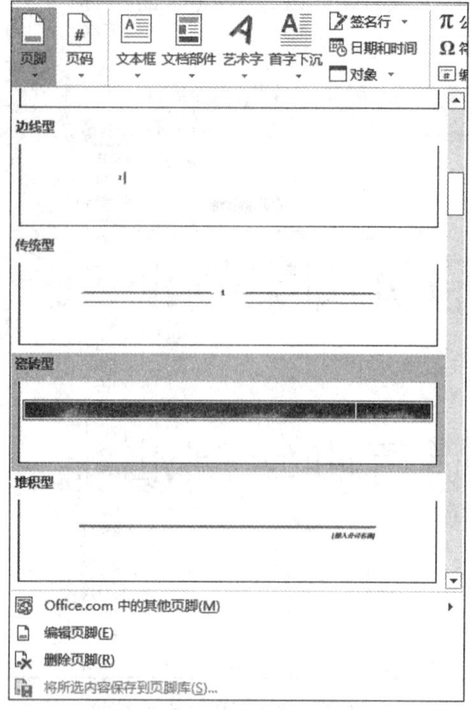

图 4-68　选择页脚样式

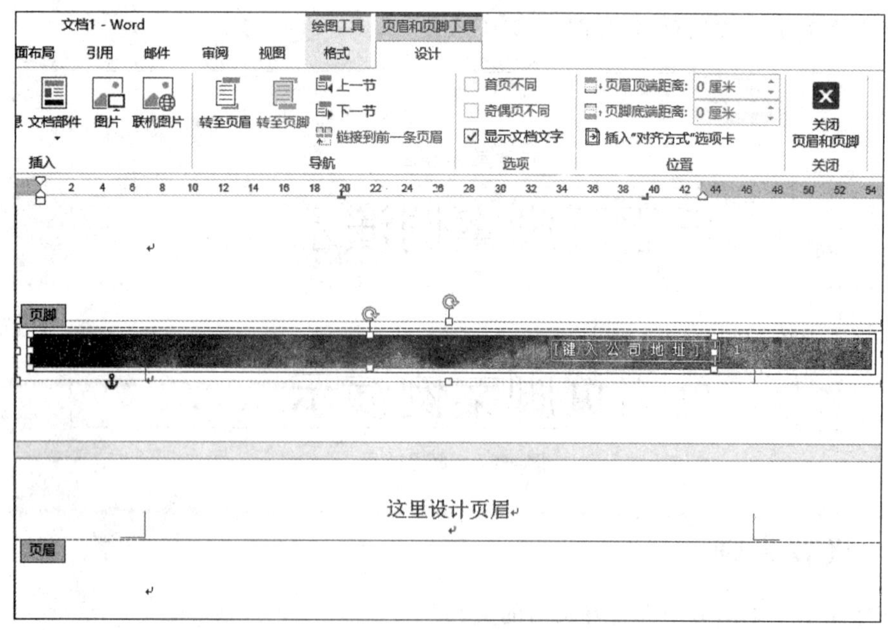

图 4-69　页脚设计选项卡

同时在页脚里也会自动添加“页码”。

(4) 输入需要添加的页脚文字，利用“绘图工具格式”选项卡，可根据需要对页脚进行重新设计，填充颜色、文字效果、字体、大小、颜色等格式，如图 4-70 所示。

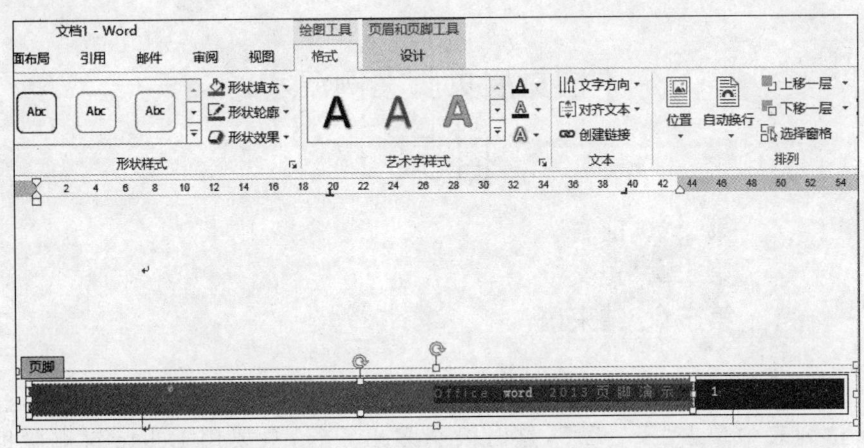

图 4-70　设计页眉的字体样式

(5) 单击“页眉页脚工具—设计”选项卡上的“关闭页眉和页脚”按钮，文档的每一页底部页边距都添加了一致的页脚，且自动生成了每一页的页码，如图 4-71 所示。

图 4-71　页脚效果

4.4.3　设置不同的页眉

但在实际编辑文档时，尤其是在写文章和写论文的过程中我们经常想让每一章节的奇数页页眉来显示本章节的标题，而偶数页页眉则统一书写同一内容，这种效果如何达到呢？达到此功能重要的是需要正确添加分节符。

在确定要使用不同页眉的两页之间添加“分节符(下一页)”，这样上下两页就分布在不同的节，在不同的节之间是可以使用不用的页眉、页脚以及不同的页码。打开 chapter04 目录中的案例“不同页眉页脚案例演示.docx”，如图 4-72 所示。

本文档共有 7 页内容，第 1 页为目录页，不需要设置页眉页脚，第 2、3 页是第一章节，第 4、5 页是第二章节，第 6、7 页是第三章节。

要求：每一章节的奇数页页眉为章节标题，偶数页页眉为统一内容“毕业论文”。

(1) 各章之间插入分节符，将光标分别放置在目录页结尾处。

(2) 切换到“页面布局”选项卡下，“页面设置”组中找到分隔符 分隔符 按钮，单击下拉

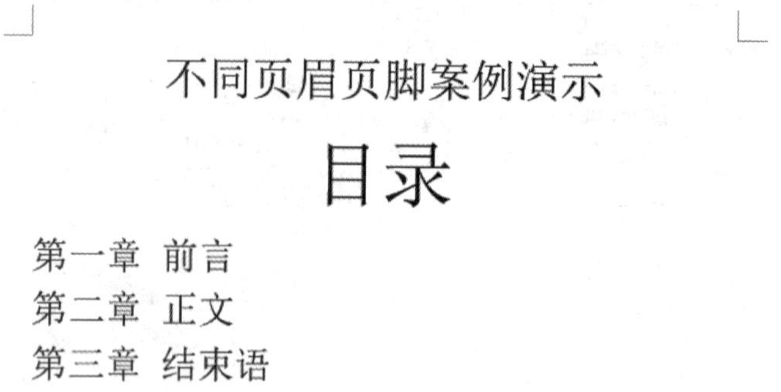

不同页眉页脚案例演示

目录

第一章 前言

第二章 正文

第三章 结束语

图 4-72 文档

三角，在下拉列表中单击“下一页”，这时候会多出一行，只要用 Delete 键删除即可，如图 4-73 所示。

(3) 将光标分别放置在第一章内容、第二章内容结尾处，重复第二步，插入分节符。此时文档被分隔成 4 节。

(4) 切换到“插入”选项卡下，找到“页眉和页脚”组，单击“页眉”按钮，然后在其中选择需要的页眉样式，此处以样式 1 为例，如图 4-74 所示。

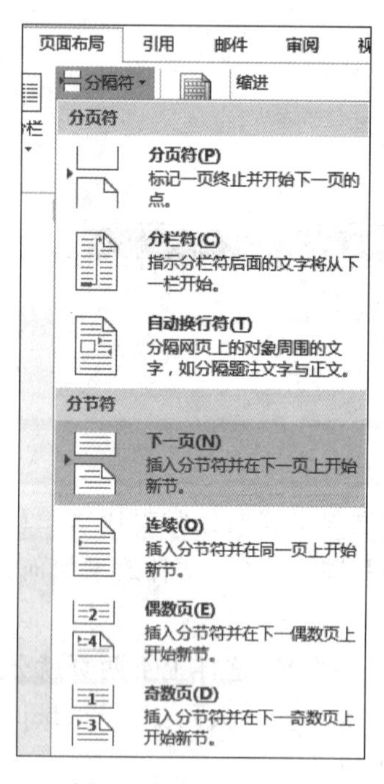

图 4-73 插入分节符

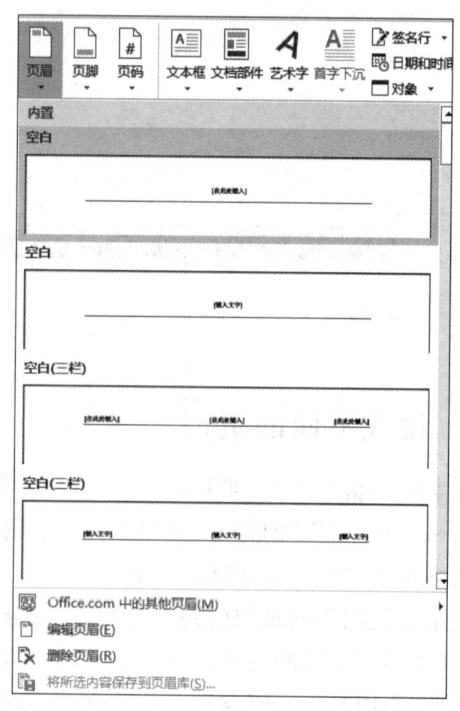

图 4-74 页眉样式

(5) 选择好样式并单击后，就会自动切换到“页眉和页脚工具—设计”选项卡，可以通过工具栏中的“上一节”上一节、“下一节”下一节按钮，在被分隔成的 4 节之间切换。

(6) 在“页眉-第 2 节”页面双击页眉，在工具栏处标明了“链接到前一条页眉”，这一项是被选中的，而且在第 2 节的页眉右侧也有显示“与上一节相同”，这就是关键所在。就是说默认情况下，第 2 节的页眉是跟第 1 节的页眉是相同的，是链接到第 1 节的。只需要取消“链接到前一条页眉”这个选项，然后再修改第 2 节的页眉内容，就可以看到，这两节的页眉就不一样了。取消前后的效果如图 4-75 和图 4-76 所示。请注意观察红色框线所选中地方的变化。

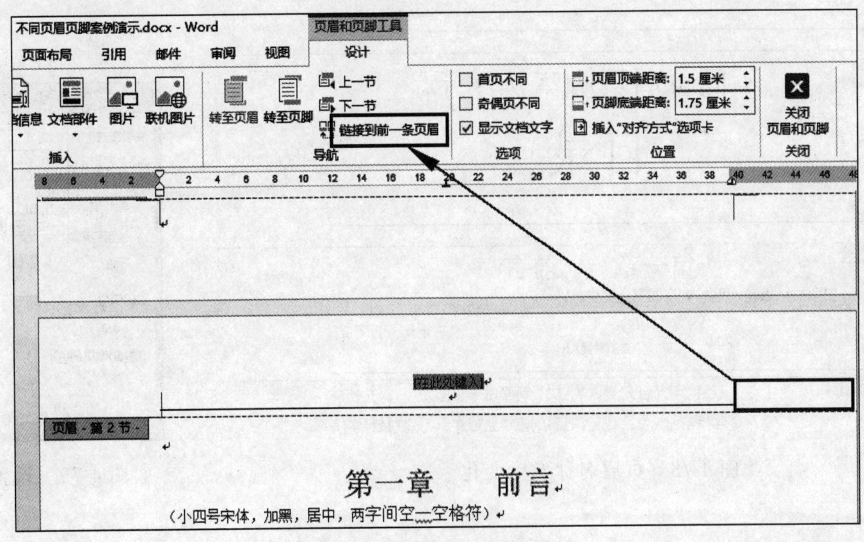

图 4-75　取消前的效果

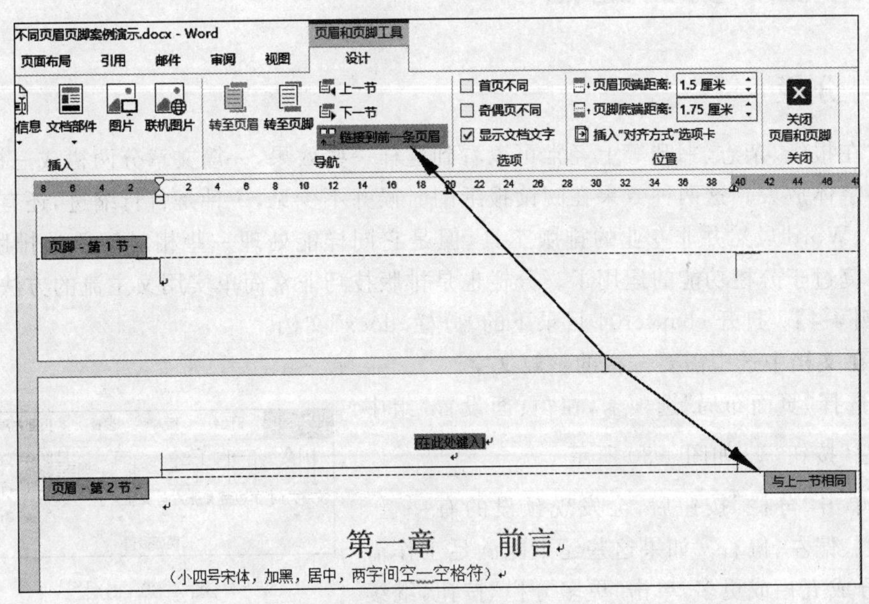

图 4-76　取消后的效果

注意：所有分节都要取消选中“链接到前一条页眉”这个选项。

(7) 在“页眉和页脚工具—设计”选项卡，选中“首页不同”和“奇偶页不同”两个选项，如图 4-77 所示。观察红色框线位置文档页眉名称的变化，如图 4-78 所示。

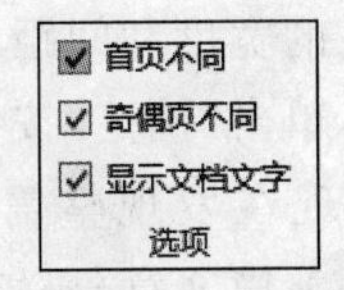

图 4-77　设置奇偶页和首页不同

(8) 在第 2 节、第 3 节、第 4 节的偶数页页眉处分别输入“第一章 前言”,“第二章 正文”,“第三章 结束语”。奇数页页眉输入“毕业论文”。

(9) 切换到页脚,设置页码。如图 4-79 所示。

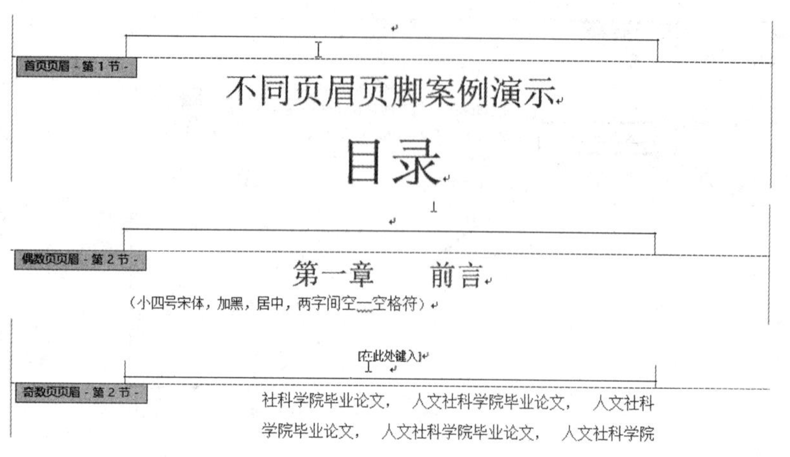

图 4-78 页眉名称发生变化

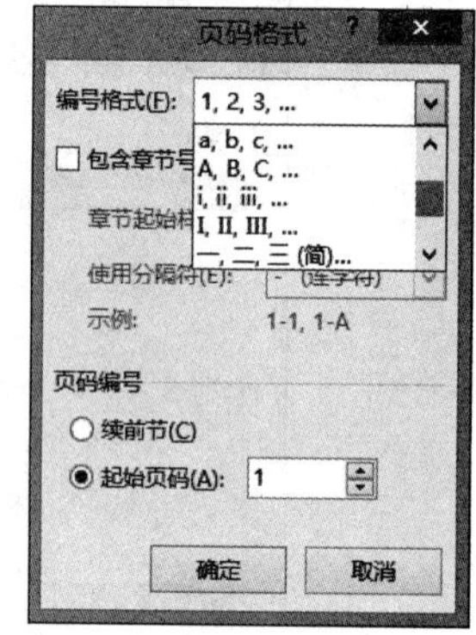

图 4-79 设置页码

4.5 分栏和页面边框

4.5.1 分栏

通常在报纸、杂志、书刊等上经常可以看到这样一些效果,一篇文章分两栏或三栏,然后首个文字字体放大。这两种效果在阅读报纸的时候并不少见,一种是首行缩进,还有一种是分栏效果,Word 虽然并非专业的排版工具,但是它同样能处理一些相对简单的排版工作,最典型的莫过于分栏功能的运用了。分栏也是排版技巧非常简单实用又主流的方法。

【案例 4-4】 打开 chapter04 目录下的“分栏. docx”文档。

(1) 在文档中选中需要分栏的整篇文字。

(2) 选择“页面布局”选项卡,在“页面设置”组中找到“分栏”按钮,如图 4-80 所示。

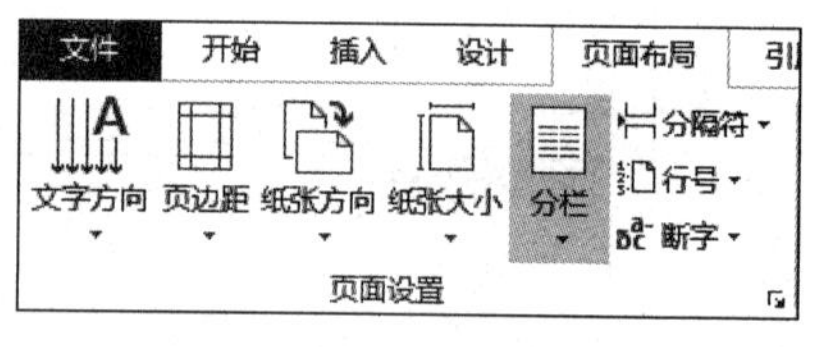

图 4-80 分栏

(3) 单击“分栏”按钮后,会发现预设的有一栏、两栏、三栏、偏左、偏右。如果这些还不能满足工作需要,需要分成五栏或更多,单击“更多分栏”按钮,继续设置,如图 4-81 所示。

(4) 在弹出的“分栏”对话框中,可以对多种参数进行设置,比如分栏数(最高上限为 11)、分栏的宽度和间距、分栏之间的分割线等。这里选择一个偏左的两栏设置,选中“分隔线”选项,单击“确定”按钮,如图 4-82 所示。

(5) 现在发现整篇文档已经进行了分栏,之后设置文章第一个字“呼”的“字号”为“一号”。整篇文章分栏效果如图 4-83 所示。

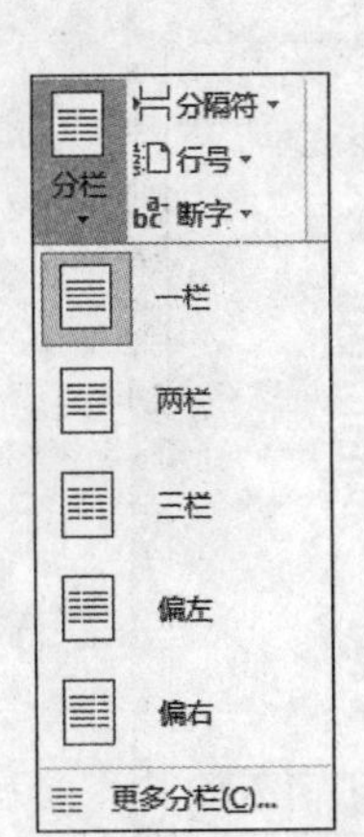

图 4-81　更多分栏

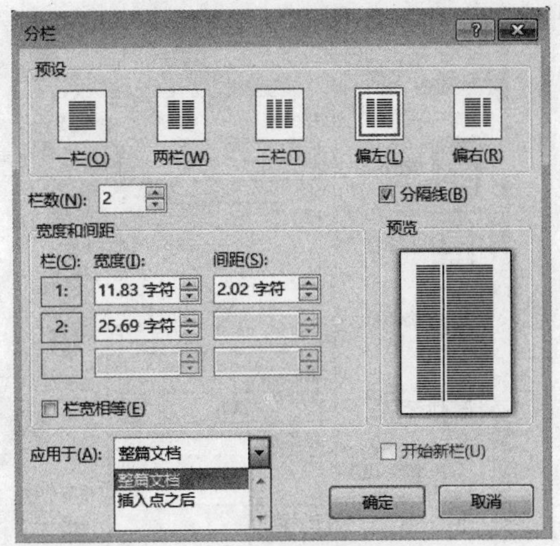

图 4-82　“分栏”对话框

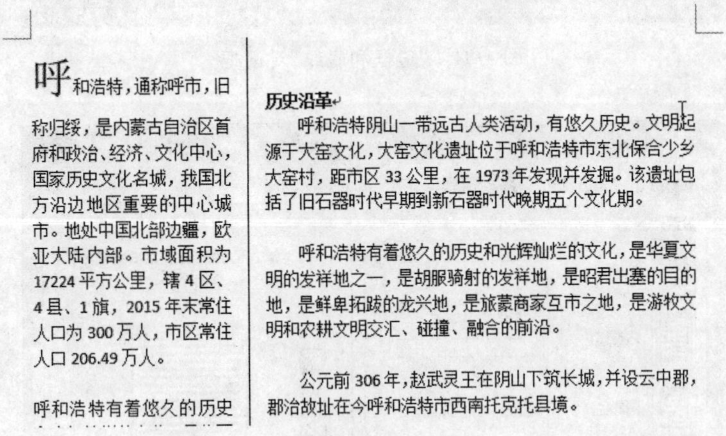

呼和浩特，通称呼市，旧称归绥，是内蒙古自治区首府和政治、经济、文化中心，国家历史文化名城，我国北方沿边地区重要的中心城市。地处中国北部边疆，欧亚大陆内部。市域面积为 17224 平方公里，辖 4 区、4 县、1 旗，2015 年末常住人口为 300 万人，市区常住人口 206.49 万人。

呼和浩特有着悠久的历史

历史沿革

呼和浩特阴山一带远古人类活动，有悠久历史。文明起源于大窑文化，大窑文化遗址位于呼和浩特市东北保合少乡大窑村，距市区 33 公里，在 1973 年发现并发掘。该遗址包括了旧石器时代早期到新石器时代晚期五个文化期。

呼和浩特有着悠久的历史和光辉灿烂的文化，是华夏文明的发祥地之一，是胡服骑射的发祥地，是昭君出塞的目的地，是鲜卑拓跋的龙兴地，是旅蒙商家互市之地，是游牧文明和农耕文明交汇、碰撞、融合的前沿。

公元前 306 年，赵武灵王在阴山下筑长城，并设云中郡，郡治故址在今呼和浩特市西南托克托县境。

图 4-83　分栏效果

4.5.2　页面边框

特殊的版面排版有时需要为页面添加边框，更好地应用页面边框的格式、设置边框样式的详细的操作步骤如下。

(1) 启动 Word 2013，打开一份文档。

(2) 在“设计”选项卡下的“页面背景”组，单击“页面边框”按钮，会弹出“边框和底纹”对话框，如图 4-84 所示。

(3) 在“边框和底纹”对话框中选择“页面边框”选项卡，“设置”选择“方框”，“样式”线型选择第三种样式，“颜色”设为蓝色，“宽度”设为 1.5 磅，右侧预览区可以看到页面边框的样式。可以通过预览区的 4 个按钮，对上、下、左、右 4 个边框进行添加或取消，如图 4-85 所示。

(4) 在“艺术型”选项中，通过下拉箭头，选择五角星图案，然后单击“选项”按钮，如

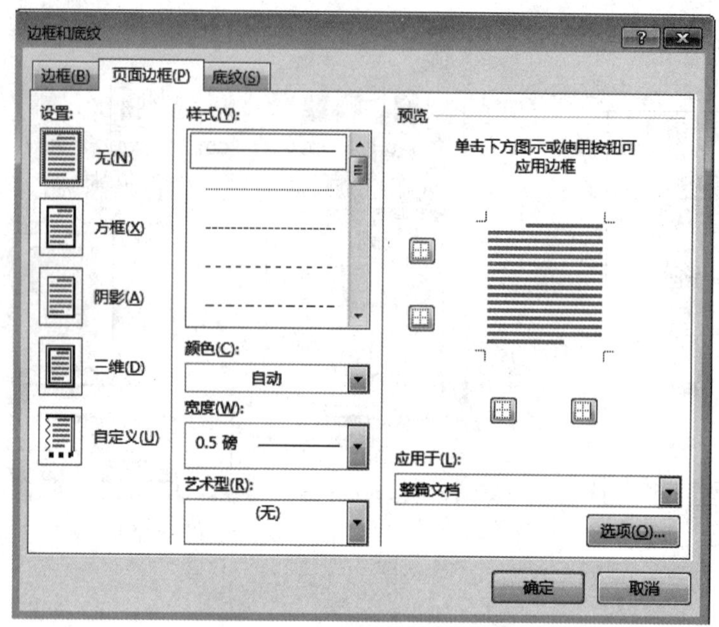

图 4-84 “边框和底纹”对话框

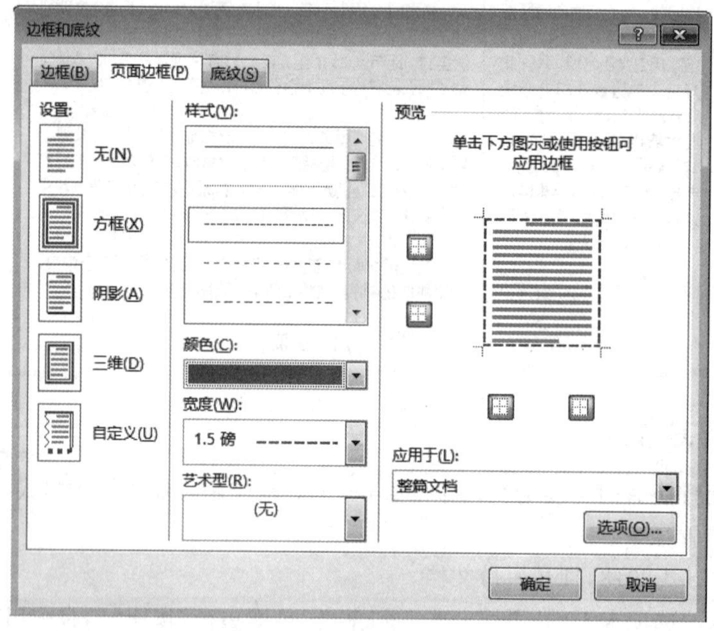

图 4-85 设置页面的边框

图 4-86 所示。

(5) 在“边框和底纹选项”对话框中，如图 4-87 所示，“边距”的上、下、左、右 4 个设定值需要考虑“测量基准”中是以什么为基准。“测量基准”里有页边和文字 2 个选项，以“页边”为基准，就是指边框离纸张边缘的距离。如果是以“文字”为基准，就是指边框离文档文字边缘的距离。此处将“测量基准”设置为“文字”，单击“确定”按钮。

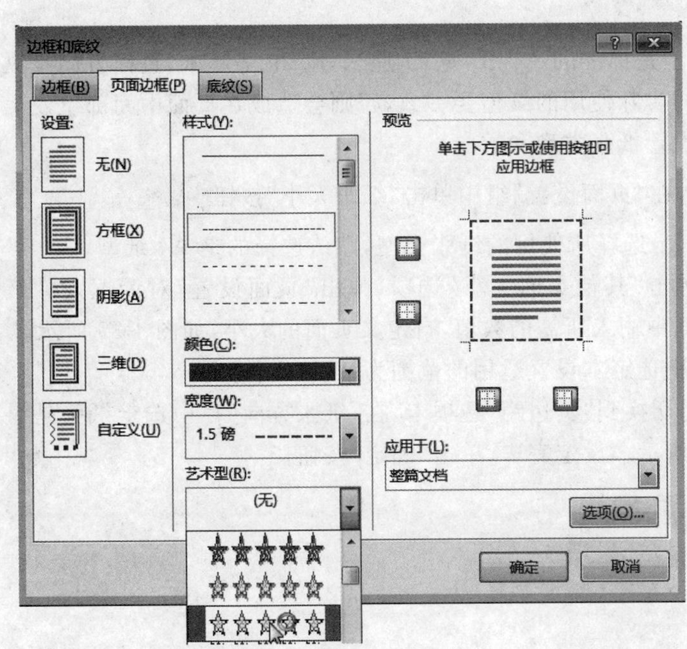

图 4-86　设置为“艺术型”

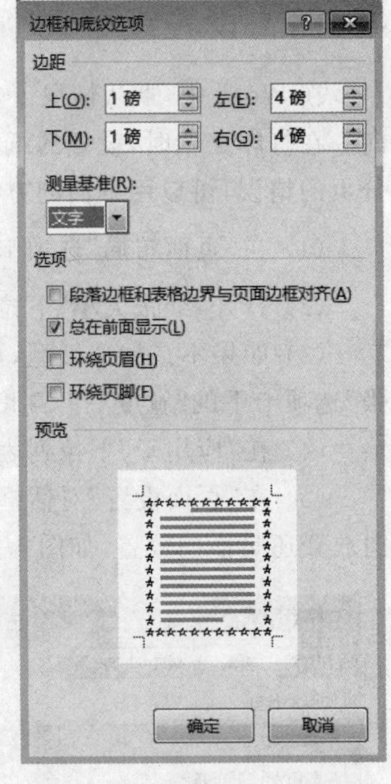

图 4-87　“边框和底纹选项”对话框

注意：在“边框和底纹选项”对话框中，如果取消选中“总在前面显示”复选框，则页面边框线的内容就会显示在页眉和页脚的前面，否则将被页眉和页脚内容遮挡住。

(6) 设置完成，可以看看效果，文档四周都加上了五角星图案，如图 4-88 所示。

图 4-88　边框效果

4.6　页面设置

在排版时，通常把一页纸划分成两部分，正文区域叫版心，正文的四周和纸张边界之间的距离叫页边距。设置版心包括设置纸张大小、页边距尺寸和确定版心在页面中的位置。

页面由版心和页边距组成。版心是容纳文档全部正文内容的重要区域，版心宽度等于纸张宽度减去左、右页边距；版心高度等于纸张高度减去上、下页边距。可见，版心只能由纸张和页边距的尺寸来决定。

4.6.1 设置纸张大小和方向

在 Word 中，默认情况下，纸型是标准的 A4 纸，宽 21 厘米，高 29.7 厘米，页面方向是纵向。在打印文档时，设置的纸型与实际使用的纸型要一致，否则会造成在页面中间部位发生分页的错误，可以用下面的方法设置纸张类型和方向。

（1）在“页面布局”选项卡下，在“页面设置”组中单击“纸张大小”按钮。

（2）打开“纸张大小”下拉列表，选择所使用的纸张类型，默认选择的是 A4 纸型。

（3）如果不是标准纸型，可单击“其他页面大小”选项，弹出“页面设置”对话框，在“纸张”选项卡下的“宽度”和“高度”框中输入所需的数值，自定义页面的大小，如图 4-89 所示。

（4）在“应用于”下拉列表框中选定本设置适用的范围为“整篇文档”。

（5）在“页面设置”对话框中，切换到“页边距”选项卡，在“纸张方向”栏中选定纸张是纵向放置还是横向放置，如图 4-90 所示。设定完毕，单击“确定”按钮。

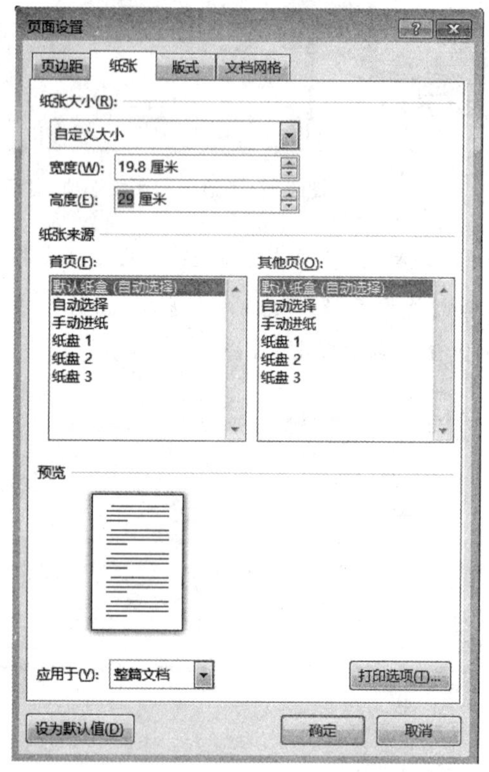

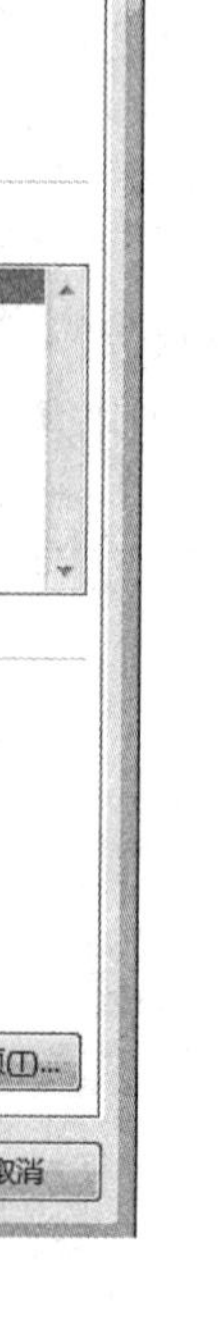

图 4-89 自定义纸张大小

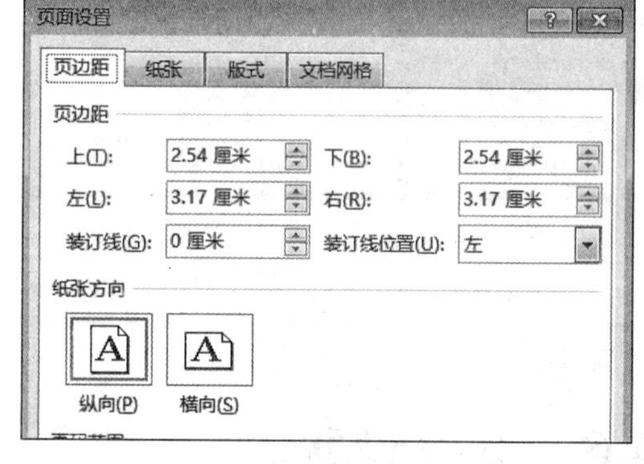

图 4-90 设定纸张的方向

（6）纸张方向也可以通过在“页面布局”选项卡下的“页面设置”组中单击“纸张方向”按钮来进行更改。

4.6.2 页边距

页边距指文本与纸张边缘的距离。系统规定，上下页边距的尺寸范围是 −55.87～55.87 厘米，左右页边距的尺寸范围是 0～55.87 厘米。Word 2013 默认页边距设置为：左、右页边距为 3.17 厘米,上、下页边距为 2.54 厘米,无装订线。用户可以根据自己的需要,通过设置来增大(或减少)页边距:如果打印出来的页面需装订,可以设置“装订线”增加一个装订区。具体操作步骤如下。

(1) 在“页面布局”选项卡下,在“页面设置”组中单击“页边距”按钮,打开“页边距”下拉列表,选择所使用的页边距类型,默认选择的是“普通”。

(2) 单击“自定义页边距”选项,弹出“页面设置”对话框,选择“页边距”选项卡。在“上”“下”“左”“右”增量框中输入新的数值,可设置页边距尺寸(预览框中将显示设置的效果)。

(3) 如果文档需要装订,应在“装订线位置”栏中选择“顶端”(或“左侧”)选项,在“装订线”框中输入装订所需的边距。

(4) 选择“应用于”下拉列表中的“整篇文档”或“插入点之后”。如果选择一部分文档内容,“应用于”下拉列表中将会出现“所选文字”选项,这时所选择的文档内容将会自动成为一页,并应用新设置的页边距,其他文档内容沿用原有页边距的设置。

(5) 在页码范围栏“多页”中选中“对称页边距”复选框,可实现双面打印(在“预览”区中将显示两页文档示例)。如果要将页面分为上下两部分,以便装订,可选中“拼页”复选框。

(6) 单击“确定”按钮,关闭对话框。

4.6.3 设置版式

版式指在整个页面上文本的垂直对齐方式,节的起始位置、页面的边框和底纹、页眉页脚奇偶页不同或首页不同等影响页面的格式,操作方法如下。

(1) 在“页面布局”选项卡下“页面设置”组中单击右下角的“页面设置”按钮,如图 4-91 所示,打开“页面设置”对话框。

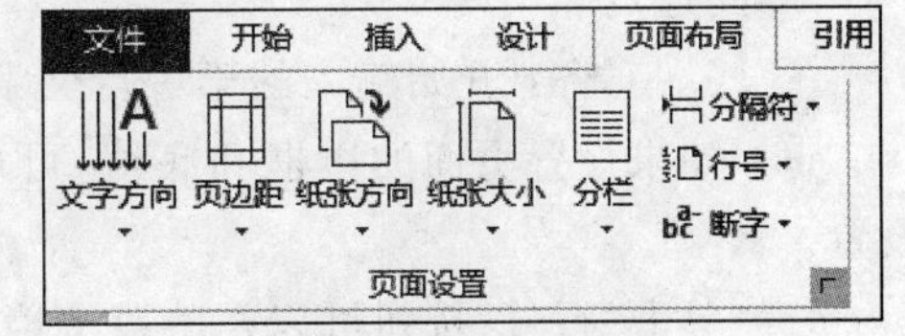

图 4-91　页面设置按钮

(2) 选定“页面设置”对话框中的“版式”选项卡,如图 4-92 所示。在“节的起始位置”下拉列表框中根据需要选定选项,以设置开始新节并结束前一节的位置。

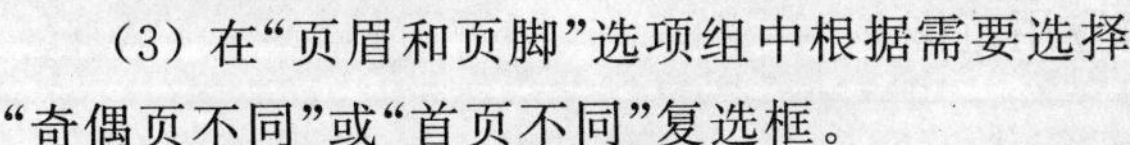

(3) 在“页眉和页脚”选项组中根据需要选择“奇偶页不同”或“首页不同”复选框。

- 奇偶页不同:指是否要在奇数页与偶数页上设置不同的页眉或页脚。
- 首页不同:指是否使节或文档首页的页眉或页脚与其他页的页眉或页脚不同。

(4) “距边界”选区,可用来设置页眉的上虚线框距离纸张的上边界或页脚的下虚线框距离纸张下边界的尺寸。

(5) 页面内容在垂直方向上的位置可以在“垂直对齐方式”列表框中设置。列表框有如下 4 个选项,分别可以决定页面在垂直方向上的排列规律。默认对齐方式为顶端对齐。

- 顶端对齐:开始输入的第一行文字从版心的上边插入,以后各行逐渐下移。
- 居中:开始输入的第一行文字从版心的中间插入,以后各行向上、下展开。

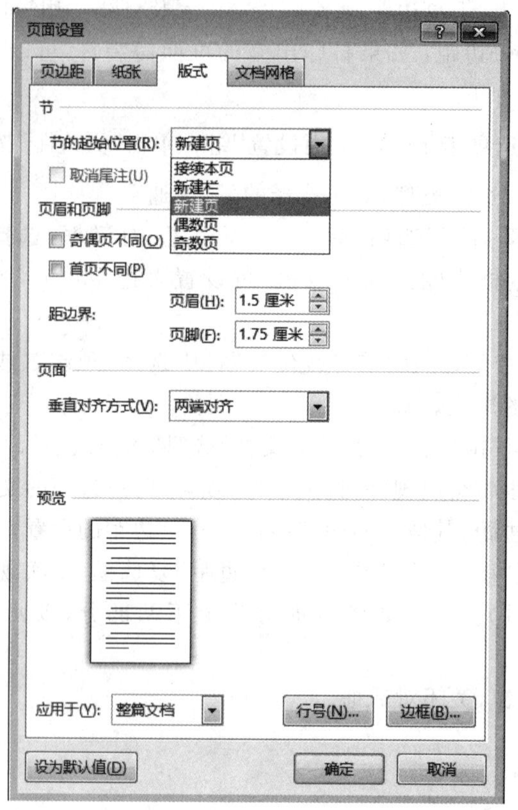

图 4-92 “版式”选项卡

- 两端对齐：第一行在版心的上部，第二行在版心的下部，以后输入的各行逐渐向中间逼近。
- 底端对齐：开始输入的第一行文字从版心的下边插入，以后各行逐渐上移。

(6) 如果设置页面的边框和底纹，可单击“边框”按钮，打开“边框和底纹”对话框进行设置。

(7) 单击“行号”按钮可以在整篇文档或某一节文档的左边添加行号。

(8) 在“应用于”列表框中，指定版式的应用范围。

(9) 单击“确定”按钮，关闭对话框。

4.6.4 稿纸设置

当使用 Word 处理文字时，有时候需要根据需要设置稿纸，打印出来之后就可以在自己设置的稿纸上书写文字，也可以在 Word 中直接输入文字，然后设置自己需要的稿纸。

(1) 首先打开 Word 2013，新建 Word 文档。

(2) 在“页面布局”选项卡下，单击“稿纸设置”，弹出“稿纸设置”对话框，如图 4-93 所示。

(3) 在“格式”选中“方格式稿纸”，行数×列数为 24×25，设置纸张大小为 A4，稿纸网格颜色设置为绿色。

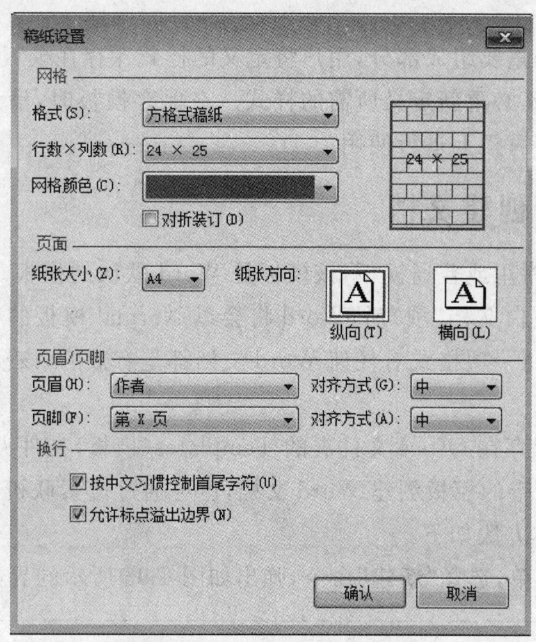

图 4-93　“稿纸设置”对话框

(4) 不选中“允许标点溢出边界”,这样可以防止在稿纸中输入文字时,标点符号在稿纸的外面。

(5) 对页眉和页脚进行设置,可根据需要自定义页眉和页脚,最后单击“确定”按钮。

(6) 退出稿纸设置对话框,在页眉处输入自定义内容,页脚处会自动添加页码。效果如图 4-94 所示。保存文档,文件名命为“钢笔字帖专用稿纸.docx”。

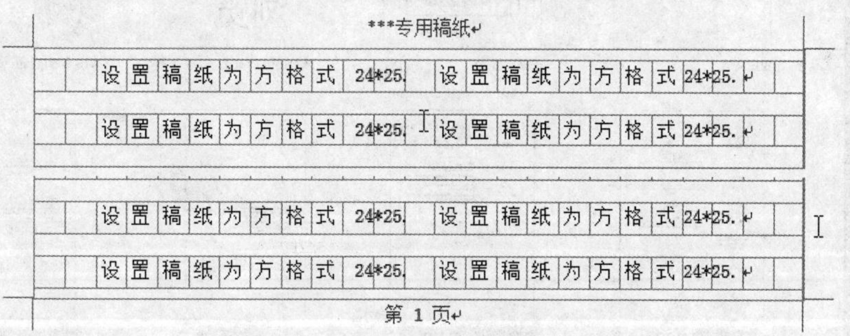

图 4-94　稿纸效果

4.7　模板

模板是一种特殊的 Word 文档,模板实际上是由多个特定样式组合而成,具有稳定编排格式的一种特殊文档。Word 所有模板的扩展名为“.dotx”。

Word 创建的每一个文档都基于一个模板纸上。用户可以将模板看成 Word 文档的样板和框架。

样式是模板的一个重要组成部分,用户将定义的样式保存在模板上后,在创建文档时使用所需的模板,就可以不必重新定义所需的样式。在保存模板时,请记住保存位置,模板文件也可以移动到其他计算机上进行使用。

4.7.1 利用模板创建文档

Normal 模板也叫常用或普通模板,该模板是 Word 默认的模板。当用户启动 Word 或用“新建命令”(选中“空白文档”项)后,Word 将会以 Normal 模板的格式新建一个空文档。Normal 模板中保存的每一项格式对任何 Word 文档都是有效的,该模板可用于任何类型的 Word 文档。

该模板文件一般保存在 Office 文件夹的 Templates(模板)文件夹中。

可以利用 Word 自带的模板创建 Word 文档,也可通过搜索联机模版功能查找新模板,之后下载并应用。具体方法如下。

(1) 单击“文件”菜单,选择“新建”命令,弹出如图 4-95 所示的界面。

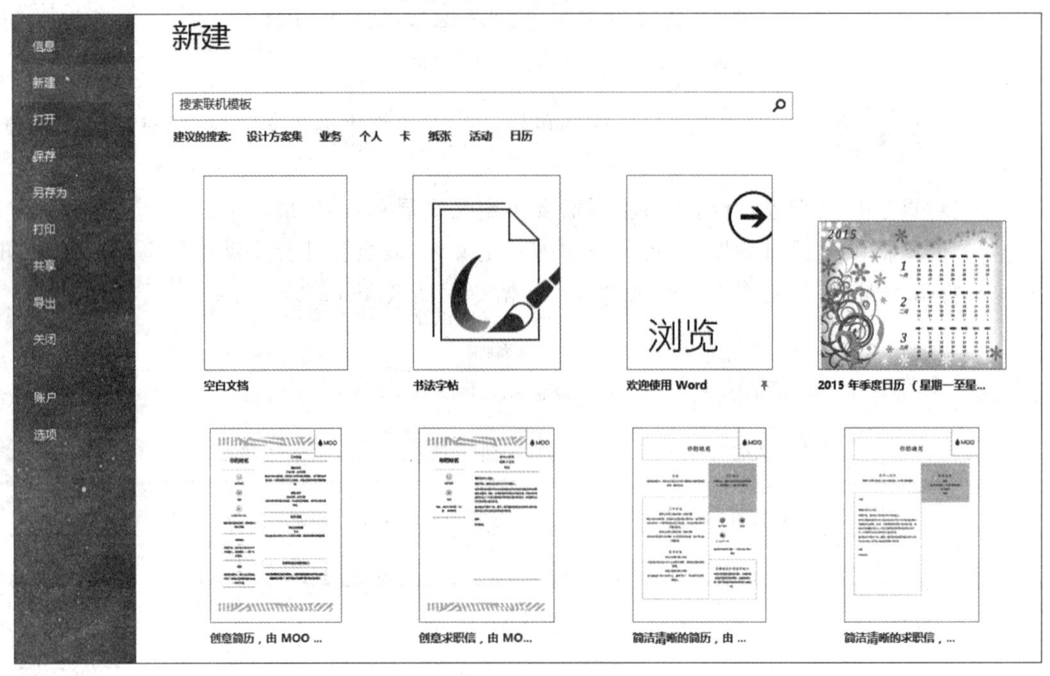

图 4-95 新建文档

(2) 通过下拉列表,选择需要的模板文件,此处选择“小学新闻稿”模板,单击之后,会弹出关于此模板的简介信息,单击“创建”按钮,将会下载模板文件,下载之后,会创建以此模板为样式的新的文档,如图 4-96 和图 4-97 所示。

注意:下载模板文件时需要连接互联网。如果没有连接互联网,新建文档时,只会出现 Word 已经预先下载的模板,搜索联机模板搜索条功能会被禁用。

(3) 最终创建的模板效果如图 4-98 所示。

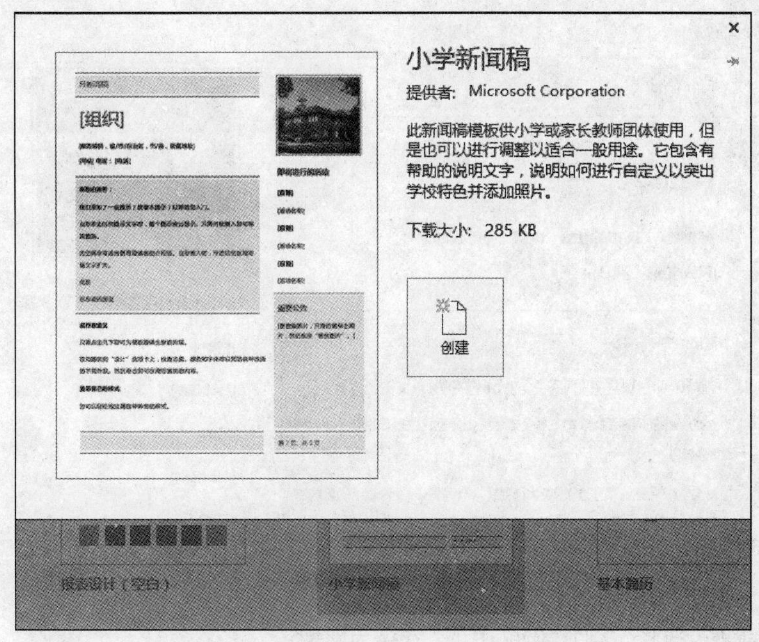

图 4-96　选择模板

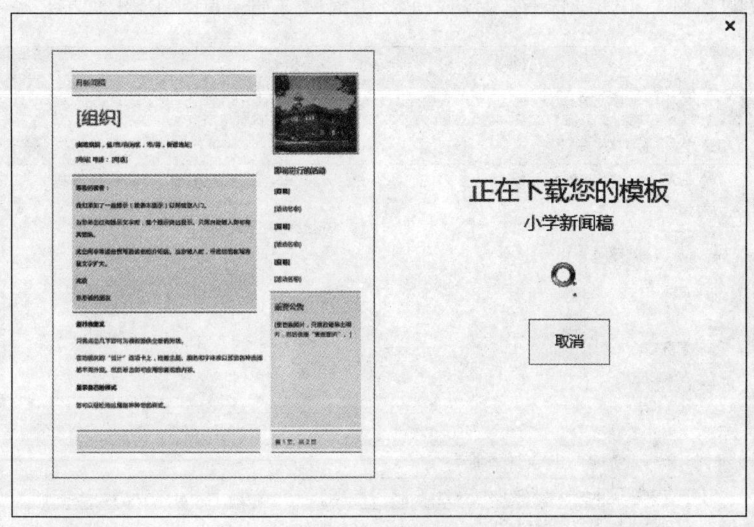

图 4-97　下载模板

4.7.2　创建模板

尽管 Word 自带了不少模板，但仍不可能完全满足用户自定义的要求，此时可自己建立模板。

最方便的创建模板的方法是将一个文档作为模板来进行保存，操作方法如下。

(1) 先打开(或建立)要作为模板保存的样本文档，根据需要进行字符、纸型、版心、样式、图片等格式的设置。

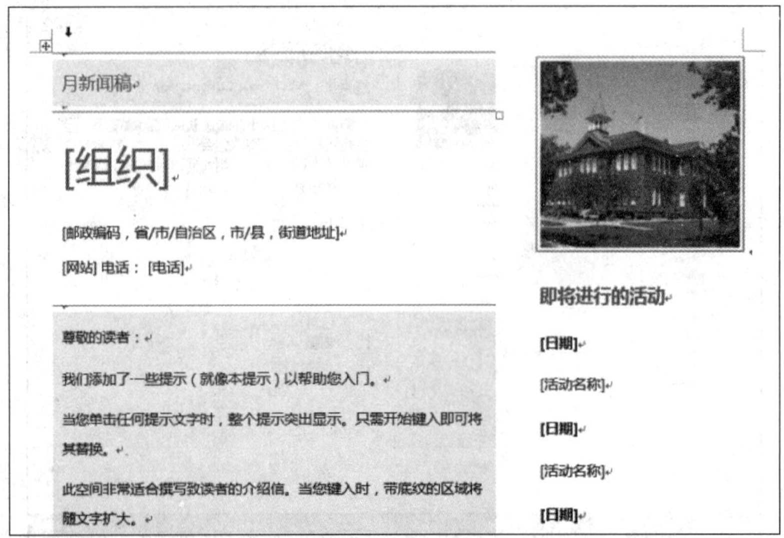

图 4-98　模板创建

（2）设置完毕，选择“文件”菜单中的“另存为”命令。

（3）在“另存为”对话框中的“保存类型”下拉列表框中选择“Word 模板”，在“文件名”框中输入新模板的名称。单击“保存”按钮，将创建模板文件，如图 4-99 所示。

图 4-99　保存模板

4.7.3 应用自定义模板

在编辑文档时使用模板，可以快速地生成所需的文档框架，并很好地统一文档的格式和风格。用模板创建的文档，应按文档格式保存。

利用自定义模板创建 Word 文档，只需要双击已经保存的模板文件，即可新建一个文档。

4.7.4 修改模板

模板文档是可以修改的，修改方法如下：

选择“文件”菜单中的“打开”命令，在“打开”对话框中的“文件类型”下拉列表框中选择“Word 模板”选项；在“查找范围”列表框中选中存放模板的文件夹；选择需修改的模板图标，单击“打开”按钮。更改模板中需要进行修改的字符、段落、纸型、版心、样式、图片等内容。单击“保存”按钮，将修改后的模板保存起来。

实训案例

【案例 4-5】 将以下素材按要求排版。

【实训目的】 掌握在 Word 文档中文字基本格式化的方法。

【实训内容】 通过学习 Word 排版、格式化的相关知识，将以下素材按要求排版。

(1) 将标题字体设置为“黑体”，字形设置为“常规”，字号设置为“小初”，选定“效果”为“阴影字”，居中显示。

(2) 将“陶渊明”的字体设置为“楷体”，字号设置为“小三”，文字右对齐，加双曲线下划线，线型宽度应用系统默认值。

(3) 将正文行距设置为 25 磅。

【实训步骤】

(1) 打开 chapter04 目录下的“案例 4-5 归去来辞. docx”。

(2) 选定“归去来辞”，单击“开始”选项卡中的“字体”组的右下角，打开“字体”对话框，将“中文字体”下拉框设置为“黑体”，“字形”选择框设置为“常规”，“字号”选择框设置为“小初”，单击“文字效果”，在“设置文本效果格式”中的“阴影”→“预设”中选择“透视靠下”，如图 4-100 所示。

(3) 单击“确定”按钮，然后单击“段落”组上的“居中”按钮，将文字居中显示。

(4) 选定“陶渊明”，在“开始”选项卡中的“字体”组上，将“字体”设置为“楷体”，“字号”设置为“小三”。

(5) 单击“段落”组上的“右对齐”按钮，将文字右对齐显示。

(6) 再次选定“陶渊明”，单击“开始”选项卡中的“字体”组的右下角，打开“字体”对话框，在“下划线线型”下拉框下选择“双曲线”，单击“确定”按钮。

(7) 选定正文，单击“开始”选项卡中的“段落”组的右下角，打开“段落设置”对话框，在打开的“段落设置”对话框中，在“缩进和间距”选项卡下单击“行距”框右端的下拉按钮，打开

字体
字体(N)
中文字
黑体
西文字
+西文
所有文字
字体颜
效果
预览
设为默认值(D)
文字效果(E)...
设置文本效果格式
阴影
预设(P)
颜色(C)
透明度(T)
75%
大小(S)
100%
模糊(B)
5.91 磅
角度(A)
90°
距离(D)
3 磅
映像
发光
柔化边缘
内部
透视

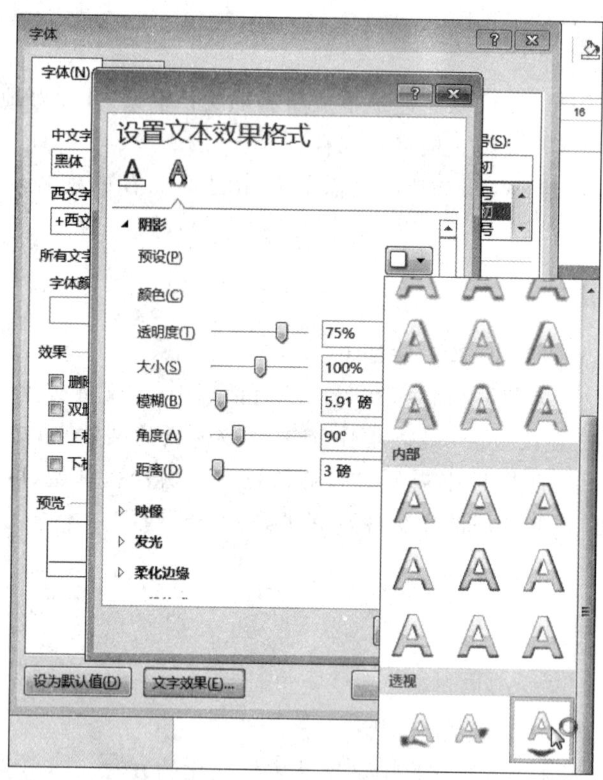

图 4-100　设置文本的效果

下拉列表，选择“固定值”，然后将后面的“设置值”设置为 25 磅。

(8) 效果如图 4-101 所示。

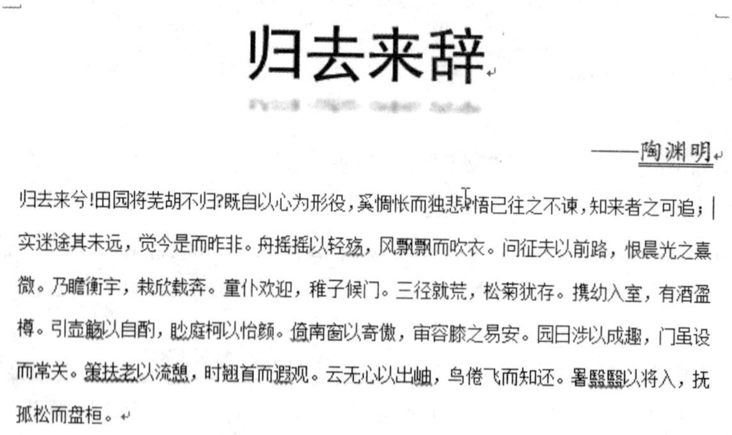

归去来辞
——陶渊明
归去来兮!田园将芜胡不归?既自以心为形役，奚惆怅而独悲?悟已往之不谏，知来者之可追；
实迷途其未远，觉今是而昨非。舟摇摇以轻飏，风飘飘而吹衣。问征夫以前路，恨晨光之熹
微。乃瞻衡宇，载欣载奔。童仆欢迎，稚子候门。三径就荒，松菊犹存。携幼入室，有酒盈
樽。引壶觞以自酌，眄庭柯以怡颜。倚南窗以寄傲，审容膝之易安。园日涉以成趣，门虽设
而常关。策扶老以流憩，时矫首而遐观。云无心以出岫，鸟倦飞而知还。景翳翳以将入，抚
孤松而盘桓。

图 4-101　文字排版的效果(1)

【案例 4-6】 将以下素材按要求排版。

【实训目的】 熟练掌握在 Word 文档中文字格式化和段落格式化的操作。

【实训内容】 通过学习 Word 排版、格式化的相关知识，将以下素材按要求排版。

(1) 设置第一段首字下沉，下沉行数为 2 行。

(2) 将第一段(除首字)字体设置为“仿宋体”,字号设置为“小四号”。

(3) 将第二段字体设置为“楷体”,字号设置为“四号”,加双横线边框。

【实训步骤】

(1) 打开 chapter04 目录下的文件“案例 4-6 归去来兮.docx”。

(2) 选定首字“归”字,在“插入”选项卡中,单击“文本”组中的“首字下沉”,单击“首字下沉选项”。在“首字下沉”对话框中的“位置”选项组中选择“下沉”,在“下沉行数”选项中设为 2,如图 4-102 所示,单击“确定”按钮。

(3) 选定第一段中“归”以外的其他文字,在“字体”组中将其字体设置为“仿宋体”,将字号设置为“小四号”。然后单击“段落”组上的“两端对齐”按钮,将文字两端对齐。

(4) 选定第二段,将字体设置为“楷体”,字号设置为“四号”,单击“段落”组上的边框按钮右端的下拉按钮,下拉窗格中选择“边框和底纹”。

(5) 打开“边框和底纹”对话框,在“边框”选项卡中,“设置”选择方框,“样式”选择“双直线”,如图 4-103 所示,单击“确定”按钮。

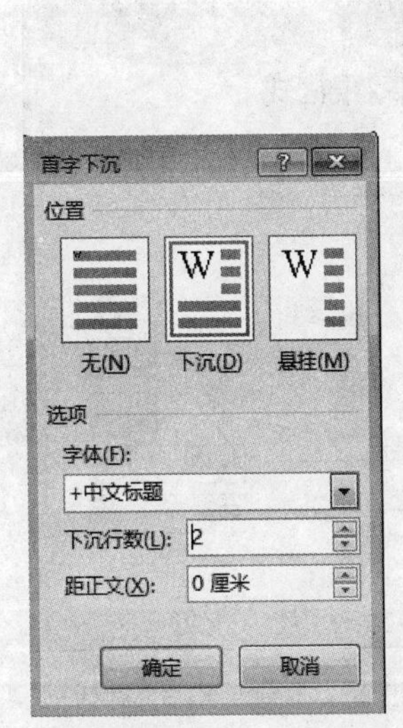

图 4-102 “首字下沉”对话框

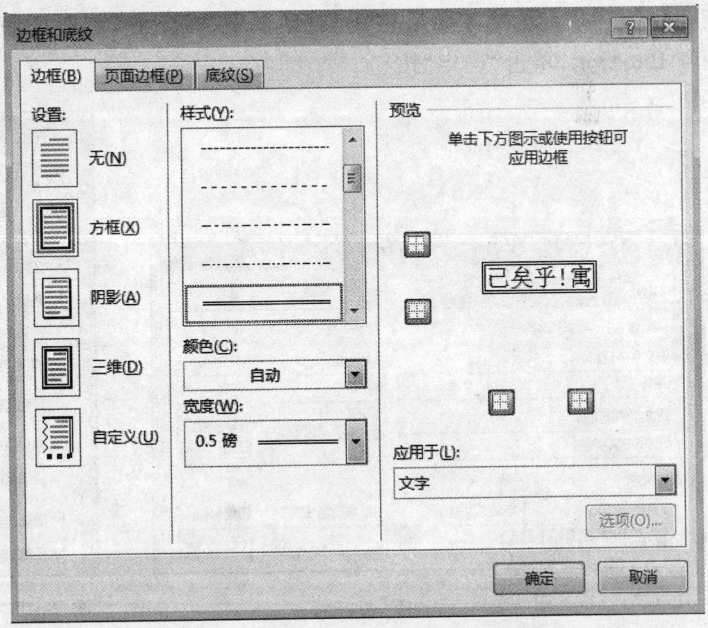

图 4-103 “边框和底纹”对话框

(6) 效果如图 4-104 所示。

【案例 4-7】 将以下素材按要求排版。

【实训目的】 熟练掌握在 Word 文档中文字格式化和段落格式化的操作。

【实训内容】 通过学习 Word 排版、格式化的相关知识,将以下素材按要求排版。

(1) 将标题段(电脑时代)设置为小二号、蓝色、发光、黑体、倾斜、居中、字符间距加宽 2 磅。

(2) 将其他段落分为等宽的两栏,栏间距为 6 字符,栏间加分隔线。

(3) 为“电脑的特点”每一个段落前添加符号。

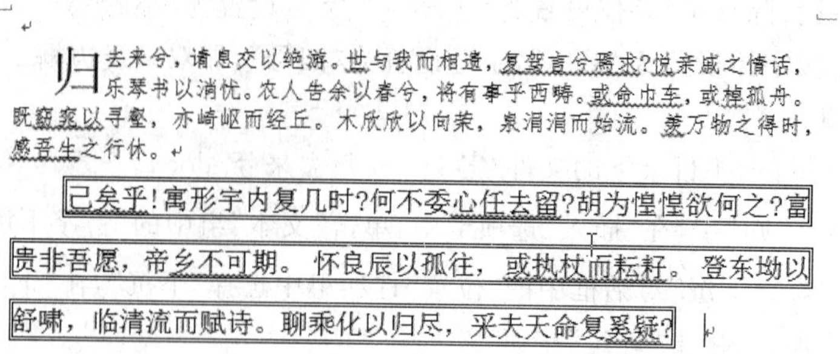

归去来兮，请息交以绝游。世与我而相遗，复驾言兮焉求?悦亲戚之情话，乐琴书以消忧。农人告余以春兮，将有事乎西畴。或命巾车，或棹孤舟。既窈窕以寻壑，亦崎岖而经丘。木欣欣以向荣，泉涓涓而始流。羡万物之得时，感吾生之行休。
已矣乎!寓形宇内复几时?何不委心任去留?胡为惶惶欲何之?富贵非吾愿，帝乡不可期。怀良辰以孤往，或执杖而耘耔。登东坳以舒啸，临清流而赋诗。聊乘化以归尽，采夫天命复奚疑?

图 4-104 文字排版的效果(2)

【实训步骤】

(1) 打开 chapter04 目录下的文件“案例 4-7 电脑时代.docx”。

(2) 选定标题段“电脑时代”，单击“开始”选项卡中的“字体”组的右下角，打开“字体”对话框，在“字体”选项卡中，将“中文字体”下拉框设置为“黑体”；“字形”选择框设置为“倾斜”；“字号”选择框设置为“小二号”；“字体颜色”为“蓝色”，如图 4-105 所示。单击“文字效果”按钮，在打开的“设置文本效果格式”对话框中的“发光”部分的“预设”中选择“橙色-18pt”，如图 4-106 所示，单击“确定”按钮。

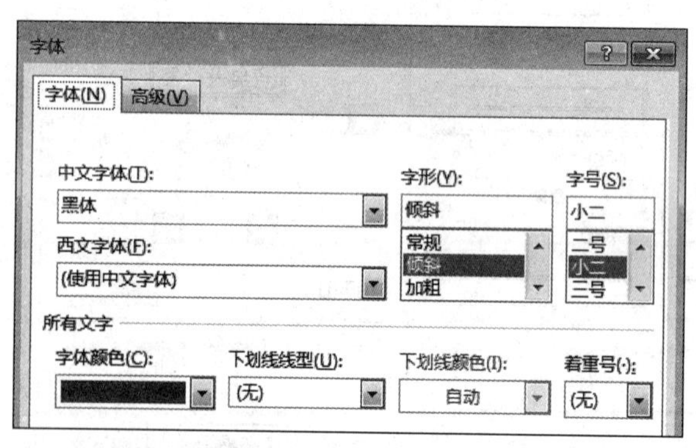

字体
字体(N)
高级(V)
中文字体(T):
黑体
西文字体(F):
(使用中文字体)
字形(Y):
倾斜
常规
倾斜
加粗
字号(S):
小二
二号
小二
三号
所有文字
字体颜色(C):
下划线线型(U):
(无)
下划线颜色(I):
自动
着重号(·):
(无)

图 4-105 “字体”对话框

设置文本效果格式
阴影
映像
发光
预设(P)
颜色(C)
大小(S)
18 磅
透明度(T)
60%
柔化边缘
三维格式

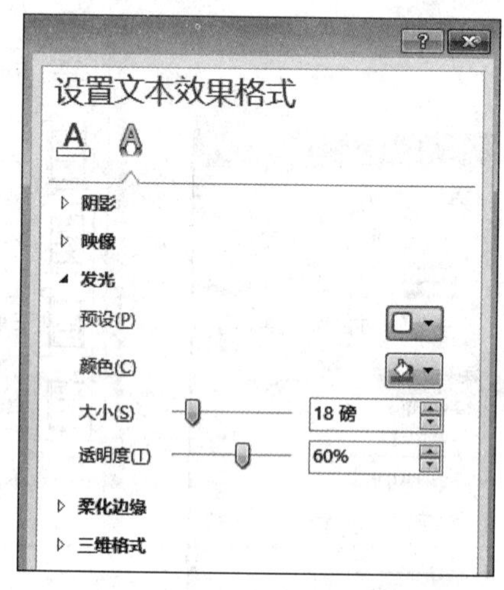

图 4-106 “设置文本效果格式”对话框

(3) 切换到“高级”选项卡中，在“字符间距”选项卡中选择“间距”为“加宽”，“磅值”为 2 磅，如图 4-107 所示，单击“确定”按钮。

(4) 单击“确定”按钮，在“段落”组中单击“居中”按钮。

(5) 选中其他所有段落，单击 Word 功能区“页面布局”选项卡下“页面设置”组中的“分栏”按钮，在“分栏”下拉按钮打开的列表中选择“更多分栏”，在弹出的“分栏”对话框中选择分 2 栏、“间距”为 6 字符，选中“分隔线”复选框，如图 4-108 所示，单击“确定”按钮。

(6) 选中“电脑的特点”部分的 4 个文字段落，在“段落”组中单击“项目符号”按钮，在弹出的窗格中选择“箭头”符号。

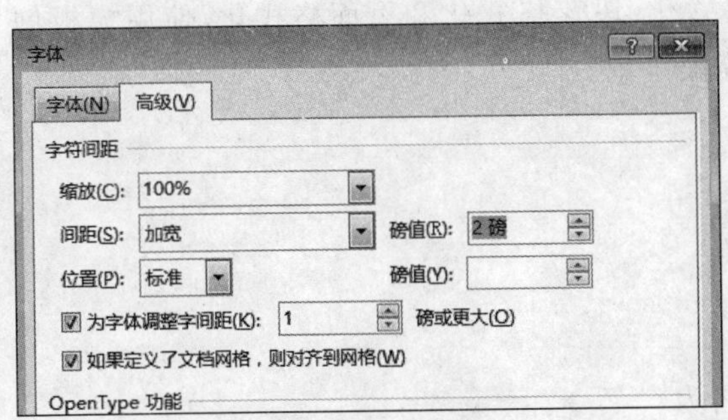

图 4-107　“字体”对话框的“高级”选项卡

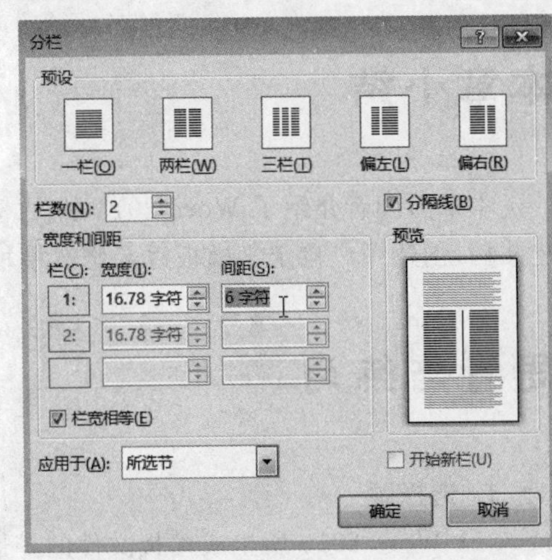

图 4-108　“分栏”对话框

(7) 效果如图 4-109 所示。

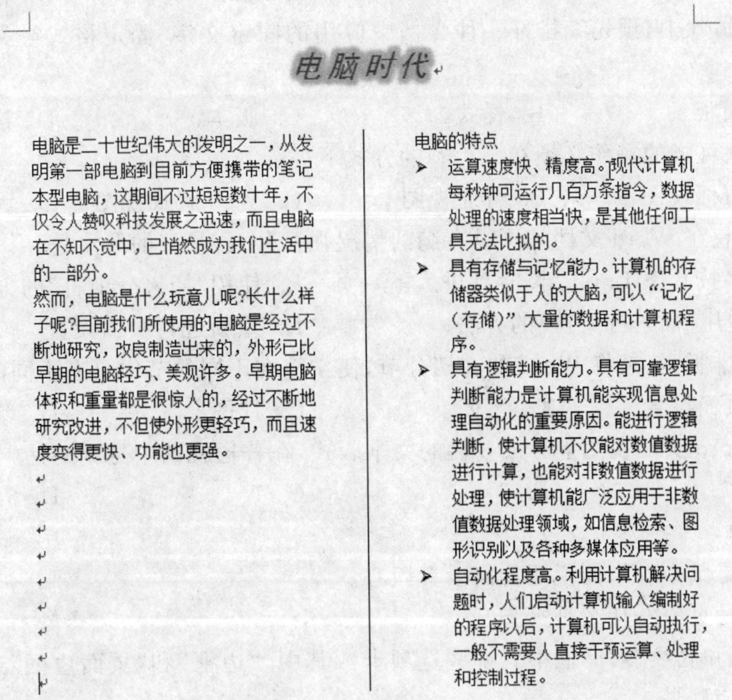

电脑时代

电脑是二十世纪伟大的发明之一，从发明第一部电脑到目前方便携带的笔记本型电脑，这期间不过短短数十年，不仅令人赞叹科技发展之迅速，而且电脑在不知不觉中，已悄然成为我们生活中的一部分。

然而，电脑是什么玩意儿呢?长什么样子呢?目前我们所使用的电脑是经过不断地研究，改良制造出来的，外形已比早期的电脑轻巧、美观许多。早期电脑体积和重量都是很惊人的，经过不断地研究改进，不但使外形更轻巧，而且速度变得更快、功能也更强。

电脑的特点

- 运算速度快、精度高。现代计算机每秒钟可运行几百万条指令，数据处理的速度相当快，是其他任何工具无法比拟的。
- 具有存储与记忆能力。计算机的存储器类似于人的大脑，可以“记忆（存储）”大量的数据和计算机程序。
- 具有逻辑判断能力。具有可靠逻辑判断能力是计算机能实现信息处理自动化的重要原因。能进行逻辑判断，使计算机不仅能对数值数据进行计算，也能对非数值数据进行处理，使计算机能广泛应用于非数值数据处理领域，如信息检索、图形识别以及各种多媒体应用等。
- 自动化程度高。利用计算机解决问题时，人们启动计算机输入编制好的程序以后，计算机可以自动执行，一般不需要人直接干预运算、处理和控制过程。

图 4-109　文字排版的效果(3)

拓展练习

通过学习 Word 的排版、格式化等相关知识，自行设计制作 Word 中与大家所学专业相关的电子小报。

本章小结

本章为读者介绍了 Word 2013 的文本格式化、段落格式化和页面格式化，使用模板创建文档，创建用户自定义模板以及修改模板等操作。

思考与练习

1. 选择题

(1) Word 2013 所生成模板文件的扩展名为(　　)。

A. pptx　　B. dotx　　C. docx　　D. xlsx

(2) 在 Word 中，设定段落使用的字体、边框、制表位、语言等格式，被称为新建(　　)。

A. 模板　　B. 样式　　C. 版本　　D. 格式

(3) 在 Word 中，预先编排好一种文档中应用的固定文字、固定格式等文档框架，被称为新建(　　)。

A. 模板　　B. 样式　　C. 版本　　D. 格式

(4) 页眉、页脚的操作必须在(　　)的方式下进行。

A. 页面视图　　B. 普通视图　　C. Web 版式视图　　D. 大纲视图

(5) 如果想在 Word 文档某页没有满的情况强行分页，最好的办法是(　　)。

A. 多按几下 Enter 键，直到进入下一页　　B. 使用“插入分节符”的方法

C. 使用“插入分页符”的方法　　D. 重新进行页面设置

(6) 分节排版，就是将 Word 的文档分节，使文档在不同的节中具有不同的(　　)。

A. 页面设置　　B. 字体　　C. 视图　　D. 颜色

(7) 在 Word 页面视图下分成 3 栏的文本版式，在普通视图中见到的是(　　)栏。

A. 2　　B. 3　　C. 1　　D. 6

2. 思考题

(1) 什么是版心？举例说明如何设置版心。

(2) 什么是页眉？什么是页脚？

(3) “边框和底纹”对话框中有哪些选项卡？其中，“边框”和“页面边框”选项卡功能的相同和不同处有哪些？

(4) 什么是模板？模板有几种类型？默认的 Word 模板的名称是什么？

第 5 章　Word 图形处理

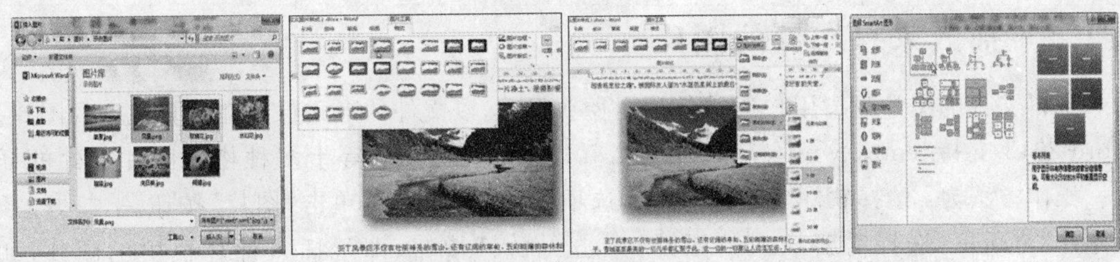

本章导读

在 Word 中不仅可以输入和编排文本，还可以插入图片和艺术字，或绘制图形和文本框等，并可以为这些对象设置样式、边框、填充和阴影等效果，从而让用户可以轻松地设计出图文并茂、美观大方的文档。

知识目标

- 掌握在文档中插入、编辑和美化图片的方法。
- 掌握在文档中绘制、编辑和美化自选图形的方法。
- 掌握在文档中插入、编辑和美化文本框及艺术字的方法。

能力目标

- 能够在 Word 文档中插入图片，并能够根据需要调整图片的大小、旋转图片、裁切图片、设置图片的环绕方式，以及为图片添加边框和设置样式等，并能制作出图文并茂的文档。
- 能够在 Word 文档中绘制图形，并能够对图形进行添加文字、调整大小和形状，以及设置样式、填充、轮廓和效果等操作。
- 能够在 Word 文档中插入艺术字并进行编辑，以美化文档的版面。
- 能够利用文本框在 Word 页面中的任意位置输入文字，并能对文本框进行编辑和美化，从而使 Word 的排版方式更加灵活。

5.1 在文档中使用图片

用户可在 Word 文档中插入符合主题需要的图片，使文档更加生动形象。在 Word 2013 中插入的图片主要有三种，分别是来自文件的图片、联机图片和屏幕截图。插入图片后，在 Word 的功能区将自动出现“图片工具格式”选项卡，利用该选项卡可以对插入的图片进行各种编辑和美化操作。下面来学习这些知识。

5.1.1 插入来自文件的图片

来自文件的图片是指用户通过各种途径获得的，以文件的形式保存在计算机中的图片。Word 2013 支持. emf、. wmf、. jpg、. jpeg、. jfif、. png 和. bmp 等十多种格式图片文件的插入。操作方法为：选择软件功能区“插入”选项卡的“插图”组，单击“图片”按钮，打开“插入图片”对话框，选择需要插入的图片，单击“插入”按钮，即可插入计算机中的图片，如图 5-1 所示。

图 5-1　插入来自文件的图片

5.1.2 插入联机图片

在 Word 2013 中，插入联机图片是指利用“必应图像搜索”功能来实现图片的插入操作。

必应图像搜索是 Word 2013 中内置的一种搜索引擎，通过它用户可以直接在 Word 中搜索 Internet 中的图片，选择需要的图片即可实现图片的插入。操作方法如下。

（1）打开“素材\chapter05 \稻城亚丁. docx”文档，将光标定位到需要插入图片的位置，如图 5-2 所示。

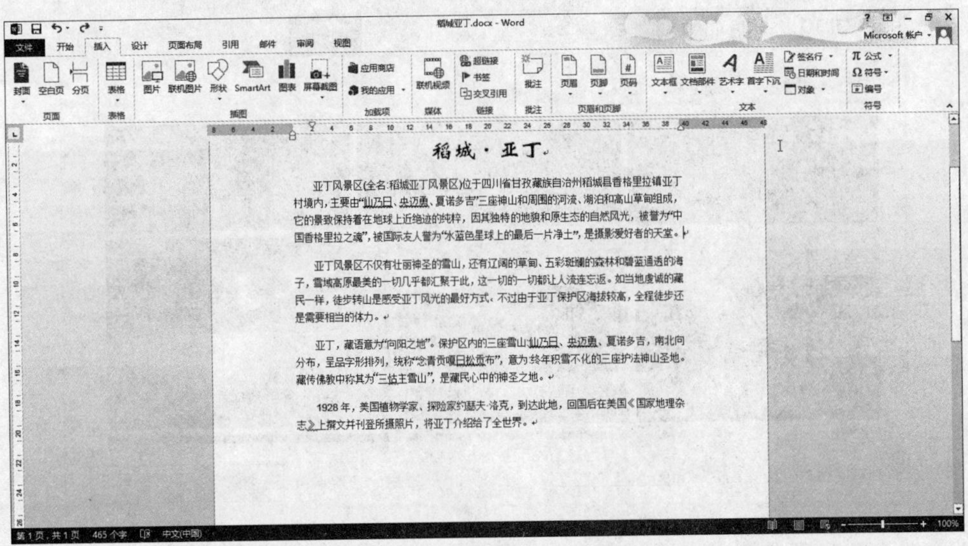

图 5-2　将光标定位到需要插入图片的位置

(2) 选择“插入”选项卡中的“插图”组，单击“联机图片”按钮，打开“插入图片”对话框，在“必应图像搜索”右侧的文本框中输入“稻城亚丁”，单击“搜索”按钮，如图 5-3 所示。

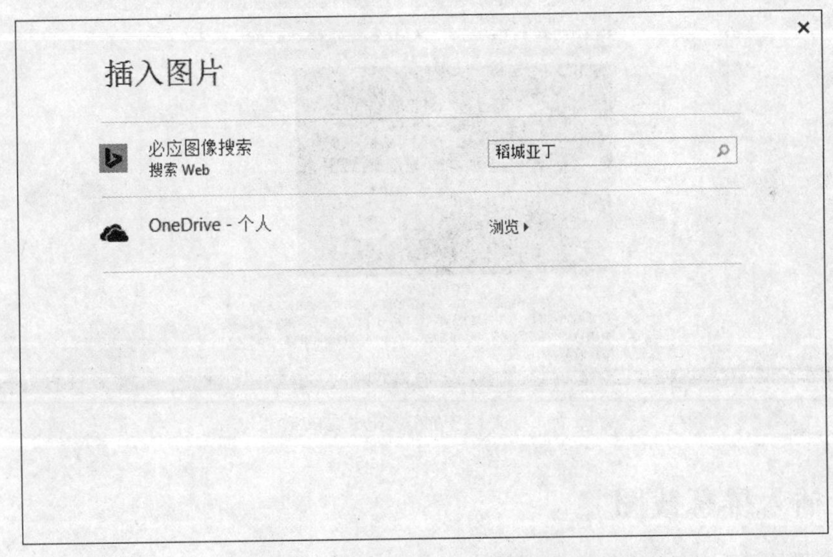

图 5-3　打开“插入图片”对话框并搜索图片

(3) Word 将自动查找图片并将结果显示在下方。选中需要的图片，然后单击“插入”按钮，如图 5-4 所示，此时在目标位置处插入了选择的图片，如图 5-5 所示。

提示：除了通过“插入”选项卡的“插图”组插入图片外，还可以直接复制需要的图片，然后在文档中目标位置处直接粘贴该图即可。

图 5-4　选择并插入图片

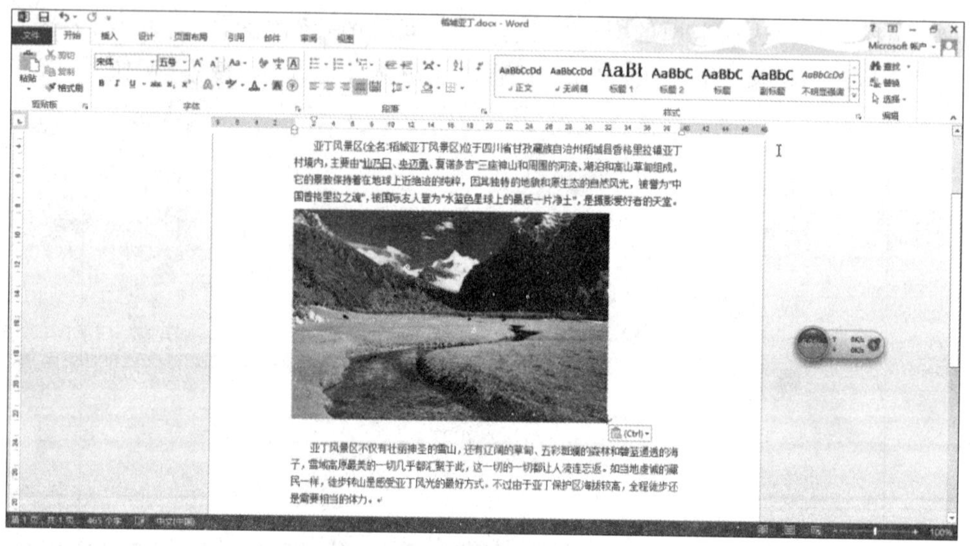

图 5-5　文档中插入图片后的效果

5.1.3　插入屏幕截图

屏幕截图是 Word 2013 非常实用的一个功能，利用它可以快速将屏幕截图插入 Word 文档中。屏幕截图包括截取窗口图片和自定义截图两种方式。

1. 截取窗口图片

将光标定位到需要插入图片的位置，选择“插入”选项卡“插图”组，单击“屏幕截图”按钮，在弹出的下拉列表中选择“可用视窗”栏中需要的窗口截图选项，程序会自动执行截取整个窗口的操作，并且截取的图像会自动插入文档中光标所在的位置处，如图 5-6 所示。

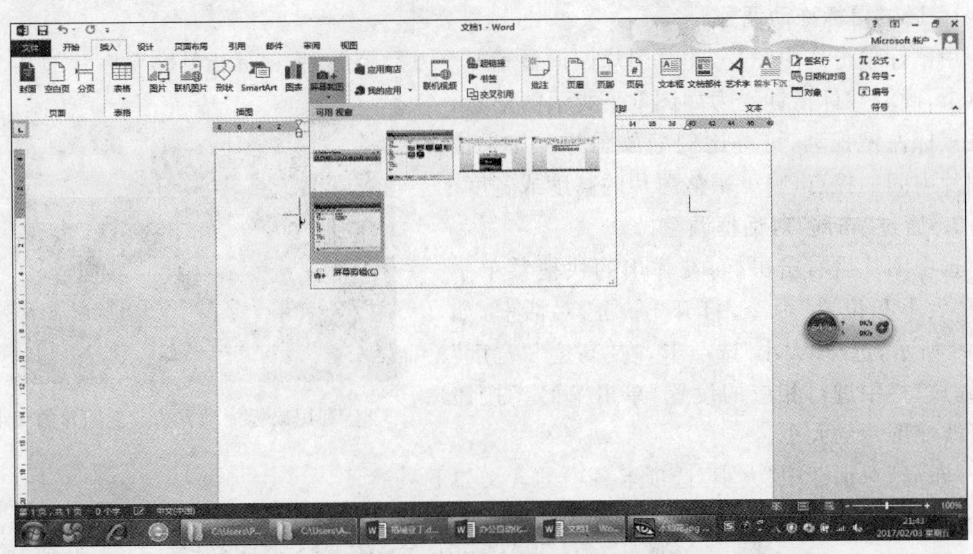

图 5-6 插入截取的窗口图片

2. 自定义截图

当从网页和其他来源复制部分内容时,可使用自定义截图来完成。将光标定位到需要插入图片的位置,选择“插入”选项卡中的“插图”组,单击“屏幕截图”按钮,在弹出的下拉列表中选择“屏幕编辑”选项,系统将自动切换窗口,并且鼠标光标变成“+”形状,按住鼠标左键并拖动来截取图片,释放鼠标后系统将自动将截取的图片插入文档的光标所在位置处,如图 5-7 所示。

图 5-7 自定义截图

5.1.4 调整图片的大小

在文档中插入图片后,可根据需要对图片的大小进行调整。主要的方法有:通过鼠标拖动调整、通过布局对话框调整和通过“图片工具 格式”选项卡“大小”组调整等。

1. 通过鼠标拖动调整

用鼠标单击选中图片，此时图片四周显示 8 个方形控点，将鼠标指针移至图片的某个角控点上，此时鼠标指针变为如图 5-8 所示的形状，按住鼠标左键拖动，可等比例缩放图片。如果拖动图片中间的控点，则可调整图片的高度或宽度。

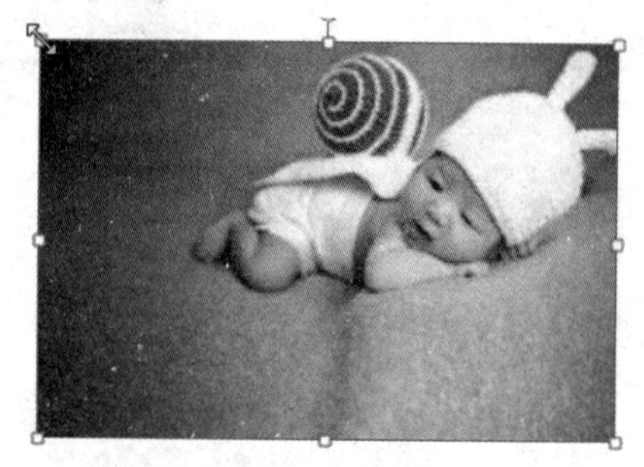

图 5-8　利用鼠标拖动方法改变图片的大小

2. 通过“布局”对话框调整

选中图片后右击鼠标，在弹出的快捷菜单中选择“大小和位置”命令，打开“布局”对话框，如图 5-9 所示，选择“大小”选项卡，在“高度”“宽度”和“缩放”栏中进行相应的设置，单击“确定”按钮即可改变图片的大小。

“布局”对话框中“大小”选项卡各项的含义如下。

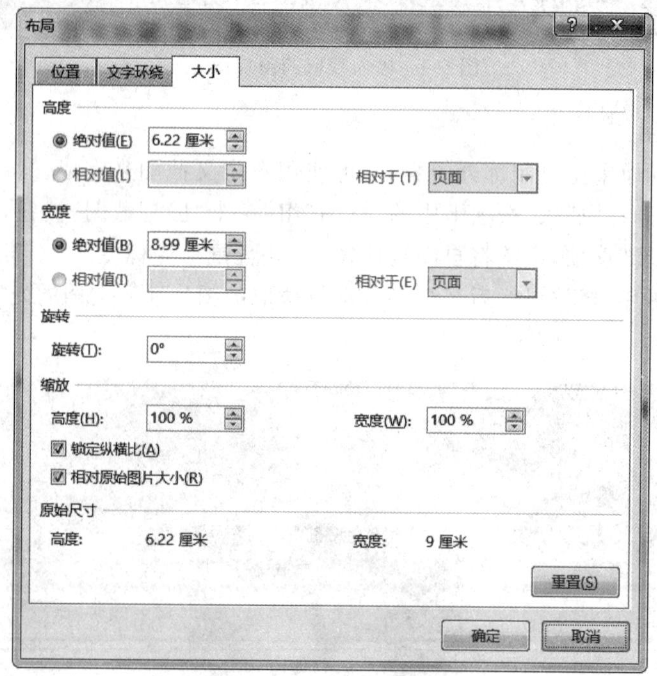

图 5-9　“布局”对话框

- “绝对值”单选按钮：选中该按钮并在其后的数值框中输入相应的值，可设置图片的高度和宽度。
- “旋转”数值框：可设置图片的旋转角度。
- “高度”数值框：可设置图片高度的缩放比例。
- “宽度”数值框：可设置图片宽度的缩放比例。
- “锁定纵横比”复选框：选中该复选框后，在对图片的高度或宽度进行单方面更改时，图片将整体进行更改，而不只是对宽度或高度进行更改。
- “相对原始图片大小”：选中该复选框后，将会按照原始图片的大小进行等比例的缩放。

- “原始尺寸”栏：在该栏中可查看到图片的原始大小。

3. 通过“图片工具 格式”选项卡的“大小”组调整

选中图片后，出现“图片工具 格式”选项卡，在“大小”组的“高度”和“宽度”数值框中输入具体的数值并对图片进行调整。

5.1.5　设置图片的环绕方式

默认情况下，图片是以嵌入方式插入文档中的，此时图片的移动范围内受到限制。若要进行自由移动或对齐图片等操作，需要将图片的文字环绕方式设置为非嵌入型。设置图片环绕方式的常用方法有以下几种。

1. 通过“位置”按钮设置

选中需要设置的图片，在“图片工具 格式”选项卡中的“排列”组中单击“位置”按钮，在展开的列表中选择“文字环绕”栏中需要的文字环绕方式，如图 5-10 所示。

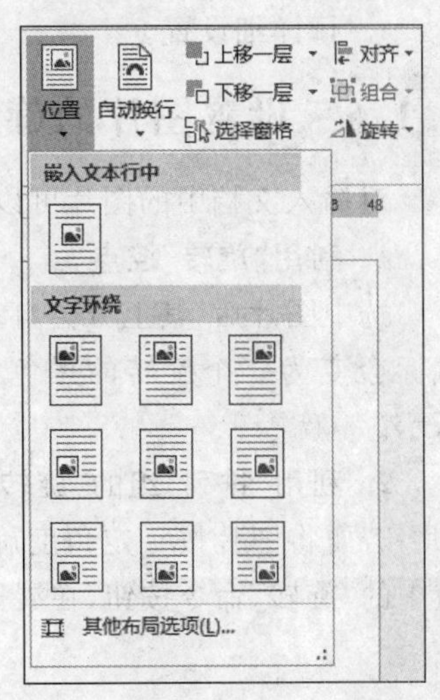

图 5-10　通过“位置”按钮设置

2. 通过“自动换行”按钮设置

选中需要设置的图片，在“图片工具 格式”选项卡中的“排列”组中单击“自动换行”按钮，在展开的列表中选择“文字环绕”栏中需要的文字环绕方式即可，如图 5-11 所示。

3. 通过“布局选项”按钮设置

选中图片后，图片的右上角会出现“布局选项”按钮，单击此按钮，在展开的表中选择“文字环绕”栏中需要的环绕方式，如图 5-12 所示。

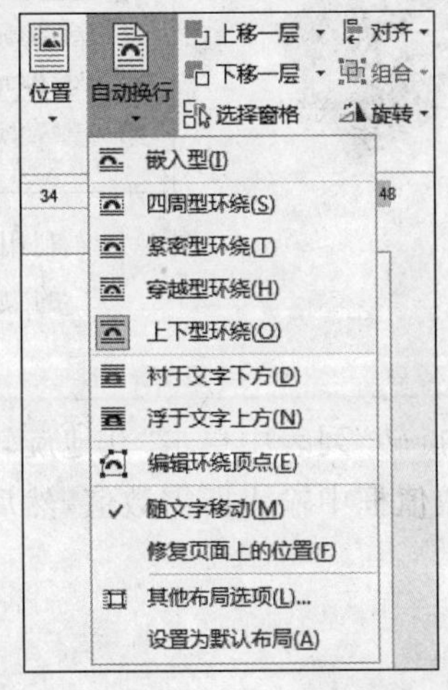

图 5-11　通过“自动换行”按钮设置

图 5-12　通过“布局选项”按钮设置

“布局选项”下拉列表各项的含义如下。

- “嵌入型”：插入的图片将嵌入文本行中。
- “文字环绕”：其中有 6 个选项，分别是“四周型环绕”“紧密型环绕”“穿越型环绕”“上下型环绕”“衬于文字下方”和“浮于文字上方”。选择需要的选项可对图片的文字环绕方式进行快速设置。

- “随文字移动”单选按钮：选中该单选按钮，添加或删除文本时，允许图片在页面上移动。
- “在页面上的位置固定”单选按钮：选中该单选按钮，添加或删除文本时，可使图片保留在页面上的相同位置。如果其定位标记移动到下一个页面，图片也会随着移动。
- “查看更多...”超链接：单击该超链接可打开“布局”对话框，在其中可对图片布局进行详细设置。

5.1.6 设置图片的旋转角度

对插入文档中的图片可以进行任意角度的旋转。常用的方法有以下几种。

1. 利用“旋转”控点

选中图片后，其上方会自动显示一个“旋转”控制柄，将鼠标指针移到“旋转”控制柄上，鼠标会变为一个旋转的黑色箭头，此时按住鼠标左键拖动即可自由旋转图片，如图 5-13 所示。

2. 利用“排列”组的“旋转”命令

若要将图片按一定角度旋转，可在选中图片后，单击“图片工具 格式”选项卡中“排列”组中的“旋转”命令按钮，在展开的列表中选择所需选项即可，如图 5-14 所示。

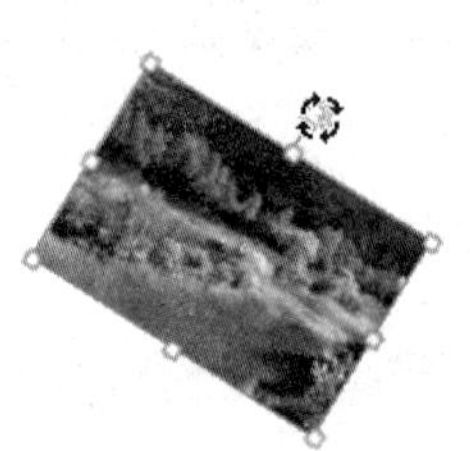

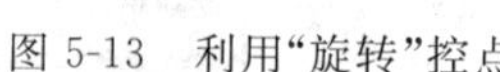

图 5-13 利用“旋转”控点

图 5-14 利用“排列”组中的“旋转”命令

3. 利用“布局”对话框

若“旋转”命令按钮列表中没有所需选项，可在“旋转”列表中单击“其他旋转选项”，在打开的“布局”对话框中选择“大小”选项卡，在“旋转”数值框中输入所需数值，然后单击“确定”按钮关闭对话框，如图 5-15 所示。

5.1.7 裁剪图片

裁剪图片是对图片的边缘进行修剪。Word 2013 中主要包括“裁剪”“裁剪为形状”和“按纵横比裁剪”的方法。

1. 裁剪

裁剪是指仅对图片的四周进行剪切，经过该方法裁剪过的图片，纵横比将会根据裁剪的范围自动进行调整。先选中要裁剪的图片，然后单击“图片工具 格式”选项卡中“大小”组的

“裁剪”命令按钮，或单击“裁剪”命令按钮下方的黑色三角并在展开的列表中选择“裁剪”项，此时图片的四周会出现黑色的控点，用鼠标拖动控点调整要裁剪的部分，至合适的位置释放鼠标即可，再在文档中的任意部分单击，即可完成裁剪图片的操作，如图 5-16 所示。

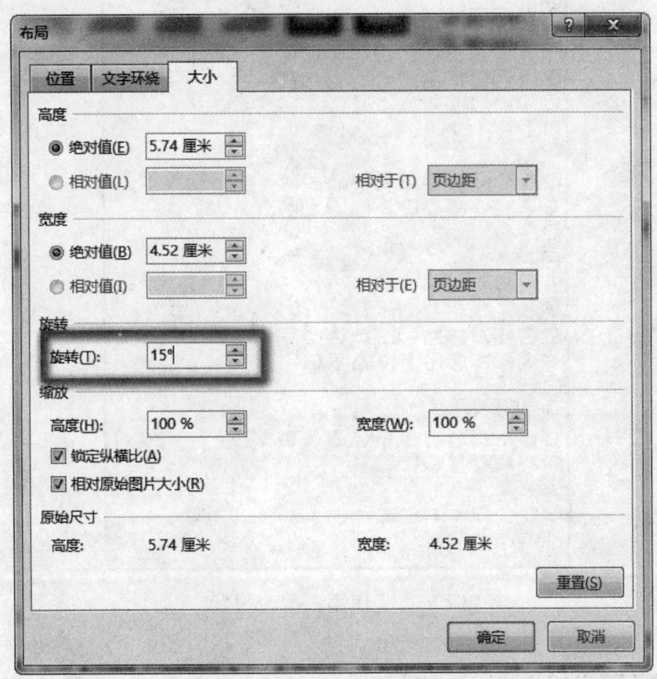

图 5-15　利用“布局”对话框

图 5-16　使用裁剪方法裁剪图片

提示：如果拖动 4 个角的控点，还可以等比例裁剪图片。

2. 裁剪为形状

对于插入文档的图片，还可以被裁剪成其他形状。先选中要裁剪的图片，然后单击“图片工具 格式”选项卡中“大小”组的“裁剪”命令按钮下方的黑色三角，在展开的列表中选择“裁剪为形状”项，再在展开的列表中选择需要裁剪的形状即可，如图 5-17 所示。图 5-18 为裁剪为云形的效果。

3. 按纵横比裁剪

对于插入文档的图片，还可以按特定的比例进行裁剪。先选中要裁剪的图片，然后单击“图片工具 格式”选项卡中“大小”组的“裁剪”命令按钮下方的黑色三角，在展开的列表中选择“纵横比”项，再在展开的列表中选择需要裁剪的比例，然后在文档中的任意部分单击，即

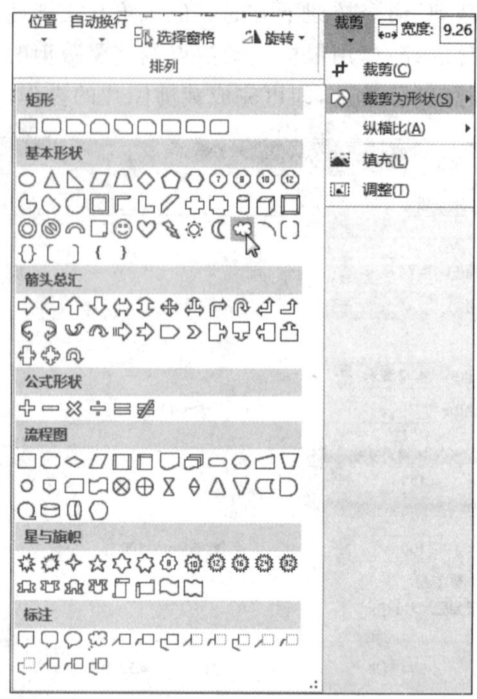

图 5-17　使用裁剪为形状

图 5-18　裁剪为云形效果

可完成按纵横比裁剪图片的操作，如图 5-19 所示。图 5-20 为按纵横比裁剪的效果。

5.1.8　美化图片

在 Word 中除了可以对图片进行各种编辑操作外，还可在选中图片后，利用“图片工具 格式”选项卡中的“图片样式”组快速为图片设置系统提供的漂亮样式，或为图片添加边框、设置特殊效果等，并可利用“调整”组调整图片的亮度、对比度和颜色等，如图 5-21 所示。

1. 删除图片的背景

对于插入文档中的图片，有时需要将其背景去除。方法如下。

选中图片，单击“图片工具 格式”选项卡中“调整”组中的“删除背景”按钮后，会出现“背景消除”选项卡，用鼠标拖动选中区域的白色的控点，调整删除的背景范围至合适位置，单后单击“消除背景”选项卡中“关闭”组中的“保留更改”按钮，即可完成删除图片背景的操作，如图 5-22 所示。

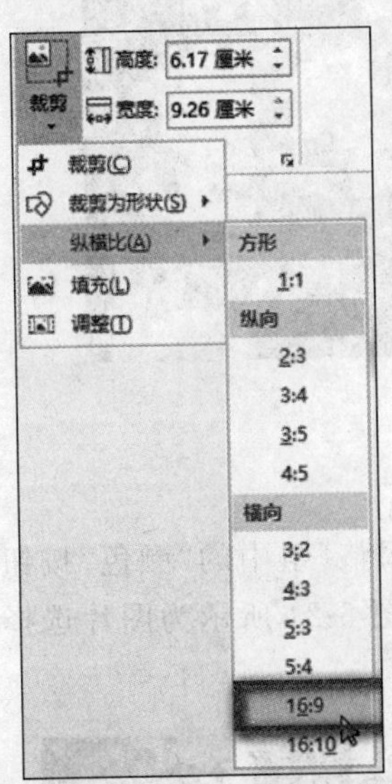

图 5-19　使用纵横比剪切

图 5-20　按纵横比裁剪的效果

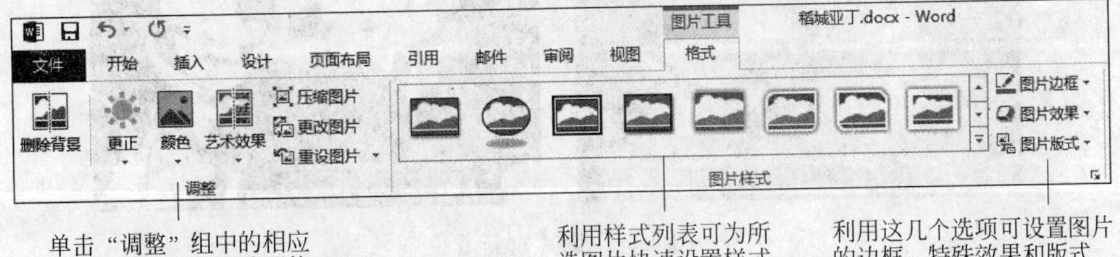

图 5-21　美化图片的选项

图 5-22　删除图片背景

2. 图片更正

通过更正功能可以改变图片的亮度、对比度和清晰度，使图片适应不同的文档内容。选中需更正的图片，单击“图片工具 格式”选项卡中“调整”组中的“更正”按钮，在展开的列表中选择需要的设置(如，锐化为 50%，亮度为 40%，对比度为 20%)即可，如图 5-23 所示。

图 5-23　更正图片

3．设置图片的颜色

选中需要设置的图片，单击“图片工具 格式”选项卡“调整”组中的“颜色”按钮，在展开的列表中可选择图片的颜色饱和度、色调和重新着色。如图 5-24 所示为图片选择“重新着色：黑白 50％”前后的对比。

图 5-24　图片重新着色

4．设置图片的艺术效果

选中需要设置的图片，单击“图片工具 格式”选项卡中“调整”组中的“艺术效果”按钮，在展开的列表中可选择需要的图片艺术效果。图 5-25 所示为设置了“铅笔素描”效果前后的对比。

图 5-25　设置图片的艺术效果

5．设置图片的样式

图片的样式是指图片的形状、边框、阴影、柔化边缘等效果。设置图片的样式时，可以直接应用程序中预设的图片样式，也可以自定义设置。

(1) 应用预设样式

选中需要设置的图片，单击“图片工具 格式”选项卡中“图片样式”组中的“快速样式”右侧的“其他”按钮，在展开的列表中直接选择需要的图片样式即可，如图 5-26 所示。

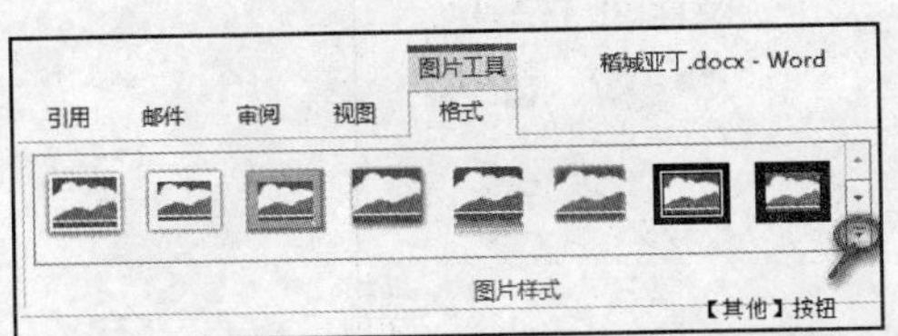

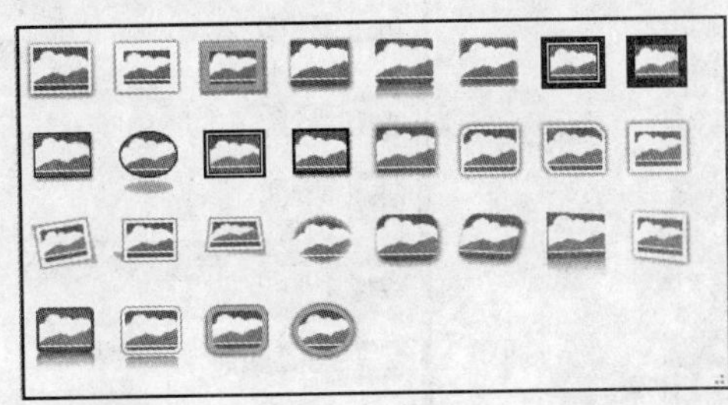

图 5-26　应用预设样式

(2) 自定义设置图片

当预设的图片样式不能满足需要时，可以通过“图片样式”组中的“图片边框”和“图片效果”命令，对图片的样式进行自定义设置。操作方法如下。

① 打开“素材\chapter05 \稻城亚丁(自定义图片样式). docx”文档，选中需要设置的图片，单击“图片工具 格式”选项卡中“图片样式”组中的“快速样式”右侧的“其他”按钮，在展开的列表中选择“矩形投影”选项，如图 5-27 所示。

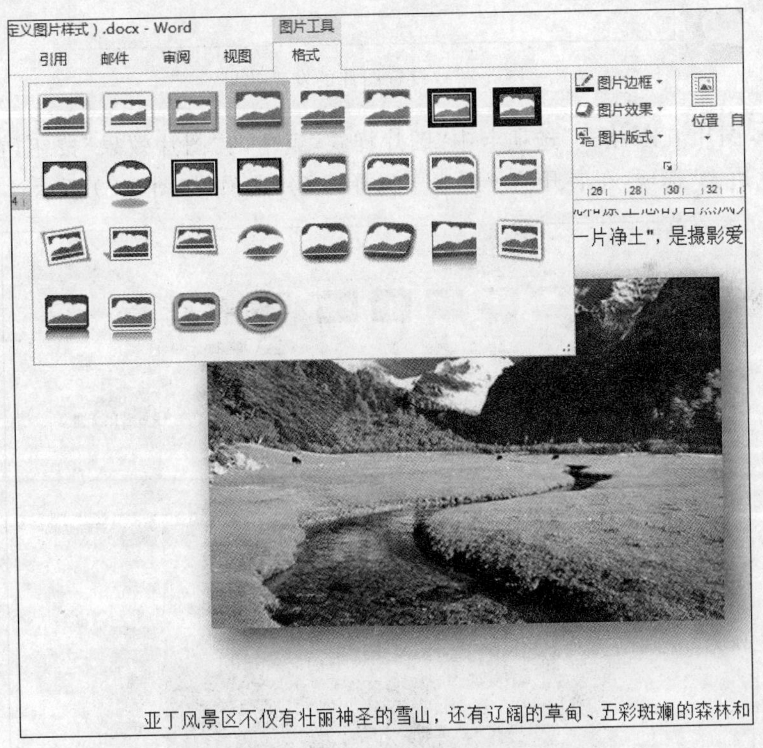

图 5-27　为图片设置快速样式

② 单击“图片工具 格式”选项卡中“图片样式”组中的“图片效果”按钮，在展开的列表中选择“发光”选项，在展开的子列表中选择“发光变体”栏中的“绿色，18pt 发光，着色 6”选

项，如图 5-28 所示。

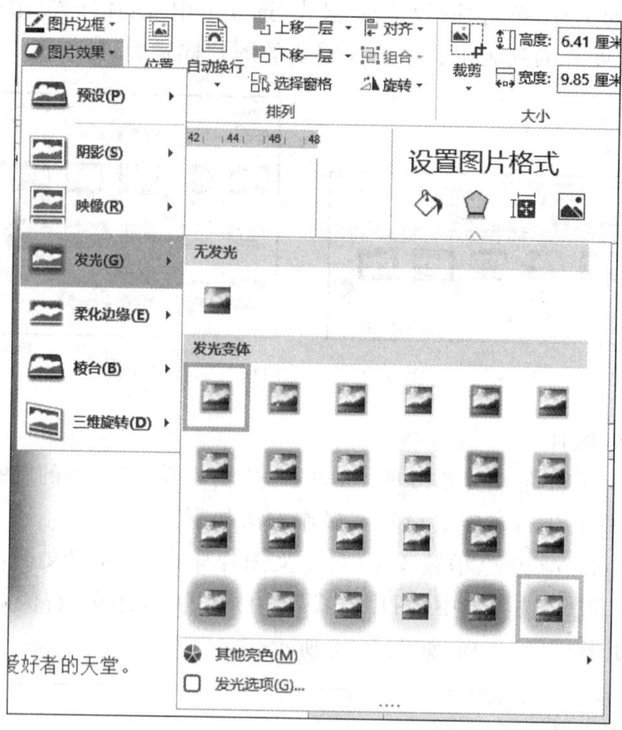

图 5-28　设置图片的发光效果

③ 单击“图片工具 格式”选项卡中“图片样式”组中的“图片效果”按钮，在展开的列表中选择“柔化边缘”选项，在展开的子列表中选择“5 磅”选项，如图 5-29 所示。

图 5-29　设置图片的柔滑边缘效果

④ 单击“图片工具 格式”选项卡中“图片样式”组中的“图片效果”按钮，在展开的列表中选择“三维旋转”选项，在展开的子列表中选择“右透视”选项，如图 5-30 所示。图片设置的最终效果如图 5-31 所示。

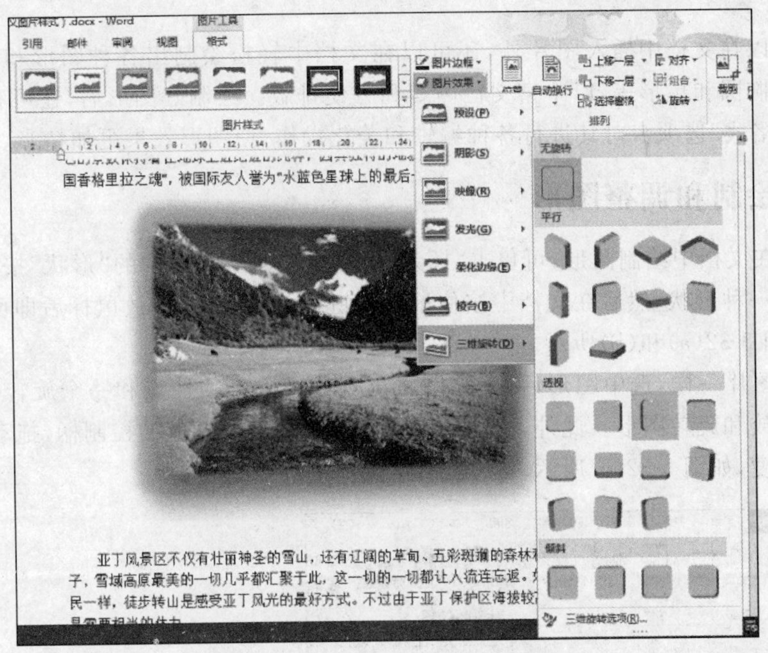

图 5-30　设置图片三维旋转的效果

图 5-31　最终效果

提示：对图片进行大小、旋转、裁剪、亮度、对比度、样式、边框和特殊效果等设置后，若觉得效果不理想，可选中图片，然后单击“图片工具 格式”选项卡中“调整”组中的“重设图片”按钮，将图片还原为初始状态。

5.2 在文档中使用图形

除了可以在文档中插入图片外，还可以在文档中轻松绘制出各种图形和文本框，如线条、正方形、椭圆和星形等，以丰富文档内容和方便排版。绘制好图形后，还可利用被激活的“绘图工具 格式”选项卡对其进行各种编辑和美化操作，使图形效果更加精彩。

5.2.1 绘制和调整图形

(1) 要在文档中绘制图形，可单击“插入”选项卡中“插图”组中的“形状”按钮，在展开的列表中选择一种形状，然后在文档中按住鼠标左键不放并拖动，释放鼠标后即可绘制出相应的图形，如图 5-32(a)和(b)所示。

(2) 与图片一样，选中图形后，其周围将出现 8 个方形的控点和一个旋转控制柄，利用它们可以缩放和旋转图形。此外，有的图形中还将出现一个黄色的控制柄，拖动它可调整图形的变换程度，如图 5-32(c)所示。

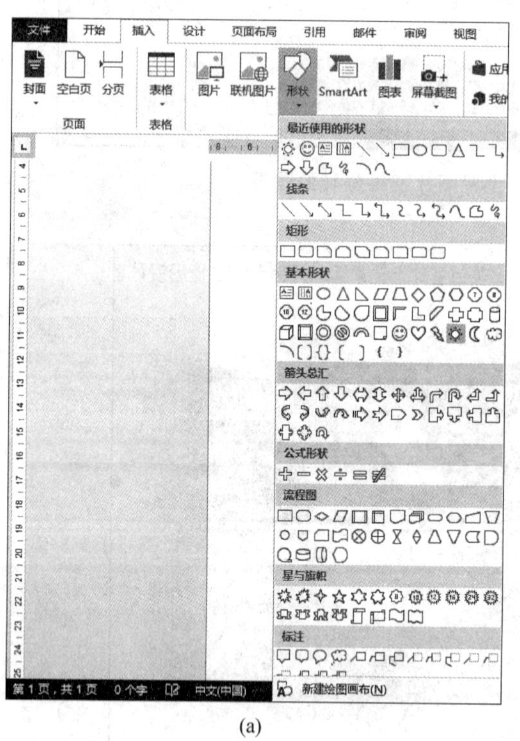

(a)

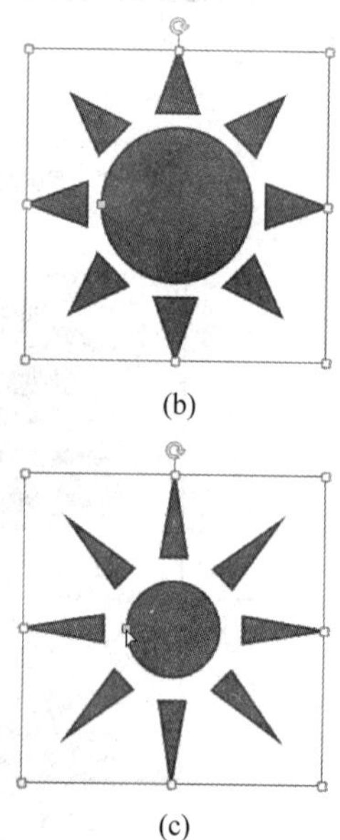

(b)

(c)

图 5-32 绘制图形

提示：绘制图形时，按住 Shift 键拖动鼠标可绘制规则图形。例如，绘制直线时，按住 Shift 键拖动鼠标，可限制此直线与水平线的夹角为 45°的倍数；绘制矩形时，按住 Shift 键拖动鼠标可绘制正方形；绘制椭圆时，按住 Shift 键拖动鼠标可绘制圆形。

在“形状”列表中选择某些形状后，直接在文档编辑区中单击，可创建宽、高值均为 2.54

厘米的相应图形。

5.2.2 设置图形样式

Word 2013 提供了多种可直接应用于图形的样式以美化图形。选中需要设置的图形，打开“绘图工具 格式”选项卡，然后单击“形状样式”组中“样式”列表框右下角“其他”按钮，在展开的图片样式列表中选择所需要的样式即可，如图 5-33 所示。

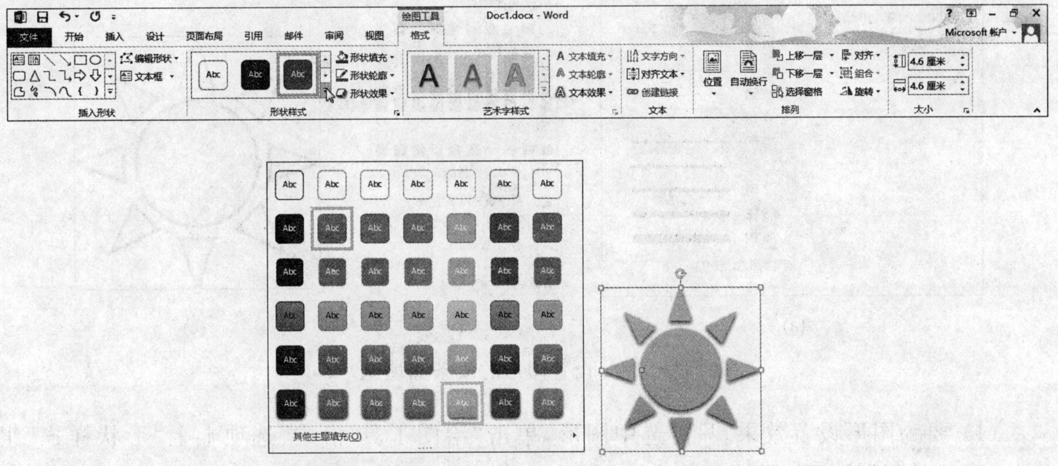

图 5-33 图形应用样式

5.2.3 设置图形的轮廓和填充

除了应用系统内置的样式快速美化图形外，还可自行设置图形的轮廓、填充，以及效果等。这里先学习设置图形轮廓和填充的方法。

(1) 继续操作前面绘制的太阳图形。按 Ctrl＋Z 组合键取消为该图形应用的样式。

(2) 选中图形，单击“绘图工具 格式”选项卡中“形状样式”组中的“形状轮廓”按钮右侧的三角按钮，在展开的列表中选择“粗细”子列表中的选项，可设置自选图形的轮廓线粗细，如图 5-34(a)所示。

(3) 再次单击“形状轮廓”按钮右侧的三角按钮，从展开的列表中选择轮廓线的颜色，如红色。

(4) 单击“形状填充”按钮右侧的三角按钮，在展开的列表中可选择图形的填充颜色，如图 5-34(b)所示，此时的图形效果如图 5-34(c)所示。

提示：若在“形状轮廓”列表中选择“虚线”，可为轮廓线设置虚线样式；选择“无轮廓”，可取消图形轮廓线。此外，在“形状填充”列表中选择“图片”“渐变”和“纹理”等选项，可为图片设置更漂亮的填充效果。

5.2.4 为图形添加效果

利用“绘图工具 格式”选项卡上“形状样式”组中的“形状效果”按钮，可为图形添加阴影、映像、发光、柔化边缘等效果，具体操作步骤如下。

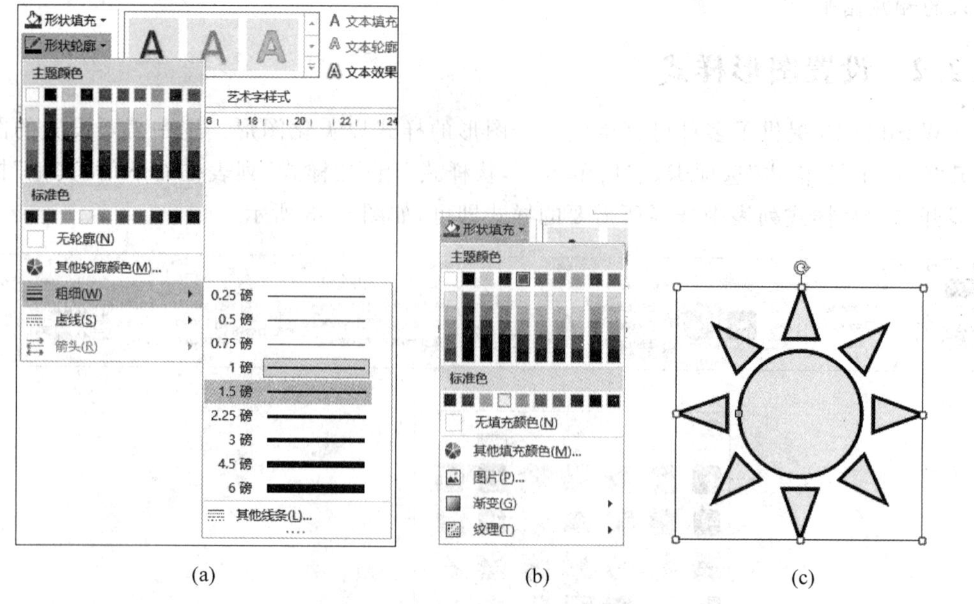

(a) (b) (c)

图 5-34 设置图形的线条和填充

(1) 要为图形设置效果，只需选中图形，单击“绘图工具 格式”选项卡上“形状样式”组中的“形状效果”按钮右侧的三角按钮，在展开的列表中选择一种效果样式，如“阴影”→“左下斜偏移”，如图 5-35 所示。

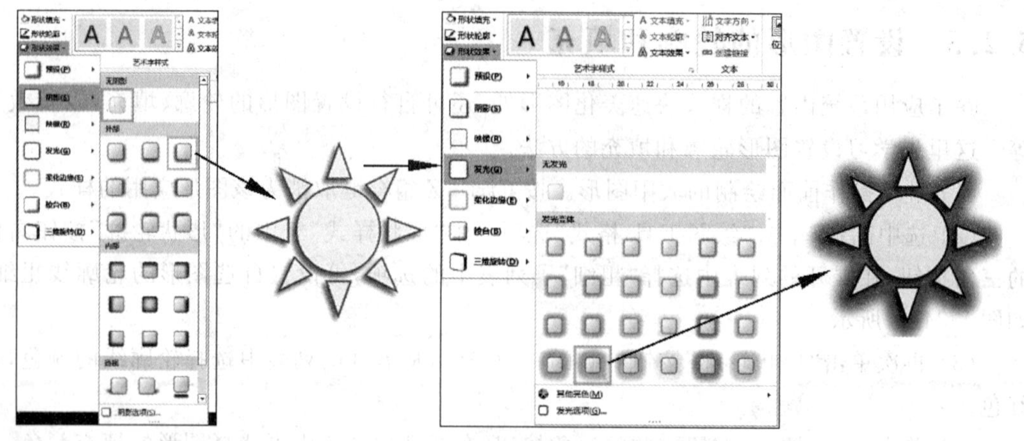

图 5-35 为图形设置阴影和发光效果

(2) 若要为图形设置其他效果，只需再次单击“形状效果”按钮右侧的三角按钮，在展开的列表中选择一种效果样式，如“发光”→“紫色，18pt 发光，强调文字颜色 4”项，如图 5-35 所示。

5.2.5 排列和组合图形

默认情况下，Word 会根据插入的对象（非嵌入型的图片、自选图形、文本框和艺术字等）的先后顺序确定对象的叠放层次，即先插入的对象在最下面，最后插入的图形在最上面，这样处在上层的图形将遮盖下面的图形。

要改变对象的叠放次序，可选中要改变叠放次序的图形，如图 5-36(a)所示，单击“绘图工具 格式”选项卡上“排列”组中的“上移一层”或“下移一层”按钮，或单击其右侧的三角按钮，在展开的列表中选择所需选项，如图 5-36(b)所示。例如，选择“置于顶层”项，效果如图 5-36(c)所示。

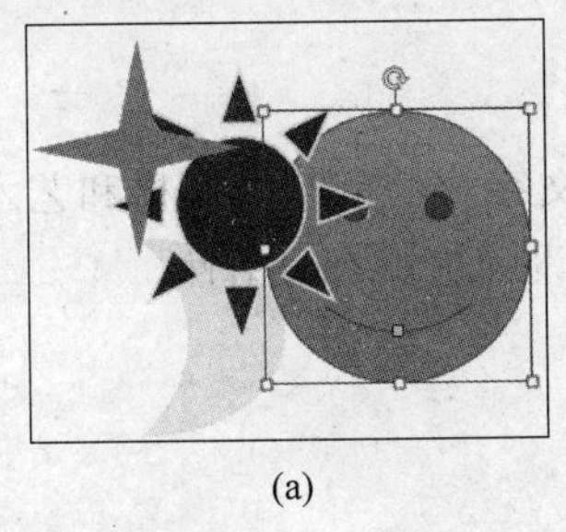
(a)

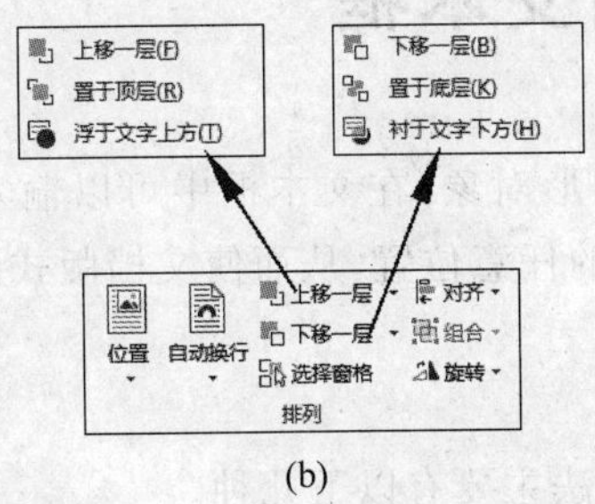

(b)

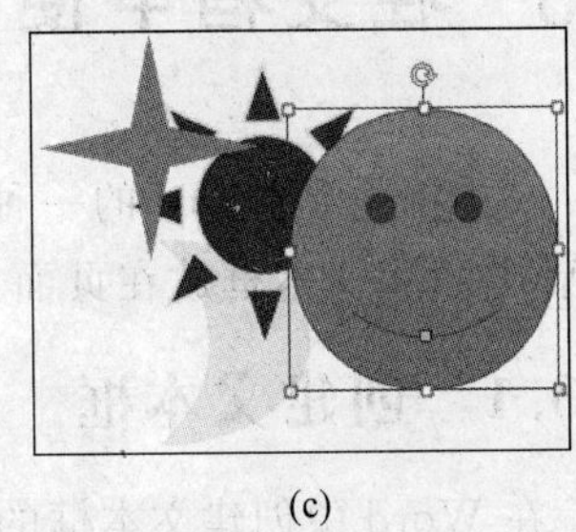
(c)

图 5-36　设置图形的叠放次序

当在文档中的某个页面上绘制了多个图形时，为了统一调整其位置、尺寸、线条和填充效果，可将它们组合为一个图形单元。操作步骤如下。

(1) 单击选中第一个图形，然后按下 Shift 键单击其他要参与组合的图形，如图 5-37(a)所示。

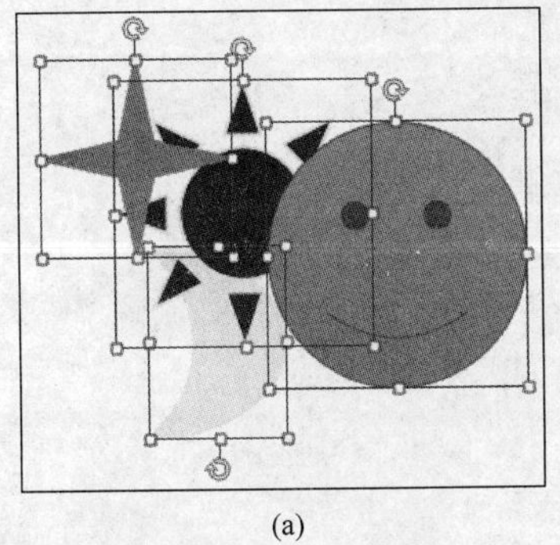
(a)

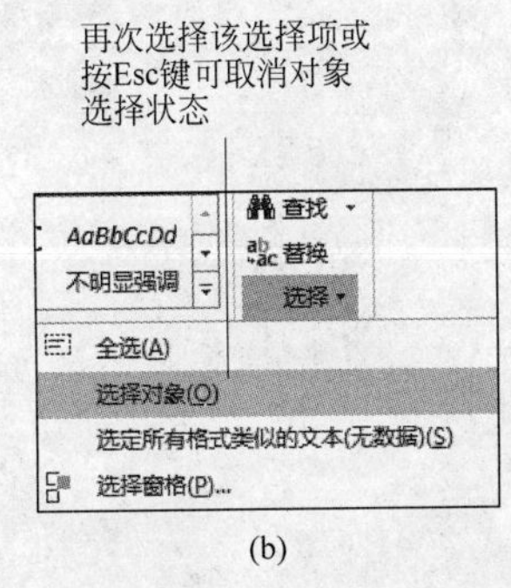

(b)

(c)

图 5-37　选中要组合的图形

提示：也可单击“开始”选项卡上“编辑”组中的“选择”按钮，在展开的列表中选择“选择对象”项(见图 5-37(b))，然后将鼠标指针移到要选定图形区域的一角，单击并沿对角线方向拖动鼠标，当把所有需要选择的图形全部框住后(见图 5-37(c))，释放鼠标即可选中框内图形。

(2) 单击“绘图工具 格式”选项卡上“排列”组中的“组合”按钮，在展开的列表中选择“组合”，如图 5-38 所示，即可将所选图形组合为一个图形单元。

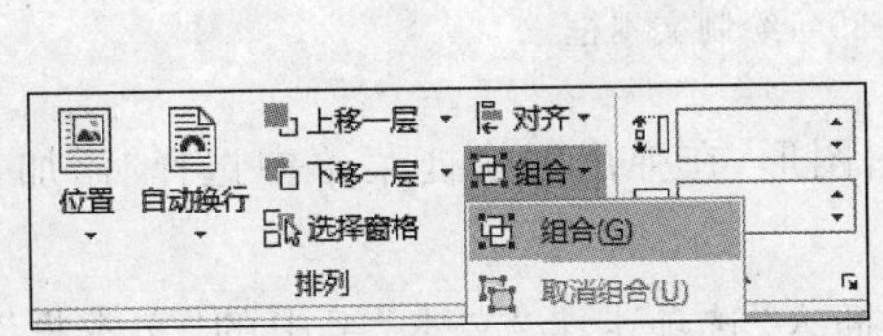

图 5-38　组合图形

提示：也可右击选中的图形，在弹出的快捷菜单中选择“组合”→“组合”项来组合图形。要取消组合，可右击组合图形，在弹出的快捷菜单中选择“组合”→“取消组合”项。

5.3 在文档中使用文本框

文本框也是 Word 的一种图形对象，在文本框中可以输入文字，放置图片、表格和艺术字等，并可将文本框放在页面上的任意位置，从而使文档版式的设计更具有灵活性。

5.3.1 创建文本框

在 Word 中创建文本框的方法主要有以下几种。

(1) 绘制文本框：单击“插入”选项卡上“插图”组中的“形状”按钮，在展开的列表中选择“基本形状”组中的“横排文本框”和“垂直文本框”形状，然后在文档中拖动鼠标，可绘制横排文本框和直排文本框。此外，利用“形状”列表“标注”组中的形状可绘制相应形状的文本框。绘制好文本框后，其内部有一个闪烁的光标，此时即可在其中输入文字，并设置文字的格式，如图 5-39 所示。

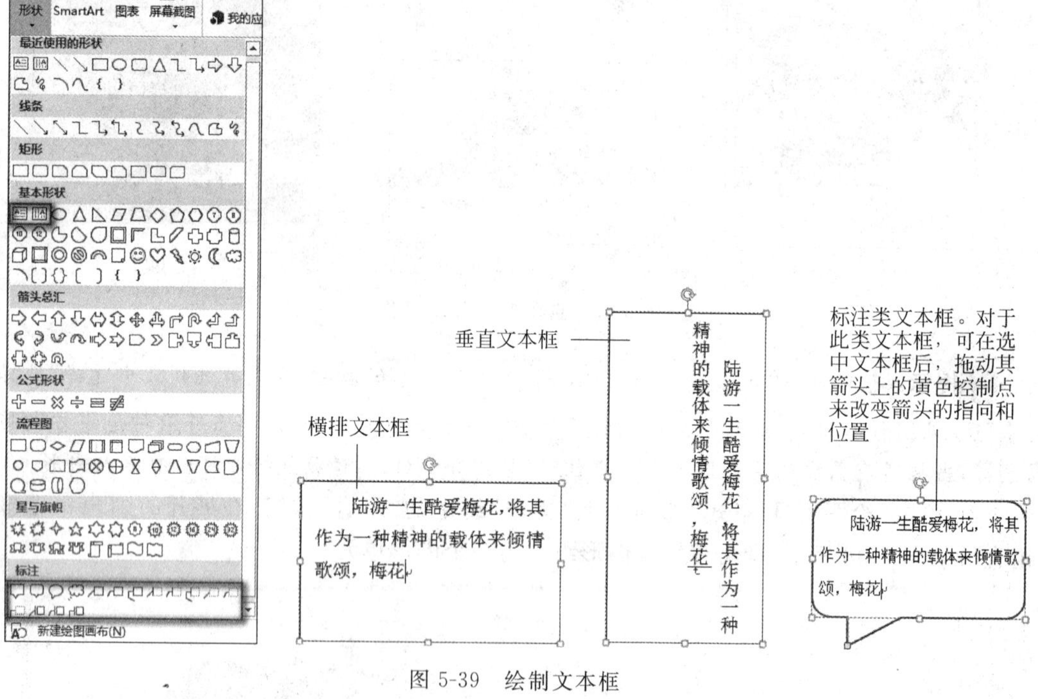

图 5-39　绘制文本框

(2) 将普通图形转换为文本框：右击图形，在弹出的快捷菜单中选择“添加文字”命令，可将图形转换为文本框，如图 5-40 所示。

(3) 插入系统内置的文本框：单击“插入”选项卡上“文本”组中的“文本框”按钮，在展开的列表中选择“内置”设置区的某种文本框样式，如“简单文本框”，即可在文档中插入所选文本框，此时只需修改文本框中的文字就可以了，如图 5-41 所示。

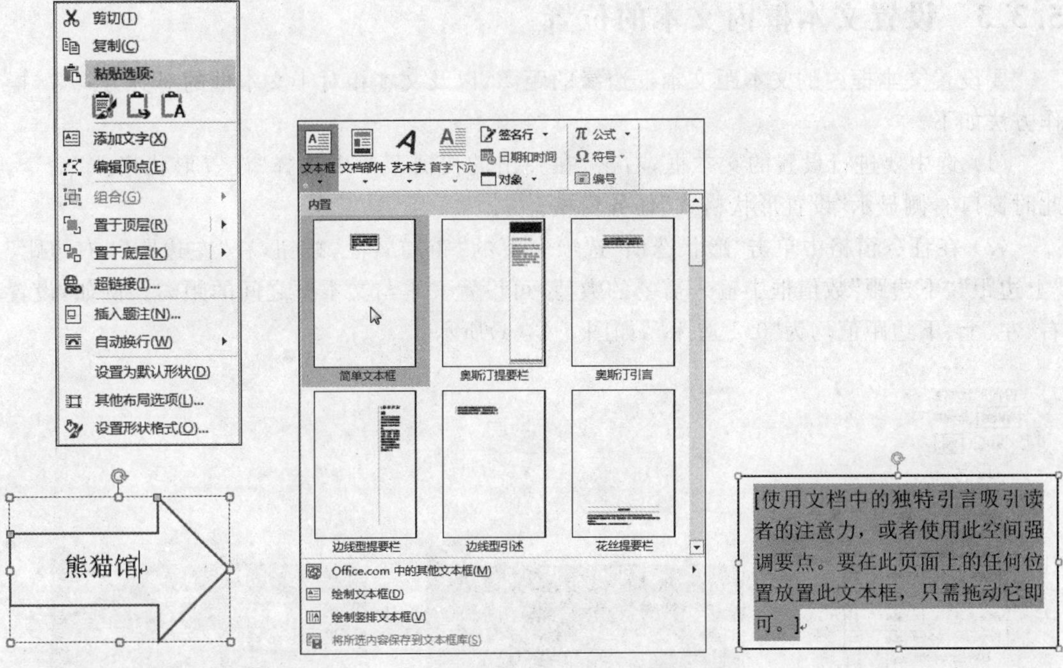

图 5-40　转换文本框　　　　图 5-41　插入系统内置的文本框

5.3.2　美化文本框

利用“绘图工具 格式”选项卡可以对文本框的样式、边框、填充、效果、排列、大小和文本框内的文字方向等进行设置，设置方法与普通自选图形相同。如图 5-42 所示，是将文本框形状改为“横卷型”，并为其应用“彩色轮廓-橙色，强调颜色 2”样式后的效果。

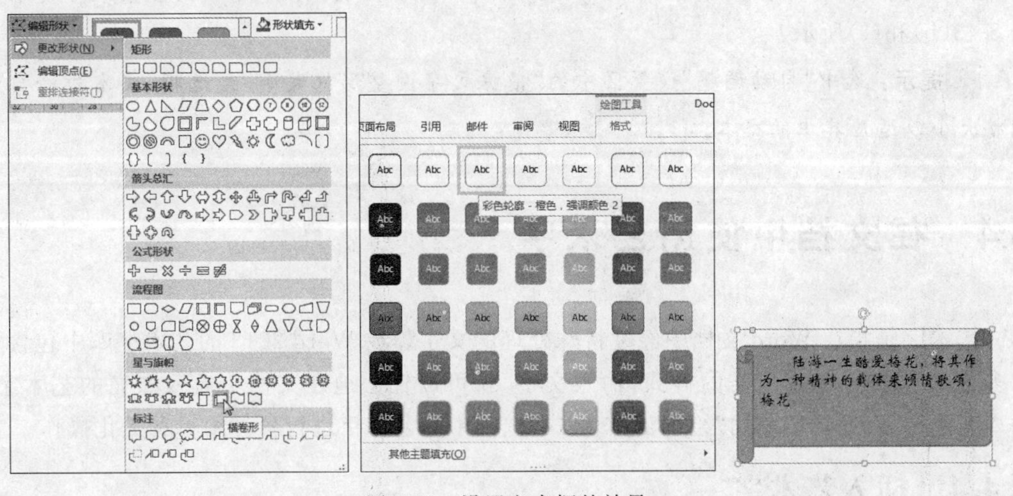

图 5-42　设置文本框的效果

提示：要选择文本框，可单击文本框的边缘。要编辑文本框中的文字，可在文本框中单击，将插入符置于文本框中。

5.3.3 设置文本框内文本的位置

要设置文本框内的文本距文本框边缘的距离，以及文本相对于文本框的对齐方式等，操作方法如下。

(1) 选中要进行设置的文本框，右击，在弹出的快捷菜单中选择“设置形状格式”命令，此时窗口右侧显示“设置形状格式”任务窗格。

(2) 在任务窗格中单击“形状选项”选项卡下的“布局属性”按钮，在“左边距”“右边距”“上边距”“下边距”数值框中输入需要的数值，可设置文本与文本框之间的距离。例如，设置右、左、上、下边距值均为“0.1 厘米”，如图 5-43(a)所示。

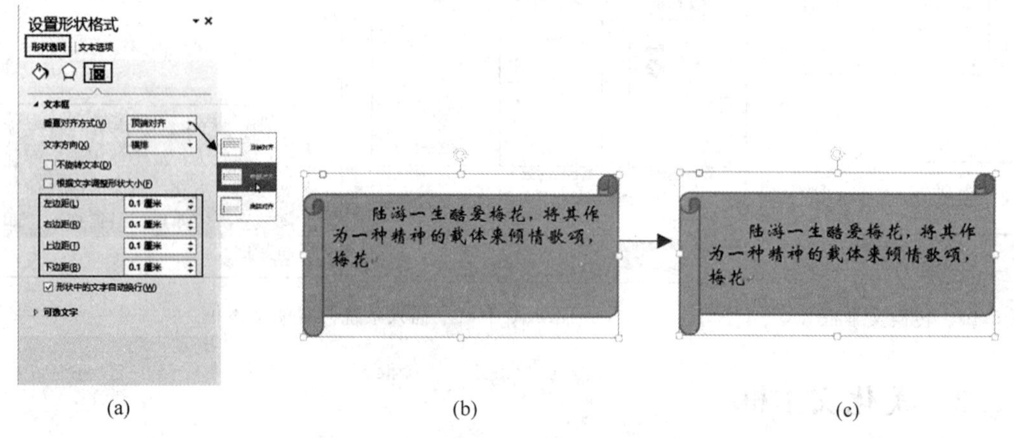

图 5-43 设置文本框内文本的位置和对齐

(3) 在“垂直对齐方式”选择框中可设置文本相对于文本框的对齐方式，如选择“中部对齐”选项，将文本对齐在文本框的中部，如图 5-43(a)所示。设置前和设置后的效果如图 5-43(b)和(c)所示。

提示： 选中“自动调整”设置区中的“根据文字调整形状大小”复选框，文本框将自动调整大小以适应其中的文本。

5.4 在文档中使用艺术字

艺术字是指在 Word 文档中经过特殊处理的文字。在 Word 2013 的艺术字库中包含了许多艺术字样式，选择所需的样式，输入文字，就可以轻松地在文档中插入漂亮的艺术字。插入艺术字后，还可以利用“绘图工具 格式”选项卡对艺术字进行各种编辑和美化操作。

5.4.1 插入艺术字

文档中插入艺术字的操作方法如下。

(1) 确定插入符，然后单击“插入”选项卡上“文本”组中的“艺术字”按钮，打开“艺术字样式”列表，选择一种艺术字样式，如“渐变填充-蓝色，着色1，反射”，如图5-44(a)所示。

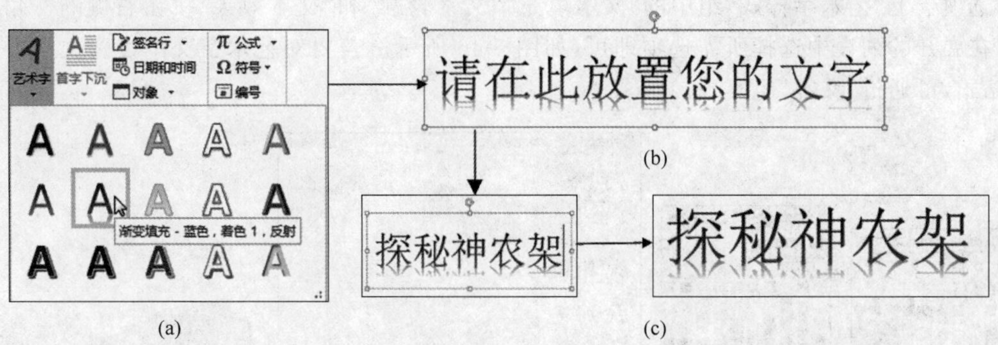

(a) (b) (c)

图5-44 选择艺术字样式后输入艺术字文字

(2) 此时在文档的插入符位置出现一个艺术字文本框占位符“请在此放置您的文字”，如图5-44(b)所示，直接输入艺术字文字，如“探秘神农架”，即可插入艺术字，效果如图5-44(c)所示。

5.4.2 编辑和美化艺术字

编辑和美化艺术字的方法与编辑和美化图片或图形相似，可以通过“绘图工具 格式”选项卡中的各个组来实现。操作步骤如下。

(1) 选中艺术字，然后单击“绘图工具 格式”选项卡上“插入形状”组中的“编辑顶点”按钮，在展开的列表中选择“更改形状”项，然后在子列表中选择某种形状，如“波形”，如图5-45(a)所示，可更改艺术字文本框的形状。

(2) 单击“形状样式”组中的“其他”按钮，在展开的列表中选择一种样式，如“强烈效果-绿色，强调颜色6”，如图5-45(b)所示，可对艺术字文本框的填充颜色进行设置，效果如图5-45(c)所示。

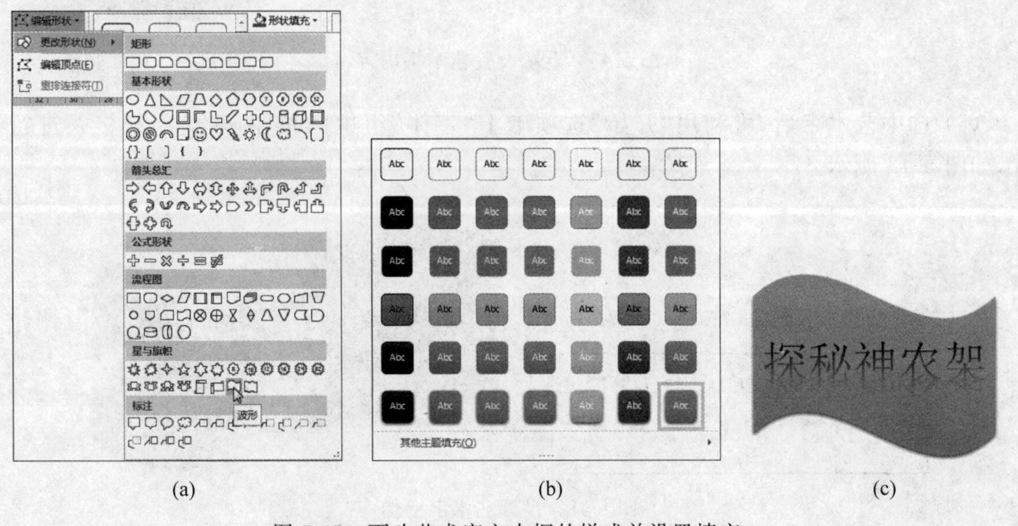

(a) (b) (c)

图5-45 更改艺术字文本框的样式并设置填充

(3) 若要对艺术字文本设置填充、轮廓和文本效果等格式,可分别单击“绘图工具 格式”选项卡上“艺术字样式”组中的“文本填充”“文本轮廓”和“文本效果”按钮右侧的三角按钮,在展开的列表中选择所需选项即可,如图 5-46 所示。若要对艺术字文本设置文字方向等格式,可通过“文本”组实现。

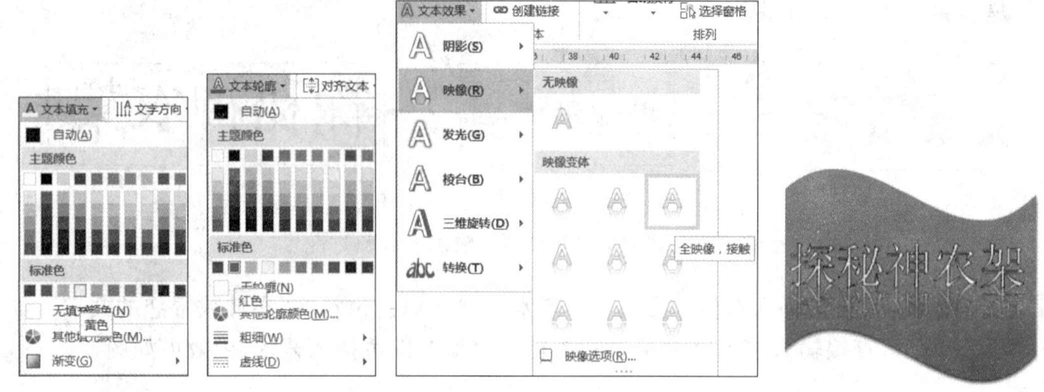

图 5-46　设置艺术字文本的填充、轮廓和文本效果格式

(4) 若希望重新设置艺术字内容,可在选中艺术字后进入编辑状态,确定插入符后直接修改艺术字内容,如图 5-47 所示。

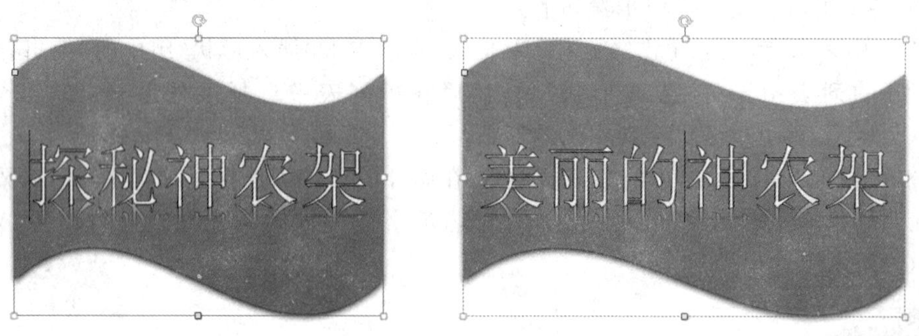

图 5-47　重新设置艺术字内容

(5) 选中艺术字后,可利用“开始”选项卡上“字体”组中的按钮,对其字符格式进行设置,如图 5-48 所示。

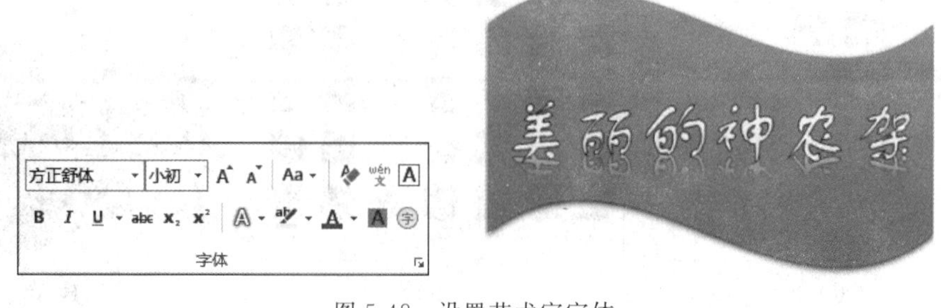

图 5-48　设置艺术字字体

5.5　在文档中使用 SmartArt 图形

通过插入形状来表现文本之间的关系比较麻烦，为了简化操作，Word 2013 中还提供了多种 SmartArt 图形，可表示流程、层次结构、循环和列表等关系。

5.5.1　插入 SmartArt 图形

制作公司组织结构图、产品流程图、采购流程图等图形时，使用 SmartArt 图形能将各层次结构之间的关系清晰明了地表述出来。在文档中插入 SmartArt 图形的方法如下。

(1) 确定插入符位置，然后单击“插入”选项卡上“插图”组中的 SmartArt 按钮，打开“选择 SmartArt 图形”对话框，在对话框左侧的选项卡中，按一定的结构规则分别列出了各种类型的 SmartArt 图形，如图 5-49 所示。

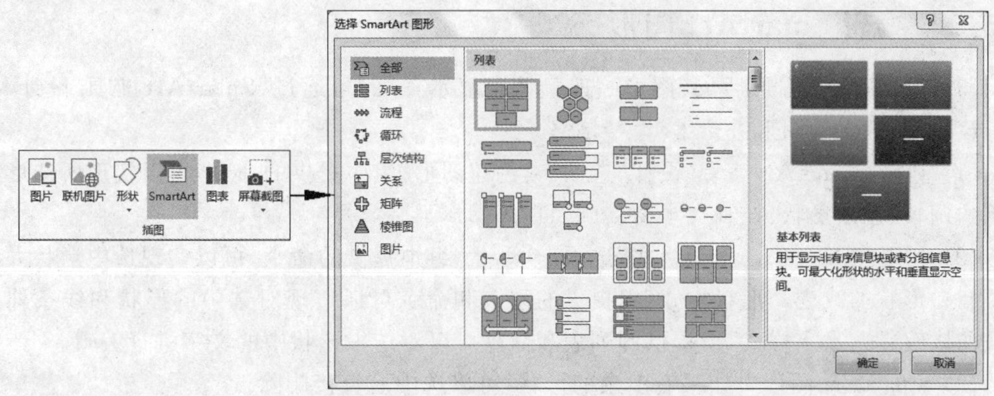

图 5-49　“选择 SmartArt 图形”对话框

(2) 选择需要的图形类型，如“层次结构”，然后在对话框中间的列表中选择需要的 SmartArt 图形，如“组织结构图”，如图 5-50 所示。

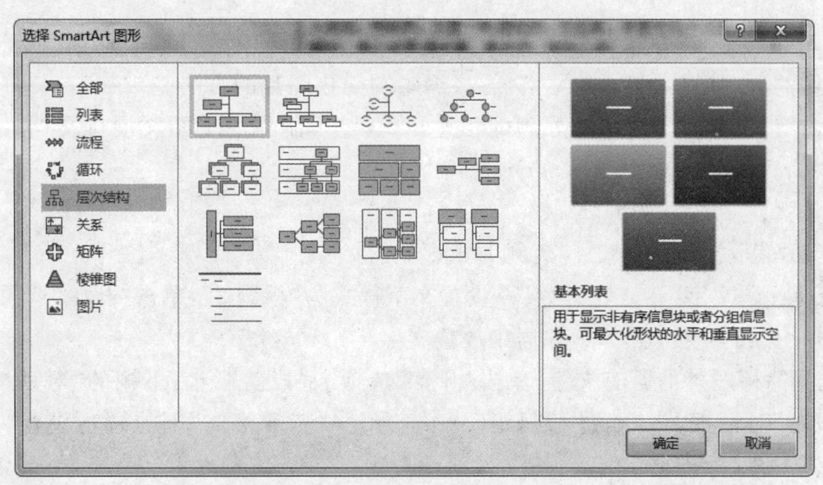

图 5-50　插入 SmartArt 图形

(3) 单击“确定”按钮关闭对话框,然后单击 SmartArt 图形输入框,在其中输入文字即可,如图 5-51 所示。

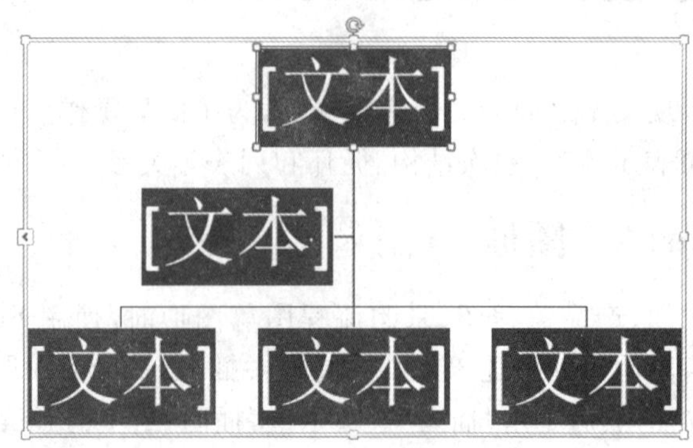

图 5-51　组织结构图

5.5.2　编辑 SmartArt 图形

插入 SmartArt 图形后,其图形一般呈蓝色显示,这时可通过“SmartArt 工具 设计/格式”选项卡对插入的图形进行编辑。

(1) 利用“SmartArt 工具 设计”选项卡“创建图形”组中提供的命令,可以实现所选形状级别的调整、添加形状、控制文本窗格的隐现等操作。

(2) 利用“SmartArt 工具 格式”选项卡“形状”组中提供的命令,可以实现选中形状大小的调整和形状的改变;“形状样式”组提供的列表和命令可以实现对选中的形状和线条外观样式的修改;“艺术字样式”组提供的列表和命令可以对选中形状中的文字进行编辑。

(3) SmartArt 图形中如果有多余的形状,可以选中后直接删除。

实训案例

【案例 5-1】 制作“春江花月夜”图文混排文档。

【实训目的】 掌握在 Word 文档插入、编辑和美化图片的方法。

【实训内容】 通过学习图片处理的相关知识,练习制作一个图文混排文档。效果文件可参考“素材\chapter05\5-案例 1. docx”。

【实训步骤】

(1) 打开“素材\chapter05\5-案例 1. docx”文件。

(2) 选择标题文字“春江花月夜”。设置文字样式为“标题 2”,单击“开始”选项卡“字体”组中的“字体”按钮,选择“黑体”,并居中放置文字。

(3) 选择除标题外的所有文字,单击“开始”选项卡“段落”组右下角的“对话框启动”按钮,打开“段落”对话框,将“缩进和间距”→“缩进”→“特殊格式”下拉选项设置为“首行缩进”,“缩进值”为“2 字符”。

(4) 将光标定位在正文第二个段落的开头,打开“段落”对话框,将“缩进和间距”→“间距”中的“段前”和“段后”都设置为“1 行”。

(5) 用同样的方法，将正文最后一段的“段前”设置为“1 行”，“段后”保持默认的“0 行”。

(6) 单击“插入”选项卡中的“图片”命令，打开“插入图片”对话框，选择“江水.bmp”文件，然后单击“插入”按钮。

(7) 选中插入的图片，单击“图片工具 格式”选项卡“大小”组右下角的“对话框启动”按钮，打开“布局”对话框，将“大小”→“缩放”列表下的“宽度”和“高度”都设置为“21%”。

(8) 在“布局”对话框中切换到“文字环绕”选项卡，将“环绕方式”设置为“四周型”，单击“确定”按钮，然后将图片拖动到合适的位置，松开鼠标得到如图 5-52 所示的效果。

图 5-52　设置版式后的效果

(9) 将光标定位在第一段的开头，按 Enter 键，然后输入副标题“——诗歌分析”。

(10) 选中输入的副标题，将字体设置为“华文行楷”，字号为“小三”，在副标题前加一些空格，调整到合适位置，效果如图 5-53 所示。

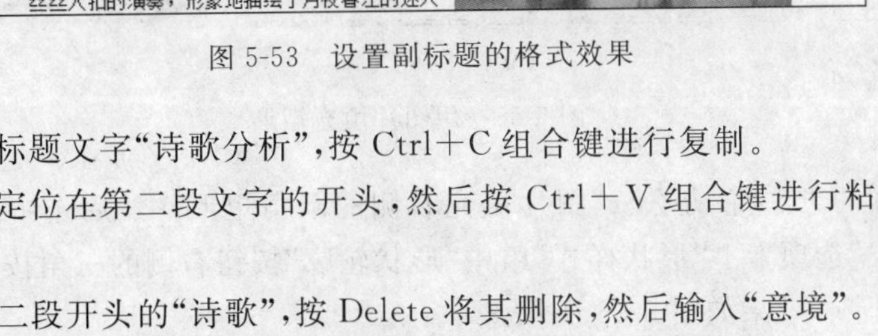

图 5-53　设置副标题的格式效果

(11) 选中副标题文字“诗歌分析”，按 Ctrl+C 组合键进行复制。

(12) 将光标定位在第二段文字的开头，然后按 Ctrl+V 组合键进行粘贴，按 Enter 键使它单独成行。

(13) 选中第二段开头的“诗歌”，按 Delete 将其删除，然后输入“意境”。

(14) 将文中所有的“名”全部替换成“名为”，即可获得最终效果。

【案例 5-2】 制作工作岗位示意图。

【实训目的】 掌握在 Word 文档中绘制、编辑和美化自选图形及文本框的方法。

【实训内容】 通过对自选图形和文本框相关处理知识的学习，练习制作工作岗位示意图文档。

【实训步骤】

(1) 新建"技术部工作岗位职责"文档，然后单击"插入"选项卡上"插图"组中的"形状"按钮，在展开的列表中选择"矩形"组中的"圆角矩形"工具，如图 5-54(a)所示。按下鼠标左键并拖动，在文档页面上方绘制两个高度为 3.8 厘米的圆角矩形，如图 5-54(b)所示。

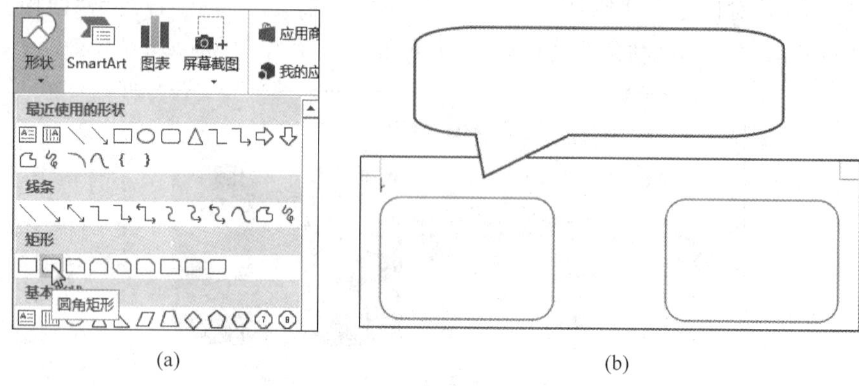

(a) (b)

图 5-54 绘制圆角矩形

(2) 选中左侧的圆角矩形，然后单击"绘图工具 格式"选项卡上"形状样式"组"形状填充"按钮右侧的三角按钮，在展开的列表中选择"图片"项，如图 5-55(a)所示。打开"插入图片"对话框，选择"办公 2"图片，如图 5-55(b)所示。单击"插入"按钮，将其填充到图形中，效果如图 5-55(c)所示。

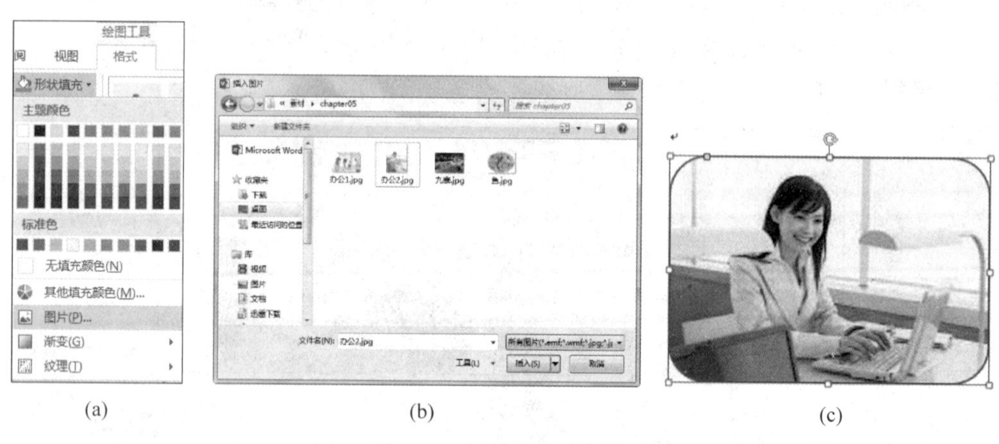

(a) (b) (c)

图 5-55 用图片填充矩形

(3) 用同样的方法将"办公 1"图片填充右侧的圆角矩形。然后选中这两个矩形，单击"绘图工具 格式"选项卡上"形状样式"组中"形状轮廓"按钮右侧的三角按钮，在展开的列表中选择"无轮廓"项，效果如图 5-56 所示。

(4) 在"形状"列表中选择"文本框"工具，如图 5-57(a)所示，然后在图片的下方按下鼠标左键并拖动，绘制一个文本框，并输入如图 5-57(b)所示的文本，再利用"开始"选项卡设置其字符格式为：华文细黑，小二，居中对齐。

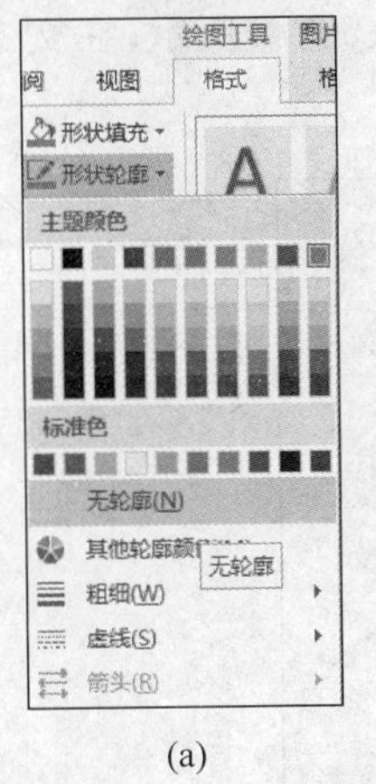

(a)

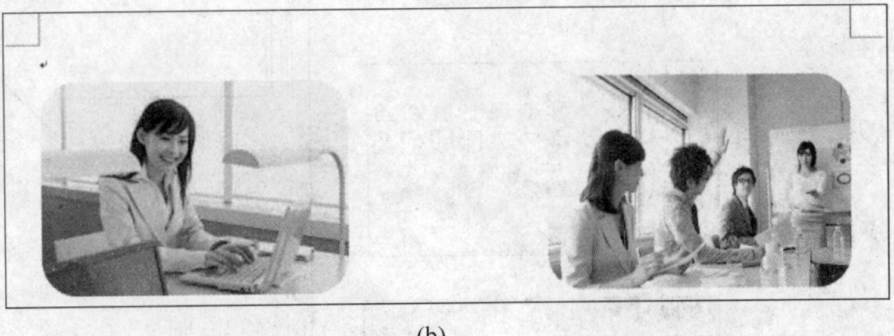

(b)

图 5-56　取消图形的轮廓

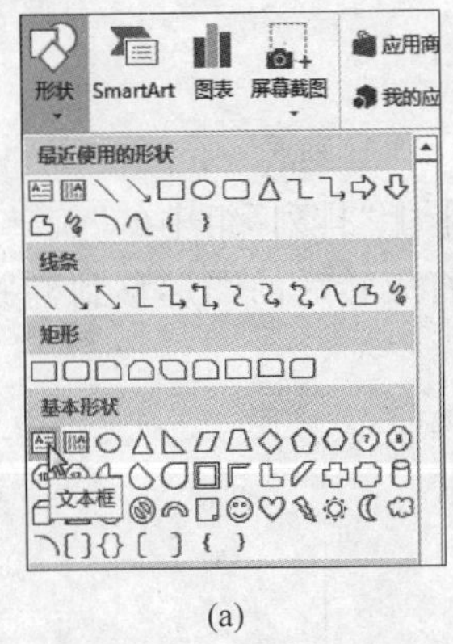

(a)

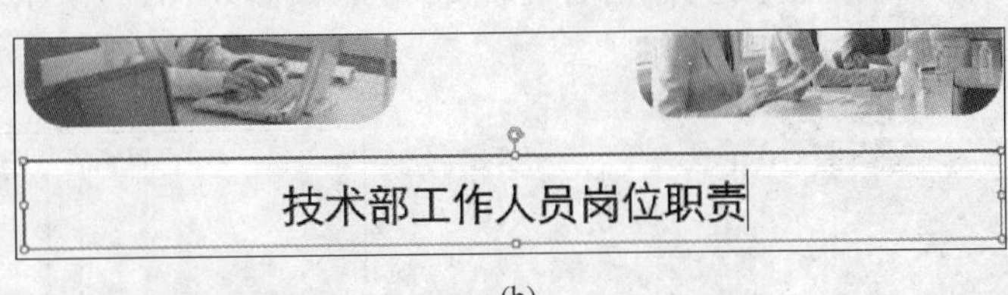

(b)

图 5-57　绘制文本框并输入文本

（5）选中文本框，然后单击“绘图工具 格式”选项卡上“形状样式”组中的“其他”按钮，在展开的列表中选择“中等效果-橙色，强调颜色 2”，如图 5-58(a)所示，效果如图 5-58(b)所示。

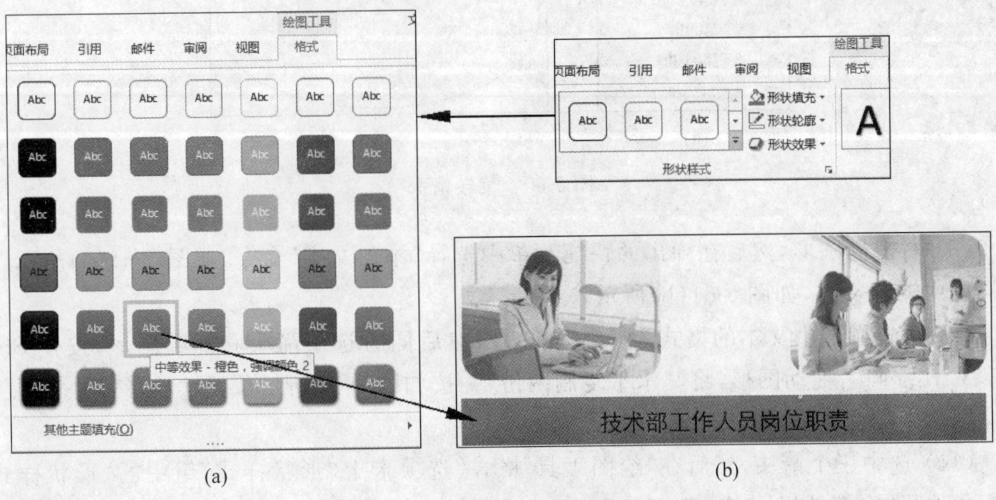

(a)　　(b)

图 5-58　设置文本框的样式

(6) 分别选择“形状”列表中的“虚尾箭头”和“椭圆”工具，如图 5-59(a)所示，在文本框的左下方绘制箭头和椭圆，效果如图 5-59(b)所示。

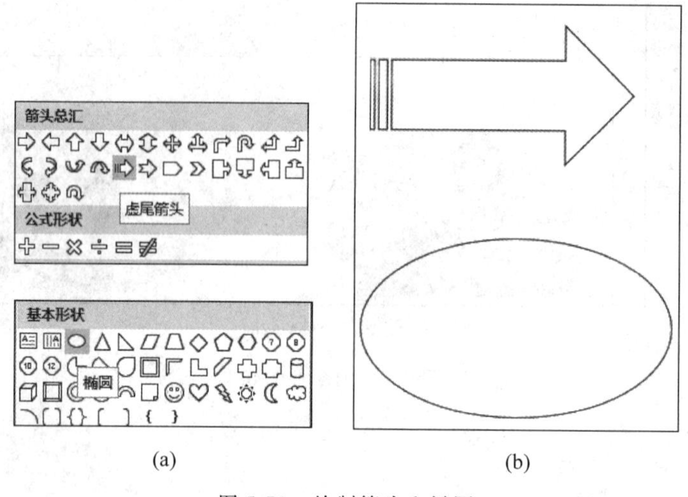

图 5-59　绘制箭头和椭圆

(7) 选中“虚尾箭头”图形，然后单击“绘图工具 格式”选项卡上“排列”组中的“旋转”按钮，在展开的列表中选择“向右旋转 90°”项，如图 5-60(a)所示，将旋转后的图形移到椭圆中间位置，如图 5-60(b)所示。

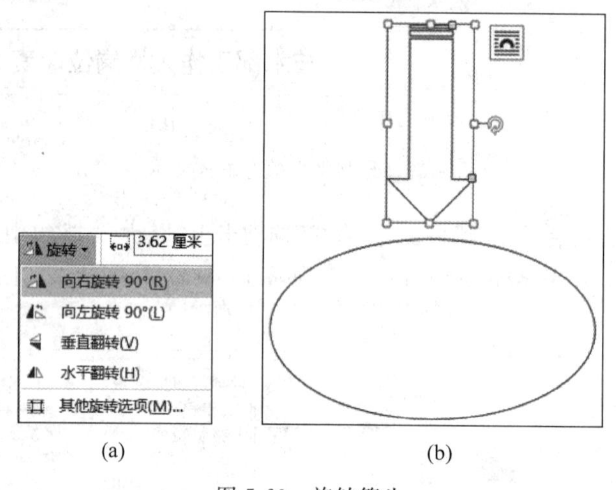

图 5-60　旋转箭头

(8) 右击椭圆形，然后在弹出的快捷菜单中选择“添加文字”命令，如图 5-61(a)所示，再在椭圆中输入文本，如图 5-61(b)所示。

(9) 设置图形中文本的格式为：黑体，9 号，然后同时选中箭头和椭圆图形，按住 Shift 键和 Ctrl 键向右拖动图形，将其水平复制两份，并按如图 5-62 所示位置摆放，然后修改复制椭圆图形中的文本。

(10) 选中三个箭头，然后在“绘图工具 格式”选项卡上“形状样式”组中的“形状样式”列表中选择“中等效果-橙色，强调颜色 2”，如图 5-63(a)所示。

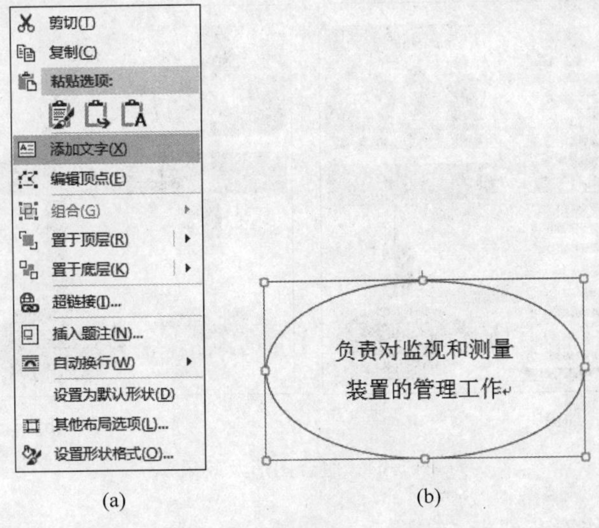

(a) (b)

图 5-61 在图形中添加文字

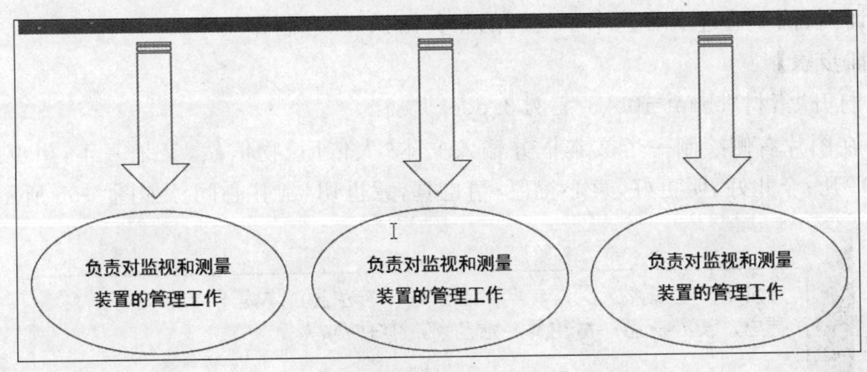

图 5-62 水平复制图形

(11) 从左至右依次选中箭头下方的 3 个椭圆,分别在“绘图工具 格式”选项卡上“形状样式”组的“形状样式”列表中选择“浅色 1 轮廓,彩色填充-金色,强调颜色 4”“浅色 1 轮廓,彩色填充-蓝色,强调颜色 5”和“浅色 1 轮廓,彩色填充-绿色,强调颜色 6”,如图 5-63(b)所示,效果如图 5-63(c)所示。

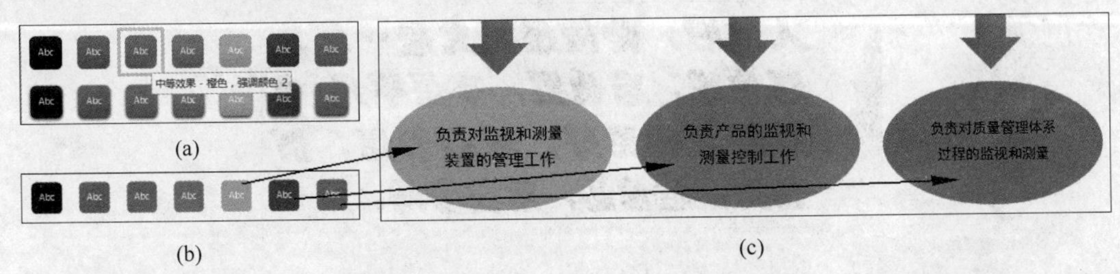

(a) (b) (c)

图 5-63 设置箭头和椭圆的形状样式

(12) 选中绘制的矩形、文本框、箭头和椭圆,然后右击,在弹出的快捷菜单中选择“组合”→“组合”命令,如图 5-64(a)所示。将所有图形组合,最终效果如图 5-64(b)所示。

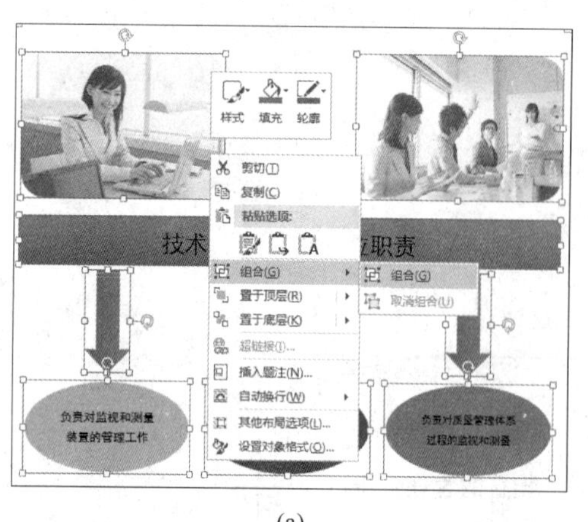

(a)

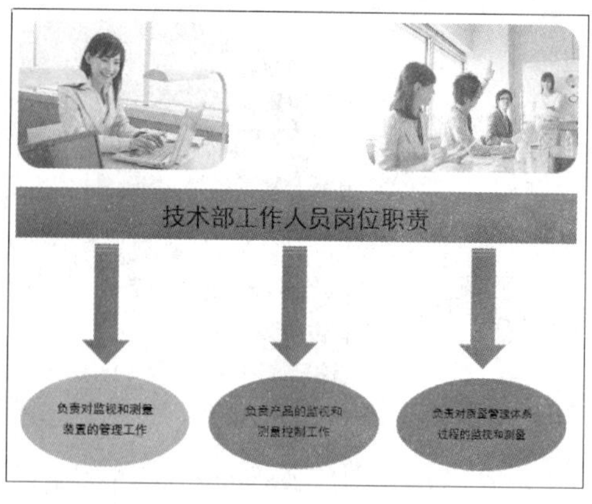

(b)

图 5-64　组合图形及效果

【案例 5-3】 制作春节贺卡。

【实训目的】 掌握在 Word 文档插入、编辑和美化艺术字的方法。

【实训内容】 通过学习艺术字处理的相关知识,练习制作贺卡。

【实训步骤】

(1) 打开"素材\chapter05\5-案例 3.docx"文档。

(2) 在图片右侧绘制一个文本框并输入文本"人依旧,物依然,又是一年;想也好,忘也罢,本是平凡;今儿好,明更好,衷心祝愿;情也真,意也切,常驻心间。"如图 5-65 所示。

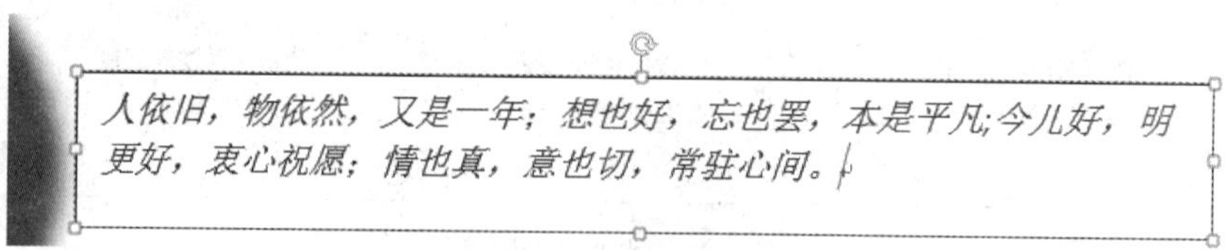

图 5-65　绘制文本框并输入文本

(3) 选中文本框中的所有文字,然后设置其"字体"为"华文琥珀","字号"为"二号","字体颜色"为"深红",效果如图 5-66 所示。

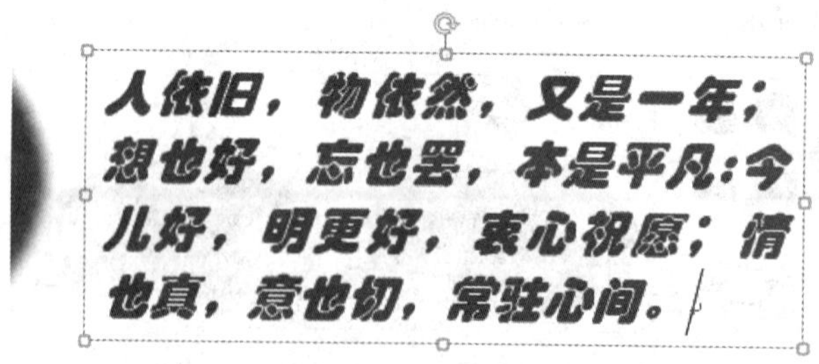

图 5-66　设置文本的格式

(4) 单击"插入"选项卡上"文本"组中的"艺术字"按钮,在展开的列表中选择一种艺术字样式,如图 5-67(a)所示,在艺术字占位符中输入艺术字文本,如图 5-67(b)所示。

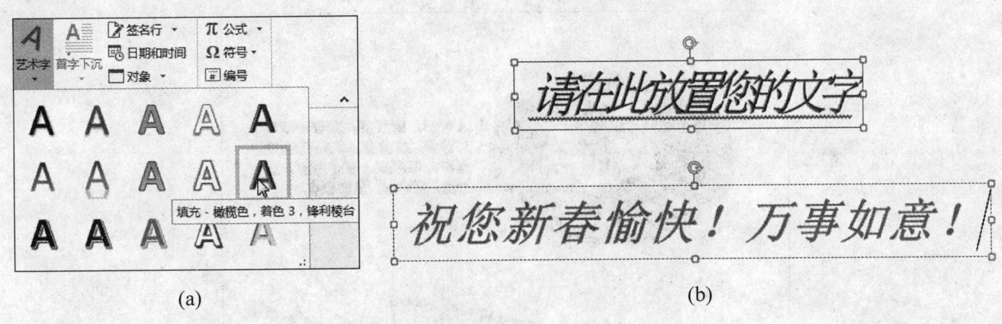

图 5-67 选择艺术字样式并输入艺术字

(5) 将艺术字移到图片下方,然后单击"绘图工具 格式"选项卡上"艺术字样式"组中的"文本效果"按钮,在展开的列表中选择"转换"→"左牛角形",如图 5-68(a)所示,接着向右下方拖动艺术字右下角的控制点,将其放大,效果如图 5-68(b)所示。

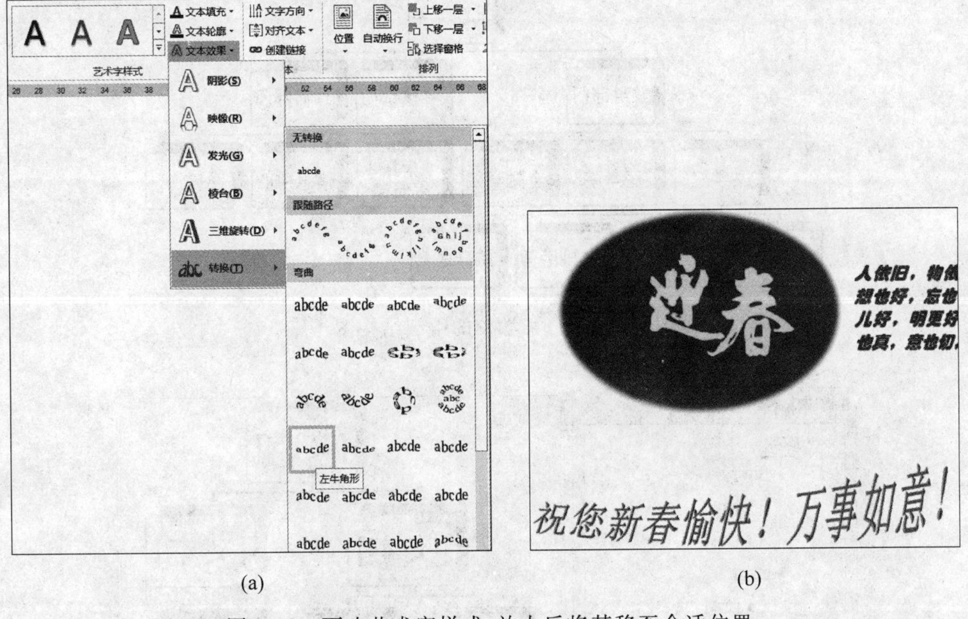

图 5-68 更改艺术字样式、放大后将其移至合适位置

(6) 将右下角的小花放大,设置其环绕方式为"浮于文字上方",并稍向上移,贺卡便制作完成了,效果如图 5-69 所示。最后另存文档即可。

【案例 5-4】 制作组织结构图。

【实训目的】 掌握在 Word 文档中插入、编辑和美化 SmartArt 图形的方法。

【实训内容】 通过学习 SmartArt 图形处理的相关知识,练习制作组织结构图,最终效果如图 5-70 所示。

【实训步骤】

(1) 新建文档,确定插入符位置,单击"插入"选项卡上"插图"组中的 SmartArt 按钮,打开"选择 SmartArt 图形"对话框,在对话框左侧的选项卡中,选择"层次结构"类型中的"层次结构"图形,单击"确定"按钮后,插入如图 5-71 所示的 SmartArt 图形。

(2) 直接在形状中输入如图 5-71 所示的文本内容,若默认的形状个数不足,可选定参

图 5-69　贺卡的效果

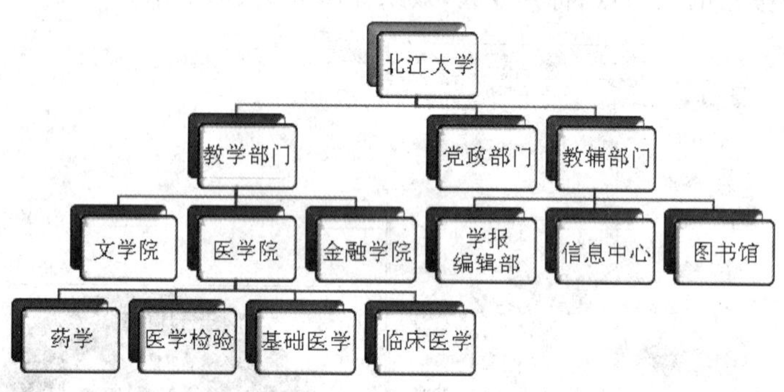

图 5-70　某学校的组织结构图

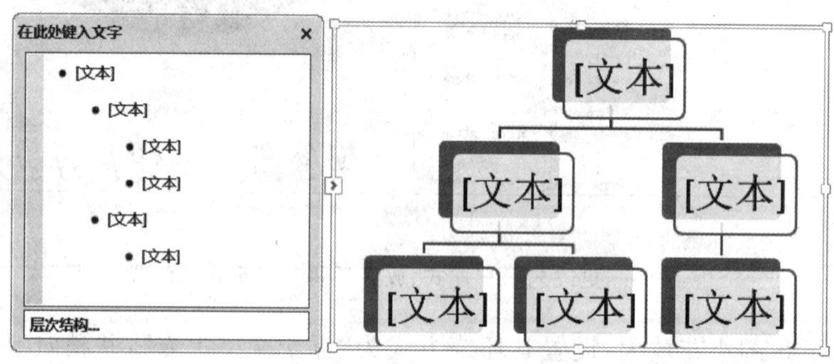

图 5-71　“层次结构”图形

考形状后，单击“SmartArt 工具 设计”选项卡“创建图形”组中的“添加形状”按钮，在展开的列表中选择在参考形状的前面、后面、上方、下方添加形状；也可以在“文本窗格”中输入相应的文本内容。若默认形状个数不足，可以通过按 Enter 键，增加同级别的形状，然后单击“升级”“降级”“上移”和“下移”按钮，调整所选形状级别和前后位置。

（3）选中整个 SmartArt 图形，单击“SmartArt 工具 设计”选项卡“SmartArt 样式”组中的“更改颜色”按钮，在展开的列表中选择“彩色”栏中的“彩色范围-着色 5 至 6”。

（4）单击“SmartArt 样式”组中的“快速样式”的“其他”按钮，在展开的列表中选择“三维”栏中的“嵌入”选项。

(5) 单击“SmartArt 工具 格式”选项卡“艺术字样式”组中的“快速样式”的“其他”按钮，在展开的列表中选择“填充-白色，轮廓-着色 2，清晰阴影-着色 2”。

(6) 完成后保存文档，文档名称为“组织结构图”。

拓展练习

下面制作图文混排文档。

实训知识点要求：利用 Word 文档中图片的编辑和美化功能，如根据需要调整图片大小、旋转图片、裁切图片、设置图片环绕方式，以及为图片添加边框和设置样式等，制作出图文并茂的文档。

使用素材“花边.png”“风景.jpg”“冬景.jpg”“鱼.jpg”和“5-拓展.docx”，制作图文混排文档，效果文件参见“素材\chapter05\5-拓展-end.docx”。

本章小结

本章主要介绍了在文档中插入图片，绘制图形和文本框，以及创建艺术字的方法。学完本章内容后，应重点掌握或了解以下知识。

(1) 利用“插入”选项卡“插图”组中的“图片”和“联机图片”按钮，可以在文档中插入需要的图片；利用“形状”按钮可以绘制图形或文本框。此外，利用该选项卡“文本”组中的“艺术字”按钮可以在文档中插入艺术字。

(2) 在绘制图形时，按住 Shift 键并拖动鼠标可绘制规则图形，如绘制正方形、圆形等。对于文本框或一些标注类图形，可直接在其中输入文字；要在其他图形中输入文字，可先右击图形，从弹出的快捷菜单中选择“添加文字”命令。

(3) 在文档中选中图片、图形、文本框或艺术字等对象，然后可利用自动出现的“绘图工具 格式”对选中的对象进行编辑和美化，如设置样式、边框、填充和效果，以及设置文字环绕方式、对齐方式和叠放次序等。不同对象的设置方法基本相同。

(4) 在 Word 中选择、移动、复制、缩放和旋转图形、文本框、非嵌入型图片和艺术字等对象的方法是相同的。例如，单击对象可将其选中，按住 Shift 键依次单击要选择的对象，可同时选中多个对象；拖动对象四周的控制点可缩放对象；拖动对象上方的旋转控制点可旋转对象；按住 Ctrl 键并拖动对象可复制对象。

通过本章的学习可以发现，Word 中图片及各种图形对象的设置方法都有许多相似之处，在实际应用中，应举一反三，灵活运用所学知识解决实际问题。

思考与练习

1. 如何在绘制的图形上添加文字？
2. 如何设置图片的形状？

第 6 章　Word 表格处理

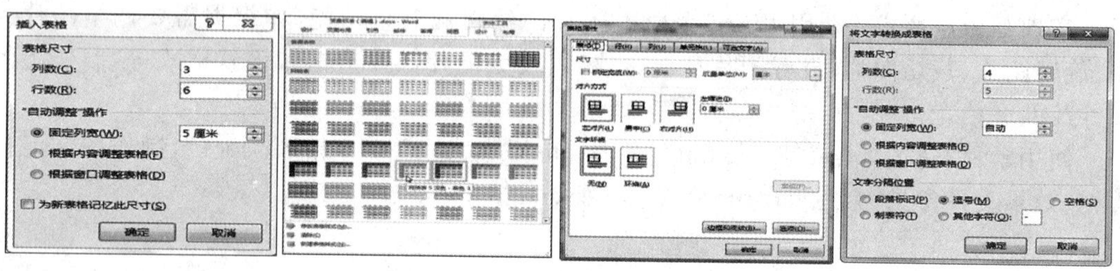

本章导读

Word 2013 提供了多种创建表格的方法，创建好表格后，还可以很方便地修改表格，移动表格位置或调整表格大小，以及为表格或单元格添加边框和底纹等。此外，还可以对表格中的数据进行排序或简单的计算。

知识目标

- 掌握在文档中创建表格的多种方法。
- 掌握编辑表格的方法。
- 掌握美化表格的方法。
- 掌握表格的一些其他应用方法。

能力目标

- 能够利用表格网格和“插入表格”对话框创建表格，以及手动绘制表格。
- 能够根据工作需要对创建好的表格进行编辑和修改，如选择、插入、删除单元格、行、列和表格，合并与拆分单元格，以及调整表格的行高和列宽等。
- 能够通过设置表格的边框和底纹来美化表格，以及通过设置表格的对齐方式和文字环绕效果来美化文档版面。
- 能够根据工作需要对表格中的数据进行排序及简单计算，以及创建斜线表头等。

6.1 创建表格

表格是由水平的行和垂直的列组成的，行与列交叉形成的方框称为单元格。在 Word 2013 中，可以使用表格网格或“插入表格”对话框创建表格，还可以手绘表格。

6.1.1 用表格网格创建表格

使用表格网格适合创建行、列数较少，并具有规范的行高和列宽的简单表格。例如，要创建一个 6 行 5 列的表格，可将插入符置于要创建表格的位置，单击“插入”选项卡上“表格”组中的“表格”按钮，在显示的网格中移动鼠标指针选择 6 行 5 列，此时将在文档中显示表格的创建效果，如图 6-1 所示，最后单击鼠标即可创建表格。

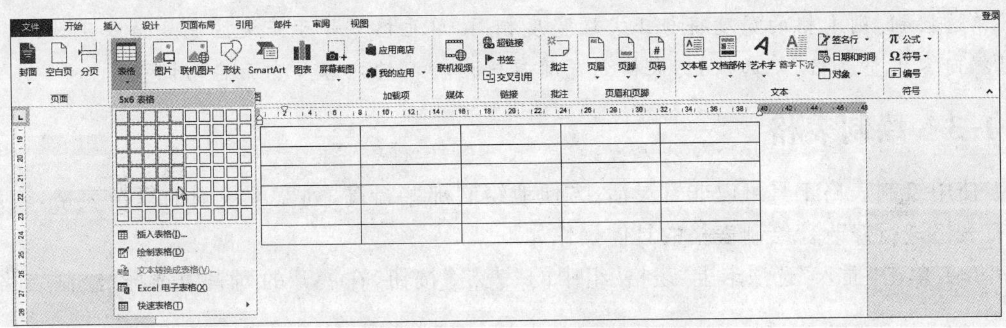

图 6-1 使用表格网格创建表格

提示：创建表格后，插入符被自动定位于表格左上角的单元格中。与此同时，系统会自动打开“表格工具 设计”选项卡，如图 6-2 所示。

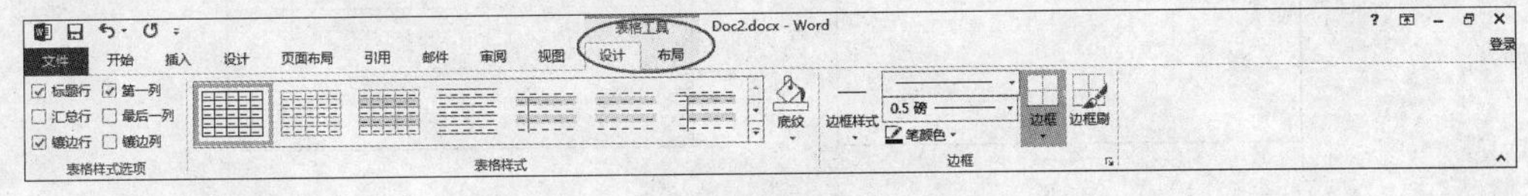

图 6-2 “表格工具 设计”选项卡

6.1.2 用“插入表格”对话框创建表格

用“插入表格”对话框创建表格可以不受行、列数的限制，还可以对表格格式进行简单设置，所以“插入表格”对话框是最常用的创建表格的方法，具体操作如下。

(1) 将插入符置于要创建表格的位置，单击“插入”选项卡上“表格”组中的“表格”按钮，在展开的列表中选择“插入表格”项，打开“插入表格”对话框。

(2) 在“插入表格”对话框的“列数”和“行数”编辑框中设置表格的行数和列数，如分别设置为 6 和 3，然后在“自动调整”操作设置区选择一种定义列宽的方式，如选择“固定列宽”单选钮，然后输入列宽值，如“5 厘米”，如图 6-3(a)所示。

(3) 单击“确定”按钮，即可创建一个 6 行 3 列，列宽为 5 厘米的表格，如图 6-3(b)所示。

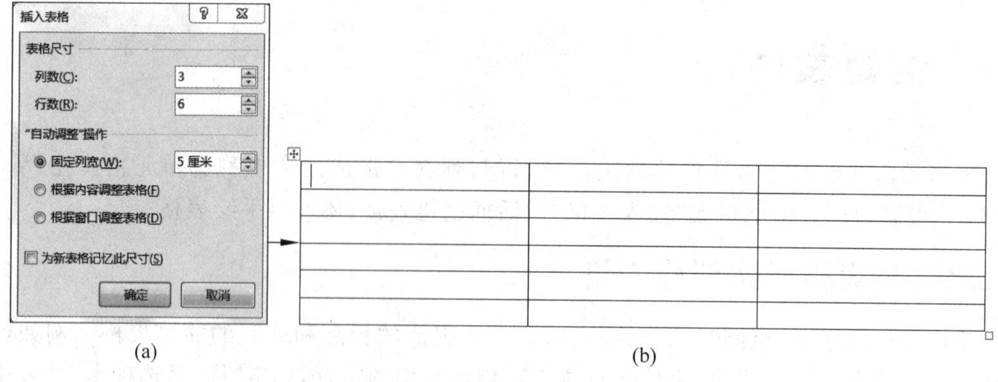

(a) (b)

图 6-3 利用"插入表格"对话框创建表格

提示：选中"固定列宽"单选按钮，并在其后选择"自动"，或选中"根据窗口调整表格"单选按钮，则表格的宽度将与正文区宽度相同，单元格宽等于正文区宽度除以列数；选中"根据内容调整表格"单选按钮，表格列宽随每一列输入的内容多少而自动调整。

6.1.3 绘制表格

使用绘制表格工具可以非常灵活、方便地绘制那些行高、列宽不规则的复杂表格，或对现有表格进行修改。绘制表格的具体操作如下。

(1) 单击"插入"选项卡上"表格"组中的"表格"按钮，在展开的列表中选择"绘制表格"选项。

(2) 将鼠标指针移至文档编辑窗口，鼠标指针变为✎形状，单击并拖动鼠标，此时将出现一可变的虚线框，松开鼠标左键，即可画出表格的外边框，如图 6-4(a)所示。

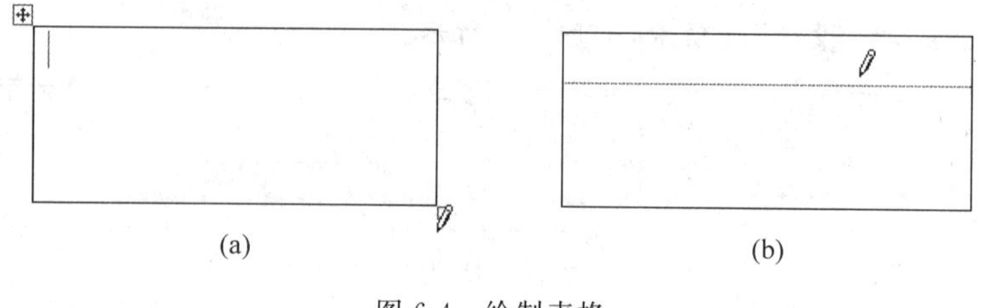

(a) (b)

图 6-4 绘制表格

(3) 移动鼠标指针到表格的左边框，按住鼠标左键向右拖动，当屏幕上出现一个如图 6-4(b)所示的水平虚线后松开鼠标，即可画出表格中的一条横线。

(4) 重复上述操作，直至绘制出需要的行数为止。然后可采用类似的方法，在表格中绘制竖线，直至完成表格的创建。

(5) 如果要擦除画错或不要的线条，可单击"表格工具 布局"选项卡上"绘图"组中的"橡皮擦"按钮，此时鼠标指针变成橡皮状。在要擦除的线条上单击即可将该线擦除，如图 6-5 所示。

(6) 绘制完毕，可按 Esc 键或再次单击"表格工具 布局"选项卡上"绘图"组中的"绘制表格"按钮结束表格绘制。

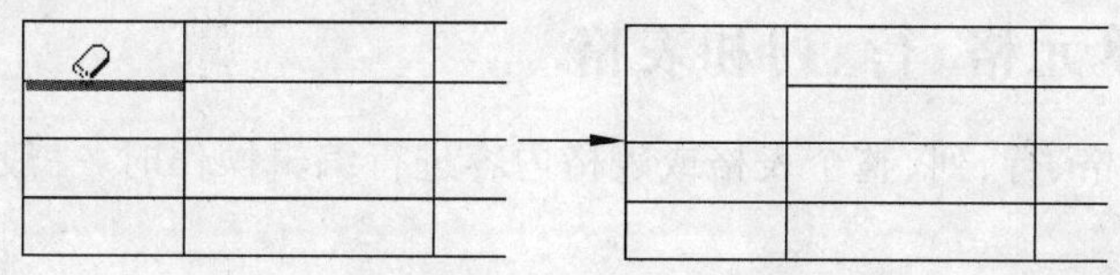

图 6-5 擦除线条

提示：在 Word 2013 中，表格线条默认为 0.5 磅的黑色单实线。在绘制表格时，可通过“表格工具 设计”选项卡上“边框”组中的“笔样式”“笔画粗细”和“笔颜色”按钮重新设置所绘表格的线型、线条宽度和颜色等。图 6-6 即在设置“笔样式”和“笔颜色”后绘制的表格。

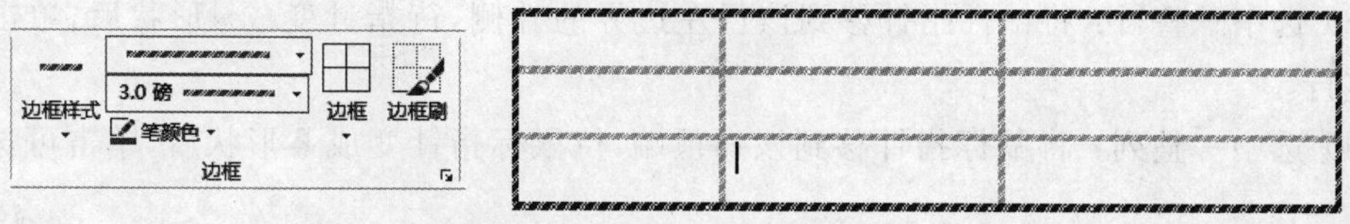

图 6-6 绘制特殊边线的表格

6.1.4 在表格中输入数据

要在表格中输入内容，只需在表格中的相应单元格中单击鼠标，然后输入内容即可，如图 6-7 所示。也可以使用左、右方向键在单元格中移动插入符以确定插入符，然后输入内容。

套餐月基本费	套餐内包含 GPRS 流量	套餐外 GPRS 流量费
10 元/月	100MB/月	0.29 元/MB
30 元/月	500MB/月	
100 元/月	1GB/月	
180 元/月	6GB/月	
300 元/月	不限量	
注：GPRS 流量不区分本地漫游		

设置表格文本格式的方法与设置正文的格式相同

图 6-7 在表格中输入内容

6.2 编辑表格

为满足实际使用表格的需要，Word 提供了多种方法来修改已经创建的表格。例如，插入行、列或单元格，删除多余的行、列或单元格，合并或拆分单元格，以及调整单元格的行高和列宽等。

6.2.1 选择单元格、行、列和表格

对表格的单元格、行、列、整个表格或表格内容进行编辑操作时，一般都需要先选中要操作的对象。

(1) 选中单个单元格(行)：将鼠标指针移到单元格左下角，待鼠标指针变成➚形状后，单击可选中该单元格，双击则选中该单元格所在的一整行。

(2) 选择多个相邻的单元格：单击要选择的第一个单元格，将鼠标指针移至要选择的最后一个单元格，按下 Shift 键的同时单击，可选择多个相邻的单元格。

提示：在单元格中拖动鼠标，或者将插入符置于某个单元格中，然后按住 Shift 键与↑、↓、←、→中的一个键，也可以选择多个相邻的单元格。

(3) 选中一整行：将鼠标指针移到该行左边界的外侧，待指针变成⬀形状后，单击可选中一整行。

(4) 选中一整列：将鼠标指针移到该列顶端，待鼠标指针变成⬇形状后，单击可选中一整列。

(5) 选中多个不相邻的单元格：按住 Ctrl 键的同时，依次选择要选取的单元格，可选中多个不相邻的单元格。

(6) 选中整个表格：单击表格左上角的“表格位置控制点”按钮✥。

提示：除了以上选择方法外，将插入符定位在某单元格中，然后单击“表格工具 布局”选项卡上“表”组中的“选择”按钮，在展开的列表中选择相应选项，可选取插入符所在的单元格、行、列和整个表格。

6.2.2 插入、删除行、列或单元格

当需要向已有的表格中添加新的记录或数据时，就需要向表格中插入行、列或单元格。此外，对于不再需要的单元格、行或列，需要将其删除。

打开“素材\chapter06\6-资费标准.docx”文件，下面将在该文件基础上操作。

1. 插入行、列或单元格

(1) 要插入行或列，可将插入符置于要添加行或列位置邻近的单元格中，如图 6-8 所示。

“GPRS 流量包” 资费标准

套餐月基本费	套餐内包含 GPRS 流量	套餐外 GPRS 流量费
10 元/月	100MB/月	0.29 元/MB
30 元/月	500MB/月	
100 元/月	1GB/月	
180 元/月	6GB/月	
300 元/月	不限量	
注：GPRS 流量不区分本地漫游		

图 6-8 定位插入符

（2）单击“表格工具 布局”选项卡上“行和列”组中的“在上方插入”按钮或“在下方插入”按钮，如图 6-9(a)所示，可在插入符所在行的上方或下方插入空白行。例如，在上方插入行，效果如图 6-9(b)所示。

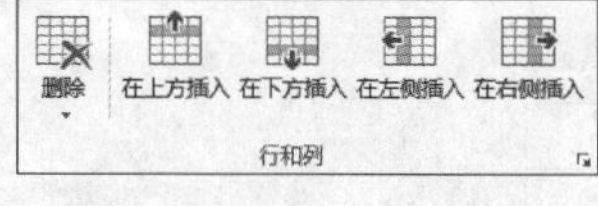

(a)

“GPRS 流量包”资费标准

套餐月基本费	套餐内包含 GPRS 流量	套餐外 GPRS 流量费
10 元/月	100MB/月	0.29 元/MB
30 元/月	500MB/月	
100 元/月	1GB/月	
180 元/月	6GB/月	
300 元/月	不限量	
注：GPRS 流量不区分本地漫游		

(b)

图 6-9　插入行

（3）若单击“在左侧插入”按钮或“在右侧插入”按钮，可在插入符所在列的左侧或右侧插入一空白列。例如，在左侧插入列，效果如图 6-10 所示。

“GPRS 流量包”资费标准

	套餐月基本费	套餐内包含 GPRS 流量	套餐外 GPRS 流量费
	10 元/月	100MB/月	0.29 元/MB
	30 元/月	500MB/月	
	100 元/月	1GB/月	
	180 元/月	6GB/月	
	300 元/月	不限量	
	注：GPRS 流量不区分本地漫游		

图 6-10　插入列

提示：将鼠标指针移到表格左边界两行之间的行边线上，此时会出现带圈的加号，单击它，即可在选定行边线的下方插入一行，如图 6-11 所示。将鼠标指针移到表格顶端两列之间的列边线上，此时会出现带圈的加号，单击它，即可在选定列边线的右端插入一列，如图 6-12 所示。

（4）要插入单元格，可先确定插入符，如图 6-13(a)所示，然后单击“行和列”组右下角的对话框启动器按钮，打开“插入单元格”对话框，如图 6-13(b)所示。

（5）在对话框中选择一种插入方式，如“活动单元格右移”，单击“确定”按钮，如图 6-13(b)所示，即可在插入符所在单元格左侧插入一个空白单元格。新单元格右侧的所有单元格右移，如图 6-13(c)所示。

提示：若选择“活动单元格下移”，则在插入符所在单元格上方插入一个空白单元格，并将现有单元格下移一行；若选择“整行插入”或“整列插入”，则可在插入符所在的单元格上方插入一行或左侧插入一列。

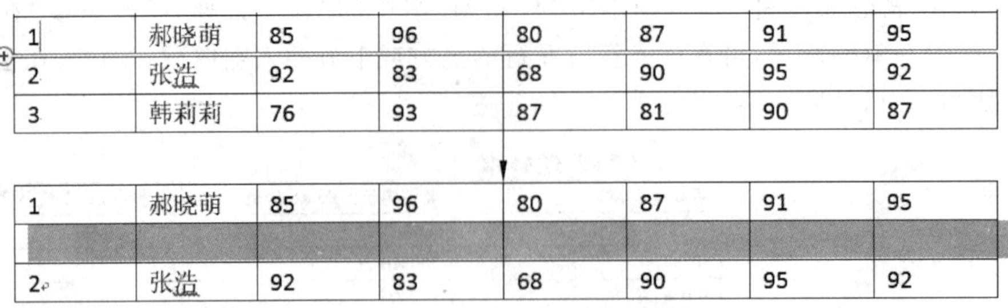

图 6-11　用带圈的加号插入行

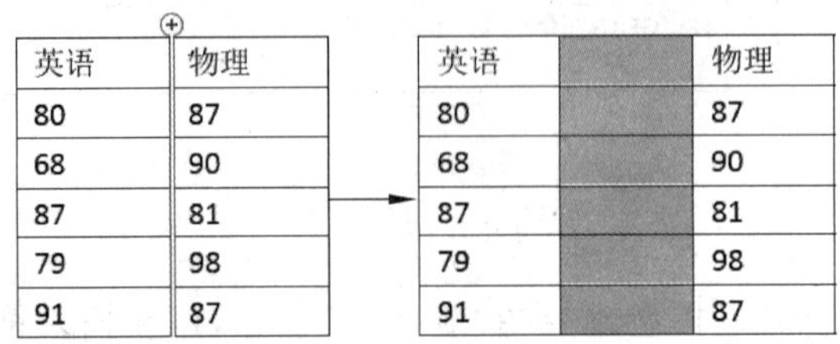

图 6-12　用带圈的加号插入列

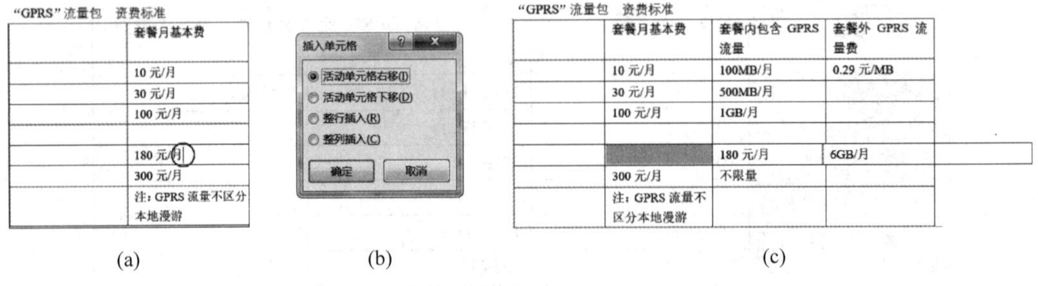

图 6-13　插入单元格

要插入多行、多列或多个单元格，可同时选取多个行、列或多个单元格，然后再执行插入命令。插入的行、列或单元格的数量与所选取的数量相同。

2. 删除单元格、列、行或表格

要删除单元格、列、行或表格，可将插入符定位在相应单元格中，或选择好单元格区域、列或行，然后单击"表格工具 布局"选项卡上"行和列"组中的"删除"按钮，展开如图 6-14 所示的列表，从中选择相应命令，即可删除单元格、列、行或表格。

(1) 将插入符定位在前面插入的单元格中，然后在"删除"下拉列表中选择"删除单元格"选项，在打开的对话框中选择"右侧单元格左移"单选按钮，单击"确定"按钮，可将该单元格删除，同时右侧单元格左移，如图 6-15 所示。

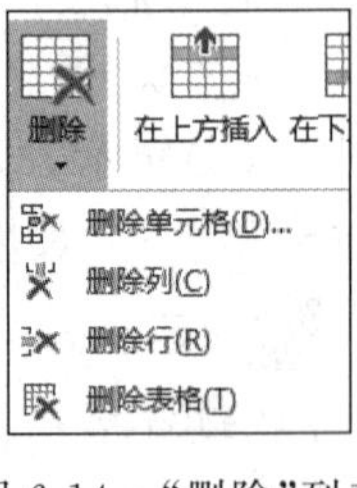

删除　在上方插入　在下
删除单元格(D)...
删除列(C)
删除行(R)
删除表格(T)

图 6-14　"删除"列表

提示： 删除单元格后，如果出现某些单元格列边线没有对齐的情况，可将鼠标指针移至该列边线处，然后按住鼠标左键并拖动进行调整，如图 6-16(a)所示。使用同样的方法调整其他没有对齐的单元格列边线，效果如图 6-16(b)所示。

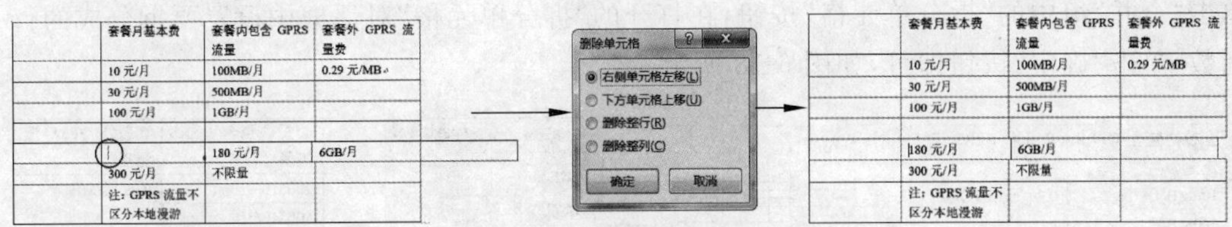

图 6-15　删除单元格

	套餐月基本费	套餐内包含 GPRS 流量	套餐外 GPRS 流量费
	10 元/月	100MB/月	0.29 元/MB
	30 元/月	500MB/月	
	100 元/月	1GB/月	
	180 元/月	6GB/月	
	300 元/月	不限量	
	注：GPRS 流量不区分本地漫游		

(a)

	套餐月基本费	套餐内包含 GPRS 流量	套餐外 GPRS 流量费
	10 元/月	100MB/月	0.29 元/MB
	30 元/月	500MB/月	
	100 元/月	1GB/月	
	180 元/月	6GB/月	
	300 元/月	不限量	
	注：GPRS 流量不区分本地漫游		

(b)

图 6-16　调整单元格列线

(2) 再分别将插入符置于前面插入的空行和空列的任意单元格中，在“删除”列表中选择“删除行”和“删除列”选项，将它们删除。

提示：在 Word 中选择整个表格后，按 Delete 键并不能删除表格，而只是删除表格内容。要删除表格，需选择“删除”列表中的“删除表格”选项。

6.2.3　合并与拆分单元格或表格

制作复杂表格时，还可能会将多个单元格合并成一个单元格，或将选中的单元格拆分成等宽的多个小单元格，还可将表格进行拆分。

1. 合并单元格

要合并单元格，可选中要合并的两个或多个单元格，如图 6-17(a)所示，然后单击“表格工具 布局”选项卡上“合并”组中的“合并单元格”按钮，如图 6-17(b)所示，效果如图 6-17(c)所示。可使用同样的方法将该表格最后一行单元格合并。

套餐内包含 GPRS 流量	套餐外 GPRS 流量费
100MB/月	0.29 元/MB
500MB/月	
1GB/月	
6GB/月	
不限量	

(a)

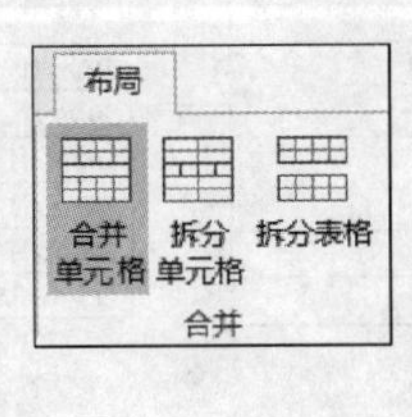

(b)

套餐内包含 GPRS 流量	套餐外 GPRS 流量费
100MB/月	0.29 元/MB
500MB/月	
1GB/月	
6GB/月	
不限量	

(c)

图 6-17　合并单元格

2. 拆分单元格

要拆分单元格，可选中要拆分的多个单元格，或将插入符置于要拆分的单元格中，然后单击“合并”组中的“拆分单元格”按钮，在打开的“拆分单元格”对话框中设置要拆分成的行、列数，单击“确定”按钮即可，如图 6-18 所示。

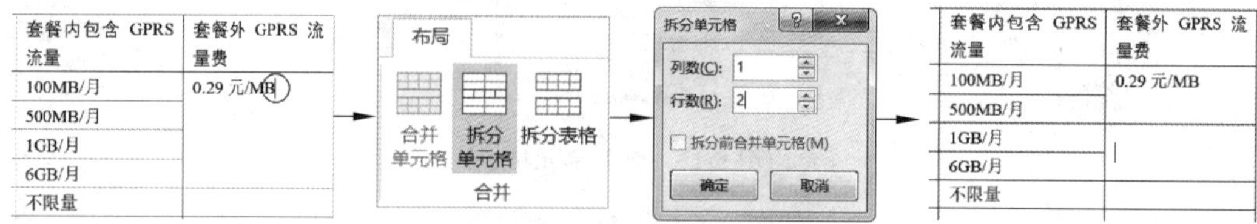

图 6-18　拆分单元格

3. 拆分表格

若需要将一个表格拆分成两个表格，可将插入符置于要拆分为第二个表格的首行的任意单元格中，然后单击“合并”组中的“拆分表格”按钮即可，如图 6-19 所示。

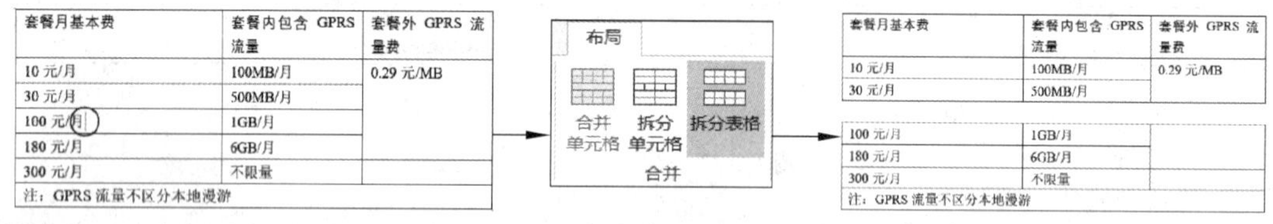

图 6-19　拆分表格

提示：若希望将拆分的表格合并，可将插入符置于两个表格之间的空段落标记处，然后按 Delete 键。

6.2.4　调整行高与列宽

表格中行高和列宽的调整方法主要有两种：一种是用鼠标拖拽；另一种是利用“单元格大小”组进行精确设置。

1. 使用鼠标拖拽

(1) 要调整列宽，可将鼠标指针置于要调整列宽的列边线上，此时鼠标指针变为⫲形状，按住鼠标左键向右或左拖动，在合适的位置释放鼠标左键即可，如图 6-20(a)所示；使用同样的方法调整第 2 列的宽度，使其表头文字在一行显示，如图 6-20(b)所示。

套餐月基本费	套餐内包含 GPRS 流量	套餐外 GPRS 流量费
10 元/月	100MB/月	0.29 元/MB
30 元/月	500MB/月	
100 元/月	1GB/月	
180 元/月	6GB/月	
300 元/月	不限量	
注：GPRS 流量不区分本地漫游		

(a)

套餐月基本费	套餐内包含 GPRS 流量	套餐外 GPRS 流量费
10 元/月	100MB/月	0.29 元/MB
30 元/月	500MB/月	
100 元/月	1GB/月	
180 元/月	6GB/月	
300 元/月	不限量	
注：GPRS 流量不区分本地漫游		

(b)

图 6-20　利用鼠标拖动调整列宽

(2) 要调整行高，可将鼠标指针置于要调整行高的行边线上，此时鼠标指针变为÷形状，按住鼠标左键向下或向上拖动，在合适的位置释放鼠标左键即可，如图 6-21 所示。

套餐月基本费	套餐内包含 GPRS 流量	套餐外 GPRS 流量费
10 元/月	100MB/月	0.29 元/MB
30 元/月	500MB/月	
100 元/月	1GB/月	
180 元/月	6GB/月	
300 元/月	不限量	
注：GPRS 流量不区分本地漫游		

图 6-21 调整行高

2. 利用“单元格大小”组

要精确调整行高和列宽值，可在表格的任意单元格中单击或选中要调整的多行或多列，然后在“表格工具 布局”选项卡上“单元格大小”组的“高度”或“宽度”编辑框中输入数值并按 Enter 键。例如，将插入符置于第一行的任意单元格中，然后在“高度”编辑框中输入“0.8 厘米”，将该行的高度调整为 0.8 厘米，如图 6-22 所示。

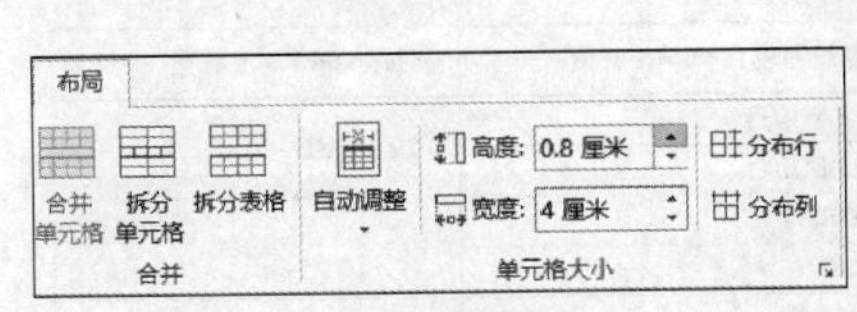

套餐月基本费	套餐内包含 GPRS 流量	套餐外 GPRS 流量费
10 元/月	100MB/月	0.29 元/MB
30 元/月	500MB/月	
100 元/月	1GB/月	
180 元/月	6GB/月	
300 元/月	不限量	
注：GPRS 流量不区分本地漫游		

图 6-22 用“单元格大小”组调整行高

提示：在选中多行或多列后，单击“单元格大小”组中的“分布行”或“分布列”按钮，可将所选的行或列设置为相同的高度或宽度。

6.2.5 设置表格中文字的对齐方式

默认情况下，单元格内文本的水平对齐方式为两端对齐，垂直对齐方式为顶端对齐。要调整单元格中文字的对齐方式，可首先选中单元格、行、列或表格，然后单击“表格工具 布局”选项卡上“对齐方式”组中的相应按钮，如图 6-23 所示。

套餐月基本费	套餐内包含 GPRS 流量	套餐外 GPRS 流量费
10 元/月	100MB/月	0.29 元/MB
30 元/月	500MB/月	
100 元/月	1GB/月	
180 元/月	6GB/月	
300 元/月	不限量	
注：GPRS 流量不区分本地漫游		

文字方向 单元格边距

对齐方式

套餐月基本费	套餐内包含 GPRS 流量	套餐外 GPRS 流量费
10 元/月	100MB/月	0.29 元/MB
30 元/月	500MB/月	
100 元/月	1GB/月	
180 元/月	6GB/月	
300 元/月	不限量	
注：GPRS 流量不区分本地漫游		

图 6-23 调整表格中文字的对齐方式

提示：如果希望调整单元格中的文字距单元格边缘的距离，可单击“单元格边距”按钮，在打开的对话框中进行设置。如果希望调整表格在页面中的对齐方式，可首先选中整个表格，然后单击“开始”选项卡上“段落”组中的对齐按钮。

6.3 美化表格

表格创建和编辑完成后，还可进一步对表格进行美化操作，如设置单元格或整个表格的边框和底纹等。此外，Word 还提供了多种表格样式，利用这些表格样式可快速美化表格。

6.3.1 应用内置样式

通过套用内置的表样式可以快速美化表格。

(1) 打开"素材\chapter06\资费标准(编辑)"文档。将插入符置于表格中任意位置，如图 6-24(b)所示。单击"表格工具 设计"选项卡上"表格样式"组中"样式"列表框右下方的"其他"按钮，打开样式列表。

(2) 在列表中选择要使用的表格样式，如图 6-24(a)所示，效果如图 6-24(c)所示，系统自动为表格添加上边框和底纹。

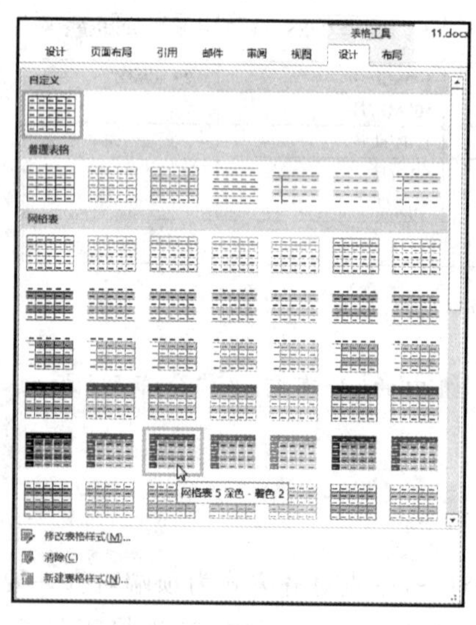

(a)

套餐月基本费	套餐内包含 GPRS 流量	套餐外 GPRS 流量费
10 元/月	100MB/月	0.29 元/MB
30 元/月	500MB/月	
100 元/月	1GB/月	
180 元/月	6GB/月	
300 元/月	不限量	
注：GPRS 流量不区分本地漫游		

(b)

套餐月基本费	套餐内包含 GPRS 流量	套餐外 GPRS 流量费
10 元/月	100MB/月	0.29 元/MB
30 元/月	500MB/月	
100 元/月	1GB/月	
180 元/月	6GB/月	
300 元/月	不限量	
注：GPRS 流量不区分本地漫游		

(c)

图 6-24 为表格套用内置样式

提示：在应用表样式前，可在"表格样式选项"组中选择或取消相应的复选框，以决定是否在表样式中将表格的标题行、第一列等设置为与其他行或列不同。

此外，如果对已应用的表样式不满意，可将插入符置于表格中，然后在"其他"下拉列表中选择"修改表格样式"命令，此时将打开"修改样式"对话框，然后在该对话框中进行修改并确定即可。

6.3.2 设置表格边框和底纹

除了可以利用表格样式快速美化表格外，还可自行为选择的单元格或表格设置不同的边线和填充风格。

1. 设置边框

(1) 继续在“资费标准(编辑表格)”文档中进行操作，首先按 Ctrl＋Z 组合键取消前面为表格应用的样式，然后选中要添加边框的表格或单元格。这里选中整个表格。

(2) 分别单击“表格工具 设计”选项卡“边框”组中的“笔样式”“笔画粗细”和“笔颜色”下拉列表框右侧的三角按钮，从弹出的列表中选择边框的样式、粗细和颜色，如图 6-25(a)所示。

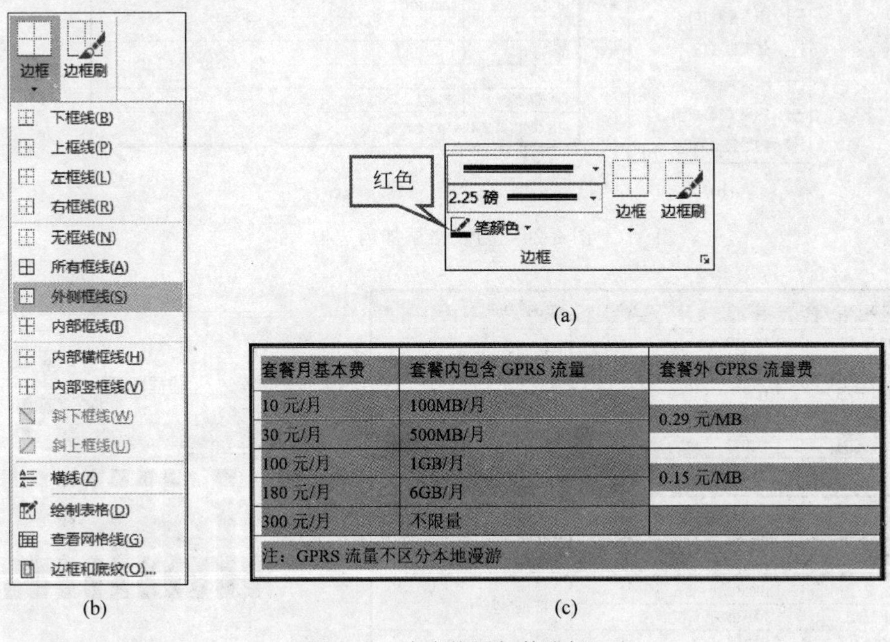

套餐月基本费	套餐内包含 GPRS 流量	套餐外 GPRS 流量费
10 元/月	100MB/月	0.29 元/MB
30 元/月	500MB/月	
100 元/月	1GB/月	0.15 元/MB
180 元/月	6GB/月	
300 元/月	不限量	
注：GPRS 流量不区分本地漫游		

图 6-25　为表格添加外边框

(3) 单击“边框”组中“边框”按钮下方的三角按钮，在展开的列表中选择要设置的边框，如“外侧框线”，为所选单元格区域添加外边框，如图 6-25(b)和(c)所示。

(4) 保持表格的选中状态，在“笔样式”“笔画粗细”和“笔颜色”下拉列表框重新选择边框样式和粗细，如图 6-26(a)所示，然后在“边框”下拉列表中选择“内部框线”，如图 6-26(b)所示，为所选单元格区域添加内边框，效果如图 6-26(c)所示。

提示： 如果要取消所选单元格区域的框线，可在“边框”下拉列表中选择“无框线”选项。此外，在“边框”列表中选择“边框和底纹”选项，可打开“边框和底纹”对话框，利用该对话框也可为表格设置边框和底纹。

2. 设置底纹

(1) 配合 Ctrl 键选中要添加底纹的单元格，如图 6-27(a)所示。

(2) 单击“表格工具 设计”选项卡上“表格样式”组中的“底纹”按钮下方的三角按钮，在展开的列表中选择一种底纹颜色，如橙色，如图 6-27(b)所示，效果如图 6-27(c)所示。

提示： 还可以利用“表格属性”对话框设置表格的高度、宽度、对齐方式和文字环绕方式等。要打开“表格属性”对话框，可单击“表格工具 布局”选项卡上“表”组中的“属性”按钮，如图 6-28 所示。

(b)

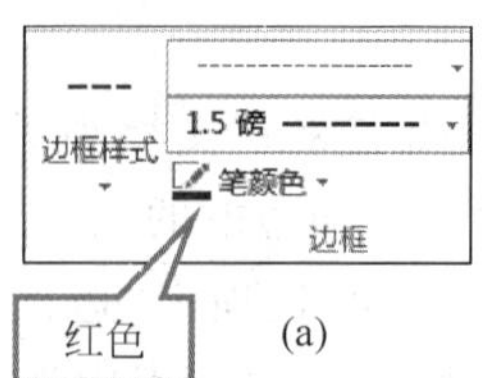

(a)

套餐月基本费	套餐内包含 GPRS 流量	套餐外 GPRS 流量费
10 元/月	100MB/月	0.29 元/MB
30 元/月	500MB/月	
100 元/月	1GB/月	0.15 元/MB
180 元/月	6GB/月	
300 元/月	不限量	
注：GPRS 流量不区分本地漫游		

(c)

图 6-26　为表格添加内边框

套餐月基本费	套餐内包含 GPRS 流量	套餐外 GPRS 流量费
10 元/月	100MB/月	0.29 元/MB
30 元/月	500MB/月	
100 元/月	1GB/月	0.15 元/MB
180 元/月	6GB/月	
300 元/月	不限量	
注：GPRS 流量不区分本地漫游		

(a)

套餐月基本费	套餐内包含 GPRS 流量	套餐外 GPRS 流量费
10 元/月	100MB/月	0.29 元/MB
30 元/月	500MB/月	
100 元/月	1GB/月	0.15 元/MB
180 元/月	6GB/月	
300 元/月	不限量	
注：GPRS 流量不区分本地漫游		

(c)

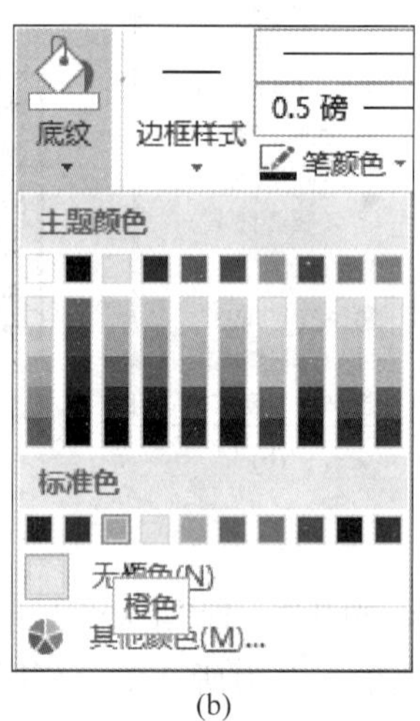

(b)

图 6-27　为单元格设置底纹

图 6-28　“表格属性”对话框

6.4 表格的其他应用

6.4.1 表格数据排序

具体步骤如下。

(1) 打开"素材\chapter06\开支表"文档。将插入符置于表格任意单元格中,然后单击"表格工具 布局"选项卡上"数据"组中的"排序"按钮,打开"排序"对话框。

(2) 在"排序"对话框的"主要关键字"下拉列表中选择排序依据(即参与排序的列),如"1 月"所在列,然后在其右侧选择排序方式,如"降序",如图 6-29(a)所示。

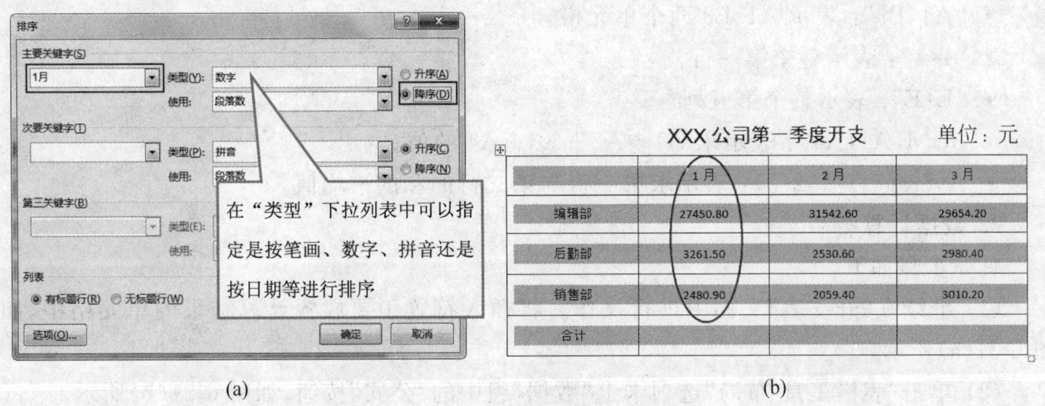

(a) (b)

图 6-29 设置排序选项得到排序结果

(3) 单击"确定"按钮,排序结果如图 6-29(b)所示,"1 月"的开支数量由大到小排列。

提示:要进行排序的表格中不能有合并后的单元格,否则无法进行排序。

Word 允许以多个排序依据进行排序。如果要进一步指定排序的依据,可以在"排序"对话框的"次要关键字""第三关键字"下拉列表框中指定第二个、第三个排列依据、排序类型及排序的方式。

在"排序"对话框中,如果选中"有标题行"单选按钮,则标题行不参加排序,否则,对标题行也进行排序。

6.4.2 表格数据计算

1. 基础知识

在表格中,可以通过输入带有加、减、乘、除(+、-、*、/)等运算符的公式进行计算,也可以使用 Word 提供的函数进行较为复杂的计算。表格中的计算都是以单元格或区域为单位进行的,为了方便在单元格之间进行运算,Word 表格中用英文字母"A,B,C..."从左至右表示列,用整数"1,2,3..."自上而下表示行,每一个单元格的名字则由它所在的行和列的编号组合而成的,如图 6-30 所示。

下面举例说明利用单元格参数表示一个单元格、一个单元格区域或一整行(一整列)的

A1	B1	C1	D1	E1
A2	B2	C2	D2	E2
A3	B3	C3	D3	E3
A4	B4	C4	D4	E4
A5	B5	C5	D5	E5

图 6-30 单元格名称示意图

方法。

- A1：表示位于第一列、第一行的单元格。
- “A1:B3”：表示由 A1、A2、A3、B1、B2、B3 六个单元格组成的矩形区域。
- “A1,B3”：表示 A1、B3 两个单元格。
- “1:1”：表示整个第一行。
- “E:E”：表示整个第五列。
- SUM(A1:A4)：表示求 A1+A2+A3+A4 的值。
- Average(1:1,2:2)：表示求第一行与第二行的和的平均值。

2. 数据计算

具体步骤如下。

(1) 继续在“开支表”文档中进行操作。将插入符置于要放置计算结果的单元格中，如图 6-31(a)所示。

(2) 单击“表格工具 布局”选项卡上“数据”组中的“公式”按钮，如图 6-31(b)所示。

XXX 公司第一季度开支 单位：(元)

	1 月	2 月	3 月
编辑部	27450.80	31542.60	29654.20
后勤部	3261.50	2530.60	2980.40
销售部	2480.90	2059.40	3010.20
合计			

(a)

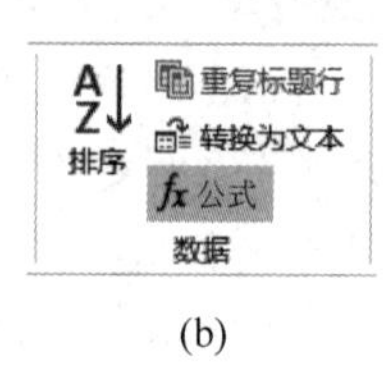

(b)

图 6-31 定位插入符并单击“公式”按钮

(3) 打开“公式”对话框，此时在“公式”编辑框中已经显示出了所需的公式，该公式表示对插入符所在位置上方的所有单元格数据求和，单击“确定”按钮即可得出计算结果，如图 6-32 所示。用同样的方法，可计算出 1、2 月数据的合计结果。

提示：Word 公式中提供的参数除了 ABOVE 外，还有 RIGHT 和 LEFT。RIGHT 表示计算插入符右侧所有单元格数值的和；LEFT 表示计算插入符左侧所有单元格数值的和。

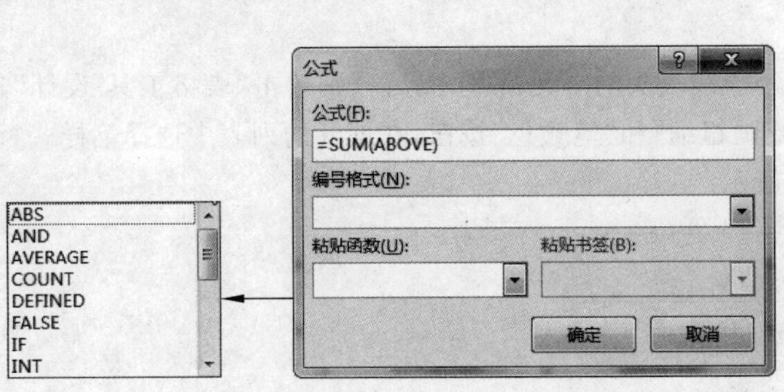

单位：元

3 月
29654.20
2980.40
3010.20
35644.8

图 6-32　利用公式计算单元格的值

若要对数据进行其他运算，可删除"公式"编辑框中"＝"以外的内容，然后从"粘贴函数"下拉列表框中选择所需的函数，如 AVERAGE（表示求平均值的函数），最后在函数右侧的括号内输入要运算的参数值。例如，输入"＝AVERAGE(A1:A4)"，表示计算 A1 至 A4 单元格区域数据的平均值；输入"＝AVERAGE(RIGHT)"，表示计算插入符右侧所有单元格数值的平均值。

在删除"公式"编辑框中"＝"以外的内容后，也可以直接输入要参与计算的单元格名称和运算符进行计算。例如，输入"＝A1 * A4＋B5"，表示计算 A1 乘 A4 单元格，再加 B5 单元格的值。

3. 更新计算结果

当参与运算的单元格数据发生变化时，计算结果也需要更新。方法是：将插入符放置在运算结果的单元格中，并单击运算结果，然后按 F9 键更新即可，如图 6-33 所示。

XXX 公司第一季度开支　　单位：元

	1 月	2 月	3 月
编辑部	27450.80	31542.60	29654.20
后勤部	3261.50	2530.60	2980.40
销售部	2480.90	5000	3010.20
合计	33193.2	39073.2	35644.8

XXX 公司第一季度开支　　单位：元

	1 月	2 月	3 月
编辑部	27450.80	31542.60	29654.20
后勤部	3261.50	2530.60	2980.40
销售部	2480.90	2059.40	3010.20
合计	33193.2	36132.6	35644.8

图 6-33　更新计算结果

6.4.3　跨页表格重复标题行

如果表格超过了一页，Word 会自动拆分表格。要使分成多页的表格在每一页的第一行都显示标题行，可将插入符置于表格标题行的任意位置，然后单击"表格工具 布局"选项卡上"数据"组中的"重复标题行"按钮，如图 6-34 所示。

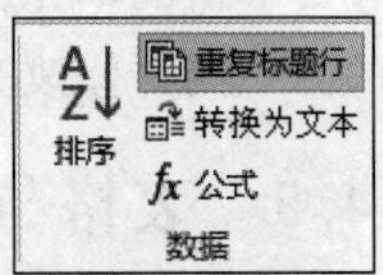

图 6-34　重复标题行

6.4.4　创建斜线表头

要制作斜线表头，可以使用直线工具手动绘制一条斜直线放置在单元格中，也可以使用"边框"列表中的选项。

手动绘制斜线表头的方法可参考第 5 章中的相关内容。要使用“边框”列表绘制斜线表头，操作步骤如下。

(1) 将插入符置于要绘制斜线表头的单元格中，然后分别单击“表格工具 设计”选项卡上“边框”组中的“笔样式”“笔画粗细”和“笔颜色”按钮，在展开的列表中选择笔样式，设置笔画粗细和笔颜色，如图 6-35 所示。

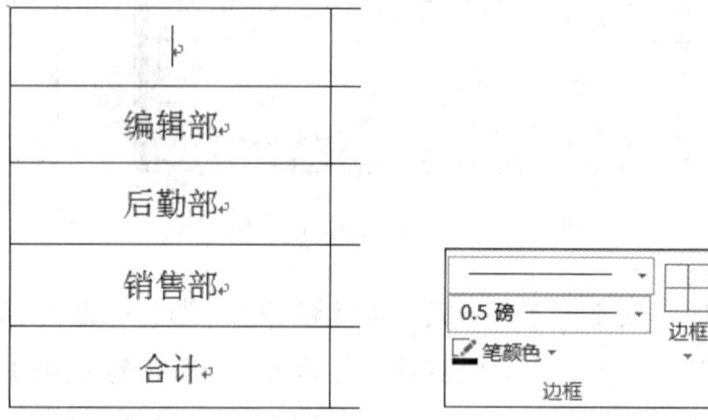

图 6-35　定位插入符设置线条样式

(2) 单击“边框”组中“边框”按钮下方的三角按钮，在展开的列表中选择“斜下框线”项，即可在插入符所在单元格中插入斜线，如图 6-36 所示。

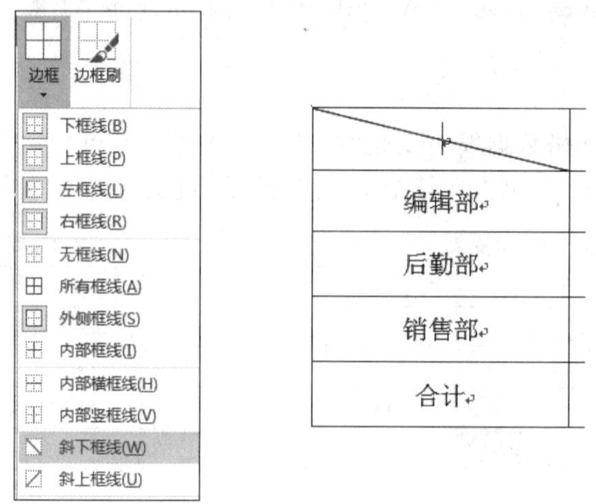

图 6-36　在单元格中插入斜线

(3) 利用绘制文本框的方法在插入斜线的单元格中绘制文本框并在其中输入文本，并设置文本框的填充颜色和轮廓均为“无”，如图 6-37(a)和(b)所示，然后复制该文本框到斜线的另一侧并修改文本，效果如图 6-37(c)所示。

6.4.5　表格与文本之间的转换

1. 表格转换成文本

要将表格转换成文本，只需在表格中的任意单元格中单击，然后单击“表格工具 布局”选项卡上“数据”组中的“转换为文本”按钮，打开“表格转换成文本”对话框，在其中选择一种文字分隔符，单击“确定”按钮即可，如图 6-38 所示。

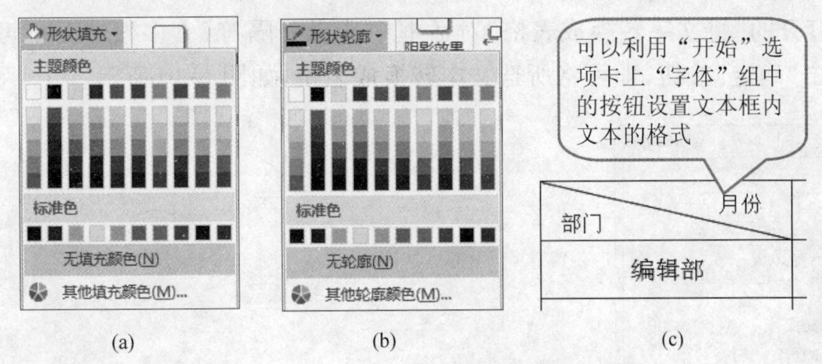

图 6-37　设置文本框格式及效果

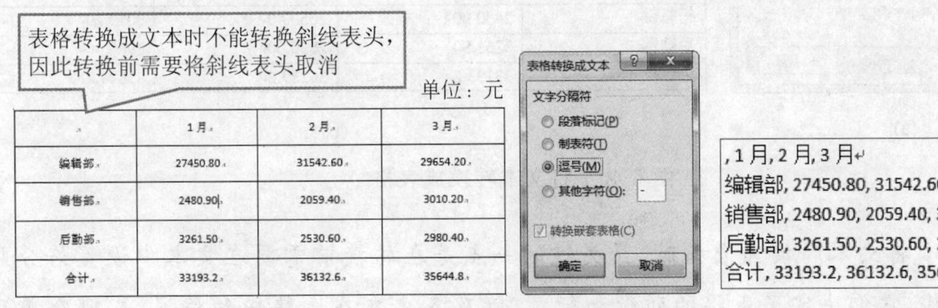

	1 月	2 月	3 月
编辑部	27450.80	31542.60	29654.20
销售部	2480.90	2059.40	3010.20
后勤部	3261.50	2530.60	2980.40
合计	33193.2	36132.6	35644.8

图 6-38　将表格转换成文本

提示：在“表格转换成文本”对话框中选择“段落标记”，表示将每个单元格的内容转换成一个文本段落；选择“制表符”或“逗号”，表示将每个单元格的内容转换后用制表符或逗号分隔，每行单元格的内容成为一个文本段落。也可选择“其他字符”单选按钮，然后在其后的编辑框中键入用作分隔符的半角字符。

2. 文本转换成表格

要将文本转换为表格，具体操作步骤如下。

(1) 选中要转换成表格的文本，如图 6-39(a)所示，单击“插入”选项卡“表格”组中的“表格”按钮，在展开的列表中选择“文本转换成表格”项，如图 6-39(b)所示。

,1 月, 2 月, 3 月
编辑部, 27450.80, 31542.60, 29654.20
销售部, 2480.90, 2059.40, 3010.20
后勤部, 3261.50, 2530.60, 2980.40
合计, 33193.2, 36132.6, 35644.8

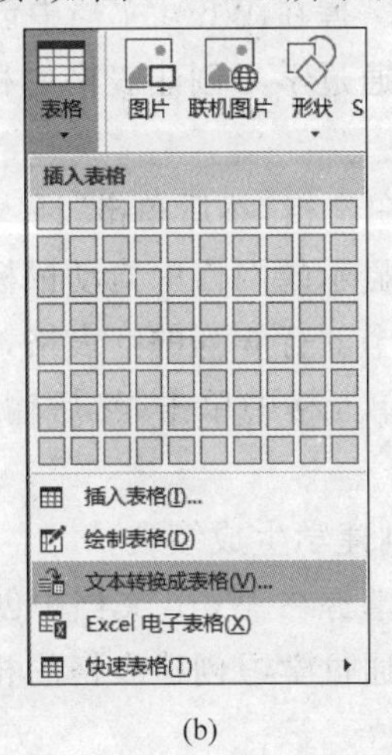

(a)　(b)

图 6-39　选中文本并选择“文本转换成表格”命令

(2) 在打开的“将文字转换成表格”对话框中选择分隔符(大多数情况下可保持默认设置),然后单击“确定”按钮,即可将所选文本转换成表格,如图 6-40 所示。

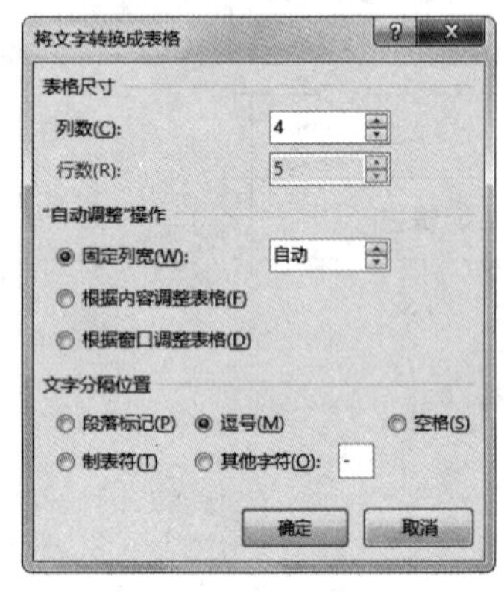

(a)

单位:元

	1月	2月	3月
编辑部	27450.80	31542.60	29654.20
销售部	2480.90	2059.40	3010.20
后勤部	3261.50	2530.60	2980.40
合计	33193.2	36132.6	35644.8

(b)

图 6-40　将文本转换成表格

提示:将文本转换为表格时,最关键的一点是在转换前需要在文本中设置好分隔符和划分好段落,它们决定了表格的列数和行数,以及各文本在表格中的位置(在哪个单元格中)。通常使用英文逗号、制表符或空格作为分隔符。

例如,在图 6-39(a)所示的文本中,使用逗号作为分隔符,将要放置在表格不同列中的文本用逗号分开;此外,将要放置在表格不同行中的文本划分为不同的段落。转换时在“将文字转换成表格”对话框中会根据所选文本自动设置相关参数,转换效果如图 6-40(b)所示。

实训案例

【案例 6-1】 创建学生成员表。

【实训目的】 掌握在 Word 文档中创建表格的方法。

【实训内容】 通过学习创建表格的相关知识,练习创建一个学生成员表。

【实训步骤】

(1) 新建一空白文档,然后单击“插入”选项卡上“表格”组中的“表格”按钮,根据要创建表格的行、列数,在显示的网格中拖动鼠标,待显示“6×6 表格”时单击鼠标,Word 将在插入符所在位置插入一个 6 行 6 列的空表格,如图 6-41 所示。

(2) 依次在各单元格中单击,然后输入所需内容,如图 6-42 所示。最后将文档保存为“学生成员表”。

【案例 6-2】 创建学生成绩表。

【实训目的】 掌握在 Word 文档中创建表格的方法。

【实训内容】 通过学习创建表格的相关知识,创建学生成绩表。

【实训步骤】

(1) 新建一个空白文档,然后单击“插入”选项卡上“表格”组中的“表格”按钮,在展开的列表中选择“插入表格”项，在打开的“插入表格”对话框中输入表格的列数为 8，行数为 6，如图 6-43 所示，单击“确定”按钮，创建一个 6 行 8 列的表格。

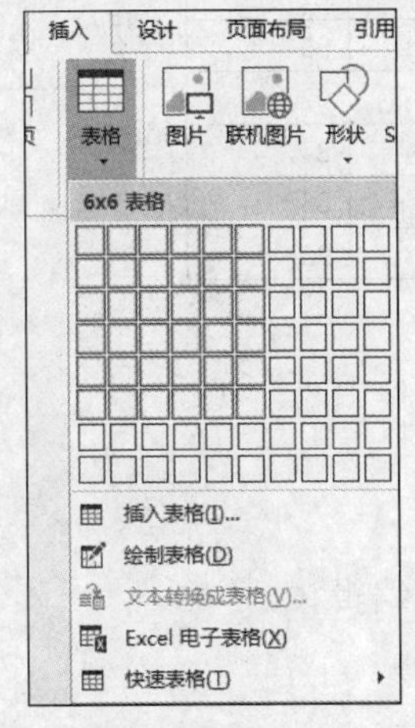

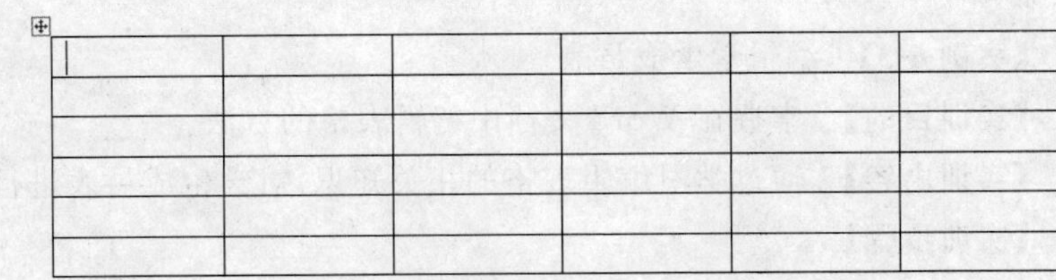

图 6-41　创建 6 行 6 列的表格

序号	姓名	性别	班级	宿舍	特长
1	王宏	男	16 体育	9#101	体操全能
5	李丽	女	16 体育	12#101	平衡木
2	赵海亮	男	16 体育	9#101	双杠
3	张小兵	男	16 体育	9#101	吊环
6	谢非儿	女	16 体育	12#101	跳马

图 6-42　输入内容后的表格

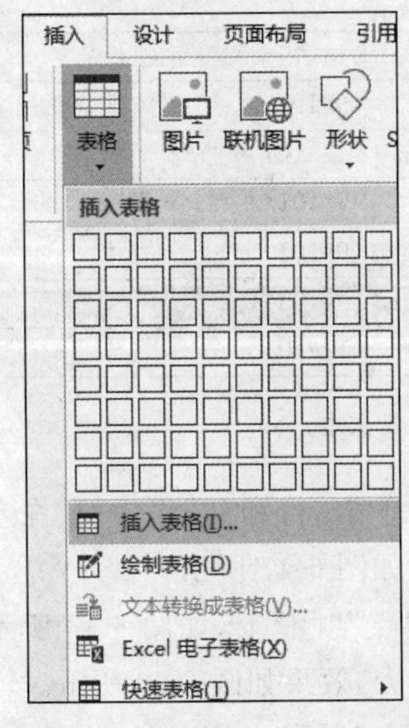

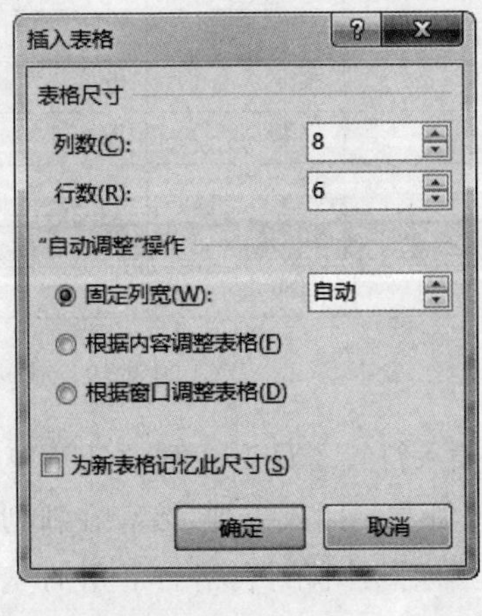

图 6-43　利用“插入表格”对话框创建表格

(2) 在表格中输入所需数据，如图 6-44 所示。最后将文档保存为“学生成绩表”。

序号	姓名	语文	数学	英语	物理	化学	生物
1	郝晓萌	85	96	80	87	91	95
2	张浩	92	83	68	90	95	92
3	韩莉莉	76	93	87	81	90	87
4	梁美	98	78	79	98	88	83
5	李洪波	89	82	91	87	83	93

图 6-44　输入表格的内容

【案例 6-3】 编辑学生成员表。

【实训目的】 掌握在 Word 文档中编辑表格的方法。

【实训内容】 通过学习编辑表格的相关知识，对学生成员表进行编辑。

【实训步骤】

(1) 打开“素材\chapter06\6-案例 3”文档。

(2) 将插入符置于第 5 行中的任意单元格中，然后单击“表格工具 布局”选项卡上“行和列”组中的“在下方插入”按钮，结果如图 6-45 所示。

序号	姓名
1	王宏
5	李丽
2	赵海亮
3	张小兵
6	谢非儿

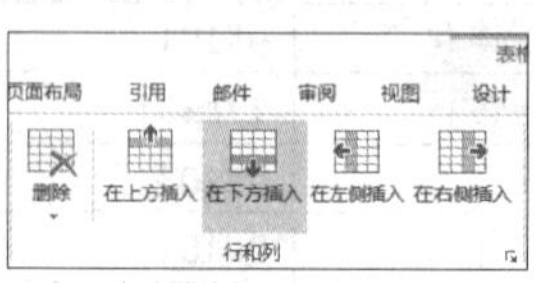

序号	姓名	性别	班级	宿舍	特长
1	王宏	男	16 体育	9#101	体操全能
5	李丽	女	16 体育	12#101	平衡木
2	赵海亮	男	16 体育	9#101	双杠
3	张小兵	男	16 体育	9#101	吊环
6	谢非儿	女	16 体育	12#101	跳马

图 6-45　插入新行

(3) 在新插入的行中输入内容，如图 6-46 所示。

序号	姓名	性别	班级	宿舍	特长
1	王宏	男	16 体育	9#101	体操全能
5	李丽	女	16 体育	12#101	平衡木
2	赵海亮	男	16 体育	9#101	双杠
3	张小兵	男	16 体育	9#101	吊环
4	陈刚	男	16 体育	9#102	单杠
6	谢非儿	女	16 体育	12#101	跳马

图 6-46　在新插入的行中输入文本

(4) 将插入符置于最后一列的任意单元格中，然后单击“行和列”组中的“在左侧插入”按钮，在插入符左侧插入一列，接着在新列中输入内容，如图 6-47 所示。

(5) 将鼠标指针移到表格右下角的“表格大小控制点”“□”上，如图 6-48 所示，待鼠标指针变成双向箭头形状时向右下角拖动，将整个表格放大，效果如图 6-49 所示。

(6) 将鼠标指针移到表格左上角的“表格位置控制点”“⊞”上，待鼠标指针变成十字箭头形状时单击，选中整个表格，然后单击“开始”选项卡上“段落”组中的“居中”按钮，将表格

班级	宿舍	特长
16 体育	9#101	体操全能
16 体育	12#101	平衡木
16 体育	9#101	双杠
16 体育	9#101	吊环
16 体育	9#102	单杠
16 体育	12#101	跳马

→

宿舍		特长
9#101		体操全能
12#101		平衡木
9#101		双杠
9#101		吊环
9#102		单杠
12#101		跳马

→

E-mail	特长
16ty@qq.com	体操全能
16ty@qq.com	平衡木
16ty@qq.com	双杠
16ty@qq.com	吊环
16ty@qq.com	单杠
16ty@qq.com	跳马

图 6-47 在表格中插入列并输入内容

序号	姓名	性别	班级	宿舍	E-mail	特长
1	王宏	男	16 体育	9#101	16ty@qq.com	体操全能
5	李丽	女	16 体育	12#101	16ty@qq.com	平衡木
2	赵海亮	男	16 体育	9#101	16ty@qq.com	双杠
3	张小兵	男	16 体育	9#101	16ty@qq.com	吊环
4	陈刚	男	16 体育	9#102	16ty@qq.com	单杠
6	谢非儿	女	16 体育	12#101	16ty@qq.com	跳马

图 6-48 将鼠标指针移到“表格大小控制点”上

序号	姓名	性别	班级	宿舍	E-mail	特长
1	王宏	男	16 体育	9#101	16ty@qq.com	体操全能
5	李丽	女	16 体育	12#101	16ty@qq.com	平衡木
2	赵海亮	男	16 体育	9#101	16ty@qq.com	双杠
3	张小兵	男	16 体育	9#101	16ty@qq.com	吊环
4	陈刚	男	16 体育	9#102	16ty@qq.com	单杠
6	谢非儿	女	16 体育	12#101	16ty@qq.com	跳马

图 6-49 放大整个表格

在文档页面居中对齐，如图 6-50 所示。

(7) 保持表格的选中状态，单击“表格工具 布局”选项卡上“对齐方式”组中的“水平居中”按钮，再选中最后一列中“特长”单元格下方的所有单元格内容，单击“靠下右对齐”按钮。

(8) 在“页面布局”选项卡中将纸张方向改为“横向”，纸张大小设置为“16 开”，如图 6-51(a)和图 6-51(b)所示，此时的表格效果如图 6-51(c)所示。

(9) 选中表格第一行，将其字符格式设置为：华文中宋，小三，加粗。将第 1 列和第 3 列的列宽调为 1.8 厘米，第 2、4、5 列的列宽调为 3 厘米，第 6 列的列宽调为 3.5 厘米，第 7 列的列宽调为 4 厘米，效果如图 6-52 所示。最后将文档另存为“6-案例 3(编辑)”。

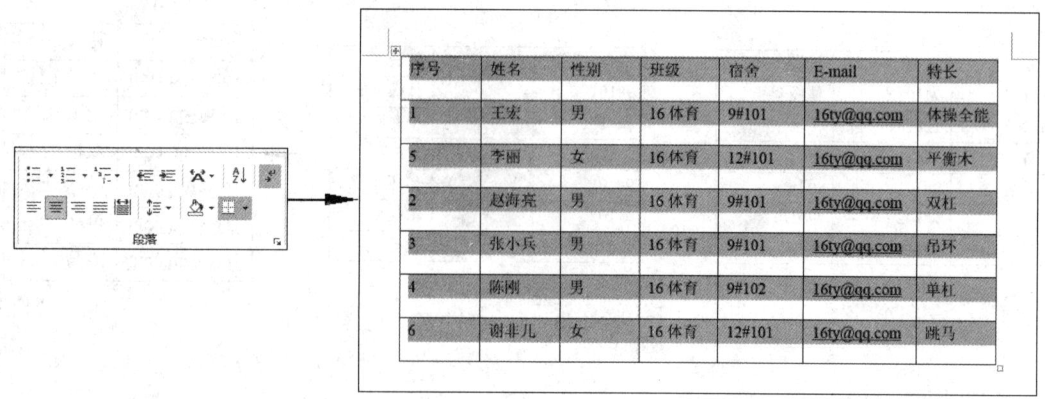

序号	姓名	性别	班级	宿舍	E-mail	特长
1	王宏	男	16 体育	9#101	16ty@qq.com	体操全能
5	李丽	女	16 体育	12#101	16ty@qq.com	平衡木
2	赵海亮	男	16 体育	9#101	16ty@qq.com	双杠
3	张小兵	男	16 体育	9#101	16ty@qq.com	吊环
4	陈刚	男	16 体育	9#102	16ty@qq.com	单杠
6	谢非儿	女	16 体育	12#101	16ty@qq.com	跳马

图 6-50　设置表格与页面居中对齐

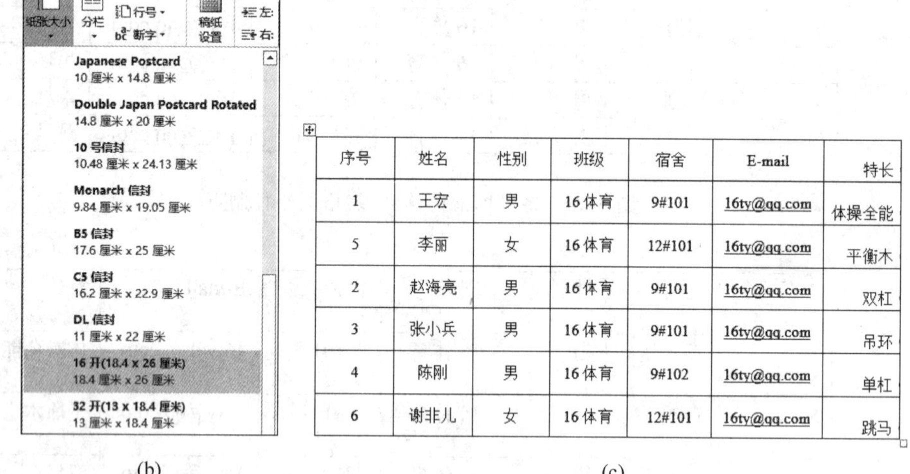

序号	姓名	性别	班级	宿舍	E-mail	特长
1	王宏	男	16 体育	9#101	16ty@qq.com	体操全能
5	李丽	女	16 体育	12#101	16ty@qq.com	平衡木
2	赵海亮	男	16 体育	9#101	16ty@qq.com	双杠
3	张小兵	男	16 体育	9#101	16ty@qq.com	吊环
4	陈刚	男	16 体育	9#102	16ty@qq.com	单杠
6	谢非儿	女	16 体育	12#101	16ty@qq.com	跳马

(a)　　(b)　　(c)

图 6-51　设置表格的页面

序号	**姓名**	**性别**	**班级**	**宿舍**	**E-mail**	**特长**
1	王宏	男	16 体育	9#101	16ty@qq.com	体操全能
5	李丽	女	16 体育	12#101	16ty@qq.com	平衡木
2	赵海亮	男	16 体育	9#101	16ty@qq.com	双杠
3	张小兵	男	16 体育	9#101	16ty@qq.com	吊环
4	陈刚	男	16 体育	9#102	16ty@qq.com	单杠
6	谢非儿	女	16 体育	12#101	16ty@qq.com	跳马

图 6-52　调整表格列宽

【案例 6-4】 编辑学生成绩表。

【实训目的】 掌握在 Word 文档中编辑表格的方法。

【实训内容】 通过学习编辑表格的相关知识,对学生成绩表进行编辑。

【实训步骤】

(1) 打开“素材\chapter06\6-案例 4”文档,在表格的下方和右侧插入一行和一列,分别在插入的行和列中输入图 6-53 所示的文本。

序号	姓名	语文	数学	英语	物理	化学	生物	平均分
1	郝晓萌	85	96	80	87	91	95	
2	张浩	92	83	68	90	95	92	
3	韩莉莉	76	93	87	81	90	87	
4	梁美	98	78	79	98	88	83	
5	李洪波	89	82	91	87	83	93	
总成绩								

图 6-53　插入的列和行并输入文本

(2) 调整第 2～7 行的高度为 1.2 厘米,将第 1 列的列宽调整为 1.4 厘米,然后选中整个表格,单击“表格工具 布局”选项卡上“对齐方式”组中的“水平居中”按钮,将表格所有文本内容水平居中对齐。

(3) 选中如图 6-54(a)所示的表格左下方的两个单元格,然后单击“表格工具 布局”选项卡上“合并”组中的“合并单元格”按钮,如图 6-54(b)所示,将这两个单元格合并为一个单元格,如图 6-54(c)所示。最后将文档另存为“6-案例 4(编辑)”。

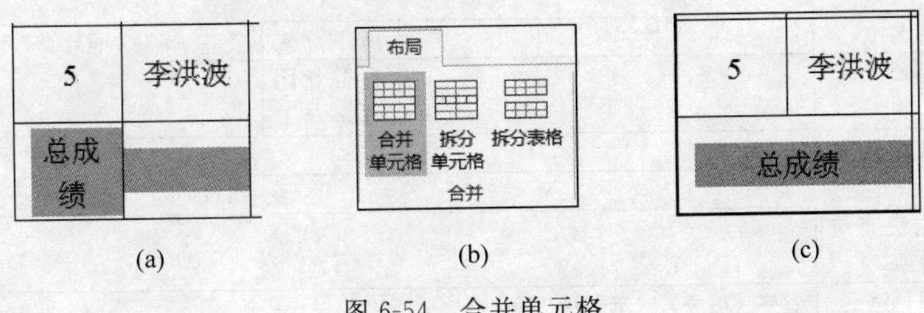

图 6-54　合并单元格

【案例 6-5】 创建并编辑先进个人申请表。

【实训目的】 掌握在 Word 文档中创建、编辑表格的方法。

【实训内容】 通过对 Word 表格相关知识的学习,创建先进个人申请表并进行编辑。

【实训步骤】

(1) 新建一个空白文档,并保存为“6-案例 5”,然后单击“插入”选项卡上“表格”组中的“表格”按钮,在显示的网格中拖动鼠标,待显示“7×7 表格”时单击,创建一个 7 行 7 列的表格。

(2) 在表格中输入如图 6-55 所示的内容。

(3) 下面对表格的相关单元格进行合并操作。选中如图 6-56(a)所示的单元格,然后单击“表格工具 布局”选项卡上“合并”组中的“合并单元格”按钮,如图 6-56(b)所示,结果如图 6-56(c)所示。

姓名		性别		籍贯		照片
特长				是否党团员		
在读学校						
通讯地址					邮政编码	
先进事迹介绍						
单位意见	签字（盖章） 年 月 日					
上级主管意见	签字（盖章） 年 月 日					

图 6-55　在表格中输入文本

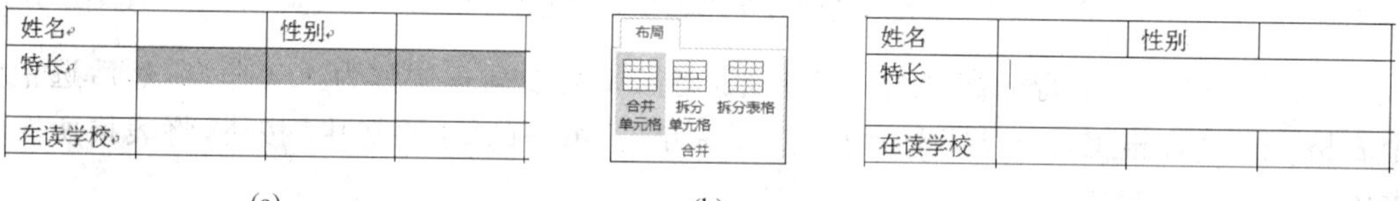

姓名		性别	
特长			
在读学校			

(a)

布局

合并单元格　拆分单元格　拆分表格

合并

(b)

姓名		性别	
特长			
在读学校			

(c)

图 6-56　合并单元格

(4) 用同样的方法按图 6-57 所示合并其他单元格。

姓名		性别		籍贯		照片
特长				是否党团员		
在读学校						
通讯地址					邮政编码	
先进事迹介绍						
单位意见	签字（盖章） 年 月 日					
上级主管领导意见	签字（盖章） 年 月 日					

图 6-57　合并其他单元格

(5) 将第 1～4 行的行高调整为 1.3 厘米，第 5～7 行的行高分别调整为 8 厘米、5 厘米和 3.5 厘米，此时的表格效果如图 6-58 所示。

(6) 将鼠标指针移到如图 6-59(a)所示单元格的右侧，待鼠标指针变成左右双向箭头形状时向左拖动，至合适位置后释放鼠标，调整该列的列宽。用同样的方法向左拖动“性别”列右侧的框线调整该列的列宽，此时表格上部分的效果如图 6-59(b)所示。

(7) 利用“绘制表格”按钮和“橡皮擦”按钮来修改表格。单击“表格工具 布局”选项卡上“绘图”组中的“绘制表格”按钮，然后拖动鼠标在“是否党团员”左侧的空单元格中绘制一条竖线，如图 6-60 所示。

姓名		性别		籍贯		照片
特长				是否党团员		
在读学校						
通讯地址				邮政编码		
先进事迹介绍						
单位意见	签字（盖章）　年　月　日					
上级主管领导意见	签字（盖章）　年　月　日					

图 6-58　调整行高后的表格效果

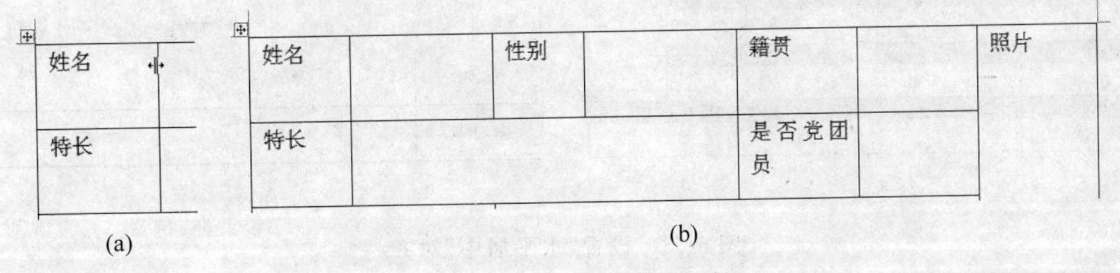

图 6-59　调整部分列的列宽

姓名		性别		籍贯		照片
特长				是否党团员		

姓名		性别		籍贯		照片
特长				是否党团员		

图 6-60　绘制竖线

(8) 单击“表格工具 布局”选项卡上“绘图”组中的“橡皮擦”按钮，如图 6-61(a)所示，然后单击“是否党团员”单元格左侧的边线，如图 6-61(b)所示，结果如图 6-61(c)所示。

(9) 用同样的方法调整“在读学校”“通讯地址”和“邮政编码”所在单元格的列宽，使其效果如图 6-62 所示。

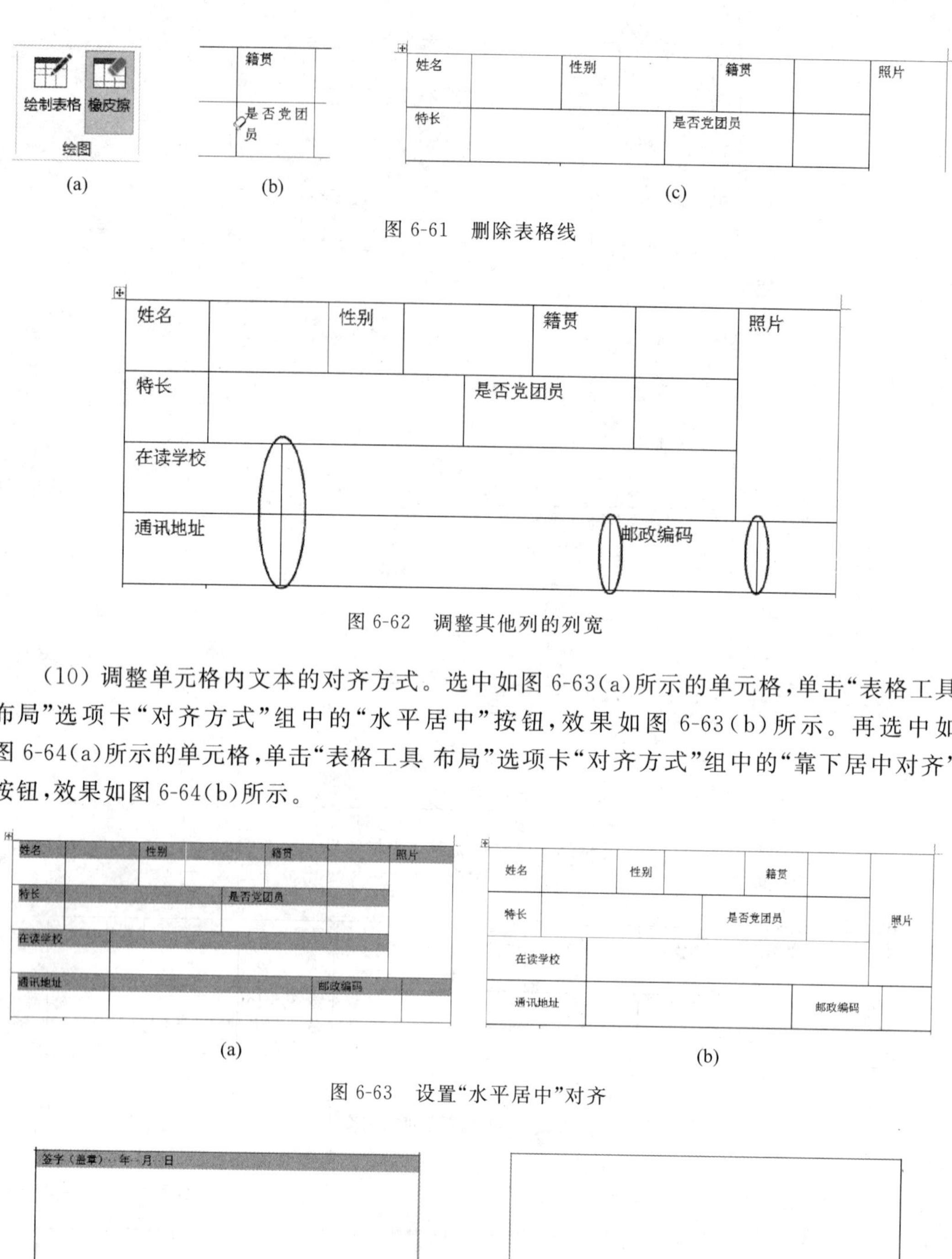

(a)　(b)　(c)

图 6-61　删除表格线

图 6-62　调整其他列的列宽

（10）调整单元格内文本的对齐方式。选中如图 6-63(a)所示的单元格，单击“表格工具 布局”选项卡“对齐方式”组中的“水平居中”按钮，效果如图 6-63(b)所示。再选中如图 6-64(a)所示的单元格，单击“表格工具 布局”选项卡“对齐方式”组中的“靠下居中对齐”按钮，效果如图 6-64(b)所示。

(a)　(b)

图 6-63　设置“水平居中”对齐

签字（盖章）　年　月　日

签字（盖章）　年　月　日

(a)　(b)

图 6-64　设置“靠下居中对齐”对齐

（11）选中如图 6-65(a)所示的单元格，然后依次单击“对齐方式”组中的“文字方向”按钮和“中部居中”按钮，如图 6-65(b)所示，效果如图 6-65(c)所示。

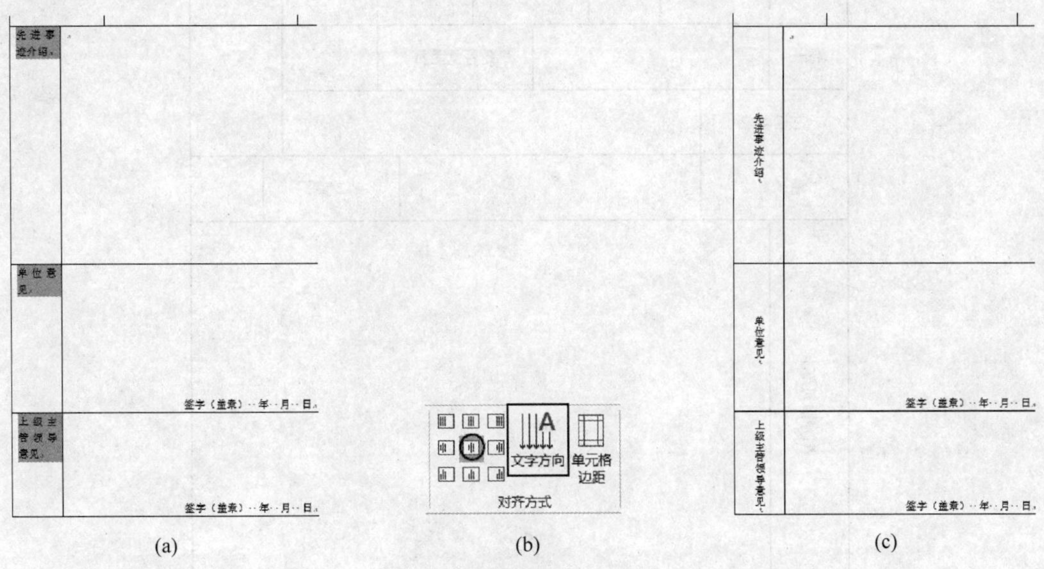

(a)　　(b)　　(c)

图 6-65　设置单元格内容的方向和对齐

（12）为表格添加标题。将插入符置于表格左上角单元格中文本的左侧，按 Enter 键插入一空行，在空行中输入表格标题“先进个人申请表”。

（13）最后检查制作好的表格，如有不协调的地方可做适当调整，最终效果如图 6-66 所示，最后保存文档。

【案例 6-6】 美化学生成员表。

【实训目的】 掌握在 Word 文档中美化表格的方法。

【实训内容】 通过对 Word 表格相关知识的学习，练习美化学生成员表。

【实训步骤】

（1）打开“素材\chapter06\6-案例 3(编辑)”文档，单击表格左上角的“表格位置控制点”按钮选中整个表格，如图 6-67(a)所示。

（2）分别单击“表格工具 设计”选项卡上“边框”组中的“笔样式”“笔画粗细”和“笔颜色”右侧的三角按钮，从展开的列表中选择“双线”“1.5 磅”和“红色”，如图 6-67(b)和图 6-67(c)所示。

（3）单击“表格工具 设计”选项卡上“边框”组“边框”下方的三角按钮，从展开的列表中选择“外侧框线”，为表格外侧添加前面设置好的框线，如图 6-68 所示。

（4）保持表格的选中状态，然后用步骤 2 的方法设置“笔样式”“笔画粗细”和“笔颜色”，如图 6-69(a)所示。再在“边框”列表中选择“内部框线”项，如图 6-69(b)所示，此时的表格效果如图 6-69(c)所示。

（5）选中要添加底纹的单元格，如图 6-70(a)所示，然后在“底纹”下拉列表中选择一种底纹颜色，如“橄榄色，着色 3，淡色 60%”，如图 6-70(c)所示，结果如图 6-70(b)所示。

（6）用同样的方法为其他要填充底纹的单元格填充底纹，此时的表格效果如图 6-71 所示。最后将文档另存为“6-案例 3(美化)”。

先进个人申请表

姓名		性别		籍贯		照片
特长		是否党团员				
在读学校						
通讯地址		邮政编码				
先进事迹介绍						
单位意见	签字（盖章） 年 月 日					
上级主管领导意见	签字（盖章） 年 月 日					

图 6-66　表格的最终效果

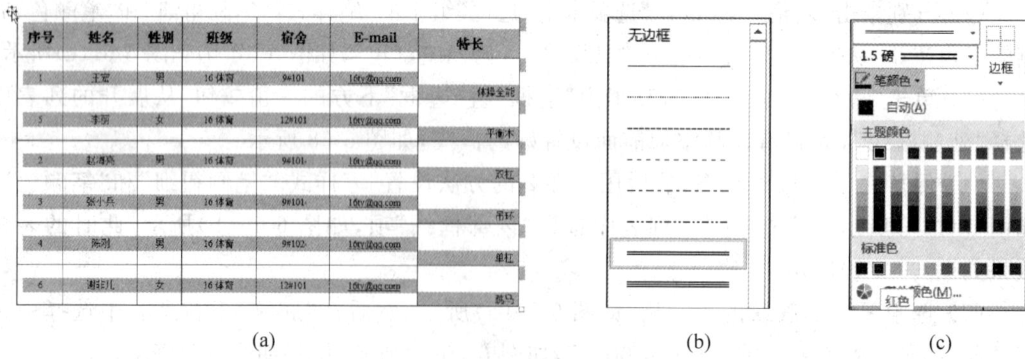

图 6-67　选择表格及设置的边框样式、粗细和颜色

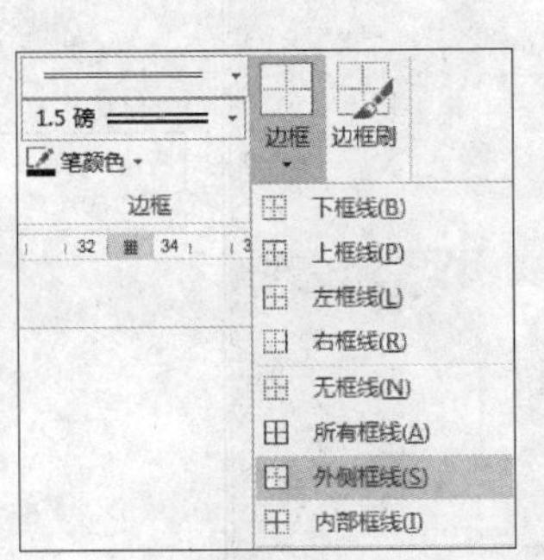

序号	姓名	性别	班级	宿舍	E-mail	特长
1	王宏	男	16 体育	9#101	16ty@qq.com	体操全能
5	李丽	女	16 体育	12#101	16ty@qq.com	平衡木
2	赵海亮	男	16 体育	9#101	16ty@qq.com	双杠
3	张小兵	男	16 体育	9#101	16ty@qq.com	吊环
4	陈刚	男	16 体育	9#102	16ty@qq.com	单杠
6	谢非儿	女	16 体育	12#101	16ty@qq.com	跳马

图 6-68　为表格设置外框线

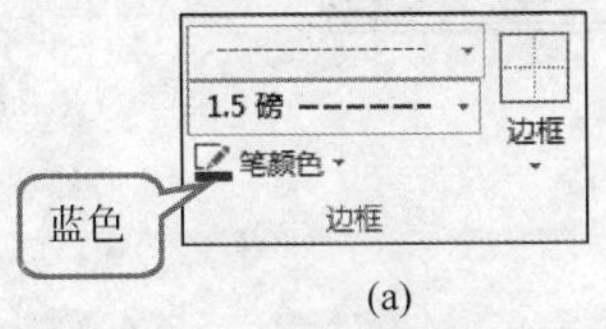

(a)

(b)

序号	姓名	性别	班级	宿舍	E-mail	特长
1	王宏	男	16 体育	9#101	16ty@qq.com	体操全能
5	李丽	女	16 体育	12#101	16ty@qq.com	平衡木
2	赵海亮	男	16 体育	9#101	16ty@qq.com	双杠
3	张小兵	男	16 体育	9#101	16ty@qq.com	吊环
4	陈刚	男	16 体育	9#102	16ty@qq.com	单杠
6	谢非儿	女	16 体育	12#101	16ty@qq.com	跳马

(c)

图 6-69　为表格设置内框线

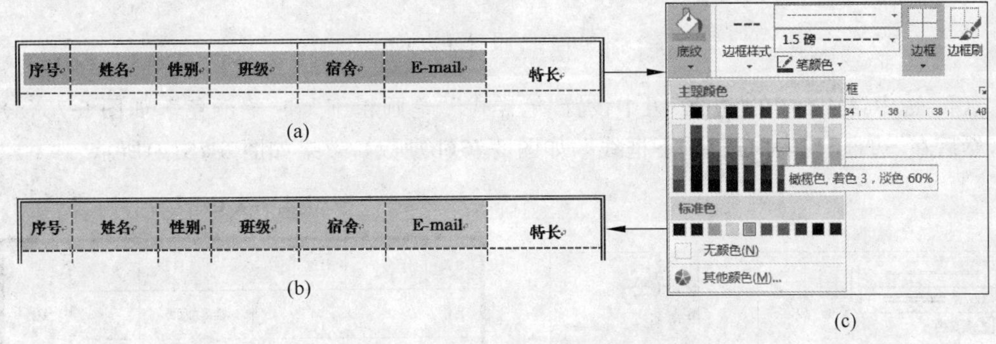

图 6-70　为单元格填充底纹

【案例 6-7】　美化先进个人申请表。

【实训目的】　掌握在 Word 文档中美化表格的方法。

【实训内容】　通过对 Word 表格相关知识的学习，练习美化先进个人申请表。

序号	姓名	性别	班级	宿舍	E-mail	特长
1	王宏	男	16 体育	9#101	16ty@qq.com	体操全能
5	李丽	女	16 体育	12#101	16ty@qq.com	平衡木
2	赵海亮	男	16 体育	9#101	16ty@qq.com	双杠
3	张小兵	男	16 体育	9#101	16ty@qq.com	吊环
4	陈刚	男	16 体育	9#102	16ty@qq.com	单杠
6	谢非儿	女	16 体育	12#101	16ty@qq.com	跳马

图 6-71 为其他单元格填充底纹

【实训步骤】

(1) 打开"素材\chapter06\6-案例 5"文档。

(2) 设置文档第一行文本格式为：二号，加粗，居中对齐，段前和段后间距为 0.5 行。

(3) 选中整个表格，然后在"表格工具 设计"选项卡上"边框"组中设置"笔样式""笔画粗细"和"笔颜色"，如图 6-72(a)所示，然后在"边框"列表中选择"外侧框线"项，如图 6-72(b)所示。

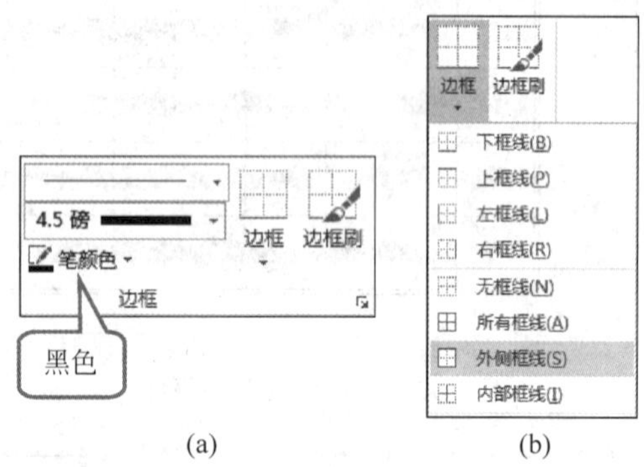

图 6-72 设置外边框

(4) 选中第 4 行，在"边框"组中设置"笔样式""笔画粗细"和"笔颜色"，如图 6-73(a)所示，然后在"边框"列表中选择"下框线"，如图 6-73(b)所示，效果如图 6-73(c)所示。

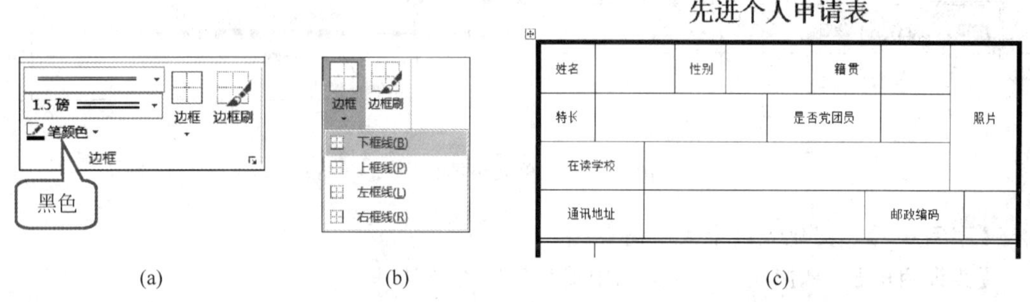

图 6-73 为表格设置分隔线

(5) 选中整个表格，然后在"开始"选项卡上单击"段落"组中的"居中"按钮，最后将文档另存为"6-案例 5(美化)"，此时的表格效果如图 6-74 所示。

先进个人申请表

姓名		性别		籍贯		照片
特长			是否党团员			
在读学校						
通讯地址				邮政编码		
先进事迹介绍						
单位意见	签字（盖章）　年　月　日					
上级主管领导意见	签字（盖章）　年　月　日					

图 6-74　表格的最终效果

【案例 6-8】 计算学生的成绩。

【实训目的】 掌握在 Word 文档中表格数据计算的方法。

【实训内容】 通过对 Word 表格相关知识的学习，对学生成绩表中的数据进行计算。

【实训步骤】

(1) 打开"素材\chapter06\6-案例 4(编辑)"文档。

(2) 首先计算每个学生的平均分。单击 1 号学生对应的"平均分"列中的单元格，如图 6-75(a)所示。

(3) 单击"表格工具 布局"选项卡上"数据"组中的"公式"按钮，如图 6-75(b)所示。

(4) 打开"公式"对话框，删除"公式"编辑框中等号右侧的公式和参数，然后在"粘贴函数"下拉列表中选择求平均值的函数 AVERAGE，再在括号内输入要进行计算的单元格或

序号	姓名	语文	数学	英语	物理	化学	生物	平均分
1	郝晓萌	85	96	80	87	91	95	
2	张浩	92	83	68	90	95	92	

(a)

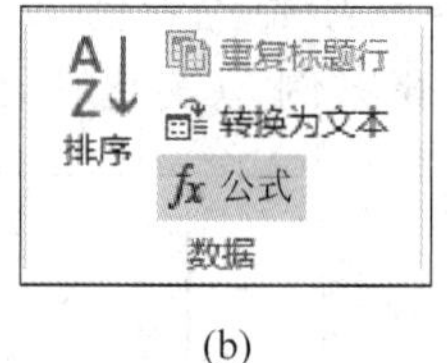

(b)

图 6-75　选择单元格单击“公式”按钮

单元格区域，如图 6-76(a)所示。

(5) 单击“确定”按钮即可得出计算结果，如图 6-76(b)所示。以同样的方法，可计算出其他学生的平均分结果，如图 6-76(c)所示。

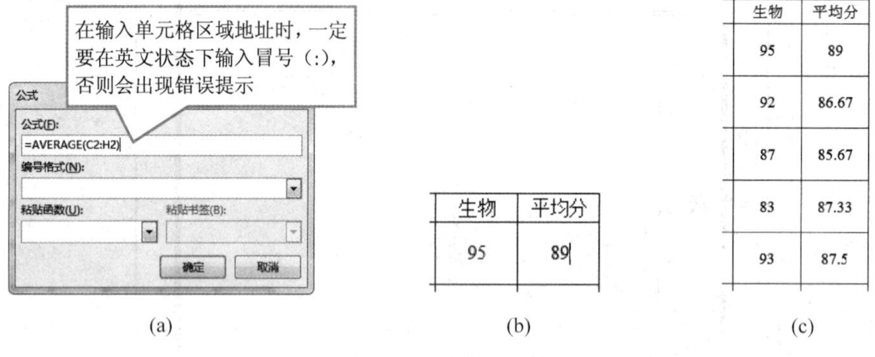

生物	平均分
95	89

生物	平均分
95	89
92	86.67
87	85.67
83	87.33
93	87.5

(a)　(b)　(c)

图 6-76　计算平均分

(6) 在“数学”科目对应的“总成绩”所在行的单元格单击，然后单击“公式”按钮，打开“公式”对话框，如图 6-77(a)所示。直接单击“确定”按钮，确认“公式”编辑框中的默认公式，得到计算结果，如图 6-77(b)所示。

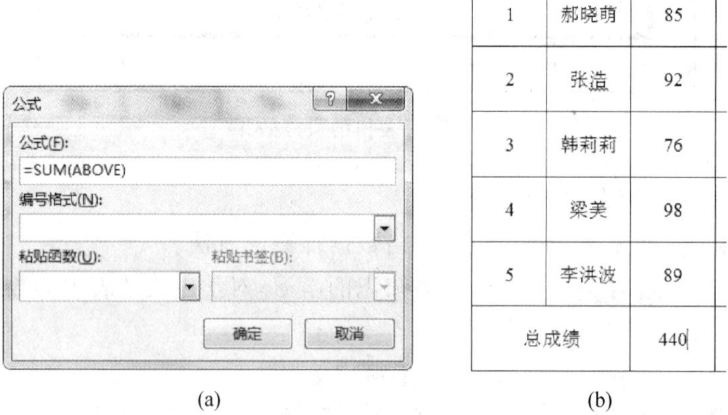

序号	姓名	语文
1	郝晓萌	85
2	张浩	92
3	韩莉莉	76
4	梁美	98
5	李洪波	89
总成绩		440

(a)　(b)

图 6-77　计算数学科目的总成绩

(7) 用同样的方法计算其他科目的总成绩，结果如图 6-78 所示。

序号	姓名	语文	数学	英语	物理	化学	生物	平均分
1	郝晓萌	85	96	80	87	91	95	89
2	张澧	92	83	68	90	95	92	86.67
3	韩莉莉	76	93	87	81	90	87	85.67
4	梁美	98	78	79	98	88	83	87.33
5	李洪波	89	82	91	87	83	93	87.5
总成绩		440	432	405	443	447	450	

图 6-78　计算其他科目的总成绩

拓展练习

1. 制作"个人简历"表格

"实训知识点要求"利用 Word 表格的形式来制作个人简历。一般表格形式的个人简历都不会是一个规则的表格，要制作这样的表格，就要用到合并和拆分单元格、单元格对齐方式以及边框和底纹的设置等功能。"个人简历"表格的最终效果如图 6-85 所示。

(1) 输入表格标题"个人简历"，将其格式设置为"华文行楷、二号、加粗、居中"显示，并且字符间距为"加宽、10 磅"。

(2) 创建"个人简历"表格的结构。

① 创建一个 5 列 10 行的简单表格，如图 6-79 所示。

图 6-79　简单表格

② 合并单元格。合并单元格区域"E1:E4""B5:E5""B6:E6""B7:E7""B8:E8""B9:E9"

"B10:E10"。

③ 拆分单元格。选中单元格区域"A5:A8",将其拆分为 2 列 4 行。

④ 合并刚刚拆分后形成的单元格区域"A5:A8"。

至此得到如图 6-80 所示的表格。

图 6-80　完成合并和拆分后的表格

⑤ 输入表格的内容,如图 6-81 所示。

个　人　简　历

姓名		出生年月		
性别		政治面貌		
籍贯		学历		
学校		专业		
个人能力	性格特点			
	专业技能			
	工作经历			
	奖励特长			
求职意向				
联系电话				

图 6-81　输入表格的内容

(3) 设置单元格底纹、字符格式和对齐方式

① 将含有文本的单元格(区域)的底纹设置成为"灰色,25%,背景 2",效果如图 6-82 所示。

② 将有底纹的单元格中的文本的格式设置为:华文仿宋、四号、水平居中对齐、加粗。

③ 没有底纹的单元格中的文本的格式设置为:新宋体、小四、两端对齐。

个　人　简　历

姓名↵		出生年月		
性别↵		政治面貌		
籍贯↵		学历		
学校↵		专业		
个　人能力	性　格特点			
	专　业技能			
	工　作经历			
	奖　励特长			
求职意向				
联系电话				

图 6-82　设置单元格的底纹

单元格的底纹和字符的格式设置完成后,效果如图 6-83 所示。

个　人　简　历

姓名		出生年月		
性别		政治面貌		
籍贯		学历		
学校		专业		
个人能力	性格特点			
	专业技能			
	工作经历			
	奖励特长			
求职意向				
联系电话				

图 6-83　设置底纹和字符格式的效果

(4) 调整行高和列宽。

① 根据表 6-1 所示参数设置单元格行高，并使用标尺调整为合适的列宽。

表 6-1 "个人简历"行高参数

行号	指定高度	行高值
1～4 行	1 厘米	最小值
5～8 行	3 厘米	最小值
9～10 行	2 厘米	最小值

调整好行高和列宽后，表格效果如图 6-84 所示。

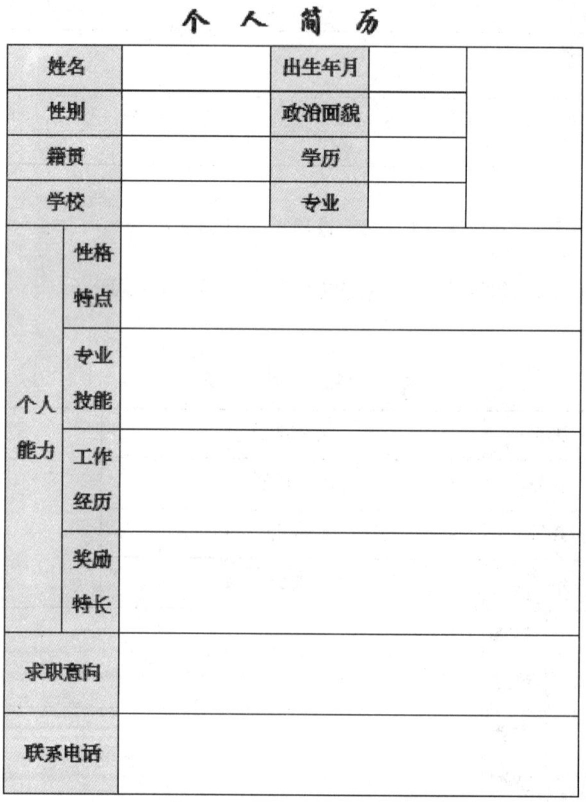

个 人 简 历

<table>
<tr><td colspan="2">姓名</td><td></td><td>出生年月</td><td></td><td rowspan="4"></td></tr>
<tr><td colspan="2">性别</td><td></td><td>政治面貌</td><td></td></tr>
<tr><td colspan="2">籍贯</td><td></td><td>学历</td><td></td></tr>
<tr><td colspan="2">学校</td><td></td><td>专业</td><td></td></tr>
<tr><td rowspan="4">个人能力</td><td>性格特点</td><td colspan="4"></td></tr>
<tr><td>专业技能</td><td colspan="4"></td></tr>
<tr><td>工作经历</td><td colspan="4"></td></tr>
<tr><td>奖励特长</td><td colspan="4"></td></tr>
<tr><td colspan="2">求职意向</td><td colspan="4"></td></tr>
<tr><td colspan="2">联系电话</td><td colspan="4"></td></tr>
</table>

图 6-84 调整行高和列宽

② 将"个人能力""性格特点""专业技能""工作经历"和"奖励特长"单元格中的文字方向改为"竖排""中部居中"显示。

(5) 设置表格边框

将"个人简历"表格的内侧框线设置为"┈┈┈┈┈┈┈┈"，外侧框线设置为"════════"。

设置完成后，个人简历表格的最终效果如图 6-85 所示。

2. 上机操作拓展训练

利用 MOOC、微课等在线资源进行相关知识的拓展学习。

个 人 简 历

姓名		出生年月		
性别		政治面貌		
籍贯		学历		
学校		专业		
个人能力	性格特点			
	专业技能			
	工作经历			
	奖励特长			
求职意向				
联系电话				

图 6-85　表格的最终效果

本章小结

本章主要介绍了在 Word 中创建和编辑表格的方法，学完本章后，应重点掌握或了解以下知识。

(1) Word 2013 提供了三种创建表格的方法，分别是利用表格网格、“插入表格”对话框和绘制表格创建表格。创建好表格后，在表格中单击要输入内容的单元格，然后即可输入内容。设置表格内文本格式的方法与设置正文文本格式的操作方法相同。

(2) 要对表格进行编辑操作，需要先掌握选择整个表格、单元格或行、列的方法。可根据需要在表格中插入行、列、单元格，以及调整表格的行高和列宽、合并单元格等，以使表格的结构符合需要。此外，还可调整表格内文本的对齐方式。

(3) 通过为表格套用系统内置样式、为表格设置所需的边框和底纹等可以美化表格。此外，还可以设置表格与页面的对齐方式，以及与周围文字环绕的方式等。

(4) 对表格还可以进行一些特殊的操作，如设置重复的标题行，设置表格内数据的排序方式和对数据进行简单计算等。

(5) 将文本转换为表格时,最关键的一点是在转换前需要在文本中设置好分隔符和划分好段落,它们决定了表格的列数和行数,以及各文本在表格中的位置(在哪个单元格中)。

思考与练习

1. 如何将 1 个表格拆分为 2 个表格?
2. 如何绘制斜线表头?

第 7 章　Word 文档的其他功能

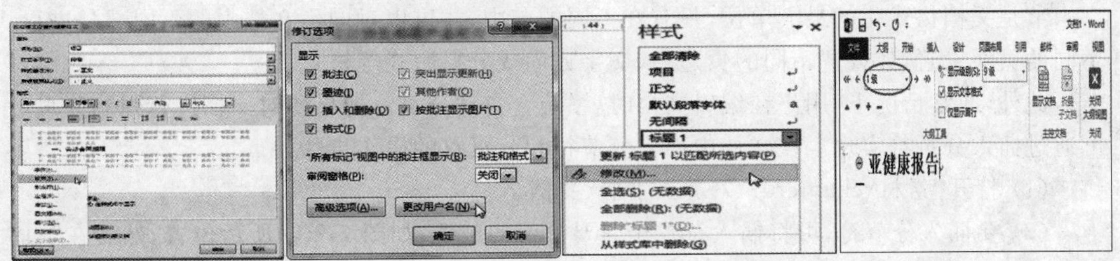

本章导读

除前面所学基本内容外，为了满足更多文档形式的制作需求，Word 还提供了更多的功能。如为文档分页、分节，使用样式编排文档以及为文档添加批注，修订文档，用大纲视图方式组织文档，在文档中编排目录等。

知识目标

- 了解分隔符的作用，掌握为文档设置分隔符的方法。
- 了解样式的作用，掌握在文档中创建并应用样式的方法。
- 掌握为文档添加批注以及修订文档的方法。
- 了解邮件合并功能的作用，掌握其应用方法。
- 掌握使用大纲视图组织文档的方法。
- 掌握为文档编制目录的方法。

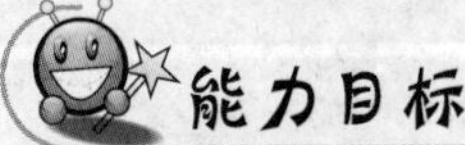

能力目标

- 能够根据需要将文档分成不同的节。
- 能够利用样式快速设置文档的字符和段落格式。
- 能够在审阅文档时为文档添加批注，以及使用修订突出显示对文档所做的修改。
- 能够使用邮件合并功能批量创建内容相同，但称谓和地址等不同的公文、信件等。
- 能够在大纲视图下输入文档大纲，以及调整文档的标题级别，移动文档标题等。
- 能够将文档的章、节等标题及所在页码提取为目录，以方便查阅文档。

7.1 设置分隔符

当文档内容满一页时，Word 会自动转到下一页，但在实际应用中经常会遇到需要强制换页的情况。此外，在编排长文档时经常需要将文档分节，以满足不同的页面设置。利用 Word 提供的分隔符功能，即可轻松实现这些操作。

Word 的分隔符包括分节符和分页符。通过为文档分页和分节，可以灵活安排文档内容。

节是文档格式化的最大单位，只有在不同的节中，才可以对同一文档中的不同部分进行不同的页面设置，如设置不同的页边距、文字方向或分栏版式等格式。

此外，通常情况下，用户在编辑文档时，系统会自动分页。如果要对文档进行强制分页，可通过插入分页符实现。在文档中插入分节符和分页符的操作步骤如下。

(1) 打开"素材\chapter07\7-员工手册"文档。

(2) 要插入分节符，可将插入符置于需要分节的位置，如图 7-1(a)所示位置，然后在"页面布局"选项卡中单击"页面设置"组中的"分隔符"按钮，在展开的列表中选择"分节符"组中的"下一页"项，如图 7-1(b)所示。

(3) 此时在插入符所在位置插入一分节符，并将分节符后的内容显示在下一页中，如图 7-1(c)所示。

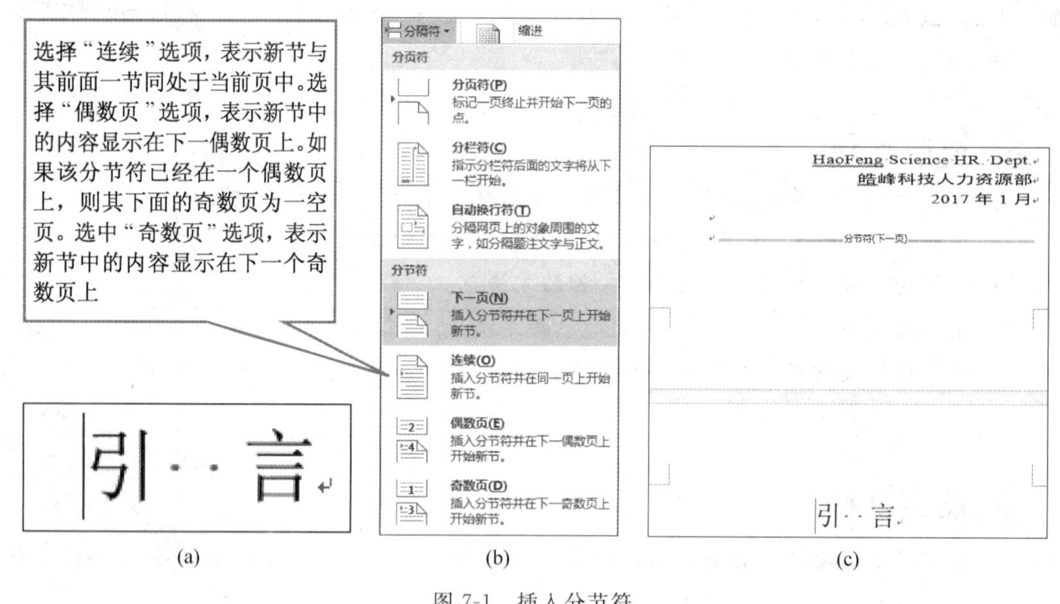

(a) (b) (c)

图 7-1 插入分节符

提示： 若要删除插入的分节符，可将插入符置于分节符的左侧，然后按 Delete 键。值得注意的是：分节符中保存着该分节符前一节的某些格式，如页眉、页脚和页面边框的格式等。在删除分节符时，也将同时删除这些格式，此时该节将使用下一节的格式。

(4) 要插入分页符，可将插入符置于需要分页的位置，如图 7-2(a)所示位置。然后在"分隔符"列表中选择"分页符"组中的"分页符"项，如图 7-2(b)所示。此时插入符后面的内容显示在下一页中，并且在分页处显示一个虚线分页符标记，如图 7-2(c)所示。

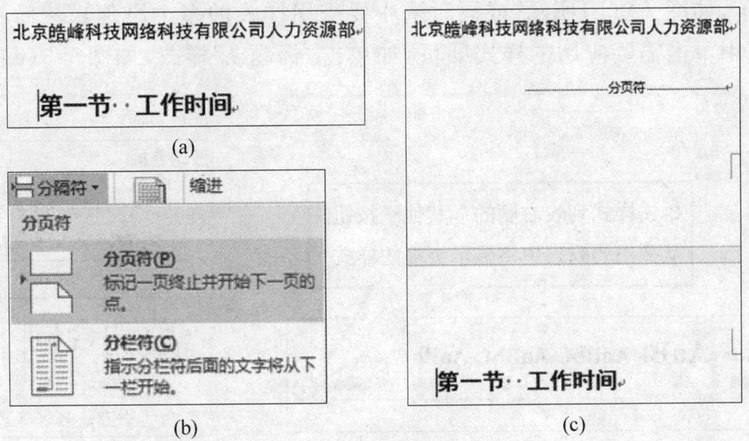

图 7-2　插入分页符

提示：删除分页符的方法与删除分节符相同。此外，如果未看到分页符或分节符标记，可单击"开始"选项卡上"段落"组中的"显示/隐藏编辑标记"按钮。

7.2　应用样式

样式是一系列格式的集合，它是 Word 中最强有力的工具之一，使用它可以快速统一或更新文档的格式。例如，一旦修改了某个样式，所有应用该样式的内容格式会自动更新。同时，利用样式还可辅助提取目录。

7.2.1　样式的分类

在 Word 2013 中，样式有三类，一类是字符样式；一类是段落样式；还有一类是链接段落和字符样式。

(1) 字符样式：只包含字符格式，如字体、字号、字形等，用来控制字符的外观，在"样式"窗格中标记有字符符号"a"。要应用字符样式，需要先选中要应用样式的文本。

(2) 段落样式：既可包含字符格式，也可包含段落格式，用来控制段落的外观。在"样式"窗格中标记有段落符号"↵"。当需要对一个段落应用段落样式时，只需将插入符置于该段落中即可。用户可对一段文本应用段落样式，对其中的部分文字应用字符样式。

(3) 链接段落和字符样式：这类样式包含了字符格式和段落格式设置，它既可用于段落，也可用于选定字符。在"样式"窗格中标记有一个段落符号和字符符号"¶a"。

7.2.2　创建和应用样式

在 Word 2013 中，系统提供了多种内置样式，如"正文""标题 1""标题 2"和"标题 3"等，编排文档时可直接套用这些样式，也可以根据需要创建或修改样式。

(1) 打开"素材\chapter07\7-劳动合同"文档。

（2）若要将系统内置的样式应用于文档中，可首先将插入符定位到要设置样式的段落中，如标题段落，如图 7-3(b)所示(或同时选中要应用样式的多个段落)，然后在“开始”选项卡上“样式”组中单击需要应用的样式即可，如单击“标题 1”样式，如图 7-3(a)所示，效果如图 7-3(c)所示。

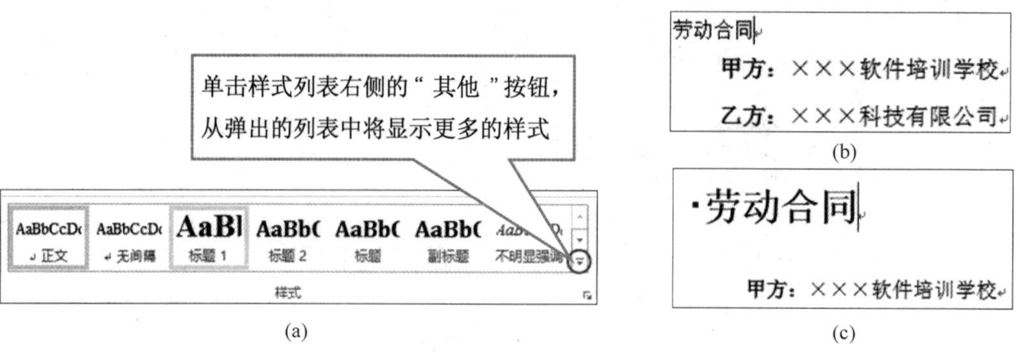

(a) (b) (c)

图 7-3 应用系统内置样式

（3）要创建样式，可将插入符置于要应用该样式的任一段落中，然后单击“样式”组右下角的对话框启动器按钮，打开“样式”任务窗格，如图 7-4(a)所示。

（4）单击窗格左下角的“新建样式”按钮，打开“根据格式设置创建新样式”对话框，在“名称”编辑框中输入新样式名称，如“项目”；在“样式类型”下拉列表中选择样式类型，如“段落”，如图 7-4(b)所示。

（5）在“样式基准”下拉列表中选择一个作为创建基准的样式，表示新样式中未定义的段落格式与字符格式均与其相同；在“后续段落样式”下拉列表框中设置应用该样式的段落后面新建段落的默认样式，如“正文”，如图 7-4(b)所示。

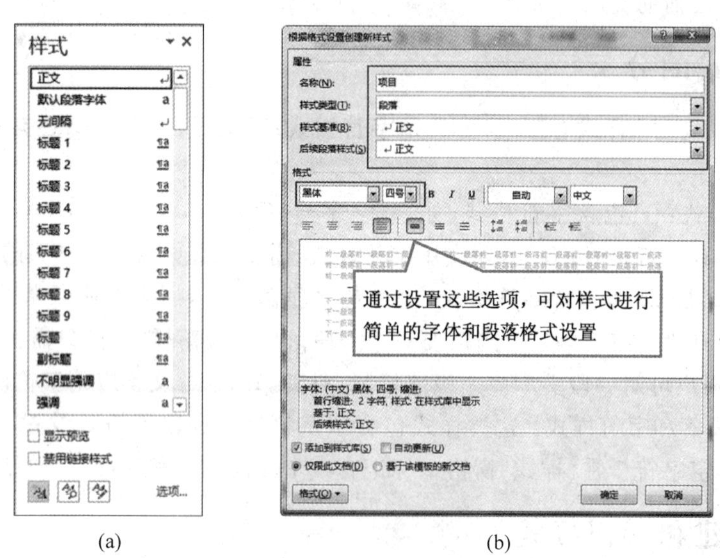

(a) (b)

图 7-4 “样式”任务窗格和“根据格式设置创建新样式”对话框

提示：若为当前新建的样式选择了基准样式，则对基准样式进行修改时，基于该样式创建的样式也将被修改。

“样式”任务窗格中显示了当前文档中的所有样式，要应用某个样式，可在选中段落后，单击需要应用的样式即可。

单击“样式”任务窗格中的“选项”超链接，可在打开的对话框中选择需要在“样式”任务窗格显示的样式。

(6) 在“格式”设置区中设置样式的字符格式，例如将“字体”设置为“黑体”，字号设置为“四号”，如图 7-5(a)所示。

(7) 单击对话框左下角的“格式”按钮，在展开的列表中选择“段落”项，如图 7-5(a)所示，打开“段落”对话框。

(8) 在“段落”对话框中设置样式的段落格式。例如，将段前和段后间距都设置为“0.5 行”，如图 7-5(b)所示。

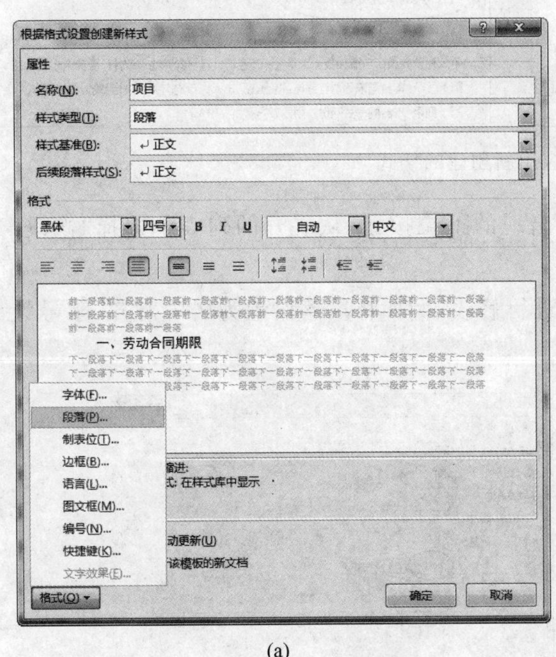

(a)

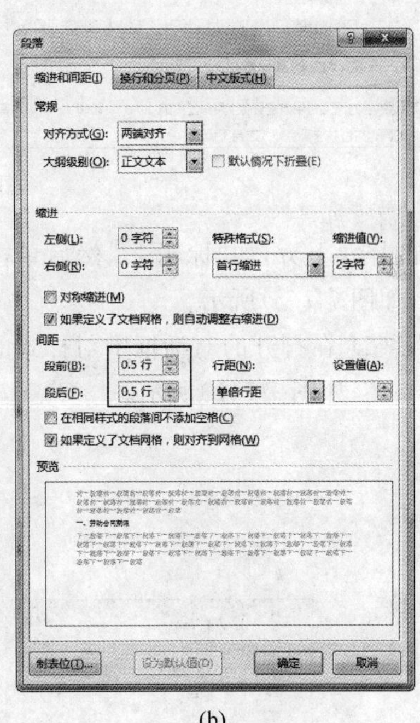

(b)

图 7-5　设置样式的段落格式

(9) 单击“确定”按钮，返回“根据格式设置创建新样式”对话框，在该对话框的预览框中可以看到新建样式的效果，其下方列出了该样式所包含的格式。

(10) 单击“确定”按钮，关闭“根据格式设置创建新样式”对话框，此时在“样式”任务窗格和“样式”组中都将显示新创建的样式“项目”，可参照应用系统内置样式的方法，将其应用于合同的项目中，如图 7-6 所示。

7.2.3　修改和清除样式

如果内置或创建的样式不能满足要求，可以对其进行修改，还可以将不需要的样式从库中删除。

(1) 继续在“7-劳动合同”文档中进行操作，打开“样式”任务窗格，将鼠标指针移至要修

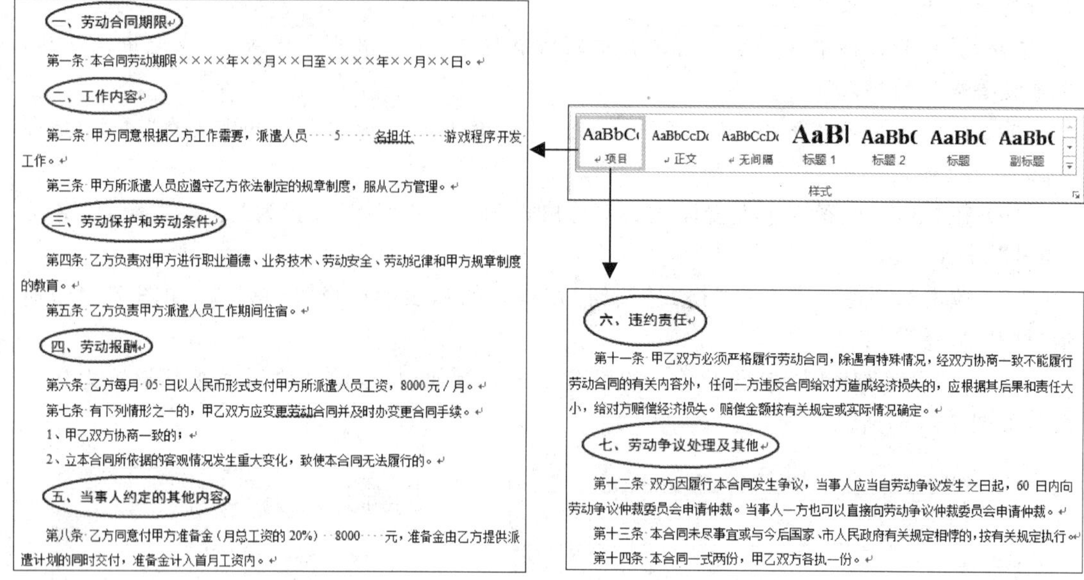

图 7-6　应用新创建的样式

改的样式上方，如“标题 1”，然后单击右侧出现的下拉按钮，从展开的列表中选择“修改”选项，如图 7-7(a)所示。

(2) 在打开的对话框中对样式的格式进行修改，例如将段落设置为居中对齐，字号设为“小一”，如图 7-7(b)所示。

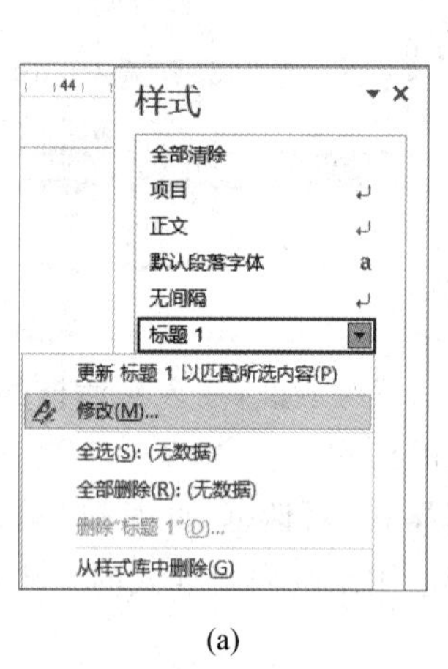

(a)

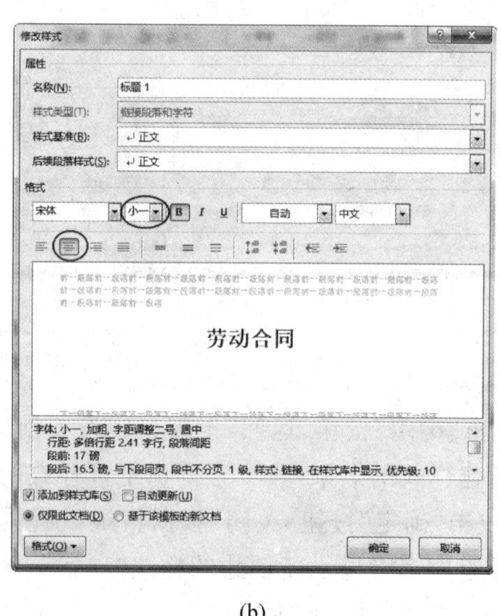

(b)

图 7-7　修改样式

(3) 单击“确定”按钮，所有应用该样式的段落或文本都将自动更新为新格式。

提示：若在图 7-7(a)所示的下拉列表中选择“删除 XXX”，会将所选样式删除(但不能删除系统内置的样式)，删除样式后，所有应用该样式的文本将应用正文样式。

7.3 审阅文档

某些文档会在相关人员之间进行传阅、修改。为此，Word 提供了审阅文档的功能，它主要包括两方面，一是文档审阅者可通过为文档添加批注的方式，对文档的某些内容提供自己的看法和建议，而文档原作者可据此决定是否修改文档；二是文档审阅者在文档修订模式下修改原文档，而文档作者可决定是拒绝还是接受修订。

7.3.1 为文档添加批注

利用 Word 中的批注功能，审阅者可以方便地在文档中插入对某些内容的说明或建议。同时，Word 2013 还可以不同的底纹颜色和用户名称对不同审阅者的批注加以区别。操作方法如下。

(1) 打开“素材\chapter07\7-秋天”文档。切换至“审阅”选项卡，如图 7-8 所示。

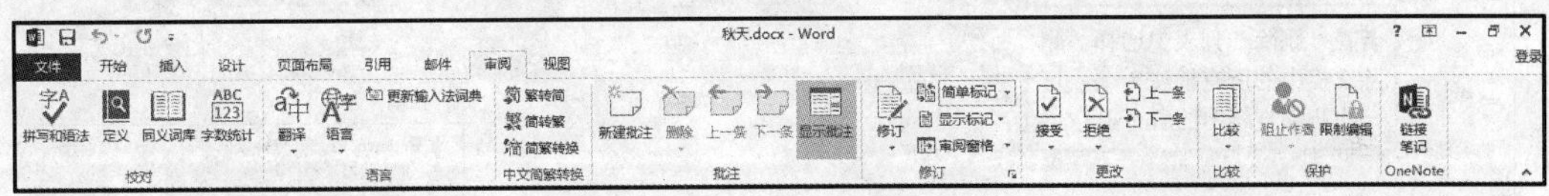

图 7-8 “审阅”选项卡

(2) 如果多人用同一台计算机为文档添加批注，为标识批注者的身份，可设置 Office 用户名称。为此，可单击“修订”组右下角的对话框启动按钮，打开“修订选项”对话框，单击“更改用户名”按钮，如图 7-9(a)所示，打开“Word 选项”对话框，然后在“常规”选项右侧的“用户名”和“缩写”编辑框中输入用户名及其缩写，如图 7-9(b)所示。关闭对话框。

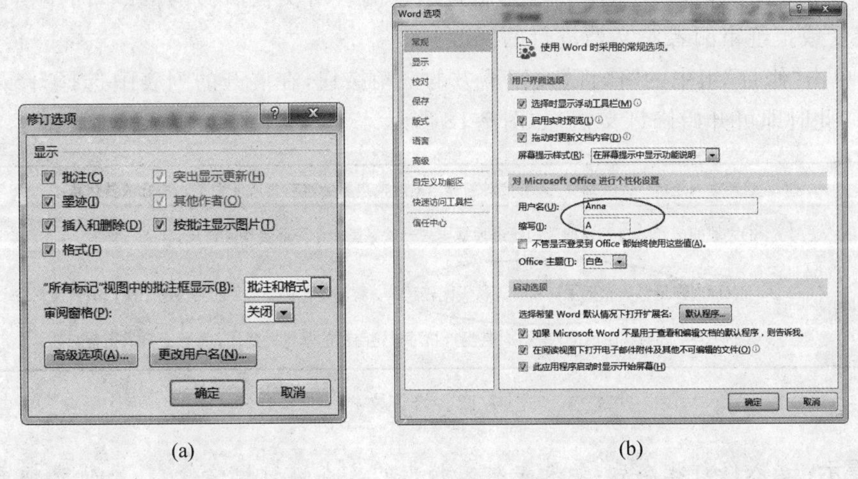

(a) (b)

图 7-9 设置用户名

(3) 利用拖动方法选中要添加批注的文字，或直接将插入符置于要添加批注的地方，单击“批注”组中的“新建批注”按钮，在打开的批注框中输入批注内容，如图 7-10 所示。

这样饱满无异于“完结”，人不会对它默默地凝视也不会对它有所沉思了。那好像要烤焦了
的大地的日光，有如要把人们赶进墙缝里去一般，是比冬天还更使人讨厌。
····而现在是秋天了，和春天比较起来，春天是走向“生”的路，那个使我感到大大的不安，
因为我自己是太弱了，甚至抵抗不过这自然的季候之变化，为什么听了街巷的歌声便停止了
AutoBVT 5 分钟以前
应改为“春”

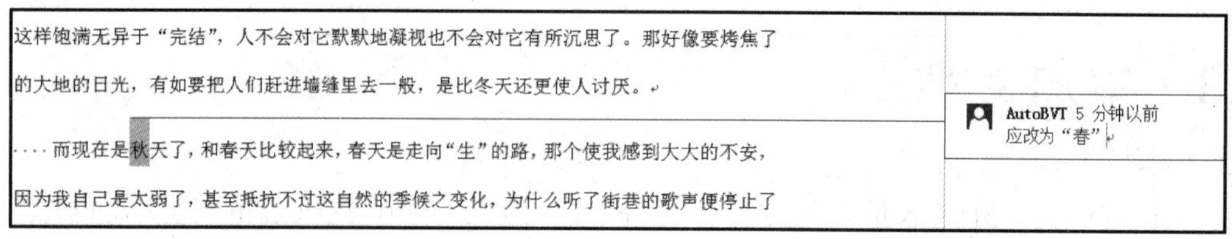

图 7-10　为文档添加批注

当文档原作者拿到经过批注的文档后，可按照如下方法查看或删除批注。

(1) 打开添加批注的文档，切换至“审阅”选项卡。

(2) 在“批注”组中单击“上一条”或“下一条”按钮，可查看各条批注。

(3) 如果希望删除批注，可首先将插入符定位在被批注的文本区或批注框中，然后单击“批注”组中的“删除”按钮，如图 7-11 所示。

秋天.docx - Word
若在“删除”列表中选择“删除文档中的所有批注”项，可一次删除文档中的所有批注
删除批注
删除所选批注。
AutoBVT 58 分钟以前
应改为“春”
AutoBVT
应改为“秋”

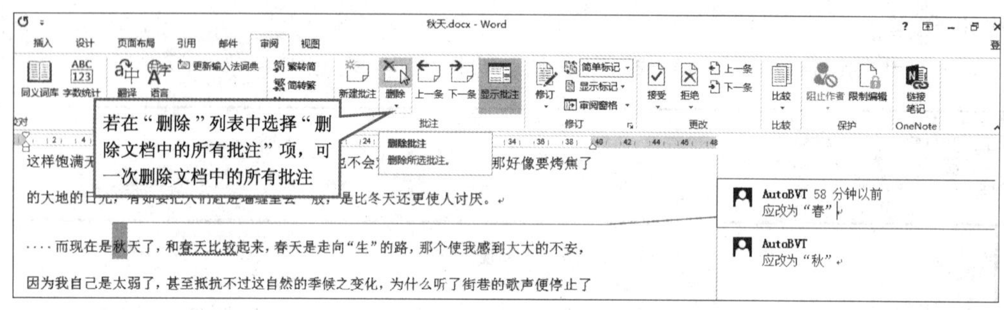

图 7-11　删除批注

7.3.2　修订文档

使用 Word 的文档修订功能可以突出显示审阅者对文档所做的修改，而文档创建者可以选择接受或拒绝审阅者对文档进行的修改。

(1) 单击“修订”组中的“修订”按钮下方的三角按钮，在展开的列表中选择“修订”，进入修订状态，此时即可开始修订文档，如图 7-12 所示。

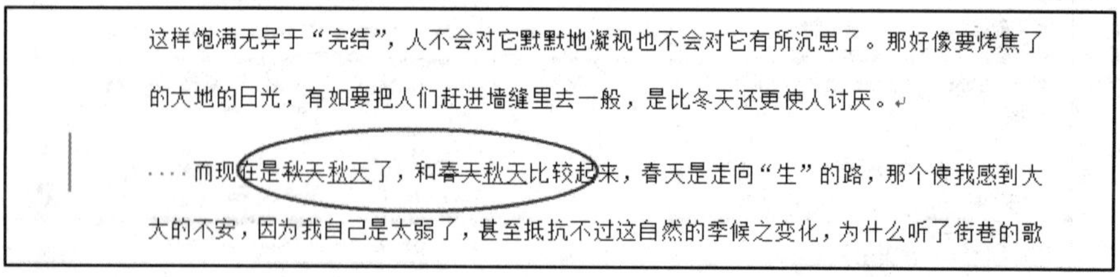

这样饱满无异于“完结”，人不会对它默默地凝视也不会对它有所沉思了。那好像要烤焦了
的大地的日光，有如要把人们赶进墙缝里去一般，是比冬天还更使人讨厌。
····而现在是秋天秋天了，和春天秋天比较起来，春天是走向“生”的路，那个使我感到大
大的不安，因为我自己是太弱了，甚至抵抗不过这自然的季候之变化，为什么听了街巷的歌

图 7-12　修订文档

提示：进入修订状态后，如果要对文档中的文本进行删除修订，则将光标定位到要删除的文本前或选定要删除的文本，按 Delete 键，即可将文本以删除线显示出来，随后输入修订文本。

如果只是添加文本，则将光标定位到要添加文本的位置，直接输入文本即可。

在“修订选项”对话框中，单击“高级选项”按钮，在打开的对话框中可设置修订内容的颜色、线型等。

(2)“修订”结束后，可再次单击“修订”组中的“修订”按钮，退出修订状态。

当文档原作者拿到一篇经过修改的文档后，可查看修订内容，并决定拒绝或接受修订，具体操作如下。

(1) 打开修订后的文档，切换至“审阅”选项卡。

(2) 在“更改”组中单击“上一条”或“下一条”按钮，可以查看各条批注和修订内容。

(3) 当插入符位于某个修订处时，单击“更改”组中的“接受”按钮，可接受修订；单击“更改”组中的“拒绝”按钮，可拒绝修订，并且插入符移至下一处修订。

(4) 如果决定接受全部修订，可单击“更改”组中的“接受”按钮下方的三角按钮，在展开的列表中选择“接受所有修订”；如果决定全部拒绝修订，可单击“更改”组中“拒绝”按钮下方的三角按钮，然后在展开的列表中选择“拒绝所有修订”。

7.4 邮件合并

在日常办公事务处理中，经常会遇到把一些内容相同的公文、信件或通知发送给不同的地址、单位或个人，这时就可以利用 Word 中的“邮件合并”功能来方便地解决这个问题。

执行邮件合并操作时涉及两个文档，主文档文件和数据源文件。主文档是邮件合并内容中固定不变的部分，即信函中通用的部分。数据源文件主要用于保存联系人的相关信息。

在执行邮件合并操作之前首先要创建这两个文档，然后将它们关联起来，也就是标识数据源文件中的信息在文档的什么位置出现。完成后“合并”这两个文档，就可以为每个收件人创建邮件。

7.4.1 创建主文档

创建主文档的方法与创建普通文档相同。下面以创建一个缴费通知的主文档为例，介绍创建主文档的方法。

(1) 新建一个 Word 文档，其页面设置参数如图 7-13 所示。

(2) 输入缴费通知的正文部分(姓名、电话号码、月数和金额位置暂时空着就可以了)，并设置其格式，如图 7-14 所示，并将其保存为“7-缴费通知(主文档)”。

7.4.2 创建数据源

要批量制作缴费通知，除了要有主文档外，还需要有欠费人姓名、电话号码、欠费月数及欠费金额等信息。在邮件合并中可以使用多种格式的数据源，如 Microsoft Outlook 联系人列表、Access 数据库或 Word 文档等。下面以一个现成的 Excel 数据源(见图 7-15)为例进行介绍(Excel 知识在后续相关内容中介绍)。

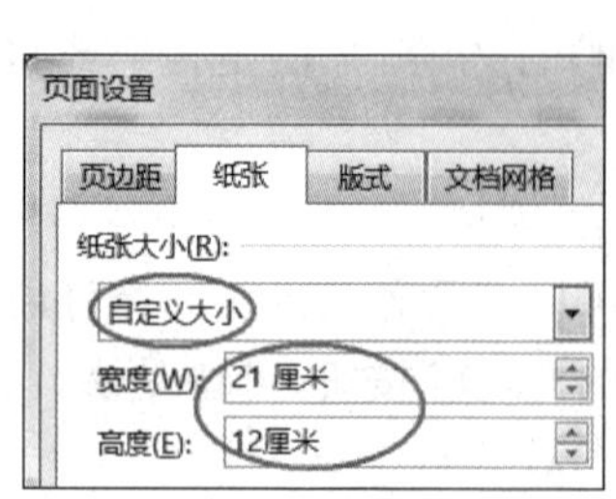

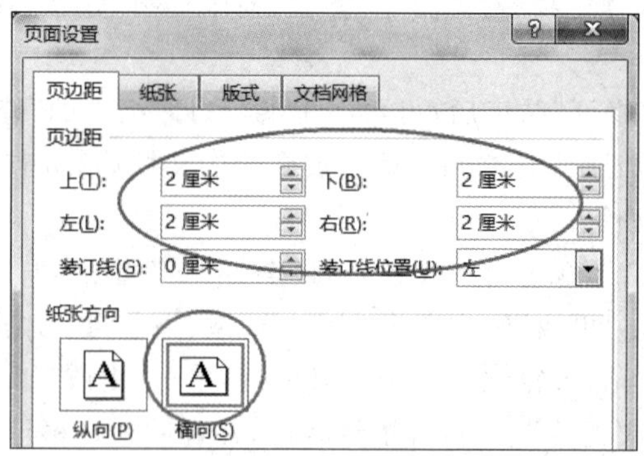

图 7-13　设置主文档界面

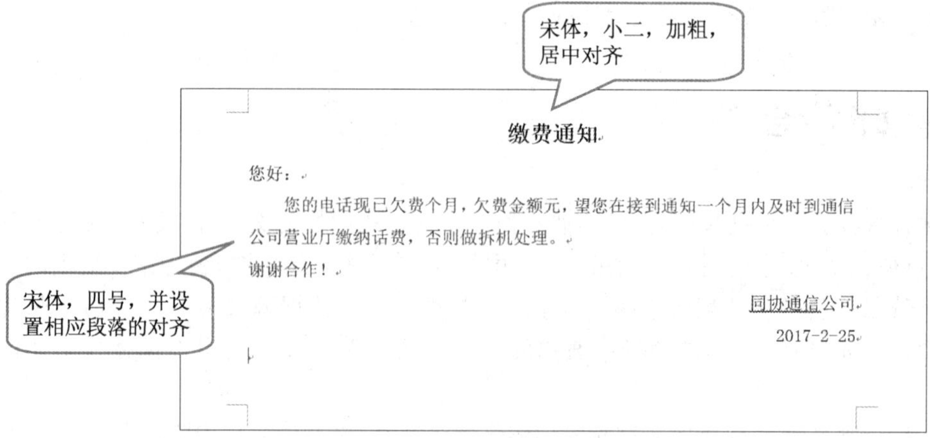

缴费通知

您好：

您的电话现已欠费个月，欠费金额元，望您在接到通知一个月内及时到通信公司营业厅缴纳话费，否则做拆机处理。

谢谢合作！

同协通信公司

2017-2-25

图 7-14　输入主文档内容并设置格式

	A	B	C	D	E
1	姓名	电话号码	欠费月数	欠费金额	
2	李志伟	6830122	3	312.0	
3	杨成	6827185	5	368.0	
4	刘达	6938456	4	425.0	
5	董上军	6741523	6	480.0	
6	陈连	6630206	8	512.0	
7	李志伟	6647850	8	573.0	
8	杨成	6599300	9	624.0	
9	李志伟	6550751	3	675.0	
10	杨成	6502202	5	25.0	
11	刘达	6453652	4	35.0	
12	董小军	6405103	3	658.0	
13	陈连	6356553	5	25.0	
14	李伟	6308004	4	25.0	
15	杨一成	6259455	6	25.0	
16	李志	6210905	8	6.0	
17	杨三成	6162356	3	252.0	
18	刘一达	6113806	5	563.0	
19	李小一	6065257	4	52.0	
20	张成	6016708	6	62.0	
21	李小中	5968158	8	656.0	
22	宁静	5919609	3	332.0	
23	覃震荡	5871059	5	363.0	
24	一里	5822510	4	3256.0	
25	陆际	5773961	6	66.0	
26	吴味	5725411	8	635.0	
27	杨右使	5676862	8	3663.0	
28	陈一习	5628312	3	63.0	
29	何里	5579763	5	636.0	
30	成仁	5531214	4	3363.0	
31	黄晨	5482664	6	636.0	
32	方一	5434115	8	335.0	
33	议程	5385565	8	356.0	
34	陈耕	5337016	3	3563.0	
35	陈尖	5288467	5	636.0	
36	吴中	5239917	4	363.0	
37	三顺	5191368	6	3666.0	
38	杨方	5142818	8	36.0	
39	张好	5094269	8	632.0	
40	陈孬	5045720	3	663.0	
41	马可	4997170	5	36.0	
42	昊文盲	4948621	3	55.0	
43	陈佳	4900071	5	63.0	
44	吴用	4851522	4	362.0	
45	宋江	4802973	6	353.0	
46	林冲	4754423	8	662.0	
47	彭江仁	4705874	3	665.0	
48	豪仁	4657324	5	66.0	
49	江人	4608775	4	663.0	
50	文丽	4560226	3	366.0	
51	杨过	4511676	5	696.0	
52	小龙女	4463127	4	695.0	
53	黄世仁	4414577	6	352.0	

图 7-15　数据源

7.4.3　邮件合并

数据源和主文档都创建好了，接下来就可以进行邮件合并。

(1) 打开已创建的主文档，单击"邮件"选项卡上"开始邮件合并"组中的"开始邮件合并"按钮，在展开的列表中的可看到"普通 Word 文档"选项高亮显示，如图 7-16 所示，表示当前编辑的主文档类型为普通 Word 文档。

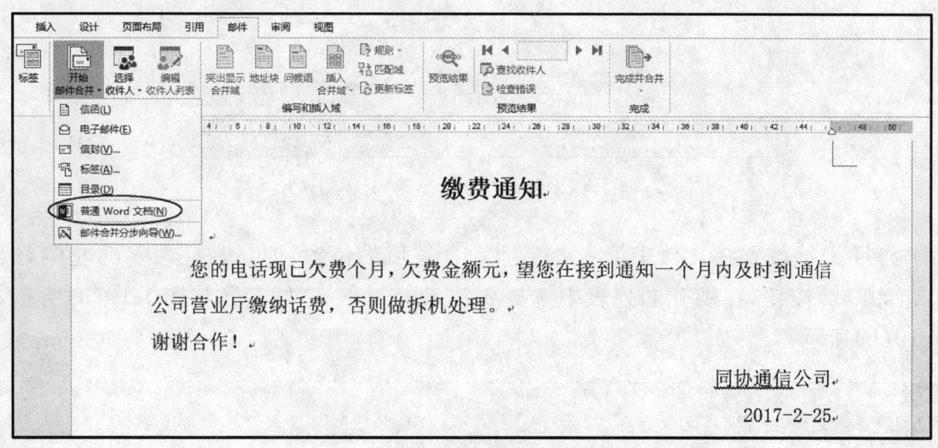

图 7-16　选择创建文档的类型

提示：若在列表中选择"信函""电子邮件""信封"或"标签"选项，表示创建相应类型的文档。

(2) 单击"开始邮件合并"组中的"选择收件人"按钮，在展开的列表中选择"使用现有列表"，如图 7-17(a)所示。

(3) 打开"选取数据源"对话框，选中创建好的数据文件——"7-缴费通知(数据源)"文件，如图 7-17(b)所示，然后单击"打开"按钮。

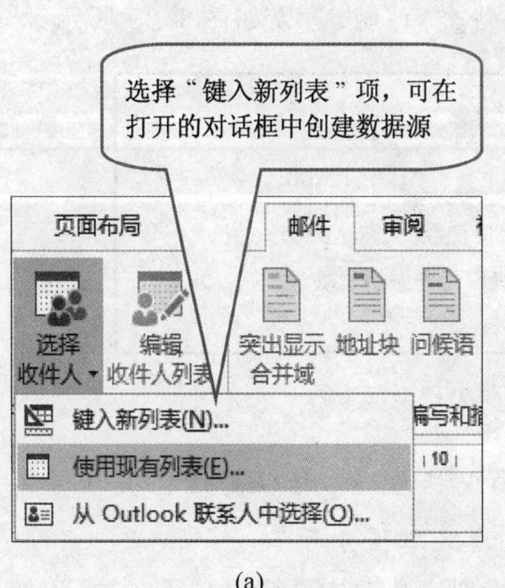

(a)

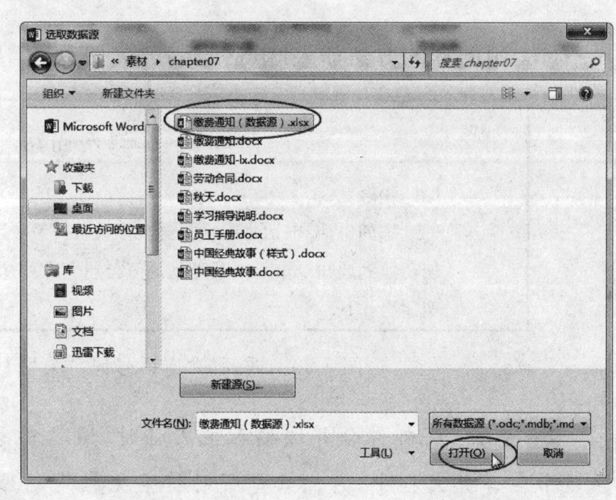

(b)

图 7-17　选择数据源文件

(4) 在打开的对话框中选择要使用的 Excel 工作表，然后单击“确定”按钮，如图 7-18 所示。

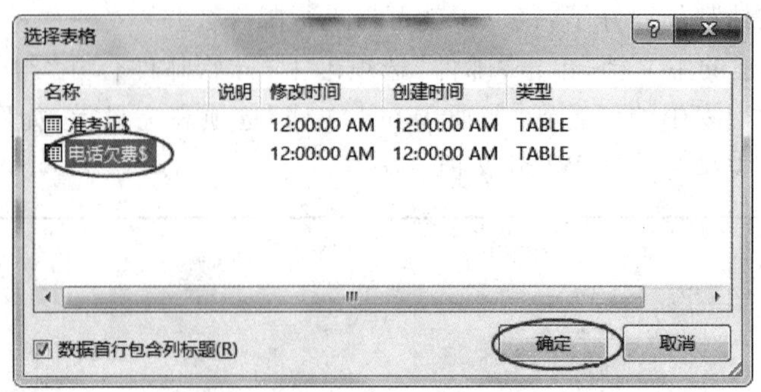

图 7-18　选择“电话欠费”工作表

(5) 将插入符放置在文档中第一处要插入合并域的位置，即“您好”两字的左侧，然后单击“插入合并域”按钮，在展开的列表中选择要插入的域——“姓名”，如图 7-19(a)所示，结果如图 7-19(b)所示。

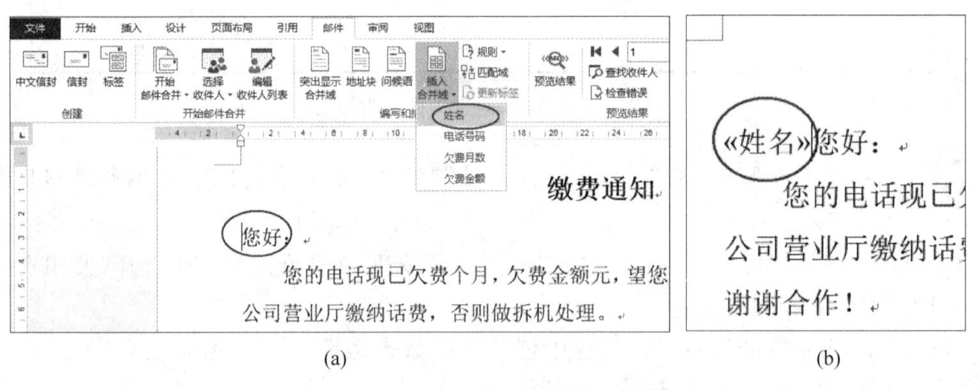

(a)　(b)

图 7-19　选择并插入“姓名”域

(6) 用同样的方法插入“电话号码”“欠费月数”及“欠费金额”域，效果如图 7-20 所示。

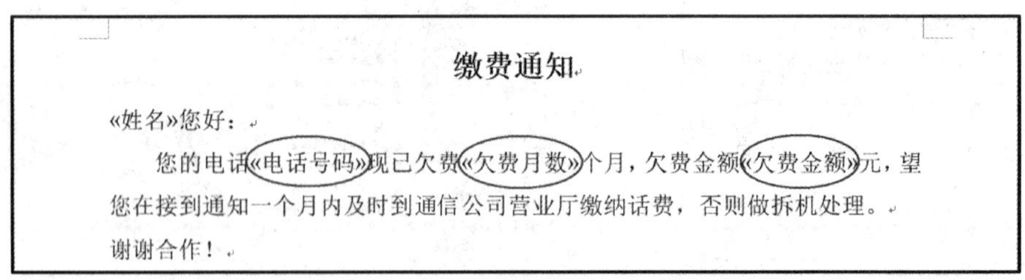

图 7-20　插入的“电话号码”“欠费月数”及“欠费金额”域

提示：将邮件合并域插入主文档时，域名称总是由尖括号(«»)括住。这些尖括号不会显示在合并文档中，它们只是帮助将主文档中的域与普通文本区分开来。

(7) 单击“完成”组中的“完成并合并”按钮，在展开的列表中选择“编辑单个文档”，如图 7-21 所示，系统将产生的邮件放置到一个新文档。

(8) 在打开的“合并到新文档”对话框中选择“全部”单选钮，如图 7-22 所示，然后单击“确定”按钮。

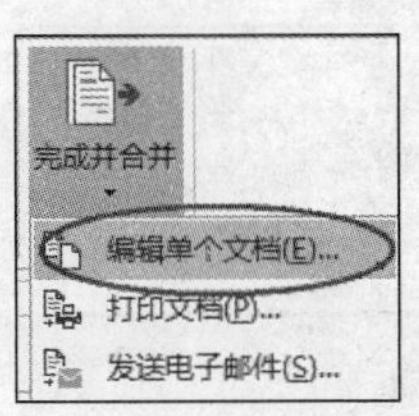

图 7-21 选择“编辑单个文档”

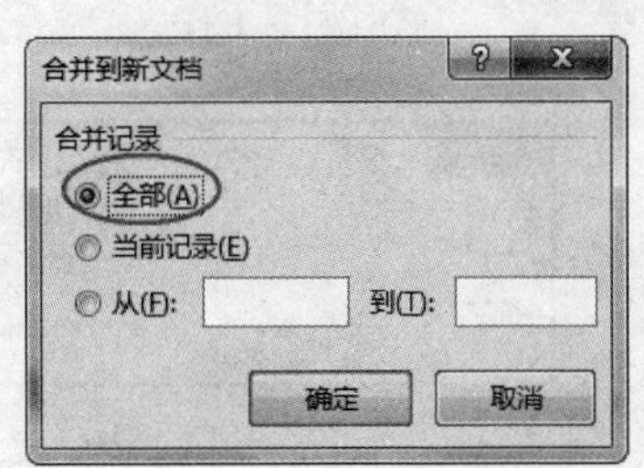

图 7-22 选择“全部”单选按钮

(9) Word 将根据设置自动合并文档并将全部记录存放到一个新文档中，合并完成的文档的份数取决于数据表中记录的条数，最终效果如图 7-23 所示。最后另存文档为“7-缴费通知(邮件合并)”。

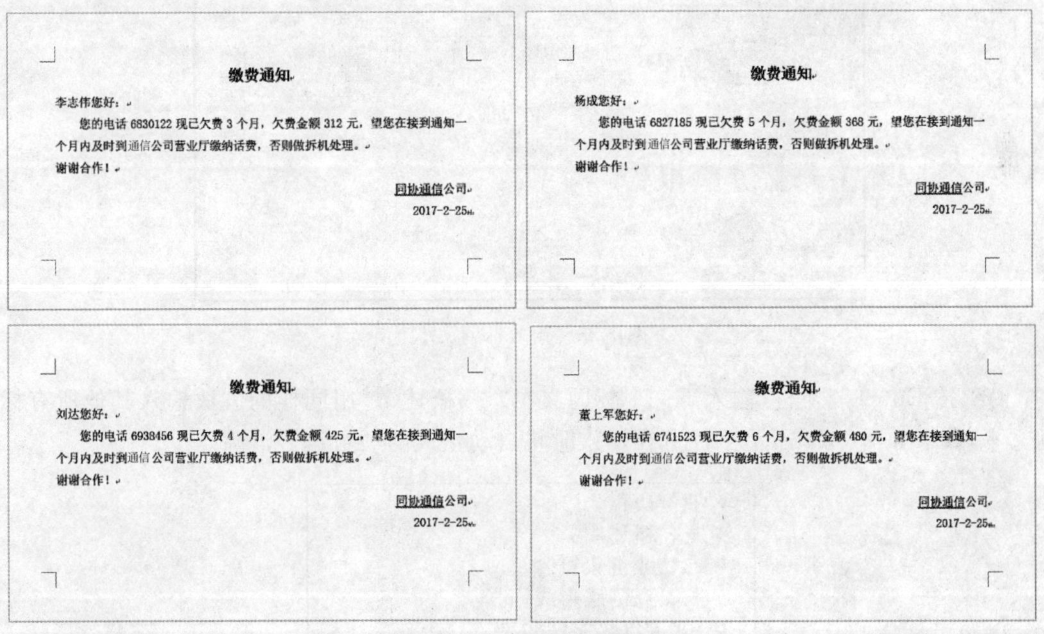

缴费通知

李志伟您好：

您的电话 6830122 现已欠费 3 个月，欠费金额 312 元，望您在接到通知一个月内及时到通信公司营业厅缴纳话费，否则做拆机处理。

谢谢合作！

同协通信公司

2017-2-25

缴费通知

杨成您好：

您的电话 6827185 现已欠费 5 个月，欠费金额 368 元，望您在接到通知一个月内及时到通信公司营业厅缴纳话费，否则做拆机处理。

谢谢合作！

同协通信公司

2017-2-25

缴费通知

刘达您好：

您的电话 6938456 现已欠费 4 个月，欠费金额 425 元，望您在接到通知一个月内及时到通信公司营业厅缴纳话费，否则做拆机处理。

谢谢合作！

同协通信公司

2017-2-25

缴费通知

董上军您好：

您的电话 6741523 现已欠费 6 个月，欠费金额 480 元，望您在接到通知一个月内及时到通信公司营业厅缴纳话费，否则做拆机处理。

谢谢合作！

同协通信公司

2017-2-25

图 7-23 制作的缴费通知

7.5 使用大纲视图组织文档

大纲视图常用于编写和修改具有多级标题的长文档。使用大纲视图不仅可以方便地编写文档大纲，还可以重新组织文档结构。

7.5.1 使用大纲视图组织文档的方法

当对一篇文档的构思完成后，最好先把该文档的纲目框架建立好，即通常所说的大纲，以方便后期的写作。在大纲视图中建立文档结构的方法如下。

(1) 按 Ctrl+N 组合键新建一文档：单击“视图”选项卡上“视图”组中的“大纲视图”按钮，如图 7-24 所示，进入大纲视图模式。

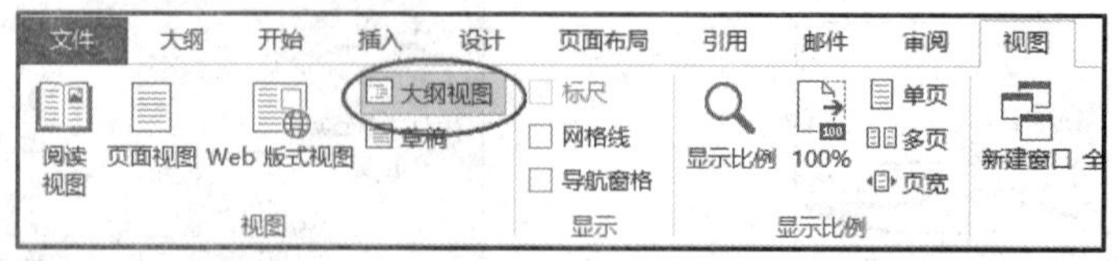

图 7-24　单击“大纲视图”按钮

(2) 进入大纲视图模式后，可以看到功能区中出现了“大纲”选项卡。输入文档标题文本“亚健康报告”，可以看到输入的标题段落被 Word 自动赋予“1 级”标题样式，如图 7-25 所示。

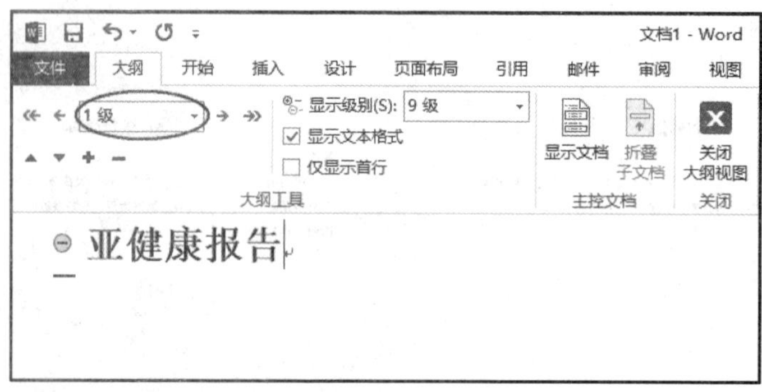

图 7-25　输入标题文本

(3) 按 Enter 键换行，输入下一个标题文本“一、概述”。用同样的方法输入其他所有标题文本，效果如图 7-26 所示。注意在输入时将自动生成的项目编号清除。

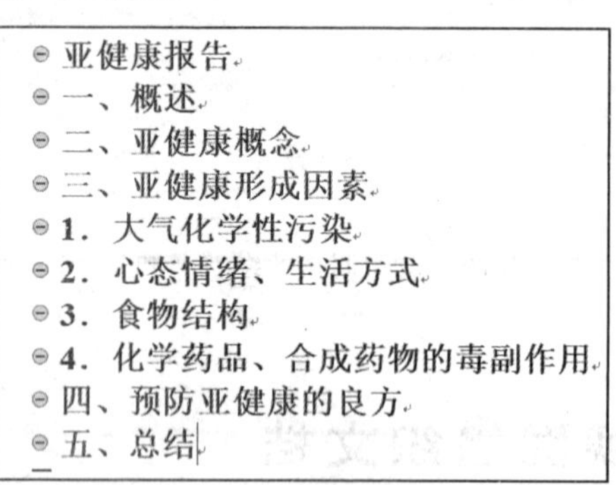

图 7-26　输入其他标题文本

7.5.2　改变标题级别

通过改变文档的标题级别可以为提取多级标题目录做准备。默认情况下，在大纲视图中输入的标题均为 1 级，也可为文档的任意段落重新设置标题级别，具体操作如下。

(1) 打开“素材\chapter07\7-亚健康报告(大纲)”文档,然后进入大纲视图。

(2) 选中要调整级别的标题内容,或将插入符置于该段落中,然后在“大纲级别”下拉列表中选择所需级别,如图 7-27 所示,或单击«(提升至标题 1)、←(升一级)或→(降一级)、»(降级为正文)按钮,都可轻松地调整标题级别。

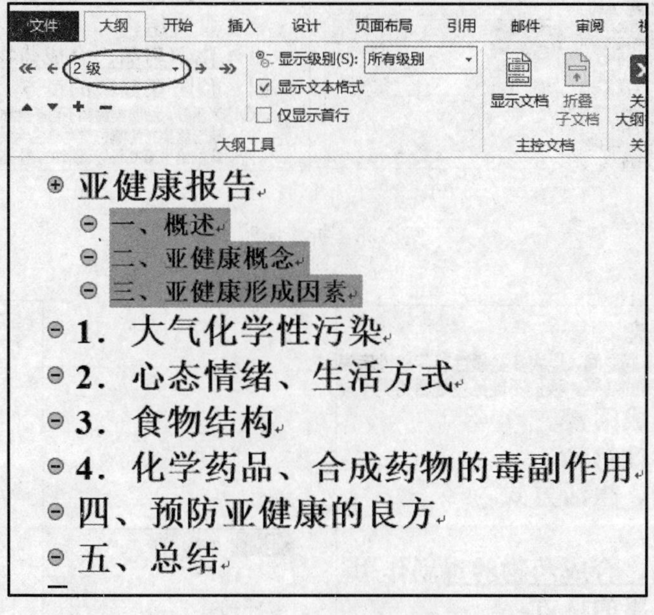

图 7-27　改变标题的级别

(3) 用同样的方法将其他带有大写数字标题的级别设为 2 级,将带有阿拉伯数字标题的级别设为 3 级。最后关闭大纲视图,返回页面视图并输入正文的内容。

提示:也可以用键盘改变标题级别,方法是将插入符放置在要改变级别的标题行上或选中标题,然后直接按 Tab(或 Shift+Tab)键,每按一次 Tab(或 Shift+Tab)键,标题就降低(或提升)一个级别。

7.5.3　大纲视图的其他操作

在大纲视图下还可以进行展开或折叠标题下面的内容、移动标题(标题下的所有内容也一起被移动)等操作。

(1) 打开“素材\chapter07\7-亚健康报告”文档,然后进入大纲视图。

(2) 如要折叠某一标题下面的内容,可在该标题行中单击鼠标,如图 7-28(a)所示,然后单击“大纲工具”组中的“折叠”按钮“−”,如图 7-28(b)所示,即可将该标题行下的内容折叠。此时折叠的标题下面有虚线,如图 7-28(c)所示,表示该标题下还有其他的内容,这些内容被隐藏起来了。

(3) 如要展开某一标题下面的内容,可在该标题行中单击,然后单击“大纲工具”组中的“展开”按钮“+”,将该标题行下的内容展开,如图 7-29 所示。

提示:当标题下方有次级标题或正文内容时,标题前面的矩形⊖会变为⊕十字形。双击各级标题前面的⊕符号也可展开或折叠标题下的文字。

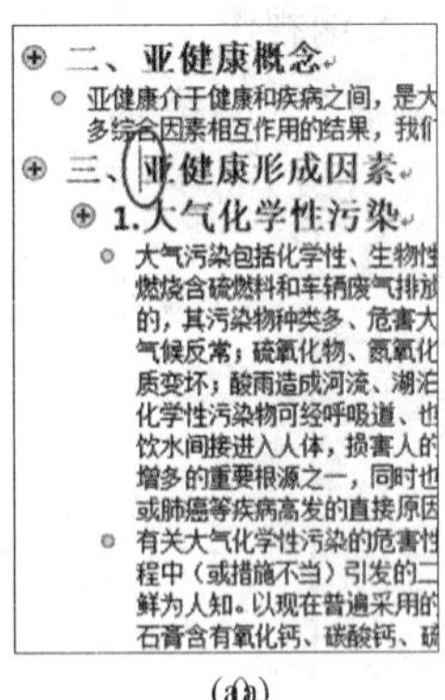

(a)

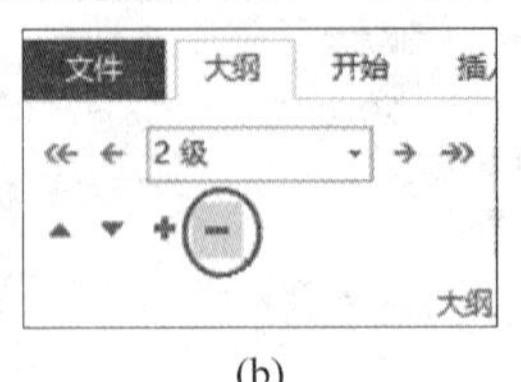

(b)

(c)

图 7-28　折叠标题

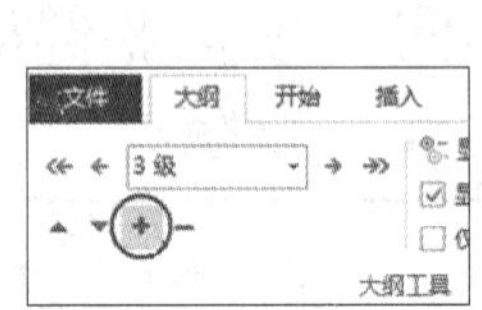

图 7-29　展开标题

(4) 要移动标题,可将鼠标指针移到要平级移动的标题前的⊕(⊖号或一个正文段落前的●)符号上,当鼠标指针变成✥形状时,如图 7-30(a)所示,按住鼠标左键向下或向上拖动该标题,至目标位置后释放鼠标,即可将标题及内容移动到新位置,如图 7-30(b)所示。最后重新修改该标题序号并将文档另存为“7-亚健康报告-end”。

(a)

(b)

图 7-30　将标题向下移动

提示:将插入符定位在要移动的标题中,单击“大纲工具”组中的上移▲和下移▼按钮,也可上下移动标题及其下面的内容。

(5) 在大纲视图模式下为了方便查看文档结构,有时候需要只显示到某级标题,该级标题以下的内容都不显示出来。此时可单击“大纲工具”组中“显示级别”列表右侧的三角按钮,在展开的列表中选择要显示的标题级别,如图 7-31 所示。例如,选择“1 级”,则“1 级”标题以下的内容被隐藏起来。

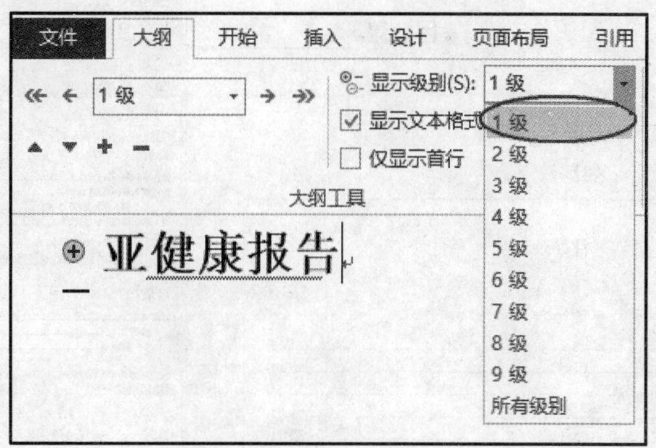

图 7-31 “显示级别”列表

7.6 编制目录

一般情况下,所有的正式出版物都有一个目录,其中包含书刊中的章、节及各章节的页码位置等信息,方便读者查阅。所以,编制目录是编辑长文档中一项非常重要的工作。

7.6.1 插入目录

Word 具有自动创建目录的功能,但在创建目录之前,需要先为要提取为目录的标题设置标题级别(不能设置为正文级别),并且为文档添加了页码。在 Word 中主要有三种设置标题级别的方法:①利用大纲视图设置;②应用系统内置的标题样式;③在“段落”对话框的“大纲级别”下拉列表中选择。这些方法在之前的内容中已经学习过了,下面主要介绍如何创建目录。

(1) 打开要创建目录的文档“素材\chapter07\7-亚健康报告-end”,之前已在大纲视图中为该文档的标题设置好了标题级别。将插入符置于文档中要放置目录的位置,此处为文档的末尾,如图 7-32(a)所示。

(2) 单击“引用”选项卡上“目录”组中的“目录”按钮,在展开的列表中选择一种目录样式,如“自动目录 1”,如图 7-32(c)所示。

(3) Word 将搜索整个文档中 3 级标题及以上的标题,以及标题所在的页码,并把它们编制成为目录,如图 7-32(b)所示。

! 提示:若单击目录样式列表底部的“自定义目录”选项,可打开如图 7-33 所示的“目录”对话框,在其中可自定义目录的样式。

若要删除在文档中插入的目录,可单击“目录”列表底部的“删除目录”项,或者选中目录后按 Delete 键。

7.6.2 更新目录

Word 所创建的目录是以文档的内容为依据,如果文档的内容发生了变化,如页码或者

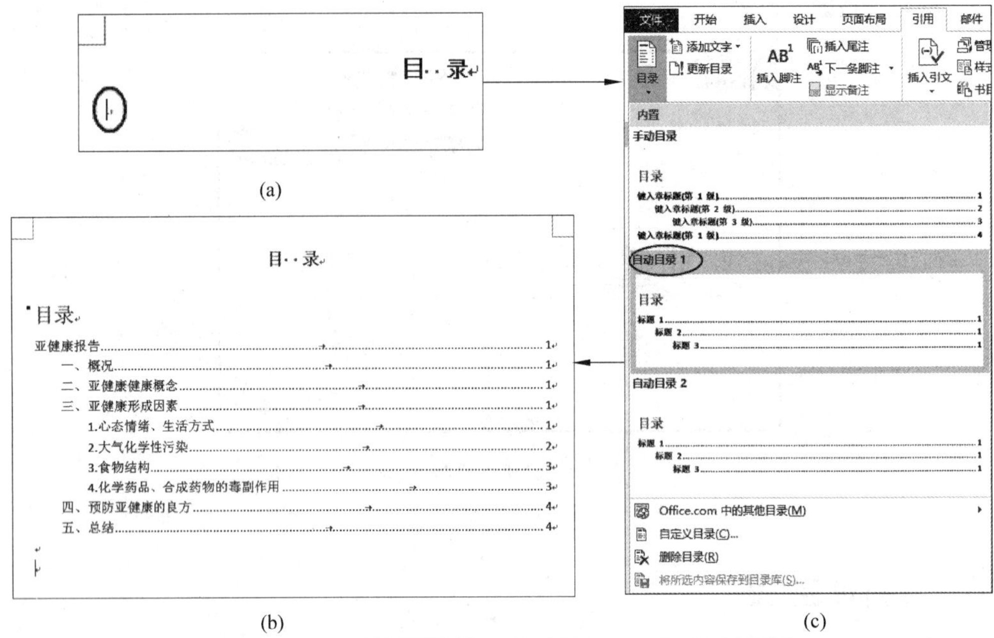

图 7-32　插入目录

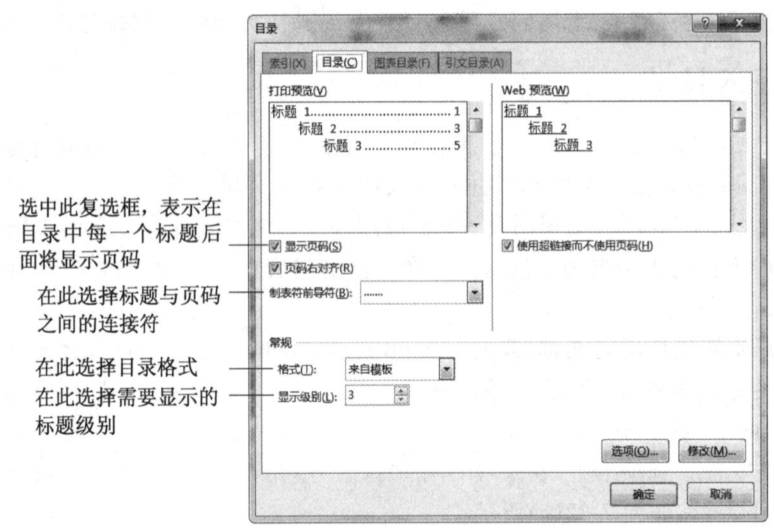

图 7-33　“目录”对话框

标题发生了变化，就要更新目录，使它与文档的内容保持一致。更新目录的具体操作步骤如下。

(1) 单击需更新目录的任意位置，此时在目录左上角将显示“更新目录”选项，如图 7-34(a)所示，单击该选项或按 F9 键，或者单击“引用”选项卡“目录”组中的“更新目录”按钮。

(2) 在打开的“更新目录”对话框中选择要执行的操作，如图 7-34(b)所示，然后单击“确定”按钮，目录即可被更新。

提示：目录是以“域”的形式插入文档中的，当把目录移动或复制到其他文档时，由

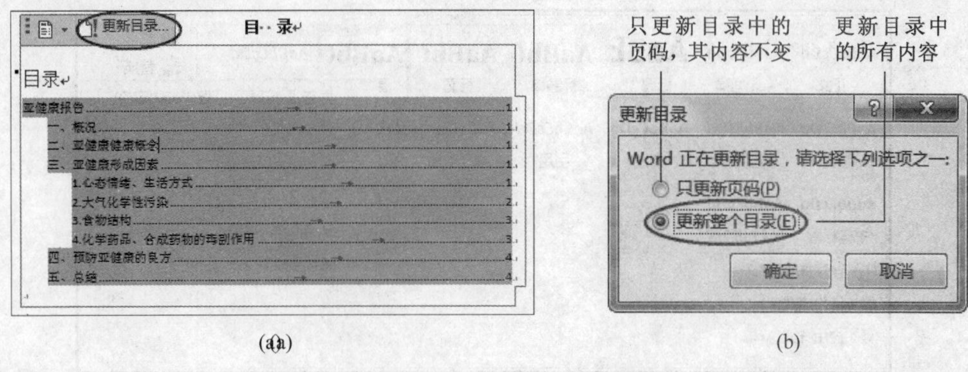

(a)　　(b)

图 7-34　更新目录

于 Word 不能找到目录对应的内容，因此在更新目录时，会显示“未找到目录项”。因此，在将生成的目录移动或复制到其他文档时，应首先选中目录，然后按 Ctrl+Shift+F9 组合键，将其转换为普通文字。

实训案例

【案例 7-1】　设置故事文档格式。

【实训目的】　掌握为文档应用系统内置或自定义的样式，以及修改或删除样式的方法。

【实训内容】　通过样式应用的相关知识的学习，为“7-案例 1”文档使用样式。

【实训步骤】

(1) 打开“素材\chapter07\7-案例 1”文档。将插入符置于第 1 页的第一段文本“序言”中，如图 7-35(a)所示。

(2) 单击“开始”选项卡“样式”组“样式”列表框右下角的“其他”按钮，在打开的列表中选择“标题”样式，对第一段文本应用该样式，如图 7-35(b)所示。参考同样的方法，对第二页、第三页的故事标题段落也应用“标题”样式。

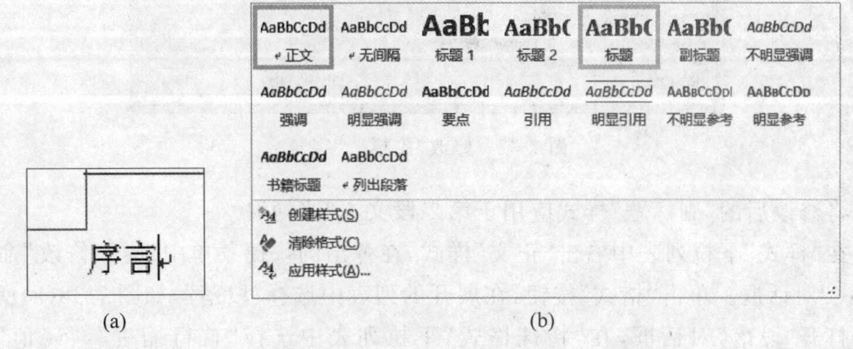

(a)　　(b)

图 7-35　应用“标题”样式

(3) 在“样式”列表中右击“副标题”样式，在弹出的快捷菜单中选择“修改”命令，如图 7-36 所示。

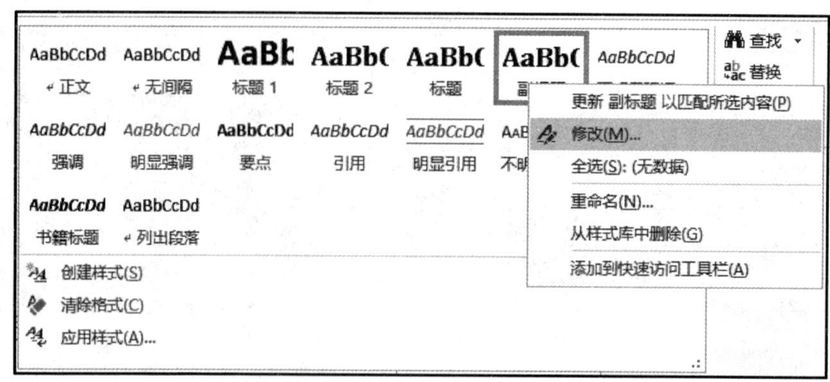

图 7-36　选择“修改”命令

(4) 打开“修改样式”对话框，在“格式”设置区“字号”下拉列表中选择“四号”，然后单击“确定”按钮，如图 7-37 所示。

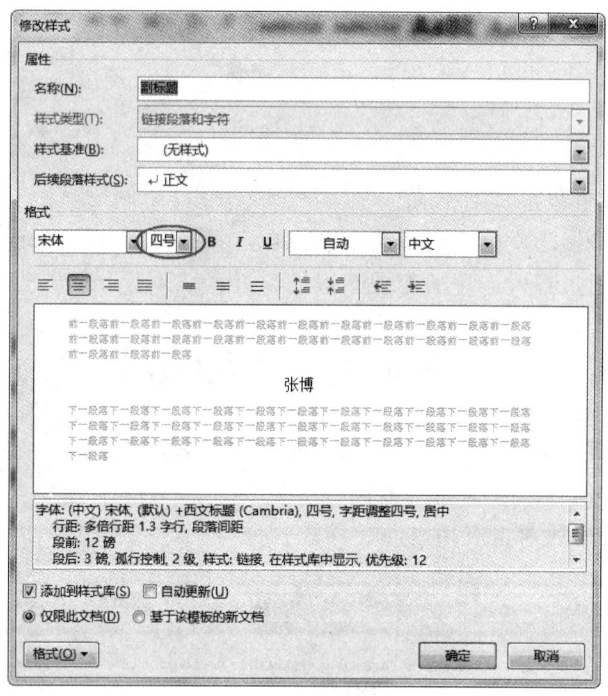

图 7-37　修改“副标题”字号

(5) 将修改后的“副标题”样式应用于第二段文本“张博”。

(6) 在“样式”下拉列表中右击“正文”样式，在弹出的快捷菜单中选择“修改”命令，打开“修改样式”对话框。单击“格式”按钮，在展开的列表中选择“段落”，如图 7-38(a)所示。

(7) 打开“段落”对话框，在“特殊格式”下拉列表中选择“首行缩进”，“磅值”为“2 字符”；在“行距”下拉列表中选择“1.5 倍行距”，如图 7-38(b)所示。

(8) 单击两次“确定”按钮，依次关闭“段落”和“修改样式”对话框。此时可以看到，文档中使用“正文”样式的正文格式已被修改，如图 7-39 所示。最后将文档另存。

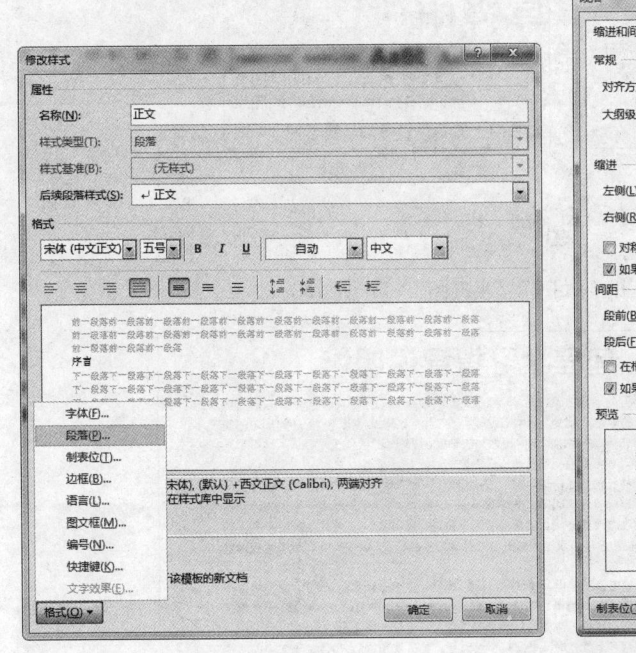

(a)

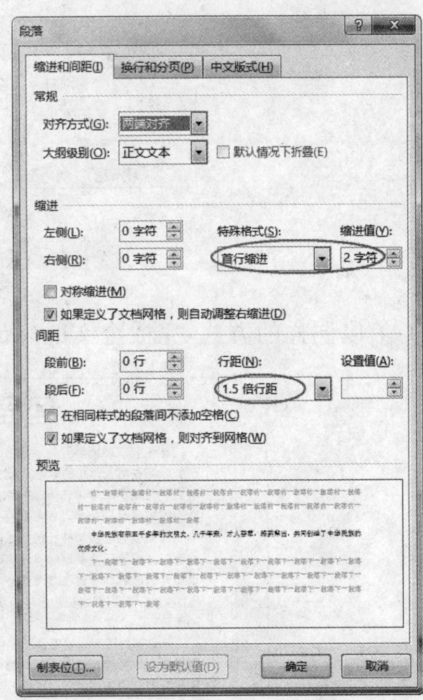

(b)

图 7-38　修改“正文”样式

序言

张博

中华民族有着五千多年的文明史。几千年来，才人荟萃，精英辈出，共同创造了中华民族的优秀文化。

本书从浩如烟海的历史文献中挑选了一百多个故事，涵盖了中华民族各个历史时期的代表作品。这些故事短小精悍，富含人生哲理，洋溢着中华民族的聪明和智慧。每则故事都改成白话文，且配以注释和评析，有助于读者理解故事的精髓。

图 7-39　修改样式后的文档

【案例 7-2】 审阅学习指导说明文档。

【实训目的】 掌握为文档添加批注及修订文档的方法。

【实训内容】 练习应用修订功能修改“7-案例 2”文档。

【实训步骤】

(1) 打开“素材\chapter07\7-案例 2”文档。

(2) 单击“审阅”选项卡上“修订”组中的“修订”按钮，如图 7-40(a)所示，进入文档修订状态。

(3) 开始阅读文档，找到要修改的文本进行修改操作，如图 7-40(b)所示，可看到添加的内容以下划线标识，删除的内容以删除线标识。

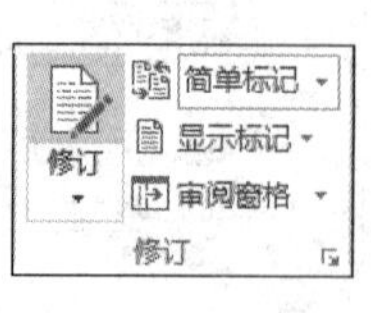

导说明

家学习愉快，各有所获，顺利完成各门课
学习为主，因此对于，晚开始学习的同学
度，将网上的资料资源都认真学习了，对

(a)　　　　　　　　(b)

图 7-40　修订文档

(4) 以同样的方式，完成全文的修订，得到如图 7-41 所示的效果。

远程学习指导说明

首先要欢迎同学开始远程的课程学习，预祝大家学习愉快，各有所获，顺利完成各门课程的学习任务。远程的学习是以学生为中心，自主学习为主，因此对于较晚开始学习的同学们不怕跟不上学习安排，只要你们集中精力加快进度，将网上的资料资源都认真学习了，对于完成本学期的学习任务是没问题还是不受影响的。

因本校教学安排实行的是"四学期制"，因而因此各位同学在系统选完课程后就可以开始学习，平台已有的课件资源，在学习时要集中精力先学习秋（春）学期开设的课程，冬学期开设的课程资源在有时间有精力的前提下可以先进行网络课程（网页自学型课件）的自学。以下是根据本校的教学要求给大家提出一些学习见解建议，以便同学们尽快适应远程的学习：

一、首先请同学们阅读课件中"辅导与测试"栏目中的"课程实施计划"，以便对整个课程的学习进度及课程的基本要求有所理解，同时也清楚本学期的具体时间安排，尤其要注意复习答疑和考试的大致时间，以便作好学习和工作两不误的按排安排。

二、其次在对课程和学期的时间表有所了解之后，要认真学习"课件浏览"中的重难点辅导课件，该课件是每两周提供一次（遇到长假后延），实行小学期制后，每学期各课程的辅导课件会集中提供三次（跨学期课程除外、医学提供四次）。对于各课程的辅导课件，要求学生们务必进行认真的学习，有关课程的重点及复习要点都会在辅导课件中体现。对于各课程的网络课件必需必须随时上网自主学习。

三、根据课程的要求及重难点辅导课件中内容，辅导老师会在"辅导与测试"栏目中发布各课程的导学文意或辅导课件的内容总结，是文本资料以方便学生阅读下载，并有助于同学们随时按照课件要求的重点内容去学习。学生可以自行加快学习进度。

四、同学们要根据课程实施计划中的按排安排，定期完成网络课件中的自测题，以帮助自己复习和加强巩固所学知识，另外学习平台上布置的作业,要求大家必需必须在截止日期前上交提交，否则将影响课程的成绩。

五、课程论坛、网络邮箱是供大家讨论和日常非实时答疑用的，希望同学们经常光顾光临，如有问题及时咨询。注意：课程论坛和网络邮箱只在开设学期内进行维护，结课后就停止维护。开学后，希望同学们先了解已有的课程论坛帖，那里会找到你想咨询的常见问题，这样有利于同学们尽快进入远程学习。

六、请同学们必需必须及时了解"学习计划与安排"栏目中的"学期院历"内容。

图 7-41　完成全文修订的效果

(5) 阅读审阅者的修订意见，在要接受修订的地方右击，在弹出的快捷菜单中选择"接受插入"命令，如图 7-42(a)所示，此时可看到修订操作生效，添加的文字变成文档的一部分，如图 7-42(b)所示。

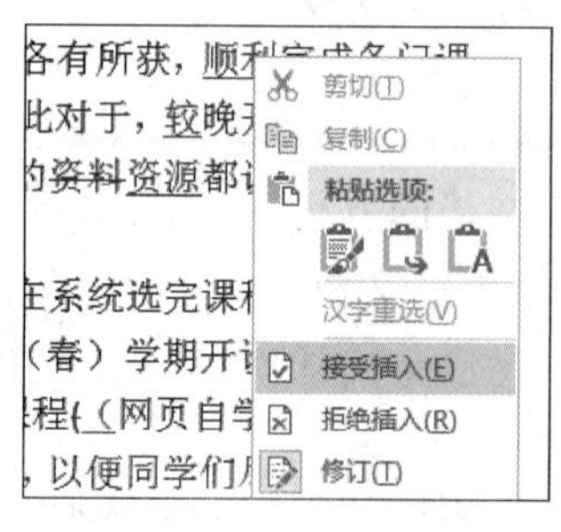

各有所获，顺利完成各门课
此对于，较晚开始学习的同
的资料资源都认真学习了，

(a)　　　　　　　　(b)

图 7-42　接受修订

(6) 以同样的方法查看其他修订处,逐条确认接受或拒绝修订,最后保存文档即可。

【案例 7-3】 制作家庭报告书。

【实训目的】 掌握邮件合并功能的应用方法。

【实训内容】 练习利用邮件合并功能制作"7-案例 3(邮件合并)"文档。

【实训步骤】

(1) 新建"7-案例 3(主文档)"文档。

(2) 在文档中输入家庭报告书内容并设置其格式,再在相应位置插入一个 6 行 4 列的表格,输入表格内容后进行编辑操作,如合并单元格,设置表格文本的对齐,表格与页的对齐,如图 7-43 所示。

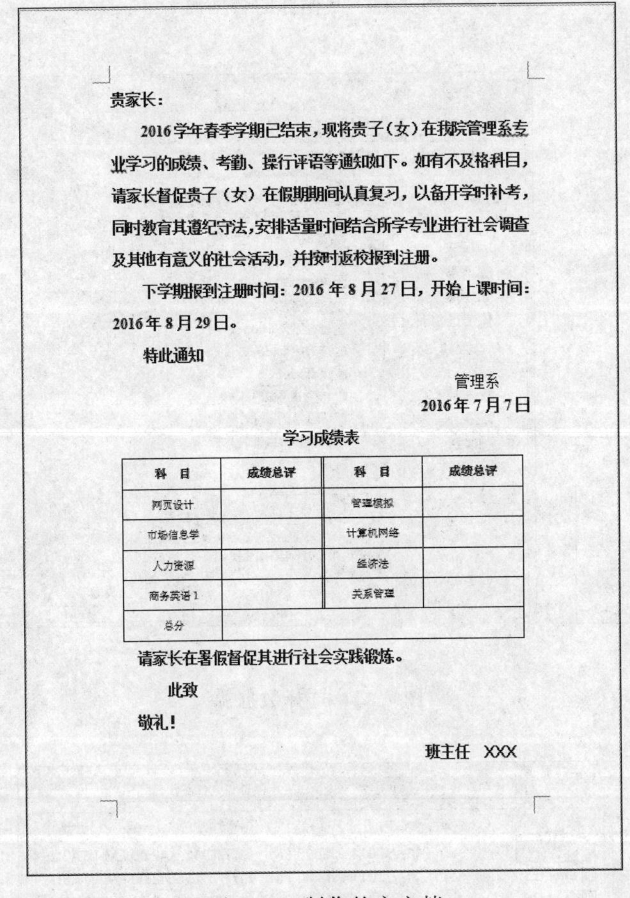

贵家长:

2016学年春季学期已结束,现将贵子(女)在我院管理系专业学习的成绩、考勤、操行评语等通知如下。如有不及格科目,请家长督促贵子(女)在假期期间认真复习,以备开学时补考,同时教育其遵纪守法,安排适量时间结合所学专业进行社会调查及其他有意义的社会活动,并按时返校报到注册。

下学期报到注册时间:2016 年 8 月 27 日,开始上课时间:2016 年 8 月 29 日。

特此通知

管理系

2016 年 7 月 7 日

学习成绩表

科　目	成绩总评	科　目	成绩总评
网页设计		管理模拟	
市场信息学		计算机网络	
人力资源		经济法	
商务英语 1		关系管理	
总分			

请家长在署假督促其进行社会实践锻炼。

此致

敬礼!

班主任 XXX

图 7-43 制作的主文档

(3) 数据源是已制作好的 Excel 表格("素材\chapter07\7-2016 年春季成绩"),见图 7-44。数据源和主文档都准备好了,就可以开始邮件合并了。打开创建的主文档,然后单击"邮件"选项卡上"开始邮件合并"组中的"选择收件人"按钮,在展开的列表中选择"使用现有列表"项,如图 7-45(a)所示。

(4) 打开"选取数据源"对话框,选择"7-2016 年春季成绩表",如图 7-45(b)所示。

(5) 单击"打开"按钮后,在打开的"选择表格"对话框中,选择要使用的工作表 Sheet1,然后单击"确定"按钮,如图 7-46 所示。

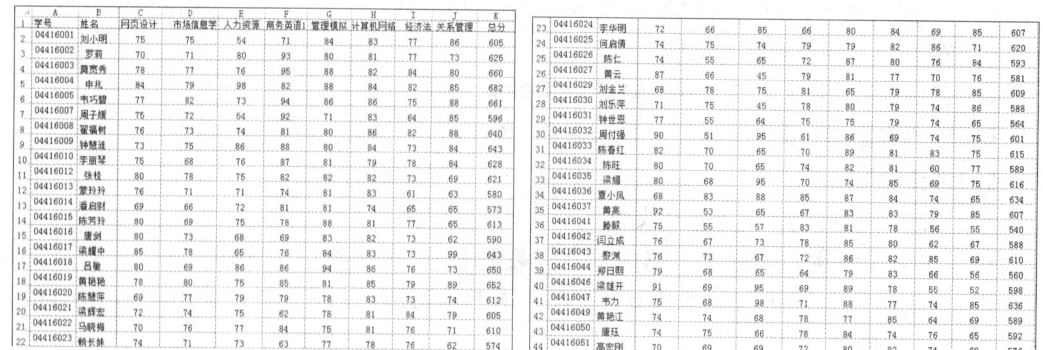

	A	B	C	D	E	F	G	H	I	J	K
1	学号	姓名	网页设计	市场信息学	人力资源	商务英语1	管理模拟	计算机网络	经济法	关系管理	总分
2	04416001	刘小明	75	75	54	71	84	83	77	86	605
3	04416002	罗莉	70	71	80	93	80	81	77	73	625
4	04416003	莫宽秀	78	77	76	95	88	82	84	80	660
5	04416004	申兆	84	79	98	82	88	84	82	85	682
6	04416005	韦巧碧	77	82	73	94	86	86	75	88	661
7	04416007	周子媛	75	72	54	92	71	83	64	85	596
8	04416008	翟福树	76	73	74	81	80	86	82	88	640
9	04416009	钟慧涟	73	75	86	88	80	84	73	84	643
10	04416010	李丽琴	75	68	76	87	81	79	78	84	628
11	04416012	张桂	80	78	75	82	82	82	73	69	621
12	04416013	蒙玲玲	76	71	71	74	81	83	61	63	580
13	04416014	潘启财	69	66	72	81	81	74	65	65	573
14	04416015	陈芳玲	80	69	75	78	88	81	77	65	613
15	04416016	唐剑	80	73	68	69	83	82	73	62	590
16	04416017	梁耀中	85	78	65	76	84	83	73	99	643
17	04416018	吕敏	80	69	86	86	94	86	76	73	650
18	04416019	黄艳艳	78	80	75	85	81	85	79	89	652
19	04416020	陈慧萍	69	77	79	79	78	83	73	74	612
20	04416021	梁辉宏	72	74	75	62	78	81	84	79	605
21	04416022	马晓梅	70	76	77	84	75	81	76	71	610
22	04416023	赖长妹	74	71	73	63	77	78	76	62	574
23	04416024	李华明	72	66	85	66	80	84	69	85	607
24	04416025	何启倩	74	75	74	79	79	82	86	71	620
25	04416026	陈仁	74	55	65	72	87	80	76	84	593
26	04416027	黄云	87	66	45	79	81	77	70	76	581
27	04416029	刘金兰	68	78	75	81	65	79	78	85	609
28	04416030	刘乐萍	71	75	45	78	80	79	74	86	588
29	04416031	钟世恩	77	55	64	75	75	79	74	65	564
30	04416032	周付强	90	51	95	61	86	69	74	75	601
31	04416033	陈春红	82	70	65	70	89	81	83	75	615
32	04416034	陈旺	80	70	65	74	82	81	60	77	589
33	04416035	梁媚	80	68	95	70	74	85	69	75	616
34	04416036	覃小凤	68	83	88	85	87	84	74	65	634
35	04416037	黄亮	92	53	65	67	83	83	79	85	607
36	04416041	滕毅	75	55	57	83	81	78	56	55	540
37	04416042	闫立成	76	67	73	78	85	80	62	67	588
38	04416043	黎渊	76	73	67	72	86	82	85	69	610
39	04416044	郑日熙	79	68	65	64	79	83	66	56	560
40	04416046	梁雄开	91	69	95	69	89	78	55	52	598
41	04416047	韦力	75	68	98	71	88	77	74	85	636
42	04416049	黄艳江	74	74	68	78	77	85	64	69	589
43	04416050	唐珏	74	75	66	78	84	74	76	65	592
44	04416051	高宏刚	70	69	69	72	80	82	74	60	576

图 7-44　制作好的数据源

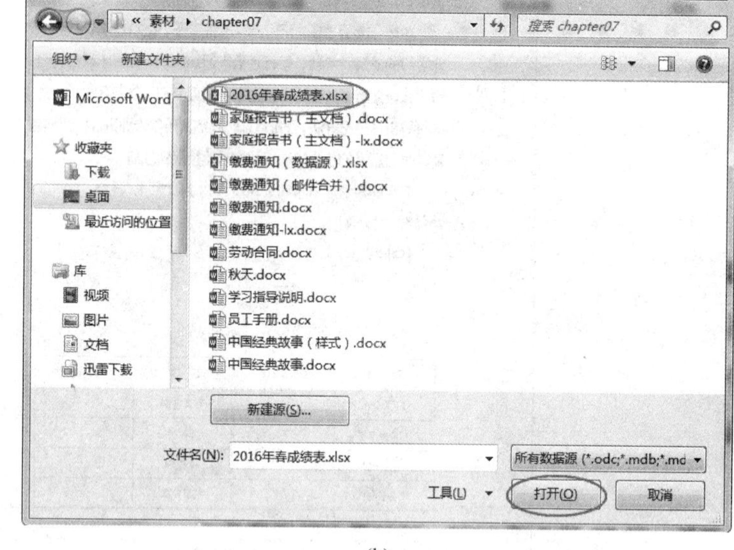

(a)　　　　　　　　　　　　　　　　(b)

图 7-45　选择数据源

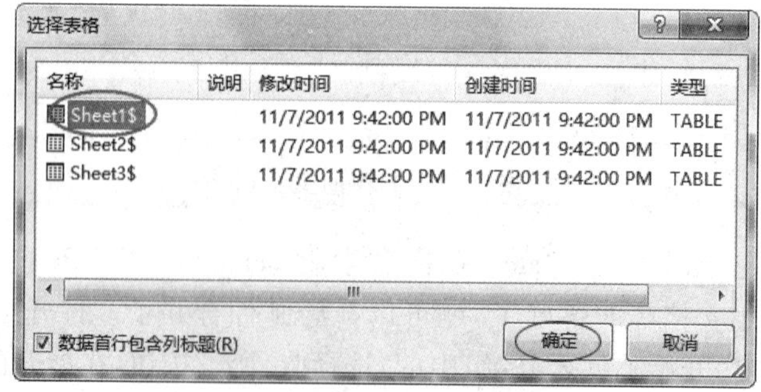

图 7-46　选择 Sheet1 工作表

(6) 将插入符置于如图 7-47(a)所示的位置，然后单击“编写和插入域”组中的“插入合并域”按钮，依次在展开的列表中选择“学号”和“姓名”，如图 7-47(b)所示，将“学号”和“姓名”域插入，效果如图 7-47(c)所示。

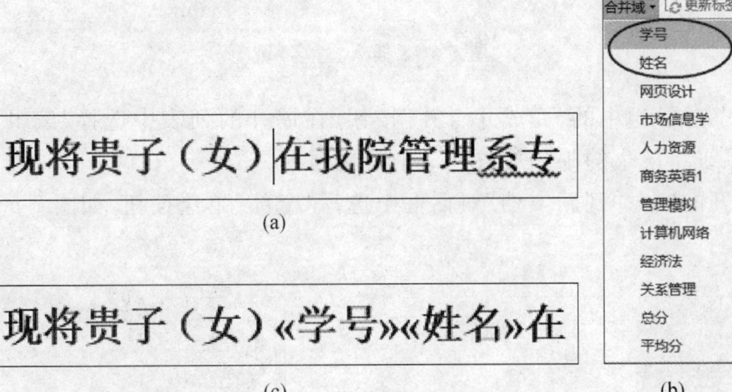

(a)

(c)

(b)

图 7-47 插入“学号”和“姓名”域

(7) 将插入符置于表格中“网页设计”单元格右侧的单元格中，然后在“插入合并域”列表中选择“网页设计”域，将该域插入，效果如图 7-48 所示。

科 目	成绩总评	科 目	成绩总评
网页设计	«网页设计»	管理模拟	
市场信息学		计算机网络	
人力资源		经济法	

图 7-48 在表格中插入“网页设计”域

(8) 分别将插入符置于相应的单元格中，然后在“插入合并域”列表中选择相应的域插入，效果如图 7-49 所示。

科 目	成绩总评	科 目	成绩总评
网页设计	«网页设计»	管理模拟	«管理模拟»
市场信息学	«市场信息学»	计算机网络	«计算机网络»
人力资源	«人力资源»	经济法	«经济法»
商务英语 1	«商务英语 1»	关系管理	«关系管理»
总分	«总分»		

图 7-49 在表格中插入所有域后的效果

(9) 将插入符置于表格下方如图 7-50(a)所示的位置，然后在“插入合并域”列表中选择“姓名”，将该域插入，效果如图 7-50(b)所示。

请«姓名»家长

(a)

请家长在暑假

(b)

图 7-50　插入“姓名”域

(10) 单击“完成”组中的“完成并合并”按钮，在展开的列表中选择“编辑单个文档”，如图 7-51 所示，系统将产生的邮件放置到一个新文档中。

(11) 在打开的“合并到新文档”对话框中选择“全部”单选按钮，如图 7-52 所示，然后单击“确定”按钮。

图 7-51　选择“编辑单个文档”

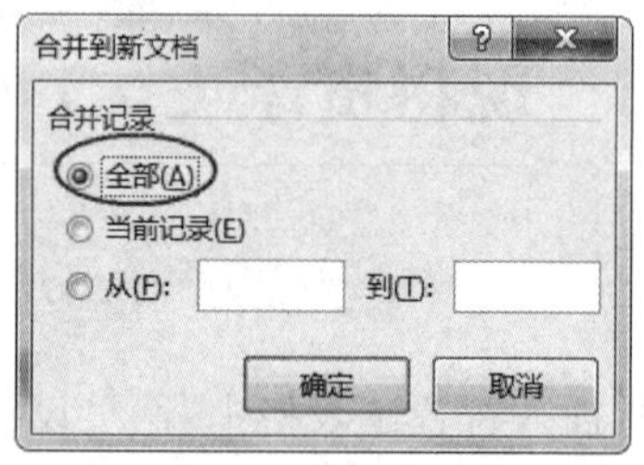

图 7-52　选择“全部”单选按钮

(12) Word 将根据设置自动合并文档并将全部记录存放到一个新文档中，最终效果如图 7-53 所示。最后另存文档为“7-案例 3(邮件合并)”。

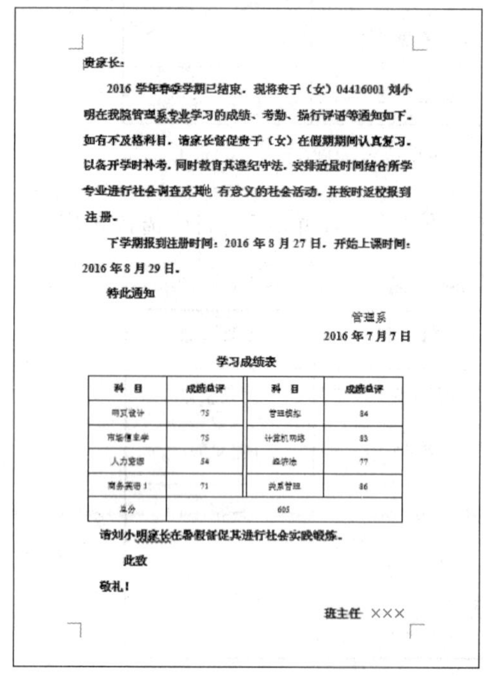

贵家长：

2016 学年春季学期已结束，现将贵子（女）04416001 刘小明在我院管理系专业学习的成绩、考勤、操行评语等通知如下。如有不及格科目，请家长督促贵子（女）在假期期间认真复习，以备开学时补考。同时教育其遵纪守法，安排适量时间结合所学专业进行社会调查及其他有意义的社会活动，并按时返校报到注册。

下学期报到注册时间：2016 年 8 月 27 日，开始上课时间：2016 年 8 月 29 日。

特此通知

管理系

2016 年 7 月 7 日

学习成绩表

科目	成绩总评	科目	成绩总评
网页设计	75	管理模拟	84
市场营销学	75	计算机网络	83
人力资源	54	经济法	77
商务英语Ⅰ	71	公共关系	86
总分	605		

请刘小明家长在暑假督促其进行社会实践锻炼。

此致

敬礼！

班主任　×××

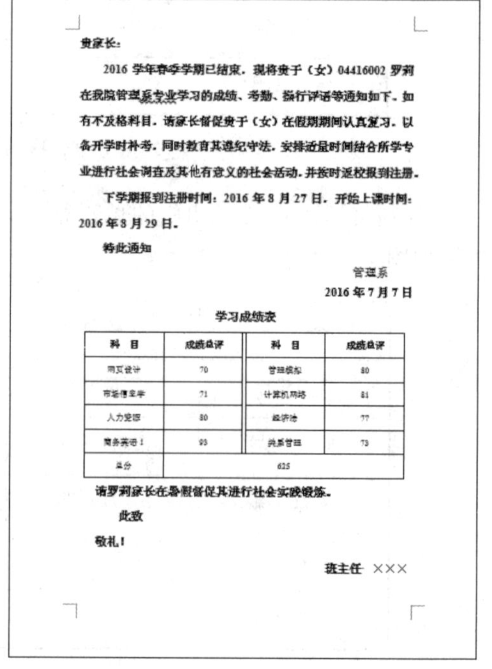

贵家长：

2016 学年春季学期已结束，现将贵子（女）04416002 罗莉在我院管理系专业学习的成绩、考勤、操行评语等通知如下。如有不及格科目，请家长督促贵子（女）在假期期间认真复习，以备开学时补考。同时教育其遵纪守法，安排适量时间结合所学专业进行社会调查及其他有意义的社会活动，并按时返校报到注册。

下学期报到注册时间：2016 年 8 月 27 日，开始上课时间：2016 年 8 月 29 日。

特此通知

管理系

2016 年 7 月 7 日

学习成绩表

科目	成绩总评	科目	成绩总评
网页设计	70	管理模拟	80
市场营销学	71	计算机网络	81
人力资源	80	经济法	77
商务英语Ⅰ	93	公共关系	73
总分	625		

请罗莉家长在暑假督促其进行社会实践锻炼。

此致

敬礼！

班主任　×××

图 7-53　制作的家庭报告书

【案例 7-4】 编制婴幼儿米粉调查报告。

【实训目的】 掌握使用大纲视图组织文档的方法。

【实训内容】 练习创建婴幼儿米粉调查报告的大纲并调整级别。

【实训步骤】

(1) 新建一空白的 Word 文档，切换至大纲视图。输入标题文字“婴幼儿米粉调查报告”，如图 7-54 所示。

文件
大纲
开始
插入
设计
页面布局
引用
邮件
审阅
视图
1 级
显示级别(S): 9 级
显示文本格式
仅显示首行
显示文档
折叠
子文档
关闭
大纲视图
大纲工具
主控文档
关闭
婴幼儿米粉调查报告

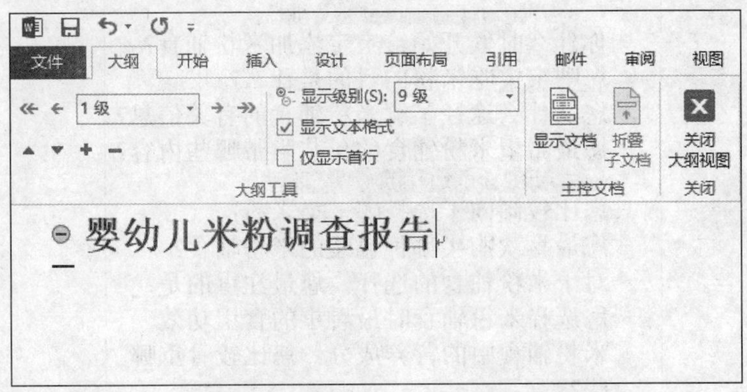

图 7-54 新建文档并输入标题文字

(2) 按 Enter 键换行，输入下一个标题文字“一、用户对宝宝辅食添加的认知”。

(3) 按照同样的方法，依次输入所有标题文字，结果如图 7-55 所示。

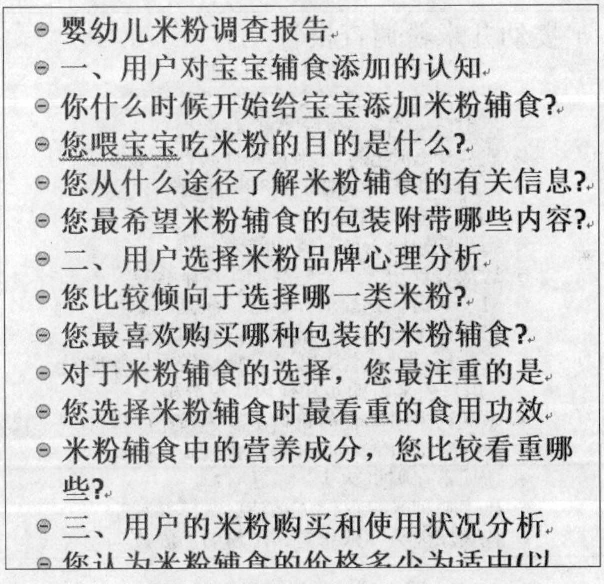

婴幼儿米粉调查报告
一、用户对宝宝辅食添加的认知
你什么时候开始给宝宝添加米粉辅食?
您喂宝宝吃米粉的目的是什么?
您从什么途径了解米粉辅食的有关信息?
您最希望米粉辅食的包装附带哪些内容?
二、用户选择米粉品牌心理分析
您比较倾向于选择哪一类米粉?
您最喜欢购买哪种包装的米粉辅食?
对于米粉辅食的选择，您最注重的是
您选择米粉辅食时最看重的食用功效
米粉辅食中的营养成分，您比较看重哪些?
三、用户的米粉购买和使用状况分析

图 7-55 输入所有标题文字

(4) 首先选择“一、用户对宝宝辅食添加的认知”，然后按住 Ctrl 键，依次选择其他要降为 2 级的标题。

(5) 单击“大纲工具”组中的“降级”按钮“➔”，将其降为 2 级，如图 7-56 所示。

(6) 按照同样的方法，选定要作为 3 级标题的文字，然后单击两次“降级”按钮“➔”，结果如图 7-57 所示。

(7) 单击“关闭”组中的“关闭大纲视图”按钮，切换至页面视图，然后打开“素材\

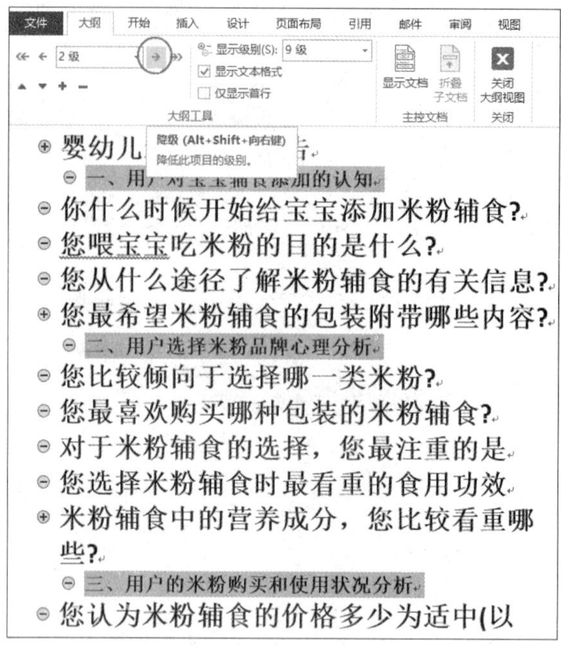

图 7-56　设置 2 级标题

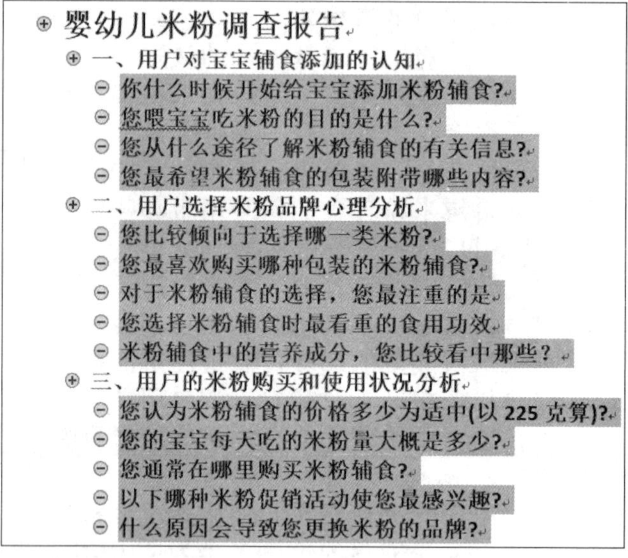

图 7-57　设置 3 级标题

chapter07\7-案例 4 素材"文档，将该文档中的相关正文内容复制到新文档中制作好的各级标题下，如图 7-58 所示。

(8) 最后按 Ctrl+S 组合键，保存文档为"7-案例 4"。

【案例 7-5】 编制"婴幼儿米粉调查报告"目录。

【实训目的】 掌握为文档编制目录的方法。

【实训内容】 练习为"7-案例 4"文档编制目录。

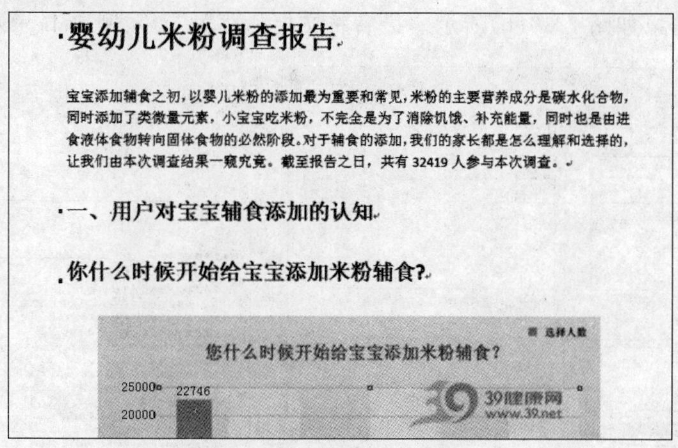

图 7-58　复制正文的内容

【实训步骤】

(1) 打开"素材\chapter07\7-案例 4"文档。

(2) 将插入符置于文档开始位置并插入一个分页符，然后在新页中输入"目录"两字并设置格式，再按 Enter 键插入一新行以放置目录，如图 7-59(a)所示。

(3) 单击"引用"选项卡上"目录"组中的"目录"按钮，在展开的列表中选择"自定义目录"项，如图 7-59(b)所示。

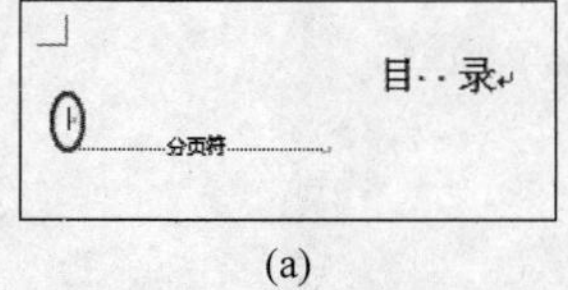

(a)

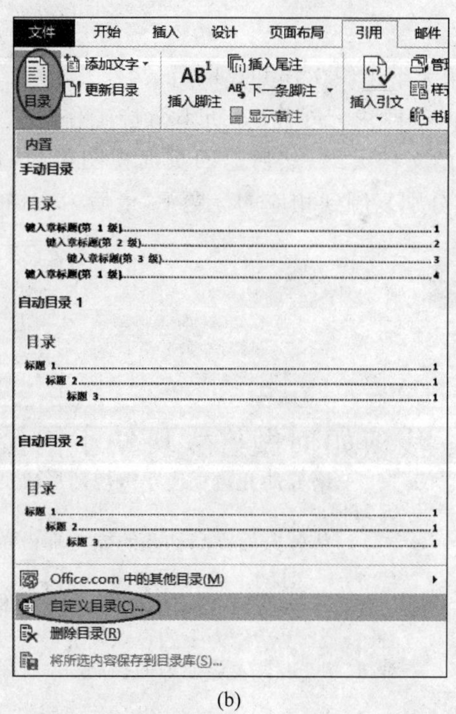

(b)

图 7-59　选择"自定义目录"项

(4) 打开"目录"对话框，在"格式"下拉列表中选择"正式"项，如图 7-60(a)所示，然后单击“确定”按钮，结果如图 7-60(b)所示。最后将文档另存为“7-案例 4(目录)”。

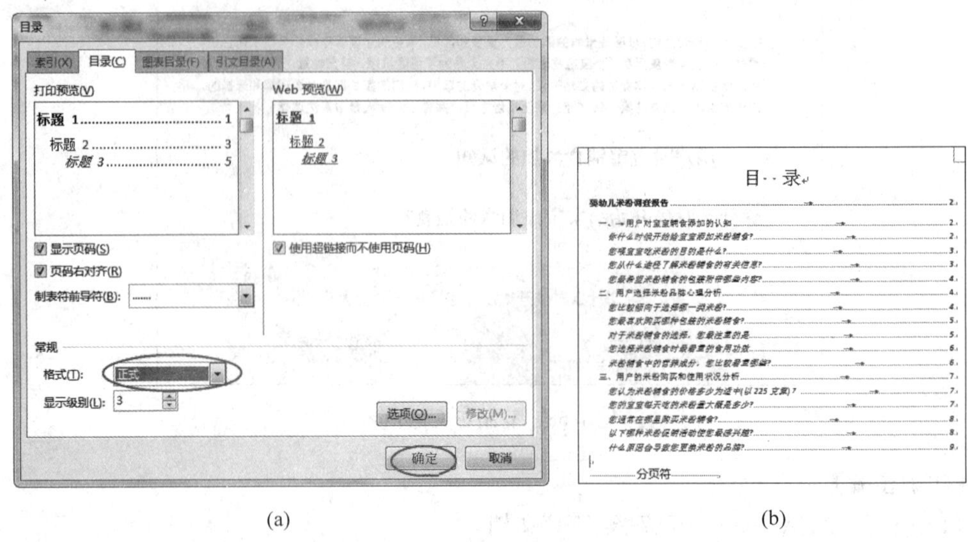

(a)　　　　(b)

图 7-60　自定义目录

拓展练习

下面利用大纲组织文档并提取目录。

实训知识点要求：创建“7-幼小衔接工作论文大纲”文档，在大纲视图模式下输入如图 7-61 所示的文档大纲，然后返回页面视图模式，将“素材\chapter07\7-幼小衔接工作论文”文档内容分别复制到相应的标题下，最后为文档提取目录。

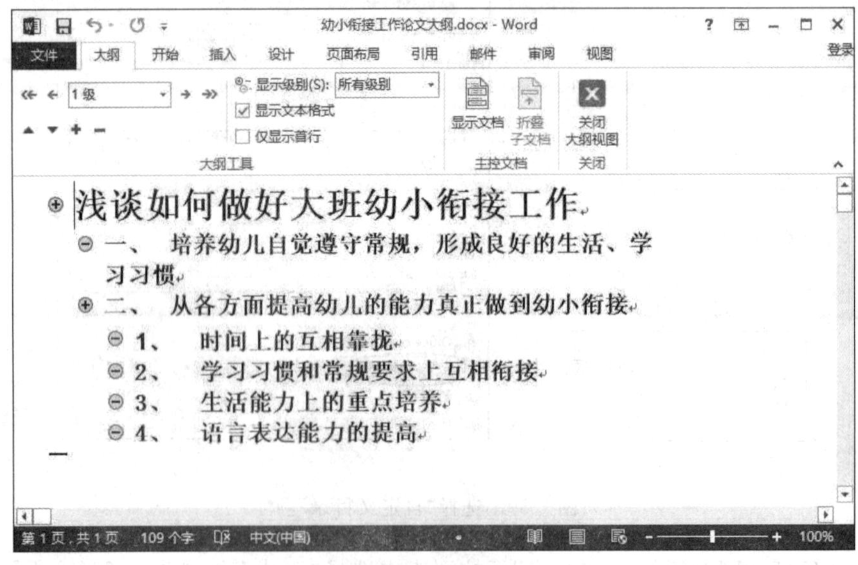

图 7-61　大纲示例

本章小结

本章主要介绍了文档其他编排的相关知识，通过本章的学习，应重点了解或掌握如下几点。

(1) 掌握利用“页面布局”选项卡上“页面设置”组中的“分隔符”按钮为文档分页和分节的方法。通过分节可以为长文档的不同部分进行不同的页面设置。

(2) 掌握为文档应用系统内置或自定义的样式，以及修改或删除样式的方法，以便快速统一或更新文档的格式，从而节省时间，提高工作效率。要注意删除样式时，只能删除自定义的样式，系统内置的样式只能修改。

(3) 掌握为文档添加批注的方法，方便审阅者在文档中插入对某些内容的说明或建议。

(4) 掌握对文档进行修订并设置修订选项的方法，以突出显示审阅者对文档所做的修改。文档作者可以接受或拒绝审阅者对文档进行的修改。

(5) 掌握利用邮件合并功能批量制作公文、信件或通知等方法。在进行邮件合并前，一定要创建好主文档，数据源可以提前创建，也可以在邮件合并时创建。

思考与练习

1. 如何自定义样式？
2. 如何一次性接受或拒绝所有修订？

第 8 章　电子表格处理软件 Excel 2013

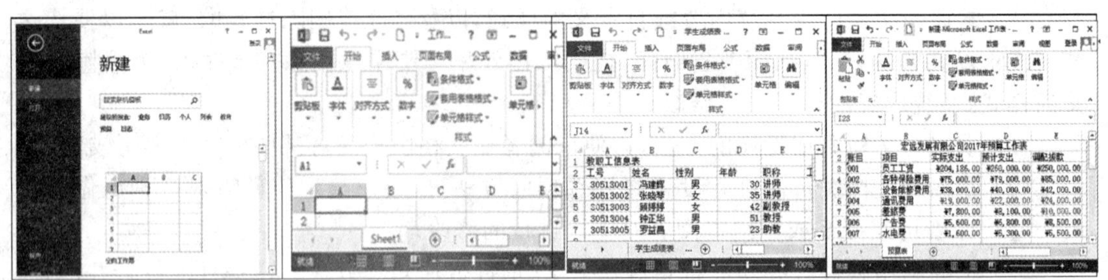

本章导读

Excel 2013 是 Microsoft Office 2013 系列办公软件中的一个组件，属于电子表格处理软件，主要用于统计、计算和分析各类报表数据。Excel 被广泛应用于各行各业，是办公人员处理各类数据的必备工具。本章主要介绍 Excel 2013 的基本操作，包括工作簿、工作表、单元格的基本操作以及数据的输入方式。

知识目标

- 熟悉 Excel 2013 的工作界面。
- 掌握 Excel 2013 工作簿、工作表的基本操作。
- 掌握在 Excel 2013 中输入数据的几种方式。
- 掌握 Excel 2013 单元格的基本操作。

能力目标

- 能够掌握工作簿的创建、保存、关闭、保护等操作。
- 能够在工作表中输入各种文本型和数值型数据，如文本、数字、日期和时间等。
- 能够为工作表中的单元格区域设置数据验证条件。
- 能够对工作表进行插入、删除、移动、保护等基本操作。

8.1　Excel 2013 快速入门

Excel 2013 是 Microsoft Office 2013 中用于电子表格处理的组件，本节主要介绍 Excel 2013 的启动，工作簿的新建、保存、退出，以及 Excel 2013 的工作界面等知识点。

8.1.1　启动 Excel 2013 并创建工作簿

1. 启动 Excel 2013

单击任务栏上的"开始"按钮，选择"所有程序"→Microsoft Office→Excel 2013 命令，启动中文 Excel 2013，如图 8-1 所示，在图 8-2 中选择"空白工作簿"，系统会自动建立一个名为"工作簿 1. xlsx"的空白工作簿，执行该操作后，即可启动 Excel 2013。

图 8-1　选择 Excel 2013 选项

2. 新建 Excel 2013 工作簿

启动 Excel 2013 的同时会新建一个 Excel 工作簿，新建 Excel 工作簿还有以下三种方法。

方法 1：选择"文件"→"新建"菜单命令，屏幕的右侧会自动打开"新建"任务窗格。在该任务窗格中单击第 1 项"空白工作簿"，即可新建一个空白 Excel 2013 工作簿。

方法 2：双击桌面上的 Microsoft Excel 2013 快捷方式图标。

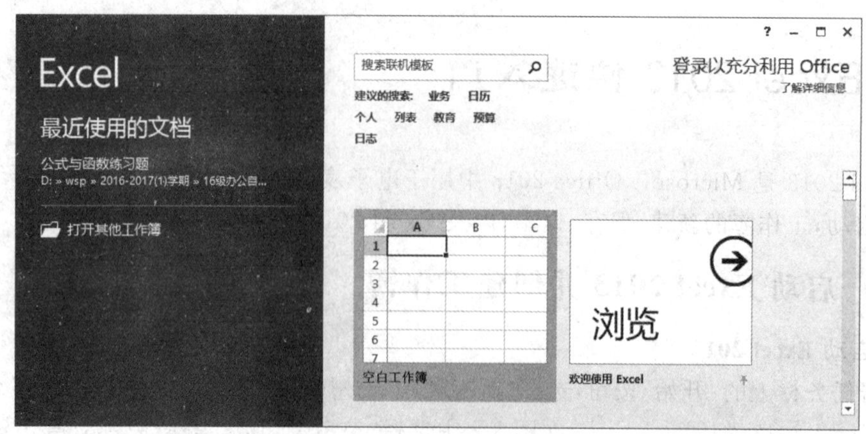

图 8-2　创建空白工作簿

方法 3：单击快速访问工具栏上的“新建”按钮。

3. 退出 Excel 2013

用户可以通过多种方法退出 Excel 2013，具体如下。

方法 1：单击标题栏右侧窗口管理按钮中的“关闭”按钮，如果有未保存的工作簿，程序会提示用户保存，弹出如图 8-3 所示的对话框，单击“保存”按钮将会弹出“另存为”对话框，用户可以在该对话框中指定路径、名称以及类型等；如果单击“不保存”按钮，将不会对当前工作簿保存，程序将直接关闭；如果单击“取消”按钮，将不执行关闭操作。

方法 2：在 Excel 2013 的标题栏上右击，在弹出的快捷菜单中选择“关闭”命令，如图 8-4 所示，同样会弹出如图 8-3 所示的对话框。

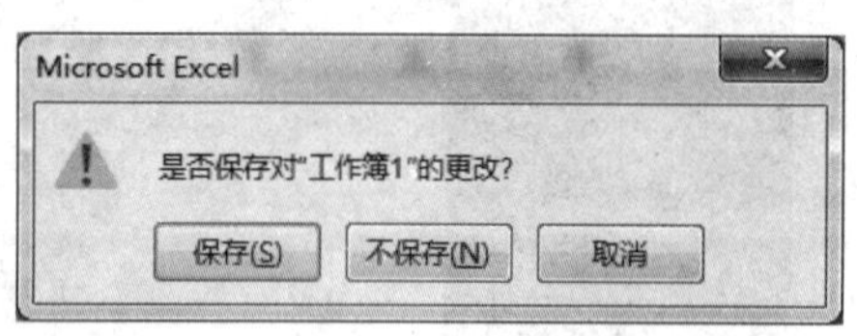

图 8-3　提示对话框

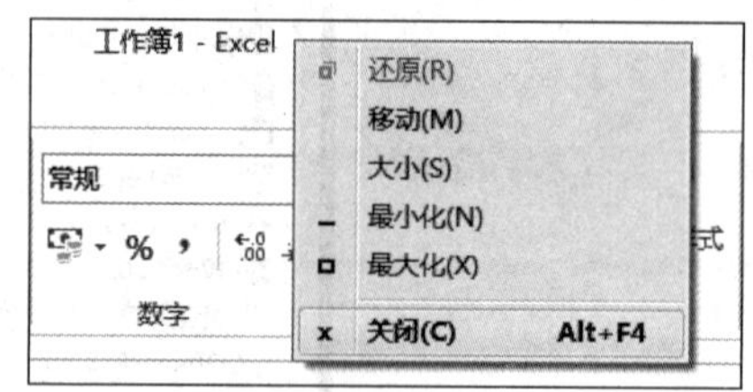

图 8-4　右击标题栏

方法 3：选择“文件”→“关闭”菜单命令，同样会弹出如图 8-3 所示的对话框。

方法 4：按 Alt+F4 组合键，同样会弹出如图 8-3 所示的对话框。

4. 保存 Excel 2013 工作簿

要想永久地保留编辑的工作簿，就需要将工作簿进行保存，保存工作簿的方法如下。

方法 1：单击“文件”选项卡，选择“保存”或“另存为”选项。单击“浏览”按钮，如图 8-5 所示，打开“另存为”对话框，如图 8-6 所示。“文件名”设为“工作簿 1”，保存类型设为“Excel 工作簿”，单击“保存”按钮即可。

方法 2：单击窗口右上角的“关闭”按钮，在弹出的对话框中，单击“是”按钮，也可保存工作簿。

方法 3：选择快速访问工具栏的“保存”按钮，保存工作簿。对于已保存过的工作簿，也

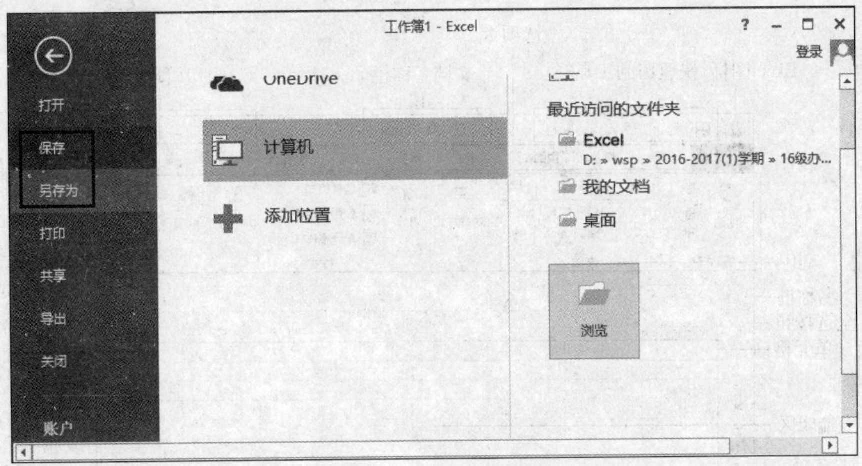

图 8-5　“文件”选项卡

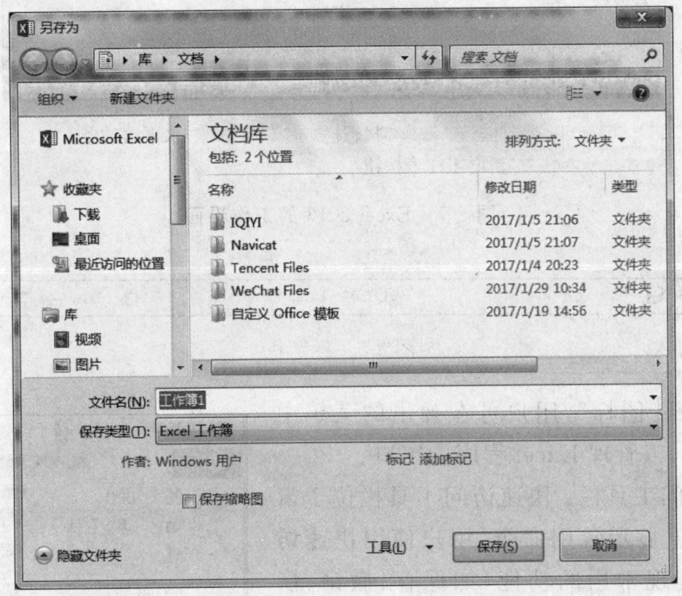

图 8-6　“另存为”对话框

可采用上述方法进行保存，在保存过程中不再弹出“另存为”对话框。

方法 4：使用 Ctrl＋S 组合键保存。

8.1.2　中文 Excel 2013 工作界面

中文 Excel 2013 的工作界面包括标题栏、选项卡、功能区、工作表编辑区和状态栏 5 大部分，每一部分又包括多个功能项，如图 8-7 所示。

1. 标题栏

标题栏位于窗口最顶部，如图 8-8 所示，由 Excel 图标、快速访问工具栏、文档名称栏以及窗口管理按钮 4 部分组成。

(1) Excel 图标：双击“Excel 图标”，可以立即关闭所有 Excel 窗口，退出 Excel 程序。

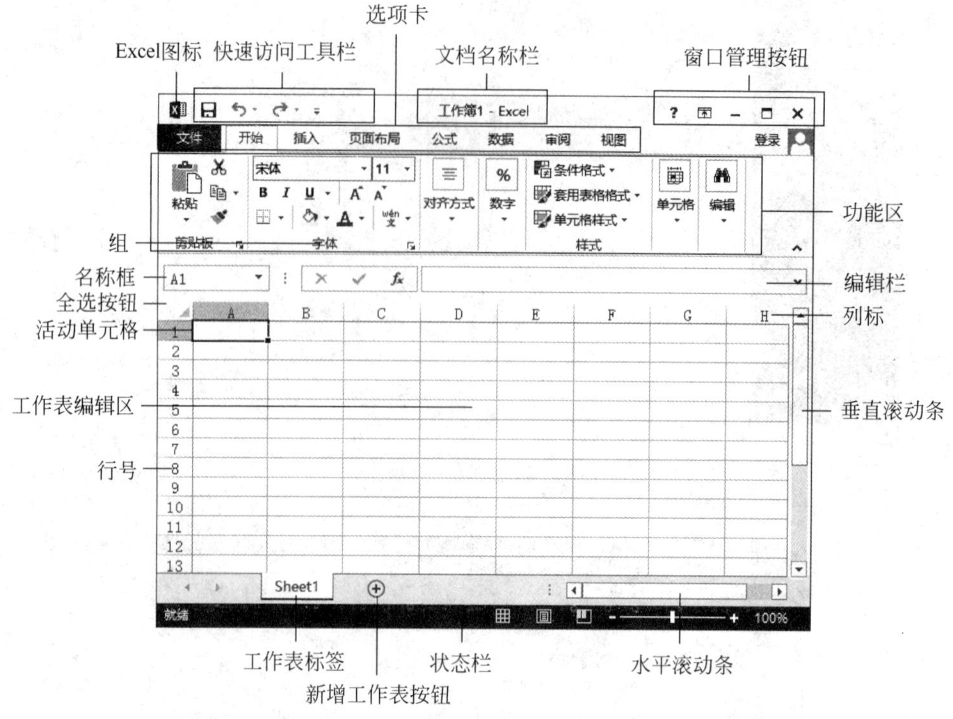

图 8-7 Excel 2013 的工作界面

图 8-8 标题栏

单击或右击“Excel 图标”，用户可在弹出的菜单中执行相应的命令，以管理 Excel 程序的窗口。

(2) 快速访问工具栏：快速访问工具栏位于窗口顶部左侧，用于显示常用命令，用户使用快速访问工具栏可以实现常用的功能，如保存、撤销、恢复、打印预览和快速打印等。也可以添加个人常用命令，方法是单击右边的“自定义快速访问工具栏”按钮，在弹出的下拉列表中选择快速访问工具栏中相应的工具按钮，即可自定义工具栏，如图 8-9 所示。

(3) 文档名称栏：显示当前工作簿的名称和应用程序的名称。

(4) 窗口管理按钮：窗口管理按钮位于窗口的最右侧，有 5 个按钮，从左到右依次是“帮助”按钮、“功能区显示”按钮、“最小化”按钮、“最大化”按钮(又称还原按钮)和“关闭”按钮，单击想用的按钮可以对窗口的大小进行调节。

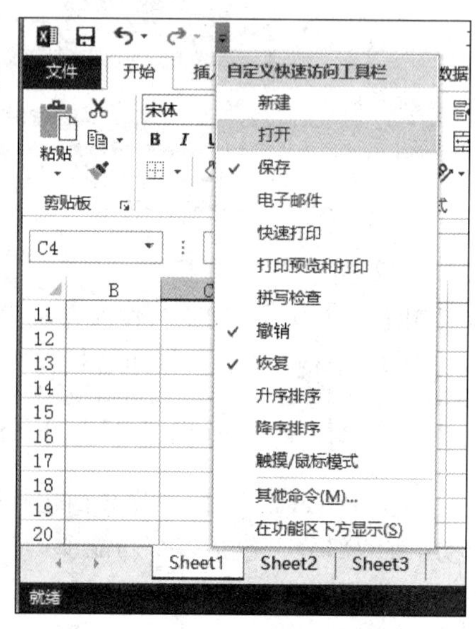

图 8-9 设置更改快速访问工具栏

2. 选项卡

选项卡是一组按钮栏，提供了多种按钮，用户在单击该栏中的按钮后，即可切换功能区，应用 Excel 中的各种工具，如图 8-10 所示。

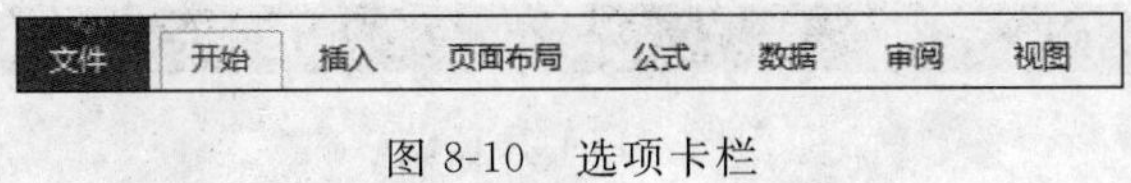

图 8-10　选项卡栏

3. 功能区

功能区位于标题栏和选项卡的下方，集成了 Excel 中绝大多数的功能。选择不同的选项卡，功能区将显示各种相应的功能，即可进行相应的操作，例如，“开始”选项卡中可以使用设置字体、样式和编辑功能等，如图 8-11 所示。在功能区中，相似或相关的功能按钮、下拉菜单及输入文本框以组的方式显示。一些可以自定义功能的组还提供了扩展按钮，辅助用户以对话框的方式设置详细的属性。

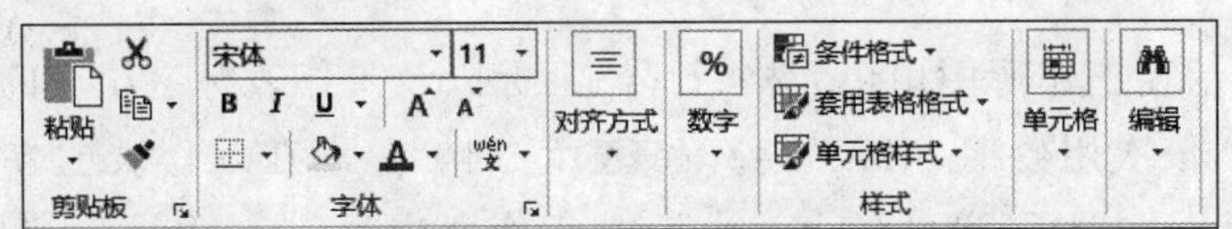

图 8-11　功能区

4. 工作表编辑区

工作表编辑区用于显示或编辑工作表中的数据，包括全选按钮、名称框、编辑栏、滚动条、工作表标签等，如图 8-12 所示。

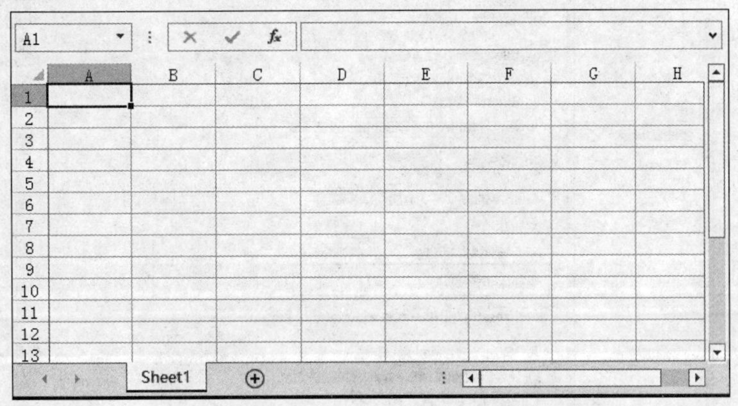

图 8-12　工作表编辑区

(1) 名称框：用于显示当前选定的单元格，也可用于选择单元格。

(2) 编辑栏：主要用于显示、输入和修改活动单元格中的数据。在工作表的某个单元格输入数据时，编辑栏会同步显示输入的内容。

(3) 滚动条：包括水平滚动条和垂直滚动条，用于显示单元格的行标题和列标题。

(4) 工作表标签：工作表是通过工作表标签来标识的，当工作簿中含有多个工作表时，单击不同的工作表标签，可在各工作表之间进行切换。单击“新工作表”按钮⊕，可快速新建一张工作表。

5. 状态栏

状态栏用于显示当前选择内容的状态，并切换 Excel 的视图显示方式、缩放比例等，如图 8-13 所示。

图 8-13　状态栏

8.1.3　相关概念

1. 工作簿

Excel 2013 中用于储存数据的文件叫做工作簿，其扩展名为“. xlsx”，启动 Excel 2013 后系统会自动生成一个工作簿，默认名字为“工作簿 1. xlsx”。一个工作簿中包含一张或多张工作表。

2. 工作表

工作表是显示在工作簿中由单元格、行号、列标以及工作表标签组成的表格。行号显示在工作表的左侧，依次用数字 1、2…1048576 表示；列标显示在工作表上方，依次用字母 A、B…XFD 表示，默认情况下，新建的 Excel 2013 工作簿中只包含一个工作表，用户可根据实际需要添加或删除工作表。用户可通过“文件”→“选项”命令，设置工作表的默认数量，如图 8-14 所示。

图 8-14　更改默认工作表的数量

3. 单元格和活动单元格

单元格是工作表中最小的组成单位。工作表编辑区中每一个长方形的小格就是一个单元格，每一个单元格都用其所在的单元格地址来标识，并显示在名称框中，例如 C3 单元格表示位于第 C 列第 3 行的单元格。工作表中被绿色边框包围的单元格被称为当前单元格或活动单元格，用户只能对活动单元格进行操作。

8.2　在工作表中输入数据

数据是 Excel 处理的基础，用户可以在工作表中输入多种类型及形式的数据。除此之外，还可以使用填充功能输入一些具有规律的数据。

【案例 8-1】　以"素材/chapter08/8-计算机系学生奖学金信息表. xlsx"为例进行数据输入。

8.2.1　手动输入数据

1. 输入文本型数据

文本型数据是由汉字、英文字母或数字等组成的文本串，例如"姓名""星期一"等都属于文本型数据。

(1) 新建一个空白工作簿，并将其以"计算机系学生奖学金信息表"为名进行保存，然后将 Sheet1 工作表重命名为"计算机系奖学金表"。

(2) 单击 A1 单元格，输入表头信息"计算机系学生奖学金信息表"，按下 Enter 键，在 A2 单元格输入第一列的标题"学号"，然后按键盘上的"→"键，依次输入其他列标题。Excel 2013 默认将输入的文本左对齐，如图 8-15 所示。

	A	B	C	D	E	F	G	H	I	J
1	计算机系学生奖学金信息表									
2	学号	姓名	性别	年龄	系别	奖学金等级	奖学金金额	出生日期	身份证号	联系方式

图 8-15　输入表头信息及列标题

(3) 在"姓名"列中依次输入学生姓名，如图 8-16 所示。

	A	B	C	D	E	F	G	H	I	J
1	计算机系学生奖学金信息表									
2	学号	姓名	性别	年龄	系别	奖学金等级	奖学金金额	出生日期	身份证号	联系方式
3		李兰								
4		王宏								
5		张英								
6		郭静								
7		范媛媛								
8		张真								
9		李辉								
10		王杨								
11		范君艳								
12		梁子扬								

图 8-16　输入姓名

2. 输入数值型数据

在 Excel 2013 中，数值型数据包括数值、日期和时间，它是使用最多，也是最为复杂的数据类型，一般由数字 0～9、正号、负号、小数点、分数号“/”、百分号“%”、指数符号“E”或“e”、货币符号“＄”或“￥”和千位分隔符“，”等组成。

(1) 输入数字

用户可以在单元格内直接输入数字。

操作：接上面的实例，在“计算机系学生奖学金信息表”中的“年龄”列依次输入学生的年龄。Excel 2013 默认将输入的数字右对齐，如图 8-17 所示。

	A	B	C	D	E	F	G	H	I	J
1						计算机系学生奖学金信息表				
2	学号	姓名	性别	年龄	系别	奖学金等级	奖学金金额	出生日期	身份证号	联系方式
3		李兰		18						
4		王宏		19						
5		张英		18						
6		郭静		20						
7		范媛媛		18						
8		张真		18						
9		李辉		18						
10		王杨		21						
11		范君艳		22						
12		梁子扬		20						

图 8-17　输入年龄

提示：其他类型数字的输入的方法。

① 负数：在数字前面添加“－”号或者给数字加上圆括号。例如：－4、(4)。

② 分数：输入分数前，首先输入“0”和一个空格，然后输入分数，例如“0＋空格＋1/2”，如果直接输入分数 1/2，会以日期形式显示为 1 月 2 日。

③ 百分比：直接输入数字，然后输入%，例如“20%”。

④ 小数：直接输入小数。可以通过“数字”选项组中的“增加数字位数”和“减少数字位数”按钮来调整小数位数。

⑤ 长数字：当输入长数字时，单元格中的数字将以科学计数法显示，且自动调整列宽直至到显示 11 位数字为止。例如，输入 1234567891033，将自动显示为“1.23457E＋12”。

(2) 输入日期和时间

在 Excel 2013 中可以使用斜杠“/”或者“-”来分隔日期中的年、月、日部分。比如要输入“2017 年 2 月 1 日”，可以在单元格中输入“2017/2/1”或者“2017-2-1”。如果省略年份，则系统以当前的年份作为默认值，显示在编辑栏中。输入时间时，可以用冒号“：”分开时间中的时、分、秒。系统默认的时间是按 24 小时制的方式输入。

操作：接上面的实例，在“出生日期”列中依次输入学生的出生日期，Excel 2013 默认将输入的日期型数据右对齐，如图 8-18 所示。

	A	B	C	D	E	F	G	H	I	J
1						计算机系学生奖学金信息表				
2	学号	姓名	性别	年龄	系别	奖学金等级	奖学金金额	出生日期	身份证号	联系方式
3		李兰		18				1997/4/5		
4		王宏		19				1995/11/6		
5		张英		18				1997/4/7		
6		郭静		20				1997/4/8		
7		范媛媛		18				1998/2/9		
8		张真		18				1997/4/10		
9		李辉		18				1996/7/23		
10		王杨		21				1998/6/12		
11		范君艳		22				1997/3/1		
12		梁子扬		20				1996/6/14		

图 8-18　输入出生日期

提示：按"Ctrl＋;"组合键，可在单元格中插入当前日期；按"Ctrl＋Shift＋;"组合键，可在单元格中插入当前时间。如果要同时输入日期和时间，则应在日期与时间之间用"空格"加以分隔。

(3) 数字以文本格式输入

在输入身份证号、银行账号等数字信息时，需要将数字以文本形式输入，否则会以科学计数法形式显示。

接上面的实例，操作步骤如下。

① 选中 I3-J12 单元格区域(输入"身份证号"和"联系方式"的区域)，单击"开始"选项卡中的"数字"组"数字格式"按钮右侧的三角按钮，如图 8-19 所示。

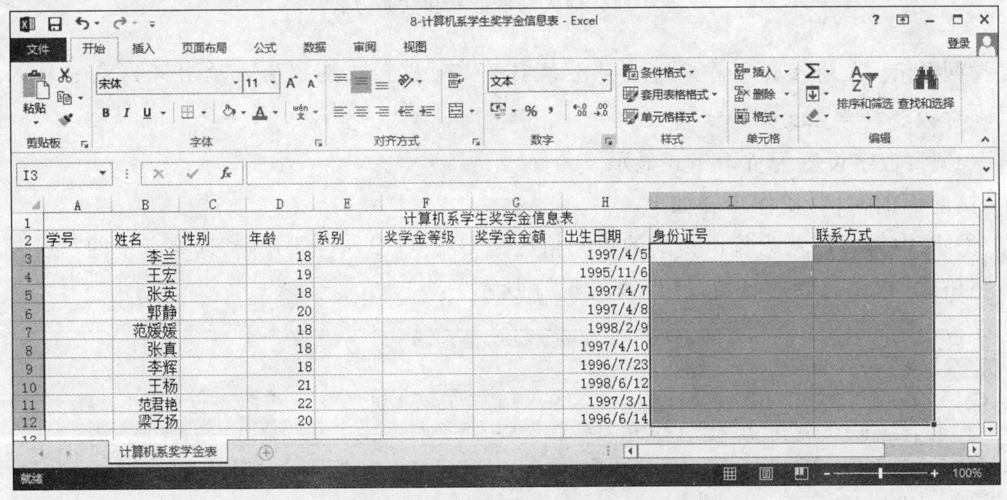

图 8-19　打开"设置单元格格式"对话框

② 打开如图 8-20 所示的"设置单元格格式"对话框，在展开的列表中选择"文本"选项，单击"确定"按钮。

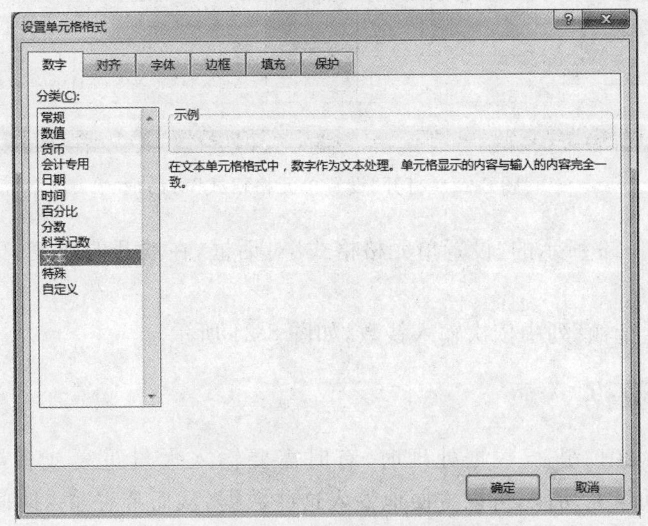

图 8-20　"设置单元格格式"对话框

③ 在“身份证号”和“联系方式”列中依次输入学生的身份证号码和手机号码，如图 8-21 所示。

	A	B	C	D	E	F	G	H	I	J
1	计算机系学生奖学金信息表									
2	学号	姓名	性别	年龄	系别	奖学金等级	奖学金金额	出生日期	身份证号	联系方式
3		李兰		18				1997/4/5	150102199704050221	13822222222
4		王宏		19				1995/11/6	150102199511060326	13822222223
5		张英		18				1997/4/7	150102199704070221	13822222224
6		郭静		20				1997/4/8	150102199704080226	13822222225
7		范媛媛		18				1998/2/9	150102199802090111	13822222226
8		张真		18				1997/4/10	150102199704100245	13822222227
9		李辉		18				1996/7/23	150102199607230825	13822222228
10		王杨		21				1998/6/12	150102199806120567	13822222229
11		范君艳		22				1997/3/1	150102199703010221	13822222230
12		梁子扬		20				1996/6/14	150102199606140221	13822222231

图 8-21　输入身份证号和联系方式

提示：在输入数字前先输入一个单引号“'”（英文状态下输入单引号），然后输入数字，也可以将数字以文本形式输入。

(4) 将数字设置为货币格式显示

接前面的实例，操作步骤如下。

① 选中需要设置为货币格式的单元格区域 G3～G12，单击“开始”选项卡中的“数字”组“数字格式”按钮右侧的三角按钮，如图 8-22 所示。

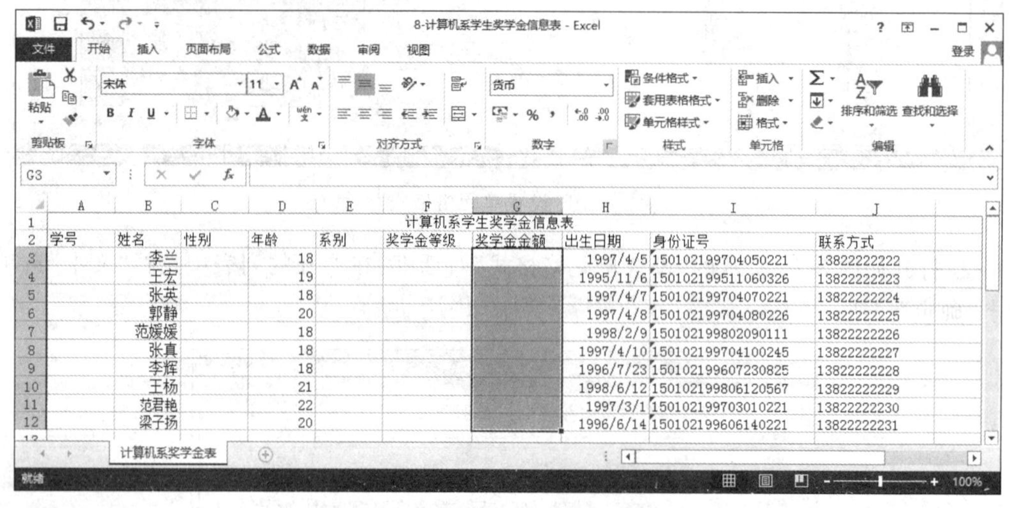

图 8-22　打开“设置单元格格式”对话框

② 打开如图 8-23 所示的“设置单元格格式”对话框，在展开的列表中选择“货币”选项，单击“确定”按钮。

③ 在“奖学金金额”列中依次输入钱数，如图 8-24 所示。

8.2.2　填充数据

在利用 Excel 2013 进行数据处理时，有时需要输入大量重复或有规律的数据，使用 Excel 2013 的自动填充功能，可以方便地输入这些数据，从而节省输入时间，提高工作效率。

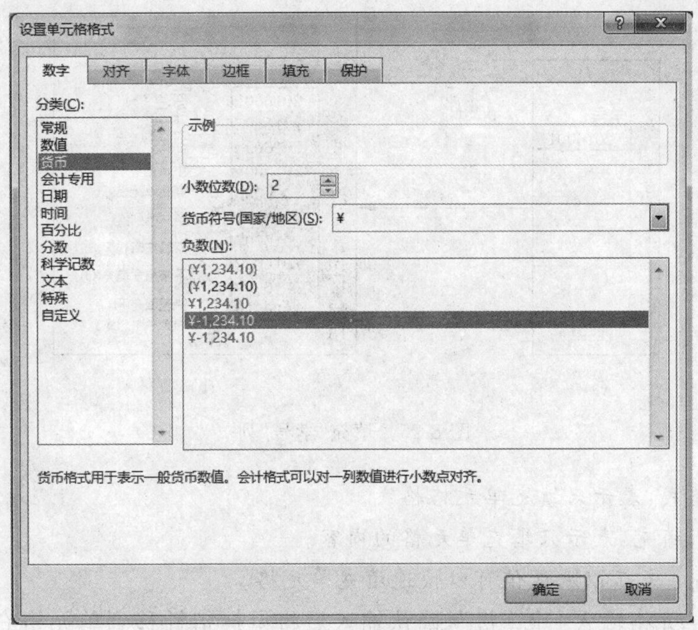

图 8-23　“设置单元格格式”对话框

	A	B	C	D	E	F	G	H	I	J
1	计算机系学生奖学金信息表									
2	学号	姓名	性别	年龄	系别	奖学金等级	奖学金金额	出生日期	身份证号	联系方式
3		李兰		18			¥1,000.00	1997/4/5	150102199704050221	13822222222
4		王宏		19			¥1,000.00	1995/11/6	150102199511060326	13822222223
5		张英		18			¥3,000.00	1997/4/7	150102199704070221	13822222224
6		郭静		20			¥3,000.00	1997/4/8	150102199704080226	13822222225
7		范媛媛		18			¥2,000.00	1998/2/9	150102199802090111	13822222226
8		张真		18			¥1,000.00	1997/4/10	150102199704100245	13822222227
9		李辉		18			¥3,000.00	1996/7/23	150102199607230825	13822222228
10		王杨		21			¥2,000.00	1998/6/12	150102199806120567	13822222229
11		范君艳		22			¥1,000.00	1997/3/1	150102199703010221	13822222230
12		梁子扬		20			¥2,000.00	1996/6/14	150102199606140221	13822222231

图 8-24　输入奖学金金额

1. 利用“填充柄”填充数据

填充柄是位于选定单元格或选定单元格区域右下角的实心方块✚，通过向上、下、左、右四个方向拖动填充柄即可在相邻单元格中填充具有规律的数据。

(1) 在 A3 单元格输入第一个学号 2016001，确认输入后将鼠标指针移到单元格右下角的填充柄上，此时鼠标指针变为实心的十字形，如图 8-25(a)所示。

(2) 按下鼠标左键并向下拖动鼠标到 A12 单元格，释放鼠标即可完成数据的填充，结果如图 8-25(b)所示。

(3) 在填充一些数据时，默认的填充方式为“填充序列”，即以系统内置的序列进行填充，不过，在释放鼠标后，在填充区域的右下角会出现一个“自动填充选项”按钮，单击该按钮，可在展开的列表中选择其他填充方式，初始数据不同，列表中的选项也不尽相同。

提示：“自动填充选项”按钮说明如下。

- 复制单元格：表示源单元格与填充的单元格内容和格式完全相同。
- 填充序列：表示以系统内置的或用户自定义的序列填充单元格。

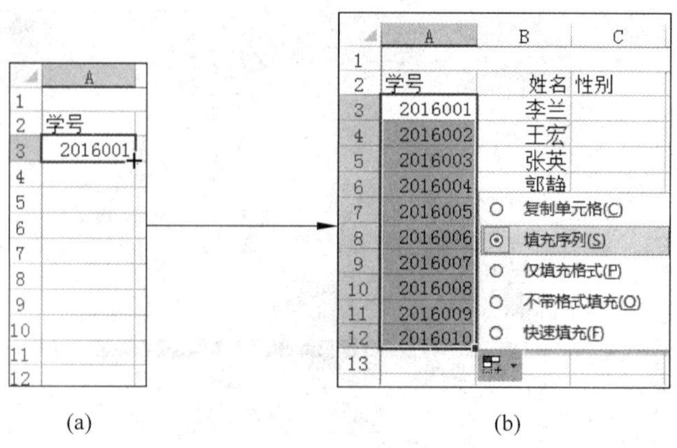

(a) (b)

图 8-25 填充“学号”列

- 仅填充格式：表示只填充单元格格式。
- 不带格式填充：表示只填充单元格的内容。
- 快速填充：表示以默认值可以快速填充单元格。

(4) 在 E3 单元格输入“计算机”，确认输入后将鼠标指针移到单元格右下角的填充柄上，此时鼠标指针变为实心的十字形，如图 8-26(a)所示。

(5) 按下鼠标左键并向下拖动鼠标到 E12 单元格，释放鼠标即可完成数据的填充，结果如图 8-26(b)所示。

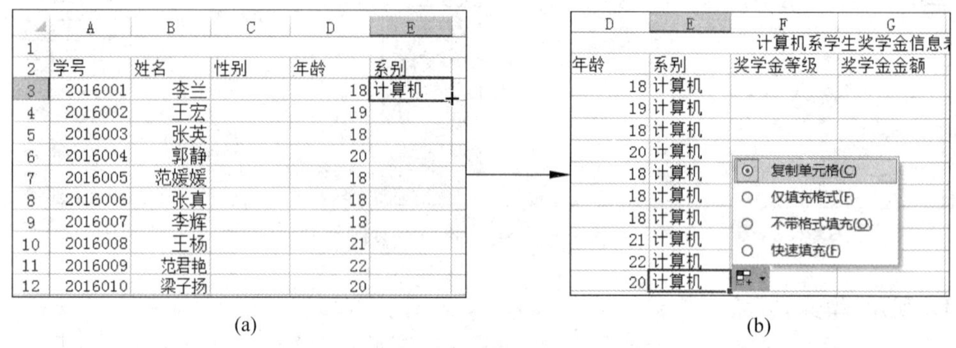

(a) (b)

图 8-26 填充“系别”列

2. 利用“填充”列表填充数据

利用“填充”列表可以将当前单元格或单元格区域中的内容向上、下、左、右相邻单元格或单元格区域做快速填充，具体步骤如下。

(1) 在单元格 A1 中输入“中国”，然后在 A1 单元格上按住鼠标左键向右拖动，同时选中 A1 至 D1 单元格区域，如图 8-27(a)所示。

(2) 单击“开始”选项卡上“编辑”组中的“填充”按钮，展开填充列表，选择相应的选项，如“向右”，如图 8-27(b)所示，填充后的效果如图 8-27(c)所示，在所选的相邻单元格区域自动填充与第一个单元格相同的数据。

(3) 在单元格 A1 中输入数字 4，然后在 A1 单元格上按住鼠标左键向右拖动，同时选中 A1 至 D1 单元格区域，如图 8-28(a)所示。如果在“填充”列表中选择“序列”选项，如图 8-28(b)

所示，可打开如图 8-29 所示的“序列”对话框，利用该对话框可使用等差序列、等比序列等进行填充。图 8-30 是使用“等比序列”进行填充，并设置“步长值”为 2 的填充效果。

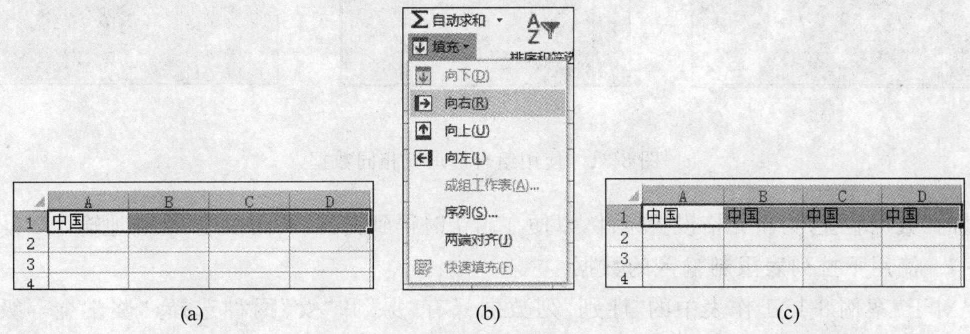

图 8-27　使用“填充”列表向右填充数据

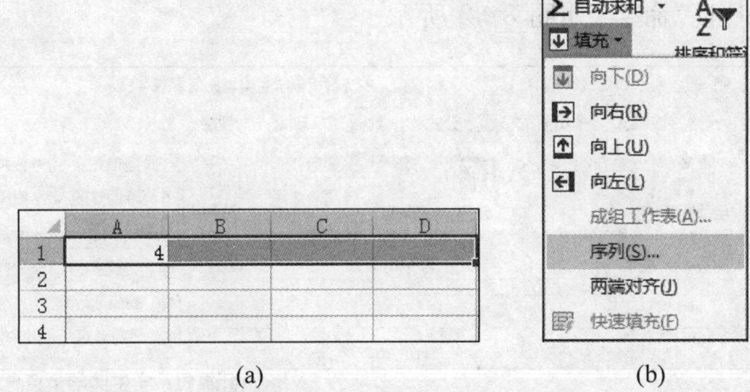

图 8-28　使用“填充”列表序列填充数据

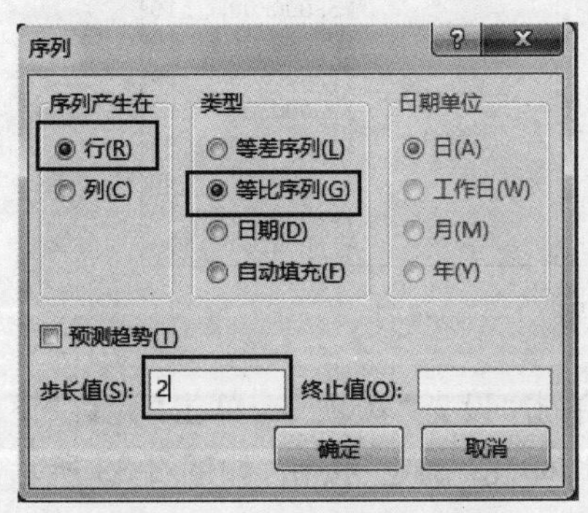

图 8-29　“序列”对话框

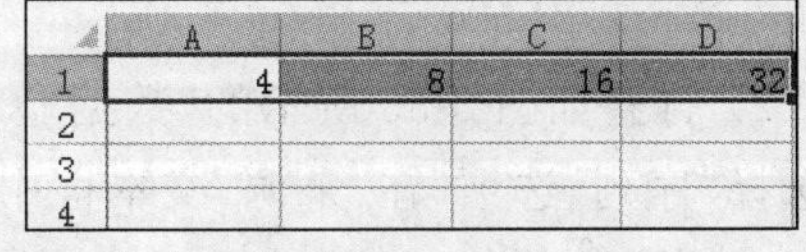

图 8-30　等比序列填充效果

3. 使用快捷键填充相同数据

若要一次性在所选单元格区域填充相同数据，可先按住鼠标左键并拖动选中要填充数据的单元格区域，如图 8-31(a)所示；然后输入要填充的数据，如图 8-31(b)所示，输入完毕按 Ctrl+Enter 组合键，填充效果如图 8-31(c)所示。

8.2.3　使用“数据验证”

在建立工作表的过程中，有时为了保证输入的数据都在其有效范围内，可以使用 Excel 2013

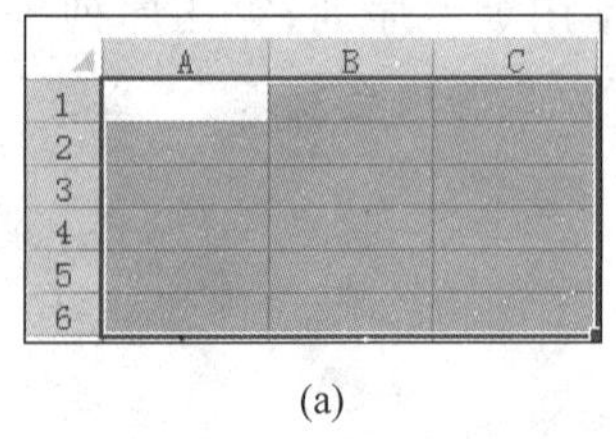

(a)

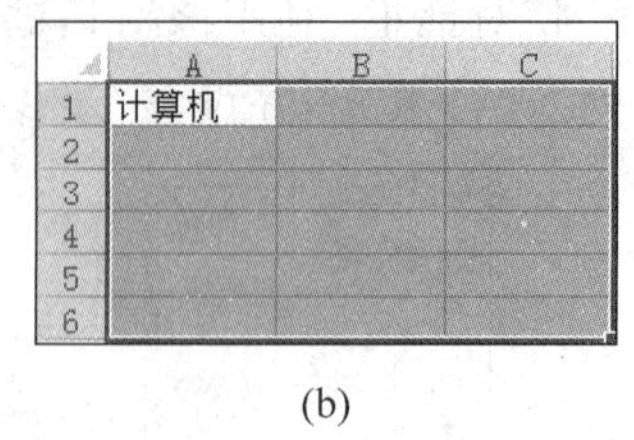

(b)

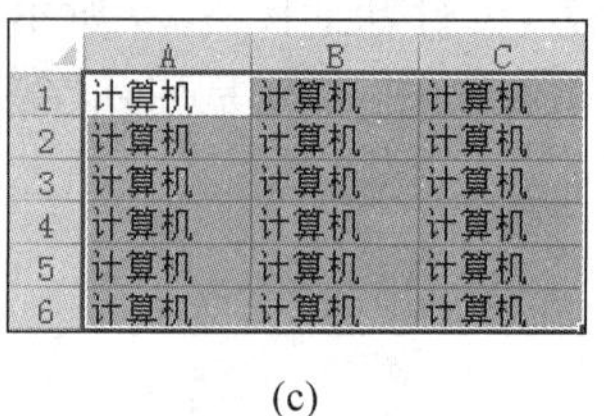

(c)

图 8-31　使用组合键填充相同数据

提供的“数据验证”为单元格设置条件，以便在出错时得到提醒，从而快速、准确地输入数据。

1. 使用下拉列表限制输入的数据

对于“案例 8-1”工作表中的“性别”列数据只有“男”和“女”两种选择，“奖学金等级”列数据只有“一等”“二等”“三等”三种选择，此类数据可以使用下拉列表的形式输入数据。

(1) 选中 C3～C12 单元格区域，在“数据”选项卡的“数据工具”组中单击“数据验证”下拉按钮，选择“数据验证”命令，如图 8-32 所示。

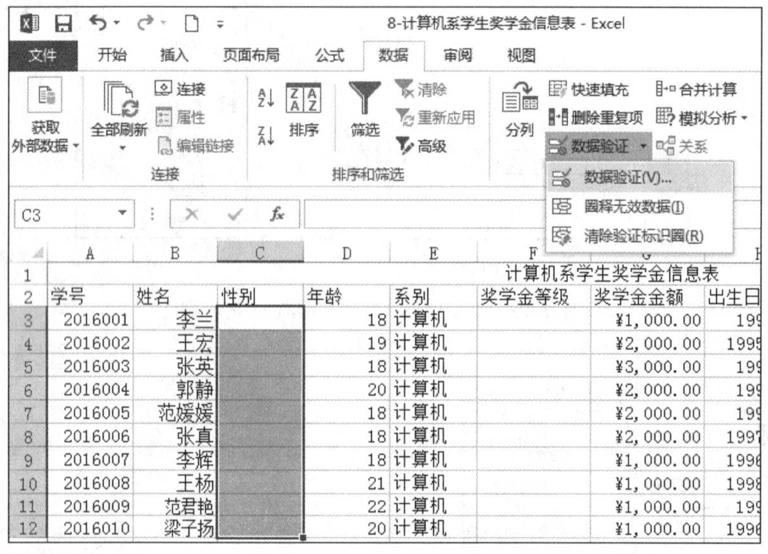

图 8-32　输入性别

(2) 打开如图 8-33 所示的“数据验证”对话框，单击“设置”选项卡，单击“允许”下拉按钮，选择“序列”选项，在“来源”文本框中输入“男，女”，单击“确定”按钮，如图 8-33 所示。

(3) 返回工作表中，单击 C3～C12 中任意一个单元格，在该单元格右侧会自动出现下拉按钮，选择相应的性别即可，如图 8-34 所示。

(4) “奖学金等级”列以同样的方法输入。

2. 限定数据的输入长度

在实际输入过程中，“身份证号”的数据长度应限制为 18 位，“手机号码”的数据长度限制为 11 位，大于或小于限定的长度会提示错误。

(1) 选中 C3～C12 单元格区域，在“数据”选项卡的“数据工具”组中单击“数据验证”下拉按钮，选择“数据验证”命令，打开“数据验证”对话框。

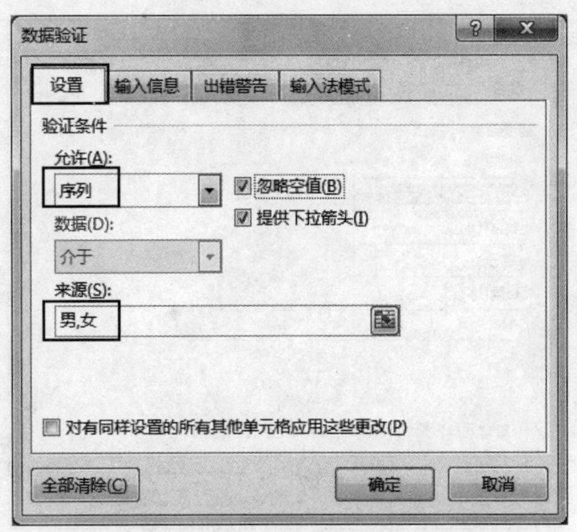

图 8-33　“数据验证”对话框

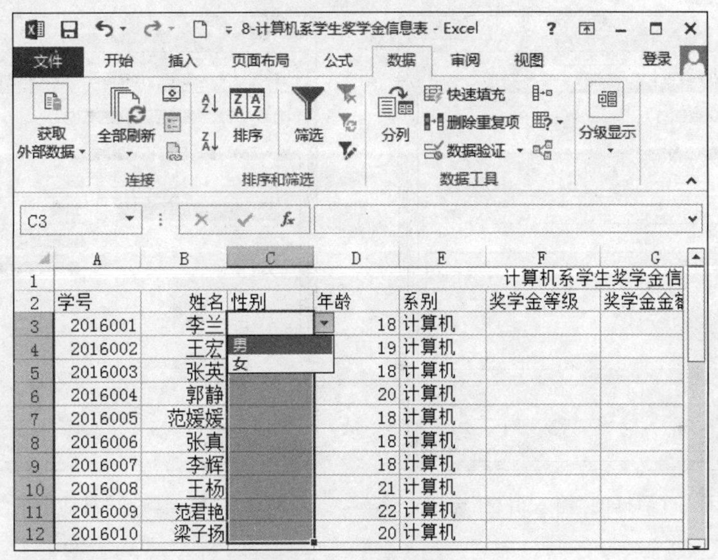

图 8-34　以“下拉列表”填充性别

(2) 在“设置”选项卡的“允许”下拉列表中选择“文本长度”，在“数据”下拉列表中选择“等于”，在“长度”编辑框中输入“18”，如图 8-35 所示。

(3) 分别选中“输入信息”和“出错警告”选项卡，在其中设置相应的选项，如图 8-36 和图 8-37 所示，最后单击“确定”按钮。

(4) 当在设置了数据有效性的单元格中输入了不符合条件的数据时，会出现出错警告，如图 8-38 所示。

(5) 单击“重试”按钮，重新输入，单击“取消”按钮，则取消用户当前的操作。

提示： 如果需要清除单元格的“数据验证”设置，只需选中设置了数据验证的单元格区域，然后在“数据验证”对话框的“设置”选项卡中单击“全部清除”按钮即可。

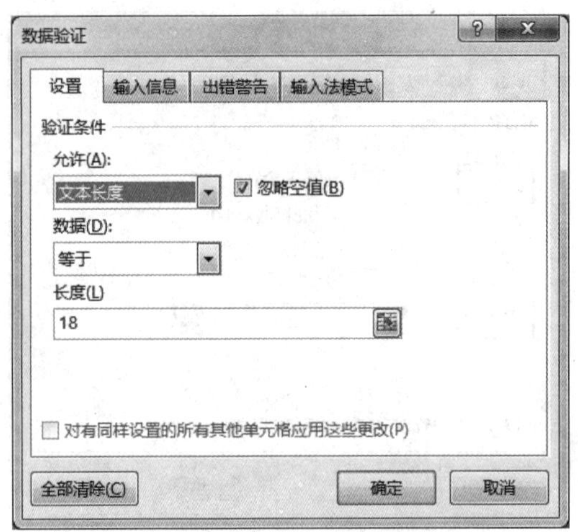

图 8-35 “数据验证”对话框的“设置”选项卡

图 8-36 “数据验证”对话框的“输入信息”选项卡

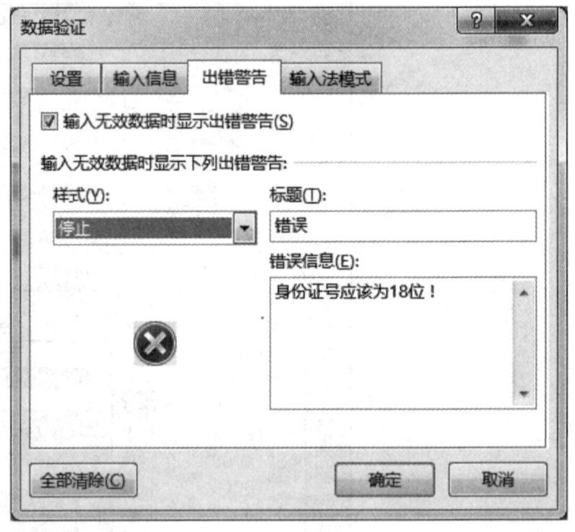

图 8-37 “数据验证”对话框的“出错警告”选项卡

图 8-38 “错误”对话框

8.2.4 使用条件格式

在 Excel 2013 中应用条件格式，可以让满足特定条件的单元格以醒目方式突出显示，便于对工作表数据进行更好的比较和分析。

【案例 8-2】 将“素材/chapter08/8-学生成绩表.xlsx”中“计算机”成绩小于 60 分的内

容突出显示。

(1) 打开“素材/chapter08/8-学生成绩表.xlsx”，选取 F3～F12 单元格区域，单击“开始”选项卡上“样式”组中的“条件格式”按钮，在展开的列表中列出了五种条件规则，此处选择“突出显示单元格规则”，然后在其列表中选择“小于”，如图 8-39 所示。

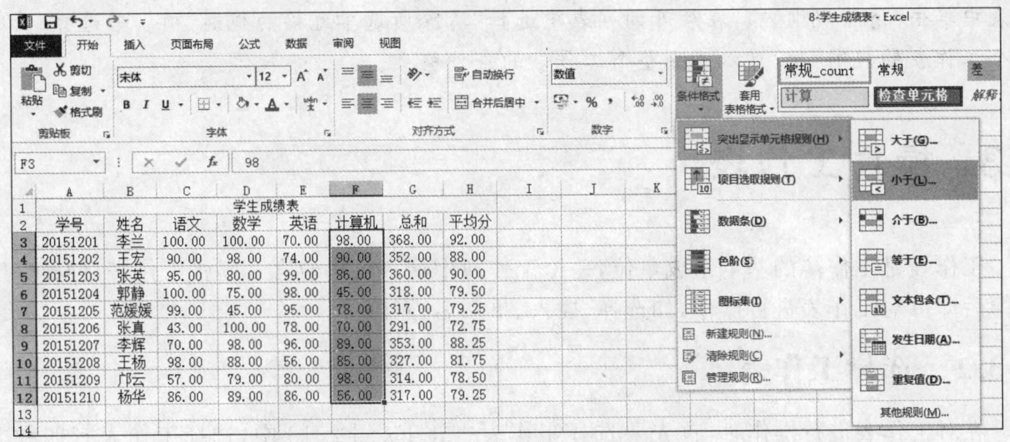

图 8-39　条件格式

(2) 打开如图 8-40 所示的“小于”对话框，设置具体的“小于”条件值，这里设置为 60，并设置小于该值时的单元格显示的格式，单击“确定”按钮，即可对所选单元格区域添加条件格式，如图 8-41 所示。

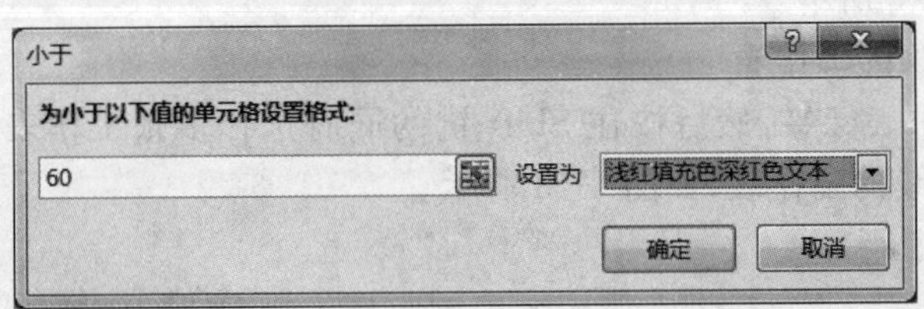

图 8-40　“小于”对话框

	A	B	C	D	E	F	G	H
1	学生成绩表							
2	学号	姓名	语文	数学	英语	计算机	总和	平均分
3	20151201	李兰	100.00	100.00	70.00	98.00	368.00	92.00
4	20151202	王宏	90.00	98.00	74.00	90.00	352.00	88.00
5	20151203	张英	95.00	80.00	99.00	86.00	360.00	90.00
6	20151204	郭静	100.00	75.00	98.00	45.00	318.00	79.50
7	20151205	范媛媛	99.00	45.00	95.00	78.00	317.00	79.25
8	20151206	张真	43.00	100.00	78.00	70.00	291.00	72.75
9	20151207	李辉	70.00	98.00	96.00	89.00	353.00	88.25
10	20151208	王杨	98.00	88.00	56.00	85.00	327.00	81.75
11	20151209	邝云	57.00	79.00	80.00	98.00	314.00	78.50
12	20151210	杨华	86.00	89.00	86.00	56.00	317.00	79.25

图 8-41　应用了条件格式后的工作表

Excel 2013 中五种条件规则的意义。

- 突出显示单元格规则：突出显示所选单元格区域中符合特定条件的单元格。
- 项目选取规则：其作用与突出显示单元格规则相同，只是设置条件的方式不同。

- 数据条、色阶和图标集：使用数据条、色阶（颜色的种类或深浅）和图标来标识各单元格中数据值的大小，从而方便查看和比较数据。

提示：清除条件格式的方法：

要删除条件格式，可先选中应用了条件格式的单元格或单元格区域，然后在“条件格式”列表中单击“清除规则”项，在展开的列表中选择“清除所选单元格的规则”项。若选择“清除整个工作表的规则”项，可以清除整个工作表的条件格式。

8.3 操作工作表

工作表是工作簿的基本组成单位，一个工作簿中最多可以包含 255 张工作表，创建完工作簿后即可对工作表进行操作，如选择、插入、重命名、删除等。

8.3.1 选择工作表

在对工作表进行操作时，首先要选择工作表。在 Excel 2013 中，选择工作表有四种方式，分别是选择单张工作表、选择多张连续的工作表、选择多张不连续的工作表和选择所有工作表。

1. 选择单张工作表

将鼠标光标移动到需要选择的工作表标签上，单击该标签，选择后该工作表标签将呈白底显示状态，如图 8-42 所示。

2. 选择多张连续的工作表

选择第 1 张工作表标签，然后按住 Shift 键的同时选择多张工作表中的最后 1 张工作表，即可选择多张连续的工作表，如图 8-43 所示。

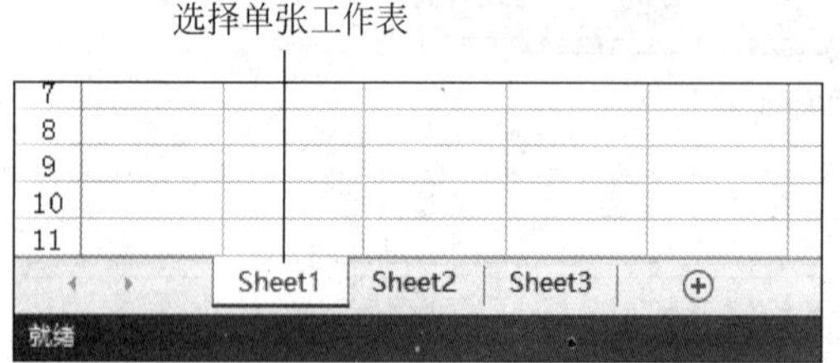

图 8-42 选择单张工作表

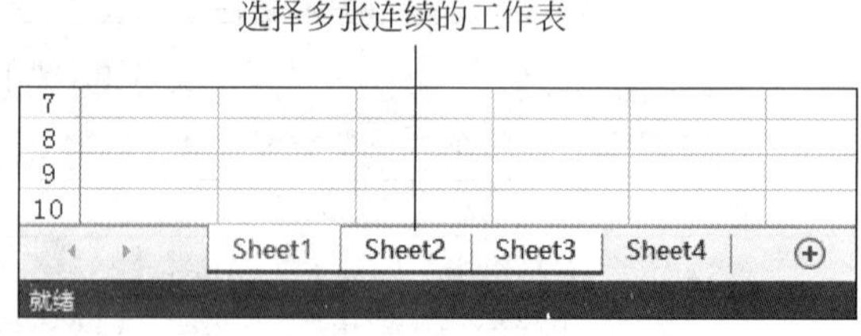

图 8-43 选择多张连续的工作表

3. 选择多张不连续的工作表

选择第 1 张工作表标签，然后按住 Ctrl 键的同时选择其他工作表，即可选择多张不连续的工作表，如图 8-44 所示。

4. 选择所有工作表

在任意一张工作表标签上右击，在弹出的快捷菜单中选择“选定全部工作表”命令，即可选择工作表标签组中的所有工作表，如图 8-45 所示。

8.3.2 插入工作表

默认情况下，Excel 2013 新建的工作簿只有一张工作表，要插入新的工作表，可单击工作表标签右侧的“新工作表”按钮，即可在当前工作表的右侧插入一张新的空白工作表。如图 8-46 所示。

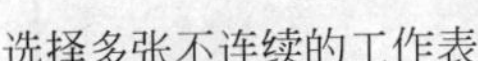

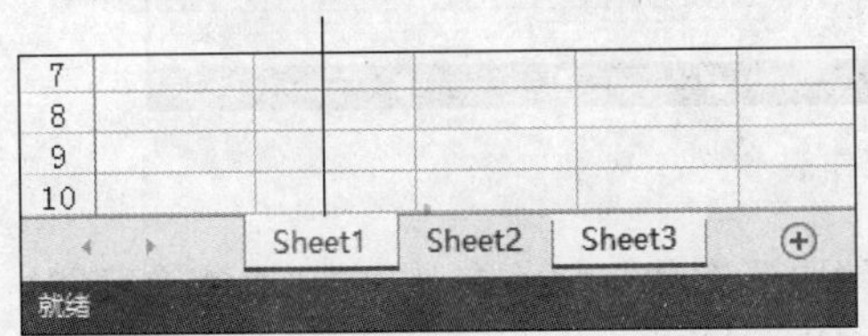

图 8-44　选择多张不连续的工作表

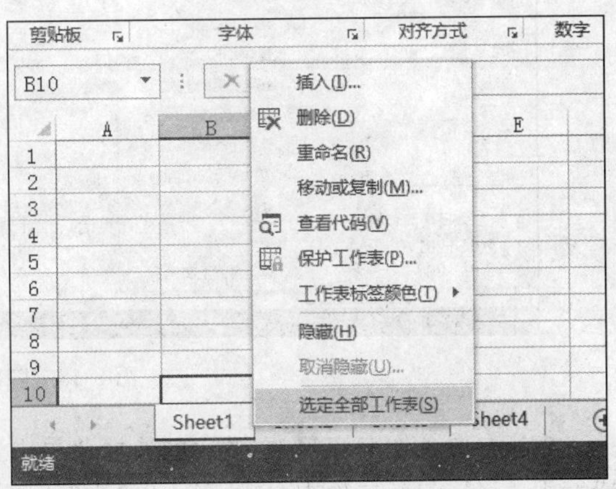

图 8-45　选择全部工作表

图 8-46　新建工作表

提示：其他插入工作表的方法如下。

(1) 在“开始”选项卡的“单元格”组中，单击“插入”下拉按钮，选择“插入工作表”命令。

(2) 在当前工作表标签上右击，在弹出的快捷菜单中选择“插入”命令，在打开的“插入”对话框中选择“工作表”选项，然后单击“确定”按钮。

8.3.3　重命名工作表

默认的工作表名称是 Sheet1、Sheet2、Sheet3 等，为了方便管理，可以起一个能反映其内容的名字。在需要重命名的工作表标签上右击，执行“重命名”命令，输入新名称，按 Enter 键即可，如图 8-47 所示。

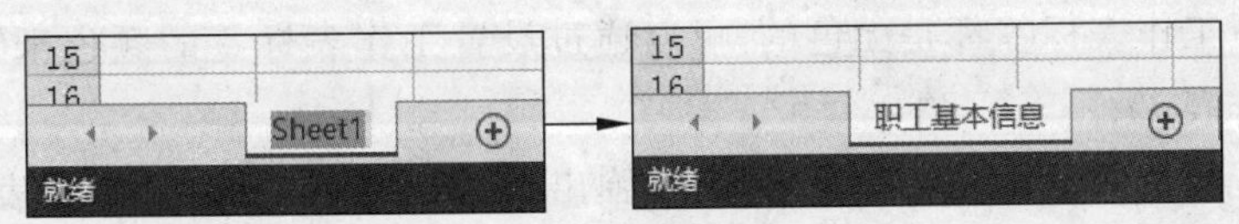

图 8-47　重命名工作表

8.3.4　隐藏与恢复工作表

一个工作簿中可以包含多张工作表，在进行数据处理中，有时会需要隐藏一张或多张工作表，需要时再次恢复显示，步骤如下。

(1) 在需要隐藏的工作表标签上右击，在弹出的快捷菜单中选择“隐藏”命令，即可隐藏当前选中的工作表，如图 8-48 所示。

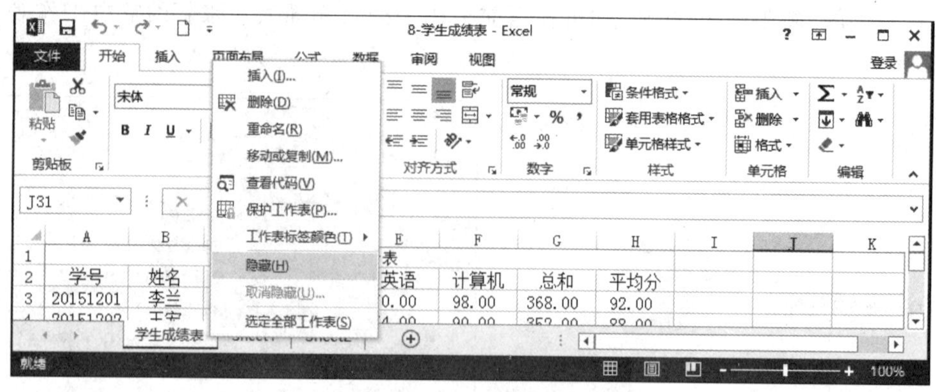

图 8-48　隐藏工作表

(2) 右击工作表标签，在弹出的快捷菜单中选择“取消隐藏”命令，在弹出的“取消隐藏”对话框中选择恢复的工作表名称，单击“确定”按钮，即可恢复被隐藏的工作表，如图 8-49 所示。

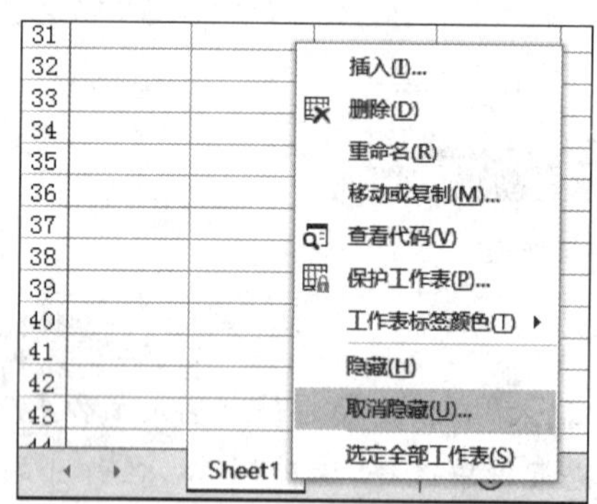

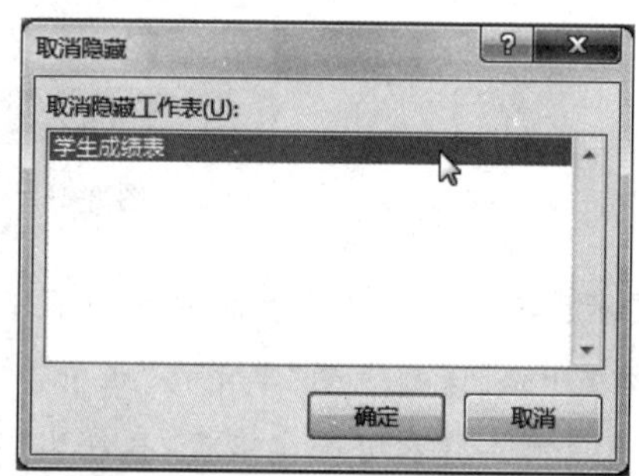

图 8-49　取消隐藏工作表

提示：执行“开始”→“单元格”→“格式”→“隐藏和取消隐藏”中的“隐藏工作表”(或“取消隐藏工作表”)命令，也可以实现工作表的隐藏或显示。

8.3.5　美化工作表标签

默认情况下工作表标签都是无色的，可以通过设置工作表标签的颜色来突出显示包含重要数据的工作表。

在需要设置颜色的工作表标签上右击，在弹出的快捷菜单中选择“工作表标签颜色”命令，在展开的子菜单中选择一种颜色即可设置，如图 8-50 所示。单击“无颜色”命令可取消颜色设置。

8.3.6　移动或复制工作表

在 Excel2013 中可以将工作表移动或复制到同一个工作簿的其他位置或者移动复制到其他工作簿中，具体步骤如下。

(1) 在要移动或复制的工作表标签上右击，例如图 8-51 中的“C 语言成绩表”，在弹出的快捷菜单中选择“移动或复制”命令。

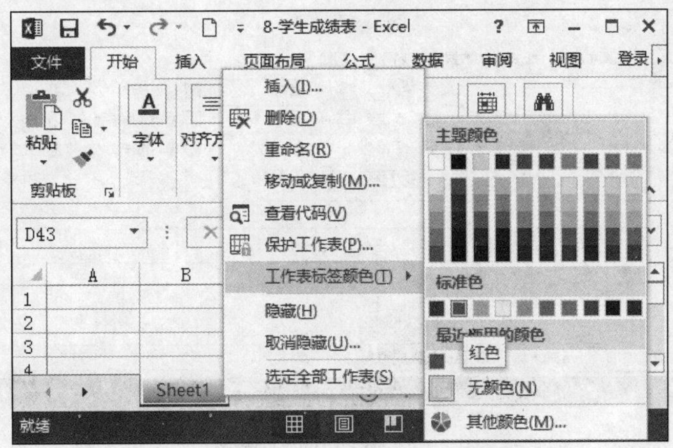

图 8-50　美化工作表标签

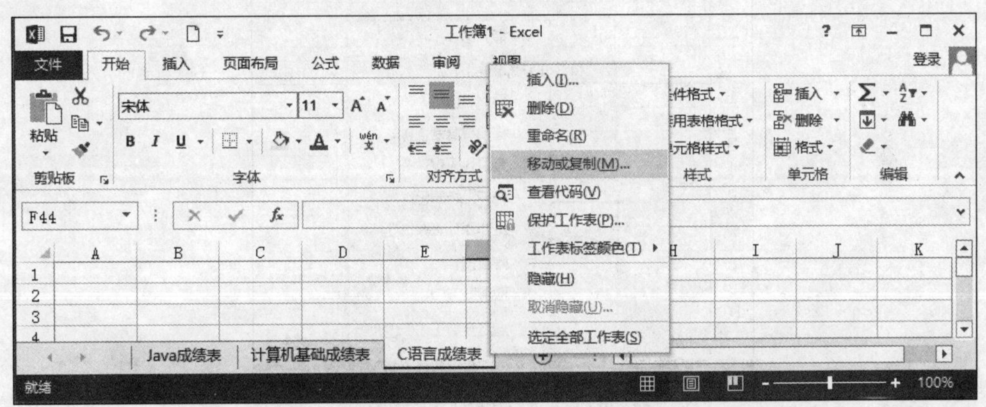

图 8-51　移动或复制工作表

（2）在弹出的“移动或复制工作表”对话框中，如图 8-52 所示，选择工作簿的位置以及工作表的位置，如果不选中“建立副本”复选框，则只进行移动，选中“建立副本”复选框则进行复制操作，最后单击“确定”按钮，如图 8-53 所示。

技巧：在同一个工作簿中快速移动或复制工作表只需将工作表标签拖至所需位置即可，如果在拖动的过程中按住 Ctrl 键，则执行的是复制操作。

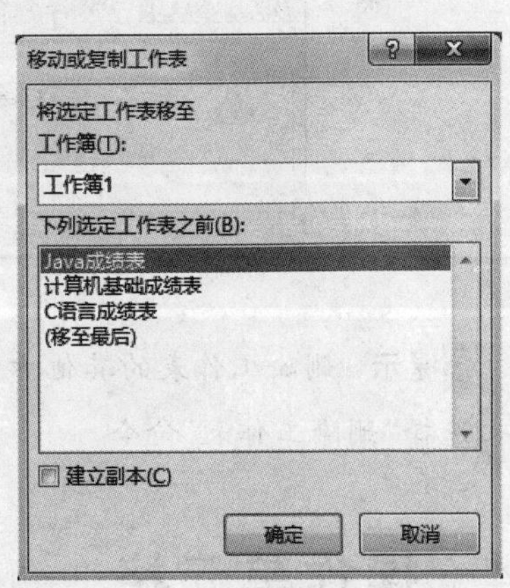

图 8-52　“移动或复制工作表”对话框

8.3.7　删除工作表

在要删除的工作表标签上右击，在弹出的快捷菜单中选择“删除”命令，如图 8-54 所示。如果工作表中包含数据，则弹出如图 8-55 所示的对话框，询问是否删除。如果工作表是没有任何数据的空表，则直接删除，不弹出对话框。

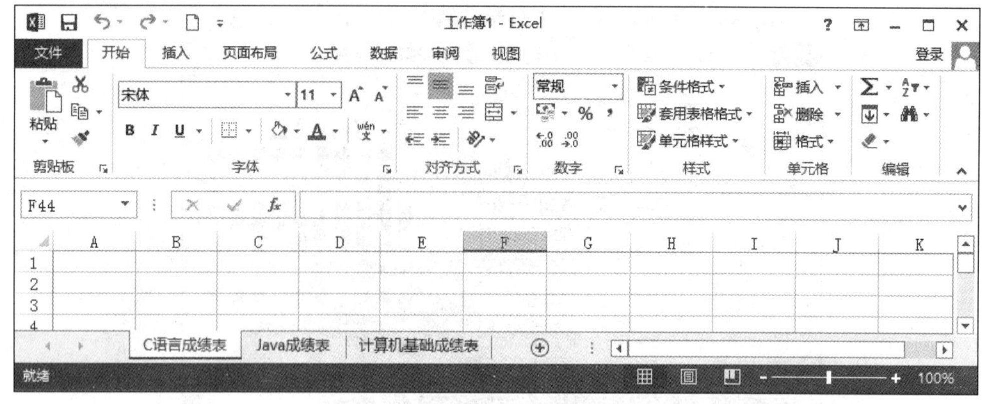

图 8-53　移动后的工作表

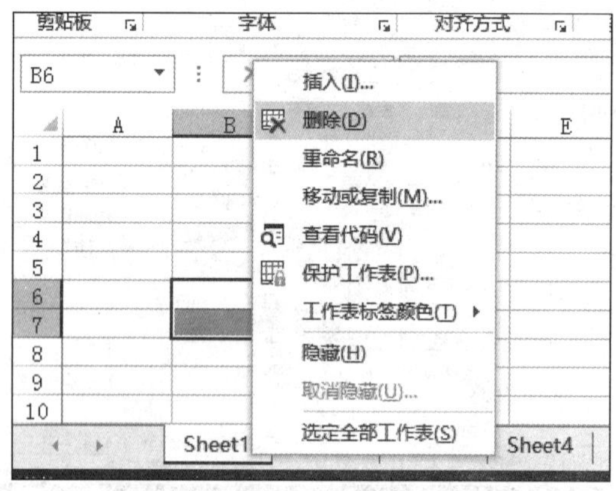

图 8-54　删除工作表

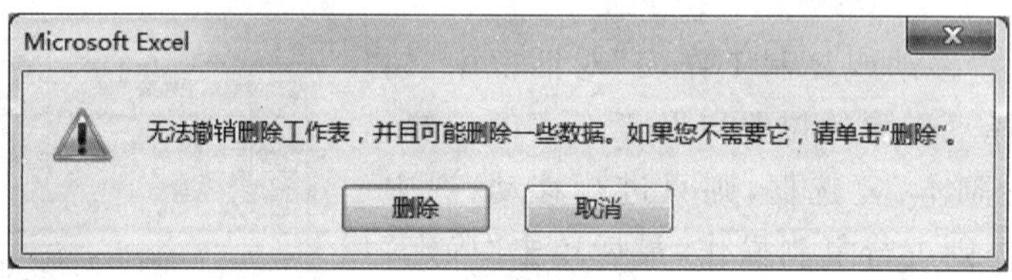

图 8-55　询问对话框

提示：删除工作表的其他方法：在"开始"选项卡的"单元格"组中，单击"删除"下拉按钮，选择"删除工作表"命令。

8.4　操作单元格

在 Excel 2013 的工作表中，单元格是表格中行与列交叉的部分，是组成表格的最小单位，单个数据的输入和修改都是在单元格中完成。单元格的基本操作包括选取单元格、插入单元格、合并单元格、删除单元格以及复制和移动单元格等。

8.4.1　选取单元格

无论是编辑单元格内容还是设置单元格格式，都需要先选取要进行操作的单元格。下面分别介绍选取单元格的方式。

1. 选取一个单元格

单击准备选取的单元，即可完成选取一个单元格的操作，在图 8-56 中要选取 C5 单元格，则在 C5 单元格上单击即可。

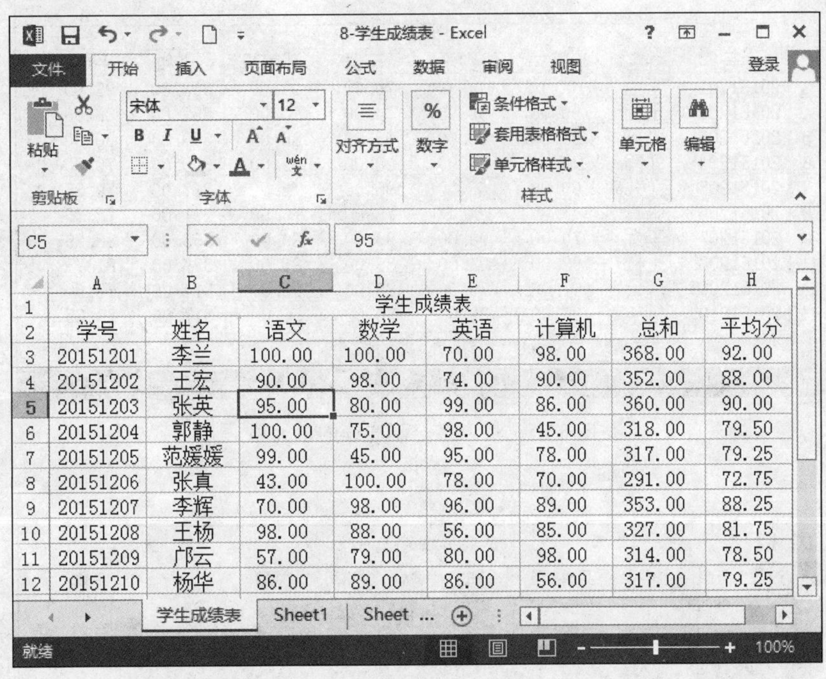

图 8-56　选取一个单元格

2. 选取多个不连续的单元格

首先选取第一个单元格，然后在按住 Ctrl 键的同时依次选择其他单元格，如图 8-57 所示。

3. 选取多个连续的单元格

如要在图 8-58 中选取 D3～G9 连续的单元格，首先选取 D3 单元格，在按住 Shift 键的同时选取最后一个单元格 G9，即可完成选取多个连续的单元格的操作。

4. 选取全部单元格

要选择当前工作表中的所有单元格，可按 Ctrl＋A 组合键或单击工作表左上角行号与列标交叉处的“全选”按钮◢，即可选取全部单元格，如图 8-59 所示。

5. 选取整行或整列单元格

要选择工作表中的一整行或一整列单元格，可将鼠标指针移到该行左侧的行号或该列顶端的列标上方，当鼠标指针变成向右或向下的黑色箭头形状时单击即可，如图 8-60 和图 8-61 所示。参考同时选择多个单元格的方法，可同时选择多行或多列。

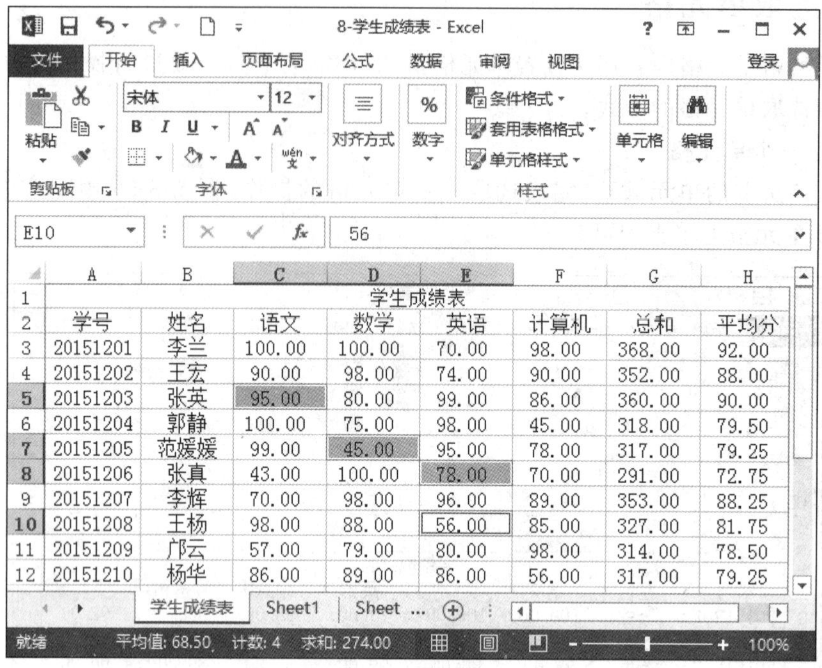

	A	B	C	D	E	F	G	H
1	学生成绩表							
2	学号	姓名	语文	数学	英语	计算机	总和	平均分
3	20151201	李兰	100.00	100.00	70.00	98.00	368.00	92.00
4	20151202	王宏	90.00	98.00	74.00	90.00	352.00	88.00
5	20151203	张英	95.00	80.00	99.00	86.00	360.00	90.00
6	20151204	郭静	100.00	75.00	98.00	45.00	318.00	79.50
7	20151205	范媛媛	99.00	45.00	95.00	78.00	317.00	79.25
8	20151206	张真	43.00	100.00	78.00	70.00	291.00	72.75
9	20151207	李辉	70.00	98.00	96.00	89.00	353.00	88.25
10	20151208	王杨	98.00	88.00	56.00	85.00	327.00	81.75
11	20151209	邝云	57.00	79.00	80.00	98.00	314.00	78.50
12	20151210	杨华	86.00	89.00	86.00	56.00	317.00	79.25

图 8-57　选取多个不连续的单元格

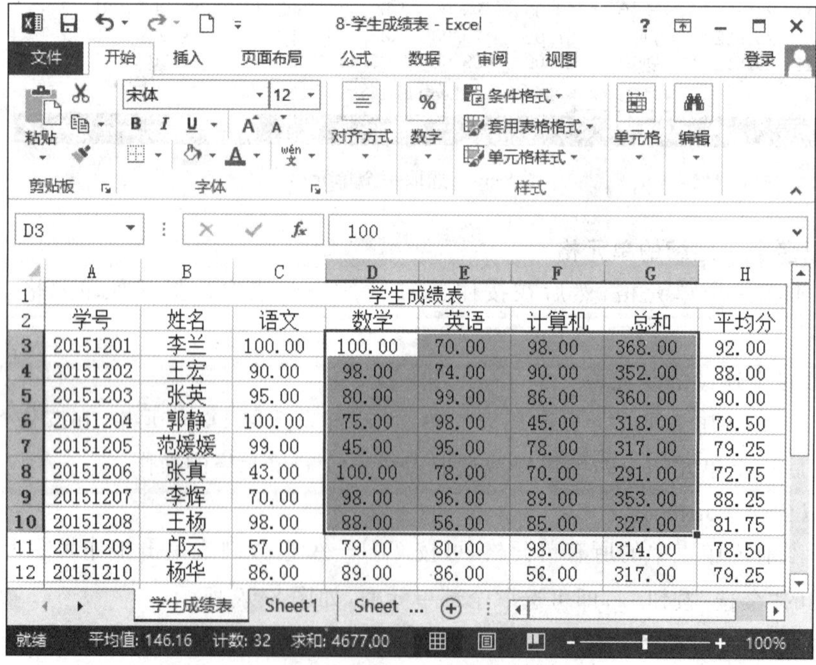

	A	B	C	D	E	F	G	H
1	学生成绩表							
2	学号	姓名	语文	数学	英语	计算机	总和	平均分
3	20151201	李兰	100.00	100.00	70.00	98.00	368.00	92.00
4	20151202	王宏	90.00	98.00	74.00	90.00	352.00	88.00
5	20151203	张英	95.00	80.00	99.00	86.00	360.00	90.00
6	20151204	郭静	100.00	75.00	98.00	45.00	318.00	79.50
7	20151205	范媛媛	99.00	45.00	95.00	78.00	317.00	79.25
8	20151206	张真	43.00	100.00	78.00	70.00	291.00	72.75
9	20151207	李辉	70.00	98.00	96.00	89.00	353.00	88.25
10	20151208	王杨	98.00	88.00	56.00	85.00	327.00	81.75
11	20151209	邝云	57.00	79.00	80.00	98.00	314.00	78.50
12	20151210	杨华	86.00	89.00	86.00	56.00	317.00	79.25

图 8-58　选取多个连续的单元格

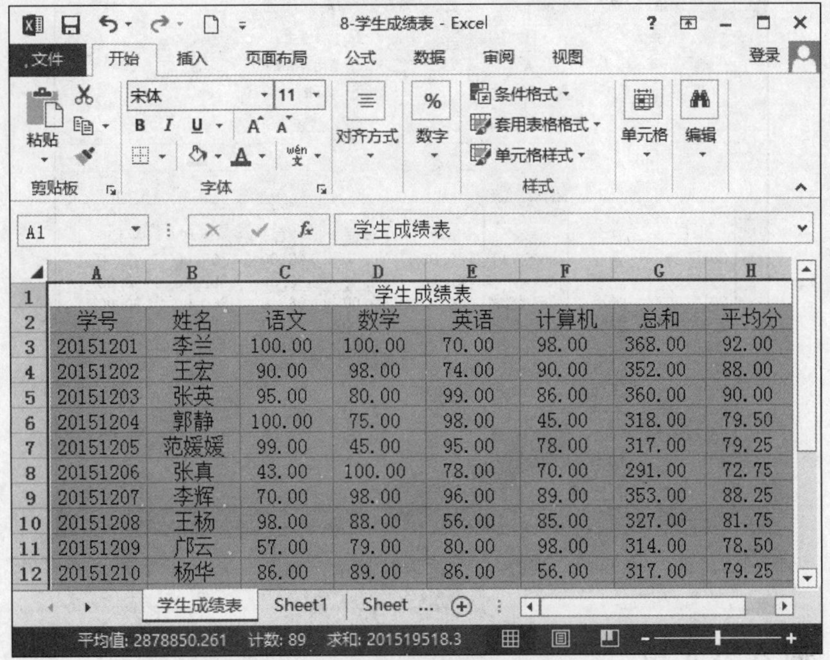

图 8-59　选取全部单元格

图 8-60　选取整行单元格

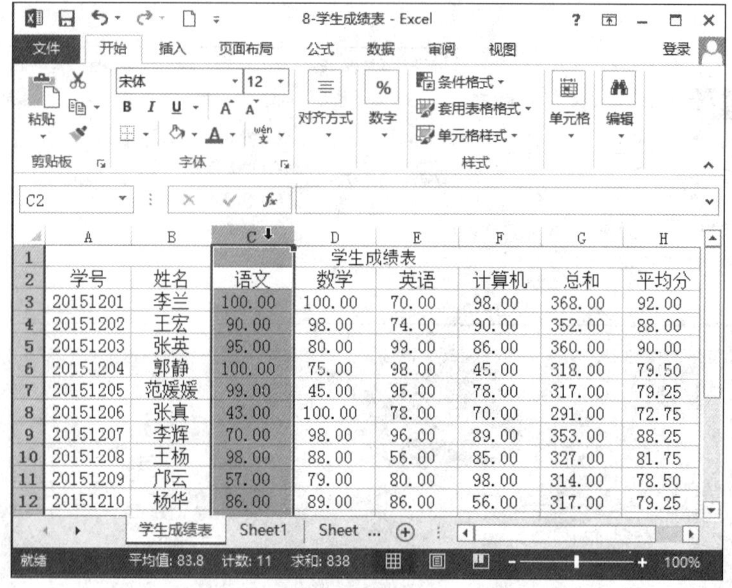

图 8-61　选取整列单元格

8.4.2　插入单元格

在 Excel 2013 工作表中插入单元格包括插入一个单元格、插入整行单元格、插入整列单元格。

1. 插入一个单元格

在已经输入数据的单元格中可以根据需要在其周围插入一个新的单元格，步骤如下。

(1) 选中目标单元格，如图 8-62 中的 B5 单元格，单击“开始”选项卡“单元格”组中的“插入”下拉按钮，选择“插入单元格”命令，如图 8-62 所示。弹出如图 8-63 所示的“插入”对话框。

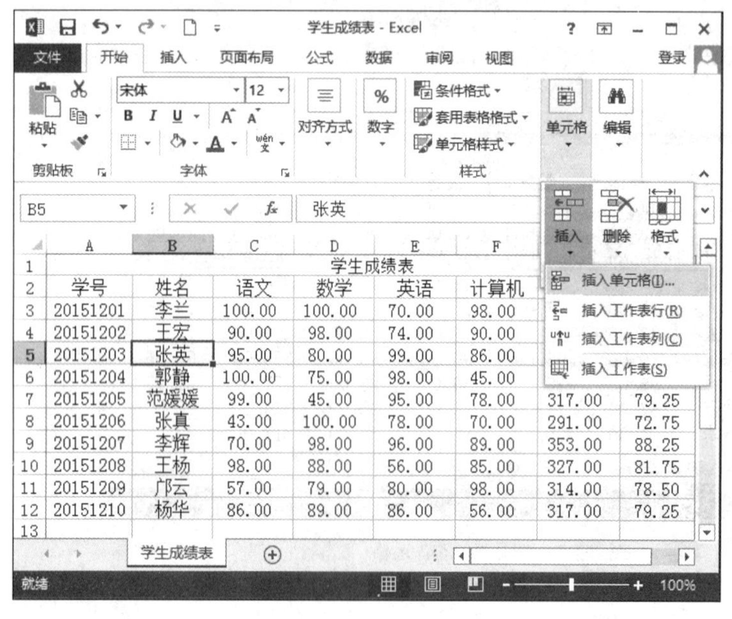

图 8-62　执行“插入单元格”命令

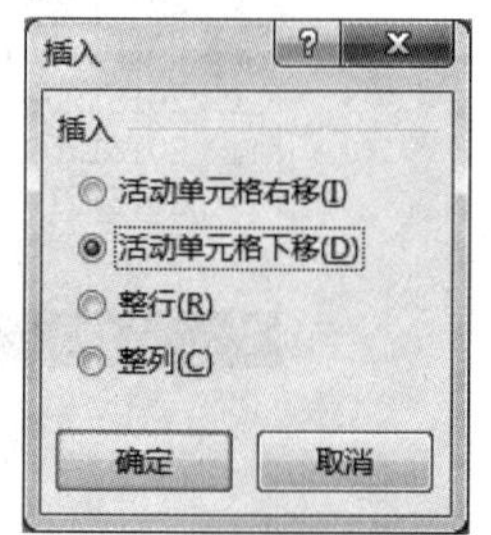

图 8-63　“插入”对话框

(2) 在图 8-63 中选择“活动单元格下移”,即在选中的 B5 单元格上方插入一个单元格,而 B5 单元格下移。如图 8-64 所示。如果选择“活动单元格右移”,即在选中的 B5 单元格左侧插入一个单元格,而 B5 单元格右移。单击“确定”按钮,如图 8-65 所示。

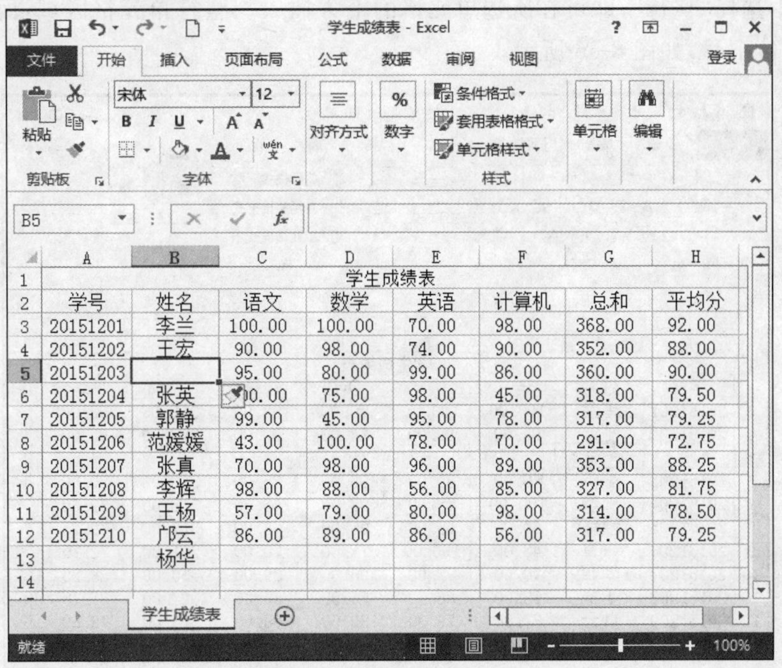

	A	B	C	D	E	F	G	H
1	学生成绩表							
2	学号	姓名	语文	数学	英语	计算机	总和	平均分
3	20151201	李兰	100.00	100.00	70.00	98.00	368.00	92.00
4	20151202	王宏	90.00	98.00	74.00	90.00	352.00	88.00
5	20151203		95.00	80.00	99.00	86.00	360.00	90.00
6	20151204	张英	00.00	75.00	98.00	45.00	318.00	79.50
7	20151205	郭静	99.00	45.00	95.00	78.00	317.00	79.25
8	20151206	范媛媛	43.00	100.00	78.00	70.00	291.00	72.75
9	20151207	张真	70.00	98.00	96.00	89.00	353.00	88.25
10	20151208	李辉	98.00	88.00	56.00	85.00	327.00	81.75
11	20151209	王杨	57.00	79.00	80.00	98.00	314.00	78.50
12	20151210	邝云	86.00	89.00	86.00	56.00	317.00	79.25
13		杨华						
14								

图 8-64　活动单元格下移

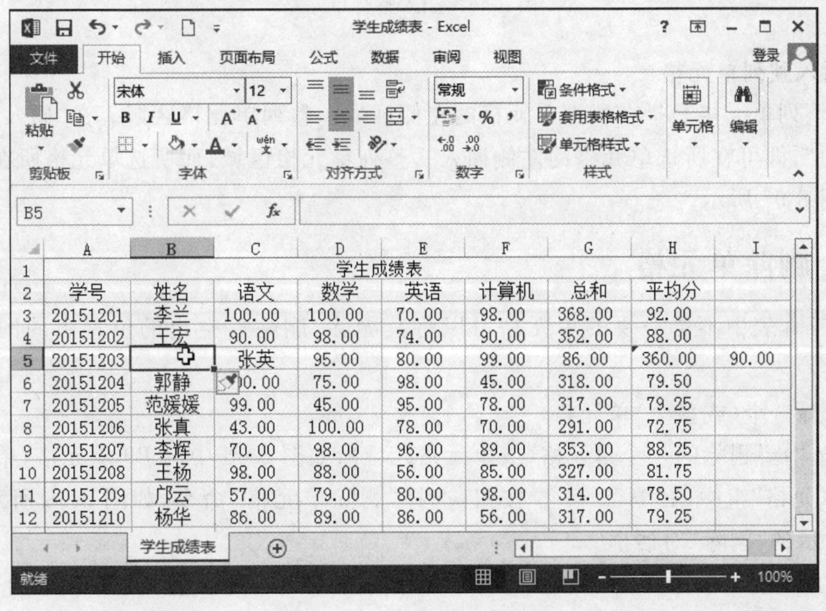

	A	B	C	D	E	F	G	H	I
1	学生成绩表								
2	学号	姓名	语文	数学	英语	计算机	总和	平均分	
3	20151201	李兰	100.00	100.00	70.00	98.00	368.00	92.00	
4	20151202	王宏	90.00	98.00	74.00	90.00	352.00	88.00	
5	20151203		张英	95.00	80.00	99.00	86.00	360.00	90.00
6	20151204	郭静	00.00	75.00	98.00	45.00	318.00	79.50	
7	20151205	范媛媛	99.00	45.00	95.00	78.00	317.00	79.25	
8	20151206	张真	43.00	100.00	78.00	70.00	291.00	72.75	
9	20151207	李辉	70.00	98.00	96.00	89.00	353.00	88.25	
10	20151208	王杨	98.00	88.00	56.00	85.00	327.00	81.75	
11	20151209	邝云	57.00	79.00	80.00	98.00	314.00	78.50	
12	20151210	杨华	86.00	89.00	86.00	56.00	317.00	79.25	

图 8-65　活动单元格右移

提示:在选中的单元格上右击,在弹出的快捷菜单中选择“插入”命令,也可以打开如图 8-63 所示的“插入”对话框。

2. 插入整行单元格

插入整行单元格是指在所选单元格的上方插入一整行单元格区域。在图 8-63 中的“插入”对话框中选择“整行”，即可在所选单元格的上方插入一整行单元格区域，而所选单元格所在的行整体下移，如图 8-66 所示。

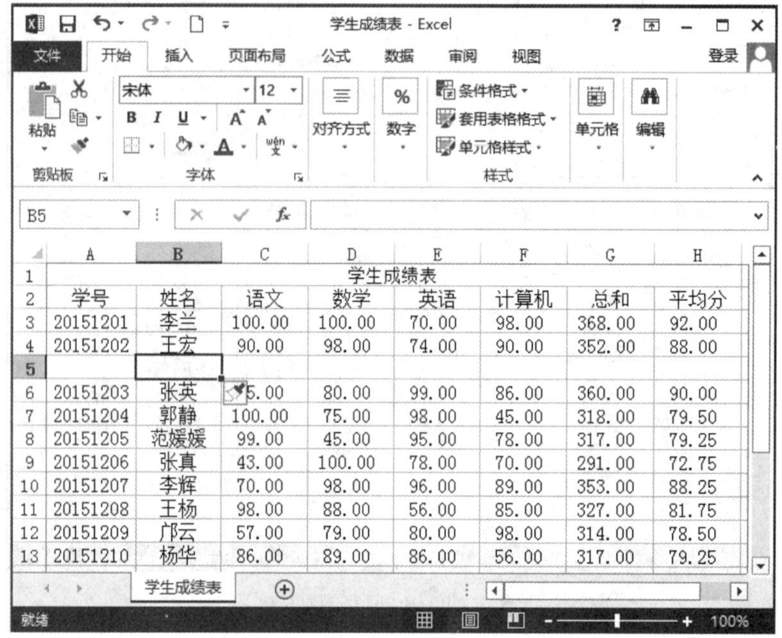

图 8-66　插入整行单元格

3. 插入整列单元格

插入整列单元格是指在所选单元格的左侧插入一整列单元格区域。在“插入”对话框中选择“整列”，即可在所选单元格的左侧插入一整列单元格区域，而所选单元格所在的行整体右移，如图 8-67 所示。

8.4.3 删除单元格

对于工作表中不再需要的单元格可以将其删除，删除后空出的位置由周围的单元格补充。

1. 删除一个(或多个)单元格

(1) 选中要删除的一个单元格(或单元格区域)，如图 8-68 中的 B9 单元格，单击“开始”选项卡“单元格”组中的“删除”下拉按钮，选择“删除单元格”命令，如图 8-68 所示，弹出如图 8-69 所示的“删除”对话框。

(2) 在图 8-69 中选择由哪个方向的单元格补充空出来的位置，例如选择“下方单元格上移”单选按钮，单击“确定”按钮，即可删除所选单元格。

提示： 在选中的单元格上右击，在弹出的快捷菜单中选择“删除”命令，也可以打开如图 8-69 所示的“删除”对话框。

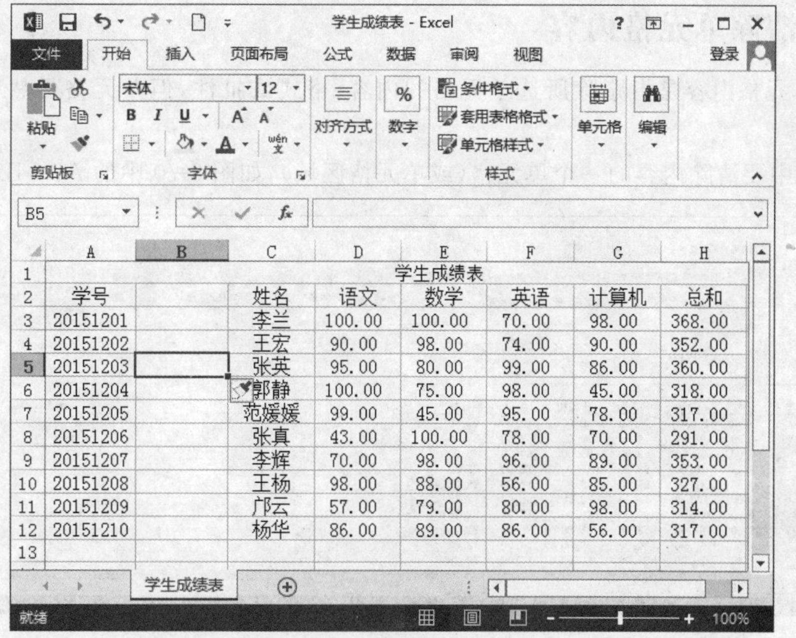

图 8-67　插入整列单元格

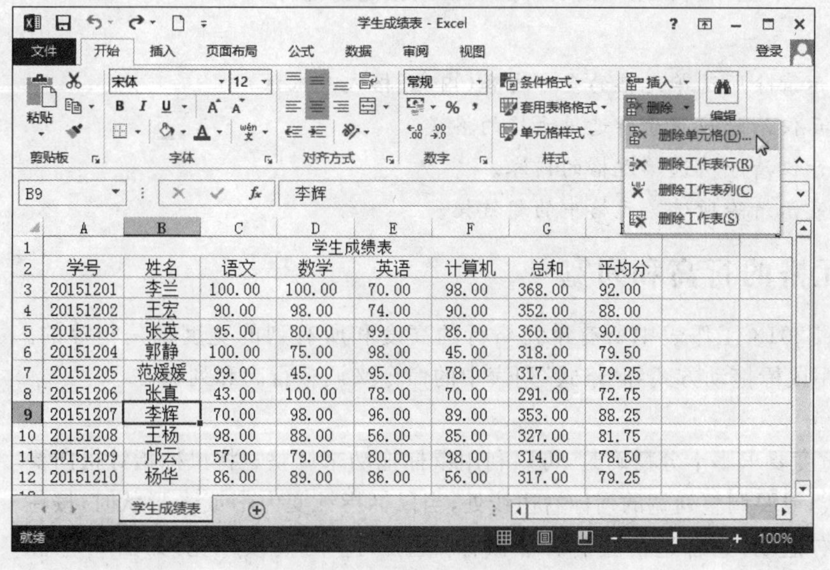

图 8-68　执行“删除单元格”命令

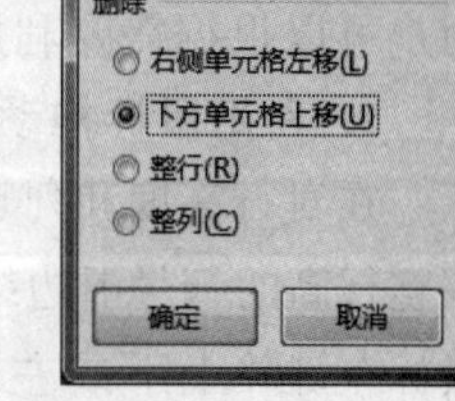

图 8-69　“删除”对话框

2. 删除整行、整列单元格

方法 1：在图 8-69 中选择“整行”，即可删除所选单元格所在的一整行单元格；选择“整列”，即可删除所选单元格所在的一整列单元格。

方法 2：选取所要删除的整行、整列单元格(参考选取整行、整列单元格方法)，右击鼠标，选择“删除”命令，即可删除整行或整列单元格。

8.4.4 清除单元格内容

清除单元格内容是指删除所选单元格的内容、格式或批注，但单元格仍然存在。步骤如下。

（1）选中要清除内容的一个单元格（或单元格区域），如图 8-70 中的 A3～B12 区域。

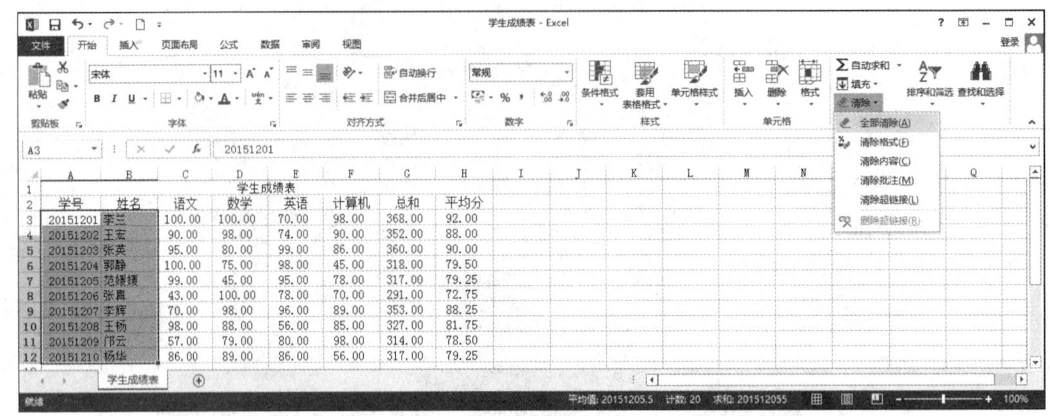

图 8-70 执行全部"清除"命令

（2）单击"开始"选项卡上"编辑"组中的"清除"下拉按钮进行选择。

提示：

- "全部清除"表示清除所选单元格的全部内容（内容、格式或批注）。
- "清除格式"表示仅清除应用于所选单元格的格式。
- "清除内容"表示仅清除所选单元格的内容。
- "清除超链接"表示清除所选单元格中的超链接。

8.4.5 调整单元格的行高和列宽

默认情况下，Excel 2013 工作表中所有单元格行的高度和所有列的宽度都是相等的。用户可以根据需要利用鼠标拖动方式和"格式"列表中的命令来调整行高和列宽。

1. 利用鼠标拖动

在对行高度和列宽度要求不十分精确时，可以利用鼠标拖动来调整。将鼠标指针指向要调整行高的行号下边线，或要调整列宽的列标右边线处，当鼠标指针变为✚或✚形状时，按住鼠标左键并上下或左右拖动，到合适位置后释放鼠标，即可调整行高或列宽，如图 8-71 和图 8-72 所示。要同时调整多行或多列，可同时选择要调整的行或列，然后使用以上方法调整。

2. 利用"格式"列表精确调整

（1）要精确调整行高和列宽，可选中要调整行高的行或列宽的列（或行列包含的单元格），如图 8-73 所示，然后单击"开始"选项卡上"单元格"组中的"格式"按钮，在展开的列表中选择"行高"或"列宽"项，如图 8-74 所示。

（2）打开如图 8-75 所示的"行高"或"列宽"对话框，输入行高或列宽值，然后单击"确定"按钮。

	A	B	C	D	E	F	G	H
1	学生成绩表							
2	学号	姓名	语文	数学	英语	计算机	总和	平均分
3	20151201	李兰	100.00	100.00	70.00	98.00	368.00	92.00
4	20151202	王宏	90.00	98.00	74.00	90.00	352.00	88.00
5	20151203	张英	95.00	80.00	99.00	86.00	360.00	90.00
6	20151204	郭静	100.00	75.00	98.00	45.00	318.00	79.50
7	20151205	范媛媛	99.00	45.00	95.00	78.00	317.00	79.25
8	20151206	张真	43.00	100.00	78.00	70.00	291.00	72.75
9	20151207	李辉	70.00	98.00	96.00	89.00	353.00	88.25
10	20151208	王杨	98.00	88.00	56.00	85.00	327.00	81.75
11	20151209	邝云	57.00	79.00	80.00	98.00	314.00	78.50
12	20151210	杨华	86.00	89.00	86.00	56.00	317.00	79.25

图 8-71　用鼠标调整行高

	A	B	C	D	E	F	G	H
1	学生成绩表							
2	学号	姓名	语文	数学	英语	计算机	总和	平均分
3	20151201	李兰	100.00	100.00	70.00	98.00	368.00	92.00
4	20151202	王宏	90.00	98.00	74.00	90.00	352.00	88.00
5	20151203	张英	95.00	80.00	99.00	86.00	360.00	90.00
6	20151204	郭静	100.00	75.00	98.00	45.00	318.00	79.50
7	20151205	范媛媛	99.00	45.00	95.00	78.00	317.00	79.25
8	20151206	张真	43.00	100.00	78.00	70.00	291.00	72.75
9	20151207	李辉	70.00	98.00	96.00	89.00	353.00	88.25
10	20151208	王杨	98.00	88.00	56.00	85.00	327.00	81.75
11	20151209	邝云	57.00	79.00	80.00	98.00	314.00	78.50
12	20151210	杨华	86.00	89.00	86.00	56.00	317.00	79.25

图 8-72　用鼠标调整列宽

	A	B	C	D	E	F	G	H
1	学生成绩表							
2	学号	姓名	语文	数学	英语	计算机	总和	平均分
3	20151201	李兰	100.00	100.00	70.00	98.00	368.00	92.00
4	20151202	王宏	90.00	98.00	74.00	90.00	352.00	88.00
5	20151203	张英	95.00	80.00	99.00	86.00	360.00	90.00
6	20151204	郭静	100.00	75.00	98.00	45.00	318.00	79.50
7	20151205	范媛媛	99.00	45.00	95.00	78.00	317.00	79.25
8	20151206	张真	43.00	100.00	78.00	70.00	291.00	72.75
9	20151207	李辉	70.00	98.00	96.00	89.00	353.00	88.25
10	20151208	王杨	98.00	88.00	56.00	85.00	327.00	81.75
11	20151209	邝云	57.00	79.00	80.00	98.00	314.00	78.50
12	20151210	杨华	86.00	89.00	86.00	56.00	317.00	79.25

图 8-73　选中单元格区域

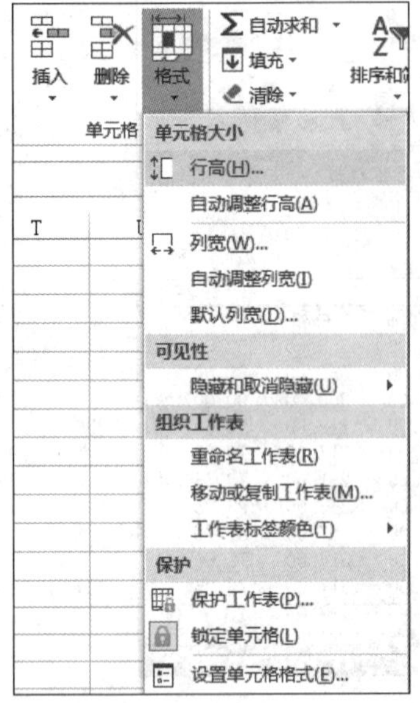

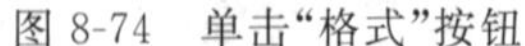
图 8-74　单击“格式”按钮

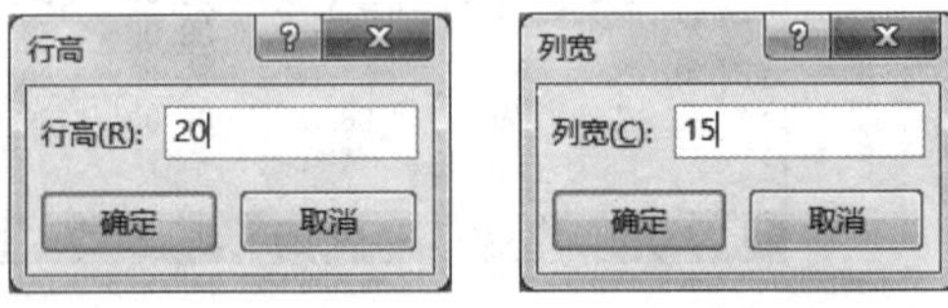

图 8-75　“行高”对话框与“列宽”对话框

(3) 调整后的工作表如图 8-76 所示。

	A	B	C	D	E	F	G	H
1	学生成绩表							
2	学号	姓名	语文	数学	英语	计算机	总和	平均分
3	20151201	李兰	100.00	100.00	70.00	98.00	368.00	92.00
4	20151202	王宏	90.00	98.00	74.00	90.00	352.00	88.00
5	20151203	张英	95.00	80.00	99.00	86.00	360.00	90.00
6	20151204	郭静	100.00	75.00	98.00	45.00	318.00	79.50
7	20151205	范媛媛	99.00	45.00	95.00	78.00	317.00	79.25
8	20151206	张真	43.00	100.00	78.00	70.00	291.00	72.75
9	20151207	李辉	70.00	98.00	96.00	89.00	353.00	88.25
10	20151208	王杨	98.00	88.00	56.00	85.00	327.00	81.75
11	20151209	卜云	57.00	79.00	80.00	98.00	314.00	78.50
12	20151210	杨华	86.00	89.00	86.00	56.00	317.00	79.25

图 8-76　调整后的工作表

提示：如果选择图 8-74 中“格式”列表中的“自动调整行高”或“自动调整列宽”选项，还可将行高或列宽调整为最合适的宽度和高度（自动适应单元格中数据的宽度或高度）。

8.4.6　合并单元格

在制作表格时，当一个单元格无法显示输入的内容，或者为了使表格更加美观、方便编辑，有时候需要将相邻的多个单元格合并为一个单元格。例如制作“学生成绩表”的表头信息时，步骤如下。

(1) 选取要合并的单元格，如图 8-77 中的 A1～H1 区域。

(2) 单击“开始”选项卡上“对齐方式”组中的“合并后居中”下拉按钮进行选择，如图 8-77 所示。合并后的单元格如图 8-78 所示。

(3) 选中合并后的单元格，单击“开始”选项卡上“对齐方式”组中的“合并后居中”下拉

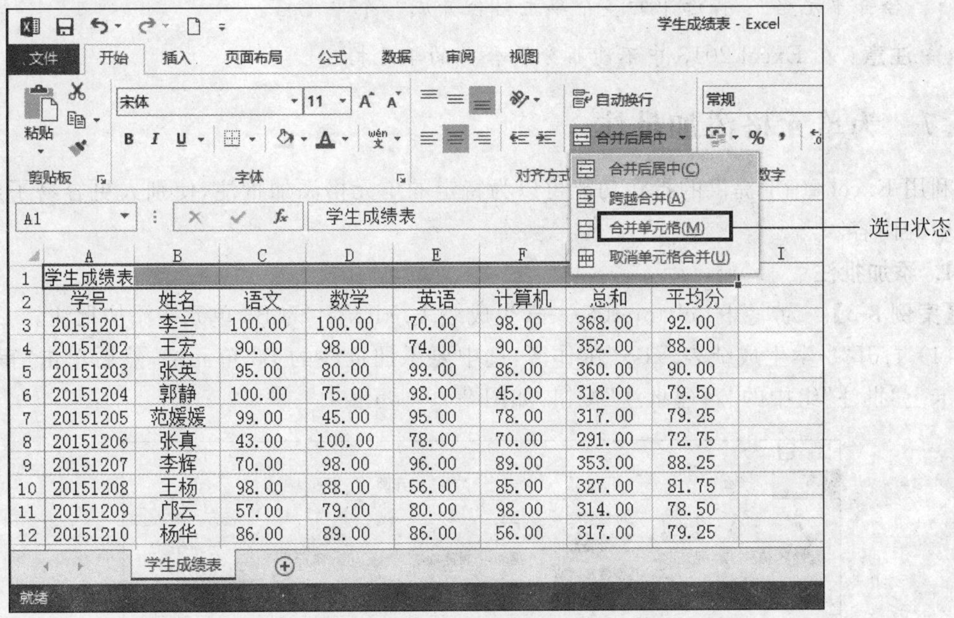

	A	B	C	D	E	F	G	H
1	学生成绩表							
2	学号	姓名	语文	数学	英语	计算机	总和	平均分
3	20151201	李兰	100.00	100.00	70.00	98.00	368.00	92.00
4	20151202	王宏	90.00	98.00	74.00	90.00	352.00	88.00
5	20151203	张英	95.00	80.00	99.00	86.00	360.00	90.00
6	20151204	郭静	100.00	75.00	98.00	45.00	318.00	79.50
7	20151205	范媛媛	99.00	45.00	95.00	78.00	317.00	79.25
8	20151206	张真	43.00	100.00	78.00	70.00	291.00	72.75
9	20151207	李辉	70.00	98.00	96.00	89.00	353.00	88.25
10	20151208	王杨	98.00	88.00	56.00	85.00	327.00	81.75
11	20151209	邝云	57.00	79.00	80.00	98.00	314.00	78.50
12	20151210	杨华	86.00	89.00	86.00	56.00	317.00	79.25

图 8-77　执行“合并单元格”命令

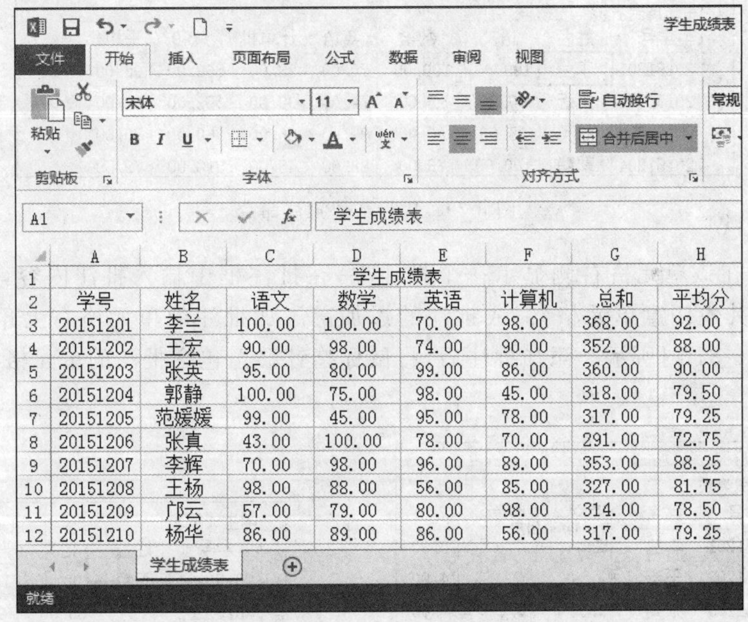

	A	B	C	D	E	F	G	H
1	学生成绩表							
2	学号	姓名	语文	数学	英语	计算机	总和	平均分
3	20151201	李兰	100.00	100.00	70.00	98.00	368.00	92.00
4	20151202	王宏	90.00	98.00	74.00	90.00	352.00	88.00
5	20151203	张英	95.00	80.00	99.00	86.00	360.00	90.00
6	20151204	郭静	100.00	75.00	98.00	45.00	318.00	79.50
7	20151205	范媛媛	99.00	45.00	95.00	78.00	317.00	79.25
8	20151206	张真	43.00	100.00	78.00	70.00	291.00	72.75
9	20151207	李辉	70.00	98.00	96.00	89.00	353.00	88.25
10	20151208	王杨	98.00	88.00	56.00	85.00	327.00	81.75
11	20151209	邝云	57.00	79.00	80.00	98.00	314.00	78.50
12	20151210	杨华	86.00	89.00	86.00	56.00	317.00	79.25

图 8-78　合并后的单元格

按钮，选择“取消单元格合并”，即可撤销合并的单元格。

提示：三种合并方式如下。

- “合并后居中”：将选中的多个单元格合并成一个大的单元格，并将单元格内容居中。
- “跨越合并”：行与行之间相互合并，而上下单元格不参与合并。

• “合并单元格”：将选中的多个单元格合并成一个单元格。

注意：在 Excel 2013 中不能拆分没合并的单元格。

8.4.7　为单元格添加批注

利用 Excel 2013 提供的批注功能可以为特定的单元格添加批注，使别人更容易了解工作表中的内容。

1. 添加批注

【案例 8-3】 为“素材/chapter08/8-学生成绩表.xlsx”中的 B3 单元格添加批注。

(1) 打开“8-学生成绩表.xlsx”工作簿，选中要添加批注的 B3 单元格，然后单击“审阅”选项卡上“批注”组中的“新建批注”按钮，如图 8-79 所示。

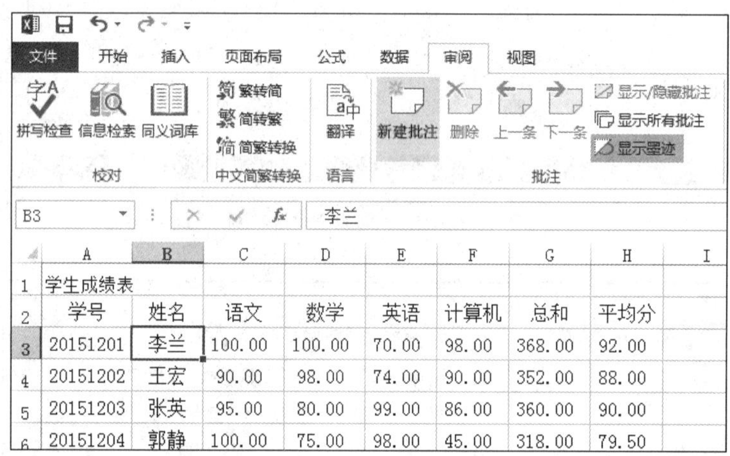

图 8-79　执行新建批注命令

(2) 此时在该单元格右侧显示一个批注框，在批注框中输入批注内容，如图 8-80 所示，然后单击其他任意单元格，完成批注的添加。添加批注的单元格右上角出现一个小红三角，如图 8-81 图所示。添加批注后，将鼠标指针移至包含批注的单元格上，会显示批注内容。

	A	B	C	D	E
1	学生成绩表				
2	学号	姓名	语文	数学	英语
3	20151201	李兰	1		70.00
4	20151202	王宏			74.00
5	20151203	张英			99.00

Windows 用户:
班长

图 8-80　在批注框内输入批注内容

1	学生成绩表			
2	学号	姓名	语文	数学
3	20151201	李兰	100.00	100.00
4	20151202	王宏	90.00	98.00

图 8-81　添加了批注的单元格

2. 编辑批注

添加批注后，如果想修改其中的内容，例如将“案例 8-3”中为 B3 单元格添加的批准内容修改为“学习委员”，步骤如下。

(1) 选中包含批注的单元格 B3，单击“审阅”选项卡“批注”组中的“编辑批注”按钮，如图 8-82 所示。

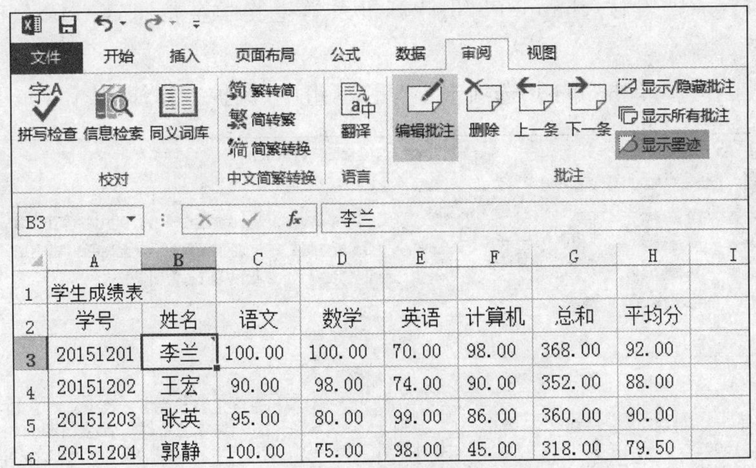

	A	B	C	D	E	F	G	H
1	学生成绩表							
2	学号	姓名	语文	数学	英语	计算机	总和	平均分
3	20151201	李兰	100.00	100.00	70.00	98.00	368.00	92.00
4	20151202	王宏	90.00	98.00	74.00	90.00	352.00	88.00
5	20151203	张英	95.00	80.00	99.00	86.00	360.00	90.00
6	20151204	郭静	100.00	75.00	98.00	45.00	318.00	79.50

图 8-82　编辑批注

	A	B	C	D	E	F
1	学生成绩表					
2	学号	姓名	语文	数学	英语	计算机
3	20151201	李兰	1		70.00	98.00
4	20151202	王宏			74.00	90.00
5	20151203	张英			99.00	86.00
6	20151204	郭静	100.00	75.00	98.00	45.00

作者:
学习委员

图 8-83　在批注框重新输入批注内容

（2）此时批注框进入编辑状态，如图 8-83 所示，输入新的批注内容。在编辑过程中还可单击批注框四周的控制点来调整批注框的大小。最后单击批注框外任意单元格，即可完成批注的编辑。

3. 删除批注

如果某个批注不再需要了，可以将其删除，只需选中包含批注的单元格，然后单击“审阅”选项卡上“批注”组中的“删除”按钮即可。

单击工作表左上角的“全选”按钮，然后单击“审阅”选项卡上“批注”组中的“删除”按钮，可一次性删除工作表中的所有批注。

8.5　保护工作簿和工作表

当工作表建好以后，为了防止有些重要数据被他人修动、移动或删除，用户可以利用 Excel 2013 提供的保护功能，对工作表或工作簿设置保护措施。

8.5.1　保护工作簿

如果要防止他人添加或删除工作簿中的工作表，查看工作簿中的隐藏工作表，改变工作簿窗口的大小和位置等操作，可以为工作簿设置保护措施。

【案例 8-4】 对"素材/chapter08/8-计算机系学生奖学金信息表.xlsx"工作簿进行保护。步骤如下。

(1) 打开工作簿,单击"审阅"选项卡上"更改"组中"保护工作簿"按钮,如图 8-84 所示。

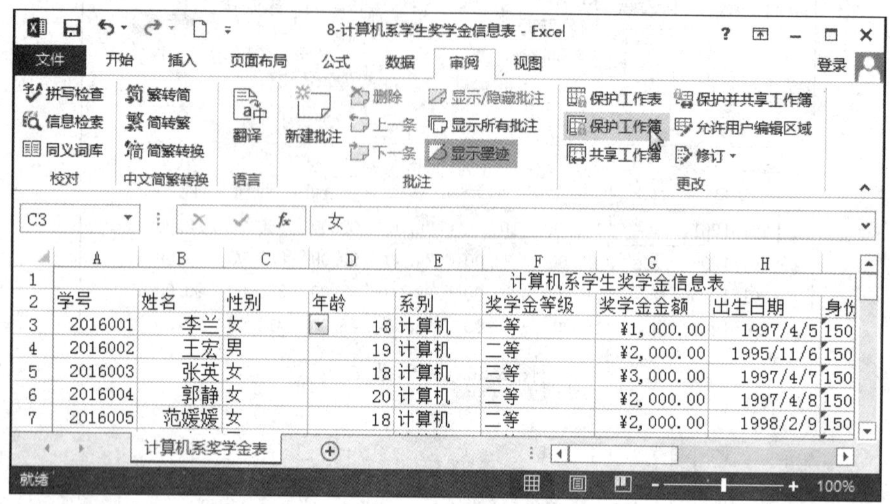

图 8-84 执行保护工作簿命令

(2) 在图 8-85 的对话框中选择"结构"复选框,然后在"密码"编辑框中输入要设置的密码(可选),单击"确定"按钮,打开"确认密码"对话框,如图 8-86 所示。

图 8-85 "保护结构和窗口"对话框

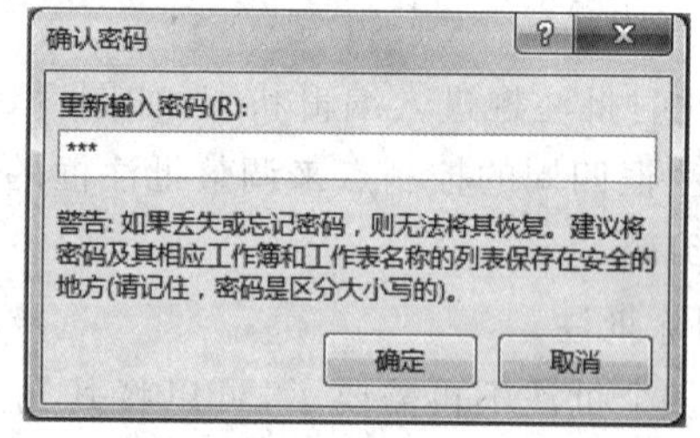

图 8-86 "确认密码"对话框

(3) 在图 8-86 中重新输入一遍刚才设置的密码,单击"确定"按钮,工作簿便处于保护状态了。此时在工作表标签上右击鼠标,会发现很多操作工作表的选项都不能执行,如图 8-87 所示。

(4) 要撤销工作簿的保护,可单击"审阅"选项卡上"更改"组中"保护工作簿"按钮。

(5) 若设置了密码保护,单击"保护工作簿"按钮后会打开如图 8-88 所示的"撤销工作簿保护"对话框,输入正确的密码,即可撤销工作簿的保护。

8.5.2 保护工作表

保护工作簿只能防止工作簿的结构和窗口不被修改,要使工作表中的数据不被他人修改,必须对工作表设置密码进行保护,操作方法如下。

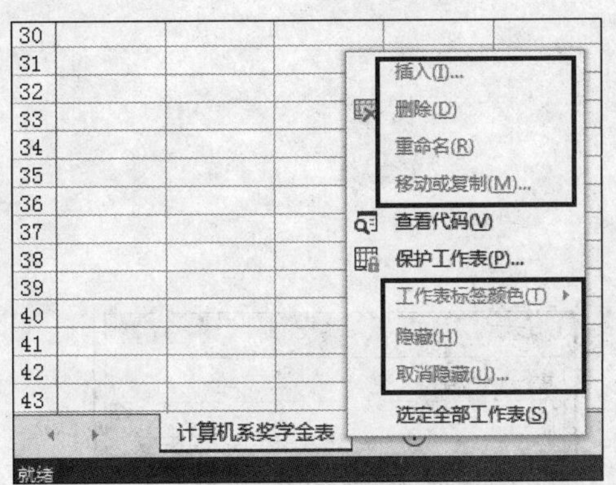

图 8-87　设置了工作簿保护后的工作表状态

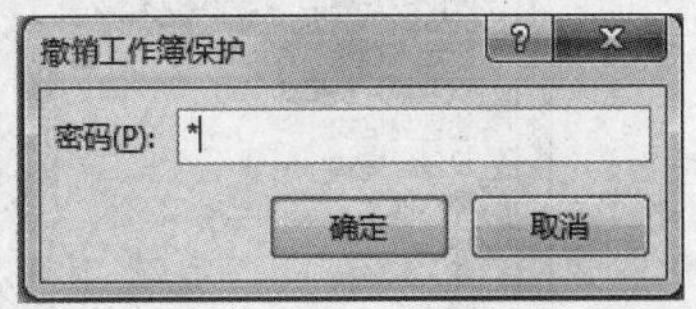

图 8-88　“撤销工作簿保护”对话框

【案例 8-5】 对“素材/chapter08/8-计算机系学生奖学金信息表.xlsx”工作簿中的“计算机系奖学金信息表”工作表进行保护。具体步骤如下。

(1) 打开工作簿，选中“计算机系奖学金信息表”工作表，单击“审阅”选项卡上“更改”组中“保护工作表”按钮，如图 8-89 所示。

	A	B	C	D	E	F	G	H	I
1	计算机系学生奖学金信息表								
2	学号	姓名	性别	年龄	系别	奖学金等级	奖学金金额	出生日期	身份证号
3	2016001	李兰	女	18	计算机	一等	¥1,000.00	1997/4/5	150102199704050221
4	2016002	王宏	男	19	计算机	二等	¥2,000.00	1995/11/6	150102199511060326
5	2016003	张英	女	18	计算机	三等	¥3,000.00	1997/4/7	150102199704070221
6	2016004	郭静	女	20	计算机	二等	¥2,000.00	1997/4/8	150102199704080226
7	2016005	范媛媛	女	18	计算机	二等	¥2,000.00	1998/2/9	150102199802090111
8	2016006	张真	男	18	计算机	二等	¥2,000.00	1997/4/10	150102199704100245
9	2016007	李辉	男	18	计算机	一等	¥1,000.00	1996/7/23	150102199607230825
10	2016008	王杨	男	21	计算机	一等	¥1,000.00	1998/6/12	150102199806120567
11	2016009	范君艳	女	22	计算机	一等	¥1,000.00	1997/3/1	150102199703010221
12	2016010	梁子扬	男	20	计算机	一等	¥1,000.00	1996/6/14	150102199606140221

图 8-89　执行保护工作表命令

(2) 打开如图 8-90 所示的“保护工作表”对话框，在“取消工作表保护时使用的密码”编辑框中输入保护密码，在“允许此工作表的所有用户进行”列表中设置保护范围，然后单击“确定”按钮，在打开如图 8-91 所示的“确认密码”对话框中再次输入刚才的密码，单击“确定”按钮。

(3) 此时工作表中的所有单元格都被保护起来，不能进行任何操作。如果试图进行编辑、修改操作，系统会弹出如图 8-92 所示的提示对话框，提示用户该工作表是受保护的。

(4) 要撤销工作表的保护，只需单击“审阅”选项卡上“更改”组中的“撤销工作表保护”按钮。若设置了密码保护，会打开“撤销工作表保护”对话框，输入正确的密码，如图 8-93 所示，即可撤销工作表的保护。

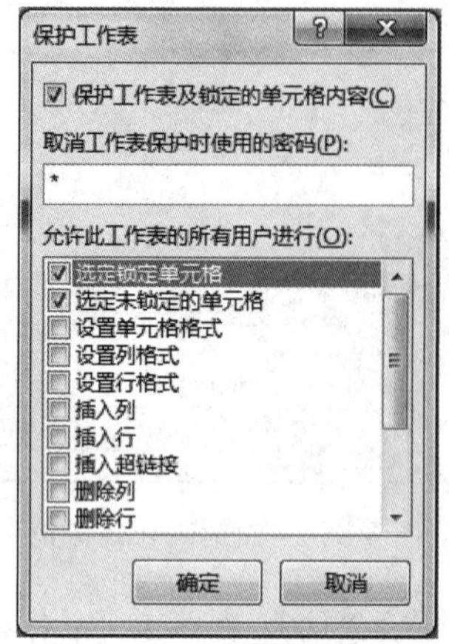

图 8-90 “保护工作表”对话框

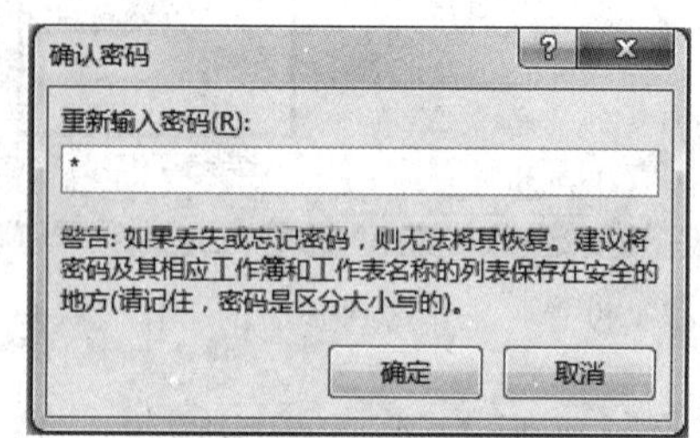

图 8-91 “确认密码”对话框

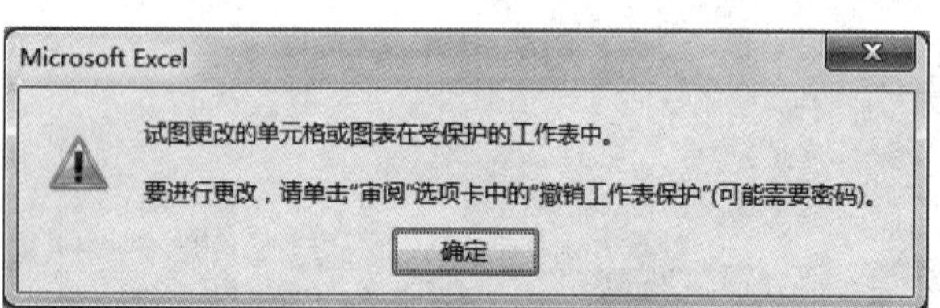

图 8-92 提示对话框

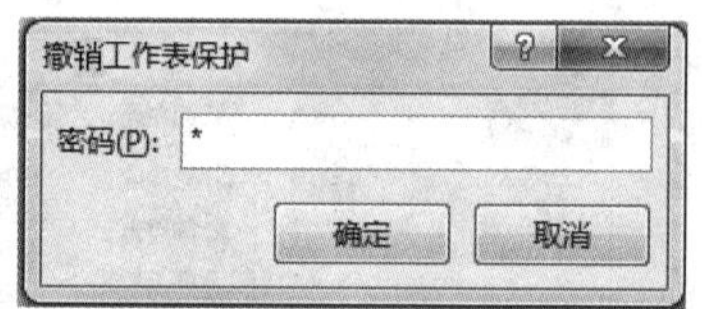

图 8-93 “撤销工作表保护”对话框

实训案例

【实训目的】 掌握工作簿、工作表以及单元格的基本操作方法。

【实训内容】

- 工作簿的创建、保存与保护。
- 单元格与工作表的操作。
- 条件格式应用。

【实训步骤】

(1) 新建一个工作簿，按照如图 8-94 所示的数据输入。

(2) 将 Sheet1 工作表重命名为“预算表”。

(3) 将 A1:E1单元格合并后居中。

(4) 将单元格区域 C3:E9应用货币符号￥，负数格式为“－1,234.10”(红色)。

(5) 建立条件格式，为数据单元格所有介于 10000～30000 的数字设置红色字体。

(6) 将工作簿命名为“宏远发展有限公司 2017 年预算表”保存在 D 盘下。

(7) 为工作簿设置密码保护。结果如图 8-95 所示。

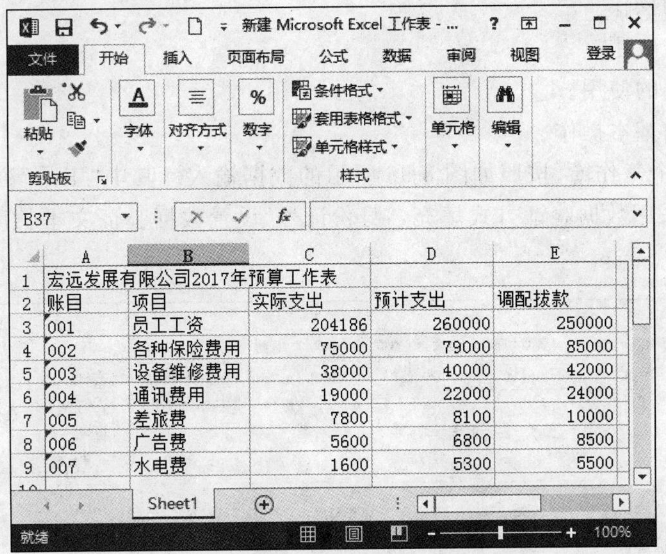

图 8-94　原始数据

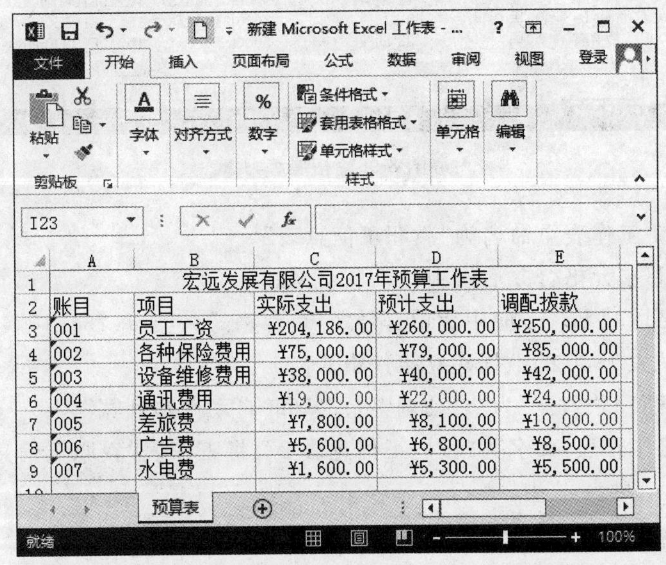

图 8-95　效果

拓展练习

按照如图 8-96 制作“教职工信息表”。效果参考“素材/chapter08/8-教职工信息表_end. xlsx”。

【实训知识点要求】

- 工作簿的创建、保存。

- 单元格的操作。
- 条件格式应用。
- 数据验证的使用。
- 工作表的基本操作。

(1) 新建一个工作簿,按照如图 8-96 所示的数据输入。其中“工号”列用序列填充,“性别”和“职称”列采用数据验证方式填充,“身份证号”设置数据验证文本长度为 18,并且数字作为文本输入。

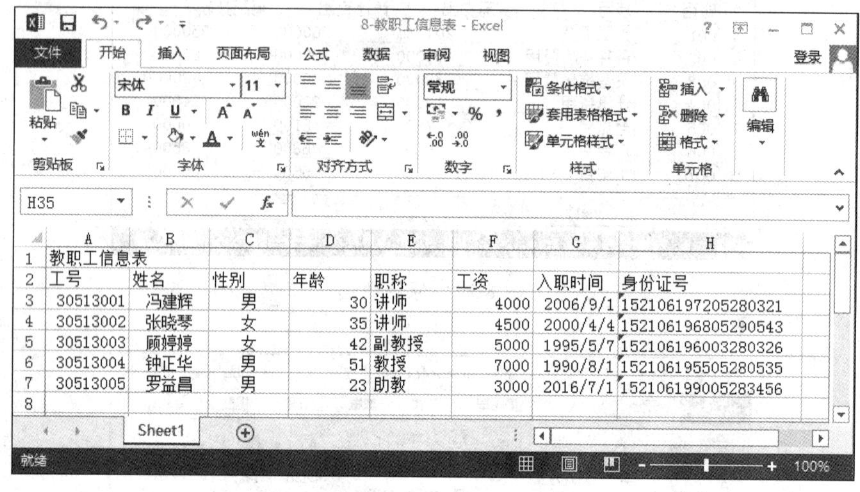

	A	B	C	D	E	F	G	H
1	教职工信息表							
2	工号	姓名	性别	年龄	职称	工资	入职时间	身份证号
3	30513001	冯建辉	男	30	讲师	4000	2006/9/1	152106197205280321
4	30513002	张晓琴	女	35	讲师	4500	2000/4/4	152106196805290543
5	30513003	顾婷婷	女	42	副教授	5000	1995/5/7	152106196003280326
6	30513004	钟正华	男	51	教授	7000	1990/8/1	152106195505280535
7	30513005	罗益昌	男	23	助教	3000	2016/7/1	152106199005283456
8								

图 8-96 拓展练习

(2) 将 Sheet1 工作表重命名为“教职工信息表”。

(3) 将 A1:H1单元格合并后居中。

(4) 将单元格区域 F3:F7应用货币符号￥,负数格式为“-1,234.10”(红色)。

(5) 为“年龄”大于 50 的数据建立条件格式。

(6) 设置“行高”和“列宽”为“自动调整行高”和“自动调整列宽”。

(7) 新增一张工作表,命名为“教职工信息表 2”,将工作表“教职工信息表”中的全部内容复制到“教职工信息表 2”中。

(8) 将工作簿命名为“教职工信息表”保存在 D 盘下。

(9) 为“教职工信息表 2”工作表设置密码保护。

本章小结

Excel 2013 是 Microsoft Office 2013 系列办公软件中用于电子表格处理的组件,通过本章的学习,可以掌握如下内容。

(1) 创建、保存以及保护工作簿。

(2) 在 Excel 2013 中输入数据的若干种方式。

(3) 工作表的基本操作,包括插入、删除、移动等操作。

(4) 单元格的基本操作,包括移动、删除、插入等操作。

通过以上内容的学习,可以为后续的学习打下基础。

思考与练习

1. 填空题

(1) Excel 2013 是 Microsoft 公司开发的 Office 2013 办公组件之一,主要用于________处理工作。

(2) 在单元格中输入数字时,Excel 2013 自动将它沿单元格________对齐。

(3) 在选定区域的右下角有一个小黑方块,称为________。

(4) 通常在 Excel 环境中用来存储和处理工作数据的文件称为________。

(5) 在 Excel 2013 工作表中,________是指表格中行与列交叉的部分,是组成表格的基本单位。

2. 选择题

(1) Excel 2013 工作簿的扩展名是(　　)。

A. xlsx　　B. exl　　C. exe　　D. xlss

(2) 关于 Excel 与 Word 在表格处理方面,最主要的区别是(　　)。

A. 在 Excel 中能做出比 Word 更复杂的表格

B. 在 Excel 中可对表格的数据进行汇总、统计等各种运算和数据处理,而 Word 不行

C. Excel 能将表格中数据转换为图形,而 Word 不能转换

D. 上述说法都不对

(3) Excel 2013 中选取多个连续的工作表在单击鼠标左键时,按键盘上的(　　)键。

A. Shift　　B. Ctrl　　C. Alt　　D. Tab

(4) 在 Excel 2013 中,选中单元格,执行“删除单元格”命令时(　　)。

A. 将删除该单元格所在列

B. 将删除该单元格所在行

C. 将彻底删除该单元格

D. 弹出“删除”对话框

(5) 下面是输入 18 位身份证号的几种方法,请问哪种输入方法是正确的?(　　)

A. 在身份证号前加西文的单引号。例如'150102198705050525'

B. 先把单元格格式设置成文本型,然后输入身份证号

C. 先输入身份证号,然后把该单元格格式设置成文本型

D. 在身份证号前加西文的双引号。例如"150102198705050525"

(6) Excel 2013 通过(　　)设置可防止一些不合逻辑的数据进入单元格(比如:在处理学生成绩时,输入的分数应大于等于 0 小于等于 100,不在此范围的数据都应视作非法)。

A. 数据验证　　B. 格式　　C. 公式　　D. 筛选

3. 判断题

(1) 启动 Excel 2013 程序后，会自动创建文件名为“工作簿 1”的 Excel 工作簿。 ( )

(2) 工作表标签栏位于工作簿窗口的左上端，用于显示工作表名。 ( )

(3) 给工作表重命名的操作是：单击“文件”选项卡的“另存为”项。 ( )

(4) 在单元格中输入 1/2，按 Enter 键结束输入，单元格显示 0.5。 ( )

(5) 在默认的单元格格式下，可以完成邮政编码(例如 010051)的输入。 ( )

4. 简答题

简述工作簿、工作表、单元格之间的关系。

第 9 章　在 Excel 2013 中美化工作表

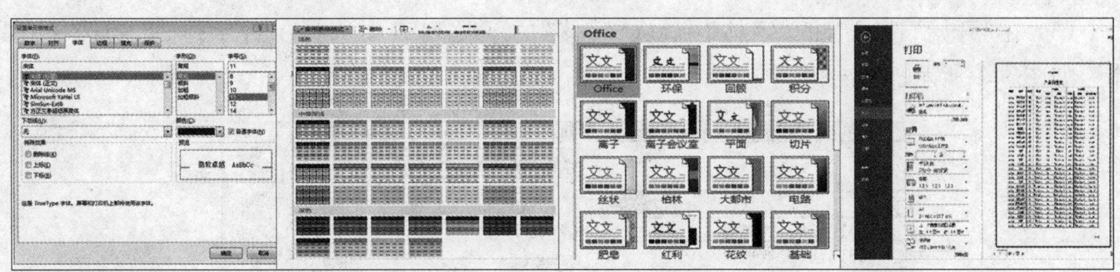

本章导读

Microsoft Excel 2013 中，工作簿中的工作表采用默认的格式，即宋体、黑色、11 号字、无边框。在实际应用中，为了使工作表的版面效果更整洁、美观，可以通过美化工作表来实现。本章主要介绍工作表数据字体、字号、颜色的设置，边框格式的设置，填充格式的设置，表格格式的设置，工作表的打印等。

知识目标

- 掌握特殊文本、数字格式的设置方法。
- 掌握表格边框格式、填充格式的设置方法。
- 掌握应用条件格式和样式的方法。

能力目标

- 掌握数据格式的设置方法。
- 掌握表格边框、填充效果的设置方法。
- 掌握应用表格样式快速进行工作表美化的方法。
- 掌握工作表进行页面设置、打印预览并打印的方法。

9.1　设置单元格格式

在单元格中输入数据后，可以根据需要对单元格数据的字体、字号、对齐方式等格式进行设置，还可以对单元格的边框和填充格式等进行设置。

【案例 9-1】　工作表单元格格式的设置。以学生表为例，介绍字体、对齐方式、数字格式、边框、填充五个方面的单元格格式的设置方法。

9.1.1 设置字体格式

在单元格中输入数据时，默认字体为宋体、字号为11、颜色为黑色。实际应用中，可以通过设置文本的字体、字号、颜色等，改变默认设置，达到所需效果。

1. 设置字体

(1) 打开“素材\chapter09\9-学生表.xlsx”。

(2) 选择要设置的单元格区域“A3:G3”。

(3) 在“开始”选项卡的“字体”中，从“字体”的下拉列表中选择一种字体，此处选择“黑体”，如图9-1所示。

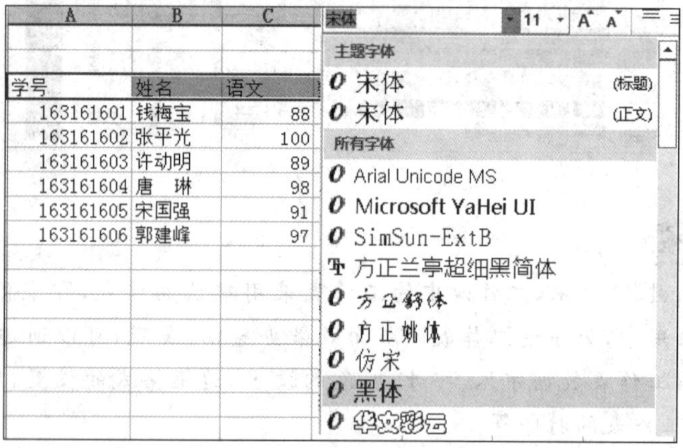

图9-1 设置字体

还可以单击“开始”选项卡的“字体”组中的“对话框启动器”按钮，打开“设置单元格格式”对话框的“字体”选项卡，在“字体”列表框中选择一种字体，实现字体设置，如图9-2所示。

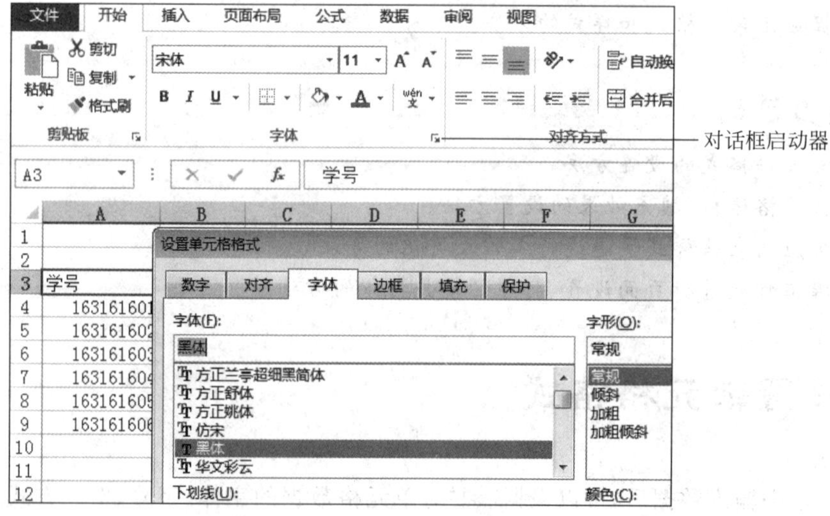

图9-2 利用“字体”选项卡设置字体

提示：

① 可以在选定单元格或单元格区域上右击，利用弹出的“浮动工具栏”中设置字体。字号、字体颜色等的设置也可以采用同样的方法。

② 单元格格式设置的关键是要进行目标单元格的选择，即一定要先选定要设置的单元格。

2. 设置字号

(1) 选择要设置单元格的区域“A3:G3”。

(2) 在“开始”选项卡的“字体”中，从“字号”下拉列表中选择字号，此处选择 14，即实现字号设置，如图 9-3 所示。

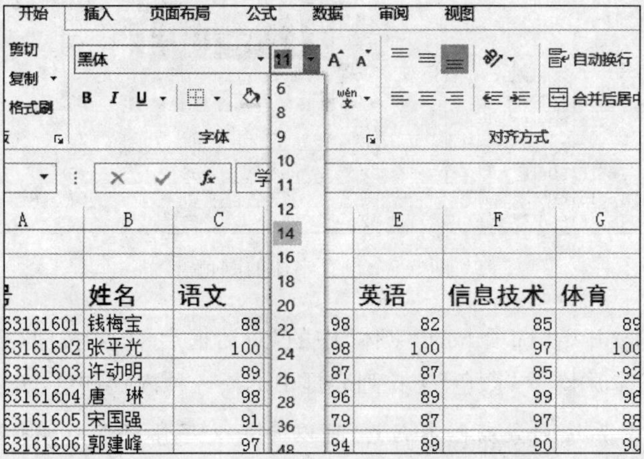

图 9-3　设置字号

还可以单击“开始”选项卡的“字体”中的“对话框启动器”按钮，打开“设置单元格格式”对话框的“字体”选项卡，在“字体”列表框中选择字号，实现字号的设置，如图 9-4 所示。

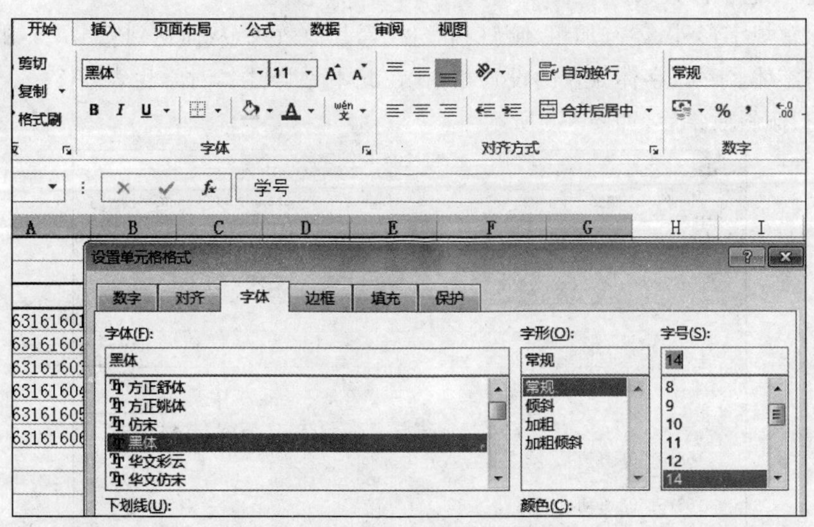

图 9-4　利用“字体”选项卡设置字号

3. 设置字体颜色

（1）选择要设置单元格区域“A3:G3”。

（2）在“开始”选项卡的“字体”中的“字体颜色”里，从主题颜色或标准颜色中选择一种颜色，此处选择“蓝色”，即实现字体颜色的设置，如图 9-5 所示。

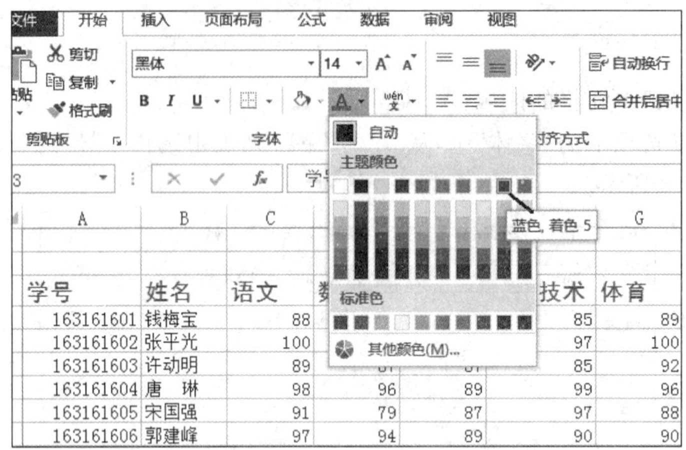

图 9-5　设置字体的颜色

同样也可以单击“开始”选项卡的“字体”中的“对话框启动器”按钮，打开“设置单元格格式”对话框的“字体”选项卡，在“颜色”下拉列表框中选择一种内置颜色，实现字体颜色的设置。

提示：如果对系统内置颜色不满意，可以自定义字体颜色。就是在“开始”选项卡的“字体”中“字体颜色”下选择“其他颜色”，在弹出的“颜色”对话框中的“标准”选项卡中选择一种色块即可；还可以在“颜色”对话框中的“自定义”选项卡中采用 RGB 模式，输入三原色的数值来自定义一种字体颜色。

4. 设置其他字体效果

文本除常规字形外，还有加粗、倾斜、下划线等其他效果，从而达到突出文本的作用。其设置方法与字体、字号、字体颜色的设置相同，在此不做详述。对学生表“A3:G3”单元格区域设置加粗、倾斜效果后，如图 9-6 所示。

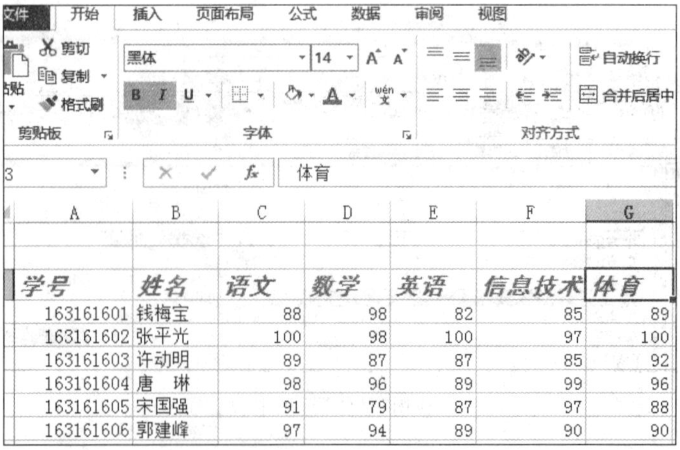

学号	***姓名***	***语文***	***数学***	***英语***	***信息技术***	***体育***
163161601	钱梅宝	88	98	82	85	89
163161602	张平光	100	98	100	97	100
163161603	许动明	89	87	87	85	92
163161604	唐　琳	98	96	89	99	96
163161605	宋国强	91	79	87	97	88
163161606	郭建峰	97	94	89	90	90

图 9-6　设置字形效果

9.1.2　设置对齐方式

对齐方式用以控制数据在单元格中的位置。在工作表中输入数据后，系统会按照数据类型，自动以相应的方式对齐。如果对齐方式不符合需求，可以自行设置对齐方式。

1. 设置数据的对齐方式

单元格对齐方式中，主要有垂直对齐和水平对齐两种。垂直对齐主要有三种：顶端对齐、垂直居中、底端对齐；水平对齐主要有三种：左对齐、居中、右对齐。文本型数据自动采用左对齐，数值型数据自动采用右对齐。

(1) 选择要设置对齐方式的单元格区域，即“学生表”所有单元格。

(2) 在“开始”选项卡的“对齐方式”中选择“垂直居中”和“居中”，如图 9-7 所示。

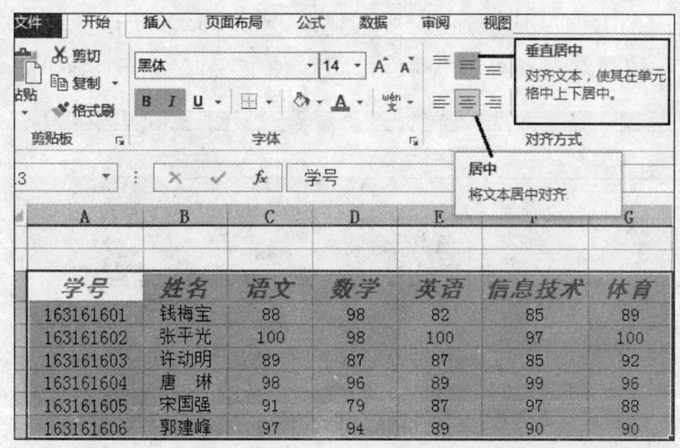

图 9-7　设置对齐方式

对于较复杂的对齐操作，可以单击“开始”选项卡的“对齐方式”中的“对话框启动器”按钮，打开“设置单元格格式”对话框的“对齐”选项卡，在“水平对齐”“垂直对齐”的下拉列表框中选择所需对齐方式，如图 9-8 所示。

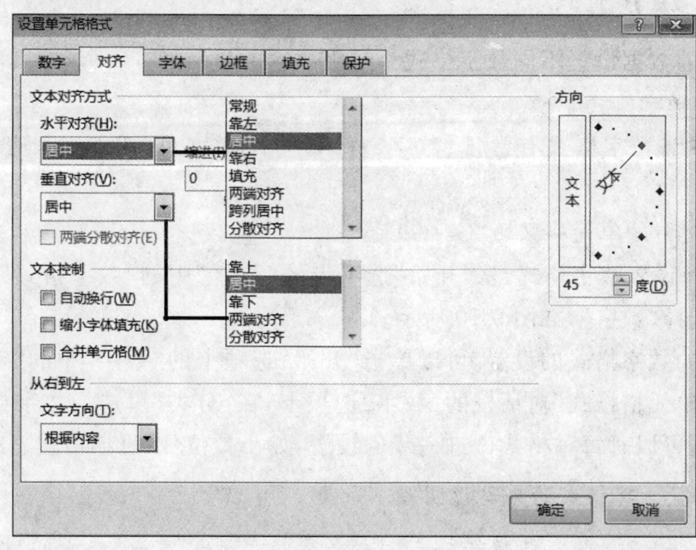

图 9-8　“对齐”选项卡

提示：

① “填充”对齐通常用于修饰报表。当选择该选项时，Excel 会自动将单元格中已有内容填满该单元格；“两端对齐”只有当单元格的内容是多行时才起作用，表示其多行文本两端对齐；“跨列居中”是在不合并旁边单元格的情况下，达到合并居中的效果；“分散对齐”是将单元格中的内容以两端撑满方式与两边对齐。

② 文本控制中的“自动换行”，可将单元格一行显示不了的内容以多行显示；“缩小字体填充”自动缩减选中单元格中字符的大小，以使单元格中的所有数据调整到与列宽一致。

2. 设置文字的方向

(1) 选择要设置的单元格区域“A3:G3”。

(2) 打开“设置单元格格式”对话框，利用“对齐”选项卡中的“文字方向”和“方向”，可以设置文字在单元格内的方向是从左到右、从右到左，还是倾斜一定角度，如图 9-9 所示。

(3) 在“方向”下的微调按钮处输入 45，即可以使文字倾斜 45 度，如图 9-9 所示。

A	B	C	D	E	F	G
学号	姓名	语文	数学	英语	信息技术	体育
163161601	钱梅宝	88	98	82		
163161602	张平光	100	98	100		
163161603	许动明	89	87	87		
163161604	唐　琳	98	96	89		
163161605	宋国强	91	79	87		
163161606	郭建峰	97	94	89		

图 9-9　设置文字的方向

9.1.3　设置数字格式

为单元格中的数据设置不同数字格式只是更改它的显示形式，不影响其实际值。

1. 设置内置数字格式

Excel 中的内置数字格式有常规、数字、货币、会计专用、日期、时间、百分比、分数、文本等。

(1) 选择要设置的单元格区域“C4:G9”。

(2) 若要快速设置数字格式，从“开始”选项卡的“数字”中的“数字格式”下拉列表框中进行选择，此处选择“数字”，如图 9-10 所示。

对于较复杂的数字格式的设置，可以单击“开始”选项卡的“数字”中的“对话框启动器”按钮，打开“设置单元格格式”对话框的“数字”选项卡，在“分类”里选择数字格式，如图 9-11 所示。在这里，还可以对每种格式做进一步的设置，如小数位数、日期格式、分数类型等。

注意：内置数字格式的分类说明如下。

① 常规：Excel 应用的默认数字格式。大多数情况下，“常规”格式的数字以输入的方

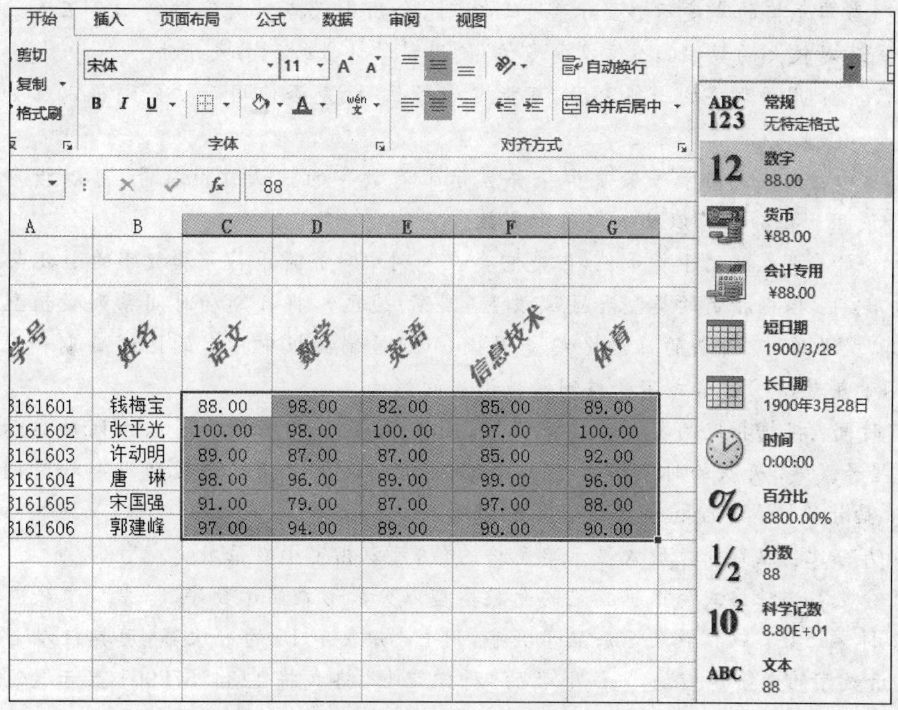

图 9-10 快速设置数字的格式

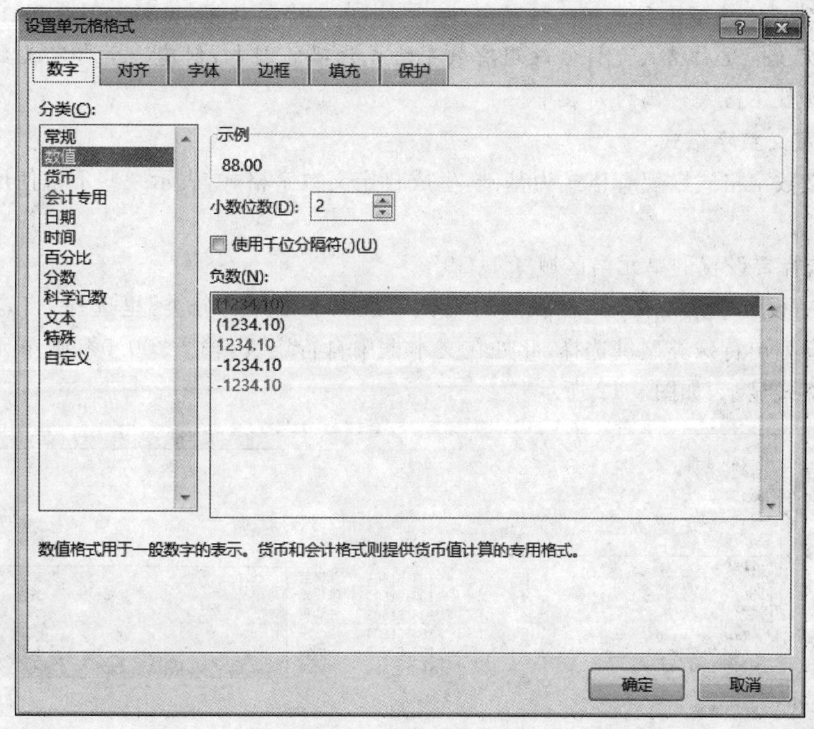

图 9-11 “数字”选项卡

式显示。当单元格的宽度不够显示整个数字时，会用小数点对数字进行四舍五入。"常规"数字格式还对较大的数字(12位或更多位)使用科学计数(指数)表示法。

② 数值：用于数字的一般表示，可指定小数位数、是否使用千位分隔符以及如何显示负数。

③ 货币：此格式用于一般货币值并显示带有数字的默认货币符号，可以指定小数位数、是否使用千位分隔符以及如何显示负数。

④ 会计专用：也用于货币值，但是它会在一列中对齐货币符号和数字的小数点。

⑤ 日期：根据指定的类型和区域设置(国家/地区)，将日期和时间系列数值显示为日期值。以星号(*)开头的日期格式受Windows控制面板中指定的区域日期和时间设置影响，不带星号(*)的格式不受控制面板设置的影响。

⑥ 时间：根据指定的类型和区域设置(国家/地区)，将日期和时间系列数显示为时间值。以星号(*)开头的时间格式受Windows控制面板中指定的区域日期和时间设置影响，不带星号的格式不受控制面板设置的影响。

⑦ 百分比：以百分数形式显示单元格的值，可以指定小数位数。

⑧ 分数：这种格式会根据指定的分数类型以分数形式显示数字。

⑨ 科学记数：以指数表示法显示数字，用E+n表示10的n次幂，用其乘以E前面的数字表示数字的大小。例如，2位小数的"科学记数"格式将12345678901显示为1.23E+10，即用1.23乘10的10次幂。可以指定要使用的小数位数。

⑩ 文本：将单元格的内容视为文本，并在输入时准确显示内容，即使输入的是数字。

⑪ 特殊：将数字显示为邮政编码、电话号码、中文小写数字、中文大写数字。

⑫ 自定义：这种格式允许修改现有数字格式代码的副本，创建一个自定义数字格式并将其添加到数字格式代码的列表中。

2. 自定义数字格式

自定义数字格式以现有格式为基础，生成自定义数字格式，表示一些不常使用的或特殊的数字形式。

(1) 选择要设置的单元格区域"C4:G9"。

(2) 在"设置单元格格式"对话框的"数字"选项卡中，从"分类"里选择"自定义"，右侧"类型"里会列出特殊类型供选择，此处在文本框中自行定义，输入"00.0"，则单元格格式按自定义的格式显示，如图9-12所示。

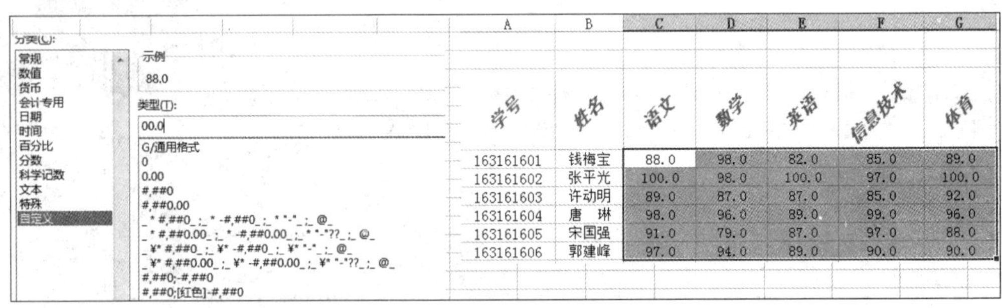

图9-12 "自定义"格式

提示：自定义的数字格式会出现在"设置单元格格式"对话框"数字"选项卡的"自定义"的"分类"里，可以选择此格式，单击"删除"按钮，则删除了这个自定义的格式。

9.1.4　设置边框格式

通常，在工作表中所看到的单元格都带有浅灰色的边框线，这是 Excel 默认的网格线，是不会被打印出来的。在实际工作中，为了清晰地显示数据，表格是要有边框线的。这时，可以采用以下三种方法设置边框线。

1. 快速设置边框线

(1) 先选定要设置的单元格区域，即"学生表"所有单元格。

(2) 利用"开始"选项卡上"字体"中的"边框"，在下拉列表中选择"所有框线"，则为单元格添加所有框线。系统默认添加的框线是黑色、单实线，如图 9-13 所示。

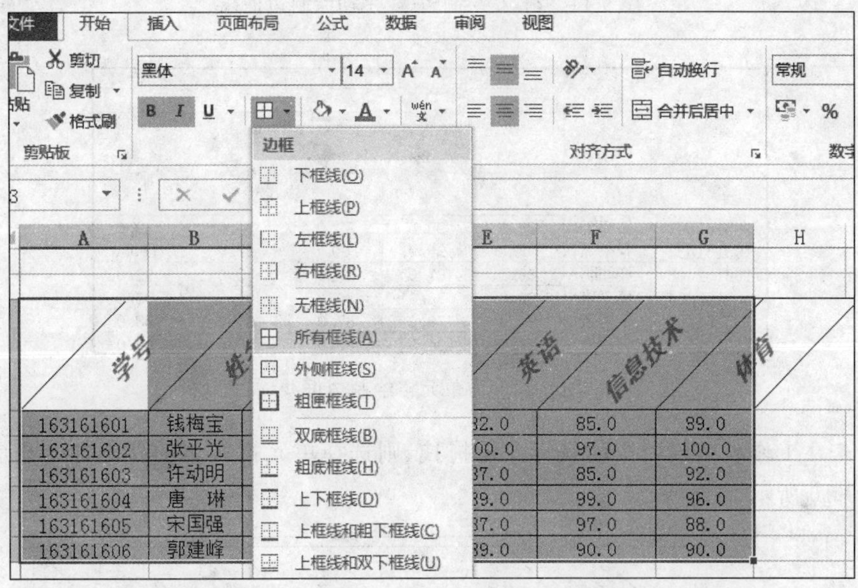

图 9-13　设置边框格式

提示：

① "开始"选项卡上"字体"中"边框"的下拉列表中可以进行线条颜色和线型的更改。

② 当选择线条颜色或线型后，光标变为画笔形状，且事先选择的目标区域变为取消选择状态，此时不用再进行区域选择，直接选择框线类型即可。若此时再次选择目标单元格，则系统认为用户在手动绘制边框。

2. 手动绘制边框线

用户可以通过手动绘制的方法，灵活地为单元格或单元格区域绘制边框线。

(1) 选择"开始"选项卡上"字体"中的"边框"下拉列表中的"绘制边框"，如图 9-14 所示。

(2) 鼠标光标变为画笔形状后，在目标单元格的边框上单击，即可为其加上相应的边框线，如图 9-15 所示。

学号	姓名		英语	信息技术	体育
163161601	钱梅宝		82.0	85.0	89.0
163161602	张平光		00.0	97.0	100.0
163161603	许动明		87.0	85.0	92.0
163161604	唐　琳		89.0	99.0	96.0
163161605	宋国强		87.0	97.0	88.0
163161606	郭建峰		89.0	90.0	90.0

所有框线(A)
外侧框线(S)
粗匣框线(T)
双底框线(B)
粗底框线(H)
上下框线(D)
上框线和粗下框线(C)
上框线和双下框线(U)
绘制边框
绘图边框(W)
绘图边框网格(G)
擦除边框(E)
线条颜色(I)
线型(Y)
绘制外侧框线

图 9-14　利用“绘制边框”手动绘制边框线

学号	姓名	语文	数学	英语	信息技术	体育
163161601	钱梅宝	88.0	98.0	82.0	85.0	89.0
163161602	张平光	100.0	98.0	100.0	97.0	100.0
163161603	许动明	89.0	87.0	87.0	85.0	92.0
163161604	唐　琳	98.0	96.0	89.0	99.0	96.0
163161605	宋国强	91.0	79.0	87.0	97.0	88.0
163161606	郭建峰	97.0	94.0	89.0	90.0	90.0

图 9-15　为单元格绘制边框线

(3) 若在工作表区域内按住鼠标左键拖拽，则选择单元格区域的外围加上相应的边框线，如图 9-16 所示。

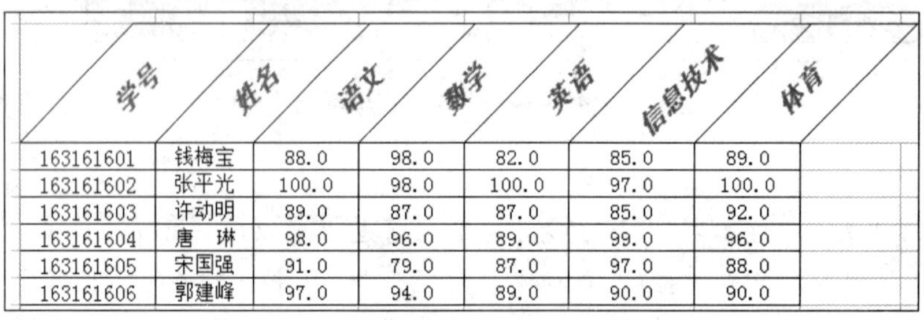

学号	姓名	语文	数学	英语	信息技术	体育
163161601	钱梅宝	88.0	98.0	82.0	85.0	89.0
163161602	张平光	100.0	98.0	100.0	97.0	100.0
163161603	许动明	89.0	87.0	87.0	85.0	92.0
163161604	唐　琳	98.0	96.0	89.0	99.0	96.0
163161605	宋国强	91.0	79.0	87.0	97.0	88.0
163161606	郭建峰	97.0	94.0	89.0	90.0	90.0

图 9-16　为单元格区域绘制边框线

提示：

① 手动绘制时，“绘制边框”和“绘制边框网格”是有区别的。“绘制边框”是给所选区域的外围加一个大边框线；“绘制边框网格”是为区域内所有单元格全部加上边框线。

② 手动绘制边框后，再次单击“开始”选项卡上“字体”中的“边框”按钮，即可退出绘制状态。

③ 绘制过程中，可以执行“擦除边框”命令，擦掉不要的边框线。

3. 自定义边框格式

(1) 先选定要设置的单元格区域,即“学生表”所有单元格。

(2) 打开“设置单元格格式”对话框的“边框”选项卡,如图 9-17 所示。

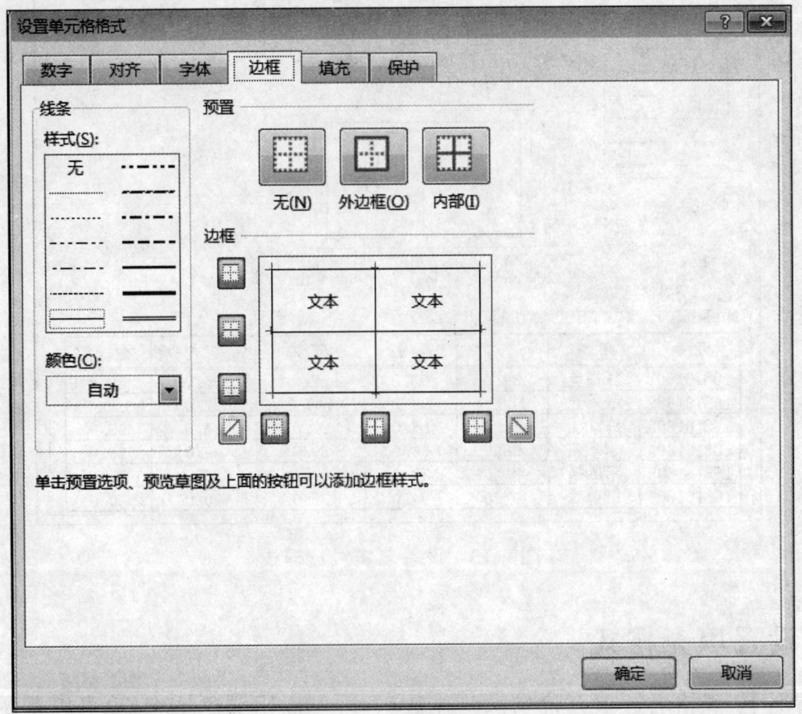

图 9-17　“边框”选项卡

(3) 在“线条”选项中进行线条样式和颜色的选择,此处选择较粗的实线,颜色不更改。

(4) 可通过“预置”选项设置边框类型,此处选择“外框线”,则为整个工作表加上了较粗的实线外框线,如图 9-18 所示。

学号	姓名	语文	数学	英语	信息技术	体育
163161601	钱梅宝	88.0	98.0	82.0	85.0	89.0
163161602	张平光	100.0	98.0	100.0	97.0	100.0
163161603	许动明	89.0	87.0	87.0	85.0	92.0
163161604	唐　琳	98.0	96.0	89.0	99.0	96.0
163161605	宋国强	91.0	79.0	87.0	97.0	88.0
163161606	郭建峰	97.0	94.0	89.0	90.0	90.0

图 9-18　自定义外边框

(5) 如果想把标题行的下边线变为双实线,可以选择标题行(为方便操作,取消前面设置的标题行文字倾斜)。在“边框”选项卡中,选择“线条”样式为“双实线”,在预览区内直接在下边框线上单击,即可设置,如图 9-19 所示。

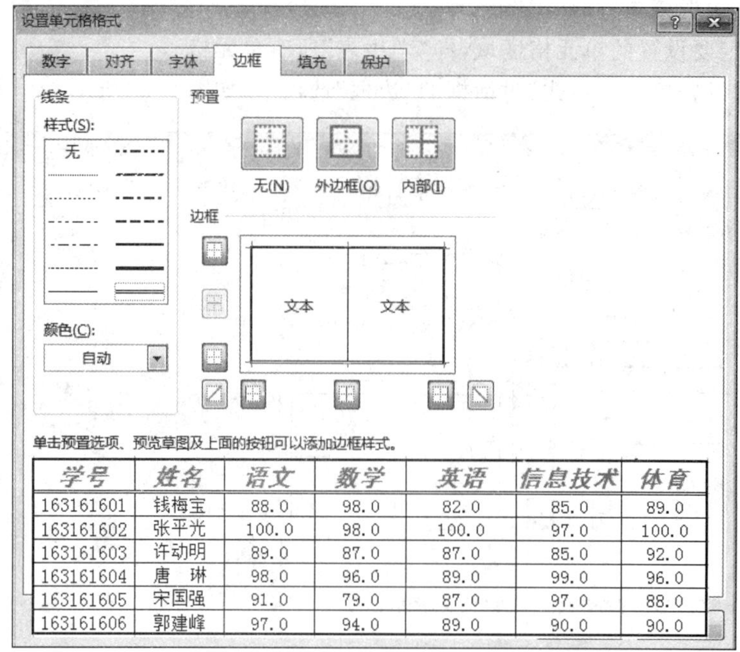

学号	姓名	语文	数学	英语	信息技术	体育
163161601	钱梅宝	88.0	98.0	82.0	85.0	89.0
163161602	张平光	100.0	98.0	100.0	97.0	100.0
163161603	许动明	89.0	87.0	87.0	85.0	92.0
163161604	唐　琳	98.0	96.0	89.0	99.0	96.0
163161605	宋国强	91.0	79.0	87.0	97.0	88.0
163161606	郭建峰	97.0	94.0	89.0	90.0	90.0

图 9-19　设置双实线边框线

9.1.5　设置填充格式

一般情况下，表格通过填充背景来凸显数据，既可以用颜色填充，也可以用图片填充。

1. 颜色填充

(1) 先选定要设置的单元格区域“A3:G3”。

(2) 打开“设置单元格格式”对话框的“填充”选项卡，可进行纯色填充、渐变填充、图案填充。这里选择图案填充，选择“图案颜色”中的“金色、着色 4、淡色 60%”，“图案样式”中的“细、垂直、条纹”，如图 9-20 所示。

提示：

① “填充”选项卡中“背景色”可以进行纯色填充。

② 单击“填充效果”按钮，打开“填充效果”对话框，可以进行渐变效果的填充。

2. 图片填充

图片填充借助图片背景功能，再通过颜色填充将图片中不需要的部分遮挡住，从而实现其填充效果。

(1) 选定“学生表”中的任意单元格。

(2) 单击“页面布局”选择卡的“页面设置”中的“背景”按钮，打开页面，如图 9-21 所示。

(3) 单击“来自文件”后的“浏览”链接，打开“工作表背景”对话框，如图 9-22 所示。

(4) 选择要插入的背景图片(素材\chapter09\9-图片 1.jpg)，单击“插入”按钮，插入图片，如图 9-23 所示。

(5) 单击工作表工作区有左上角的“全选”按钮，选中整个工作表。单击“开始”选项卡上“字体”中的“填充”下拉按钮，选择“白色，背景 1”，如图 9-24 所示。

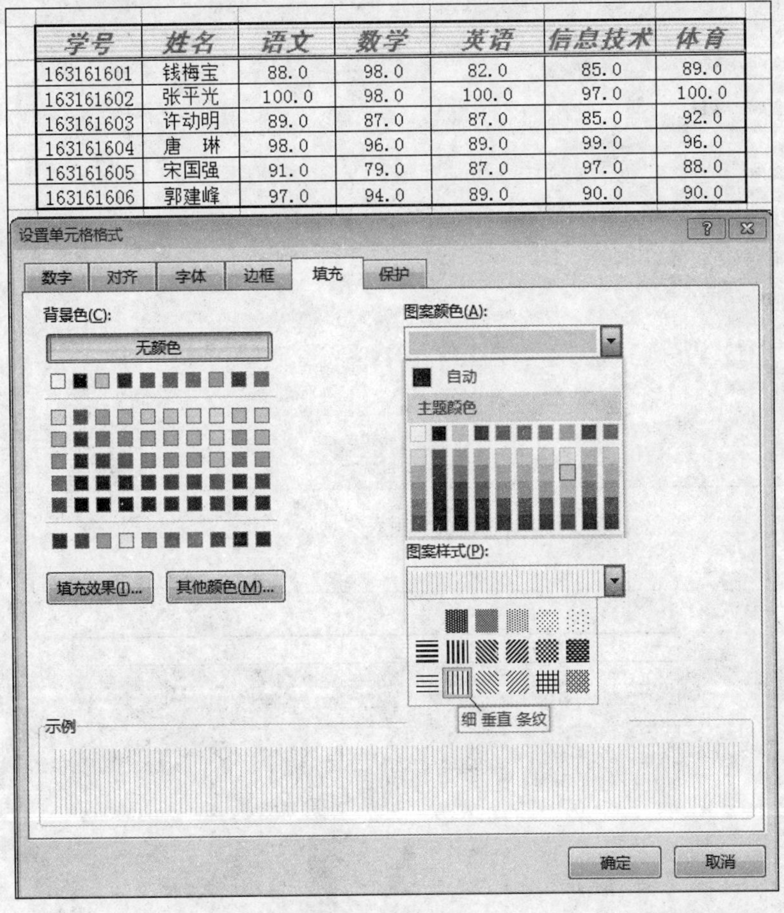

图 9-20　图案填充

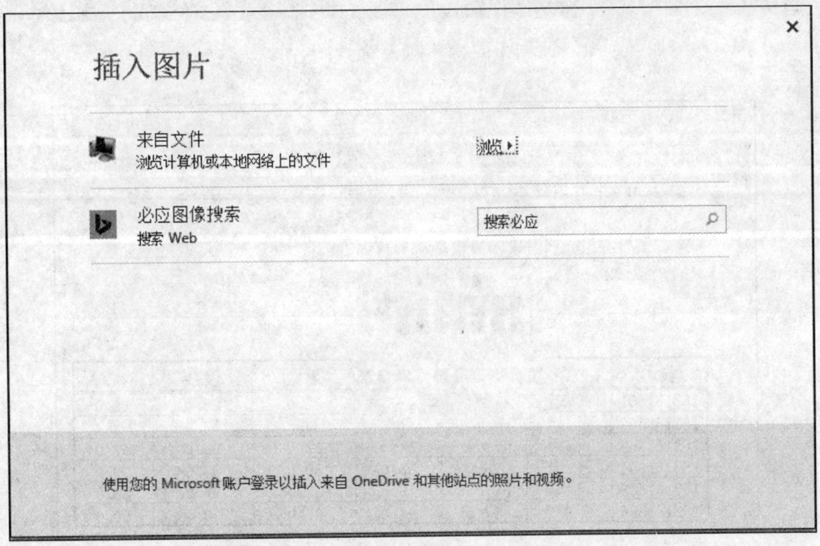

插入图片

来自文件
浏览计算机或本地网络上的文件
浏览 ▸

必应图像搜索
搜索 Web
搜索必应

使用您的 Microsoft 账户登录以插入来自 OneDrive 和其他站点的照片和视频。

图 9-21　“插入图片”页面

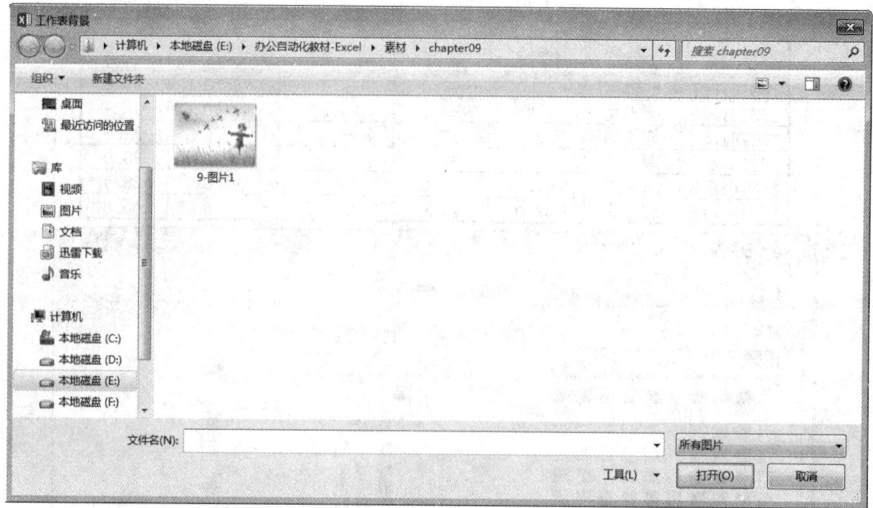

图 9-22 “工作表背景”对话框

图 9-23 插入背景图片

开始 插入 页面布局 公式 数据 审阅 视图

剪切 复制 格式刷 宋体 12 自动换行 合并后居中 常规 字体 对齐方式 数字

主题颜色 白色, 背景 1 标准色 无填充颜色(N) 其他颜色(M)...

学号	姓名			英语	信息技术	体育
163161601	钱梅宝			82.0	85.0	89.0
163161602	张平光			100.0	97.0	100.0
163161603	许动明	89.0	87.0	87.0	85.0	92.0
163161604	唐 琳	98.0	96.0	89.0	99.0	96.0
163161605	宋国强	91.0	79.0	87.0	97.0	88.0
163161606	郭建峰	97.0	94.0	89.0	90.0	90.0

图 9-24 工作表的白色填充

(6) 选择“学生表”中“A4:G9”单元格区域,单击“开始”选项卡上“字体”中的“填充”下拉按钮,选择“无填充颜色”,如图 9-25 所示。

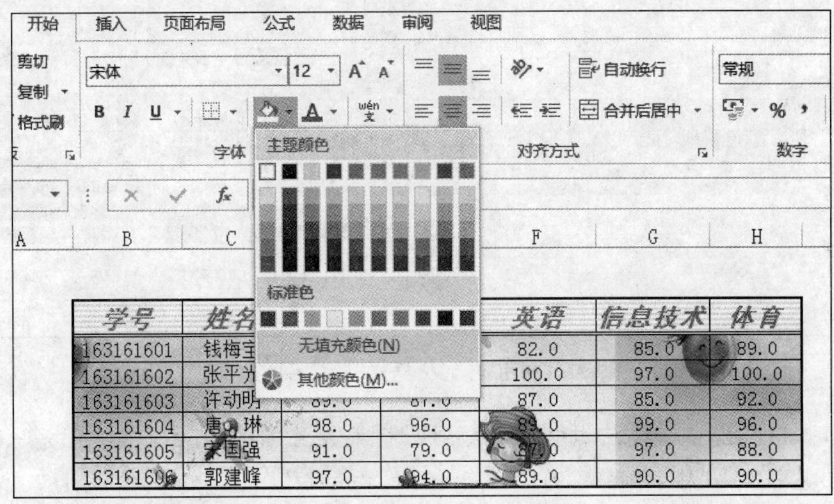

图 9-25　单元格图片填充

9.2　样式的应用

美化工作表也可以直接应用系统内置的样式快速设置,而不需要像前面讲解的那样,由用户逐一设置。这里主要介绍单元格样式和表格样式的应用。

【案例 9-2】 应用样式美化工作表。以“学生表”为例,通过应用单元格样式、表格样式美化工作表。

9.2.1　应用单元格样式

单元格样式可以一次对单元格进行多种格式(包括数字、对齐、字体、边框、填充、保护)设置,例如可以同时添加填充色和更改文本颜色。

(1) 打开“素材\chapter09\9-学生表.xlsx”。

(2) 选定要设置的单元格区域“B4:G9”。

(3) 单击“开始”选项卡上“样式”中的“单元格样式”下拉按钮,如图 9-26 所示。

条件格式　套用表格格式　单元格样式
样式

图 9-26　“样式”组按钮

注意:系统窗口最大时,“单元格样式”下拉按钮会以列表框的形式显示出部分的单元格样式。

(4) 在样式列表中选择“输入”,其对单元格同时进行了多项设置,如图 9-27 所示。

注意:

① 在某一个单元格样式上右击,弹出菜单中选择“修改”命令,就打开了其相应的“样

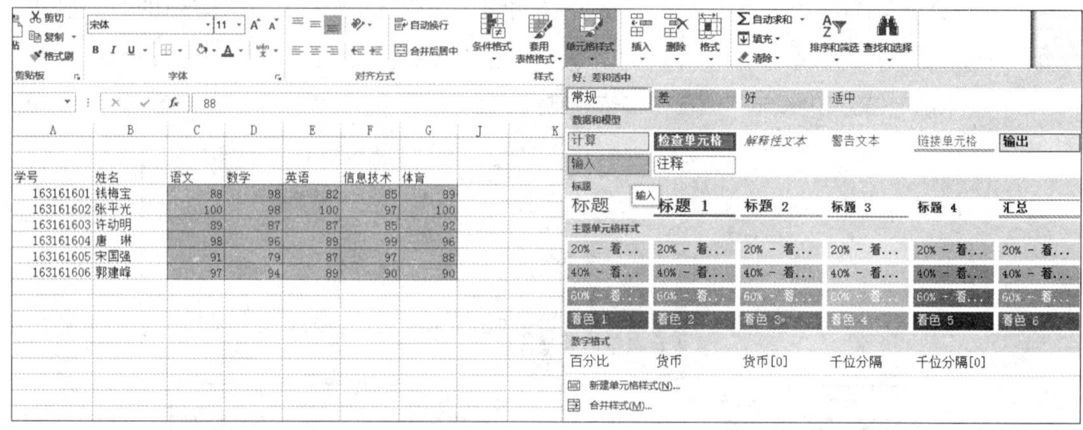

图 9-27 利用"单元格样式"设置后的效果

式"对话框,如图 9-28 所示,在其中可以看到此样式设置的内容。在其中单击"格式"按钮,可以打开"设置单元格"对话框,可对此样式进行修改。

② 在图 9-27 中,选择样式列表中的"新建单元格样式",打开"样式"对话框,如图 9-28 所示,在其中输入样式名,按需要建立新的单元格样式。

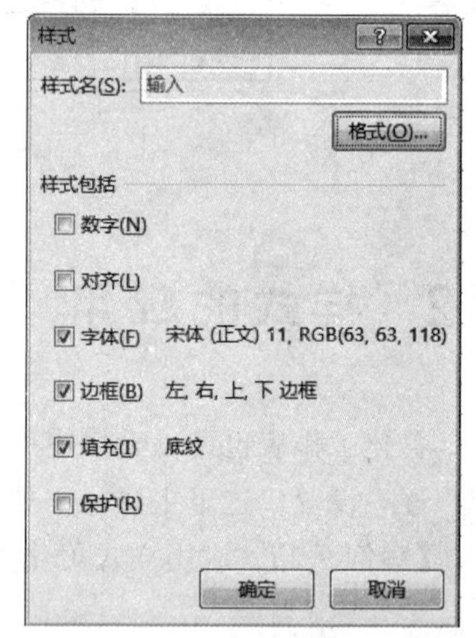

图 9-28 "样式"对话框

9.2.2 套用表格样式

如果对每一个单元格应用单元格样式进行美化,操作烦琐,不仅效率低,还可能达不到预期的效果,所有可以直接为表格区域应用表格样式。

(1) 打开"素材\chapter09\9-学生表. xlsx"。

(2) 选定要设置的单元格区域"A3:G9"。

(3) 单击"开始"选项卡上"样式"中的"套用表格样式"下拉按钮,选择"表样式浅色 14",如图 9-29 所示。

(4) 在弹出的"套用表格格式"对话框中选中"表包含标题"后确定,如图 9-30 所示。

(5) 在"表格工具"的"设计"选项卡的"表格样式选项"中,取消选中"筛选按钮"复选框即可,效果如图 9-31 所示。

注意:为表格应用表格样式后,表格以特殊的样式存在(如此例中在表格上加了"筛选标记"),也可能使一些功能无法应用。这种情况下,为便于操作,可以将表格专为普通表格,即在"表格工具 设计"选项卡的"工具"中,单击"转换为区域"按钮。

9.2.3 新建表格样式

新建表格样式就是用户自己设置表格样式,将其保存到当前工作簿的表格样式库中,供需要时直接应用。

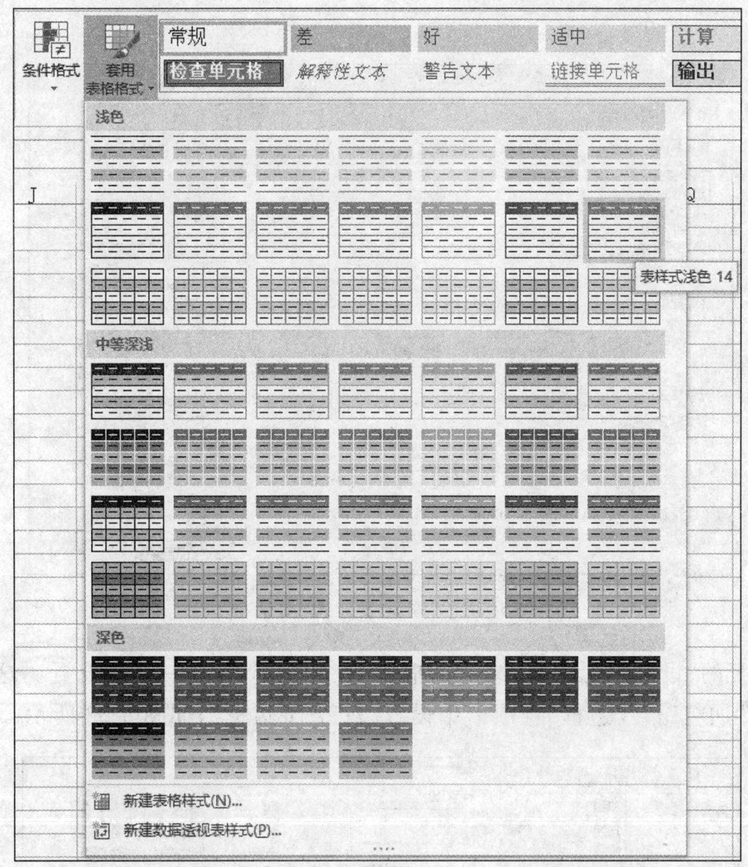

图 9-29　表格样式

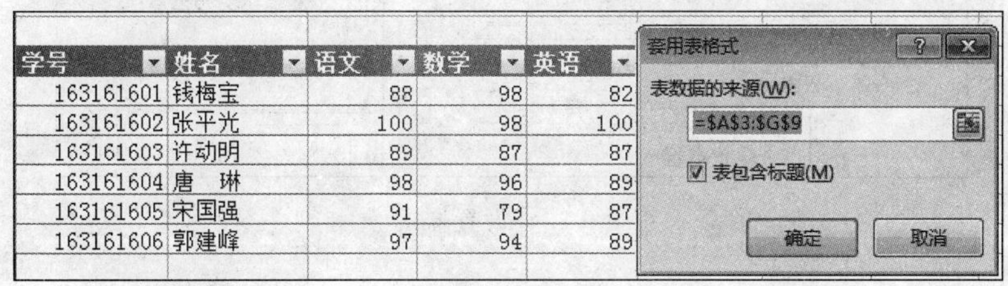

图 9-30　“套用表格式”对话框

学号	姓名	语文	数学	英语	信息技术	体育
163161601	钱梅宝	88	98	82	85	89
163161602	张平光	100	98	100	97	100
163161603	许动明	89	87	87	85	92
163161604	唐　琳	98	96	89	99	96
163161605	宋国强	91	79	87	97	88
163161606	郭建峰	97	94	89	90	90

图 9-31　利用表格样式设置效果

(1) 单击“开始”选项卡上“样式”中的“套用表格样式”下拉按钮，选择“新建表格样式”。

(2) 在打开的“新建表样式”对话框中，输入新建表样式名称，选择相应表元素，单击“格式”按钮，如图 9-32 所示。

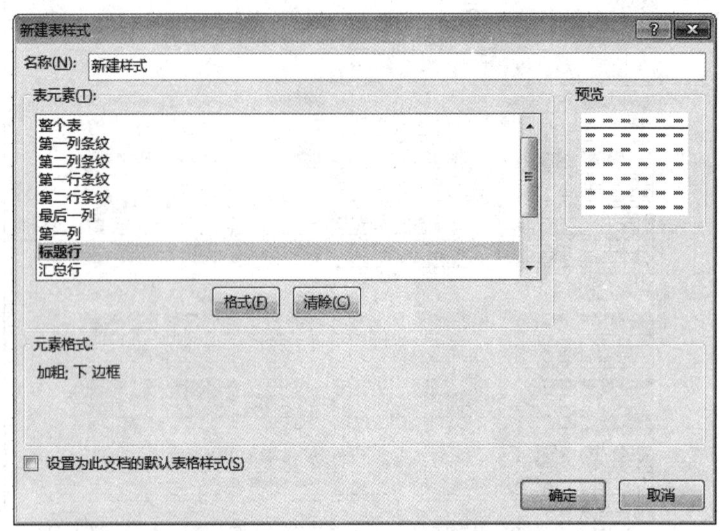

图 9-32 “新建表样式”对话框

(3) 在打开的“设置单元格格式”对话框中，在相应选项卡中进行设置。这里在“字体”选项卡中设置“加粗”，在“边框”选项卡中设置“双线 下边框”，如图 9-33 所示。

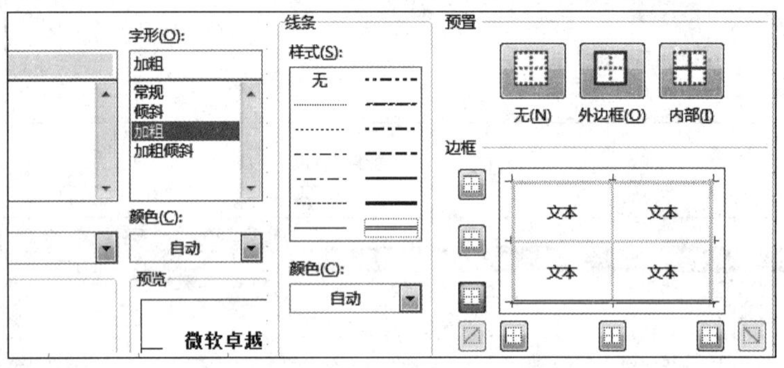

图 9-33 设置样式

(4) 返回工作表，再次单击“开始”选项卡上“样式”中的“套用表格样式”下拉按钮，在弹出的下列列表中可以看到自定义的样式，如图 9-34 所示。

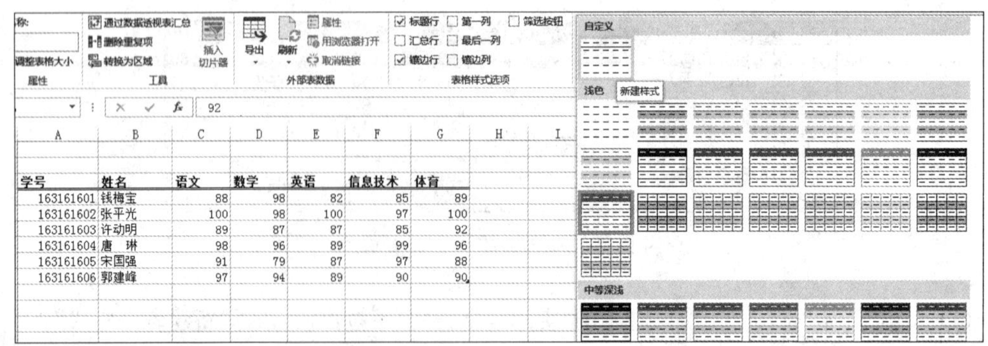

图 9-34 应用自定义表格样式

9.3　主题的应用

主题是一套格式设置，包括主题颜色、主题字体（包括标题和正文文本字体）和主题效果（包括线条和填充效果）。可以说，主题应用赋予了文档一定的样式和适当的个性，使其具有专业、现代的外观。

【案例 9-3】　应用主题美化工作表。以"学生表"为例，通过应用主题美化工作表。

9.3.1　应用主题

(1) 打开"素材\chapter09\9-学生表_end_2. xlsx"，系统默认为 Office 主题，如图 9-35 所示。

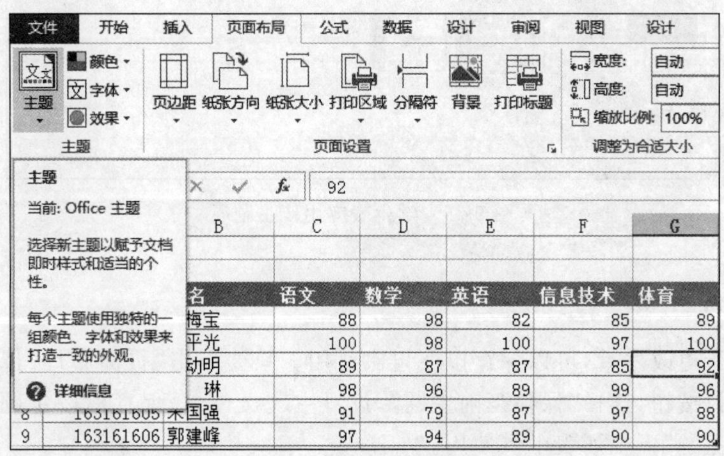

图 9-35　"学生表"应用新主题前

(2) 单击"页面布局"选项卡上"主题"中的"主题"下拉按钮，在预设的主题中选择"柏林"，则当前主题变为"柏林"，如图 9-36 所示。

9.3.2　修改主题

应用主题后，如果对主题中的字体、颜色不满意，可以对其进行修改，以符合设计需求。只要单击"页面布局"选项卡上"主题"中的"字体"下拉按钮或"颜色"下拉按钮，在下拉列表中选择系统中已有的字体和颜色，即可实现对主题字体和颜色的修改。

提示：系统中，主题字体和颜色如果不符合需要，可以通过自定义的方法创建。

① 自定义字体：单击"页面布局"选项卡上"主题"中的"字体"下拉按钮，选择"自定义字体"，在"新建主题字体"对话框中分别设置字体名称、西文和中文的标题和正文字体，确认即可。

② 自定义颜色：单击"页面布局"选项卡上"主题"中的"颜色"下拉按钮，选择"自定义颜色"，在"新建主题颜色"对话框中分别设置颜色名称、主题颜色，确认即可。

主题颜色包含四个文本背景色、六种强调文字颜色和两个超链接的颜色。

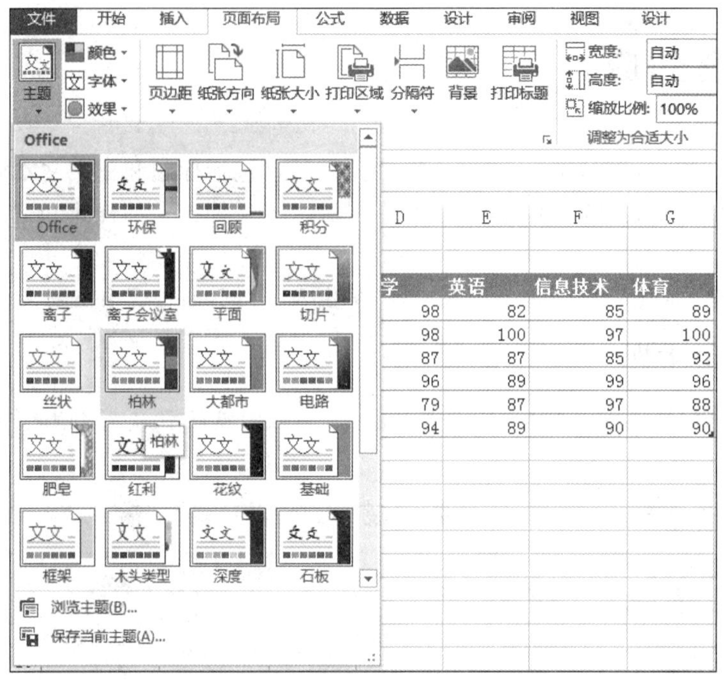

图 9-36　学生表应用新主题后

9.3.3　保存主题

对主题进行更改之后，可以保存以便再次使用。只要单击“页面布局”选项卡上“主题”中的“主题”下拉按钮，选择“保存当前主题”，设置主题文件名，保存后以主题文件的形式存在，并出现在“主题”下拉列表中供使用。

自定义的主题不需要时，可以在相应主题选项上右击，选择“删除”命令即可。

9.4　打印工作表

打印工作表就是将制作完成的工作表打印到纸张上。在打印之前需要进行页面的设置，才能完美打印。

【案例 9-4】 打印产品销售表。对产品销售表进行页面设置，预览满意后，实现打印效果。

对工作表进行页面设置，可以利用“页面布局”选项卡上“页面设置”中的相关选项卡实现，如图 9-37 所示。或单击“页面设置”右下角的“对话框启动器”按钮，在打开的“页面设置”对话框中进行设置，如图 9-38 所示。

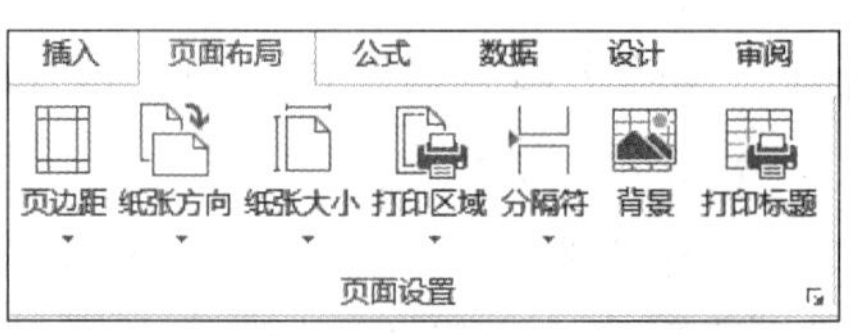

图 9-37　“页面设置”选项区

(1) 打开“素材\chapter09\9-产品销售表.xlsx”。

(2) 打开“页面设置”对话框，在“页面”选项卡中，进行纸张大小和方向的设置，此处不做更改，即为“A4 纸、纵向”，如图 9-38 所示。

(3) 切换到“页边距”选项卡，设置上、下页边距值为 2.5 厘米，左、右页边距为 1.8 厘米，页眉和页脚边距为 1.3 厘米，并选中“水平”复选框，如图 9-39 所示。

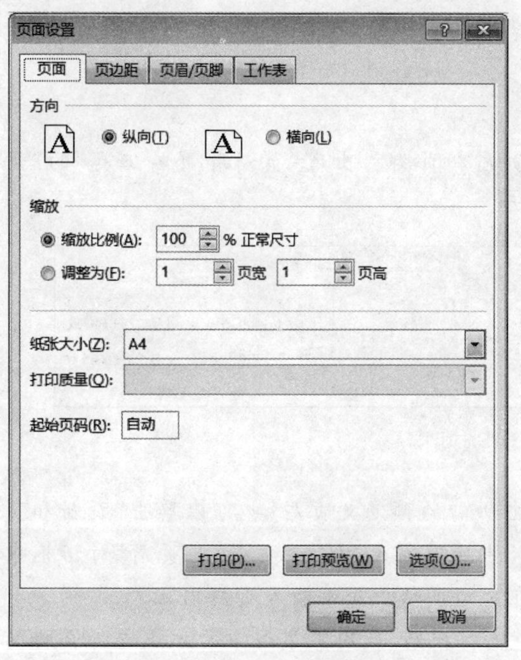

图 9-38　“页面设置”对话框

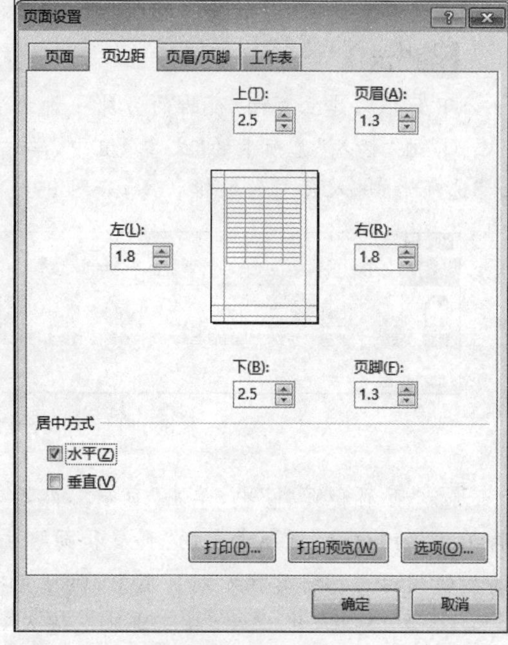

图 9-39　“页边距”选项卡

提示：“水平”和“垂直”复选框可使打印的表格在打印纸张上水平和垂直居中。

(4) 切换到“页眉/页脚”选项卡，在“页眉”下拉列表中可选择系统自带的页眉。

若要自定义页眉，可单击“自定义页眉”按钮，打开“页眉”对话框，分别在“左”“中”“右”(表示插入页眉的位置)编辑框中输入页眉文本。此处在“中”编辑框中输入“产品销售表”，如图 9-40(b)所示，单击“确定”按钮，返回“页面设置”对话框，可看到添加的页眉。

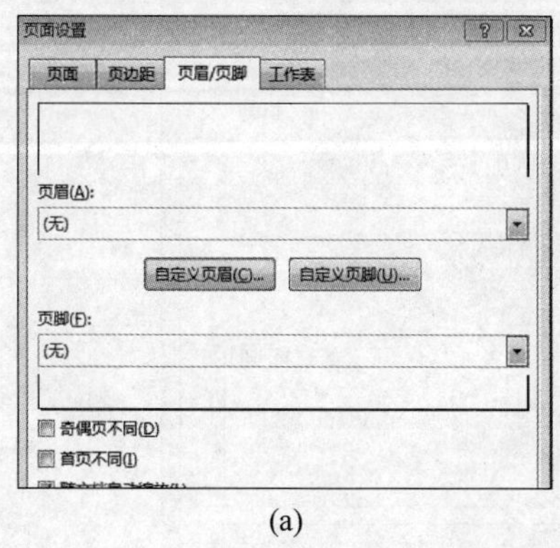

(a)

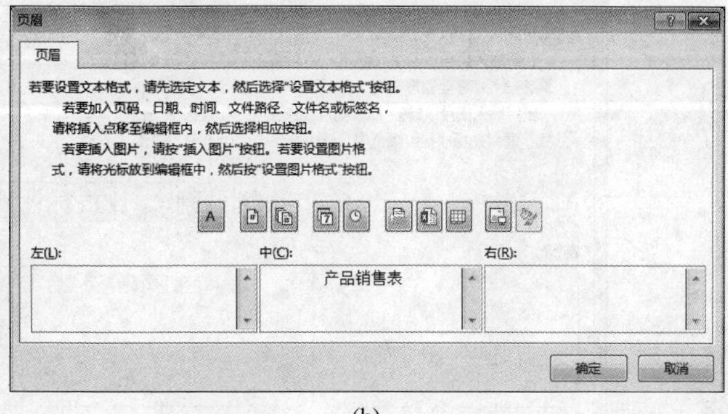

(b)

图 9-40　自定义页眉

注意：页眉和页脚分别位于打印页的顶端和底端，通常用来设置表格名称、页号、作者名称或时间等。如果工作表有多页，为其设置页眉和页脚可方便用户查看。

页眉和页脚与文档的正文处于不同的层次上，因此，进入页眉和页脚编辑状态后，不能编辑文档正文；同样，在编辑文档正文时，也不能编辑页眉和页脚。

页眉和页脚只在"页面布局"视图和打印页面上显示。

提示：

下面介绍建立页面/页脚的另外一种方法。

① 在"插入"选项卡的"文本"组中，单击"页眉和页脚"，出现"页眉和页脚工具"的"设计"选项卡，进入页眉的编辑状态，如图 9-41 所示。

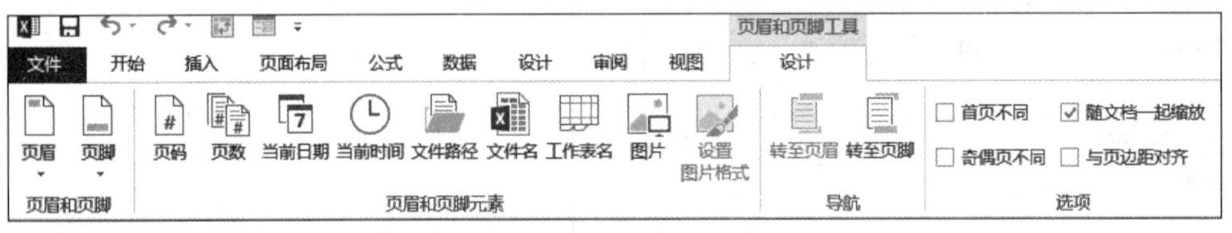

图 9-41 "设计"选项卡

② "页眉和页脚"中，单击"页眉"，然后单击所需的预定义页眉；也可以单击"页眉和页脚工具"的"设计"选项卡上的"页眉和页脚元素"中的对象元素(与"页眉"、"页眉"对话框中的按钮相对应)，将其插入到页眉中；还可直接在页眉区域中手动输入页眉内容。

③ 在"导航"中，单击"转至页脚"，进入页脚编辑状态，采用第 2 条中的方法进行页脚的设置。

(5) "页眉/页脚"选项卡的"页脚"下拉列表中可选择系统自带的页脚。此处单击"自定义页脚 "按钮，打开"页脚"对话框，在"中"编辑框中单击"插入页码"按钮，在"右"编辑框中单击，然后单击"插入时间"按钮，结果在各编辑框中分别显示插入的页脚提示文字，如图 9-42 所示。

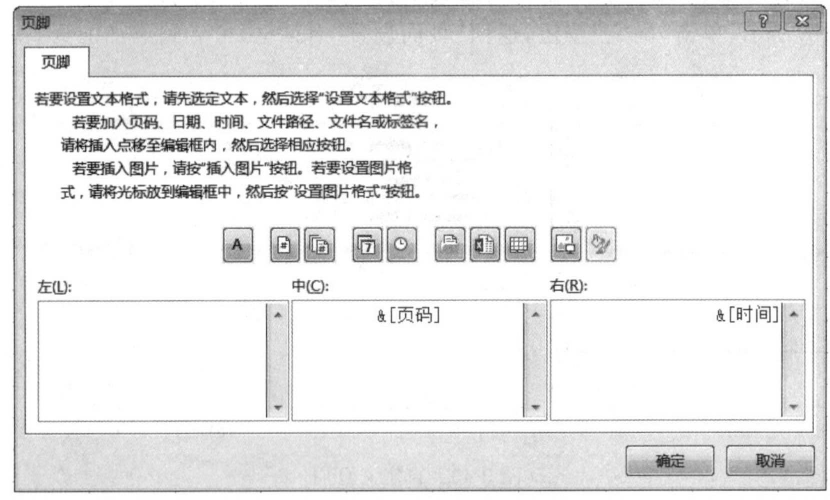

图 9-42 自定义页脚

注意：“页眉”“页脚”对话框中，页眉页脚设置按钮如图 9-43 所示。

从左到右依次为文本格式、插入页码、插入页数、插入日期、插入时间、插入文件路径、插入文件名、插入数据表名称、插入图片、设置图片格式按钮。

图 9-43　页眉页脚设置按钮

(6) 切换到“工作表”选项卡，如图 9-44 所示，单击“打印区域”右端的按钮，用鼠标拖拽选取“A1∶I43”单元格区域，则在展开的“页面设置-打印区域”对话框中即刻显示出来，如图 9-45 所示，这样就设置了页面的打印区域。

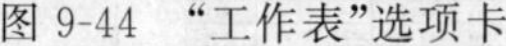

图 9-44　“工作表”选项卡

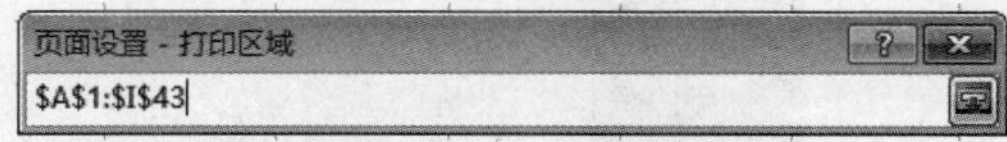

图 9-45　“页面设置-打印区域”对话框

(7) 单击“工作表”选项卡的“顶端标题行”右端的按钮，用鼠标拖拽选取标题行区域单元格，如图 9-46 所示。返回“工作表”选项卡，此时将显示打印的标题行单元格地址，如图 9-47 所示。

产品销售表

编号	名称	单位	单价	一季度		二季度		
				数量	金额	数量	金额	增长率(%)
13001	伊利雪糕	颗	￥1.0	24598	￥24,598.0	27894	￥27,894.0	13.4%
13002	随[illegible]						￥15,561.0	22.7%
13003	统一[illegible]						￥66,307.5	29.7%
13004	激活饮品	瓶	￥3.5	5102	￥17,857.0	5653	￥19,785.5	10.8%

页面设置 - 顶端标题行:
$2:$3

图 9-46　设置打印标题

(8) 打印预览。单击“文件”选项卡，在展开的界面中单击“打印”按钮，可以在其右侧的窗格中查看打印前的实际打印效果，如图 9-48 所示。单击右侧窗格底端的“上一页”按钮和

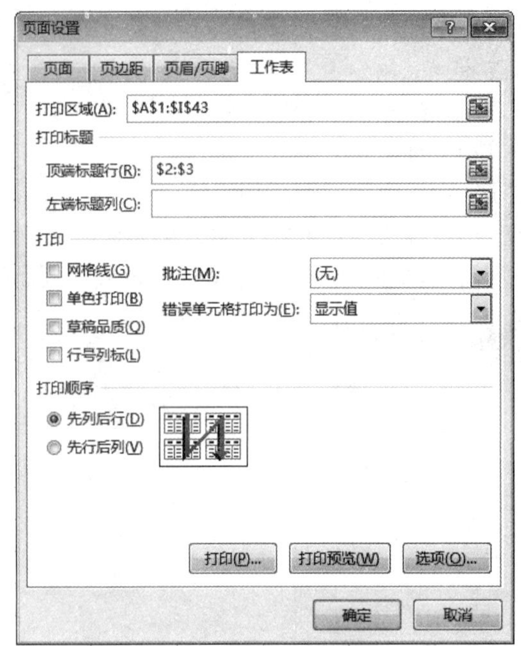

图 9-47　设置结果

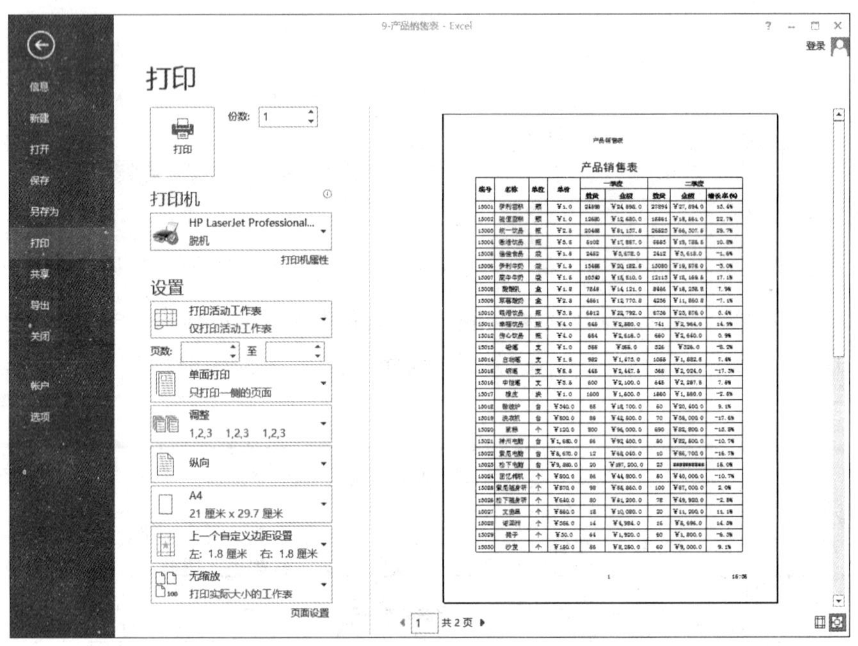

图 9-48　打印预览效果

“下一页”按钮,可查看前一页或下一页的预览效果,也可以在这两个按钮之间的编辑框中输入页码数字,然后按 Enter 键,可快速切换。

(9) 打印工作表。确认工作表的内容和格式正确,以及各项设置都满意,就可以开始打印工作表了。在图 9-48 所示界面中间窗格的“份数”编辑框中输入要打印的份数;在“打印机”下拉列表中选择要使用的打印机；在“设置”下拉列表框中选择要打印的内容；在“页数”编辑框中输入打印范围，然后单击“打印”按钮进行打印。

实训案例

【案例 9-5】 美化工作表。

【实训目的】 通过实训，掌握对工作表进行字体、对齐方式、填充、边框等的设置，并实现工作表的打印。

【实训内容】 启动 Excel 2013，打开“素材\chapter09\9-病人挂号情况登记表. xlsx”，对其进行单元格设置并打印工作表。效果文件可参考“素材\chapter09\9-病人挂号情况登记表_end. xlsx”。

【实训步骤】

(1) 打开“素材\chapter09\9-病人挂号情况登记表. xlsx”。

(2) 字体格式的设置。选择 B2 单元格，设置为“黑体 16 号”；选择“B4：H4”单元格区域，设置为“楷体 14 号”；选择“B5：H10”单元格区域，设置为“宋体 12 号”。如果需要，可以将各列列宽调整到合适宽度。

(3) 对齐方式的设置。选择“B2：H2”单元格区域，设置为“水平对齐：跨列居中；垂直对齐：居中”；选择“B4：H10”单元格区域，设置为“水平对齐：居中；垂直对齐：居中”。

(4) 数字格式的设置。选择“H5：H10”单元格区域，设置为“货币格式，2 位小数”。

(5) 边框的设置。选择“B2：H10”单元格区域，为整个表格添加“粗实线、外边框；点线、内部”。选择“B3：H3”单元格区域，添加“双实线、下边线”。

(6) 填充格式的设置。选择“B2：H2”单元格区域，设置自定义填充颜色为“RGB 模式；红色：128；绿色：0；蓝色：128”。选择“B3：H3”单元格区域，设置自定义填充颜色为“RGB 模式；红色：255；绿色：217；蓝色：217”。选择“B4：H4”单元格区域，设置自定义填充颜色为“RGB 模式；红色：255；绿色：255；蓝色：204”。选择“B5：H10”单元格区域，设置自定义填充颜色为“RGB 模式；红色：204；绿色：255；蓝色：255”。

至此，设置的效果如图 9-49 所示。

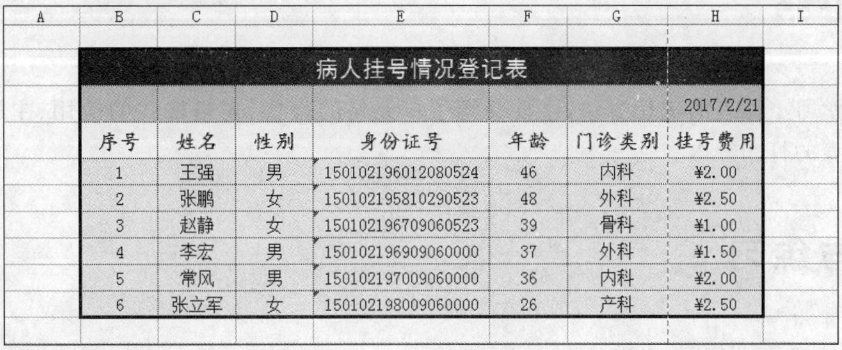

A	B	C	D	E	F	G	H	I
	病人挂号情况登记表							
							2017/2/21	
	序号	姓名	性别	身份证号	年龄	门诊类别	挂号费用	
	1	王强	男	150102196012080524	46	内科	¥2.00	
	2	张鹏	女	150102195810290523	48	外科	¥2.50	
	3	赵静	女	150102196709060523	39	骨科	¥1.00	
	4	李宏	男	150102196909060000	37	外科	¥1.50	
	5	常风	男	150102197009060000	36	内科	¥2.00	
	6	张立军	女	150102198009060000	26	产科	¥2.50	

图 9-49　格式的设置

(7) 页面的设置。纸张为“A4”,方向为“横向”。

(8) 设置页边距。将上下边距设为“2”,左右边距设为“2.5”,页眉设为“1”,页脚设为“2”,并选择居中方式为“水平”。

(9) 设置页眉和页脚。页眉设置为“病人挂号情况登记表”,并居中;页脚设为“第 1 页,共? 页”。

(10) 打印预览。预览效果如图 9-50 所示。

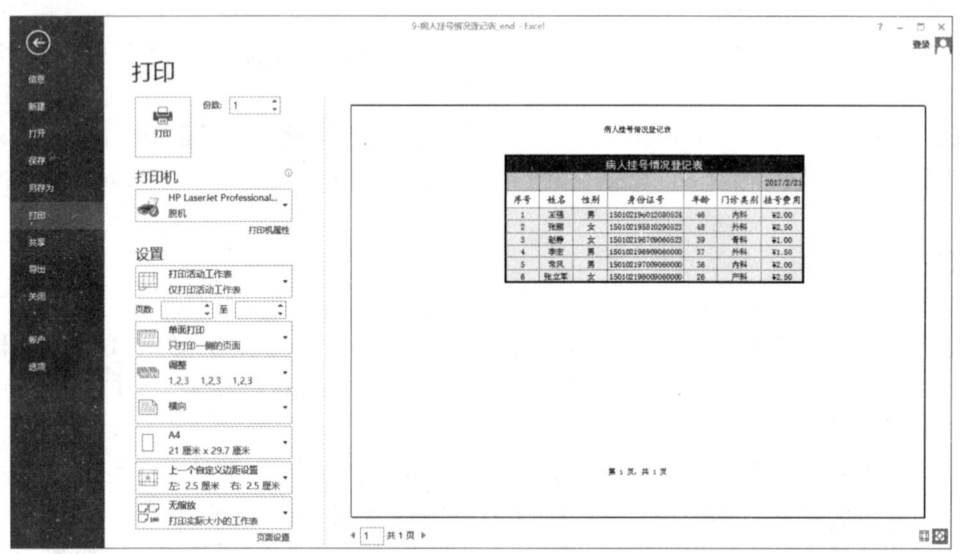

图 9-50 打印预览

拓展练习

利用 MOOC、微课等在线资源进行相关知识的拓展学习,并上机操作拓展训练。

本章小结

本章学习工作表的美化方法,主要介绍了单元格的设置、表格格式的应用、主题的应用以及工作表的打印等内容。

思考与练习

1. 填空题

(1) 单元格对齐方式分________对齐和________对齐。

(2) 输入数据时,文本型数据自动采用________对齐,数值型数据自动采用________

对齐。

(3)“页面设置”对话框中的四个选项卡是________、________、页眉/页脚、________。

(4) 一般主题修改的是其________和________。

(5) Excel设置的单元格垂直对齐方式有靠上、靠下、________、两端对齐和________。

(6) 当表格的列宽变窄时文字自动换到下一行的设置是________。

2. 选择题

(1) 要改变数字格式,可使用“设置单元格格式”对话框中的(　　)选项卡。

A. 对齐　　B. 数字　　C. 字体　　D. 文本

(2) 下面不属于“设置单元格格式”对话框的选项卡是(　　)。

A. 数字　　B. 填充　　C. 边框　　D. 文本

(3) 单元格默认字体为(　　)。

A. 宋体　　B. 隶书　　C. 黑体　　D. 幼圆

(4) 字体设置可以在(　　)选项卡完成。

A. 插入　　B. 开始　　C. 设计　　D. 数据

(5) 不属于单元格水平对齐方式的是(　　)。

A. 靠左　　B. 分散对齐　　C. 居中　　D. 靠下

(6) 当表格的列宽很窄,不足以显示所有内容时,想在不增加列宽的情况下,把所有内容显示在此单元格中的单元格格式是(　　)。

A. 数字　　B. 缩小字体填充　　C. 自动换行　　D. 合并单元格

3. 判断题

(1) Excel只能对整张工作表进行打印。(　　)

(2) 正式打印时的实际效果可以通过“打印预览”显示在屏幕上。(　　)

(3) 单元格填充只能用系统预设的颜色填充。(　　)

(4) Excel工作表中单元格的灰色网格打印时不会被打印出来。(　　)

(5) Excel可按需要改变单元格的高度和宽度。(　　)

4. 简答题

单元格数字格式有哪几种？各有什么特点。

第 10 章　Excel 2013 公式与函数

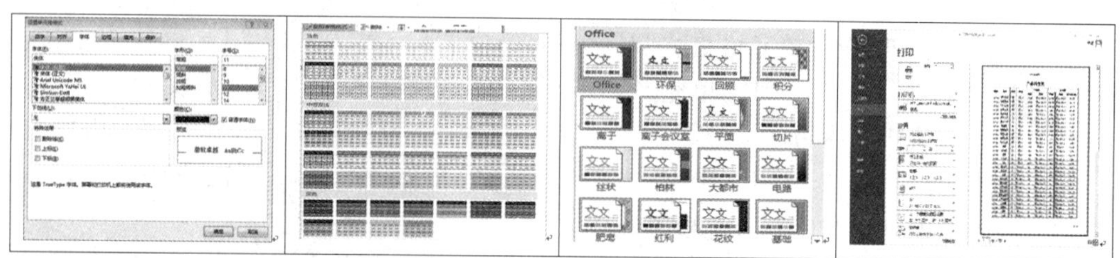

本章导读

Microsoft Excel 2013 除了具有数据存储、数据管理、数据分析的功能，数据计算也是其主要功能之一，而这个功能主要依赖公式和函数来实现。利用公式和函数对工作表中的数据进行各类计算，为数据管理和数据分析提供依据。本章就来详细介绍公式和函数的使用。

知识目标

- 掌握引用单元格数据的两种方法：单元格引用、单元格名称。
- 了解公式和函数的概念，以及公式中的运算符。
- 掌握公式的创建、移动、复制的方法。
- 掌握函数的使用方法。

能力目标

- 掌握正确引用单元格数据的方法。
- 掌握利用公式进行数据计算的方法。
- 掌握利用函数进行数据计算的方法。

10.1　公式的应用

10.1.1　公式概述

公式和函数是 Excel 中计算和处理数据的主要工具。

1. 公式的组成

公式是对工作表中数据进行计算的等式，以“=”开头，其后由常量、单元格引用、函数、运算符等元素构成，表示把等号右边的结果存储与输入公式的单元格，如图 10-1 所示，公式由常量（直接输入的数字 100、15）、单元格引用 C2（表示选择 C2 单元格的值）、“+”“−”运算符组成；而图 10-2 中，公式由 sum()函数组成，sum()函数为求和函数，后面将详细介绍其使用方法。

图 10-1　公式示例 1　　图 10-2　公式示例 2

公式中的主要元素如下。

- 常量是直接输入到公式中的文本或数字等数据，如“财务部”“21”等。
- 单元格引用是选择进行计算的单元格或单元格区域。
- 函数是预先定义好的表达式，实现特定的功能，它必须在公式中使用。
- 运算符是对公式中的各类数据进行特定运算而规定的符号。

2. 单元格引用

单元格引用是指对工作表中的单元格或单元格区域的引用。单元格引用的作用是通过标识工作表中的单元格或单元格区域，来指明所使用的数据的位置。

通过单元格引用，可以在一个公式或函数中使用工作表不同部分的数据，或者在多个公式或函数中使用一个单元格中的数据，还可以引用同一个工作簿不同工作表中的单元格，甚至还可以引用不同工作簿中的数据。当公式或函数中引用的单元格数值发生变化时，公式或函数会自动更新其所在单元格内容，即更新其计算结果。

单元格引用是用单元格在工作表中的单元格地址表示的，即“列标”+“行号”，如 A7 表示位于第 A 列第 7 行的单元格，则要引用此单元格中的数据，单元格引用就用 A7 表示。单一单元格的引用直接就用其单元格地址表示，如 F9；而有时选择的数据不止一个，而是一个数据区域，此时要引用单元格区域，则应用“左上角单元格地址∶右下角单元格地址”表示单元格区域数据的引用，如“A2∶H10”，如图 10-3 所示。

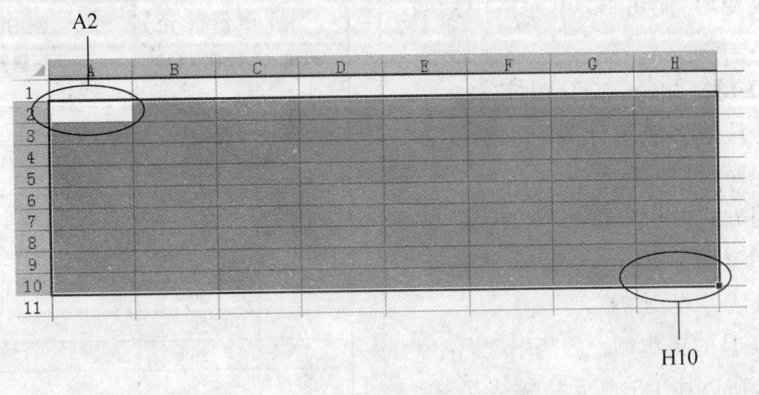

图 10-3　单元格区域引用

注意：单元格区域引用中，“:”称为引用运算符，其作用是把两个单元格之间的区域组合起来，形成一个联合引用，使用单元格区域内所有数据。

单元格区域引用“A:C”表示的是 A 列到 C 列的单元格区域；单元格区域引用“1:3”表示的是第 1 行到第 3 行的单元格区域。

提示：要引用的单元格数据在同一个工作表时，只要使用单元格地址即可。可是如果不在同一个工作表，就要指出是哪一个工作表，因为每个工作表具有相同的单元格地址；再者，如果不在同一个工作簿文件中，就要指出是哪一个工作簿文件。

① 引用同一工作簿不同工作表的单元格。在同一工作簿中，不同工作表中的单元格可以相互引用，它的表示方法为“工作表名称!”后加单元格或单元格区域地址，如“Sheet2!F8:F16”。

② 引用不同工作簿不同工作表的单元格。在当前工作表中引用不同工作簿中的单元格的表示方法为“[工作簿名称.xlsx]工作表名称!”后加单元格或单元格区域地址，如“[工资.xlsx]Sheet1!C3:C10”。

3. 单元格引用的分类

Excel 中提供了相对引用、绝对引用和混合引用三种引用类型，实际使用中可以根据情况选择引用的类型。

(1) 相对引用

相对引用是指引用单元格的相对地址，其引用形式为直接用“列标”+“行号”的单元格引用，例如“B5”(一个单元格)或“B5:D15”(单元格区域)。该方式下，如果公式所在单元格的位置改变，引用也随之改变，也就是说行号、列标都改变。默认情况下，公式使用相对引用。

(2) 绝对引用

绝对引用是指引用单元格的精确地址，与包含公式的单元格位置无关，其引用形式为“$列标”+“$行号”，如若在公式中采用“$B$5”引用 B5 单元格，则不论将公式复制或移动到什么位置，单元格引用的行号、列标都不会改变，只使用 B5 单元格中的数据进行计算。

【案例 10-1】 单元格引用实例。以“2016 年彩电月销售额统计表”为例，了解相对引用和绝对引用的特点。

相对引用方式操作步骤如下。

① 打开“素材\chapter10\10-2016 年彩电月销售额统计表.xlsx”。

② 先求 1 月的销售额。因为“销售额=数量*单价”，所以在 D5 单元格输入公式，如图 10-4 所示，此处对单元格数据的引用为相对应用，然后按 Enter 键即可得到计

=C5*D3

2016年彩电月销售额统计表		
	单价（元）	3990
月份	数量（台）	销售额
1月	40	=C5*D3
2月	28	
3月	20	
4月	24	
5月	20	
6月	24	
7月	26	
8月	20	
9月	22	
10月	20	
11月	22	
12月	32	

图 10-4 编辑 D5 单元格

算结果。

③ 其他月份的销售额采用同样的方法计算，如图 10-5 所示。

绝对引用方式的操作步骤如下。

在相对引用中可以发现，在求每月的销售额时，公式是一样的，即"＝数量＊单价"，只是每月销售数量在变化，单价固定不变。采用上述方法，编辑每一个公式比较麻烦，可以利用填充柄进行公式复制。

① 重新打开"素材\chapter10\10-2016 年彩电月销售额统计表.xlsx"。

② 先求 1 月的销售额。在 D5 单元格输入公式，如图 10-2 所示，按 Enter 键得到计算结果。

③ 向下拖动 D5 单元格右下角的填充柄至 D16 单元格后释放鼠标，即可复制公式并计出其他月份的销售金额，但出现了如图 10-6 所示的结果。

=C16*D3

2016年彩电月销售额统计表		
单价（元）		3990
月份	数量（台）	销售额
1月	40	¥159,600.00
2月	28	¥111,720.00
3月	20	¥79,800.00
4月	24	¥95,760.00
5月	20	¥79,800.00
6月	24	¥95,760.00
7月	26	¥103,740.00
8月	20	¥79,800.00
9月	22	¥87,780.00
10月	20	¥79,800.00
11月	22	¥87,780.00
12月	32	=C16*D3

图 10-5　相对引用的最终结果

2016年彩电月销售额统计表		
单价（元）		3990
月份	数量（台）	销售额
1月	40	¥159,600.00
2月	28	#VALUE!
3月	20	¥3,192,000.00
4月	24	#VALUE!
5月	20	¥63,840,000.00
6月	24	#VALUE!
7月	26	¥1,659,840,000.00
8月	20	#VALUE!
9月	22	¥36,516,480,000.00
10月	20	#VALUE!
11月	22	¥803,362,560,000.00
12月	32	#VALUE!

图 10-6　错误结果

为什么会出现这种情况呢，把 D5 到 D16 单元格的公式显示出来，如图 10-7 所示，会发现，复制公式后，由于是相对引用，使得单元格行、列都在变化，所取单元格发生错误。在这里是要让数量单元格随月份变化，而单价单元格不变，此时，绝对引用正好可以解决此问题，于是取消此步操作，执行下一步。

④ 把 D5 单元格中的公式改为"＝C5＊$D$3"，然后向下拖动 D5 单元格右下角的填充柄至 D16 单元格后释放鼠标，即可复制公式并计算出其他月份的销售金额，如图 10-8 所示。

此时可以做到，数量从 C5 变化到 C16，而单价 D3 保持不变。

注意： 公式所在单元格的位置改变，则采用相对引用，否则采用绝对引用。

(3) 混合引用

引用中既包含绝对引用又包含相对引用的称为混合引用，如 A$1 或 $A1 等，用于表

2016年彩电月销售额统计表		
	单价（元）	3990
月份	数量（台）	销售额
1月	40	=C5*D3
2月	28	=C6*D4
3月	20	=C7*D5
4月	24	=C8*D6
5月	20	=C9*D7
6月	24	=C10*D8
7月	26	=C11*D9
8月	20	=C12*D10
9月	22	=C13*D11
10月	20	=C14*D12
11月	22	=C15*D13
12月	32	=C16*D14

图 10-7　单元格公式

6　fx　=C16*$D$3

2016年彩电月销售额统计表		
单价（元）		3990
月份	数量（台）	销售额
1月	40	¥159,600.00
2月	28	¥111,720.00
3月	20	¥79,800.00
4月	24	¥95,760.00
5月	20	¥79,800.00
6月	24	¥95,760.00
7月	26	¥103,740.00
8月	20	¥79,800.00
9月	22	¥87,780.00
10月	20	¥79,800.00
11月	22	¥87,780.00
12月	32	¥127,680.00

图 10-8　绝对引用的最终结果

示列变、行不变或列不变、行变的引用。

提示：编辑公式时，输入单元格地址后，按 F4 键可在绝对引用、相对引用和混合引用之间切换。

除了用单元格引用的方式选取单元格或单元格区域，还可以采用单元格名称来引用。

4. 单元格名称

单元格名称是用来描述单元格或单元格区域的另一种方式，就像人的姓名一样，是一种别称。通过单元格名称同样可以实现对单元格或单元格区域中数据的引用。

(1) 单元格名称的创建

方法 1：在“名称框”中输入名称。

① 选择要命名的单元格或单元格区域。

② 单击编辑栏最左边的“名称框”。

③ 输入要使用的名称，按 Enter 键确认。

方法 2：根据所选内容创建。

① 打开“素材\chapter10\10-商品销售表.xlsx”，选择单元格区域“A3：B9”，如图 10-9 所示。

② 单击“公式”的“定义名称”中的“根据所选内容创建”按钮，如图 10-10 所示。

	A	B
1		
2	商品	销售额
3	BG	¥915.00
4	SP	¥741.00
5	DG	¥566.00
6	KXT	¥745.00
7	YL	¥678.00
8	GT	¥577.00
9	TG	¥426.00

图 10-9 选取单元格区域

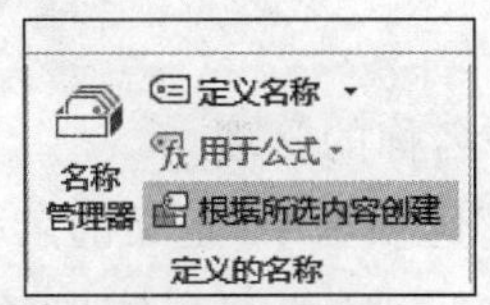

图 10-10 “根据所选内容创建”按钮

③ 在打开的“以选定区域创建名称”对话框中选中“最左列”复选框，如图 10-11 所示。现在就把所选区域内第一列的名称与所选区域内第二列的单元格联系起来，B3 单元格被指定名称为“BG”，B4 单元格被指定名称为“SP”，以此类推。

方法 3：使用“新建名称”对话框创建。

① 选择要命名的单元格或单元格区域。

② 单击“公式”选项卡中“定义的名称”中的“定义名称”下拉按钮，选择“定义名称”。

③ 在同样打开的“新建名称”对话框中的“名称”文本框中输入名称，设置名称应用的范围后，单击“确定”按钮即可，如图 10-12 所示。

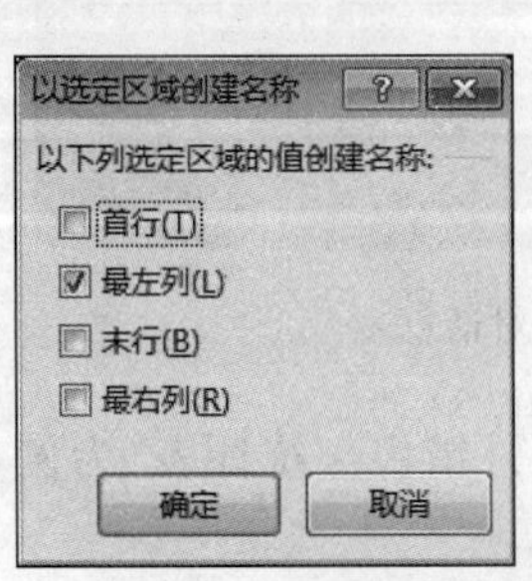

图 10-11 “以选定区域创建名称”对话框

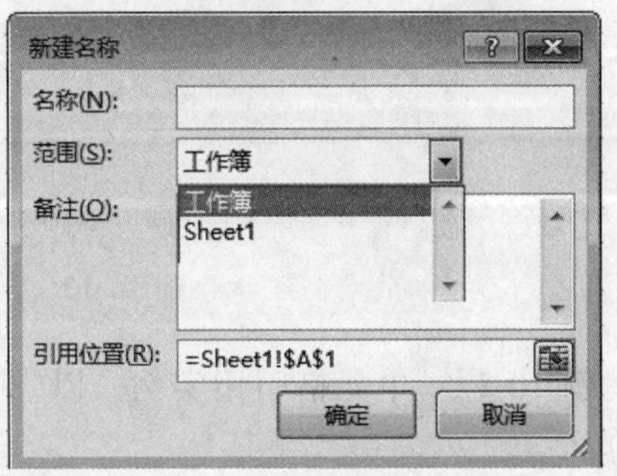

图 10-12 “新建名称”对话框

注意：

① 创建名称时，第一个字符必须是字母、汉字或下划线(_)；不允许使用字母“r”和“c”作为名称；不能用单元格引用，如 A4 不能作为名称；名称中只能用点号(.)和下划线(_)两

种符号。

② 三种方法的区别：方法 1 创建的名称属于工作簿范围内的名称，即可以在整个工作簿内被引用。方法 2、方法 3 中如果在范围中选择了 Sheet1 表，则在新工作表中不能直接用引用此名称，要在名称前加上“Sheet1!”。

(2) 单元格名称的使用

在公式中使用单元格名称，可以采用以下方法。

① 直接输入名称。

② 单击“公式”选项卡中“定义的名称”中的“用于公式”下拉按钮，从可用列表中选择已定义名称。

③ 输入名称的前面字符后，就会出现“公式记忆式键入”下拉列表，其中自动列出有效名称，从中选中要使用的名称即可。

④ 按下 F3 键，打开“粘贴名称”对话框，从“粘贴名称”列表框中选择要粘贴的名称，确认即可。

(3) 单元格名称的管理

单击“公式”选项卡中“定义的名称”中的“名称管理器”按钮，在打开的“名称管理器”对话框中，如图 10-13 所示，可以实现名称的创建、编辑、删除、查找等管理操作。

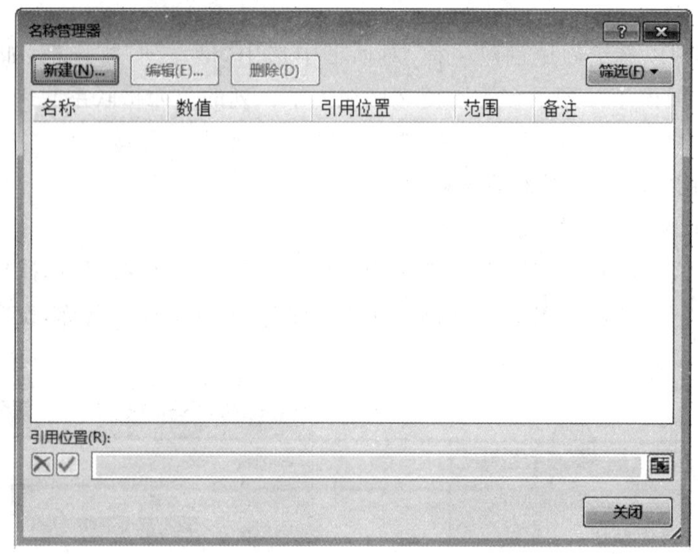

图 10-13 “名称管理器”对话框

【案例 10-2】 单元格引用实例。以“2016 年彩电月销售额统计表”为例，掌握单元格名称的使用方法。

① 打开“素材\chapter10\10-2016 年彩电月销售额统计表. xlsx”。

② 选择 D3 单元格，在“名称”框中输入此单元格的名称“单价”，如图 10-14 所示。

③ 选择 D5 单元格，输入“=C5 * 单价”，如图 10-15 所示，按 Enter 键，得到 1 月的销售额，如图 10-16 所示。

单价 | 3990

	A	B	C	D
1				
2		2016年彩电月销售额统计表		
3		单价（元）		3990
4		月份	数量（台）	销售额
5		1月	40	
6		2月	28	
7		3月	20	
8		4月	24	
9		5月	20	
10		6月	24	
11		7月	26	
12		8月	20	
13		9月	22	
14		10月	20	
15		11月	22	
16		12月	32	
17				

图 10-14　创建单元格名称

SUM | =C5*单价

	A	B	C	D
1				
2		2016年彩电月销售额统计表		
3		单价（元）		3990
4		月份	数量（台）	销售额
5		1月	40	=C5*单价
6		2月	28	
7		3月	20	
8		4月	24	
9		5月	20	
10		6月	24	
11		7月	26	
12		8月	20	
13		9月	22	
14		10月	20	
15		11月	22	
16		12月	32	

图 10-15　D5 单元格输入公式

D6

	A	B	C	D
1				
2		2016年彩电月销售额统计表		
3		单价（元）		3990
4		月份	数量（台）	销售额
5		1月	40	¥159,600.00
6		2月	28	
7		3月	20	
8		4月	24	
9		5月	20	
10		6月	24	
11		7月	26	
12		8月	20	
13		9月	22	
14		10月	20	
15		11月	22	
16		12月	32	

图 10-16　D5 单元格结果

④ 选择 D5 单元格，然后向下拖动 D5 单元格右下角的填充柄至 D16 单元格后释放鼠标，即可复制公式计算出其他月份的销售金额，如图 10-17 所示。

5. 公式中的运算符

运算符是对公式中的各类数据进行特定运算而规定的符号。Excel 包含四种类型的运算符：算术运算符、比较运算符、文本运算符和引用运算符。

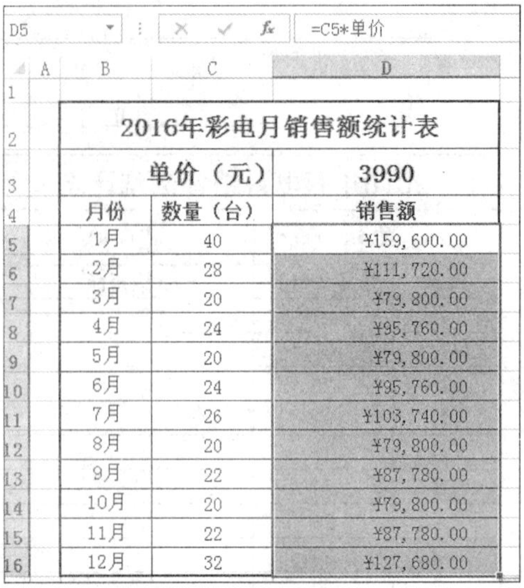

D5 =C5*单价

	A	B	C	D
1				
2		2016年彩电月销售额统计表		
3		单价（元）		3990
4		月份	数量（台）	销售额
5		1月	40	¥159,600.00
6		2月	28	¥111,720.00
7		3月	20	¥79,800.00
8		4月	24	¥95,760.00
9		5月	20	¥79,800.00
10		6月	24	¥95,760.00
11		7月	26	¥103,740.00
12		8月	20	¥79,800.00
13		9月	22	¥87,780.00
14		10月	20	¥79,800.00
15		11月	22	¥87,780.00
16		12月	32	¥127,680.00

图 10-17　各月销售额

（1）算术运算符

算术运算符共 6 个，如表 10-1 所示，其作用是对数据进行基本的数学运算。

表 10-1　算术运算符

算术运算符	含　义	实　例
+(加号)	两数加法	A1+B1
-(减号)	减法或负数	A1-B1
*(星号)	两数乘法	A1*B1
/(正斜杠)	两数除法	A1/100
%(百分号)	百分比	50%
^(脱字号)	乘方	4^2

（2）比较运算符

比较运算符共 6 个，如表 10-2 所示，其作用是对数据进行大小关系的判断，其结果为逻辑的 True(真)或 False(假)值。

表 10-2　比较运算符

比较运算符	含义	实例	结果
>	大于	75>45	True
>=	大于等于	12>=20	False
<	小于	54<10	False
<=	小于等于	82<=20	False
=	等于	31=31	True
< >	不等于	4< >2	True

(3) 文本运算符

文本运算符只有 1 个,就是连接符"&",其作用是两个文本值连接成一个文本值,如"hello&everyone"的运算结果为"helloeveryone"。

(4) 引用运算符

引用运算符共 3 个,如表 10-3 所示,其作用是将单元格区域进行合并计算。

表 10-3 引用运算符

比较运算符	含 义	实 例
:(比号)	区域运算符,引用单元格区域	A1:C8
,(逗号)	联合运算符,引用多个单元格区域	A1:A4;B1:B4
(空格)	交叉运算符,引用两个单元格区域的交叉部分	A1:C4;B1:B4

10.1.2 公式的创建、复制、移动、填充、显示

【案例 10-3】 公式应用实例。以"食品销售表"为例,学习公式的使用方法。

1. 公式的创建

创建公式,可以在单元格中输入,也可以在编辑栏中输入,与输入普通数据一样。

(1) 打开"素材\chapter10\10-食品销售表.xlsx"。

(2) 选择 F4 单元格,输入"=D4 * E4",如图 10-18 所示,单击其他单元格或按 Enter 键,如图 10-19 所示。

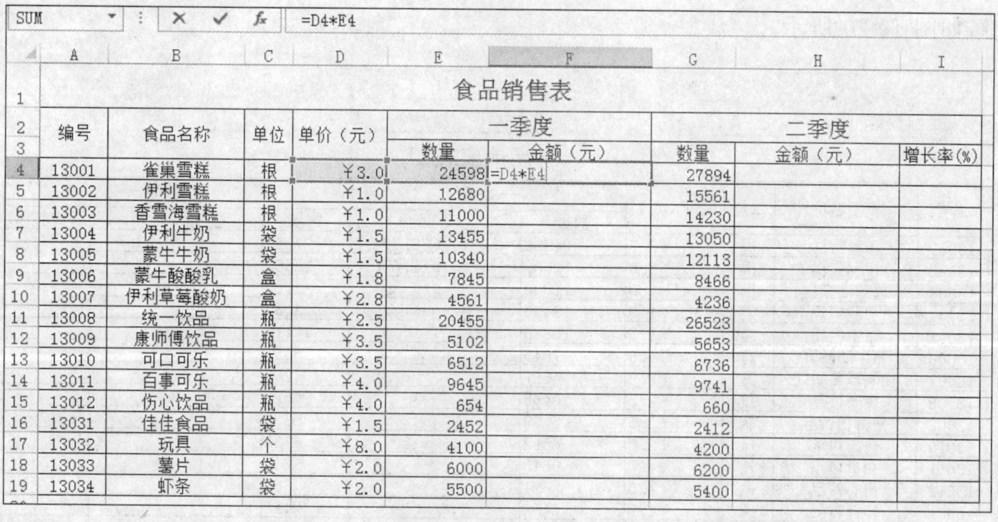
SUM =D4*E4

	A	B	C	D	E	F	G	H	I
1	食品销售表								
2	编号	食品名称	单位	单价(元)	一季度		二季度		
3					数量	金额(元)	数量	金额(元)	增长率(%)
4	13001	雀巢雪糕	根	¥3.0	24598	=D4*E4	27894		
5	13002	伊利雪糕	根	¥1.0	12680		15561		
6	13003	香雪海雪糕	根	¥1.0	11000		14230		
7	13004	伊利牛奶	袋	¥1.5	13455		13050		
8	13005	蒙牛牛奶	袋	¥1.5	10340		12113		
9	13006	蒙牛酸酸乳	盒	¥1.8	7845		8466		
10	13007	伊利草莓酸奶	盒	¥2.8	4561		4236		
11	13008	统一饮品	瓶	¥2.5	20455		26523		
12	13009	康师傅饮品	瓶	¥3.5	5102		5653		
13	13010	可口可乐	瓶	¥3.5	6512		6736		
14	13011	百事可乐	瓶	¥4.0	9645		9741		
15	13012	伤心饮品	瓶	¥4.0	654		660		
16	13031	佳佳食品	袋	¥1.5	2452		2412		
17	13032	玩具	个	¥8.0	4100		4200		
18	13033	薯片	袋	¥2.0	6000		6200		
19	13034	虾条	袋	¥2.0	5500		5400		

图 10-18 创建公式

提示: 在输入公式时,可以不用手动输入单元格地址,而用鼠标选取相应的单元格,其单元格地址就自动被输入到公式里。同样,输入单元格区域地址时,可以按住鼠标左键拖拽选取单元格区域即可。

F4 =D4*E4

	A	B	C	D	E	F	G	H	I
1	食品销售表								
2	编号	食品名称	单位	单价（元）	一季度		二季度		
3					数量	金额（元）	数量	金额（元）	增长率(%)
4	13001	雀巢雪糕	根	￥3.0	24598	￥73,794.0	27894		
5	13002	伊利雪糕	根	￥1.0	12680		15561		
6	13003	香雪海雪糕	根	￥1.0	11000		14230		
7	13004	伊利牛奶	袋	￥1.5	13455		13050		
8	13005	蒙牛牛奶	袋	￥1.5	10340		12113		
9	13006	蒙牛酸酸乳	盒	￥1.8	7845		8466		
10	13007	伊利草莓酸奶	盒	￥2.8	4561		4236		
11	13008	统一饮品	瓶	￥2.5	20455		26523		
12	13009	康师傅饮品	瓶	￥3.5	5102		5653		
13	13010	可口可乐	瓶	￥3.5	6512		6736		
14	13011	百事可乐	瓶	￥4.0	9645		9741		
15	13012	伤心饮品	瓶	￥4.0	654		660		
16	13031	佳佳食品	袋	￥1.5	2452		2412		
17	13032	玩具	个	￥8.0	4100		4200		
18	13033	薯片	袋	￥2.0	6000		6200		
19	13034	虾条	袋	￥2.0	5500		5400		

图 10-19　计算结果

2. 公式的复制

在对表格计算的过程中，如果多个单元格使用相同的公式，可以使用公式复制的方法，能快速实现公式的输入，而不用手动输入。

(1) 选择 F4 单元格，单击“开始”选项卡上“剪贴板”中的“复制”按钮，或按 Ctrl+C 组合键，复制公式。

(2) 选择 F5 单元格，单击“开始”选项卡上“剪贴板”中的“粘贴”按钮，或按 Ctrl+V 组合键，如图 10-20 所示。

F5 =D5*E5

	A	B	C	D	E	F	G	H	I
1	食品销售表								
2	编号	食品名称	单位	单价（元）	一季度		二季度		
3					数量	金额（元）	数量	金额（元）	增长率(%)
4	13001	雀巢雪糕	根	￥3.0	24598	￥73,794.0	27894		
5	13002	伊利雪糕	根	￥1.0	12680	￥12,680.0	15561		
6	13003	香雪海雪糕	根	￥1.0	11000		(Ctrl)▾		
7	13004	伊利牛奶	袋	￥1.5	13455		13050		
8	13005	蒙牛牛奶	袋	￥1.5	10340		12113		
9	13006	蒙牛酸酸乳	盒	￥1.8	7845		8466		
10	13007	伊利草莓酸奶	盒	￥2.8	4561		4236		
11	13008	统一饮品	瓶	￥2.5	20455		26523		
12	13009	康师傅饮品	瓶	￥3.5	5102		5653		
13	13010	可口可乐	瓶	￥3.5	6512		6736		
14	13011	百事可乐	瓶	￥4.0	9645		9741		
15	13012	伤心饮品	瓶	￥4.0	654		660		
16	13031	佳佳食品	袋	￥1.5	2452		2412		
17	13032	玩具	个	￥8.0	4100		4200		
18	13033	薯片	袋	￥2.0	6000		6200		
19	13034	虾条	袋	￥2.0	5500		5400		

图 10-20　公式复制

提示：复制公式时，单元格引用会根据所用单元格的引用类型而变化，即系统会自动改变公式中引用的单元格地址。

3. 公式的移动

公式的移动是指把公式从一个单元格移动到另外一个单元格。

(1) 选择 F5 单元格，单击“开始”选项卡上“剪贴板”中的“剪切”按钮，或按 Ctrl＋X 组合键，剪切内容。

(2) 选择 F6 单元格，单击“开始”选项卡上“剪贴板”中的“粘贴”按钮，或按 Ctrl＋V 组合键即可，如图 10-21 所示。可以看出，原始单元格由于公式被移走，计算结果消失；目标单元格把原始单元格的公式和数据移动而来。

F6　=D5*E5

	A	B	C	D	E	F	G	H	I
1	食品销售表								
2	编号	食品名称	单位	单价（元）	一季度		二季度		
3					数量	金额（元）	数量	金额（元）	增长率(%)
4	13001	雀巢雪糕	根	￥3.0	24598	￥73,794.0	27894		
5	13002	伊利雪糕	根	￥1.0	12680		15561		
6	13003	香雪海雪糕	根	￥1.0	11000	￥12,680.0	14230		
7	13004	伊利牛奶	袋	￥1.5	13455		13050		
8	13005	蒙牛牛奶	袋	￥1.5	10340		12113		
9	13006	蒙牛酸酸乳	盒	￥1.8	7845		8466		
10	13007	伊利草莓酸奶	盒	￥2.8	4561		4236		
11	13008	统一饮品	瓶	￥2.5	20455		26523		
12	13009	康师傅饮品	瓶	￥3.5	5102		5653		
13	13010	可口可乐	瓶	￥3.5	6512		6736		
14	13011	百事可乐	瓶	￥4.0	9645		9741		
15	13012	伤心饮品	瓶	￥4.0	654		660		
16	13031	佳佳食品	袋	￥1.5	2452		2412		
17	13032	玩具	个	￥8.0	4100		4200		
18	13033	薯片	袋	￥2.0	6000		6200		
19	13034	虾条	袋	￥2.0	5500		5400		

图 10-21　公式的移动

注意：移动公式时，单元格引用不会改变。所以此处 F6 单元格的结果是错误的。

4. 公式的填充

填充公式可以使同行或同列的单元格数据快速实现公式输入并计算出结果。填充时，可以采用双击填充或拖拽填充的方法。

(1) 在图 10-19 的基础上，选择 F4 单元格。

(2) 将鼠标指针移动到单元格右下角的控制柄上，双击鼠标左键，则将公式填充到“F5:F19”单元格中；或按住鼠标左键向下拖动控制柄到 F19 单元格，也可实现公式填充到“F5:F19”单元格中，结果如图 10-22 所示。

(3) 对 H 列，也先编辑 H4 单元格公式“＝D4 * G4”，然后采用公式填充的方法对“H5:H19”单元格区域进行计算。

(4) 对 I 列，也先编辑 I4 单元格公式“＝(H4－F4)/F4”，然后采用公式填充的方法对“I5:I19”单元格区域进行计算，如图 10-23 所示。

注意：公式填充时，可以带格式填充或不带格式填充。

5. 公式的显示

公式的显示是在包含公式的单元格中显示公式，而不是计算结果，以方便对公式进行查

F4　=D4*E4

编号	食品名称	单位	单价（元）	一季度		二季度		
				数量	金额（元）	数量	金额（元）	增长率(%)
13001	雀巢雪糕	根	¥3.0	24598	¥73,794.0	27894		
13002	伊利雪糕	根	¥1.0	12680	¥12,680.0	15561		
13003	香雪海雪糕	根	¥1.0	11000	¥11,000.0	14230		
13004	伊利牛奶	袋	¥1.5	13455	¥20,182.5	13050		
13005	蒙牛牛奶	袋	¥1.5	10340	¥15,510.0	12113		
13006	蒙牛酸酸乳	盒	¥1.8	7845	¥14,121.0	8466		
13007	伊利草莓酸奶	盒	¥2.8	4561	¥12,770.8	4236		
13008	统一饮品	瓶	¥2.5	20455	¥51,137.5	26523		
13009	康师傅饮品	瓶	¥3.5	5102	¥17,857.0	5653		
13010	可口可乐	瓶	¥3.5	6512	¥22,792.0	6736		
13011	百事可乐	瓶	¥4.0	9645	¥38,580.0	9741		
13012	伤心饮品	瓶	¥4.0	654	¥2,616.0	660		
13031	佳佳食品	袋	¥1.5	2452	¥3,678.0	2412		
13032	玩具	个	¥8.0	4100	¥32,800.0	4200		
13033	薯片	袋	¥2.0	6000	¥12,000.0	6200		
13034	虾条	袋	¥2.0	5500	¥11,000.0	5400		

图 10-22　公式填充

编号	食品名称	单位	单价（元）	一季度		二季度		
				数量	金额（元）	数量	金额（元）	增长率(%)
13001	雀巢雪糕	根	¥3.0	24598	¥73,794.0	27894	¥83,682.0	13.4%
13002	伊利雪糕	根	¥1.0	12680	¥12,680.0	15561	¥15,561.0	22.7%
13003	香雪海雪糕	根	¥1.0	11000	¥11,000.0	14230	¥14,230.0	29.4%
13004	伊利牛奶	袋	¥1.5	13455	¥20,182.5	13050	¥19,575.0	-3.0%
13005	蒙牛牛奶	袋	¥1.5	10340	¥15,510.0	12113	¥18,169.5	17.1%
13006	蒙牛酸酸乳	盒	¥1.8	7845	¥14,121.0	8466	¥15,238.8	7.9%
13007	伊利草莓酸奶	盒	¥2.8	4561	¥12,770.8	4236	¥11,860.8	-7.1%
13008	统一饮品	瓶	¥2.5	20455	¥51,137.5	26523	¥66,307.5	29.7%
13009	康师傅饮品	瓶	¥3.5	5102	¥17,857.0	5653	¥19,785.5	10.8%
13010	可口可乐	瓶	¥3.5	6512	¥22,792.0	6736	¥23,576.0	3.4%
13011	百事可乐	瓶	¥4.0	9645	¥38,580.0	9741	¥38,964.0	1.0%
13012	伤心饮品	瓶	¥4.0	654	¥2,616.0	660	¥2,640.0	0.9%
13031	佳佳食品	袋	¥1.5	2452	¥3,678.0	2412	¥3,618.0	-1.6%
13032	玩具	个	¥8.0	4100	¥32,800.0	4200	¥33,600.0	2.4%
13033	薯片	袋	¥2.0	6000	¥12,000.0	6200	¥12,400.0	3.3%
13034	虾条	袋	¥2.0	5500	¥11,000.0	5400	¥10,800.0	-1.8%

图 10-23　计算结果

看。只要单击“公式”选项卡上“公式审核”组的“显示公式”按钮即可，如图 10-24 所示。再次单击“显示公式”按钮就取消了公式的显示。

10.1.3　公式中的错误

在使用公式中，会遇到公式返回值为特殊代码的情况，如“＃＃＃＃”等，这是在公式使用过程中出现了错误。常见的错误代码产生的原因如下。

（1）“＃＃＃＃”：输入到单元格中的数值或公式计算结果太长，单元格容纳不下。增加单元格宽度可以解决这个问题。另外，日期运算结果为负值也会出现这种情况，此时可以改变单元格的格式，比如改为文本格式。

	A	B	C	D	E	F	G	H	I
1									
2	编号	食品名称	单位	单价（元）	一季度		二季度		
3					数量	金额（元）	数量	金额（元）	增长率(%)
4	13001	雀巢雪糕	根	3	24598	=D4*E4	27894	=D4*G4	=(H4-F4)/F4
5	13002	伊利雪糕	根	1	12680	=D5*E5	15561	=D5*G5	=(H5-F5)/F5
6	13003	香雪海雪糕	根	1	11000	=D6*E6	14230	=D6*G6	=(H6-F6)/F6
7	13004	伊利牛奶	袋	1.5	13455	=D7*E7	13050	=D7*G7	=(H7-F7)/F7
8	13005	蒙牛牛奶	袋	1.5	10340	=D8*E8	12113	=D8*G8	=(H8-F8)/F8
9	13006	蒙牛酸酸乳	盒	1.8	7845	=D9*E9	8466	=D9*G9	=(H9-F9)/F9
10	13007	伊利草莓酸奶	盒	2.8	4561	=D10*E10	4236	=D10*G10	=(H10-F10)/F10
11	13008	统一饮品	瓶	2.5	20455	=D11*E11	26523	=D11*G11	=(H11-F11)/F11
12	13009	康师傅饮品	瓶	3.5	5102	=D12*E12	5653	=D12*G12	=(H12-F12)/F12
13	13010	可口可乐	瓶	3.5	6512	=D13*E13	6736	=D13*G13	=(H13-F13)/F13
14	13011	百事可乐	瓶	4	9645	=D14*E14	9741	=D14*G14	=(H14-F14)/F14
15	13012	伤心饮品	瓶	4	654	=D15*E15	660	=D15*G15	=(H15-F15)/F15
16	13031	佳佳食品	袋	1.5	2452	=D16*E16	2412	=D16*G16	=(H16-F16)/F16
17	13032	玩具	个	8	4100	=D17*E17	4200	=D17*G17	=(H17-F17)/F17
18	13033	薯片	袋	2	6000	=D18*E18	6200	=D18*G18	=(H18-F18)/F18
19	13034	虾条	袋	2	5500	=D19*E19	5400	=D19*G19	=(H19-F19)/F19

图 10-24　公式显示

(2)“#DIV/0!”：除数引用了零值单元格或空单元格。

(3)“#N/A”：公式中没有可用数值，或缺少函数参数。

(4)“#NAME?”：公式中引用的名称不存在；函数名称拼写错误；引用文本时没有加引号等。

(5)“#NULL!”：使用了不正确的区域运算符或引用的单元格区域的交集为空。例如，输入公式“=A1:B4 C1:D4”，因为这两个单元格区域交集为空。

(6)“#NUM!”：公式产生的结果数字太大或太小，Excel 无法表示出来，例如，输入公式“=10^400”，由于运算结果太大，公式返回错误；或在需要数字参数的函数中使用了无法接受的参数，例如，在输入开平方的公式“=SQRT()”时，引用了负值的单元格或直接使用了负值。

(7)“#RFF”：公式引用的单元格被删除，或链接的数据不可用。

(8)“#VALUE”：当公式需要数字或逻辑值时，却输入了文本；为需要单个值（而不是区域）的运算符或函数提供了区域引用。

10.1.4　追踪单元格

10.1.3 小节提到，在使用公式中会出现错误。对此，Excel 提供的审核功能可以方便地检查公式、分析数据流向和来源、查找错误，该操作通过“公式”选项卡的“公式审核”组实现，如图 10-25 所示。

如果要查找与公式相关的单元格，可以使用追踪单元格功能。追踪单元格分为以下两种。

(1) 追踪引用单元格：指明单元格的数据由哪些单元格参与计算，用蓝色箭头标记。

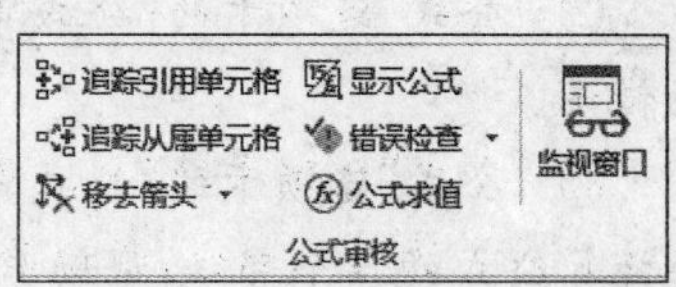

图 10-25　“公式审核”组

(2) 追踪从属单元格：指明受当前单元格影响的单元格，用蓝色箭头标记。

提示：

① 如果一个单元格被用来计算一个公式的值，则此单元格为引用单元格。

② 如果一个单元格 A 中包含公式，此公式的值如果没有单元格 B 就不能计算出来，则单元格 A 为从属单元格。

下面的实例说明了如何追踪从属单元格。

① 打开"素材\chapter10\10-食品销售表_end. xlsx"。

② 选择 F4 单元格，单击"公式"选项卡的"公式审核"组中的"追踪引用单元格"按钮，则显示追踪到的引用单元格，如图 10-26 所示。

	A	B	C	D	E	F	G	H	I
1	食品销售表								
2	编号	食品名称	单位	单价（元）	一季度		二季度		
3					数量	金额（元）	数量	金额（元）	增长率(%)
4	13001	雀巢雪糕	根	￥3.0	24598	￥73,794.0	27894	￥83,682.0	13.4%
5	13002	伊利雪糕	根	￥1.0	12680	￥12,680.0	15561	￥15,561.0	22.7%
6	13003	香雪海雪糕	根	￥1.0	11000	￥11,000.0	14230	￥14,230.0	29.4%
7	13004	伊利牛奶	袋	￥1.5	13455	￥20,182.5	13050	￥19,575.0	-3.0%
8	13005	蒙牛牛奶	袋	￥1.5	10340	￥15,510.0	12113	￥18,169.5	17.1%
9	13006	蒙牛酸酸乳	盒	￥1.8	7845	￥14,121.0	8466	￥15,238.8	7.9%
10	13007	伊利草莓酸奶	盒	￥2.8	4561	￥12,770.8	4236	￥11,860.8	-7.1%
11	13008	统一饮品	瓶	￥2.5	20455	￥51,137.5	26523	￥66,307.5	29.7%
12	13009	康师傅饮品	瓶	￥3.5	5102	￥17,857.0	5653	￥19,785.5	10.8%
13	13010	可口可乐	瓶	￥3.5	6512	￥22,792.0	6736	￥23,576.0	3.4%
14	13011	百事可乐	瓶	￥4.0	9645	￥38,580.0	9741	￥38,964.0	1.0%
15	13012	伤心饮品	瓶	￥4.0	654	￥2,616.0	660	￥2,640.0	0.9%
16	13031	佳佳食品	袋	￥1.5	2452	￥3,678.0	2412	￥3,618.0	-1.6%
17	13032	玩具	个	￥8.0	4100	￥32,800.0	4200	￥33,600.0	2.4%
18	13033	薯片	袋	￥2.0	6000	￥12,000.0	6200	￥12,400.0	3.3%
19	13034	虾条	袋	￥2.0	5500	￥11,000.0	5400	￥10,800.0	-1.8%

图 10-26　追踪单元格

从 F4 单元格中的公式可以看出，D4 单元格、E4 单元格的值用来计算 F4 单元格的公式，所以 D4 单元格和 E4 单元格为 F4 单元格的引用单元格。

③ 选择 D11 单元格，单击"公式"选项卡的"公式审核"组中的"追踪从属单元格"按钮，则显示追踪到的从属单元格。

F11 单元格和 H11 单元格的公式都要用到 D11 单元格的值，没有 D11 单元格，就不能计算 F11 单元格和 H11 单元格的公式的值，所以 F11 单元格和 H11 单元格为 D11 单元格的从属单元格。

提示：

①"公式"选项卡的"公式审核"组中的"移去箭头"下拉按钮，用以删除追踪单元格绘制的箭头。

②"公式"选项卡的"公式审核"组中的"检查错误"下拉按钮，用于检查使用公式中的常见错误。

③"公式"选项卡的"公式审核"组中的"检查错误"下拉按钮，用于调试复杂的公式，单独计算公式的各个部分，帮助验证计算是否正确。

④"公式"选项卡的"公式审核"组中的"监视窗口"按钮，用于将单元格添加到监视窗口

中,以便在更新工作表的其他部分时监视其值。

10.1.5　将公式转为数值

利用公式计算出的数据,会随着参与计算数据的改变而改变,有时,为了保证计算的最终数据不被修改,可以将其转为数值。

(1) 选择目标单元格或单元格区域。

(2) 单击"开始"选项卡的"剪贴板"组中的"复制"按钮。

(3) 单击"开始"选项卡的"剪贴板"组中的"粘贴"下拉按钮中的"选择性粘贴",如图 10-27 所示。

(4) 在"选择性粘贴"对话框中,在"粘贴"选项组中选择"数值"单选按钮,如图 10-28 所示,确认即可将公式转换为数值。

图 10-27　"粘贴"下拉列表

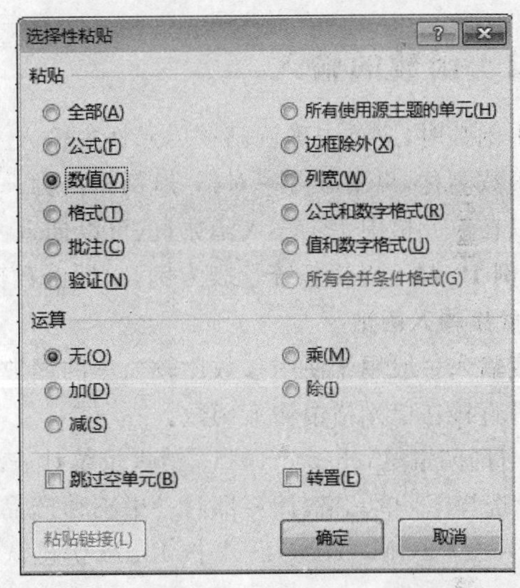

图 10-28　"选择性粘贴"对话框

10.2　函数的使用

10.2.1　函数概述

函数是通过特定值(称为参数)按特定顺序或结构执行计算的预定义公式。函数可用于执行简单或复杂的计算,从而返回运算结果。

1. 函数的结构

函数结构的结构为"函数名(参数)"。

(1) 函数名:每一个函数都有唯一的名称,它是函数功能的体现,如 SUM()中,SUM 表示求和函数。

(2) 参数:是函数要操作或计算的数据。函数参数的数量可以不同,多个参数间以逗号分隔。

注意：参数可以是数字、文本、True 或 False 等逻辑值、数组、错误值（如 #N/A）或单元格引用。指定的参数都必须为有效参数值。参数也可以是常量、公式或其他函数。

2．函数的分类

在功能区的“公式”选项卡的“函数库”组上可以看到 Excel 所有类型的函数，如图 10-29 所示，“其他函数”前面的都是常用函数。

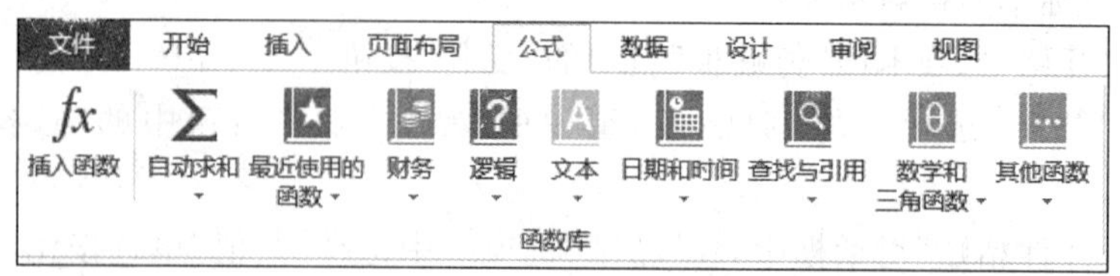

图 10-29 “公式”选项卡

10.2.2 函数的输入

使用函数时，应首先确认已在单元格中输入了“＝”号，即已进入公式编辑状态。接下来可输入函数名称，再紧跟着一对括号，括号内为一个或多个参数，参数之间要用逗号来分隔。用户可以在单元格中手工输入函数，也可以插入函数。

【案例 10-4】 以销售统计表为例，掌握函数输入的方法。

1．直接输入函数

直接输入一般用于使用参数比较简单的函数。如果用户非常熟悉函数的名称、参数等，此时也可直接在单元格中输入函数。

（1）打开“素材\chapter10\10 销售量统计表. xlsx”。

（2）选择 E4 单元格，计算部门一中三种产品的销售合计。直接在单元格中或在“编辑框”中输入“= SUM (B4:D4) ”，按 Enter 键确认即可，如图 10-30 所示。

E4 =SUM(B4:D4)

	A	B	C	D	E
1	某单位销售量统计表（1月）				
2					
3	部门名称	产品一（台）	产品二（台）	产品三（台）	合计（台）
4	部门一	6876	6100	8315	21291
5	部门二	6963	5894	4356	
6	部门三	5986	8023	6218	
7	合计（台）				

图 10-30 直接输入函数

2．插入函数

（1）选择 E5 单元格，计算部门二中三种产品的销售合计。

（2）单击“公式”选项卡“函数库”组中的“插入函数”按钮。

（3）在打开的“插入函数”对话框中，选择函数 SUM 后确认，如图 10-31 所示。

（4）在打开的“函数参数”对话框中，系统自动拾取要计算的单元格地址作为参数 1（若为自动拾取，则自行输入），单击“确定”按钮，如图 10-32 所示。

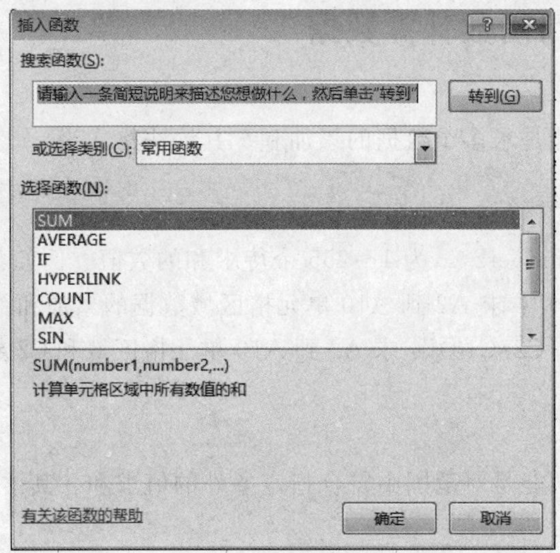

图 10-31　"插入函数"对话框

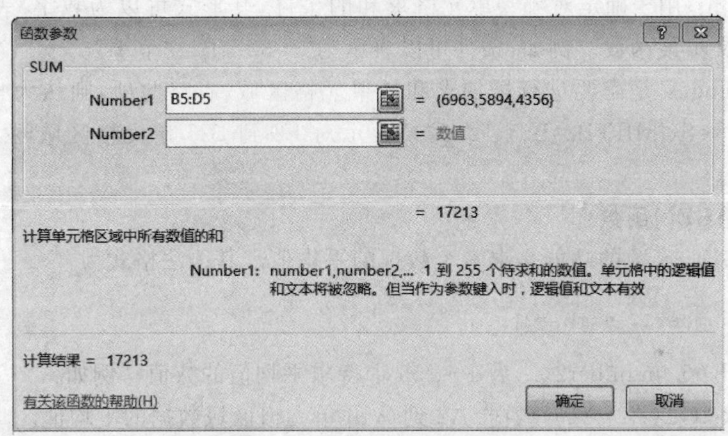

图 10-32　"函数参数"对话框

提示：

① 其他方法如下。

- 插入函数，还可单击"编辑框"前面的"插入函数"按钮。
- 可在选中单元格后，单击"公式"选项卡的"函数库"组中某个类型的函数，在展开的列表中选择具体的函数，然后在打开的"函数参数"对话框中输入或选择函数参数后，确认即可。
- 使用"公式自动完成"功能编辑函数，即输入"＝(等号)"和函数开头的几个字母后，Excel 会显示一个动态下拉列表，列表中包含与这几个字母相匹配的有效函数名称，然后可从下拉列表中选择所需函数，双击就会自动输入该函数，再输入或选择参数即可。

② 嵌套函数：在某些情况下，可能需要将某函数用作另一函数的参数。例如，在以下公式"＝IF(AVERAGE(F2:F5)＞50,SUM(G2:G5),0)"中，使用嵌套的 AVERAGE 函数将结果与值 50 进行比较，嵌套的 SUM 函数将结果作为 IF 函数的参数。

10.2.3 使用常用函数计算数据

1. SUM()函数

SUM()函数的功能是求多个数据的累加和。其语法格式为

```
SUM(number1,[number2],...)
```

其中,number1, number2,...为1～255个待求和的数值。例如:

"=SUM(A2:A10)":求A2到A10单元格区域数据的累加和。

"=SUM(A2:A10,C2:C10)":求A2到A10单元格区域和C2到C10单元格区域所有数据的累加和。

2. SUMIF()函数

SUMIF()函数的功能是对范围中符合指定条件的值求和。其语法格式为

```
SUMIF(range,criterion, [sum_range])
```

- range:根据条件计算的单元格区域。
- criterion:用于确定对哪些单元格求和的条件,其形式可以为数字、表达式、单元格引用、文本或函数。例如,条件可以表示为">32"、B5、"苹果"。
- sum_range:是需要进行累加求和的单元格区域,省略此项,则认为与range相同。例如,"=SUMIF(B2:B25,">5")"表示对B2到B25单元格区域内大于5的数值求和。

3. AVERAGE()函数

AVERAGE()函数的功能是求多个数据的平均值。其语法格式为

```
AVERAGE(number1,[number2],...)
```

其中number1, number2,...为1～255个待求平均值的数值。例如:

"=AVERAGE(A2:A10)":求A2到A10单元格区域数据的平均值。

"=AVERAGE(A2:A10, C2:C10)":求A2到A10单元格区域和C2到C10单元格区域所有数据的平均值。

4. AVERAGEIF()函数

AVERAGEIF ()函数的功能是对范围中符合指定条件的值求平均值。其语法格式为

```
AVERAGEIF(range,criterion, [sum_range])
```

- range:根据条件计算的单元格区域。
- criterion:用于确定对哪些单元格求平均值的条件,其形式可以为数字、表达式、单元格引用、文本或函数,例如,条件可以表示为">32"、B5、"苹果"。
- sum_range:是需要进行累加求和的单元格区域。省略此项,则认为与range相同。

例如,"=AVERAGEIF (B2:B25,">5")"表示对B2到B25单元格区域内大于5的数值求平均值。

5. MAX()函数

MAX()函数的功能是返回一组值中的最大值。其语法格式为

```
MAX(number1, [number2], ...)
```

其中 number1，number2，... 为待查找最大值的 1～255 个数字。例如，"＝MAX(A2：A6)"表示求 A2 到 A6 单元格区域中的最大值。

6. MIN()函数

MIN()函数的功能是返回一组值中的最小值。其语法格式为

```
MIN()(number1, [number2], ...)
```

其中 number1，number2，... 为待查找最小值的 1～255 个数字。例如，"＝MIN(A2：A6)"表示求 A2 到 A6 单元格区域中的最小值。

7. IF()函数

IF()函数是 Excel 中最常用的函数之一，功能是对条件进行判断，从而决定结果是哪一个值。其语法格式为

```
IF(logical_test, value_if_true,value_if_false)
```

- logical_test：判断条件，是任何可以被计算为逻辑真(True)或假(False)的值表达式。
- value_if_true：条件为 True 时的值。
- value_if_false：条件为 False 时的值。

例如，"＝IF(C2＝"Yes",1,2)"表示如果 C2 单元格等于 Yes，则返回 1，否则就返回 2。

!提示：

① 在对多种情况进行判断时，要使用 IF()函数的嵌套。如：

```
IF(D2>89,"A",IF(D2>79,"B",IF(D2>69,"C",IF(D2>59,"D","E")))).
```

② 虽然 Excel 允许嵌套最多 64 个不同的 IF 函数，但不建议这样做。

8. COUNT()函数

COUNT()函数的功能是计算区域中包含数字的单元格个数。使用 COUNT ()函数获取区域中或一组数字中的数字字段中条目的个数。其语法格式为

```
COUNT(value1, [value2], ...)
```

其中 value1，[value2]，... 是 1～255 个待统计的参数。例如：

"＝COUNT(A2:A7)"用于计算 A2 到 A7 单元格区域中包含数字的单元格的个数。

9. COUNTIF()函数

COUNTIF()函数的功能是统计满足某个条件的单元格的数量。其语法格式为

```
COUNTIF(range, criteria)
```

- range：要计算其中非空单元格数目的区域。
- criteria：用于确定对哪些单元格计数的条件，其形式可以为数字、表达式、单元格引用、文本或函数，例如，条件可以表示为"＞32"、B5、"苹果"。

例如，"＝COUNTIF(A2:A5,"苹果")"用于统计单元格 A2 到 A5 中包含"苹果"的单元格的数量。

10. RANK()函数

RANK()函数的功能是返回某数字在一列数字中相对于其他数值的大小排名。其语法格式为

```
RANK(number,ref,[order])
```

- number：要查找到其排位的数字。
- eef：一组数字，或是对数字列表的引用。ref 中的非数字值会被忽略。
- order：一个指定排位方式的数字。order 为 0(零)或省略，则按照降序排列；如果 order 不为零，则按照升序排列。

例如，"＝RANK(A3,A2:A6,1)"表示 A3 单元格数据在 A2 到 A6 单元格区域中的升序排位。

【案例 10-5】 函数应用。以学生单科成绩表为例，掌握上述函数的使用方法。

(1) 打开"素材\chapter10\10-学生单科成绩表.xlsx"。

(2) 选择 G3 单元格，单击"公式"选项卡"函数库"组中的"插入函数"按钮。

在打开的"插入函数"对话框中，选择函数 SUM 后确定。

(3) 在打开的"函数参数"对话框中，系统自动拾取到要计算的单元格地址"D3:F3"，单击"确定"按钮，即可求得第一个学生的总评成绩，如图 10-33 所示。

	A	B	C	D	E	F	G	H	I
1	16级《C语言程序设计》成绩表								
2	学号	姓名	组别	平时	期中	期末	总评成绩	成绩等级	排名
3	163161601	梁志芳	A	35	44	40	119		
4	163161602	何毅力	C	73	26	59			
5	163161603	梁智力	C	39	34	43			
6	163161604	蒲月民	A	63	21	85			
7	163161605	武小放	C	68	84	51			
8	163161606	黄晓名	C	47	56	76			
9	163161607	冯建辉	B	71	76	67			
10	163161608	张晓琴	A	86	91	82			
11	163161609	顾婷婷	C	74	44	66			
12	163161610	钟正华	A	78	21	65			
13	163161611	罗益昌	C	53	67	98			
14	163161612	张正焕	B	73	99	83			
15	163161613	张伟	B	39	99	87			

图 10-33　计算 G3 单元格的值

提示：求 G3 单元格的值，还可以在选定 G3 单元格后，直接单击"公式"选项卡"函数库"组中的"自动求和"按钮进行累加求和。

(4) 将鼠标指针移动到 G3 单元格右下角的控制柄上，双击鼠标左键，则将公式填充到 G4:G24 单元格区域，计算出结果，如图 10-34 所示。

(5) 选择 M8 单元格，单击"公式"选项卡"函数库"组中的"插入函数"按钮。

在打开的"插入函数"对话框中，选择函数 AVERAGE 后确定。

(6) 在打开的"函数参数"对话框中，设置参数 number1，用鼠标拾取 G3:G24 单元格区域，单击"确定"按钮，即可求得全班的平均分，如图 10-35 所示。

(7) 选择 M9 单元格，单击"公式"选项卡"函数库"组中的"插入函数"按钮。

	A	B	C	D	E	F	G	H	I
1	16级《C语言程序设计》成绩表								
2	学号	姓名	组别	平时	期中	期末	总评成绩	成绩等级	排名
3	163161601	梁志芳	A	35	44	40	119		
4	163161602	何毅力	C	73	26	59	158		
5	163161603	梁智力	C	39	34	43	116		
6	163161604	蒲月民	A	63	21	85	169		
7	163161605	武小放	C	68	84	51	203		
8	163161606	黄晓名	C	47	56	76	179		
9	163161607	冯建辉	B	71	76	67	214		
10	163161608	张晓琴	A	86	91	82	259		
11	163161609	顾婷婷	C	74	44	66	184		
12	163161610	钟正华	A	78	21	65	164		
13	163161611	罗益昌	C	53	67	98	218		
14	163161612	张正焕	B	73	99	83	255		
15	163161613	张伟	B	39	99	87	225		
16	163161614	高玉宝	C	48	46	37	131		
17	163161615	范君艳	B	36	87	80	203		
18	163161616	梁子扬	A	57	45	31	133		
19	163161617	郑志超	C	67	77	73	217		
20	163161618	莫天	A	77	63	46	186		
21	163161619	何算子	C	71	96	36	203		
22	163161620	黄大力	B	68	100	97	265		
23	163161621	林子湘	C	72	34	88	194		
24	163161622	毛雨皮	B	57	41	75	173		

图 10-34　计算 G4:G24 单元格的值

M8　=AVERAGE(G3:G24)

	A	B	C	D	E	F	G	H	I	J	K	L	M	N	O	P
1	16级《C语言程序设计》成绩表															
2	学号	姓名	组别	平时	期中	期末	总评成绩	成绩等级	排名		期末考试成绩统计表	A组总成绩				
3	163161601	梁志芳	A	35	44	40	119					B组总成绩				
4	163161602	何毅力	C	73	26	59	158					C组总成绩				
5	163161603	梁智力	C	39	34	43	116					A组平均成绩				
6	163161604	蒲月民	A	63	21	85	169					B组平均成绩				
7	163161605	武小放	C	68	84	51	203					C组平均成绩				
8	163161606	黄晓名	C	47	56	76	179					全班平均分	189.4545			
9	163161607	冯建辉	B	71	76	67	214					全班最高分				
10	163161608	张晓琴	A	86	91	82	259					全班最低分				
11	163161609	顾婷婷	C	74	44	66	184					各个等级所占的人数	优秀	良好	及格	不及格
12	163161610	钟正华	A	78	21	65	164									
13	163161611	罗益昌	C	53	67	98	218									
14	163161612	张正焕	B	73	99	83	255									
15	163161613	张伟	B	39	99	87	225									
16	163161614	高玉宝	C	48	46	37	131									
17	163161615	范君艳	B	36	87	80	203									
18	163161616	梁子扬	A	57	45	31	133									
19	163161617	郑志超	C	67	77	73	217									
20	163161618	莫天	A	77	63	46	186									
21	163161619	何算子	C	71	96	36	203									
22	163161620	黄大力	B	68	100	97	265									
23	163161621	林子湘	C	72	34	88	194									
24	163161622	毛雨皮	B	57	41	75	173									

图 10-35　计算全班的平均分

在打开的“插入函数”对话框中，选择函数 MAX 后确定。

(8) 在打开的“函数参数”对话框中，设置参数 number1，用鼠标拾取 G3:G24 单元格区域，单击“确定”按钮，即可求得全班的最高分，如图 10-36 所示。

(9) 选择 M10 单元格，单击“公式”选项卡“函数库”组中的“插入函数”按钮。

在打开的“插入函数”对话框中，选择函数 MIN 后确定。

M9 =MAX(G3:G24)

	A	B	C	D	E	F	G	H	I
1	16级《C语言程序设计》成绩表								
2	学号	姓名	组别	平时	期中	期末	总评成绩	成绩等级	排名
3	163161601	梁志芳	A	35	44	40	119		
4	163161602	何毅力	C	73	26	59	158		
5	163161603	梁智力	C	39	34	43	116		
6	163161604	蒲月民	A	63	21	85	169		
7	163161605	武小放	C	68	84	51	203		
8	163161606	黄晓名	C	47	56	76	179		
9	163161607	冯建辉	B	71	76	67	214		
10	163161608	张晓琴	A	86	91	82	259		
11	163161609	顾婷婷	C	74	44	66	184		
12	163161610	钟正华	A	78	21	65	164		
13	163161611	罗益昌	C	53	67	98	218		
14	163161612	张正焕	B	73	99	83	255		
15	163161613	张伟	B	39	99	87	225		
16	163161614	高玉宝	C	48	46	37	131		
17	163161615	范君艳	B	36	87	80	203		
18	163161616	梁子扬	A	57	45	31	133		
19	163161617	郑志超	C	67	77	73	217		
20	163161618	莫天	A	77	63	46	186		
21	163161619	何算子	C	71	96	36	203		
22	163161620	黄大力	B	68	100	97	265		
23	163161621	林子湘	C	72	34	88	194		
24	163161622	毛雨皮	B	57	41	75	173		

K	L	M	N	O	P
期末考试成绩统计表	A组总成绩				
	B组总成绩				
	C组总成绩				
	A组平均成绩				
	B组平均成绩				
	C组平均成绩				
	全班平均分	189.4545			
	全班最高分	265			
	全班最低分				
	各个等级所占的人数	优秀	良好	及格	不及格

图 10-36　计算全班的最高分

（10）在打开的“函数参数”对话框中，设置参数 number1，用鼠标拾取 G3:G24 单元格区域，单击“确定”按钮，即可求得全班最低分，如图 10-37 所示。

M10 =MIN(G3:G24)

	A	B	C	D	E	F	G	H	I
1	16级《C语言程序设计》成绩表								
2	学号	姓名	组别	平时	期中	期末	总评成绩	成绩等级	排名
3	163161601	梁志芳	A	35	44	40	119		
4	163161602	何毅力	C	73	26	59	158		
5	163161603	梁智力	C	39	34	43	116		
6	163161604	蒲月民	A	63	21	85	169		
7	163161605	武小放	C	68	84	51	203		
8	163161606	黄晓名	C	47	56	76	179		
9	163161607	冯建辉	B	71	76	67	214		
10	163161608	张晓琴	A	86	91	82	259		
11	163161609	顾婷婷	C	74	44	66	184		
12	163161610	钟正华	A	78	21	65	164		
13	163161611	罗益昌	C	53	67	98	218		
14	163161612	张正焕	B	73	99	83	255		
15	163161613	张伟	B	39	99	87	225		
16	163161614	高玉宝	C	48	46	37	131		
17	163161615	范君艳	B	36	87	80	203		
18	163161616	梁子扬	A	57	45	31	133		
19	163161617	郑志超	C	67	77	73	217		
20	163161618	莫天	A	77	63	46	186		
21	163161619	何算子	C	71	96	36	203		
22	163161620	黄大力	B	68	100	97	265		
23	163161621	林子湘	C	72	34	88	194		
24	163161622	毛雨皮	B	57	41	75	173		

K	L	M	N	O	P
期末考试成绩统计表	A组总成绩				
	B组总成绩				
	C组总成绩				
	A组平均成绩				
	B组平均成绩				
	C组平均成绩				
	全班平均分	189.4545			
	全班最高分	265			
	全班最低分	116			
	各个等级所占的人数	优秀	良好	及格	不及格

图 10-37　计算全班的最低分

（11）选择 M2 单元格，单击“公式”选项卡“函数库”组中的“插入函数”按钮。

在打开的“插入函数”对话框中，选择函数 SUMIF 后确定。

（12）在打开的“函数参数”对话框中，设置参数 range 为 C3:C24，参数 criteria 为"A"，参数 sum_range 为 G3:G24，单击“确定”按钮，即可求得 A 组总成绩，如图 10-38 所示。

M2　=SUMIF(C3:C24,"A",G3:G24)

16级《C语言程序设计》成绩表

学号	姓名	组别	平时	期中	期末	总评成绩	成绩等级	排名
163161601	梁志芳	A	35	44	40	119		
163161602	何毅力	C	73	26	59	158		
163161603	梁智力	C	39	34	43	116		
163161604	蒲月民	A	63	21	85	169		
163161605	武小放	C	68	84	51	203		
163161606	黄晓名	C	47	56	76	179		
163161607	冯建辉	B	71	76	67	214		
163161608	张晓琴	A	86	91	82	259		
163161609	顾婷婷	C	74	44	66	184		
163161610	钟正华	A	78	21	65	164		
163161611	罗益昌	C	53	67	98	218		
163161612	张正焕	B	73	99	83	255		
163161613	张伟	B	39	99	87	225		
163161614	高玉宝	C	48	46	37	131		
163161615	范君艳	B	36	87	80	203		
163161616	梁子扬	A	57	45	31	133		
163161617	郑志超	C	67	77	73	217		
163161618	莫天	A	77	63	46	186		
163161619	何算子	C	71	96	36	203		
163161620	黄大力	B	68	100	97	265		
163161621	林子湘	C	72	34	88	194		
163161622	毛雨皮	B	57	41	75	173		

期末考试成绩统计表					
	A组总成绩	1030			
	B组总成绩				
	C组总成绩				
	A组平均成绩				
	B组平均成绩				
	C组平均成绩				
	全班平均分	189			
	全班最高分	265			
	全班最低分	116			
	各个等级所占的人数	优秀	良好	及格	不及格

图 10-38　计算 A 组的总成绩

(13) M3、M4 单元格采用同样的方法。M3 设置其函数参数为 range 为 C3:C24，criteria 为"B"，参数 sum_range 为 G3:G24；M4 设置其函数参数为 range 为 C3:C24，criteria 为"C"，参数 sum_range 为 G3:G24。计算结果如图 10-39 所示。

M4　=SUMIF(C3:C24,"C",G3:G24)

16级《C语言程序设计》成绩表

学号	姓名	组别	平时	期中	期末	总评成绩	成绩等级	排名
163161601	梁志芳	A	35	44	40	119		
163161602	何毅力	C	73	26	59	158		
163161603	梁智力	C	39	34	43	116		
163161604	蒲月民	A	63	21	85	169		
163161605	武小放	C	68	84	51	203		
163161606	黄晓名	C	47	56	76	179		
163161607	冯建辉	B	71	76	67	214		
163161608	张晓琴	A	86	91	82	259		
163161609	顾婷婷	C	74	44	66	184		
163161610	钟正华	A	78	21	65	164		
163161611	罗益昌	C	53	67	98	218		
163161612	张正焕	B	73	99	83	255		
163161613	张伟	B	39	99	87	225		
163161614	高玉宝	C	48	46	37	131		
163161615	范君艳	B	36	87	80	203		
163161616	梁子扬	A	57	45	31	133		
163161617	郑志超	C	67	77	73	217		
163161618	莫天	A	77	63	46	186		
163161619	何算子	C	71	96	36	203		
163161620	黄大力	B	68	100	97	265		
163161621	林子湘	C	72	34	88	194		
163161622	毛雨皮	B	57	41	75	173		

期末考试成绩统计表					
	A组总成绩	1030			
	B组总成绩	1335			
	C组总成绩	1803			
	A组平均成绩				
	B组平均成绩				
	C组平均成绩				
	全班平均分	189			
	全班最高分	265			
	全班最低分	116			
	各个等级所占的人数	优秀	良好	及格	不及格

图 10-39　计算 B 组、C 组的总成绩

(14) 选择 M5 单元格，单击"公式"选项卡"函数库"组中的"插入函数"按钮。

在打开的"插入函数"对话框中，选择函数 AVERAGEIF 后确定。

(15) 在打开的"函数参数"对话框中，设置参数 range 为 C3:C24，参数 criteria 为"A"，参数 average_range 为 G3:G24，单击"确定"按钮，即可求得 A 组的平均成绩，如图 10-40 所示。

M5 =AVERAGEIF(C3:C24,"A",G3:G24)

16级《C语言程序设计》成绩表

学号	姓名	组别	平时	期中	期末	总评成绩	成绩等级	排名
163161601	梁志芳	A	35	44	40	119		
163161602	何毅力	C	73	26	59	158		
163161603	梁智力	C	39	34	43	116		
163161604	蒲月民	A	63	21	85	169		
163161605	武小放	C	68	84	51	203		
163161606	黄晓名	C	47	56	76	179		
163161607	冯建辉	B	71	76	67	214		
163161608	张晓琴	A	86	91	82	259		
163161609	顾婷婷	C	74	44	66	184		
163161610	钟正华	A	78	21	65	164		
163161611	罗益昌	C	53	67	98	218		
163161612	张正焕	B	73	99	83	255		
163161613	张伟	B	39	99	87	225		
163161614	高玉宝	C	48	46	37	131		
163161615	范君艳	B	36	87	80	203		
163161616	梁子扬	A	57	45	31	133		
163161617	郑志超	C	67	77	73	217		
163161618	莫天	A	77	63	46	186		
163161619	何算子	C	71	96	36	203		
163161620	黄大力	B	68	100	97	265		
163161621	林子湘	C	72	34	88	194		
163161622	毛雨皮	B	57	41	75	173		

期末考试成绩统计表					
	A组总成绩	1030			
	B组总成绩	1335			
	C组总成绩	1803			
	A组平均成绩	172			
	B组平均成绩				
	C组平均成绩				
	全班平均分	189			
	全班最高分	265			
	全班最低分	116			
	各个等级所占的人数	优秀	良好	及格	不及格

图 10-40 计算 A 组的平均成绩

(16) M3、M4 单元格采用同样的方法。M3 设置其函数参数为 range 为 C3:C24, criteria 为"B",参数 sum_range 为 G3:G24;M4 设置其函数参数为 range 为 C3:C24, criteria 为"C",参数 sum_range 为 G3:G24。计算结果如图 10-41 所示。

M7 =AVERAGEIF(C3:C24,"A",G3:G24)

16级《C语言程序设计》成绩表

学号	姓名	组别	平时	期中	期末	总评成绩	成绩等级	排名
163161601	梁志芳	A	35	44	40	119		
163161602	何毅力	C	73	26	59	158		
163161603	梁智力	C	39	34	43	116		
163161604	蒲月民	A	63	21	85	169		
163161605	武小放	C	68	84	51	203		
163161606	黄晓名	C	47	56	76	179		
163161607	冯建辉	B	71	76	67	214		
163161608	张晓琴	A	86	91	82	259		
163161609	顾婷婷	C	74	44	66	184		
163161610	钟正华	A	78	21	65	164		
163161611	罗益昌	C	53	67	98	218		
163161612	张正焕	B	73	99	83	255		
163161613	张伟	B	39	99	87	225		
163161614	高玉宝	C	48	46	37	131		
163161615	范君艳	B	36	87	80	203		
163161616	梁子扬	A	57	45	31	133		
163161617	郑志超	C	67	77	73	217		
163161618	莫天	A	77	63	46	186		
163161619	何算子	C	71	96	36	203		
163161620	黄大力	B	68	100	97	265		
163161621	林子湘	C	72	34	88	194		
163161622	毛雨皮	B	57	41	75	173		

期末考试成绩统计表					
	A组总成绩	1030			
	B组总成绩	1335			
	C组总成绩	1803			
	A组平均成绩	172			
	B组平均成绩	223			
	C组平均成绩	180			
	全班平均分	189			
	全班最高分	265			
	全班最低分	116			
	各个等级所占的人数	优秀	良好	及格	不及格

图 10-41 计算 B 组、C 组的平均成绩

(17) 设置成绩等级:总评成绩>250,成绩等级为"优秀";总评成绩>200,成绩等级为"良好";总评成绩>150,成绩等级为"及格";总评成绩<150,成绩等级为"不及格"。

选择 H3 单元格,输入"=IF(G3>250,"优秀",IF(G3>200,"良好",IF(G3>150,"及格","不及格")))",按 Enter 键确认,即可求得第一个学生的成绩等级,如图 10-42 所示。

(18) 将鼠标指针移动到 H3 单元格右下角的控制柄上,双击鼠标左键,则将公式填充到 H4:H24 单元格区域,计算出结果,如图 10-43 所示。

H3　=IF(G3>250,"优秀",IF(G3>200,"良好",IF(G3>150,"及格","不及格")))

16级《C语言程序设计》成绩表

学号	姓名	组别	平时	期中	期末	总评成绩	成绩等级	排名
163161601	梁志芳	A	35	44	40	119	不及格	
163161602	何毅力	C	73	26	59	158		
163161603	梁智力	C	39	34	43	116		
163161604	蒲月民	A	63	21	85	169		
163161605	武小放	C	68	84	51	203		
163161606	黄晓名	C	47	56	76	179		
163161607	冯建辉	B	71	76	67	214		
163161608	张晓琴	A	86	91	82	259		
163161609	顾婷婷	C	74	44	66	184		
163161610	钟正华	A	78	21	65	164		
163161611	罗益昌	C	53	67	98	218		
163161612	张正焕	B	73	99	83	255		
163161613	张伟	B	39	99	87	225		
163161614	高玉宝	C	48	46	37	131		
163161615	范君艳	B	36	87	80	203		
163161616	梁子扬	A	57	45	31	133		
163161617	郑志超	C	67	77	73	217		
163161618	莫天	A	77	63	46	186		
163161619	何算子	C	71	96	36	203		
163161620	黄大力	B	68	100	97	265		
163161621	林子湘	C	72	34	88	194		
163161622	毛雨皮	B	57	41	75	173		

期末考试成绩统计表					
	A组总成绩	1030			
	B组总成绩	1335			
	C组总成绩	1803			
	A组平均成绩	172			
	B组平均成绩	223			
	C组平均成绩	180			
	全班平均分	189			
	全班最高分	265			
	全班最低分	116			
	各个等级所占的人数	优秀	良好	及格	不及格

图 10-42　第一个学生的成绩等级

H3　=IF(G3>250,"优秀",IF(G3>200,"良好",IF(G3>150,"及格","不及格")))

16级《C语言程序设计》成绩表

学号	姓名	组别	平时	期中	期末	总评成绩	成绩等级	排名
163161601	梁志芳	A	35	44	40	119	不及格	
163161602	何毅力	C	73	26	59	158	及格	
163161603	梁智力	C	39	34	43	116	不及格	
163161604	蒲月民	A	63	21	85	169	及格	
163161605	武小放	C	68	84	51	203	良好	
163161606	黄晓名	C	47	56	76	179	及格	
163161607	冯建辉	B	71	76	67	214	良好	
163161608	张晓琴	A	86	91	82	259	优秀	
163161609	顾婷婷	C	74	44	66	184	及格	
163161610	钟正华	A	78	21	65	164	及格	
163161611	罗益昌	C	53	67	98	218	良好	
163161612	张正焕	B	73	99	83	255	优秀	
163161613	张伟	B	39	99	87	225	良好	
163161614	高玉宝	C	48	46	37	131	不及格	
163161615	范君艳	B	36	87	80	203	良好	
163161616	梁子扬	A	57	45	31	133	不及格	
163161617	郑志超	C	67	77	73	217	良好	
163161618	莫天	A	77	63	46	186	及格	
163161619	何算子	C	71	96	36	203	良好	
163161620	黄大力	B	68	100	97	265	优秀	
163161621	林子湘	C	72	34	88	194	及格	
163161622	毛雨皮	B	57	41	75	173	及格	

期末考试成绩统计表					
	A组总成绩	1030			
	B组总成绩	1335			
	C组总成绩	1803			
	A组平均成绩	172			
	B组平均成绩	223			
	C组平均成绩	180			
	全班平均分	189			
	全班最高分	265			
	全班最低分	116			
	各个等级所占的人数	优秀	良好	及格	不及格

图 10-43　所有学生的成绩等级

(19) 选择 I3 单元格，单击“公式”选项卡“函数库”组中的“插入函数”按钮。在打开的“插入函数”对话框中，选择函数 RANK 后确定。

(20) 在打开的“函数参数”对话框中，设置参数 number 为 G3，参数 ref 为 $G$3:$G$24，参数 order 为 0，单击“确定”按钮，即可求得第一个学生的排名，如图 10-44 所示。

(21) 将鼠标指针移动到 I3 单元格右下角的控制柄上，双击鼠标左键，则将公式填充到 I4:I24 单元格区域，计算出结果，如图 10-45 所示。

(22) 选择 M12 单元格，单击“公式”选项卡“函数库”组中的“插入函数”按钮。在打开的“插入函数”对话框中，选择函数 COUNTIF 后确定。

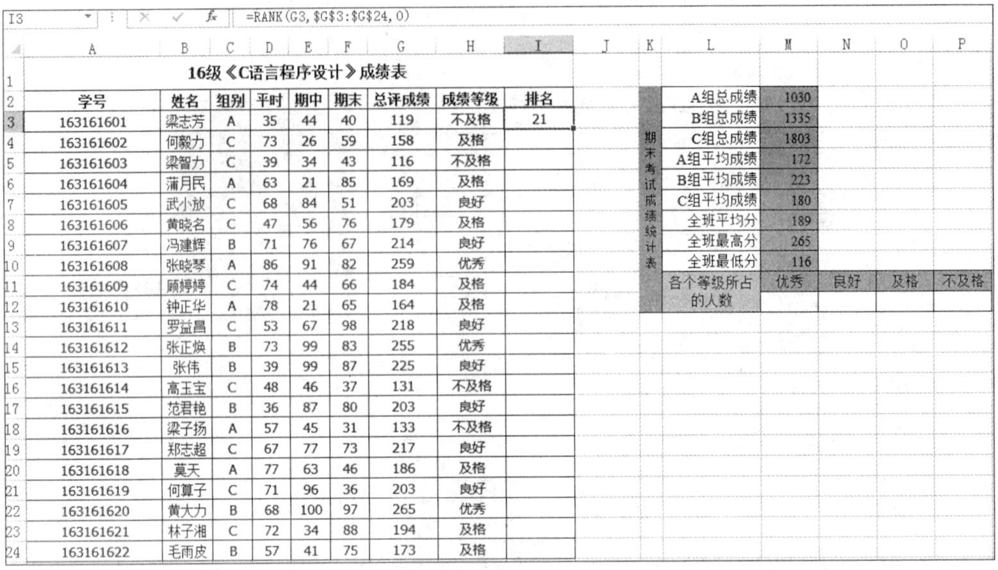

I3 =RANK(G3,$G$3:$G$24,0)

16级《C语言程序设计》成绩表

学号	姓名	组别	平时	期中	期末	总评成绩	成绩等级	排名
163161601	梁志芳	A	35	44	40	119	不及格	21
163161602	何毅力	C	73	26	59	158	及格	
163161603	梁智力	C	39	34	43	116	不及格	
163161604	蒲月民	A	63	21	85	169	及格	
163161605	武小放	C	68	84	51	203	良好	
163161606	黄晓名	C	47	56	76	179	及格	
163161607	冯建辉	B	71	76	67	214	良好	
163161608	张晓琴	A	86	91	82	259	优秀	
163161609	顾婷婷	C	74	44	66	184	及格	
163161610	钟正华	A	78	21	65	164	及格	
163161611	罗益昌	C	53	67	98	218	良好	
163161612	张正焕	B	73	99	83	255	优秀	
163161613	张伟	B	39	99	87	225	良好	
163161614	高玉宝	C	48	46	37	131	不及格	
163161615	范君艳	B	36	87	80	203	良好	
163161616	梁子扬	A	57	45	31	133	不及格	
163161617	郑志超	C	67	77	73	217	良好	
163161618	莫天	A	77	63	46	186	及格	
163161619	何算子	C	71	96	36	203	良好	
163161620	黄大力	B	68	100	97	265	优秀	
163161621	林子湘	C	72	34	88	194	及格	
163161622	毛雨皮	B	57	41	75	173	及格	

期末考试成绩统计表					
	A组总成绩	1030			
	B组总成绩	1335			
	C组总成绩	1803			
	A组平均成绩	172			
	B组平均成绩	223			
	C组平均成绩	180			
	全班平均分	189			
	全班最高分	265			
	全班最低分	116			
	各个等级所占的人数	优秀	良好	及格	不及格

图 10-44　第一个学生的排名

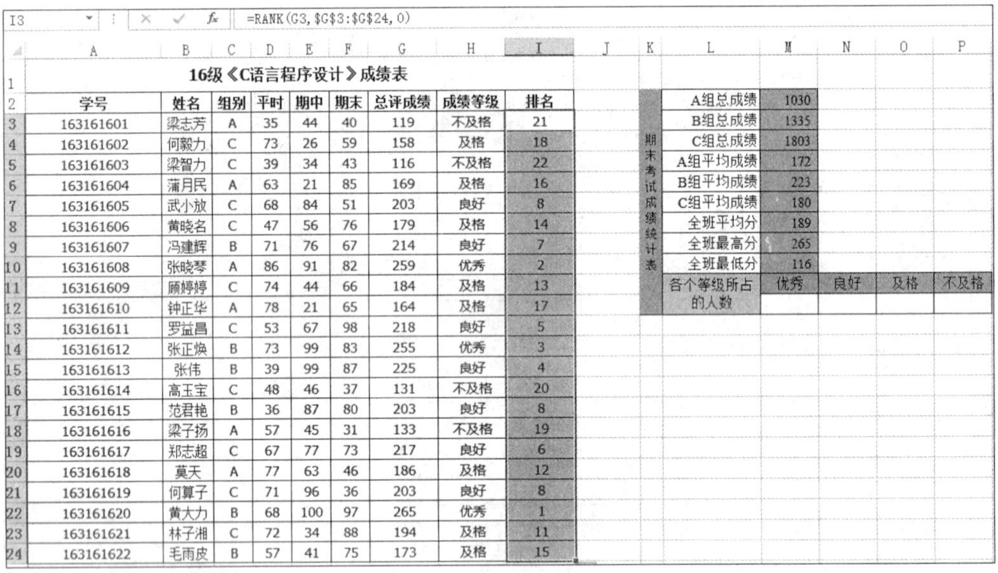

I3 =RANK(G3,$G$3:$G$24,0)

16级《C语言程序设计》成绩表

学号	姓名	组别	平时	期中	期末	总评成绩	成绩等级	排名
163161601	梁志芳	A	35	44	40	119	不及格	21
163161602	何毅力	C	73	26	59	158	及格	18
163161603	梁智力	C	39	34	43	116	不及格	22
163161604	蒲月民	A	63	21	85	169	及格	16
163161605	武小放	C	68	84	51	203	良好	8
163161606	黄晓名	C	47	56	76	179	及格	14
163161607	冯建辉	B	71	76	67	214	良好	7
163161608	张晓琴	A	86	91	82	259	优秀	2
163161609	顾婷婷	C	74	44	66	184	及格	13
163161610	钟正华	A	78	21	65	164	及格	17
163161611	罗益昌	C	53	67	98	218	良好	5
163161612	张正焕	B	73	99	83	255	优秀	3
163161613	张伟	B	39	99	87	225	良好	4
163161614	高玉宝	C	48	46	37	131	不及格	20
163161615	范君艳	B	36	87	80	203	良好	8
163161616	梁子扬	A	57	45	31	133	不及格	19
163161617	郑志超	C	67	77	73	217	良好	6
163161618	莫天	A	77	63	46	186	及格	12
163161619	何算子	C	71	96	36	203	良好	8
163161620	黄大力	B	68	100	97	265	优秀	1
163161621	林子湘	C	72	34	88	194	及格	11
163161622	毛雨皮	B	57	41	75	173	及格	15

期末考试成绩统计表					
	A组总成绩	1030			
	B组总成绩	1335			
	C组总成绩	1803			
	A组平均成绩	172			
	B组平均成绩	223			
	C组平均成绩	180			
	全班平均分	189			
	全班最高分	265			
	全班最低分	116			
	各个等级所占的人数	优秀	良好	及格	不及格

图 10-45　所有学生的排名

(23) 在打开的“函数参数”对话框中，设置参数 range 为 $H$3:$H$24，参数 criteria 为"优秀"，单击“确定”按钮，即可求得优秀学生人数，如图 10-46 所示。

(24) N12、O12、P12 单元格采用同样的方法。N12 设置其函数参数为 range 为 $H$3:$H$24，criteria 为“良好”；O12 设置其函数参数为 range 为 $H$3:$H$24，criteria 为"及格"；P12 设置其函数参数为 range 为 $H$3:$H$24，criteria 为"不及格"。计算结果如图 10-47 所示。

11. INDEX()函数

INDEX()函数的功能是返回指定的行与列交叉处的单元格引用。其语法格式为

M12 =COUNTIF($H$3:$H$24,"优秀")

16级《C语言程序设计》成绩表

学号	姓名	组别	平时	期中	期末	总评成绩	成绩等级	排名
163161601	梁志芳	A	35	44	40	119	不及格	21
163161602	何毅力	C	73	26	59	158	及格	18
163161603	梁智力	C	39	34	43	116	不及格	22
163161604	蒲月民	A	63	21	85	169	及格	16
163161605	武小放	C	68	84	51	203	良好	8
163161606	黄晓名	C	47	56	76	179	及格	14
163161607	冯建辉	B	71	76	67	214	良好	7
163161608	张晓琴	A	86	91	82	259	优秀	2
163161609	顾婷婷	C	74	44	66	184	及格	13
163161610	钟正华	A	78	21	65	164	及格	17
163161611	罗益昌	C	53	67	98	218	良好	5
163161612	张正焕	B	73	99	83	255	优秀	3
163161613	张伟	B	39	99	87	225	良好	4
163161614	高玉宝	C	48	46	37	131	不及格	20
163161615	范君艳	B	36	87	80	203	良好	8
163161616	梁子扬	A	57	45	31	133	不及格	19
163161617	郑志超	C	67	77	73	217	良好	6
163161618	莫天	A	77	63	46	186	及格	12
163161619	何算子	C	71	96	36	203	良好	8
163161620	黄大力	B	68	100	97	265	优秀	1
163161621	林子湘	C	72	34	88	194	及格	11
163161622	毛雨皮	B	57	41	75	173	及格	15

期末考试成绩统计表				
A组总成绩	1030			
B组总成绩	1335			
C组总成绩	1803			
A组平均成绩	172			
B组平均成绩	223			
C组平均成绩	180			
全班平均分	189			
全班最高分	265			
全班最低分	116			
各个等级所占的人数	优秀	良好	及格	不及格
	3			

图 10-46 优秀学生的人数

P12 =COUNTIF($H$3:$H$24,"不及格")

学号	姓名	组别	平时	期中	期末	总评成绩	成绩等级	排名
163161605	武小放	C	68	84	51	203	良好	8
163161606	黄晓名	C	47	56	76	179	及格	14
163161607	冯建辉	B	71	76	67	214	良好	7
163161608	张晓琴	A	86	91	82	259	优秀	2
163161609	顾婷婷	C	74	44	66	184	及格	13
163161610	钟正华	A	78	21	65	164	及格	17
163161611	罗益昌	C	53	67	98	218	良好	5
163161612	张正焕	B	73	99	83	255	优秀	3
163161613	张伟	B	39	99	87	225	良好	4
163161614	高玉宝	C	48	46	37	131	不及格	20
163161615	范君艳	B	36	87	80	203	良好	8
163161616	梁子扬	A	57	45	31	133	不及格	19
163161617	郑志超	C	67	77	73	217	良好	6
163161618	莫天	A	77	63	46	186	及格	12
163161619	何算子	C	71	96	36	203	良好	8
163161620	黄大力	B	68	100	97	265	优秀	1
163161621	林子湘	C	72	34	88	194	及格	11
163161622	毛雨皮	B	57	41	75	173	及格	15

成绩统计表				
C组平均成绩	180			
全班平均分	189			
全班最高分	265			
全班最低分	116			
各个等级所占的人数	优秀	良好	及格	不及格
	3	7	8	4

图 10-47 各等级学生的人数

```
INDEX(reference, row_num, [column_num], [area_num])
```

- reference 为必须项,是对一个或多个单元格区域的引用。
- row_num 为必须项,是引用中某行的行号,函数从该行返回一个引用。
- column_num 为可选项,是引用中某列的列标,函数从该列返回一个引用。
- area_num 为可选项,在引用中选择要从中返回 row_num 和 column_num 的交叉处的区域。选择或输入的第一个区域编号为 1,第二个为 2,依此类推。如果省略 area_num,则 INDEX 使用区域 1。此处列出的区域必须全部位于一张工作表中。

注意:Reference 中,如果为引用输入一个不连续的区域,必须将其用括号括起来。

提示:INDEX()函数第二种语法格式为:(array, row_num, [column_num]),返回指定的行列单元格。

- array 为必须项，是单元格区域或数组常量。
- row_num 为必须项，是选择数组中的某行，函数从该行返回数值。如果省略 row_num，则必须有 column_num。
- column_num 为可选项，是选择数组中的某列，函数从该列返回数值。如果省略 column_num，则必须有 row_num。

在图 10-48 中，公式的含义如下。

"=INDEX(A2:C6, 2, 3)"表示查找区域 A2:C6中第二行和第三列的交叉处，即单元格 C3 的内容为 40。

"=INDEX((A1:C6, A8:C11), 2, 2, 2)"表示查找第二个区域 A8:C11 中第二行和第二列的交叉处，即单元格 B9 的内容为 3.55。

"=SUM(INDEX(A3:C11, 0, 3, 1))"表示对第一个区域 A1:C11 中的第三列求和，即对 C1:C11 求和，结果为 216。

	A	B	C	D
1				
2	种类	单价	数量	
3	苹果	0.69	40	
4	香蕉	0.34	38	
5	柠檬	0.55	15	
6	柑橘	0.25	25	
7	梨	0.59	40	
8	杏	2.8	10	
9	腰果	3.55	16	
10	花生	1.25	20	
11	胡桃	1.75	12	
12				

图 10-48 INDEX 实例表

"=SUM(B2:INDEX(A3:C6, 5, 2))"返回以单元格 B2 开始到单元格区域 A3:C6中第五行和第二列交叉处结束的单元格区域的和，即单元格区域 B2:B6的和，结果为 1.83。

12. LOOKUP()函数

LOOKUP()函数的功能是返回向量(单行区域或单列区域)或数组中的数值。LOOKUP()函数有两种使用方式，即向量形式和数组形式，这里介绍向量形式，其语法格式为

```
LOOKUP(lookup_value,lookup_vector,result_vector)
```

- lookup_value 为函数在第一个向量中所要查找的数值。
- lookup_vector 为包含一行或一列的区域。lookup_vector 的数值必须按升序排序，否则不能返回正确的结果。
- result_vector 只包含一行或一列的区域，其大小必须与 lookup_vector 相同。

提示：如果 LOOKUP()函数找不到 lookup_value，则它与 lookup_vector 中小于或等于 lookup_value 的最大值匹配。

【案例 10-6】 以"频率颜色表"为例，掌握 LOOKUP()函数的使用方法。

(1) 打开"素材\chapter10\10-频率颜色表.xlsx"。

(2) 选择 D10 单元格，单击"公式"选项卡"函数库"组中的"插入函数"按钮。

在打开的"插入函数"对话框中，选择函数 LOOPUP 后确定。

(3) 在打开的"函数参数"对话框中，设置参数 lookup_value 为 4.19，参数 lookup_vector 为 A3:A7，参数 result_vector 为 B3:B7，单击"确定"按钮，即可求得此查询结果，如图 10-49 所示。

(4) D11、D12 单元格用同样的方法。D11 单元格设置其函数参数为：lookup_value 为 5.75，lookup_vector 为 A3:A7，result_vector 为 B3:B7；D12 单元格设置其函数参数为 lookup_value 为 7.66，lookup_vector 为 A3:A7，result_vector 为 B3:B7。计算结果如图 10-50

所示。5.75 与最接近的较小值 5.17 相匹配，所以返回黄色；7.66 与最接近的较小值 6.39 相匹配，所以返回蓝色。

D10 | =LOOKUP(4.19,A3:A7,B3:B7)

	A	B	C	D
1				
2	频率	颜色		
3	4.14	红色		
4	4.19	橙色		
5	5.17	黄色		
6	5.77	绿色		
7	6.39	蓝色		
8				
9			要求	颜色
10			查找4.19频率对应的颜色	橙色
11			查找5.75频率对应的颜色	
12			查找7.66频率对应的颜色	

图 10-49　查找 4.19 频率对应的颜色

D12 | =LOOKUP(7.66,A3:A7,B3:B7)

	A	B	C	D
1				
2	频率	颜色		
3	4.14	红色		
4	4.19	橙色		
5	5.17	黄色		
6	5.77	绿色		
7	6.39	蓝色		
8				
9			要求	颜色
10			查找4.19频率对应的颜色	橙色
11			查找5.75频率对应的颜色	黄色
12			查找7.66频率对应的颜色	蓝色

图 10-50　查找 5.75、7.66 频率对应的颜色

13. VLOOKUP()函数

VLOOKUP()函数的功能是在表格或区域中按列查找内容，返回区域中首列满足条件元素所对应的指定列单元格的值。VLOOKUP 中的 V 参数表示“垂直方向”。其语法格式为

```
VLOOKUP(lookup_value,table_array,col_index_num,[range_lookup])
```

- lookup_value：查找目标，即指定查找的内容或单元格引用。
- table_array：查找范围。

提示：查找目标一定要在查找范围的第一列。

查找范围中一定要包含要返回值所在的列。

- col_index_num：返回的列数，它是返回值在第二个参数给定的区域中的列数，它不是在工作表中的列数，而是在查找范围区域的第几列。
- range_lookup：逻辑值，指定希望 VLOOKUP 查找精确的匹配值还是近似匹配值。如果为 True 或 1，则返回精确匹配值或近似匹配值，也就是说，如果找不到精确匹配值，则返回小于 lookup_value 的最大数值。如果为 False 或 0，VLOOKUP 将只寻找精确匹配值。

提示：当比较值位于需要查找的数据左边的一列时，可以使用 VLOOKUP()函数而不是 HLOOKUP()函数。

【案例 10-7】 以“部件表”为例，掌握 VLOOKUP()函数的使用方法。

(1) 打开“素材\chapter10\10-部件.xlsx”。

(2) 选择 D10 单元格，单击“公式”选项卡“函数库”组中的“插入函数”按钮。

在打开的“插入函数”对话框中，选择函数 VLOOPUP 后确定。

(3) 在打开的“函数参数”对话框中，设置参数 lookup_value 为 C14，参数 table_array 为 A3:D12，参数 col_index_num 为 3，参数 range_lookup 为 0(或 False)，单击“确定”按钮，即可求得此查询结果，如图 10-51 所示。

C15 =VLOOKUP(C14,A3:D12,3,0)

	A	B	C	D
1				
2	部件号	部件名称	部件价格	状态
3	A001	水泵	$68.4	有存货
4	A002	交流发电机	$380.7	有存货
5	A003	空气过滤器	$15.3	有存货
6	A004	车轮轴承	$35.6	有存货
7	A005	消音器	$160.2	无存货
8	A006	油盘	$100.9	有存货
9	A007	刹车片	$66.0	有存货
10	A008	刹车盘	$85.7	无存货
11	A009	车头灯	$35.2	有存货
12	A010	制动拉索	$15.5	有存货
13				
14		部件号	A007	
15		部件价格	$66.0	

图 10-51 查找 A007 部件的价格

14. HLOOKUP()函数

HLOOKUP()函数的功能是在表格的首行或数值数组中搜索值，返回区域中首行满足条件元素所对应的指定行单元格的值。HLOOKUP 中的 H 代表“行”。其语法格式为

```
HLOOKUP(lookup_value,table_array,row_index_num,[range_lookup])
```

- lookup_value：要在数据表第一行中查找的数值，该参数可以为数值、引用或文本字符串。
- table_array：要在其中查找数据的数据表，使用对区域或区域名称的引用。
- row_index_num：待返回的匹配值的行号。row_index_num 为 1 时，返回 table_array 第一行的数值；row_index_num 为 2 时，返回 table_array 第二行的数值，以此类推。
- range_lookup：逻辑值，指定希望 VLOOKUP()函数查找精确的匹配值还是近似匹

配值，如果为 True 或省略，则返回精确匹配值或近似匹配值。也就是说，如果找不到精确匹配值，则返回小于 lookup_value 的最大数值；如果为 False，VLOOKUP() 函数将只寻找精确匹配值。

提示：如果 range_lookup 为 True，则 table_array 的第一行的数值必须按升序排列，否则 HLOOKUP() 函数将不能给出正确的数值。如果 range_lookup 为 False，则 table_array 不必进行排序。

【案例 10-8】 以"产品销量统计表"为例，掌握 HLOOKUP() 函数的使用方法。

(1) 打开"素材\chapter10\10-产品销量统计表.xlsx"。

(2) 选择 C3 单元格，单击"公式"选项卡"函数库"组中的"插入函数"按钮。

在打开的"插入函数"对话框中，选择函数 HLOOPUP 后确定。

(3) 在打开的"函数参数"对话框中，设置参数 lookup_value 为 A3，参数 table_array 为 \$B\$11:\$G\$14，参数 row_index_num 为 3，参数 range_lookup 为 0(或 False)，单击"确定"按钮，即可求得此查询结果，如图 10-52 所示。

C3　=HLOOKUP(A3,$B$11:$G$14,3,FALSE)

	A	B	C	D	E	F	G
1	2015年7月产品销量统计						
2	产品名称	批发量(台)	批发价格(元)	批发销售额(元)	零售量(台)	零售价格(元)	零售销售额(元)
3	产品1	180	300		150		
4	产品2	270			160		
5	产品3	140			230		
6	产品4	162			310		
7	产品5	560			160		
8	产品6	300			240		
9							
10	产品价格表						
11	产品名称	产品1	产品2	产品3	产品4	产品5	产品6
12	进货价格	200	210	220	240	260	300
13	批发价格	300	400	500	600	700	800
14	零售价格	350	450	550	650	750	850

图 10-52　查找产品 1 的批发价格

(4) 将鼠标指针移动到 C3 单元格右下角的控制柄上，双击鼠标左键，则将公式填充到 C4:C8单元格区域，计算出结果，如图 10-53 所示。

C3　=HLOOKUP(A3,$B$11:$G$14,3,FALSE)

	A	B	C	D	E	F	G
1	2015年7月产品销量统计						
2	产品名称	批发量(台)	批发价格(元)	批发销售额(元)	零售量(台)	零售价格(元)	零售销售额(元)
3	产品1	180	300		150		
4	产品2	270	400		160		
5	产品3	140	500		230		
6	产品4	162	600		310		
7	产品5	560	700		160		
8	产品6	300	800		240		
9							
10	产品价格表						
11	产品名称	产品1	产品2	产品3	产品4	产品5	产品6
12	进货价格	200	210	220	240	260	300
13	批发价格	300	400	500	600	700	800
14	零售价格	350	450	550	650	750	850

图 10-53　查找所有产品的批发价格

(5) 用同样的方法,在产品销量统计中填写产品零售价格,结果如图 10-54 所示。

F3 =HLOOKUP(A3,$B$11:$G$14,4,0)

	A	B	C	D	E	F	G
1	2015年7月产品销量统计						
2	产品名称	批发量(台)	批发价格(元)	批发销售额(元)	零售量(台)	零售价格(元)	零售销售额(元)
3	产品1	180	300		150	350	
4	产品2	270	400		160	450	
5	产品3	140	500		230	550	
6	产品4	162	600		310	650	
7	产品5	560	700		160	750	
8	产品6	300	800		240	850	
9							
10	产品价格表						
11	产品名称	产品1	产品2	产品3	产品4	产品5	产品6
12	进货价格	200	210	220	240	260	300
13	批发价格	300	400	500	600	700	800
14	零售价格	350	450	550	650	750	850

图 10-54 查找所有产品的零售价格

(6) 利用公式计算批发销售额和零售销售额,结果如图 10-55 所示。

G3 =E3*F3

	A	B	C	D	E	F	G
1	2015年7月产品销量统计						
2	产品名称	批发量(台)	批发价格(元)	批发销售额(元)	零售量(台)	零售价格(元)	零售销售额(元)
3	产品1	180	300	54000	150	350	52500
4	产品2	270	400	108000	160	450	72000
5	产品3	140	500	70000	230	550	126500
6	产品4	162	600	97200	310	650	201500
7	产品5	560	700	392000	160	750	120000
8	产品6	300	800	240000	240	850	204000
9							
10	产品价格表						
11	产品名称	产品1	产品2	产品3	产品4	产品5	产品6
12	进货价格	200	210	220	240	260	300
13	批发价格	300	400	500	600	700	800
14	零售价格	350	450	550	650	750	850

图 10-55 计算销售额

实训案例

【案例 10-9】 公式与函数应用一

【实训目的】 通过实训,掌握利用 IF()函数、COUNTIF()函数对工作表进行数据计算的方法。

【实训内容】 打开"素材\chapter10\10-销售统计表.xlsx",对其进行数据计算。效果文件可参考"素材\ chapter10\10-销售统计表_end.xlsx"。

【实训步骤】

(1) 打开"素材\chapter10\10-销售统计表.xlsx"。

(2) 在"定购量"列中利用 IF()函数,求定购量的情况。如果"数量"列中"数据>=30",则定购量为"大";"数量"列中"数据>=20",定购量为"中";"数量"列中"数据>=10",定购量为"小";"数量"列中"数据<10",定购量为"低"。

(3) 在 F19 单元格中,利用 COUNTIF()函数统计定购量"大"的客户数。

最终效果如图 10-56 所示。

	A	B	C	D	E	F
1	1月份产品销售统计表					
2						
3	日期	用户名称	产品名称	单价	数量	定购量
4	2016/1/26	汇通国际有限公司	Offcie 2000	1,999.00	30	大
5	2016/1/27	北京燕莎友谊商城有限公司	Win 2000	2,300.00	30	大
6	2016/1/26	轻工总会消费时报	Offcie 2000	1,999.00	1	低
7	2016/1/29	南京公生明技贸公司	Offcie 2000	1,999.00	11	小
8	2016/1/27	北京英闻广告公司	Offcie 2000	1,999.00	6	低
9	2016/1/28	中国京安进出口公司	Offcie 2000	1,999.00	50	大
10	2016/1/28	特艺文具礼品有限公司	Win 2000	2,300.00	50	大
11	2016/1/27	恒成资讯产业发展有限公司	Win 2000	2,300.00	8	低
12	2016/1/28	祥锐电脑科技有限公司	Offcie 2000	1,999.00	8	低
13	2016/1/29	科协声像中心编辑出版部	Offcie 2000	1,999.00	16	小
14	2016/1/29	中国青年报广告处	Win 2000	2,300.00	38	大
15	2016/1/30	经济日报总编室	Offcie 2000	1,999.00	25	中
16	2016/1/29	上海日报	Offcie 2000	1,999.00	33	大
17	2016/1/30	宁夏日报	Offcie 2000	1,999.00	18	小
18	2016/1/30	峰杰电脑数字技术公司	Win 2000	2,300.00	30	大
19		定购量大的客户数量				7

图 10-56 销售统计表_end

【案例 10-10】 公式与函数应用二

【实训目的】 通过实训,掌握利用 SUM()函数、SUMIF()函数等函数的使用方法。

【实训内容】 打开"素材\chapter10\10 学生单科成绩表. xlsx",对其进行数据计算。效果文件可参考"素材\chapter10\10-学生单科成绩表_end. xlsx"。

【实训步骤】

(1) 打开"素材\chapter10\10-学生单科成绩表. xlsx"。

(2) 计算每一个同学的总评成绩,总评成绩按平时占 20%、期中占 30%、期末占 50%计算。

(3) 按总评成绩填写成绩等级,总评成绩为 85~100,则成绩等级为"优秀";总评成绩为 75~84,则成绩等级为"良好";总评成绩为 60~74,则成绩等级为"及格";总评成绩为 60 以下,则成绩等级为"不及格"。

(4) 计算各组的平均成绩。

(5) 计算全班的平均分、最高分与最低分。

(6) 统计各个成绩等级的人数。

最终效果如图 10-57 所示。

	A	B	C	D	E	F	G	H	I
1	16级《C语言程序设计》成绩表								
2	学号	姓名	组别	平时	期中	期末	总评成绩	成绩等级	排名
3	163161601	梁志芳	A	35	44	40	119	不及格	21
4	163161602	何毅力	C	73	26	59	158	及格	18
5	163161603	梁智力	C	39	34	43	116	不及格	22
6	163161604	蒲月民	A	63	21	85	169	及格	16
7	163161605	武小放	C	68	84	51	203	良好	8
8	163161606	黄晓名	C	47	56	76	179	及格	14
9	163161607	冯建辉	B	71	76	67	214	良好	7
10	163161608	张晓琴	A	86	91	82	259	优秀	2
11	163161609	顾婷婷	C	74	44	66	184	及格	13
12	163161610	钟正华	A	78	21	65	164	及格	17
13	163161611	罗益昌	C	53	67	98	218	良好	5
14	163161612	张正焕	B	73	99	83	255	优秀	3
15	163161613	张伟	B	39	99	87	225	良好	4
16	163161614	高玉宝	C	48	46	37	131	不及格	20
17	163161615	范君艳	B	36	87	80	203	良好	8
18	163161616	梁子扬	A	57	45	31	133	不及格	19
19	163161617	郑志超	C	67	77	73	217	良好	6
20	163161618	莫天	A	77	63	46	186	及格	12
21	163161619	何算子	C	71	96	36	203	良好	8
22	163161620	黄大力	B	68	100	97	265	优秀	1
23	163161621	林子湘	C	72	34	88	194	及格	11
24	163161622	毛雨皮	B	57	41	75	173	及格	15

K	L	M	N	O	P
期末考试成绩统计表	A组总成绩	1030			
	B组总成绩	1335			
	C组总成绩	1803			
	A组平均成绩	172			
	B组平均成绩	223			
	C组平均成绩	180			
	全班平均分	189			
	全班最高分	265			
	全班最低分	116			
	各个等级所占的人数	优秀	良好	及格	不及格
		3	7	8	4

图 10-57 学生单科成绩表_end

拓展练习

1. 公式与函数应用

【实训知识点要求】 打开"素材\chapter10\10-员工销售表. xlsx",通过对员工销售表进行计算,掌握公式以及 SUM()函数、SUMIF()函数等函数的使用方法。效果文件可参考"素材\chapter10-员工销售表_end. xlsx"。

(1) 打开"素材\chapter10\10-员工销售表. xlsx"。

(2) 计算出每个员工对各种产品的总销售额。

(3) 计算所有员工的总销售额、平均销售额、最高销售额及最低销售额。

(4) 评出业绩等级,规则如下。

若"个人销售额>=平均销售额+(最高销售额-平均销售额)/2",则等级为"优";

若"个人销售额>=平均销售额",则等级为"良";

若"个人销售额>=平均销售额-(最高销售额-平均销售额)/2",则等级为"中";

若计算结果不是优或良或中,则等级为"差"。

(5) 根据等级统计出每个员工应发放的奖金额度,奖金发放规则如下。

若等级为"优",则奖金为 2000 元;

若等级为"良",则奖金为 1500 元;

若等级为"中",则奖金为 1000 元;

若等级为"差",则奖金为 500 元。

(6) 根据每个员工的销售额,排列名次。

(7) 统计所有员工人数、优秀员工人数以及优秀员工的比例。

(8) 分别统计男员工的平均销售额和总销售额、女员工的平均销售额和总销售额。

最终效果如图 10-58 所示。

	A	B	C	D	E	F	G	H	I	J	K	L	M	N	O
1	员工编号	姓名	性别	冰箱	洗衣机	彩电	空调	吸尘器	微波炉	电磁炉	抽油烟机	销售总额	等级	奖金	排名
2	B010	李平凡	男	21200	14700	34920	72000	4480	5950	2000	8400	163650	良	1500	5
3	B011	张志平	男	15900	15750	27160	36000	3920	5100	2400	7200	113430	差	500	16
4	B012	王琳	女	31800	21000	38800	84000	5040	7650	1600	9600	199490	优	2000	2
5	B013	王强	男	18550	18900	31040	72000	3360	4250	2400	7200	157700	良	1500	9
6	B014	张英	女	21200	16800	23280	60000	3920	5100	2400	4800	137500	中	1000	14
7	B015	刘永	男	31800	15750	38800	96000	4480	5950	2800	7200	202780	优	2000	1
8	B016	陈静	女	29150	14700	34920	60000	2800	6800	2000	6000	156370	良	1500	10
9	B017	汤河	男	21200	15750	31040	60000	3360	5100	2400	8400	147250	中	1000	11
10	B018	赵菊芳	女	15900	15750	38800	72000	3920	7650	2800	9600	166420	良	1500	3
11	B019	徐东	男	18550	13650	46560	72000	2240	3400	2400	3600	162400	良	1500	6
12	B020	孟才	男	15900	16800	34920	60000	4480	4250	2000	7200	145550	中	1000	12
13	B021	朱华	女	26500	15750	42680	36000	3920	5100	3200	6000	139150	中	1000	13
14	B022	周利	男	23850	13650	31040	72000	3360	4250	2000	9600	159750	良	1500	7
15	B023	赵强	男	29150	18900	34920	60000	2800	4250	3200	10800	164020	良	1500	4
16	B024	陈建华	女	23850	10500	23280	48000	5040	7650	2000	7200	127520	差	500	15
17	B025	程德	男	15900	11550	27160	84000	3920	5950	2000	8400	158880	良	1500	8
18										所有员工的总销售额		2501860			
19										所有员工的平均销售额		156366.25			
20										最高销售额		202780			
21										最低销售额		113430			
22									（最高销售额-平均销售额）/2			23206.875			
23															
24	所有员工人数		16												
25	优秀员工人数		2												
26	优秀员工比例		12.50%												
27	男员工的平均销售额		157541												
28	男员工的总销售额		1575410												
29	女员工的平均销售额		154408.3												
30	女员工的总销售额		926450												

图 10-58　员工销售表_end

2. 函数应用

【实训知识点要求】　打开“素材\chapter10\10-按行查找销售表.xlsx”，利用产品价格表查找产品批发价格、零售价格并填入产品销售量统计表中，再计算其销售额，从而掌握查找函数的使用方法。效果如图 10-59 所示，效果文件可参考“素材\chapter10-按行查找销售表_end.xlsx”。

	A	B	C	D	E	F	G
1	**产品价格表**						
2	产品名称	产品1	产品2	产品3	产品4	产品5	产品6
3	进货价格	200	210	220	240	260	300
4	批发价格	300	400	500	600	700	800
5	零售价格	350	450	550	650	750	850
6							
7							
8							
9	**2015年7月产品销量统计表**						
10	产品名称	批发量(台)	批发价格(元)	批发销售额(元)	零售量（台）	零售价格（元）	零售销售额(元)
11	产品1	180	300	54000	150	350	52500
12	产品2	270	400	108000	160	450	72000
13	产品3	140	500	70000	230	550	126500
14	产品4	162	600	97200	310	650	201500
15	产品5	560	700	392000	160	750	120000
16	产品6	300	800	240000	240	850	204000

图 10-59　按行查找销售表_end

本章小结

本章主要介绍了公式与函数的使用方法，其中涉及了公式的组成、单元格的引用、公式创建和复制、函数的结构、函数的输入和常用函数的使用等内容，应掌握如何通过公式与函数对表中数据进行计算。

思考与练习

1. 填空题

(1) 函数 SUM(A1:A10)是计算________________。

(2) Excel 工作表中,如果为单元格 B4 赋值"一等",单元格 B5 赋值"二等",单元格 B6 赋值"一等",在 C4 单元格输入公式"=IF(B4="一等","1000","800")",并将公式复制到 C5、C6 单元格,则 C4、C5、C6 单元格的值分别是________________。

(3) 在 Excel 中,进行公式复制时,________引用的单元格发生改变。

(4) COUNTIF()函数的功能是________________。

(5) INDEX()函数的功能是________________。

2. 选择题

(1) 公式中运算符的作用是(　　)。

A. 用于指定对操作数或单元格引用数据执行何种运算

B. 对数据进行分类

C. 比较数据

D. 连接数据

(2) 公式中,当操作数发生变化时,公式的运算结果(　　)。

A. 会发生改变　　B. 不会发生改变

C. 与操作数没有关系　　D. 会显示出错信息

(3) Excel 中 A:C 表示的是(　　)。

A. 错误的表示方法　　B. A 列和 C 列的所有单元格

C. 不是 A 列和 C 列的所有单元格　　D. A 列到 C 列的单元格区域

(4) 在 Excel 中"∑"按钮的意思是(　　)。

A. 自动求积　　B. 自动求差　　C. 自动求商　　D. 自动求和

(5) Excel 中,公式是对工作表中的数值进行计算的等式。下列关于公式的说法,正确的是(　　)。

A. 公式必须以等号开头

B. 公式中的运算数不能使用"名称"

C. 一个公式中,必须包含一个或多个函数

D. 一个公式中不能包含多个单元格引用

3. 判断题

(1) 单元格引用位置是基于工作表中的行号和列标,例如位于第一行、第一列的单元格引用是 A1。(　　)

(2) 比较运算符可以比较两个数值并产生逻辑值 True 或 False。(　　)

(3) 比较运算符只能比较两个数值型数据。(　　)

(4) 输入公式时,所有的运算符必须是英文半角。(　　)

(5) 在 G2 单元格中输入公式"＝E2 * F2",复制公式到 G3、G4 单元格,G3、G4 单元格中的公式分别是"＝E3 * F3"和"＝E4 * F4"。　(　)

4. 简答题

(1) 公式的基本组成元素有哪些?

(2) 公式中的运算符有哪几种?

(3) 公式的移动与复制有何区别?

(4) 单元格的相对引用、绝对引用和混合引用有什么区别?

第 11 章　Excel 2013 数据分析与管理

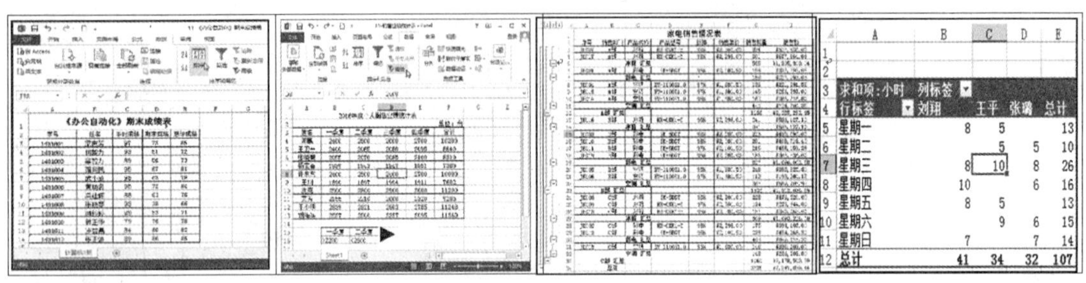

本章导读

在 Excel 2013 中，可以通过系统内置的管理功能对数据进行一系列的分析和管理。本章主要介绍数据排序、数据筛选、数据分类汇总、合并计算、数据透视表这些分析和管理数据的方法。

知识目标

- 掌握对数据进行按条件和多条件排序的方法。
- 掌握对数据进行自动筛选、按条件筛选和高级筛选的方法。
- 掌握对数据进行简单分类汇总、多重分类汇总和嵌套分类汇总的方法。
- 掌握对数据按位置和类别进行合并计算的方法。
- 掌握数据透视表的应用。

能力目标

- 能够对工作表中的数据进行排序。
- 能够通过数据筛选从工作表中找出满足一定条件的数据，其他数据隐藏。
- 能够通过分类汇总对工作表中的数据分门别类地进行统计处理，如进行求和、求平均值等计算，并且分级显示汇总的结果以及删除分类汇总。
- 能够通过合并计算将多个源区域中的数据合并到一个目标区域中。
- 能够创建数据透视表，以便从不同的角度汇总、比较和查看数据。

11.1　数据排序

排序是对工作表中的数据进行重新组织安排的一种方式，有助于快速直观地显示、查找数据。在 Excel 2013 中可以对一列或多列中的数据按文本、数字以及日期和时间进行排序，还可以按自定义序列(如大、中、小)进行排序。

11.1.1　单条件排序

单条件排序也叫简单排序，是指对数据表中的单列数据按照 Excel 2013 默认的升序或降序的方式排列。

在 Excel 2013 中，按照升序排序时，不同数据类型的默认排序方式如表 11-1 所示。降序排序与升序排序的顺序相反。

表 11-1　默认排序方式表

数据类型	排 序 次 序
数字	按从最小的负数到最大的正数进行排序
日期	按从最早的日期到最晚的日期进行排序
文本	按照特殊字符、数字(0...9)、小写英文字母(a...z)、大写英文字母(A...Z)、汉字(以拼音排序)排序
逻辑	False 排在 True 之前
错误	所有错误值(如＃NUM!和＃REF!)的优先级相同
空白单元格	无论是升序还是降序排列，空白单元格总是放在最后

【案例 11-1】　打开“素材/chapter11/11-办公自动化-期末成绩表. xlsx”，按照“总评成绩”降序排列。

(1) 打开“11-办公自动化-期末成绩表. xlsx”工作簿，单击要进行排序的“总评成绩”列中的任一单元格。

(2) 单击“数据”选项卡上“排序和筛选”组中的“排序”按钮，如图 11-1 所示，打开如图 11-2 所示的“排序”对话框。

(3) 图 11-2 中，在“主要关键字”下拉列表框中选择“总评成绩”选项，在“排序依据”下拉列表框中选择“数值”选项，在“次序”下拉列表框中选择“降序”选项，单击“确定”按钮。

(4) 返回工作表中，可以看到数据已经按照“总评成绩”列中的数据降序排列，如图 11-3 所示。

按“文本”与按“日期”型数据排序，与上述操作步骤一致。

提示：单击要进行排序的列中的任一单元格，然后单击“数据”选项卡上“排序和筛选”组中的“升序”按钮 或“降序”按钮 ，也可实现排序功能。

在对汉字进行排序时，首先按照汉字拼音的首字母进行排序，如果第一个汉字相同时，按照相同汉字的第二个汉字拼音首字母排序。

学号	姓名	平时成绩	期末成绩	总评成绩
1431601	梁志芳	97	73	85
1431602	何毅力	93	51	72
1431603	梁智力	89	56	73
1431604	蒲月民	95	67	81
1431605	武小放	95	63	79
1431606	黄晓名	95	72	84
1431607	冯建辉	88	63	76
1431608	张晓琴	93	38	66
1431609	顾婷婷	89	53	71
1431610	钟正华	79	76	78
1431611	罗益昌	84	80	82
1431612	张正焕	89	80	85

图 11-1　排序前的工作表

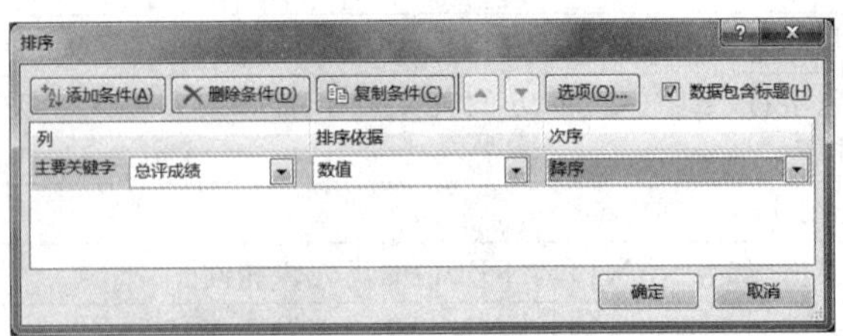

图 11-2　"排序"对话框

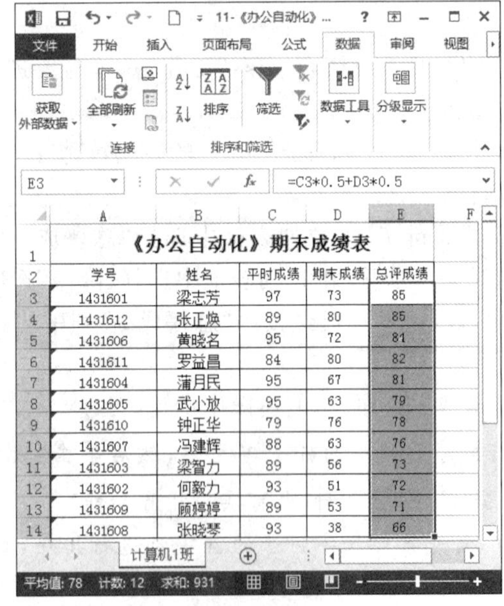

学号	姓名	平时成绩	期末成绩	总评成绩
1431601	梁志芳	97	73	85
1431612	张正焕	89	80	85
1431606	黄晓名	95	72	84
1431611	罗益昌	84	80	82
1431604	蒲月民	95	67	81
1431605	武小放	95	63	79
1431610	钟正华	79	76	78
1431607	冯建辉	88	63	76
1431603	梁智力	89	56	73
1431602	何毅力	93	51	72
1431609	顾婷婷	89	53	71
1431608	张晓琴	93	38	66

图 11-3　排序后的工作表

11.1.2　多条件排序

多条件排序就是对工作表中的数据按两个或两个以上的列(关键字)进行排序。在此排序方式下,为了获得最佳结果,要排序的单元格区域应包含列标题。

对多个关键字进行排序时,在“主要关键字”完全相同的情况下,会根据指定的“次要关键字”进行排序;在“次要关键字”完全相同的情况下,会根据指定的下一个“次要关键字”进行排序,以此类推。

【案例 11-2】　打开“素材/chapter11/11-产品销售统计表. xlsx”,以“日期”为主要关键字进行升序排序,以“数量”为次要关键字进行降序排序。

(1) 打开“11-产品销售统计表. xlsx”工作簿,单击要进行排序操作工作表中的任意非空单元格。

(2) 单击“数据”选项卡上“排序和筛选”组中的“排序”按钮,如图 11-4 所示,打开“排序”对话框。

图 11-4　排序前的工作表

(3) 在“排序”对话框的“主要关键字”下拉列表框中选择“日期”选项,在“排序依据”下拉列表框中选择“数值”选项,在“次序”下拉列表框中选择“升序”选项,然后单击“添加条件”按钮,添加一个次要条件,弹出如图 11-5 所示的对话框。

(4) 在图 11-5 中设置“次要关键字”条件,用户可添加多个“次要关键字”,设置完毕,单击“确定”按钮。

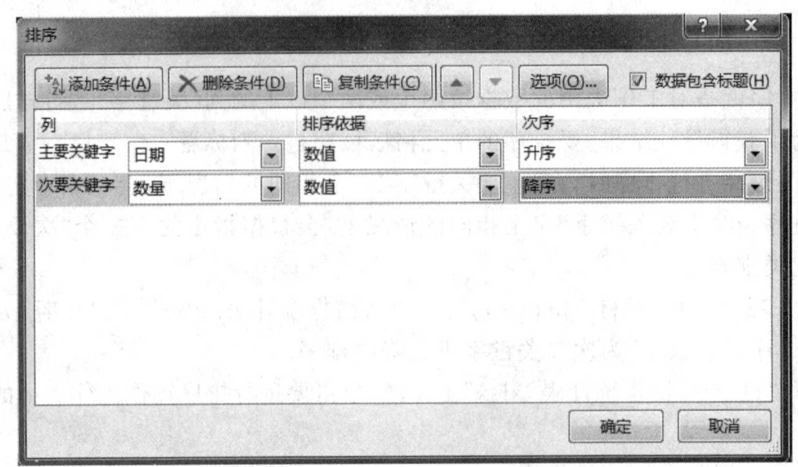

图 11-5　在“排序”对话框中添加次要关键字

(5) 返回工作表中，可以看到数据已经按照“日期”列中的数据升序排列，在“日期”相同的情况下按“数量”降序排列，如图 11-6 所示。

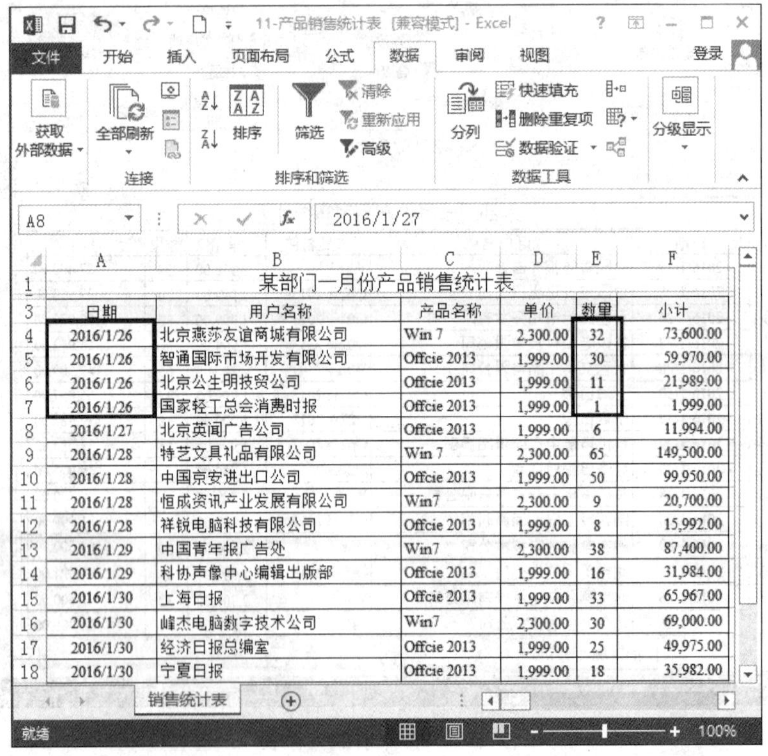

某部门一月份产品销售统计表

日期	用户名称	产品名称	单价	数量	小计
2016/1/26	北京燕莎友谊商城有限公司	Win 7	2,300.00	32	73,600.00
2016/1/26	智通国际市场开发有限公司	Offcie 2013	1,999.00	30	59,970.00
2016/1/26	北京公生明技贸公司	Offcie 2013	1,999.00	11	21,989.00
2016/1/26	国家轻工总会消费时报	Offcie 2013	1,999.00	1	1,999.00
2016/1/27	北京英闻广告公司	Offcie 2013	1,999.00	6	11,994.00
2016/1/28	特艺文具礼品有限公司	Win 7	2,300.00	65	149,500.00
2016/1/28	中国京安进出口公司	Offcie 2013	1,999.00	50	99,950.00
2016/1/28	恒成资讯产业发展有限公司	Win7	2,300.00	9	20,700.00
2016/1/28	祥锐电脑科技有限公司	Offcie 2013	1,999.00	8	15,992.00
2016/1/29	中国青年报广告处	Win7	2,300.00	38	87,400.00
2016/1/29	科协声像中心编辑出版部	Offcie 2013	1,999.00	16	31,984.00
2016/1/30	上海日报	Offcie 2013	1,999.00	33	65,967.00
2016/1/30	峰杰电脑数字技术公司	Win7	2,300.00	30	69,000.00
2016/1/30	经济日报总编室	Offcie 2013	1,999.00	25	49,975.00
2016/1/30	宁夏日报	Offcie 2013	1,999.00	18	35,982.00

图 11-6　对“日期”和“数量”列排序

注意：选中“排序”对话框的“数据包含标题”复选框，表示选定区域的第一行作为标题，不参加排序，始终放在原来的行位置；取消该复选框，表示将选定区域第一行作为普通数据看待，并参与排序。

11.1.3　自定义排序序列

在 Excel 2013 中，默认情况下对数据进行排序都是按照字母、数字等方式进行，如果要对一些特殊的数据进行排序，如“职称”“学历”等数据，可以通过 Excel 2013 的自定义排序序列功能来实现。

【案例 11-3】　打开“素材/chapter11/11-职工信息表. xlsx”，将“学历”列的数据“研究生”“本科”“大专”按自定义排序序列排序。

(1) 打开“11-职工信息表. xlsx”工作簿，单击要进行排序操作工作表中的任意非空单元格。

(2) 单击“数据”选项卡上“排序和筛选”组中的“排序”按钮，如图 11-7 所示，打开如图 11-8 所示的“排序”对话框。

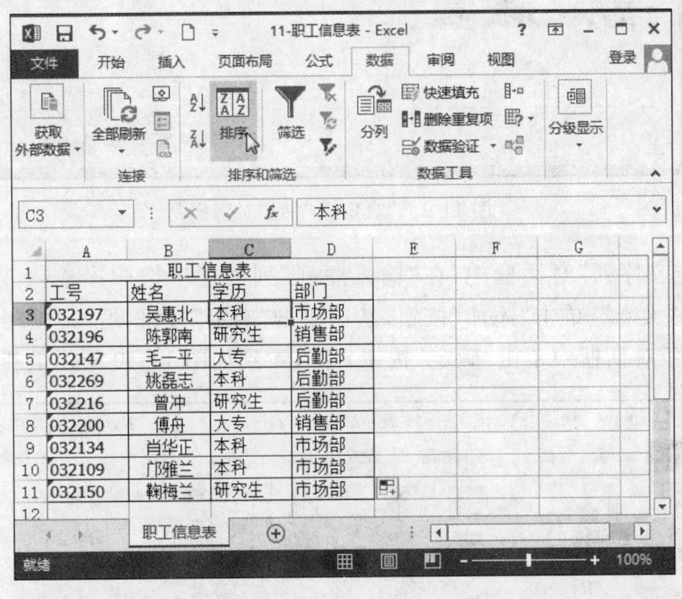

图 11-7　排序前的工作表

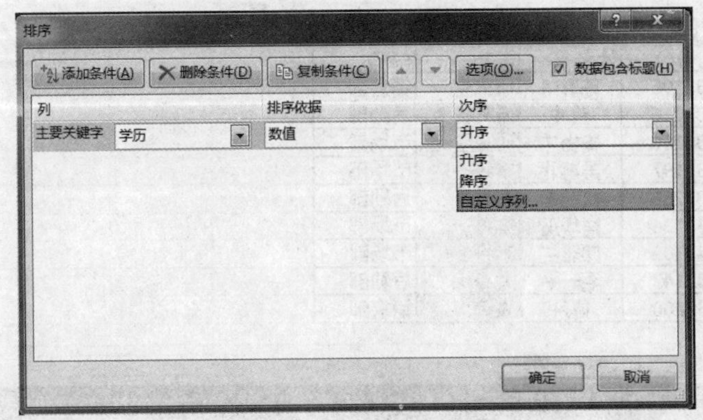

图 11-8　“排序”对话框

(3) 图 11-8 中，在“主要关键字”下拉列表框中选择“学历”选项，在“排序依据”下拉列表框中选择“数值”选项，在“次序”下拉列表框中选择“自定义序列”选项，打开如图 11-9 所示的“自定义序列”对话框。

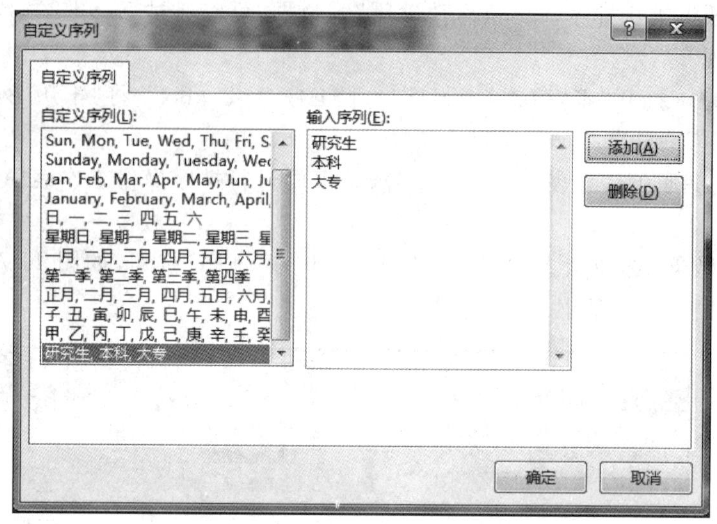

图 11-9 “自定义序列”对话框

(4) 在“自定义序列”对话框中，在“输入序列”列表框中按顺序输入要排列的序列，即“研究生”“本科”“大专”，单击“添加”按钮，然后单击“确定”按钮，返回“排序”对话框。

(5) 在“排序”对话框中单击“确定”按钮，即可看到如图 11-10 所示的排序后的结果。

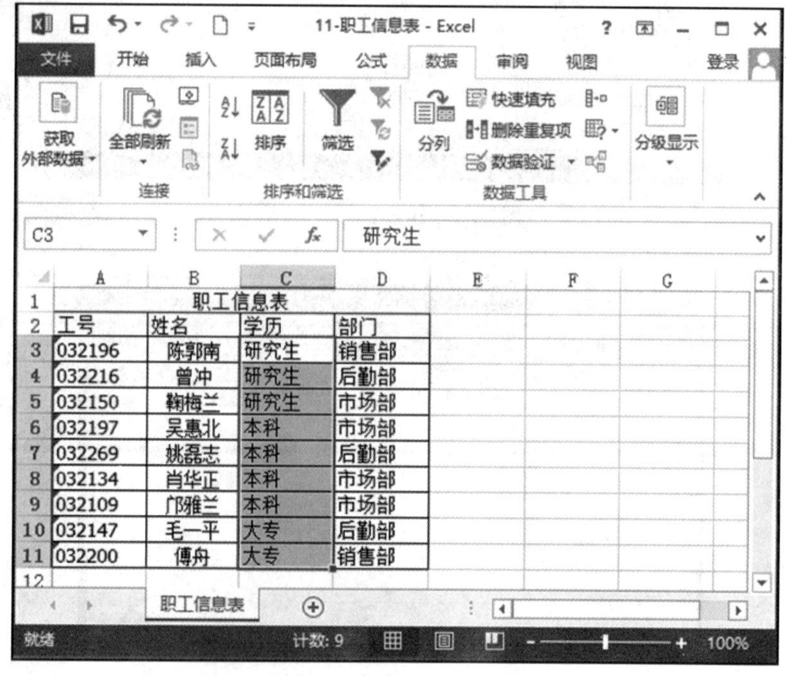

图 11-10 排序后的工作表

11.2　数据筛选

在对工作表数据进行处理时，有时需要从工作表中找出满足一定条件的数据，而将不符合条件的数据隐藏起来，这时可以用 Excel 2013 的数据筛选功能显示符合条件的数据，且隐藏的数据不会被打印出来。对于筛选得到的数据，不需要重新排列或者移动即可执行复制、查找、编辑、打印等相关操作。Excel 2013 提供了自动筛选、自定义条件筛选和高级筛选三种筛选方式。

11.2.1　自动筛选

自动筛选一般用于简单的条件筛选，筛选时只显示符合条件的记录，将不需要显示的记录暂时隐藏起来。

【案例 11-4】　打开“素材/chapter11/11-销售业绩统计表.xlsx”，筛选出“四季度”销售额是 2700 的数据。

(1) 打开“11-销售业绩统计表.xlsx”工作簿，选中要进行筛选的单元格区域。

(2) 单击“数据”选项卡上“排序和筛选”组中的“筛选”按钮，如图 11-11 所示，此时，每个标题处都会自动添加一个下拉按钮。

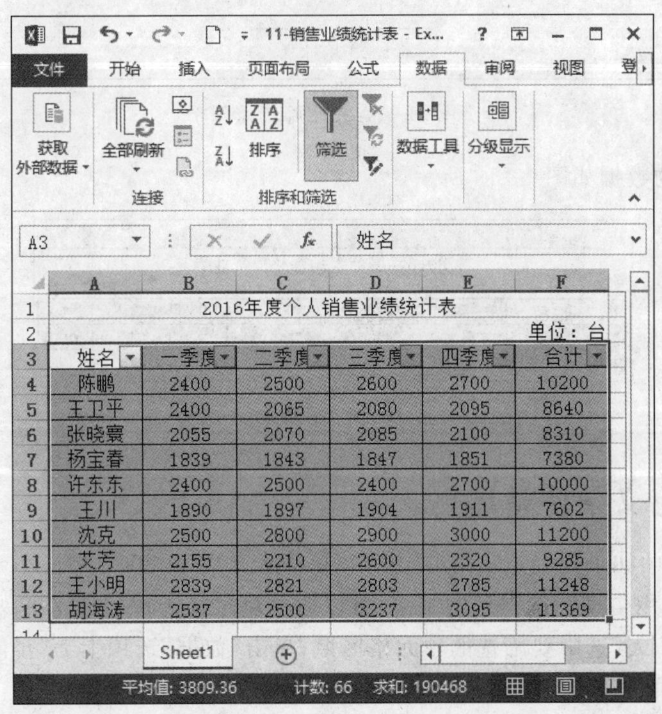

姓名	一季度	二季度	三季度	四季度	合计
陈鹏	2400	2500	2600	2700	10200
王卫平	2400	2065	2080	2095	8640
张晓寰	2055	2070	2085	2100	8310
杨宝春	1839	1843	1847	1851	7380
许东东	2400	2500	2400	2700	10000
王川	1890	1897	1904	1911	7602
沈克	2500	2800	2900	3000	11200
艾芳	2155	2210	2600	2320	9285
王小明	2839	2821	2803	2785	11248
胡海涛	2537	2500	3237	3095	11369

图 11-11　执行筛选命令

(3) 单击“四季度”下的下拉按钮，如图 11-12 所示，取消选中“全选”复选框，选中“2700”复选框，单击“确定”按钮。

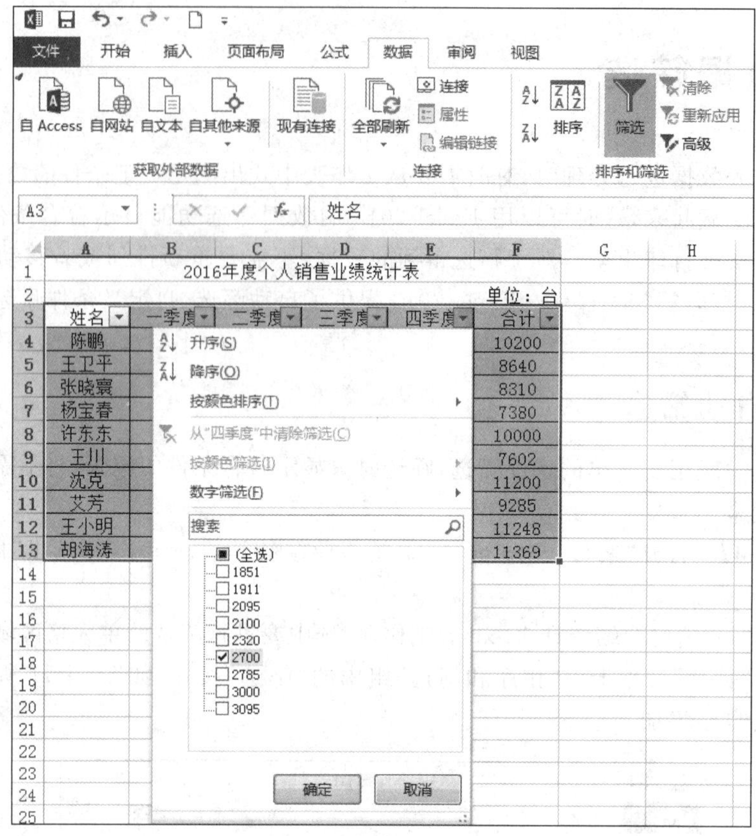

图 11-12　指定筛选条件

(4) 筛选出的数据如图 11-13 所示。

	A	B	C	D	E	F
1	2016年度个人销售业绩统计表					
2						单位：台
3	姓名	一季度	二季度	三季度	四季度	合计
4	陈鹏	2400	2500	2600	2700	10200
8	许东东	2400	2500	2400	2700	10000

图 11-13　筛选结果

11.2.2　自定义条件筛选

在案例 11-4 中如果要筛选出"四季度"销售额大于等于 2000 并且小于等于 3000 的记录，就不能直接使用自动筛选得到的结果，可以通过自定义条件筛选来实现。步骤如下。

(1) 打开工作表，选中要筛选的单元格区域，单击"数据"选项卡上"排序和筛选"组中的"筛选"按钮，单击"四季度"的下拉按钮。

(2) 选择"数字筛选"→"介于"命令，如图 11-14 所示，打开如图 11-15 所示的"自定义自动筛选方式"对话框。

(3) 在该对话框中输入设置的条件值，单击"确定"按钮，筛选结果如图 11-16 所示。

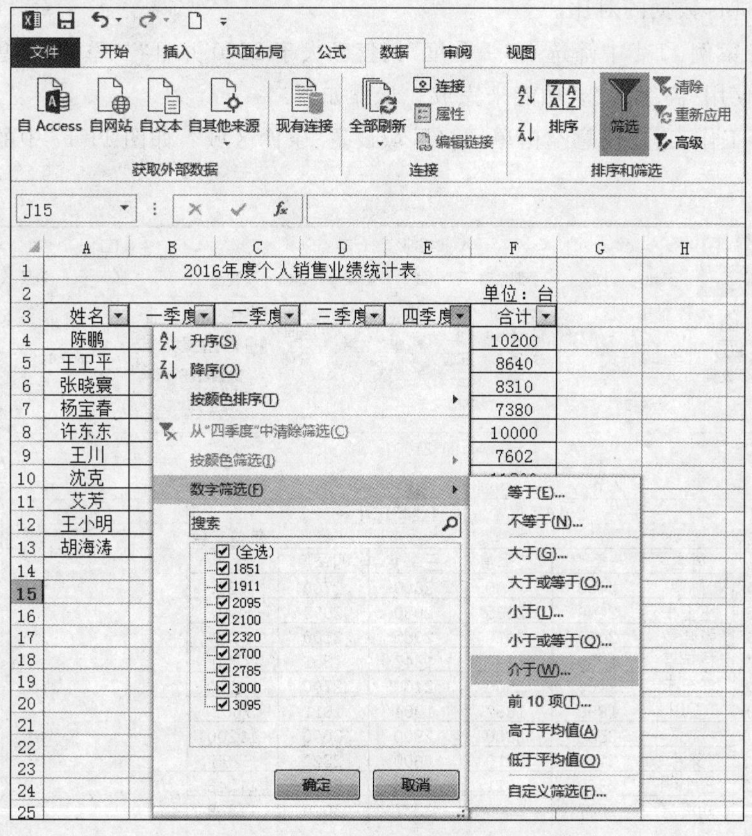

图 11-14　"数字筛选"命令

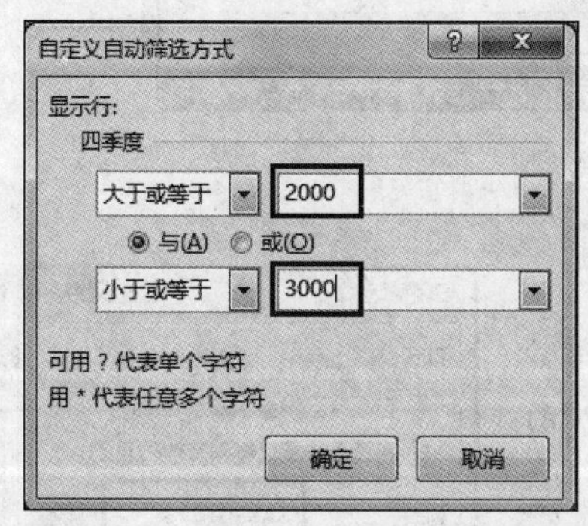

图 11-15　"自定义自动筛选方式"对话框

	A	B	C	D	E	F
1	2016年度个人销售业绩统计表					
2						单位：台
3	姓名	一季度	二季度	三季度	四季度	合计
4	陈鹏	2400	2500	2600	2700	10200
5	王卫平	2400	2065	2080	2095	8640
6	张晓寰	2055	2070	2085	2100	8310
8	许东东	2400	2500	2400	2700	10000
10	沈克	2500	2800	2900	3000	11200
11	艾芳	2155	2210	2600	2320	9285
12	王小明	2839	2821	2803	2785	11248

图 11-16　筛选结果

提示：如果所筛选的列中记录为"文本型"或"日期型"数据，筛选列表中的"数字筛选"项会变成"文本筛选"或"日期筛选"，其操作与"数字筛选"相似。此外，如果对工作表中的单元格填充了颜色，还可以按颜色对工作表进行筛选。

11.2.3　高级筛选

高级筛选用于条件较复杂的筛选操作，其筛选结果可显示在原数据表格中，不符合条件的记录被隐藏起来，也可以在新的位置显示筛选结果，不符合条件的记录同时保留在数据表中，从而便于进行数据的对比。

如果要在案例 11-4 中筛选出“一季度”销售额大于 2200 并且“二季度”销售额小于 2500 的记录，可以使用“高级筛选”功能来完成。步骤如下：

（1）打开工作表，在任意空白单元格区域设置“条件区域”，如图 11-17 中的 B15:C16 单元格区域。

	A	B	C	D	E	F
1	2016年度个人销售业绩统计表					
2						单位：台
3	姓名	一季度	二季度	三季度	四季度	合计
4	陈鹏	2400	2500	2600	2700	10200
5	王卫平	2400	2065	2080	2095	8640
6	张晓寰	2055	2070	2085	2100	8310
7	杨宝春	1839	1843	1847	1851	7380
8	许东东	2400	2500	2400	2700	10000
9	王川	1890	1897	1904	1911	7602
10	沈克	2500	2800	2900	3000	11200
11	艾芳	2155	2210	2600	2320	9285
12	王小明	2839	2821	2803	2785	11248
13	胡海涛	2537	2500	3237	3095	11369
14						
15		一季度	二季度			
16		>2200	<2500			

图 11-17　设置条件区域

注意：

① 条件区域至少由 2 行组成，第 1 行是标题行，标题必须与筛选区域的标题保持一致；第 2 行和其他行是输入的筛选条件。

② 如果筛选条件放在一行（图 11-17），是多条件筛选，即筛选出同时符合多个条件的数据。如果筛选条件放在不同行，是多选一条件筛选，即在多个条件中只要有一个条件满足，就筛选出数据。

③ 选择条件区域时一定要将列标题一起选中。

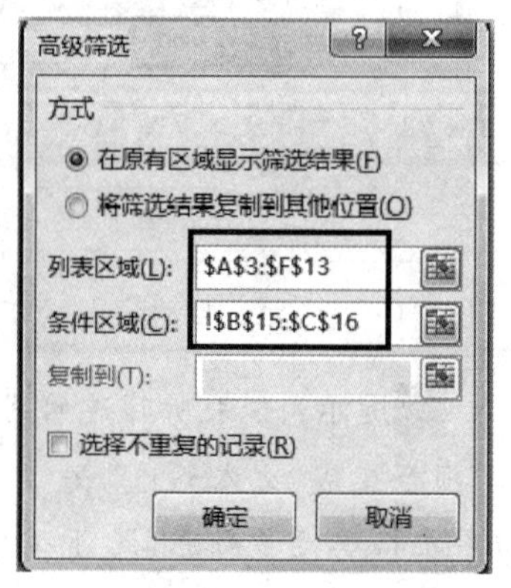

图 11-18　“高级筛选”对话框

（2）单击“数据”选项卡上“排序和筛选”组中的“高级”按钮，打开如图 11-18 所示的“高级筛选”对话框。对话框的各项说明如表 11-2 所示。

表 11-2　"高级筛选"对话框选项说明

选　项	说　明
在原有区域显示筛选结果	表示筛选结果显示在原数据清单位置，且原有数据区域被覆盖
将筛选结果复制到其他位置	表示筛选结果显示在其他单元格区域，与原表单并存，但是需要指定目标单元格区域
列表区域	表示要进行筛选的单元格区域
条件区域	表示包含指定筛选条件的单元格区域
复制到	放置筛选结果的单元格区域，前提是选中"将筛选结果复制到其他位置"单选按钮
选择不重复的记录	勾选该项，表示将取消筛选结果中的重复值

(3) 按照图 11-18 所示进行设置，单击"确定"按钮，筛选结果如图 11-19 所示。

如果要在"案例 11-4"中筛选出"一季度"销售额大于 2200 或者"二季度"销售额小于 2500 的记录，只需要将条件区域设置成如图 11-20 所示的格式，其余步骤与上例类似。

	A	B	C	D	E	F
1	2016年度个人销售业绩统计表					
2						单位：台
3	姓名	一季度	二季度	三季度	四季度	合计
5	王卫平	2400	2065	2080	2095	8640

图 11-19　筛选结果

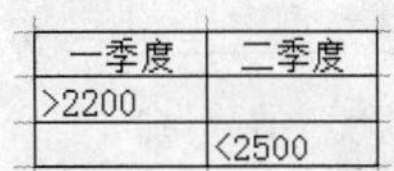

一季度	二季度
>2200	
	<2500

图 11-20　"或"条件的设置

11.2.4　清除筛选

当用户不需要显示筛选结果时，可以通过以下三种方法清除筛选。

(1) 单击"数据"选项卡上"排序和筛选"组中的"清除"按钮，如图 11-21 所示。

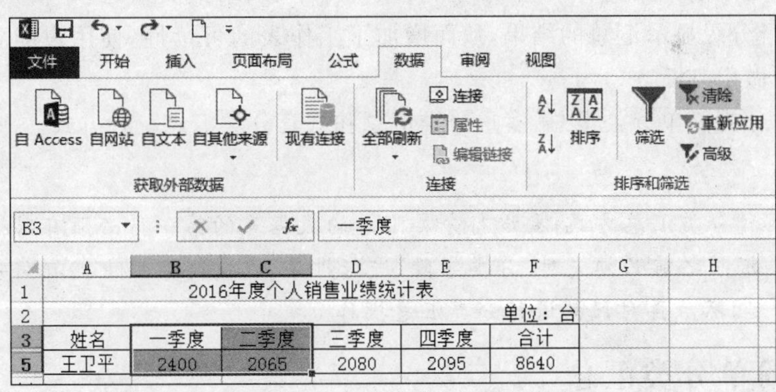

图 11-21　清除筛选

(2) 单击"开始"选项卡上"编辑"组中的"排序和筛选"下拉按钮下的"清除"命令，如图 11-22 所示。

(3) 取消在数据表中对某一列进行的筛选，单击该列列标签单元格右侧的筛选按钮，选择"从×××中清除筛选"命令，或者选中"全选"复选框，单击"确定"按钮，如图 11-23 所示。此时，筛选标记仍在。若要删除工作表中的三角筛选箭头，可再次单击"数据"选项卡上"排序和筛选"组中的"筛选"按钮。

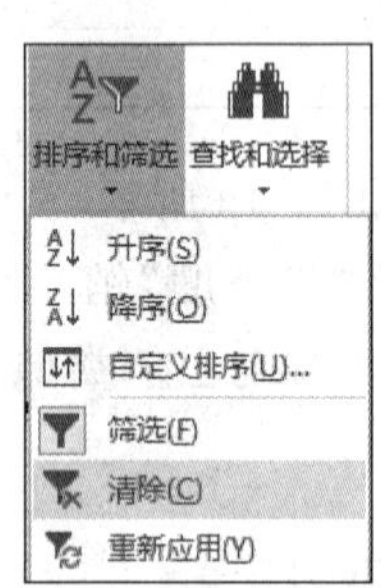

图 11-22 “清除”命令

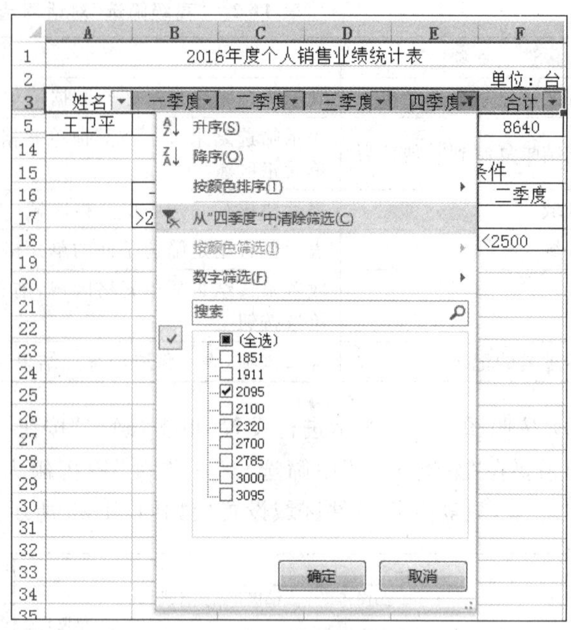

图 11-23 清除筛选

11.3 数据分类汇总

分类汇总是指把数据表中的数据分门别类地进行统计处理，无须建立公式，Excel 2013 将会自动对各类别的数据进行求和、求平均值、统计个数、求最大值(最小值)和总体方差等多种计算，并且分级显示汇总的结果，从而增加了工作表的可读性，使用户能更快捷地获得需要的数据并做出判断。

分类汇总分为简单分类汇总、多重分类汇总和嵌套分类汇总三种方式。

注意：

① 无论哪种分类汇总方式，要进行分类汇总的数据表的第一行必须有列标题。

② 在分类汇总之前必须先对“分类字段”进行排序，以使得数据中拥有同一类关键字的记录集中在一起，然后再对记录进行分类汇总操作。

11.3.1 简单分类汇总

简单分类汇总是指对数据表中的某一列数据以一种汇总方式进行分类汇总。

【案例 11-5】 打开“素材/chapter11/11-胰岛素销售表.xlsx”，以“地区”为分类字段，将“销售额”进行“求和”汇总。

(1) 打开“11-胰岛素销售表.xlsx”工作簿，以“地区”为“主要关键字”进行“升序”排序。

(2) 选择“数据”选项卡上“分级显示”组中的“分类汇总”选项，如图 11-24 所示，打开“分类汇总”对话框。

(3) 在“分类汇总”对话框中，“分类字段”选择“地区”，“汇总方式”选择“求和”，“选定汇总项"选中"销售额"复选框，如图 11-25 所示。设置完毕单击"确定"按钮，汇总的结果如图 11-26 所示。

	A	B	C	D	E
1	胰岛素销售表				
2	月份	地区	数量	零售价	销售额
3	一月	北京	135	¥63.70	¥8,599.50
4	五月	北京	147	¥63.60	¥9,349.20
5	四月	北京	179	¥63.60	¥11,384.40
6	三月	北京	141	¥63.90	¥9,009.90
7	六月	北京	115	¥63.90	¥7,348.50
8	二月	北京	123	¥63.50	¥7,810.50
9	一月	广州	134	¥64.40	¥8,629.60
10	五月	广州	154	¥66.60	¥10,256.40
11	四月	广州	163	¥66.10	¥10,774.30
12	三月	广州	132	¥65.60	¥8,659.20
13	六月	广州	123	¥61.60	¥7,576.80
14	二月	广州	135	¥66.80	¥9,018.00
15	一月	杭州	130	¥60.20	¥7,826.00
16	五月	杭州	146	¥60.10	¥8,774.60
17	四月	杭州	150	¥69.20	¥10,380.00
18	三月	杭州	125	¥60.10	¥7,512.50
19	六月	杭州	135	¥62.20	¥8,397.00
20	二月	杭州	130	¥60.80	¥7,904.00
21	一月	上海	126	¥66.90	¥8,429.40
22	五月	上海	157	¥66.10	¥10,377.70
23	四月	上海	152	¥66.10	¥10,047.20
24	三月	上海	147	¥66.50	¥9,775.50
25	六月	上海	143	¥63.90	¥9,137.70
26	二月	上海	127	¥67.90	¥8,623.30

图 11-24　选择"分类汇总"选项

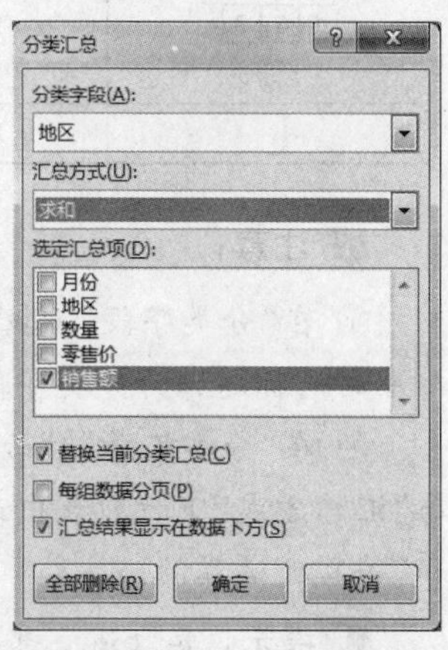

图 11-25　"分类汇总"对话框

	A	B	C	D	E
1	胰岛素销售表				
2	月份	地区	数量	零售价	销售额
3	一月	北京	135	¥63.70	¥8,599.50
4	五月	北京	147	¥63.60	¥9,349.20
5	四月	北京	179	¥63.60	¥11,384.40
6	三月	北京	141	¥63.90	¥9,009.90
7	六月	北京	115	¥63.90	¥7,348.50
8	二月	北京	123	¥63.50	¥7,810.50
9		北京 汇总			¥53,502.00
10	一月	广州	134	¥64.40	¥8,629.60
11	五月	广州	154	¥66.60	¥10,256.40
12	四月	广州	163	¥66.10	¥10,774.30
13	三月	广州	132	¥65.60	¥8,659.20
14	六月	广州	123	¥61.60	¥7,576.80
15	二月	广州	135	¥66.80	¥9,018.00
16		广州 汇总			¥54,914.30
17	一月	杭州	130	¥60.20	¥7,826.00
18	五月	杭州	146	¥60.10	¥8,774.60
19	四月	杭州	150	¥69.20	¥10,380.00
20	三月	杭州	125	¥60.10	¥7,512.50
21	六月	杭州	135	¥62.20	¥8,397.00
22	二月	杭州	130	¥60.80	¥7,904.00
23		杭州 汇总			¥50,794.10
24	一月	上海	126	¥66.90	¥8,429.40
25	五月	上海	157	¥66.10	¥10,377.70
26	四月	上海	152	¥66.10	¥10,047.20
27	三月	上海	147	¥66.50	¥9,775.50
28	六月	上海	143	¥63.90	¥9,137.70
29	二月	上海	127	¥67.90	¥8,623.30
30		上海 汇总			¥56,390.80
31		总计			¥215,601.20

图 11-26　汇总结果

在显示分类汇总结果的同时，分类汇总表的左侧会自动显示一些分级显示按钮，按钮功能如表 11-3 所示。

表 11-3　分级显示按钮功能介绍

图标	名称	功　能
+	展开细节	单击此按钮可以显示分级显示信息
-	折叠细节	单击此按钮可以隐藏分级显示信息
1 2 3	级别	单击“1”，只显示总的汇总结果，即总计数据 单击“2”，显示部分数据及其汇总结果 单击“3”，显示全部数据
[	级别条	单击此按钮可以隐藏分级显示信息

注意：

① 在“分类字段”下拉列表进行选择时，该字段必须是已经排序的字段，如果选择没有排序的列标题作为分类字段，最后的分类结果是不正确的。

② 在“分类汇总”对话框中进行设置时，注意在“选定汇总项”列表框中选择的汇总项要与“汇总方式”下拉列表中选择的汇总方式相符合。例如，文本是不能进行“平均值”和“求和”等算数运算的。

提示：要取消全部分级显示，可单击分类汇总工作表中的任意单元格，然后单击“数据”选项卡上“分级显示”组中的“取消组合”→“清除分级显示”项。

11.3.2　多重分类汇总

多重分类汇总是对工作表中的某列数据选择两种或两种以上的分类汇总方式或汇总项进行汇总，也就是说，多重分类汇总每次用的“分类字段”总是相同的，而汇总方式或汇总项不同，而且第 2 次汇总运算是在第 1 次汇总运算的结果上进行的，第 3 次汇总运算是在第 2 次汇总运算的结果上进行的，其他依次类推。

【案例 11-6】　在“案例 11-5”的汇总基础上，继续以“地区”为分类字段，将“销售额”进行“平均值”汇总，将“数量”分别进行“求和”和“平均值”汇总。

(1) 在图 11-26 的汇总结果基础上，继续单击“数据”选项卡上“分级显示”组中的“分类汇总”按钮。

(2) 依次按照图 11-27 中“左”“中”“右”三个“分类汇总”对话框进行设置。

注意：每次都要取消选中“替换当前分类汇总”复选框，否则新创建的分类汇总将替换已存在的分类汇总。

(3) 最终的分类汇总结果参考“素材/chapter11/11-胰岛素销售表_end. xlsx”。

11.3.3　嵌套分类汇总

嵌套分类汇总是指在一个已经建立了分类汇总的工作表中再进行另外一种分类汇总，与多重分类汇总不同的是，嵌套分类汇总两次汇总的“分类字段”是不相同的。“汇总方式”和“汇总项”可以相同，也可以不同。

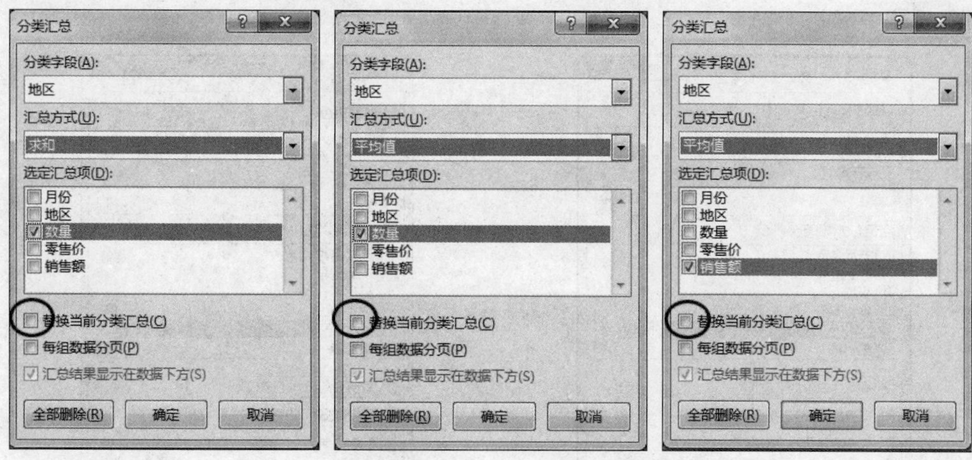

图 11-27　多重分类汇总的设置

在建立嵌套分类汇总前首先对工作表中需要进行汇总的“分类字段”进行“多关键字”排序，排序的“主要关键字”应该是第 1 级汇总关键字，排序的“次要关键字”应该是第 2 级汇总关键字，其他的以此类推。

【案例 11-7】 打开“素材/chapter11/11-家电销售表.xlsx”，分别以“销售部门”和“产品名称”为分类字段，将“销售额”和“销售数量”进行“求和”计算。

(1) 打开“11-家电销售表.xlsx”工作簿，以“销售部门”为“主要关键字”，“产品名称”为“次要关键字”进行升序排序，如图 11-28 所示。

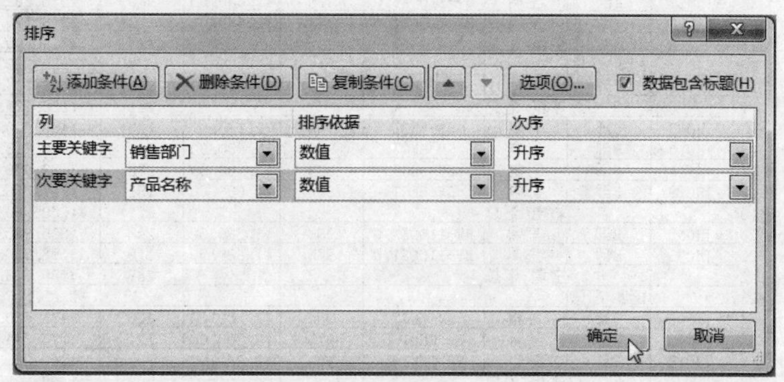

图 11-28　设置多关键字排序参数

(2) 单击“数据”选项卡上“分级显示”组中的“分类汇总”按钮，打开如图 11-29 所示的“分类汇总”对话框，在“分类字段”中选择“销售部门”；“汇总方式”中选择“求和”；“选定汇总项”中选择“销售数量”和“销售额”，单击“确定”按钮，完成第一次汇总。

(3) 在第一次汇总的基础上，继续单击“数据”选项卡上“分级显示”组中的“分类汇总”按钮，打开如图 11-30 所示的“分类汇总”对话框，在“分类字段”中选择“产品名称”；“汇总方式”中选择“求和”；“选定汇总项”中选择“销售数量”和“销售额”，取消选中“替换当前分类汇总”复选框，单击“确定”按钮，完成第二次汇总。

(4) 最终嵌套分类汇总的结果如图 11-31 所示，可参考“素材/chapter11/11-家电销售表_end.xlsx"。

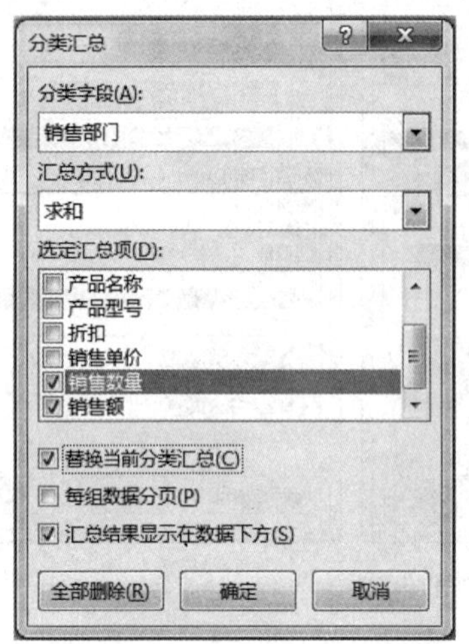

图 11-29　第一次分类汇总的设置

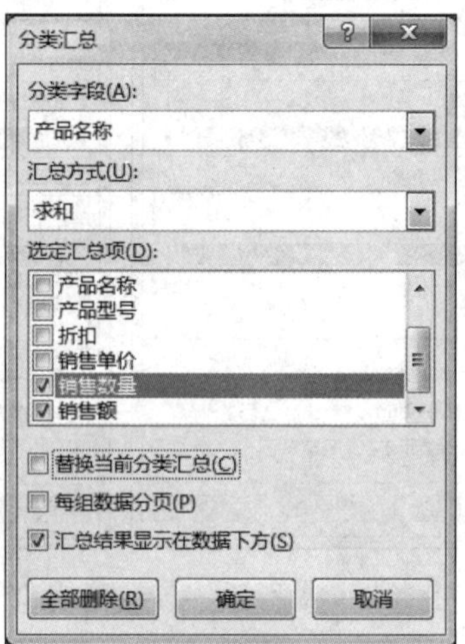

图 11-30　第二次分类汇总的设置

	A	B	C	D	E	F	G	H
1	家电销售情况表							
2	序号	销售部门	产品名称	产品型号	折扣	销售单价	销售数量	销售额
3	JH007	A部	冰箱	HR-OKK1-5	98%	¥2,300.00	234	¥527,436.00
4	JH017	A部	冰箱	HR-OKK1-5	98%	¥2,298.00	301	¥677,864.04
5			冰箱 汇总				535	¥1,205,300.04
6	JH001	A部	彩电	SM-5EGT	95%	¥2,180.50	158	¥327,293.05
7			彩电 汇总				158	¥327,293.05
8	JH004	A部	空调	HV-1100S1.0	97%	¥1,680.50	136	¥221,691.56
9	JH013	A部	空调	HV-1100S1.0	97%	¥1,680.00	145	¥236,292.00
10	JH014	A部	空调	HV-1100S1.0	98%	¥1,680.00	162	¥266,716.80
11			空调 汇总				443	¥724,700.36
12		A部 汇总					1136	¥2,257,293.45
13	JH016	B部	冰箱	HR-OKK1-5	95%	¥2,298.00	241	¥526,127.10
14			冰箱 汇总				241	¥526,127.10
15	JH003	B部	彩电	SM-5EGT	98%	¥2,180.00	225	¥480,690.00
16	JH010	B部	彩电	SM-5EGT	98%	¥2,080.00	201	¥409,718.40
17	JH011	B部	彩电	SM-5EGT	97%	¥2,100.50	215	¥438,059.28
18	JH019	B部	彩电	SM-5EGT	95%	¥2,080.00	186	¥367,536.00
19			彩电 汇总				827	¥1,696,003.68
20	JH005	B部	空调	HV-1100S1.0	95%	¥1,680.50	248	¥395,925.80
21	JH006	B部	空调	HV-1100S1.0	97%	¥1,680.50	119	¥193,980.12
22			空调 汇总				367	¥589,905.92
23		B部 汇总					1435	¥2,812,036.69
24	JH008	C部	冰箱	SM-5EGT	95%	¥2,200.00	228	¥476,520.00
25	JH009	C部	冰箱	HR-OKK1-5	97%	¥2,300.00	124	¥276,644.00
26	JH018	C部	冰箱	HR-OKK1-5	95%	¥2,280.00	157	¥340,062.00
27			冰箱 汇总				509	¥1,093,226.00
28	JH002	C部	彩电	HR-OKK1-5	98%	¥2,298.00	175	¥394,107.00
29	JH012	C部	彩电	SM-5EGT	95%	¥2,100.50	228	¥454,968.30
30			彩电 汇总				403	¥849,075.30
31	JH015	C部	空调	HV-1100S1.0	95%	¥1,680.00	148	¥236,208.00
32			空调 汇总				148	¥236,208.00
33		C部 汇总					1060	¥2,178,509.30
34		总计					3631	¥7,247,839.44

图 11-31　嵌套分类汇总的结果

11.3.4　删除分类汇总

将数据进行分类汇总后，如果不再需要汇总，可以将分类汇总删除，步骤如下。

(1) 选中已经汇总数据的任意单元格，单击"数据"选项卡上"分级显示"组中的"分类汇总"按钮，打开"分类汇总"对话框。

(2) 单击“全部删除”按钮,然后单击“确定”按钮,即可删除分类汇总,同时,分级显示按钮也被删除。

11.4　合并计算

在 Excel 2013 中,合并计算是指把多个单独工作表中的数据合并计算到一个工作表中。合并计算中存放计算结果的工作表称为“目标工作表”,其中,接收合并数据的区域称为“目标区域”,被合并计算的各个工作表称为“源工作表”,被合并计算的区域称为“源区域”。

“目标区域”可以与“源区域”处于相同的工作表中,也可在另一个工作表中。“源区域”的数据源可以来自单个工作表、多个工作表或多个工作簿。

Excel 2013 的合并计算分为按位置合并计算和按类别合并计算。

11.4.1　按位置合并计算

按位置合并计算,不会核对数据表的“行标题”或“列标题”是否相同,只是将数据表中相同位置的数据合并计算。这种方式非常适用于处理日常相同表格的合并工作,例如,总公司将各分公司的报表合并形成一个整个公司的报表。比如,税务部门可以将不同地区的税务报表合并而形成一个市的总税务报表等。

【案例 11-8】　打开“素材/chapter11/11-高一 5 班期末成绩表. xlsx”,将“数学”“语文”“英语”3 张工作表中的成绩按位置汇总在同一工作簿的“总成绩”工作表中。

(1) 打开“11-高一 5 班期末成绩表. xlsx”工作簿,在“总成绩”工作表中单击要放置合并计算结果区域左上角的单元格单击,图 11-32 中的 C2 单元格,再单击“数据”选项卡上“数据工具”组中的“合并计算”按钮,打开如图 11-33 所示的“合并计算”对话框。

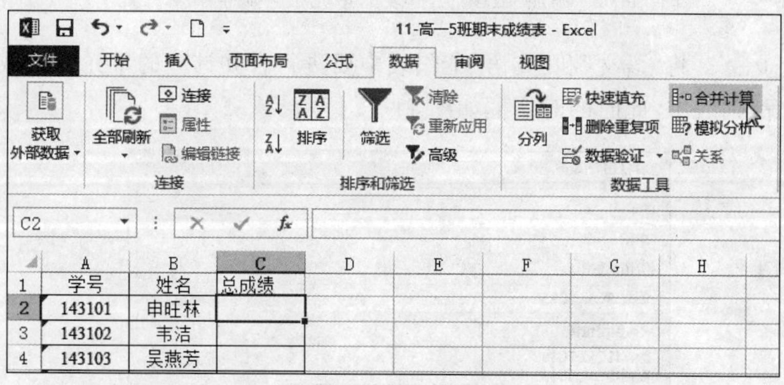

图 11-32　目标工作表

(2) 在“函数”下拉列表选择“求和”。在“引用位置”编辑框中单击,在打开的“数学”工作表中选择要进行合并计算的单元格区域,然后释放鼠标左键返回“合并计算”对话框。

(3) 在“引用位置”编辑框中显示选择的单元格区域,单击“添加”按钮将其添加到“所有引用位置”列表中,如图 11-34 所示。

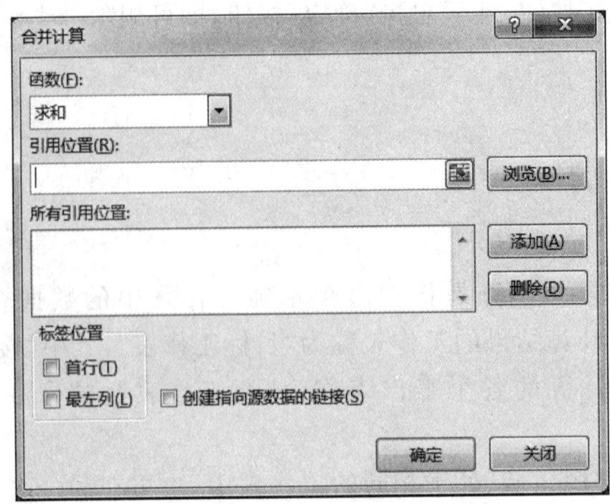

图 11-33 “合并计算”对话框

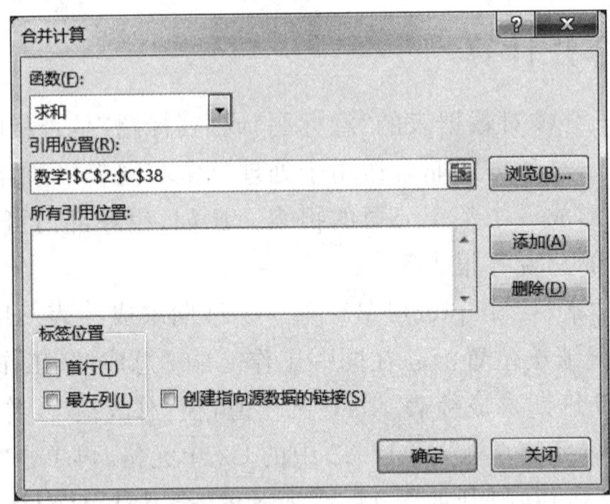

图 11-34 添加“数学”工作表的单元格区域至引用位置

(4) 重复步骤 3,将“语文”和“英语”工作表中要进行合并计算的单元格区域依次添加到“所有引用位置”列表中,此时的对话框如图 11-35 所示。

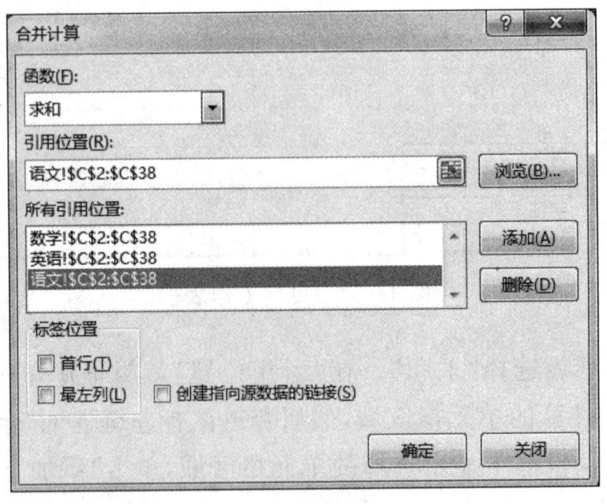

图 11-35 添加所有工作表的单元格区域至引用位置

（5）单击“确定”按钮，合并计算后的结果参考“素材/chapter11/11-高一 5 班期末成绩表_end. xlsx”。

提示：在“案例 11-8”中，“源区域”与“目标区域”分属不同的工作表，“源区域”的数据来自不同的工作表，但都属于同一个工作簿。

11.4.2 按类别合并计算

按类别合并计算，是指 Excel 2013 中会核对工作表的“行标题”或“列标题”是否相同或相似，然后将工作表中具有相同或相似“行标题”或“列标题”的数据合并计算。

【案例 11-9】 打开“素材/chapter11/11-分公司销售统计表. xlsx”，将“表 1”和“表 2”按类别合并计算到同一个工作表中。

（1）打开“11-分公司销售统计表. xlsx”工作簿，在工作表中单击要放置合并计算结果区域的单元格 A17 单击，单击“数据”选项卡上“数据工具”组中的“合并计算”按钮，如图 11-36 所示，打开“合并计算”对话框。

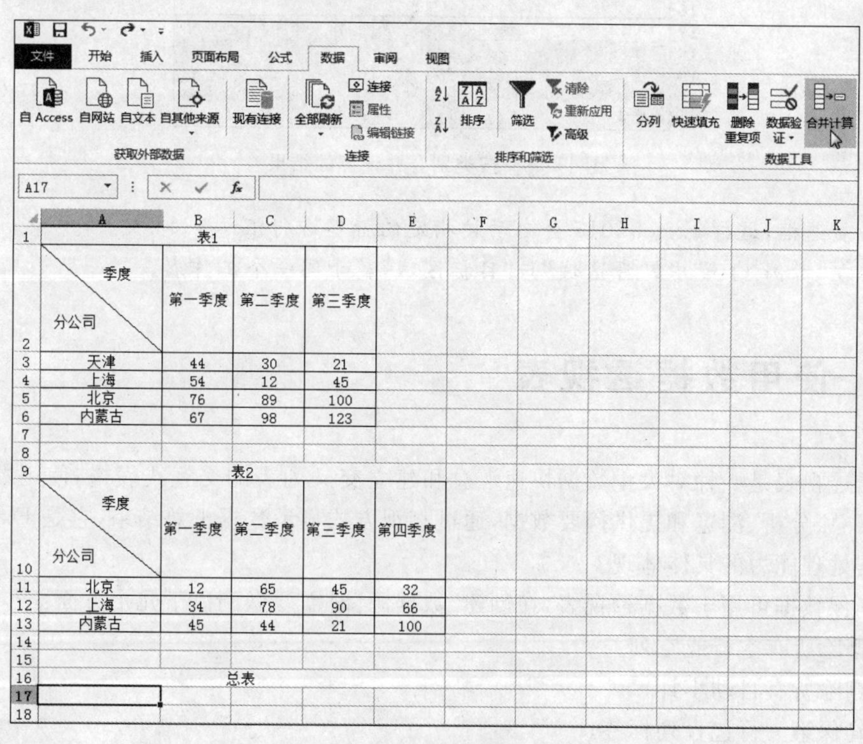

图 11-36 执行合并计算命令

（2）在“函数”下拉列表选择“求和”，在“引用位置”编辑框中添加要进行合并计算的单元格区域。

（3）选中“合并计算”对话框中的“首行”和“最左列”复选框，如图 11-37 所示。然后单击“确定”按钮，结果如图 11-38 所示。

注意：按类别合并计算数据时，必须包含行标签或列标签。如果分类标签在顶端时，应选择“首行”复选框；如果分类标签在最左列，则应选择“最左列”复选框。也可以同时

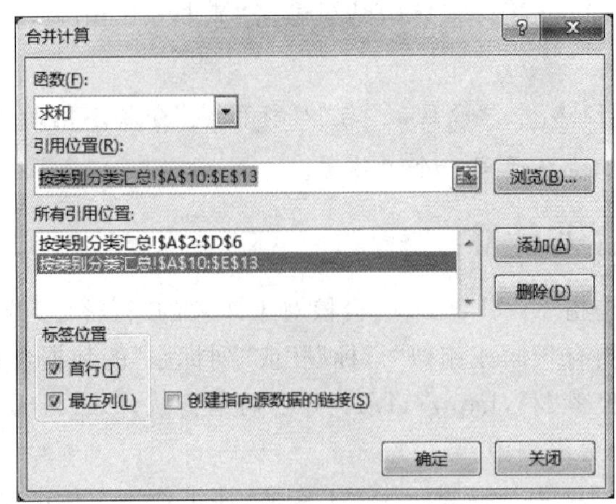

图 11-37 “合并计算”对话框中的设置

16	总表				
17		第一季度	第二季度	第三季度	第四季度
18	天津	44	30	21	
19	上海	88	90	135	66
20	北京	88	154	145	32
21	内蒙古	112	142	144	100

图 11-38 按类别合并计算的结果

选择两个复选框，这样 Excel 2013 会自动按指定的标签进行汇总。

另外在“案例 11-9”中，“源区域”与“目标区域”属于同一个工作表。

11.5 使用数据透视表

数据透视表是一种对大量数据快速汇总和建立交叉列表的交互式表格，使用数据透视表可以汇总、分析、浏览和提供摘要数据，通过直观方式显示数据汇总结果，它是 Excel 2013 强大数据处理能力的具体体现。

为确保数据可用于数据透视表，在创建“数据源”时需要做到以下几个方面：

- 删除所有空行或空列；
- 删除所有自动小计；
- 确保第一行包含列标签；
- 确保各列只包含一种类型的数据，而不能是文本与数字的混合。

11.5.1 创建数据透视表

【案例 11-10】 打开“素材/chapter11/11-出勤时间统计表. xlsx”，为“加班表”工作表中的数据创建数据透视表，数据透视表的结构为：“日期”为“筛选器”，“姓名”为“列”，“星期”为“行”，“小时”为“求和”，将数据透视表建立在新的工作表中，并将工作表命名为“透视表”。

(1) 打开“素材/chapter11/11-出勤时间统计表. xlsx”工作簿，切换到“加班表”工作表中，单击工作表中的任意非空单元格，然后单击“插入”选项卡上“表格”组中的“数据透视表”

按钮，如图 11-39 所示，打开如图 11-40 所示的“创建数据透视表”对话框。

	A	B	C	D
1	出勤时间统计表			
2	日期	星期	姓名	小时
3	2016/3/2	星期三	王平	4.0
4	2016/3/3	星期四	张璐	6.0
5	2016/3/4	星期五	刘翔	8.0
6	2016/3/5	星期六	王平	9.0
7	2016/3/6	星期日	张璐	7.0
8	2016/3/7	星期一	刘翔	8.0
9	2016/3/8	星期二	王平	5.0
10	2016/3/9	星期三	张璐	8.0
11	2016/3/10	星期四	刘翔	10.0
12	2016/3/11	星期五	王平	5.0
13	2016/3/12	星期六	张璐	6.0
14	2016/3/13	星期日	刘翔	7.0
15	2016/3/14	星期一	王平	5.0
16	2016/3/15	星期二	张璐	5.0
17	2016/3/16	星期三	刘翔	8.0

图 11-39　插入数据透视表

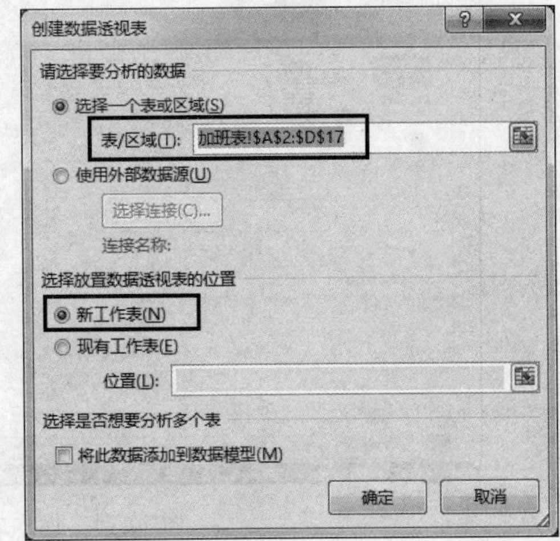

图 11-40　“创建数据透视表”对话框

(2) 在对话框中选中“选择一个表或区域”单选按钮，其下的“表/区域”编辑框中自动显示工作表名称和单元格区域的引用。如果显示的单元格引用区域不正确，可以单击其右侧的压缩对话框按钮，然后在工作表中重新选择。

(3) 选中“新工作表”单选按钮，表示将数据透视表放在新工作表中，然后单击“确定”按钮，即可将一个空的数据透视表添加到新的工作表中，此时“数据透视表工具”选项卡自动显示，包含“分析”和“设计”两个子选项卡。在窗口右侧显示“数据透视表字段”窗格，以便用户添加字段、创建布局和自定义数据透视表，如图 11-41 所示。

提示：“数据透视表字段”窗格下方各选项的含义如下。

- 筛选器：用于基于报表筛选中的选定项来筛选整个报表。
- 列：用于将字段显示为报表顶部的列。
- 行：用于将字段显示为报表侧面的行。
- 值：用于显示汇总数值数据。

(4) 在“数据透视表字段”窗格中将所需字段拖到相应位置：将“日期”字段拖到“筛选器”中，“姓名”字段拖到“列”区域，“星期”字段拖到“行”区域，“小时”字段拖到“值”区域，然后在数据透视表外单击，即可创建好数据透视表，将 Sheet1 工作表重命名为“透视表”，效果如图 11-42 所示，可参考“素材/chapter11/11-出勤时间统计表_end. xlsx”。

提示：

① 如果直接在“数据透视表字段”窗格上方的字段列表区选择“字段”复选框，默认情况

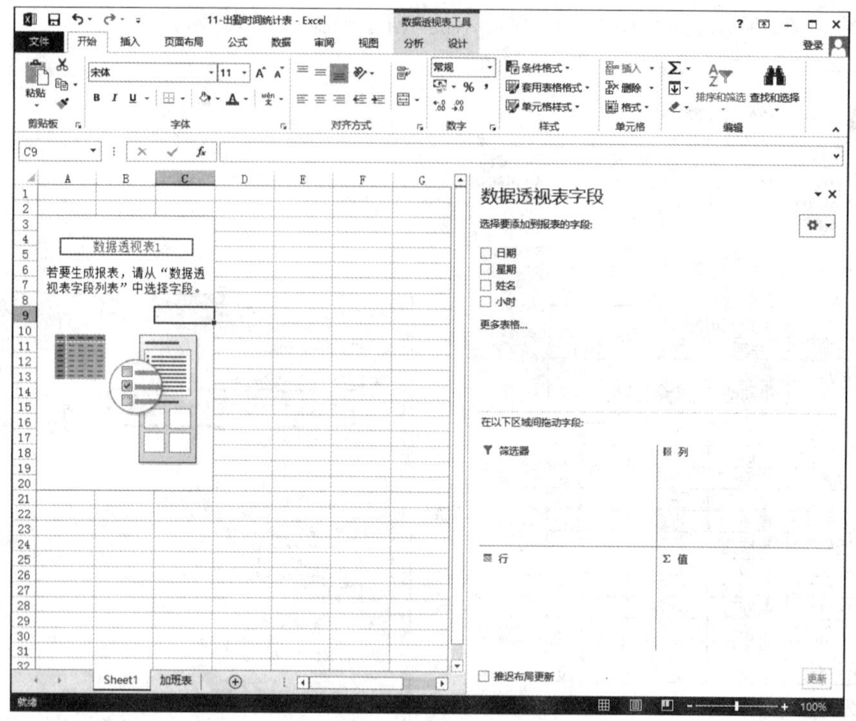

图 11-41　插入的数据透视表 1

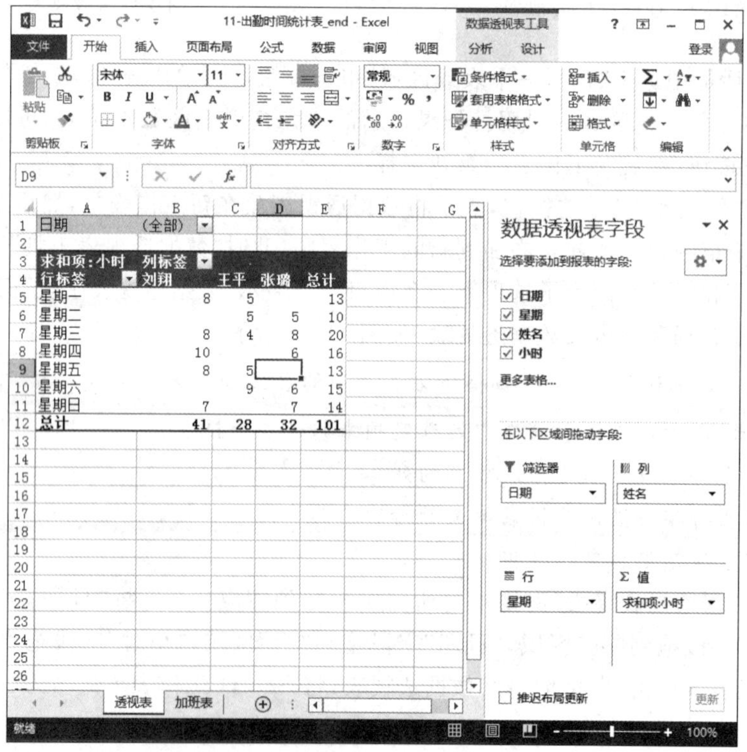

图 11-42　创建好的数据透视表

下，非数值字段会被添加到“行”区域，数值字段会被添加到“值”区域。

② 在字段名上右击，然后在弹出的快捷菜单中选择要添加到的位置也可实现字段的添加。

(5) 单击数据透视表中“日期”右侧的三角按钮，在展开的列表中选择某个选项，如选中“2016/3/2”，单击“确定”按钮，则只查看 2016 年 3 月 2 日的加班情况，如图 11-43 所示。

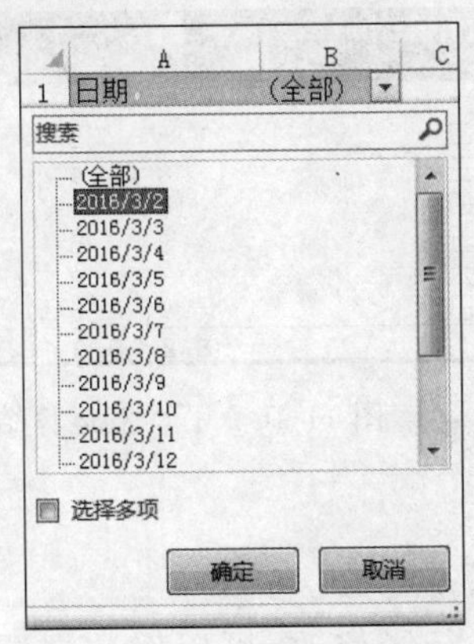

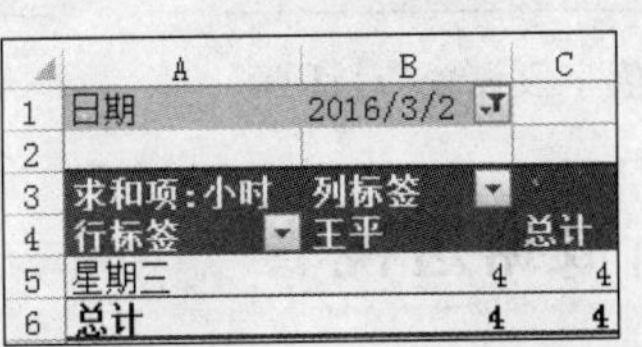

	A	B	C
1	日期	2016/3/2	
2			
3	求和项:小时	列标签	
4	行标签	王平	总计
5	星期三	4	4
6	总计	4	4

图 11-43　筛选数据

11.5.2　设置数据透视表字段

创建好的数据透视表，系统默认对数字进行“求和”运算，可以通过设置透视表字段将“求和”改为“平均值”。例如将“案例 11-10”中的对“小时”字段的“求和”运算改为“平均值”运算。步骤如下。

(1) 单击“数据透视表工具”选项卡的“分析”子选项卡的“活动字段”组中的“字段设置”按钮，如图 11-44 所示，打开如图 11-45 所示的“值字段设置”对话框。

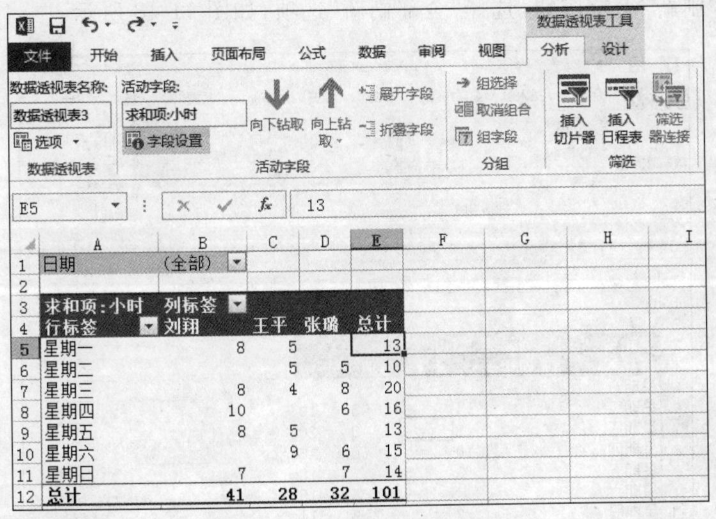

	A	B	C	D	E
1	日期	(全部)			
2					
3	求和项:小时	列标签			
4	行标签	刘翔	王平	张璐	总计
5	星期一	8	5		13
6	星期二		5	5	10
7	星期三	8	4	8	20
8	星期四	10		6	16
9	星期五	8	5		13
10	星期六		9	6	15
11	星期日	7		7	14
12	总计	41	28	32	101

图 11-44　进行字段的设置

(2) 在图 11-45 的对话框中，切换到“值汇总方式”选项卡，在“计算类型”列表框中选择“平均值”选项，单击“确定”按钮，结果如图 11-46 所示。

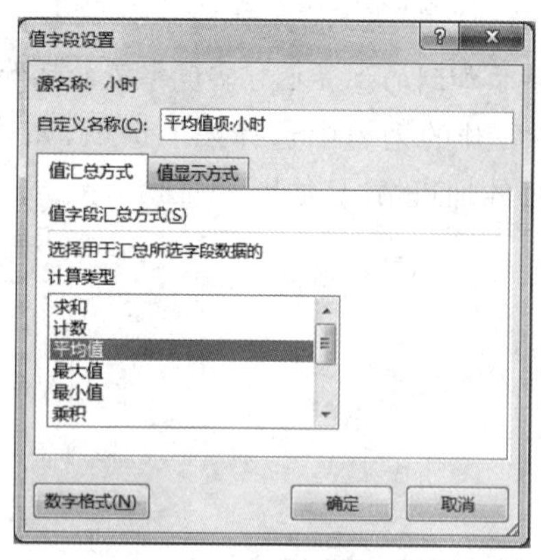

图 11-45 “值字段设置”对话框

	A	B	C	D	E
1	日期	(全部)			
2					
3	平均值项:小时	列标签			
4	行标签	刘翔	王平	张璐	总计
5	星期一	8	5		6.5
6	星期二		5	5	5
7	星期三	8	4	8	6.666666667
8	星期四	10		6	8
9	星期五	8	5		6.5
10	星期六		9	6	7.5
11	星期日	7		7	7
12	总计	8.2	5.6	6.4	6.733333333

图 11-46 平均值运算结果

11.5.3 刷新数据透视表

创建好数据透视表以后，如果对“数据源”进行了修改，可以对数据透视表进行刷新操作，以保证透视表显示正确的数据。

(1) 将“案例 11-10”中 D3 单元格的值由原来的 4.0 改为 10.0，如图 11-47 所示。

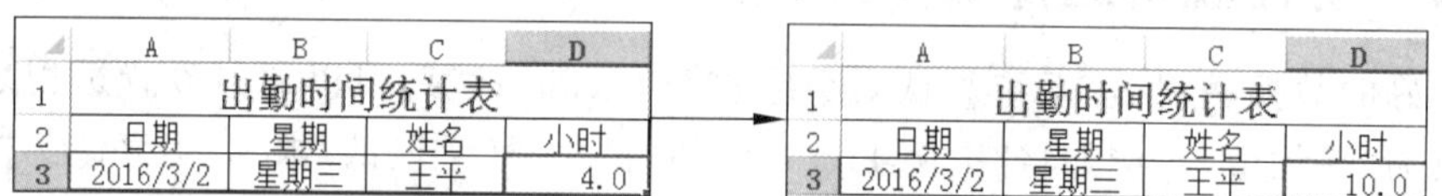

	A	B	C	D
1	出勤时间统计表			
2	日期	星期	姓名	小时
3	2016/3/2	星期三	王平	4.0

	A	B	C	D
1	出勤时间统计表			
2	日期	星期	姓名	小时
3	2016/3/2	星期三	王平	10.0

图 11-47 修改数据源中的数据

(2) 在数据透视表中任意单元格中单击“数据透视表工具”选项卡的“分析”子选项卡的“数据”组中的“刷新”下拉按钮，选择“全部刷新”选项，如图 11-48 所示。

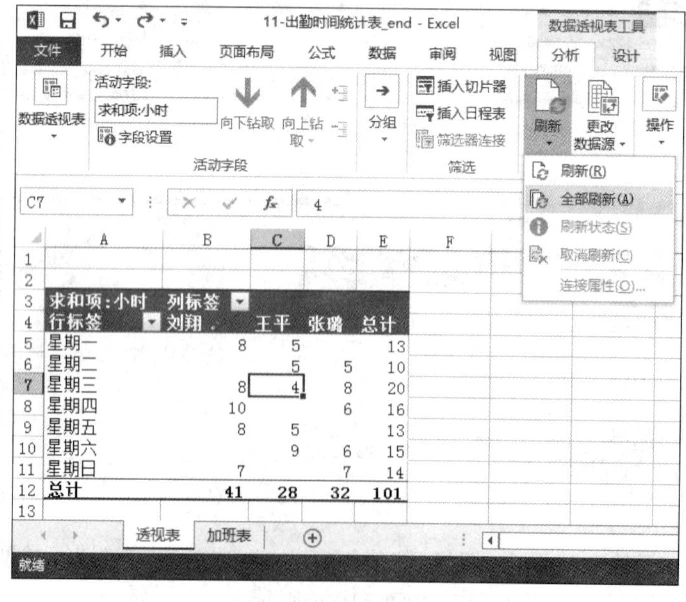

	A	B	C	D	E
3	求和项:小时	列标签			
4	行标签	刘翔	王平	张璐	总计
5	星期一	8	5		13
6	星期二		5	5	10
7	星期三	8	4	8	20
8	星期四	10		6	16
9	星期五	8	5		13
10	星期六		9	6	15
11	星期日	7		7	14
12	总计	41	28	32	101

图 11-48 选择“全部刷新”选项

（3）刷新后的数据透视表如图 11-49 所示。

求和项:小时	列标签			
行标签	刘翔	王平	张璐	总计
星期一	8	5		13
星期二		5	5	10
星期三	8	10	8	26
星期四	10		6	16
星期五	8	5		13
星期六		9	6	15
星期日	7		7	14
总计	41	34	32	107

图 11-49　刷新后的数据透视表

11.5.4　删除数据透视表

如果不再需要使用数据透视表，可以将其删除，例如将“案例 11-10”中建立的数据透视表删除，步骤如下。

（1）选中数据透视表中任意非空单元格，然后单击“数据透视表工具”选项卡的“分析”子选项卡的“操作”组中的“选择”下拉按钮，选择“整个数据透视表”选项，以选中整个数据透视表单元格区域，如图 11-50 所示。

（2）按键盘上的 Delete 键即可删除。

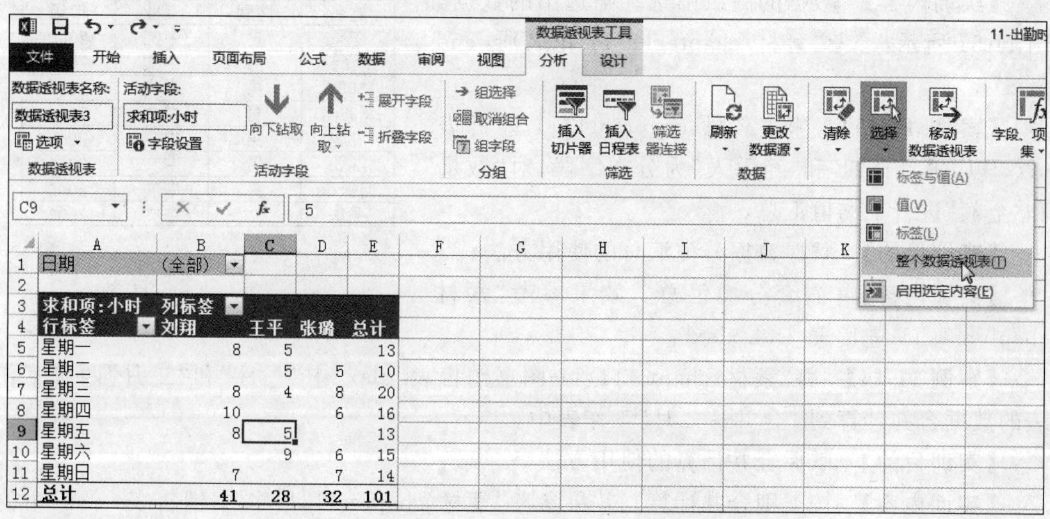

图 11-50　删除数据透视表

实训案例

【案例 11-11】　打开“素材/chapter11/11-各车间产品合格情况表. xlsx”，按实训步骤操作。

【实训目的】 掌握数据排序、数据筛选和数据分类汇总的使用方法。

【实训内容】

- 公式的使用。
- 简单排序。
- 自动筛选。
- 高级筛选。
- 多重分类汇总。

【实训步骤】

(1) 计算“合格率”。

(2) 以“总数”为“主要关键字”,降序排序。

(3) 筛选出“合格产品”大于等于5500的记录或者“不合格产品”小于等于100的记录。

(4) 筛选出第七车间并且总数大于6000的记录。

(5) 以“产品型号”为分类字段,将“不合格产品”“合格产品”及“总数”分别进行“求和”分类汇总。

效果参考“素材/chapter11/11-各车间产品合格情况表_end.xlsx”。

【案例11-12】 将“素材/chapter11/11-花名册.xlsx”中所有的2000级和2001级中文专业的学生记录筛选出来。

【实训目的】 数据筛选的使用方法。

【实训内容】 数据的高级筛选。筛选出的数据如图11-51所示,参考“素材/chapter11/11-花名册_end.xlsx”。

姓名	性别	专业	年级
陈亮	男	中文	2000
余泽锋	男	中文	2001
林勇	男	中文	2001
黄毅清	男	中文	2000
郭彪	男	中文	2001
沈劲	男	中文	2000
何振东	男	中文	2000
吴华	女	中文	2001

图11-51 实训2的筛选结果

【案例11-13】 将“素材/chapter11/11-进货表.xlsx”以“进货日期”和“经手人”为分类字段,对“数量”和“金额”进行平均值汇总。

【实训目的】 掌握数据分类汇总的使用方法。

【实训内容】 嵌套分类汇总。效果参考“素材/chapter11/11-进货表_end.xlsx”。

【案例11-14】 将“素材/chapter11/11-图书销售表.xlsx”中“一月”和“二月”两张工作表的数据合并计算到“合并一二月”工作表中。

【实训目的】 掌握合并计算的使用方法。

【实训内容】 按类别合并计算。效果参考“素材/chapter11/11-图书销售表.xlsx”中的“合并一二月”工作表。

【案例11-15】 打开“素材/chapter11/11-销售表.xlsx”,切换到“数据源”工作表,以“品名”为列字段,“销售人员”为行字段,对“销售金额”进行“求和”汇总,按“销售季度”筛选,创建数据透视表。

【实训目的】 掌握数据透视表的使用方法。

【实训内容】 数据透视表的创建与美化。效果参考“素材/chapter11/11-销售表.xlsx”工作簿中的“透视表”工作表。

拓展练习

利用 MOOC、微课等在线资源进行相关知识的拓展学习，并上机操作拓展训练。

本章小结

本章主要学习在 Excel 2013 中数据管理与分析的几种方法，包括数据排序、数据筛选、数据分类汇总、合并计算以及数据透视表的应用。通过本章的学习，可以掌握以下内容：

(1) 单条件排序和多条件排序。

(2) 自动筛选和高级筛选，尤其是高级筛选时条件区域的设置。

(3) 简单分类汇总、多重分类汇总以及嵌套分类汇总。

(4) 按位置合并计算以及按类别合并计算。

(5) 数据透视表的创建与编辑。

思考与练习

1. 填空题

(1) Excel 2013 中，对数据表中的单列数据进行排序叫作________，对多列数据进行排序叫作________。

(2) 如果筛选条件放在一行是________。

(3) Excel 2013 中，分类汇总分为________、________、________。

(4) Excel 2013 提供了两种合并计算数据的方法，分别是________、________。

(5) 使用________可以汇总、分析、浏览和提供摘要数据。

2. 选择题

(1) Excel 2013 中，在升序排序中，在排序列中有空白单元格的行会(　　)。

A. 不被排序　　B. 放置在排序的最前面

C. 放置在排序的最后　　D. 保持原始次序

(2) 在 Excel 2013 中，如果将数据表中满足条件的记录显示出来，而将不满足条件的记录暂时隐藏，则可以使用(　　)功能。

A. 数据筛选　　B. 数据排序　　C. 数据分类汇总　　D. 数据透视表

(3) 想快速找出“成绩表”中成绩前 20 名的学生，合理的方法是(　　)。

A. 给“成绩表”进行排序　　B. 成绩输入时严格按高低分录入

C. 只能一条一条看　　D. 进行分类汇总

(4) 要进行分类汇总的数据表第一行必须有(　　)。

A. 文本　　B. 数字　　C. 列标题　　D. 数据

(5) 在工作表中的某一列有“0,1,2,3...15”共 16 个数据,单击“自动筛选”后出现下拉箭头,如果选择下拉箭头中的“9”,则(　　)。

A. 16 个数据只剩下 9 个数据　　B. 16 个数据只剩下 7 个数据

C. 16 个数据只剩下“9”这个数据　　D. 16 个数据全部消失

3. 判断题

(1) 使用“分类汇总”功能对数据进行分类汇总操作,要先对数据按“分类字段”进行排序操作。(　　)

(2) 在 Excel 2013 中,可以按照“自定义序列”进行排序。(　　)

(3) Excel 2013 的分类汇总只具有“求和”计算功能。(　　)

(4) 在 Excel 2013 的高级筛选中,需要设定“条件区域”。(　　)

(5) 选中“排序”对话框的“数据包含标题”复选框,表示选定区域的第一行作为标题,不参加排序,始终放在原来的行位置。(　　)

(6) 在 Excel 2013 分类汇总中的“分类字段”只能有一个。(　　)

(7) 按类别合并计算,是指 Excel 2013 中不会核对数据表的行标题和列标题是否相同,只是将数据列表中相同位置的数据合并。(　　)

(8) 数据透视表必须与数据源表放在同一个工作表中。(　　)

4. 简答题

什么是数据透视表?

第 12 章　Excel 2013 图表应用

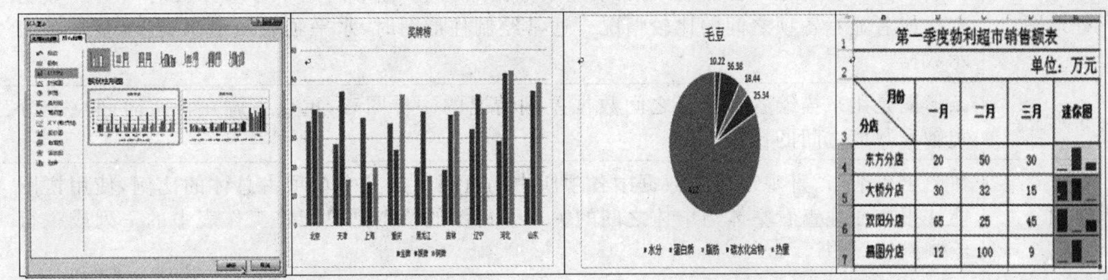

本章导读

在 Excel 2013 中，可以使用图表功能对数据进行图形化显示，从而直观、形象地表示和反映数据的意义和变化，使数据易于阅读、评价、比较和分析。通过本章内容的学习，可以掌握图表及其应用方面的知识。

知识目标

- 掌握图表的类型及组成。
- 掌握创建、编辑美化图表的方法。
- 掌握柱形图、饼图等常用图表类型的使用方法。
- 掌握迷你图的使用方法。

能力目标

- 能够根据给定的工作表数据选择适合的图表类型进行创建图表。
- 能够编辑图表，包括移动图表、更改图表的类型、更改图表的布局、设置图表的样式。
- 能够根据给定的数据插入迷你图并进行编辑。

12.1　认识图表

图表是可以直观地展示数据和信息的图形结构。应用图表可以更清晰地显示各个数据之间的关系和数据的变化情况，从而方便用户快速而准确地获取信息。

12.1.1 图表的类型

在 Excel 2013 中，图表可以分为柱形图、折线图、饼图、条形图、面积图、散点图、股价图、曲面图、雷达图和组合图 10 种，每种图表类型又包含了若干个子图表类型。不同类型的图表具有不同的构成要素，10 种图表的详细介绍见表 12-1。

表 12-1 图表类型

图表类型	说　明
柱形图	Excel 2013 默认的图表类型，用长条显示数据点的值，柱形图用于显示一段时间内的数据变化或者显示各项之间的比较情况。通常绘制柱形图时，水平轴表示组织类型，垂直轴表示数据
条形图	条形图是用来描绘各个项目之间数据差别情况的一种图表，重点强调在特定时间点上分类轴和数值之间的比较
饼图	饼图可以清晰、直观地反映数据中各项所占的百分比或某个单项占总体的比例，使用饼图能够很方便地查看整体与个体之间的关系。饼图的特点是只能将工作表中的一列或一行绘制到饼图中
折线图	折线图可以显示随时间(根据常用比例设置)而变化的连续数据。通常绘制折线图时，类别数据沿水平轴均匀分布，所有值数据沿垂直轴均匀分布
面积图	面积图用于显示某个时间阶段总数与数据系列的关系。面积图强调数量随时间而变化的程度，还可以使观看图表的人更加注意总值趋势的变化
散点图	散点图又称为 XY 散点图，用于显示若干数据系列中各数值之间的关系。利用散点图可以绘制函数曲线。散点图通常用于显示和比较数值，如科学数据、统计数据或工程数据等
股价图	股价图是用来分析股价的波动和走势的图表。在实际工作中，股价图也可以用于计算和分析科学数据。需要注意的是，用户必须按正确的顺序组织数据才能创建股价图
曲面图	曲面图主要用于显示两组数据之间的最佳组合。如果 Excel 工作表的数据较多，而用户又准备找到两组数据之间的最佳组合时，可以使用曲面图
雷达图	雷达图可以比较若干数据系列的聚合值，用于显示数据中心点以及数据类别之间的变化趋势，也可以将覆盖的数据系列用不同的演示显示出来
组合图	组合图是 Excel 2013 中的新功能，用户可以非常便捷地自由组合图表类型

12.1.2 图表的组成

图表由许多部分组成，每一部分就是一个图表项，如图表区、绘图区、标题、坐标轴、数据系列等。不同图表的构成元素是不同的。下面通过图 12-1 和表 12-2 详细介绍柱形图的组成及各项功能说明。

表 12-2 图表构成元素说明

名　称	功 能 说 明
图表标题	显示图表的名称，可以自动与坐标轴对齐或在图表顶部居中
图表区	显示图表的背景颜色，当插入的图表被激活后，就可以对该区域进行颜色填充或添加边框线
绘图区	在二维图表中，以坐标轴为界并包含所有数据系列的区域。在三维图表中，此区域以坐标轴为界并包含数据系列、分类名称、刻度线标签和坐标轴标题

续表

名　称	功能说明
垂直坐标轴	显示图表的数据刻度
水平坐标轴	显示各类别的名称，可对其进行修改、删除或添加
数据系列	显示各类别数据的值
图例	用各种符号和颜色代表内容与指标的说明，有助于更好地认识图表

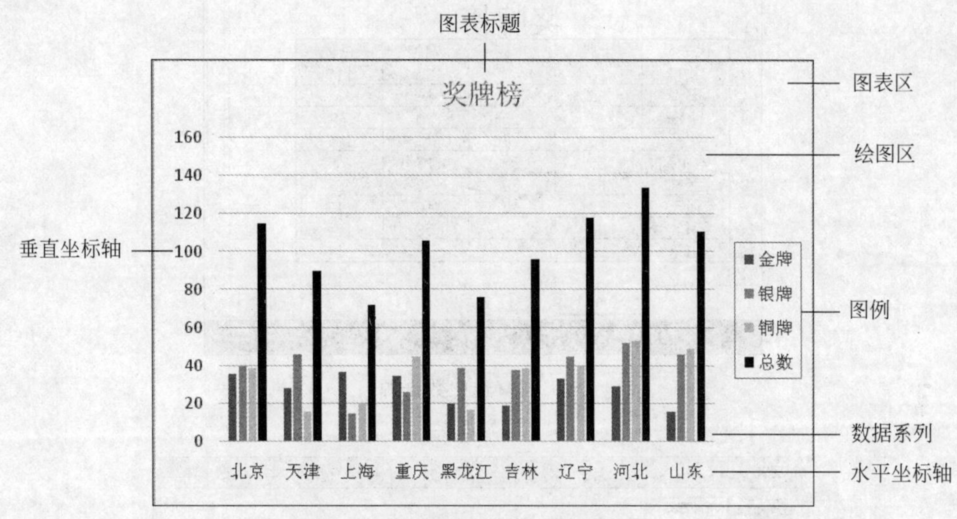

图 12-1　图表的组成

提示：图表不是自己画出来的，而是根据数据自动生成的，生成图表的数据称为图表的“数据源”，数据源改变了，图表也会随之改变。

12.2　创建图表

【案例 12-1】　打开“素材/chapter12/12-奖牌榜. xlsx”，为所有数据创建二维“簇状柱形图”。

(1) 打开“12-奖牌榜. xlsx”工作簿，选中要创建图表的单元格区域，单击“插入”选项卡上“图表”组中的“查看所有图表”按钮，如图 12-2 所示，打开如图 12-3 所示的“插入图表”对话框。

(2) 在“插入图表”对话框中选择“所有图表”选项卡，在“图表类型”列表框中选择“柱形图”→“簇状柱形图”，单击“确定”按钮。

(3) 返回工作表，即可看到如图 12-4 所示的图表。

其他创建图表的方法如下。

(1) 单击“插入”选项卡上“图表”组中的任意一种图表类型的按钮，在展开的列表中选择适合的子类型，也可以创建图表。

(2) 推荐方法：Excel 2013 新增了根据数据类型为用户推荐最佳图表类型的功能。用

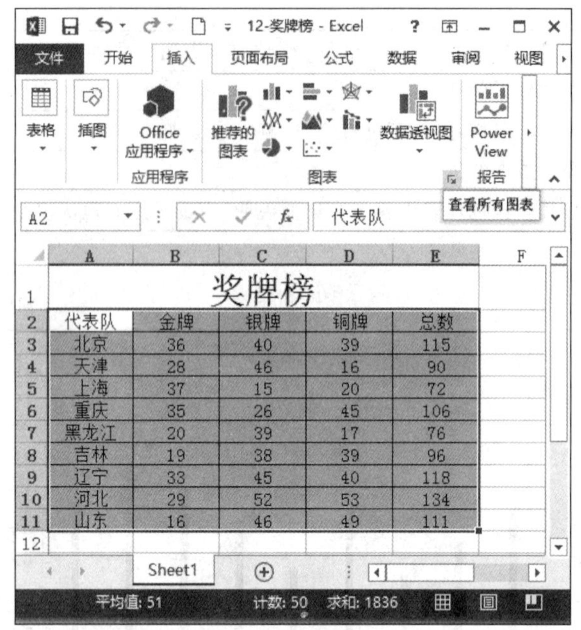

图 12-2 选中数据源

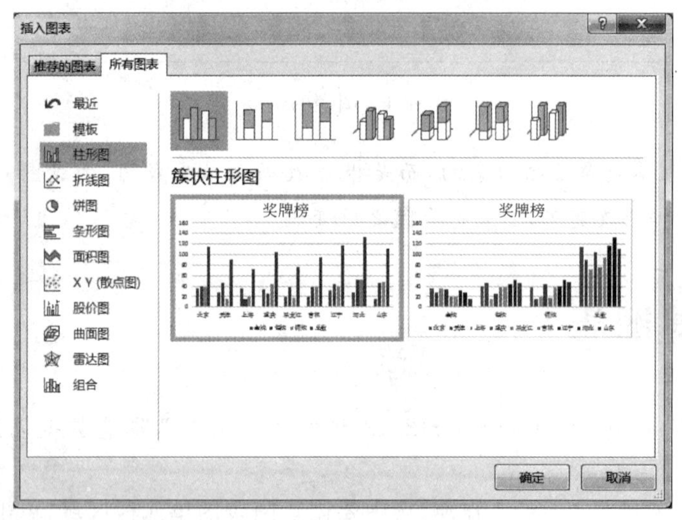

图 12-3 “插入图表”对话框

户只需要选择要创建图表的数据区域，单击“插入”选项卡上“图表”组中的“推荐的图表”按钮，在弹出的“插入图表”对话框的“推荐的图表”选项卡中选择图表类型，单击“确定”按钮即可。

注意：为工作表中的数据创建图表时，可以根据需要选择全部数据，也可以选择其中的一部分数据。在选择图表数据源时，需要考虑是否选择工作表表头数据。如果选择表头单元格后，数据系列标签的名称由表头数据和图表标题组成。虽然这样比较直观，但是有时会显得名称过长，影响图表的布局效果，所以用户需根据实际的需要进行选择。

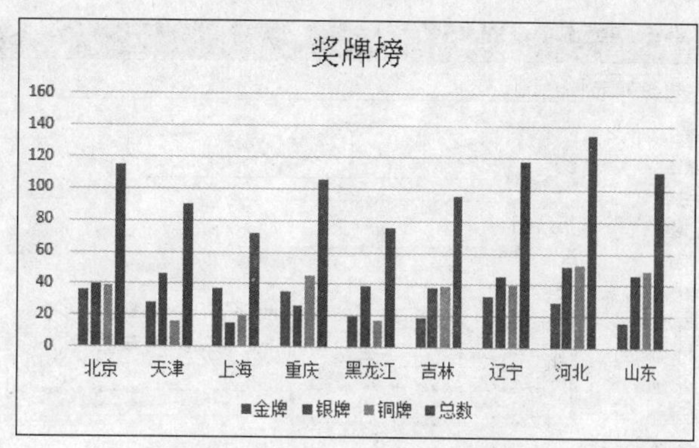

图 12-4　插入的“簇状柱形图”

12.3　编辑图表

创建好图表以后，选中图表，“图表工具”选项卡变为可用，包括“设计”和“格式”两个子选项卡，用户可以通过这两个子选项卡对图表进行一系列的编辑操作。

12.3.1　更改图表类型

如果对已经创建好的图表类型不满意，无须删除图表，可以对现有图表类型进行更改。步骤如下。

(1) 选中已经创建好的图表，单击“图表工具”选项卡下的“设计”子选项卡中“类型”组中的“更改图表类型”按钮，如图 12-5 所示，打开如图 12-6 所示的“更改图表类型”对话框。

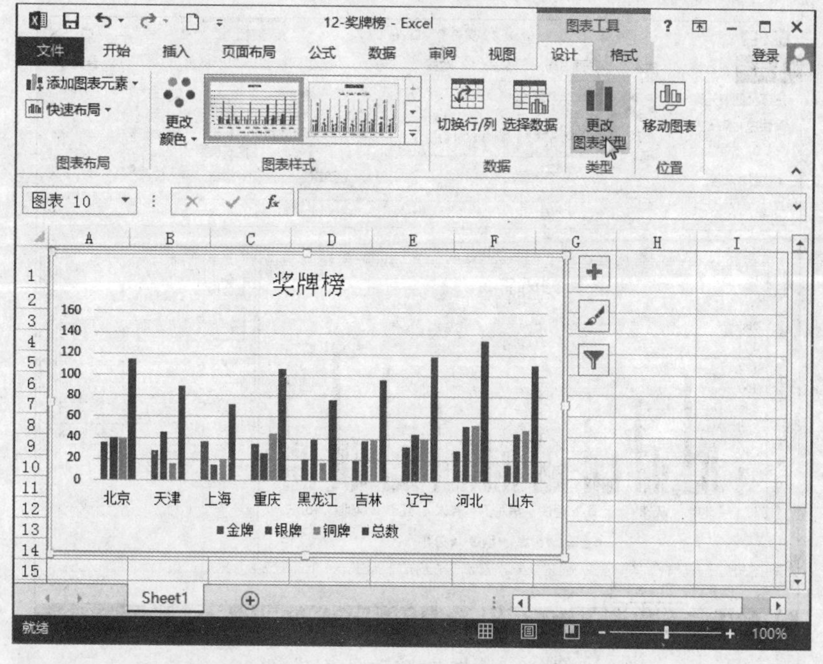

图 12-5　单击“更改图表类型”按钮

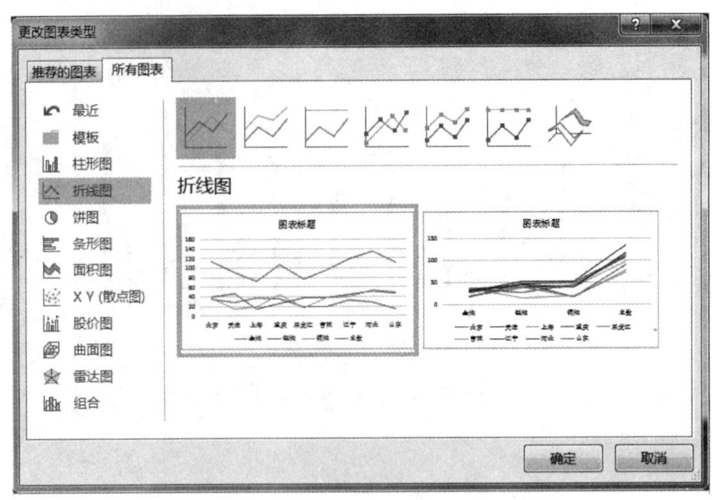

图 12-6 “更改图表类型”对话框

(2) 在对话框中选择需要的图表类型,单击“确定”按钮。

技巧:选中图表右击,在弹出的快捷菜单中选择“更改图表类型”命令,也可以弹出如图 12-6 所示的对话框,实现更改图表类型的操作。

12.3.2 移动图表

默认情况下,Excel 2013 中创建的图表是以“嵌入图表”的方式位于工作表中,用户可以将图表移动到单独的工作表中,步骤如下:

(1) 选中要移动的图表,单击“图表工具”选项卡下的“设计”子选项卡中“位置”组中的“移动图表”按钮,如图 12-7 所示,打开如图 12-8 所示的“移动图表”对话框。

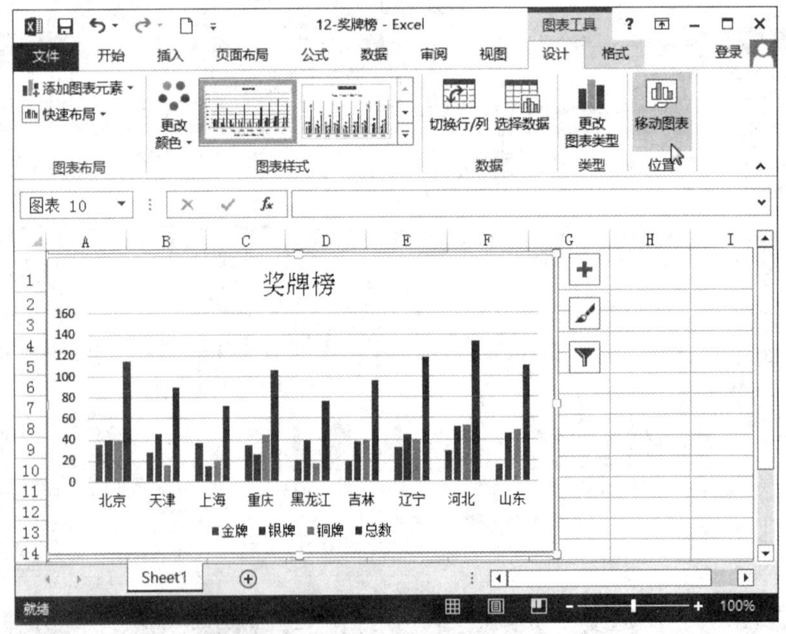

图 12-7 单击“移动图表”按钮

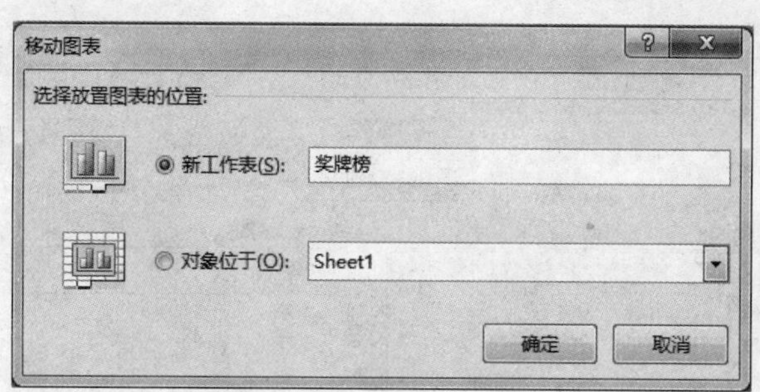

图 12-8 “移动图表”对话框

(2) 在图 12-8 中选中“新工作表”单选按钮，在其后输入工作表的名称，单击“确定”按钮，即可实现图表的移动。

技巧：选中图表并右击，在弹出的快捷菜单中选择“移动图表”命令，也可以弹出如图 12-8 所示的对话框，实现移动图表。

12.3.3 更改图表数据源

在 Excel 2013 中，可以对创建好的图表中的数据源进行更改。

【案例 12-2】 对“案例 12-1”中创建的图表进行数据源的更改，去掉“总数”系列。

(1) 选中图表，单击“图表工具”选项卡下的“设计”子选项卡中“数据”组中的“选择数据”按钮，如图 12-9 所示，打开如图 12-10 所示的“选择数据源”对话框。

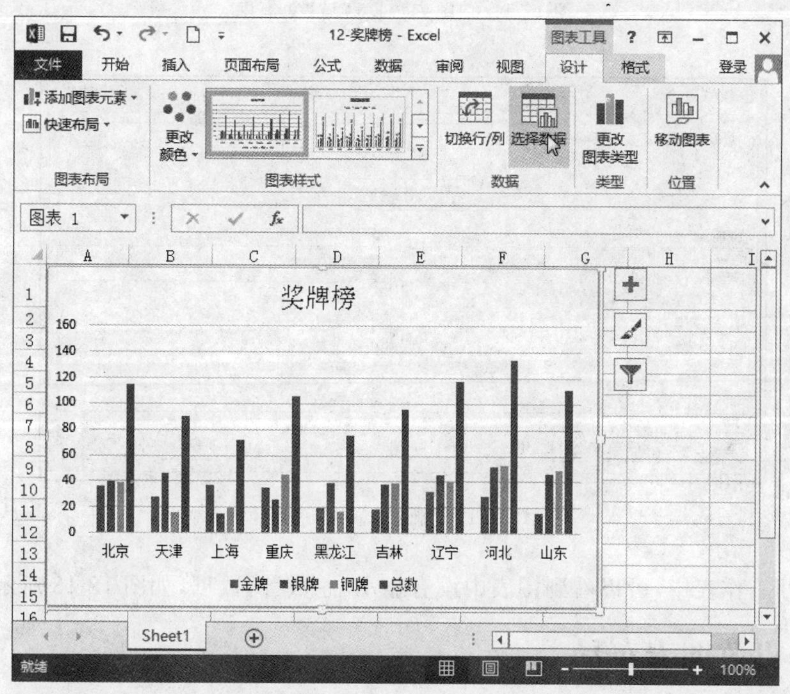

图 12-9 单击“选择数据”按钮

(2) 单击如图 12-10 所示“选择数据源”对话框中“图表数据区域”文本框右侧的“折叠”

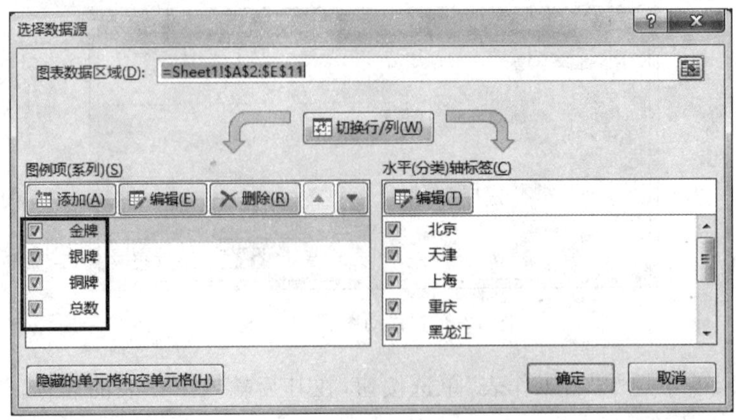

图 12-10 “选择数据源”对话框

按钮。

(3) 返回工作表中,选择准备重新设置图表的数据源,如图 12-11 所示,单击“展开”按钮,返回到如图 12-12 所示的“选择数据源”对话框,可以看到“总数”系列已经删除,单击“确定”按钮。

图 12-11 “图表数据区域”文本框

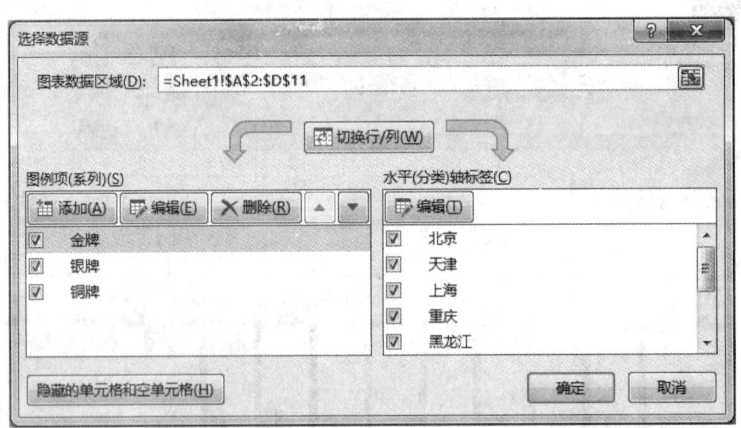

图 12-12 删除“总数”系列

(4) 返回工作表中,可以看到图表中没有显示“总数”的数据,如图 12-13 所示。

12.3.4 更改图表布局

默认创建的图表不会显示坐标轴标题,如“案例 12-1”中创建的簇状柱形图,这样不方便查看,而且图例放在图表下方,布局不够美观,可以将图例调整到图表的右侧。以上操作都可以通过更改图表布局进行完善。

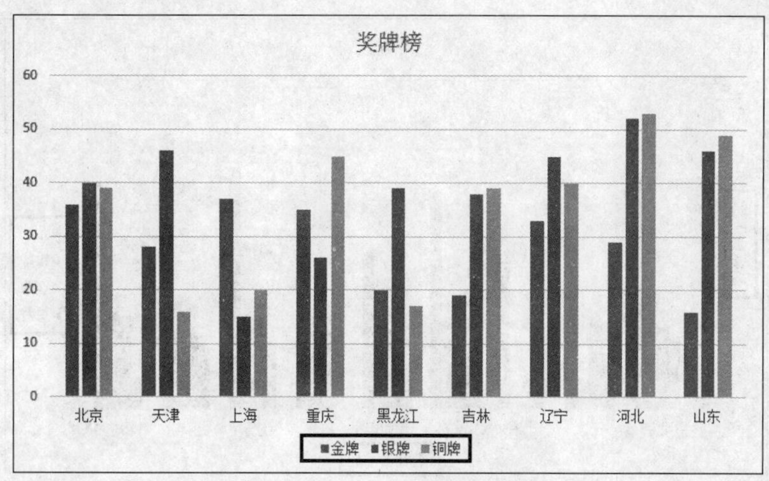

图 12-13　更改数据源后的图表

1. 使用内置的图表布局

用户可以使用 Excel 2013 提供的内置图表布局样式来设置图表布局，例如将“案例 12-1”中创建的图表更改为“布局 9”，步骤如下。

(1) 选中图表，单击“图表工具”选项卡下“设计”子选项卡中“图表布局”组中的“快速布局”下拉按钮，选择“布局 9”，如图 12-14 所示。

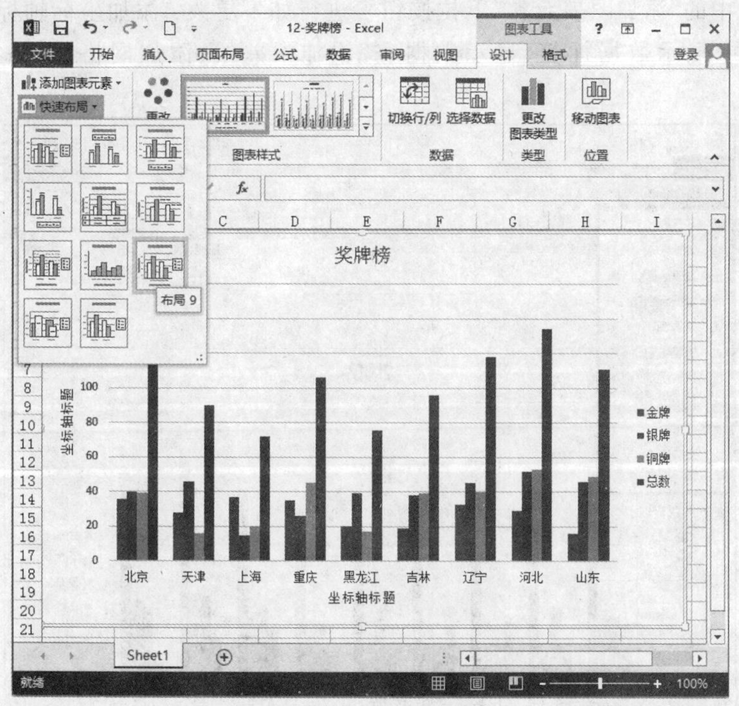

图 12-14　快速布局

(2) 可以看到图表已经设置成了“布局 9”的布局，添加了坐标轴标题，图例位于图表右侧，如图 12-15 所示。

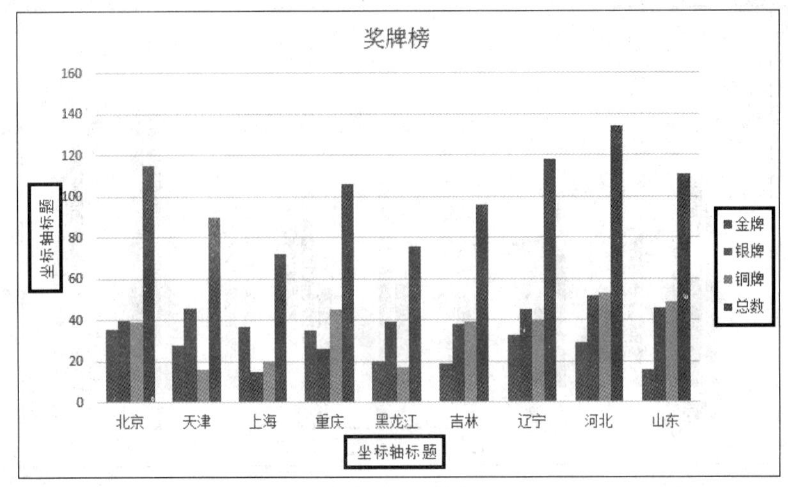

图 12-15　按照“布局 9”设置的布局

注意：在“快速布局”级联菜单中，其具体布局样式并不是一成不变的，它会根据图表类型的更改而自动更改。

2. 自定义图表布局

除了应用内置的图表布局以外，用户还可以在“图表工具”选项卡下“设计”子选项卡的“图表布局”组中的“添加图表元素”下拉按钮下进行如下更改：添加坐标轴标题、更改图例位置、在图表中显示数据标签、显示数据表、添加误差线、添加网格线、添加趋势线，如图 12-16 所示。

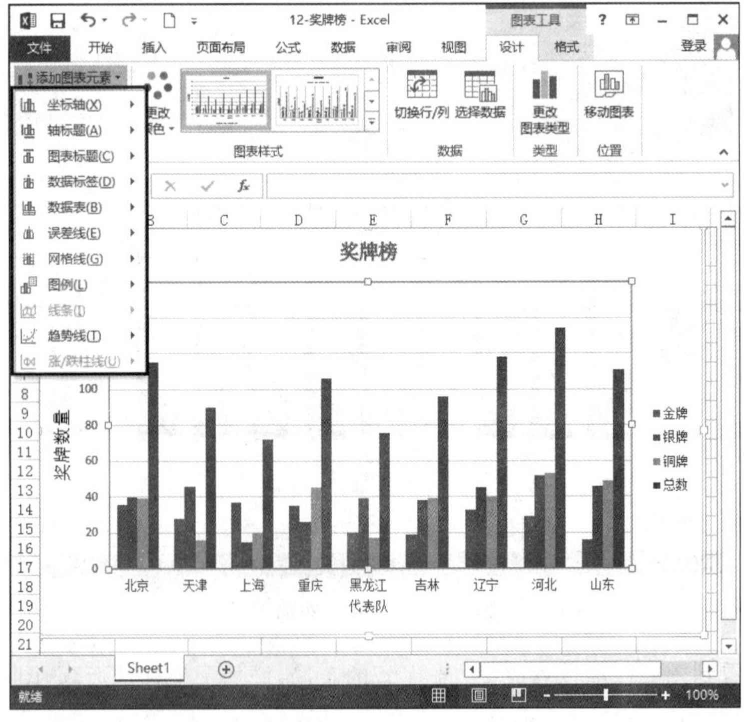

图 12-16　添加图表元素

下面以“添加数据标签”和“添加数据表”为例进行详细步骤的讲解。

(1) 添加数据标签

为了更准确地知道图表中所对应的纵坐标的数据，可以在图标中添加数据标签。步骤如下。

① 选中图表，单击“图表工具”选项卡下“设计”子选项卡中“图表布局”组中的“添加图表元素”下拉按钮。

② 在下拉菜单中选择“数据标签”→“数据标签外”选项，如图 12-17 所示。可以看到在图表系列外侧已经添加了数据标签，如图 12-18 所示。

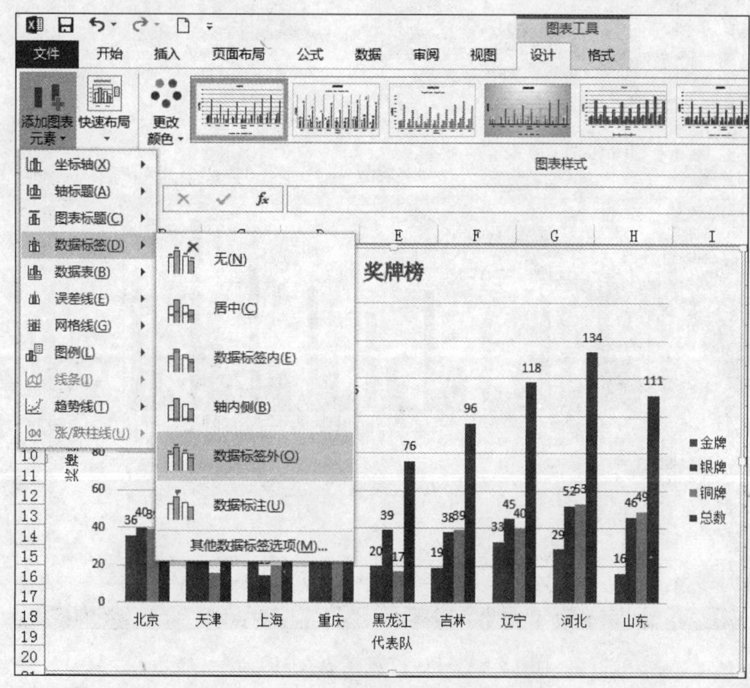

图 12-17 选择“数据标签外”选项

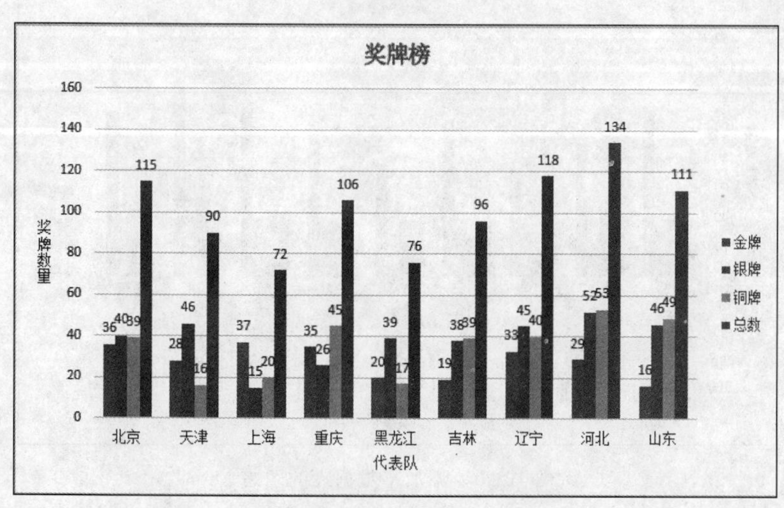

图 12-18 添加了数据标签的图表

（2）添加数据表

默认创建的图表是不显示数据表的，可以通过如下步骤在图表中添加数据表。

① 选中图表，单击“图表工具”选项卡下“设计”子选项卡中“图表布局”组中的“添加图表元素”下拉按钮。

② 在下拉菜单中选择“数据表”→“无图例项显示”选项，如图 12-19 所示。可以看到在图表下方已经显示了数据表，如图 12-20 所示。

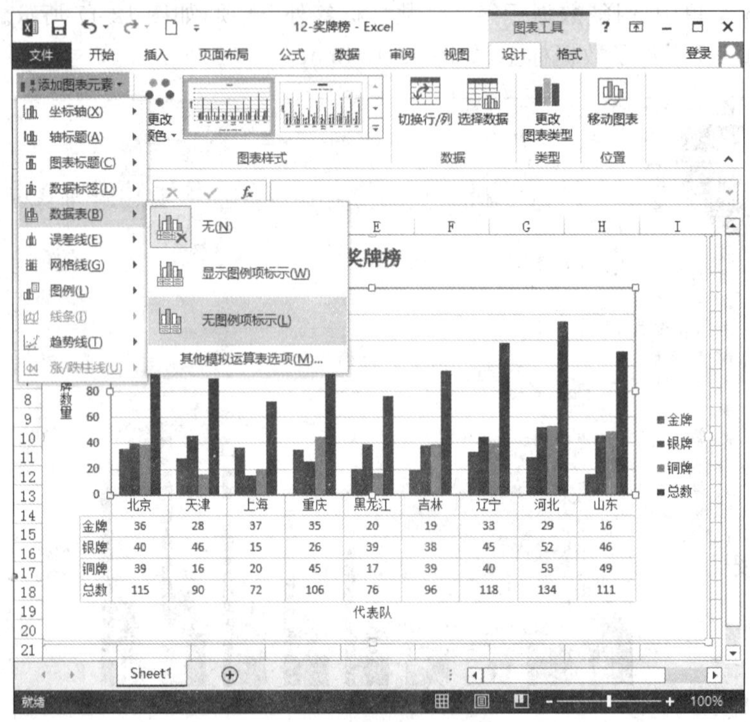

图 12-19　执行“数据表”中的命令

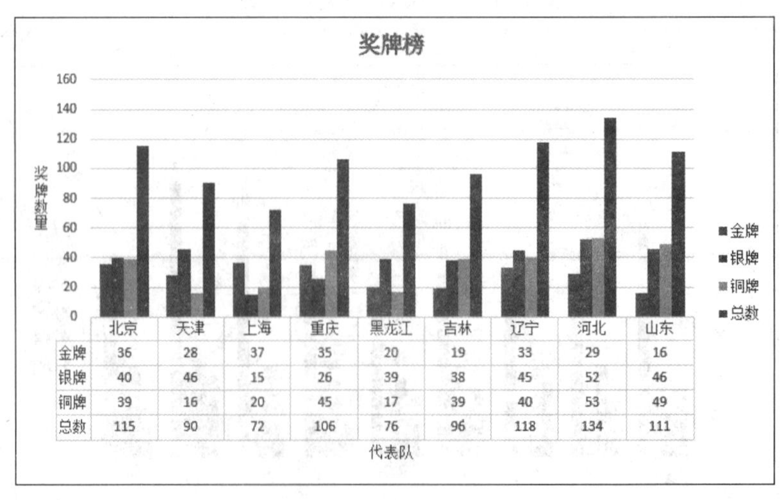

	北京	天津	上海	重庆	黑龙江	吉林	辽宁	河北	山东
金牌	36	28	37	35	20	19	33	29	16
银牌	40	46	15	26	39	38	45	52	46
铜牌	39	16	20	45	17	39	40	53	49
总数	115	90	72	106	76	96	118	134	111

图 12-20　添加了数据表的图表

12.3.5　设计图表样式

在 Excel 2013 工作表中，不同类型的图表有不同的样式。图表样式包括图表中的绘图区、数据系列、标题等一系列元素的样式。Excel 2013 提供了一些系统内置的样式供用户快速选择使用。

【案例 12-3】　为“案例 12-1”中创建的图表应用内置的“样式 14”，系列颜色设置为彩色“颜色 4”。

(1) 选中图表，单击“图表工具”选项卡下“设计”子选项卡中“图表样式”组中“其他”按钮，选择“样式 14”，如图 12-21 所示。

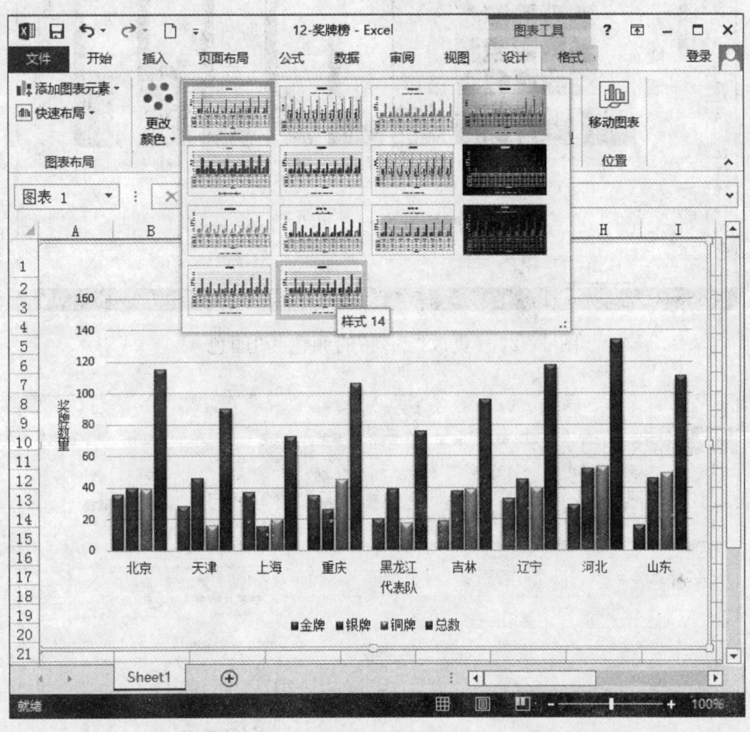

图 12-21　应用内置的图表样式“样式 14”

(2) 选中图表，单击“图表工具”选项卡下“设计”子选项卡中“图表样式”组中“更改颜色”下拉按钮，选择一种颜色组合可以改变图表中“系列”的颜色，如图 12-22 所示。

12.3.6　设置图表区格式

设置图表区域格式是通过设置图表区的边框颜色、边框样式、填充效果、三维格式等操作来达到美化图表区的效果，步骤如下。

(1) 选中图表并右击，在弹出的快捷菜单中选择“设置图表区域格式”命令，如图 12-23 所示，弹出“设置图表区格式”窗格。

(2) 在该窗格中选择“图表选项”→“填充线条”按钮，在“填充”选项组中选择“图案填充”单选按钮，选择 5%图案，如图 12-24 所示。

(3) 设置了图表区填充效果的图表如图 12-25 所示。

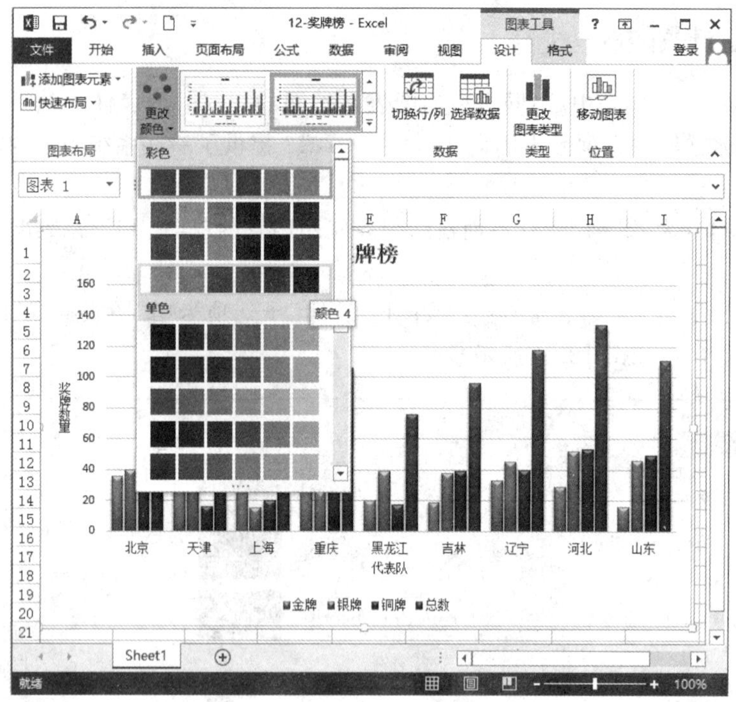

图 12-22　更改“系列”的颜色为“颜色 4”

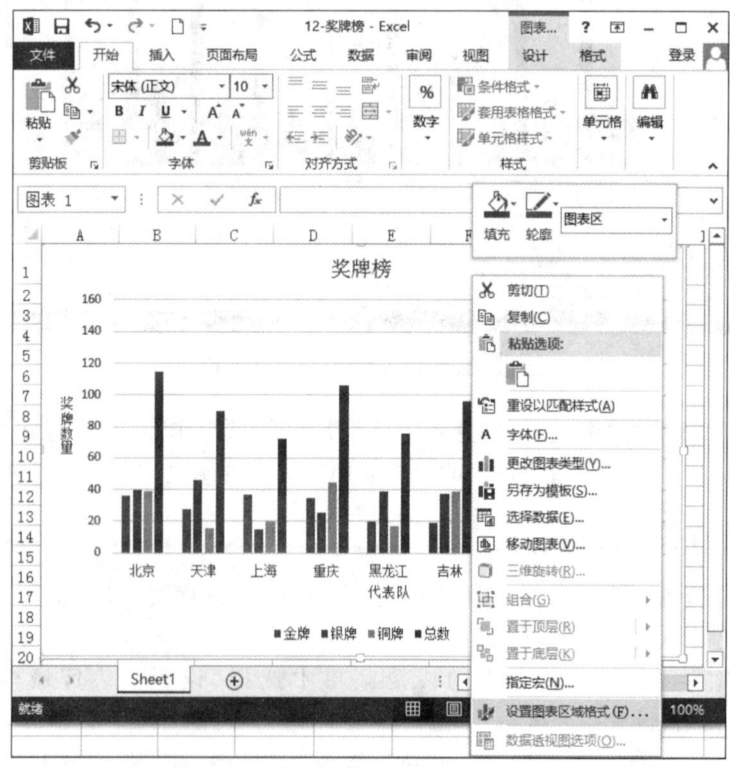

图 12-23　执行“设置图表区域格式”命令

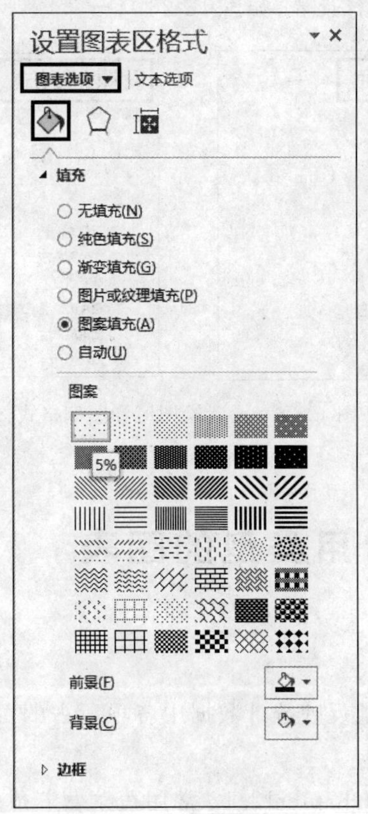

图 12-24　设置图表区格式

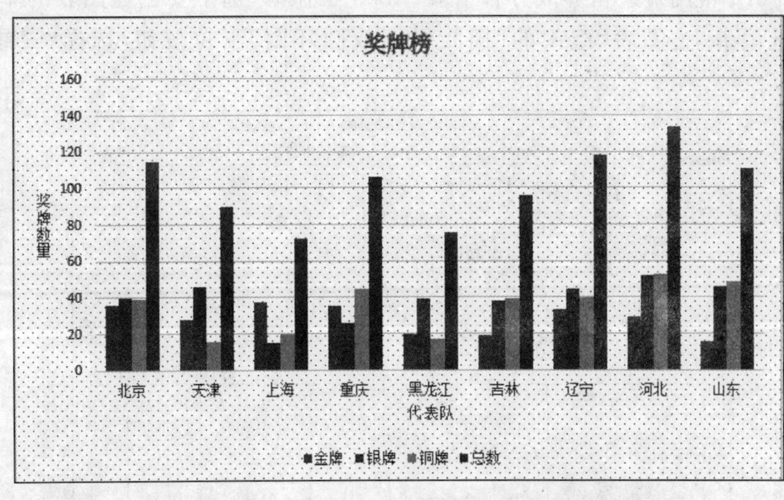

图 12-25　设置了图表区填充效果的图表

提示：

① 在"图表选项"中还可以设置"边框""效果"等效果。

② "设置图表区格式"窗格中还可以进行"文本选项"的设置。

③ 在图表中选中单击任何一种对象元素，如"绘图区""图例"等，都会显示出类似

图 12-24 所示的窗格供用户进行设置，如图 12-26 所示。

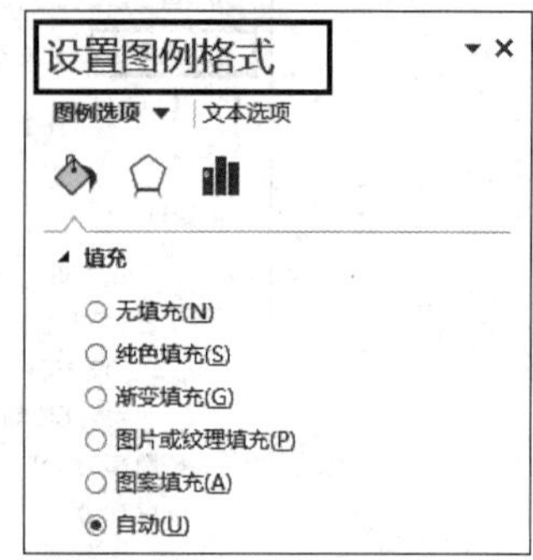

图 12-26　设置绘图区和图例格式

12.4　创建几种常用类型的图表

12.4.1　饼图的使用

饼图可以非常清晰、直观地反映统计数据中各项所占的百分比或者是某个单项所占总体的比例。

【案例 12-4】　打开“素材/chapter12/12-常用蔬菜营养成分含量表. xlsx”，为“毛豆”的营养成分创建饼图。

(1) 打开“12-常用蔬菜营养成分含量表. xlsx”工作簿，选中要创建图表的单元格区域，单击“插入”选项卡上“图表”组中的“插入饼图或圆环图”下拉按钮，选择“二维饼图”，如图 12-27 所示。

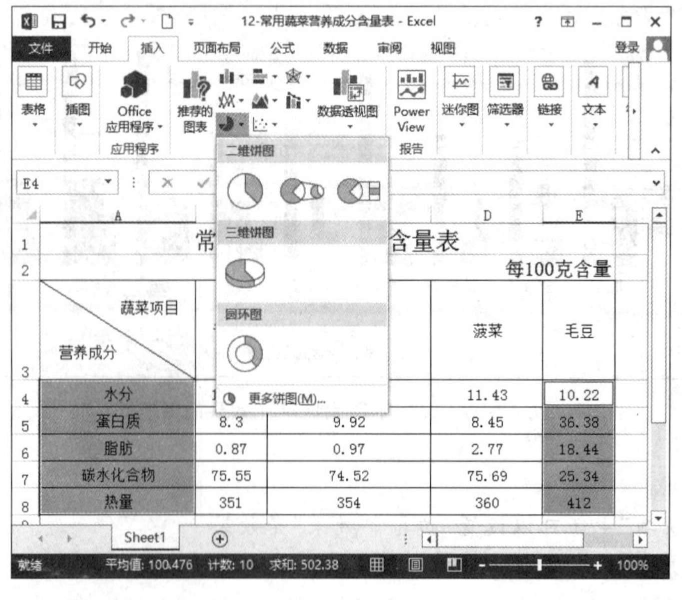

图 12-27　创建二维饼图

注意：饼图的特点是只能将工作表中的一列或一行数据绘制到饼图中。

(2) 创建好的饼图如图 12-28 所示。将图表的标题改为"毛豆"，设置"数据标签"为"最佳匹配"，"图例"靠左显示，应用内置"样式 12"，效果如图 12-29 所示，可参考"素材/chapter12/12-常用蔬菜营养成分含量表_end.xlsx"。

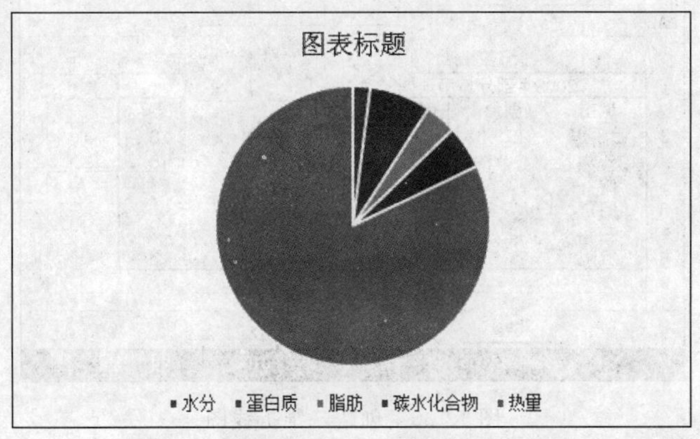

图 12-28　默认创建的二维饼图

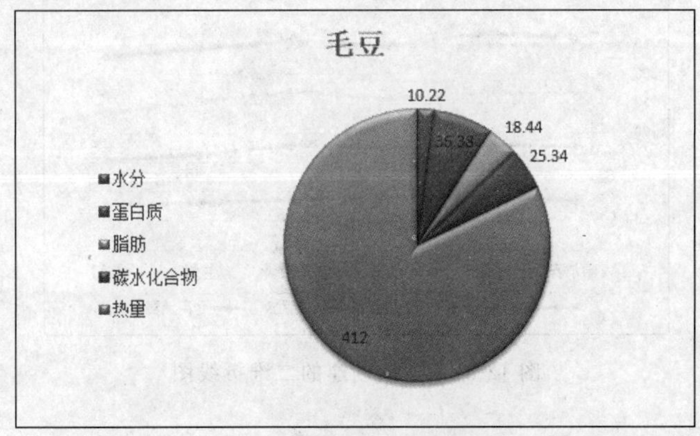

图 12-29　设置后的二维饼图

12.4.2　折线图的使用

折线图可以显示随时间(根据常用比例设置)而变化的连续数据。通常绘制折线图时，类别数据沿水平轴均匀分布，所有值数据沿垂直轴均匀分布。

【案例 12-5】　打开"素材/chapter12/12-城市消费水平调查表.xlsx"。

(1) 打开"12-城市消费水平调查表.xlsx"工作簿，选中要创建图表的单元格区域，单击"插入"选项卡上"图表"组中的"插入折线图"下拉按钮，选择"二维折线图"→"带标记的堆积折线图"，如图 12-30 所示。

(2) 创建好的折线图如图 12-31 所示，设置好的图表如图 12-32 所示，可参考"素材/chapter12/12-城市消费水平调查表_end.xlsx"。

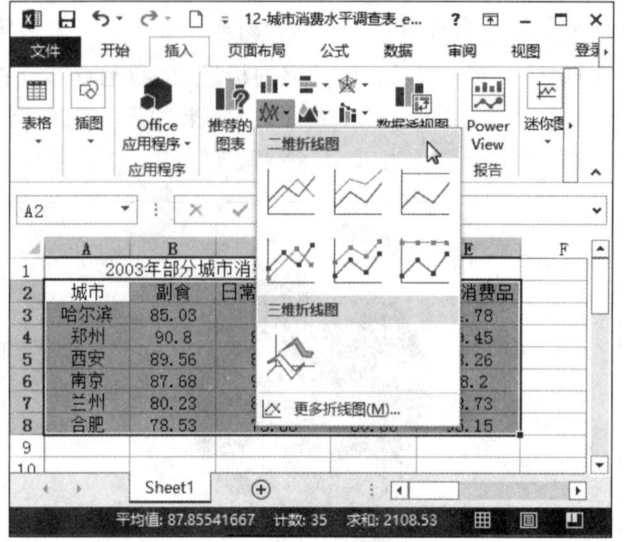

图 12-30　创建二维折线图

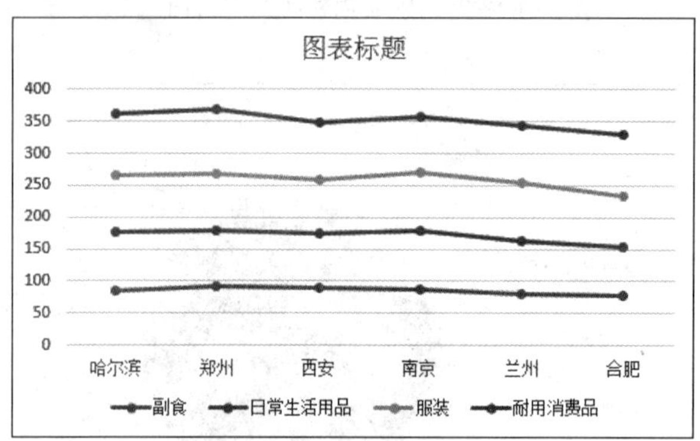

图 12-31　默认创建的二维折线图

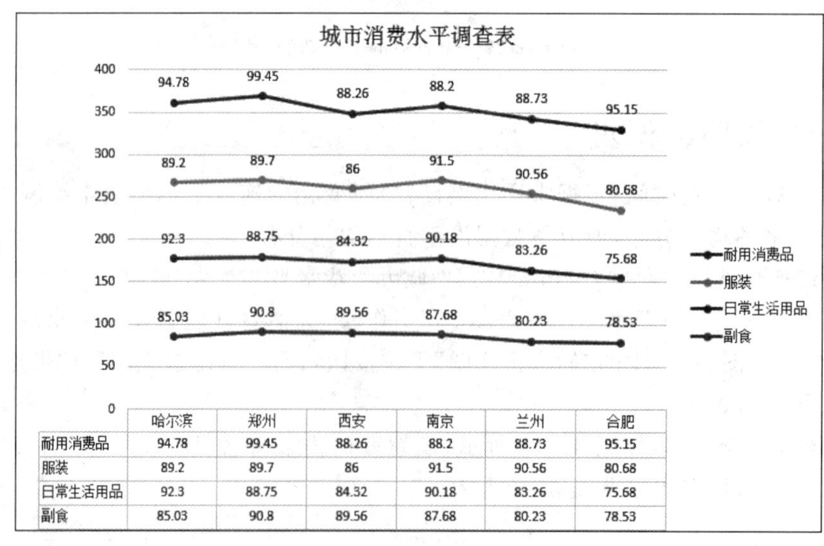

	哈尔滨	郑州	西安	南京	兰州	合肥
耐用消费品	94.78	99.45	88.26	88.2	88.73	95.15
服装	89.2	89.7	86	91.5	90.56	80.68
日常生活用品	92.3	88.75	84.32	90.18	83.26	75.68
副食	85.03	90.8	89.56	87.68	80.23	78.53

图 12-32　设置后的二维折线图

12.5 插入迷你图

迷你图是 Excel 2013 中的一种简易图表，主要应用于单元格的微型图表，它可以对单元格中的数据以小图表的形式展示，从而对数据进行简要的分析，体现数据的大致走向趋势。每个迷你图代表所选内容中的一行或一列数据。迷你图分为折线迷你图、柱形迷你图和盈亏迷你图三种。

12.5.1 创建迷你图

【案例 12-6】 打开“素材/chapter12/12-第一季度勃利超市销售额表.xlsx”，为四个分店 1～3 月份的销售额分别创建折线迷你图。

(1) 打开工作簿，选中要插入迷你图的单元格 E4，单击“插入”选项卡上“迷你图”组中的“折线图”按钮，如图 12-33 所示，弹出如图 12-34 所示的“创建迷你图”对话框。

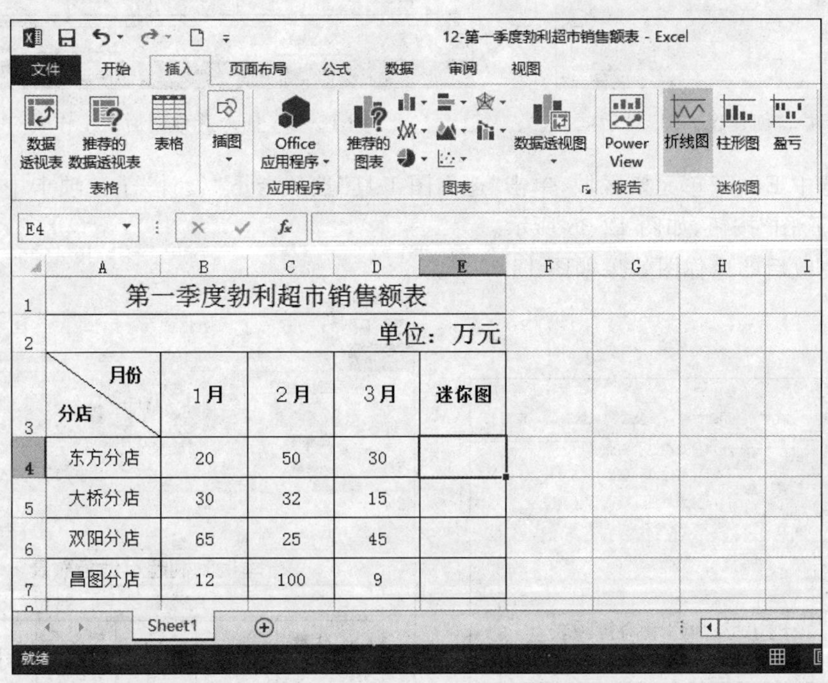

图 12-33 执行“插入迷你图”命令

(2) 在图 12-34 的对话框中，设置“数据范围”为 B4:D4，“位置范围”为 $E$4，单击“确定”按钮。用同样的方法在 E5、E6、E7 三个单元格中插入迷你折线图，效果如图 12-35 所示。

提示： 柱型迷你图和盈亏迷你图的创建方法与折线迷你图的创建方法类似。

12.5.2 更改迷你图的类型

如果要将“案例 12-6”中创建的折线迷你图更改为柱型迷你图，步骤如下。

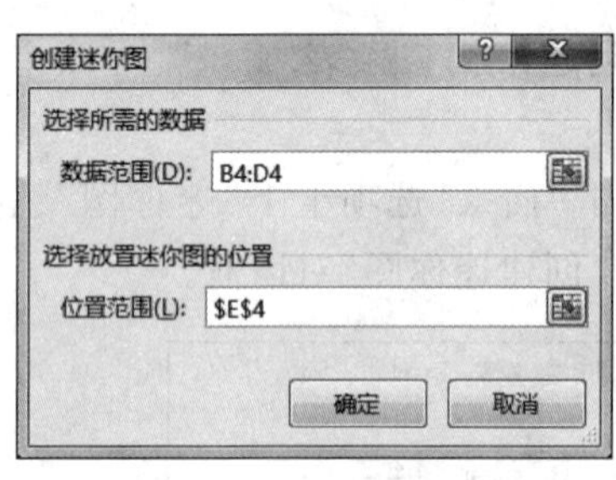

图 12-34 “创建迷你图”对话框

图 12-35 插入迷你图后的工作表

(1) 选中 E4:E7单元格区域，单击“迷你图工具”选项卡下“设计”子选项卡中的“类型”组中的“柱形图”按钮，如图 12-36 所示。

(2) 更改后的迷你图效果如图 12-37 所示。

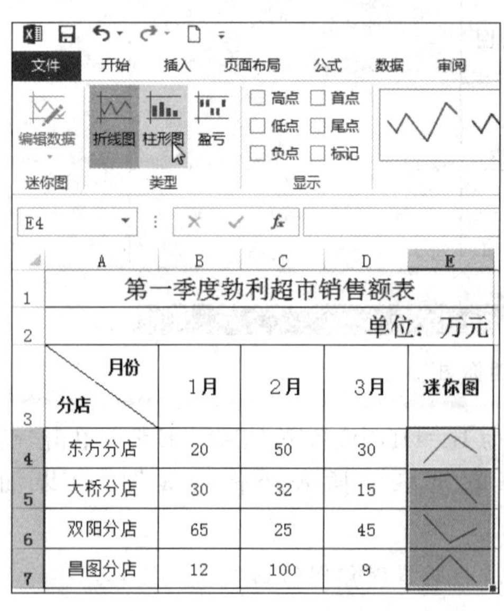

图 12-36 更改迷你图的类型

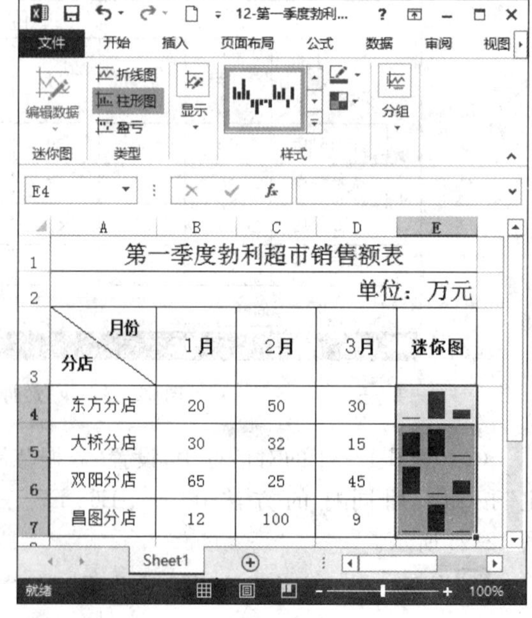

图 12-37 更改为柱型迷你图

12.5.3　设置迷你图的样式

为了让插入的迷你图更加美观，可以为其应用系统内置的样式。步骤如下。

(1) 选中 E4:E7单元格区域，单击“迷你图工具”选项卡下“设计”子选项卡中的“样式”组中的“其他”按钮，如图 12-38 所示。

迷你图工具
文件　开始　插入　页面布局　公式　数据　审阅　视图　设计
编辑数据　折线图　柱形图　盈亏　高点　首点　低点　尾点　负点　标记
迷你图　类型　显示　样式
E4

第一季度勃利超市销售额表				
			单位：万元	
月份 / 分店	1月	2月	3月	迷你图
东方分店	20	50	30	
大桥分店	30	32	15	
双阳分店	65	25	45	
昌图分店	12	100	9	

图 12-38　更改迷你图的样式

(2) 在展开的样式列表中如图 12-39 所示，选择一种样式即可。

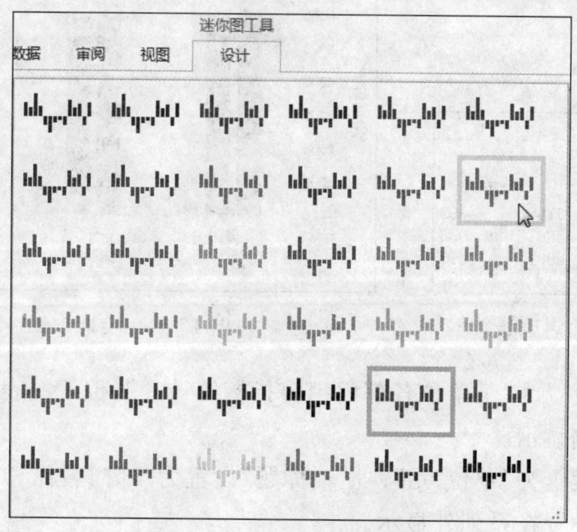

图 12-39　迷你图内置样式

提示： 清除迷你图的方法如下：选中 E4:E7单元格区域，单击“迷你图工具”选项卡下“设计”子选项卡中“分组”组中的“清除”下拉按钮，选择“清除所选的迷你图”命令即可。

实训案例

【案例 12-7】 为“某单位各部门销售指标统计表”创建二维簇状柱形图。

【实训目的】 掌握柱形图的创建与编辑的方法。

【实训内容】

- 工作簿的创建与保存。
- 单元格的设置。
- 公式与函数的使用。
- 柱形图的创建与编辑。

【实训步骤】

(1) 新建工作簿,按照如图 12-40 所示的数据进行输入。将工作簿保存为“12-某单位各部门销售指标统计表.xlsx”。

(2) 合并“A1:D1”单元格并居中显示。

(3) 为“A2:D6”单元格区域添加内外边框线。

(4) 用公式或函数计算“销售额”“成本”“利润”的“合计”值。

(5) 选中“A2:D5”单元格区域,创建二维簇状柱形图。

(6) 对图表进行如下编辑,最终效果如图 12-41 所示。

	A	B	C	D
1	某单位各部门销售指标统计表			
2	部门名称	销售额	成本	利润
3	部门一	6587	6188	399
4	部门二	6369	5381	988
5	部门三	5896	2001	3895
6	合计			

图 12-40 实训 1 工作表原始数据

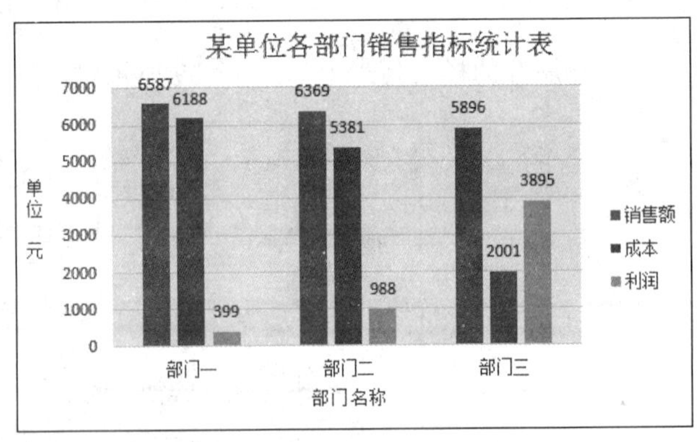

图 12-41 实训 1 最终图表效果

- “图表标题”设置为“某单位各部门销售指标统计表”,位于图表上方。
- “图例”靠右侧显示。
- “纵轴标题”设置为“单位 元”;“横轴标题”设置为“部门名称”。
- “数据标签”设置在系列外显示。
- “绘图区”设置为“纯色填充”,颜色选择“茶色”。
- “图表区”的“边框”设置为“实线”,颜色选择“深红”,“宽度”选择“2 磅”。

效果文件可参考“素材/chapter12/12-某单位各部门销售指标统计表_end.xlsx”。

【案例 12-8】 打开“素材/chapter12/12-学生成绩表.xlsx”,制作饼图。

【实训目的】 掌握饼图的创建与编辑的方法。

【实训内容】

- 单元格的设置。
- 公式与函数的使用。
- 饼图的创建与编辑。

【实训步骤】

(1) 为表格加标题"学生成绩表",采用楷体、20 磅字,合并居中。

(2) 用公式计算"平均分"(保留两位小数)以及"总分"。

(3) 输入成绩时请设置数据验证,其值为 0～100。

(4) 将分数为 80～90 的用红色表示。

(5) 按"平均分"降序排序,为第一名学生的姓名、各科成绩创建饼图,如图 12-42 所示。

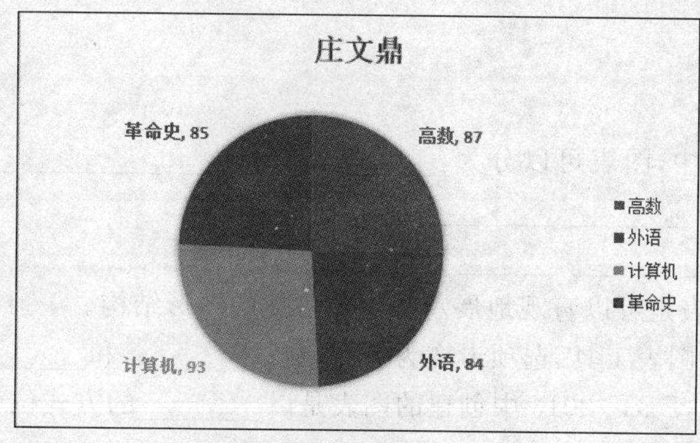

图 12-42 实训 2 最终图表效果

(6) 将总分低于 330 的人复制到一张新表中。

效果文件可参考"素材/chapter12/12-学生成绩表_end. xlsx"。

拓展练习

打开"素材/chapter12/12-职工工资表. xlsx",按如下要求进行操作。

(1) 增加表头"职工工资表",字号为 20 磅,居中;表格无左右外框线,上下外框线用粗线,内框细线,对表格中表头栏加浅灰色底纹。

(2) 利用公式计算每人的"奖金",奖金金额为"基本工资"的 25%;"应发工资"为前 7 项的和;"实发工资"为"应发工资"减去"扣款"。

(3) 将表格中基本工资小于 500 元的用红色表示,实发工资大于 1000 的用绿色表示。

(4) 为"实发工资"列创建折线迷你图,为迷你图应用"样式 6",并设置"高点""低点""首点"和"尾点"。

效果文件可参考"素材/chapter12/12-职工工资表_end. xlsx"。

本章小结

本章主要学习 Excel 2013 中图表的应用。通过本章的学习，可以掌握如下内容：

(1) 图表的类型与构成。

(2) 创建与编辑图表的方法。

(3) 柱形图、饼形图、折线图等常用图表类型的使用方法。

(4) 创建与编辑迷你图的方法。

思考与练习

1. 填空题

(1) Excel 2013 中，图表可以分为________、________、________、________、________、________、________、________、________、________10 种。

(2) 迷你图包括________、________、________三种。

(3)________图表是可以直观地展示数据和信息的图形结构。

(4) 选中图表，“图表工具”选项卡变为可用，包括________和________两个子选项卡。

(5) 默认情况下，Excel 2013 中创建的图表是以________的方式位于工作表中。

2. 选择题

(1) 在 Excel 2013 中，图表中的大多数图表项(　　)。

A. 可被移动或调整大小　　B. 不能被移动或调整大小

C. 固定不动　　D. 可被移动，但不能调整大小

(2) 在 Excel 2013 中，图表是(　　)。

A. 根据工作表数据用画图工具绘制的　　B. 位图文件

C. 可以用画图工具进行编辑的矢量图　　D. 工作表数据的图形表示

(3) 在 Excel 2013 图表中，通常使用垂直 Y 轴作为(　　)。

A. 分类轴　　B. 数值轴　　C. 文本轴　　D. 公式轴

(4) 在 Excel 2013 中，创建的图表和数据(　　)。

A. 只能在同一个工作表中

B. 既可在同一个工作表中，也可在同一工作簿的不同工作表中

C. 不能在同一个工作表中

D. 只有当工作表在屏幕上有足够显示区域时，才可在同一工作表中

(5) 在 Excel 2013 的图表中，能反映出同一属性数据变化趋势的图表类型是(　　)。

A. 折线图　　B. 柱形图　　C. 饼图　　D. 气泡图

3. 判断题

(1) 创建图表后，当工作表中的数据发生变化，图表中对应数据会自动更新。(　　)

(2) 独立图表是与工作表相互无关的图表。(　　)

(3) 饼图适合于各数据与整体的关系及比例情况的分析。 (　　)

(4) 创建好的图表不能更改类型。 (　　)

(5) 在“快速布局”级联菜单中，其具体布局样式并不是一成不变的，它会根据图表类型的更改而自动更改。 (　　)

4. 简答题

(1) 如何更改图表类型？

(2) 什么是迷你图？

第 13 章　演示文稿制作软件 PowerPoint 2013

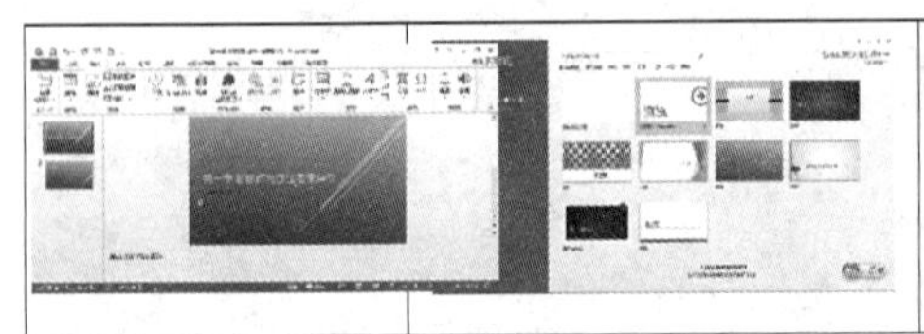

本章导读

演示文稿制作软件已广泛用于会议报告、课程教学、广告宣传、产品演示等方面，成为人们在各种场合下进行信息展示、信息交流的重要工具。常用的演示文稿制作软件有 Microsoft Office 办公套件中的 PowerPoint、WPS Office 办公套件中的金山演示软件等。本章将以 PowerPoint 2013 为例，介绍演示文稿制作软件的基本功能和使用方法。

PowerPoint 2013 是一款专门用于制作演示文稿的应用软件，包含在 Microsoft Office 2013 办公套件中。使用 PowerPoint 可以制作出集文字、图形、图像、声音、视频等多媒体元素为一体的演示文稿。

知识目标

- PowerPoint 2013 的工作界面和文档视图。
- PowerPoint 2013 的基本操作。
- 插入图片、艺术字，插入表格，插入基本形状，插入音频和视频。
- 应用设计模板和主题颜色。
- 设置幻灯片背景、幻灯片切换效果、幻灯片动画效果。
- 演示文稿的放映和打印。

能力目标

- 掌握 PowerPoint 2013 的窗口界面和视图模式。
- 熟悉 PowerPoint 2013 基本操作的相关方法。
- 掌握 PowerPoint 2013 中插入图片等元素来丰富演示文稿内容的方法。
- 掌握 PowerPoint 2013 中应用设计模板和主题等格式化幻灯片等方法。
- 掌握 PowerPoint 2013 中演示文稿的放映和打印的方法。

13.1　PowerPoint 2013 快速入门

要利用 Office 中的各组件辅助办公，首先要了解各个 Office 组件的操作界面构成。由于各组件界面的主要构成相似，因此下面将以 PowerPoint 操作界面为例进行讲解。

13.1.1　认识演示文稿和幻灯片

演示文稿，顾名思义，就是用于演示某种效果而制作的文档，主要用于会议、产品展示和教学课件等领域。演示文稿可以很好地拉近演示者与观众之间的距离，能呈现图文并茂、动静结合的视觉形象，使观众更容易接受演示者的观点。图 13-1 所示为演讲者制作的教学课件的演示文稿，其中单独的一张内容就是幻灯片。所以，一个演示文稿是由一个或多个幻灯片组成的，每个演示文稿就是一个独立的文件，后缀名为 pptx（PowerPoint 的早期版本为 ppt，PowerPoint 默认生成 pptx 文件）。

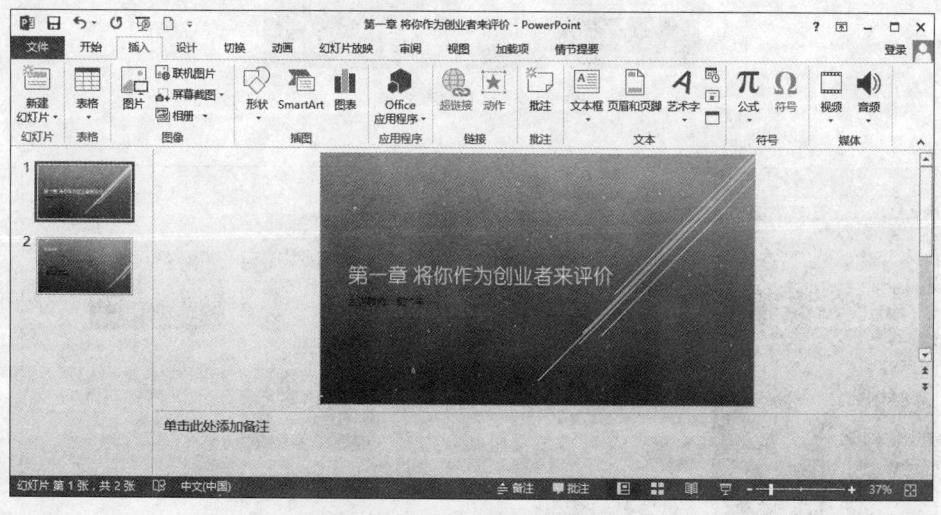

图 13-1　制作完成的演示文稿

13.1.2　启动、新建与退出 PowerPoint 2013

初次使用 PowerPoint 2013，需要学会程序的启动、关闭。初步认识工作界面的组成，重要的是能够正确操作和管理文档，以掌握 PowerPoint 2013 的基本操作，提高文字处理的效率。

1. 启动 PowerPoint 2013

单击任务栏上的“开始”按钮，选择“所有程序”→Microsoft Office 2013→PowerPoint 2013 命令项，启动中文 PowerPoint 2013，如图 13-2 所示，执行该操作后，即可启动 PowerPoint 2013，如图 13-3 所示。

2. 新建 PowerPoint 演示文稿

启动 PowerPoint 2013 的同时，选择右侧的图例（如空白演示文稿、环保等），新建一个 PowerPoint 演示文稿，新建 PowerPoint 演示文稿还有以下四种方法。

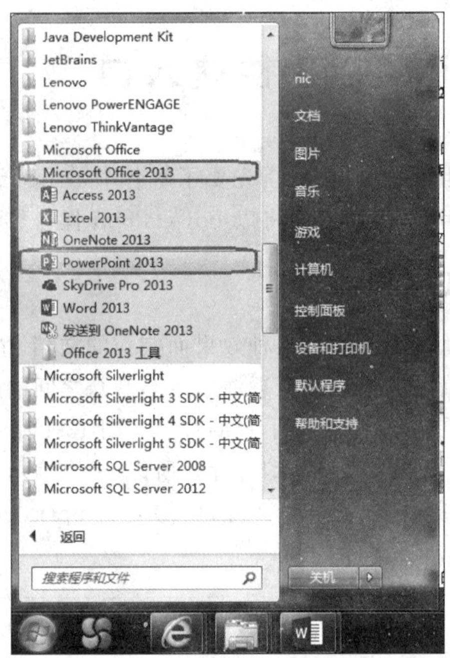

图 13-2 “开始”菜单

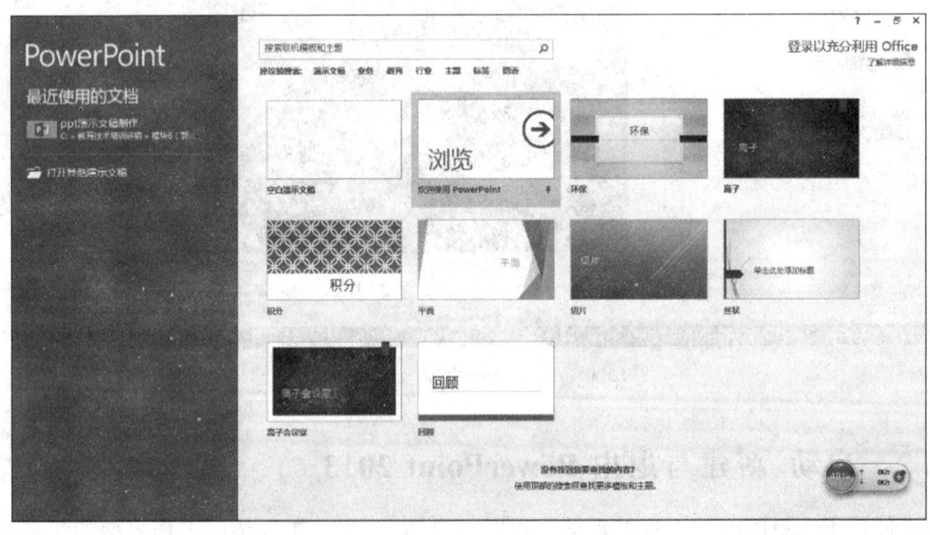

图 13-3 启动 PowerPoint 2013

方法 1：选择“文件”→“新建”菜单命令，屏幕的右侧会自动打开“新建”任务窗格。在该任务窗格的“新建”选项区域中列举了几种新建 PowerPoint 演示文稿的选项，单击第 1 项“空白演示文稿”，可新建空白演示文稿。

方法 2：双击桌面上的 Microsoft PowerPoint 快捷方式图标。

方法 3：通过“资源管理器”“我的电脑”或“我的文档”等，找到要打开的已存在的中文 PowerPoint 2013 文档，然后双击该文件图标，可启动中文 PowerPoint 2013，同时打开该文档。

方法 4：进入 PowerPoint 2013 的工作界面后，单击快速启动工具栏上的“新建”按钮。

3. 退出 PowerPoint 2013

用户可以通过多种方法退出 PowerPoint 2013，下面将简单介绍如何退出 PowerPoint 2013，其具体操作步骤如下。

在 PowerPoint 2013 的标题栏上右击，在弹出的快捷菜单中选择“关闭”命令，如图 13-4 所示。如果有未保存的文档，程序会提示用户保存文档，如图 13-5 所示。

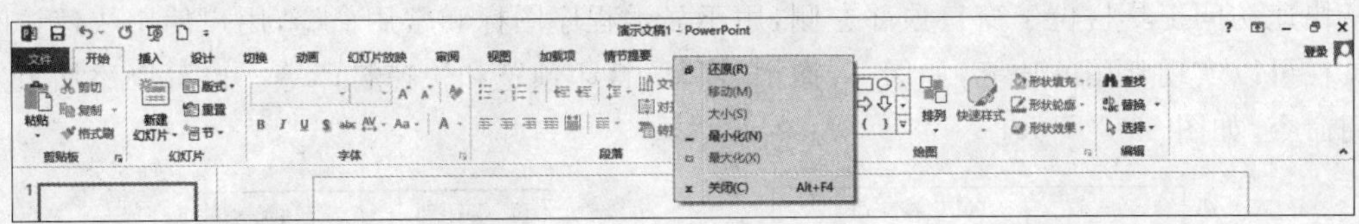

图 13-4　选择“关闭”命令

单击“保存”按钮将会弹出“另存为”对话框，用户可以在该对话框中指定路径、名称以及类型等；如果单击“不保存”按钮，将不会对当前文档保存，程序将直接关闭；如果单击“取消”按钮，将不执行关闭操作。

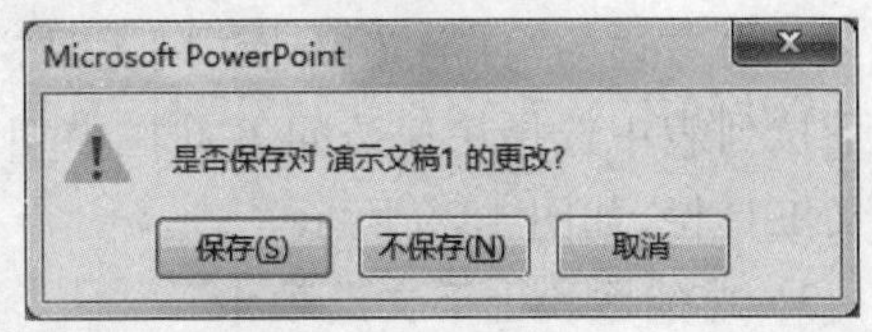

图 13-5　提示对话框

提示：除了上述方法外，还可以按 Alt＋F4 组合键关闭程序；或单击标题栏右端的“关闭”按钮；或单击 Office 按钮，在弹出的下拉菜单中选择“关闭”命令。

13.1.3　中文 PowerPoint 2013 的工作界面

中文 PowerPoint 2013 的工作界面如图 13-6 所示，包括标题栏、快速访问工具栏、功能区、文档编辑工作区、状态栏和滚动栏 6 部分。

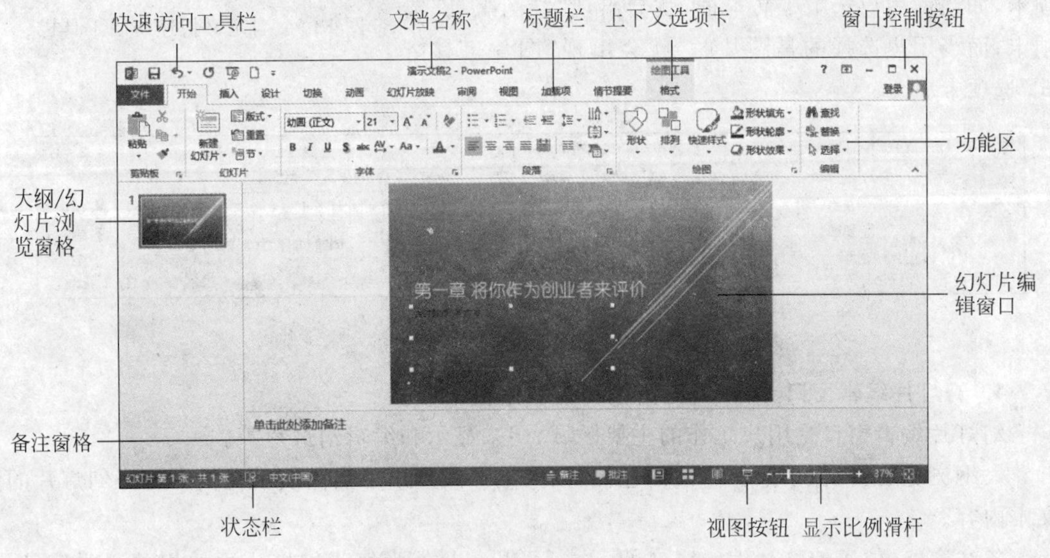

图 13-6　PowerPoint 2013 的工作界面

1. 标题栏和窗口控制按钮

标题栏位于窗口顶部的中部，显示当前正在编辑的演示文稿的名称。

窗口控制按钮位于窗口顶部右侧，用于显示窗口名称，在窗口的右侧显示有 5 个按钮，分别是“帮助”“功能区显示”“最小化”按钮、最大化按钮（又称还原按钮）和“关闭”按钮，单击想用的按钮，可以对窗口的大小进行调节，如图 13-7 所示。

2. 快速访问工具栏

快速访问工具栏位于窗口顶部左侧，用于显示程序图标和常用命令，用户使用快速访问工具栏可以实现常用的功能，如保存、撤销、恢复、打印预览和快速打印等。也可以添加个人常用命令，如图 13-8 所示。

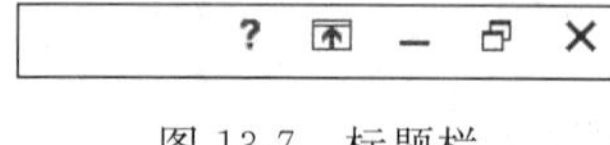

图 13-7　标题栏

图 13-8　快速访问工具栏

单击右边的“自定义快速访问工具栏”按钮，在弹出的下拉列表中选择快速访问工具栏中相应的工具即可自定义工具栏，如图 13-9 所示。

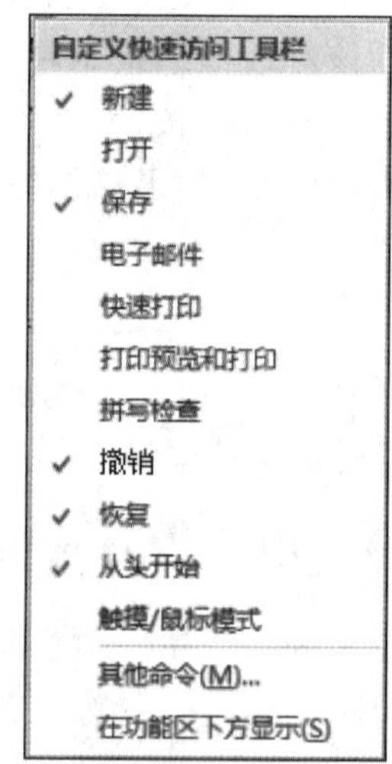

图 13-9　自定义快速访问工具栏

3. 功能区和上下文选项卡

功能区位于标题栏和快速访问工具栏下方，是菜单和工具栏的主要显现区域，几乎涵盖了所有的按钮、库和对话框。功能区首先将控件对象分为多个选项卡，在选项卡中又将控件细化为不同的组。选择不同的选项卡，即可进行相应的操作，例如，“开始”选项卡中可以使用设置文字、段落、样式和编辑功能等，如图 13-10 所示。

上下文选项卡位于功能区的最右端，其标题为红色字体加粗，根据用户选择对象的不同，实时显示相关的选项卡，如当前用户选中了文本框，就会出现“绘图工具”选项卡；而当用户选择的是图片时，就会出现“图片工具格式”选项卡。

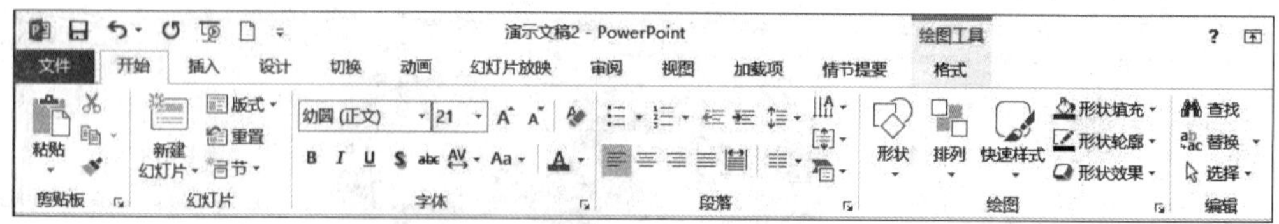

图 13-10　功能区

4. 幻灯片编辑窗口、大纲浏览窗格和备注窗格

幻灯片编辑窗口是用户工作的主要区域，用来显示和编辑幻灯片等。

大纲浏览窗格，位于操作界面的左侧，以大纲形式列出了当前演示文档中各张幻灯片的文本内容。

备注窗格，位于幻灯片编辑窗口的下方，可以在此处为每张幻灯片添加相关说明信息，以便在幻灯片播放时为讲演者提供思路线索。

5. 状态栏、视图按钮和显示比例滑杆

状态栏位于窗口左下方，用于显示当前文档正在执行的操作信息，状态栏具有统计页码调整视图方式、显示比例和缩放滑块等辅助功能。例如，文档中当前光标所在页码、校对错误，以及文档字数等，如图 13-11 所示。

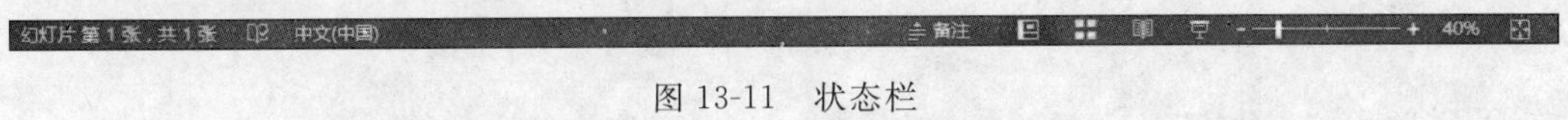

图 13-11　状态栏

视图按钮位于窗口下方中间处，用于更改正在编辑文档的显示模式，以符合当前文档的要求。例如，备注视图、普通视图、幻灯片浏览视图、阅读视图、幻灯片放映视图等，如图 13-12 所示。

缩放滑块位于窗口右下方，用于更改正在编辑文档的显示比例设置。拖动滑块即可进行设置文档显示比例大小，如图 13-13 所示。

图 13-12　视图按钮　　　　图 13-13　缩放滑块

13.1.4　保存文档

要想永久地保留编辑的文档，就需要将文档进行保存，保存文档的操作步骤如下。

选择“文件”选项卡，在打开的如图 13-14 所示在“保存”界面中选择“保存”或“另存为”选项，也可以进入“另存为”界面，如图 13-15 所示。“文件名”为“第一章 将你作为创业者来评价”，保存类型为 PowerPoint 演示文稿，单击“保存”按钮即可。

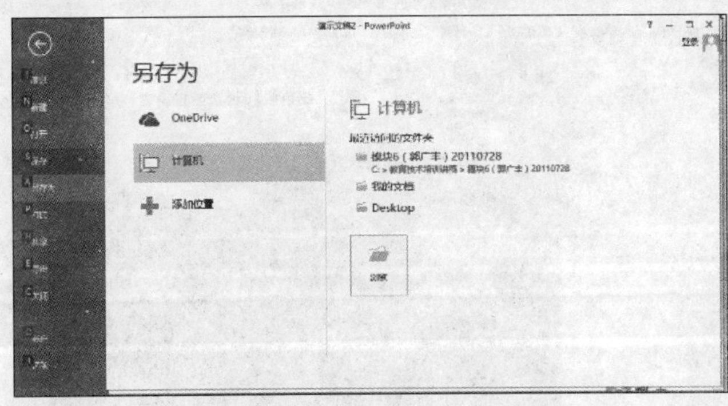

图 13-14　“文件”选项卡

文档的保存还可通过下述方法来进行。

(1) 单击窗口右上角的“关闭”按钮，在弹出的对话框中，单击“是”按钮，也可保存文档。

(2) 对于已保存过的文档，也可采用上述方法进行保存，在保存过程中不再弹出“另存为”对话框。

(3) 选择快速启动工具栏的“保存”按钮，可实现文档的备份保存。

(4) 使用 Ctrl+S 组合键。

图 13-15 “另存为”对话框

13.1.5 应用 PowerPoint 文档视图

为了方便阅读文档，PowerPoint 2013 提供了多种文档视图方式，包括普通视图、幻灯片浏览视图、幻灯片放映视图、阅读版式视图、Web 版式视图、大纲视图和草稿视图。本节将分别予以详细介绍。

1. 普通视图

普通视图又可以分为两种形式，如图 13-16 和图 13-17，主要区别在于工作界面左边的预览窗口，它分为幻灯片和大纲两种形式，用户可以通过单击视图按钮区的普通视图按钮切换。

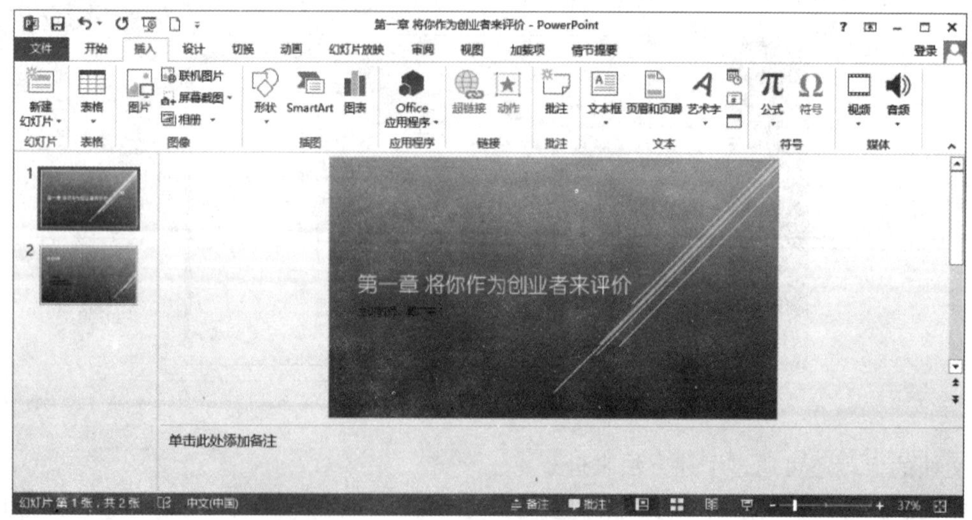

图 13-16 幻灯片形式

2. 幻灯片浏览视图

在幻灯片浏览视图模式下，可以在屏幕上看到该演示文稿的所有幻灯片，如图 13-18 所示。

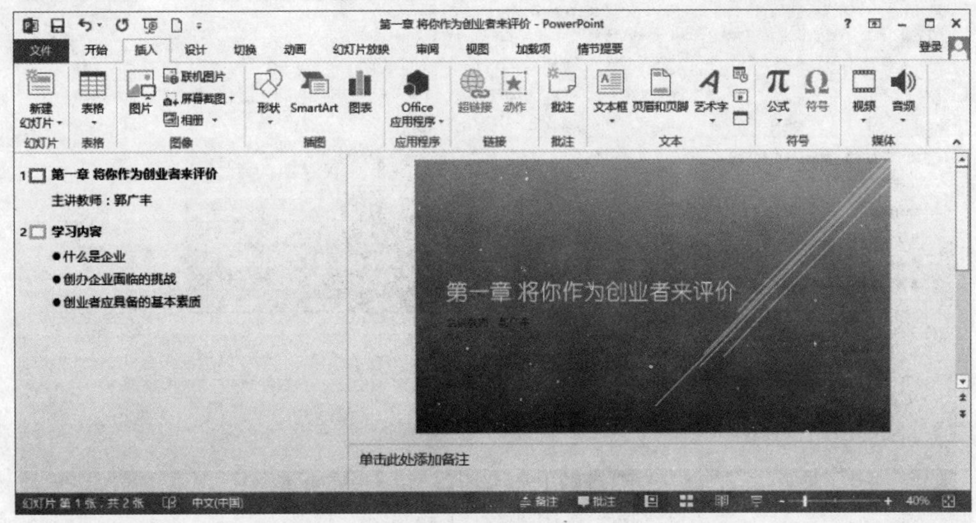

图 13-17　大纲形式

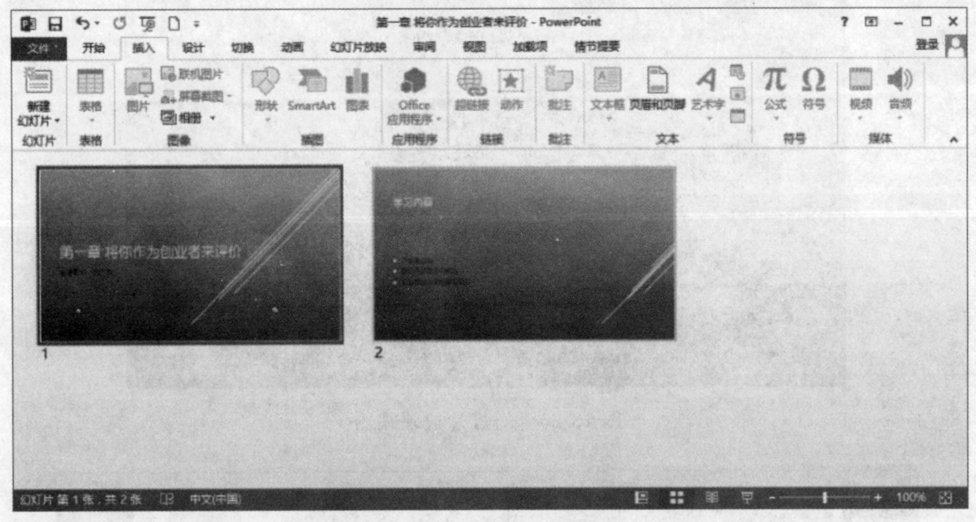

图 13-18　幻灯片浏览视图

3. 备注视图

在备注视图模式下，如图 13-19 所示，用户可为每一张幻灯片添加相关备注信息。这样演讲者在演示时可根据之前备注好的信息更好地组织自己的语言，使整个演讲更具逻辑性，也有助于演讲者消除紧张的不良情绪。

4. 幻灯片放映视图

Web 版式视图以网页的方式显示文档，Web 版式视图适用于发送电子邮件和建立网页，如图 3-20 所示。

5. 阅读视图

大纲视图用于 Word 2013 文档的配置和显示标题的层级结构，并可以简约地折叠和展开各种层级的文档。大纲视图普遍用于 Word 2013 长文档的高速浏览和配置，如图 3-21 所示。

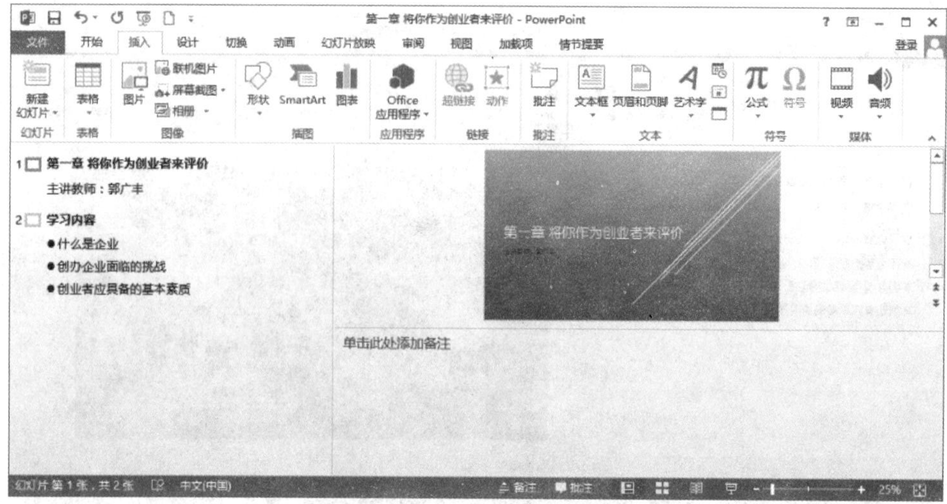

图 13-19 为幻灯片添加备注

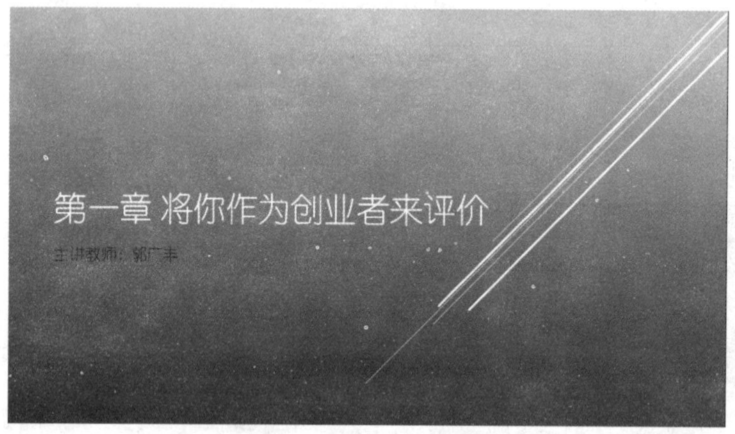

图 13-20 幻灯片放映视图

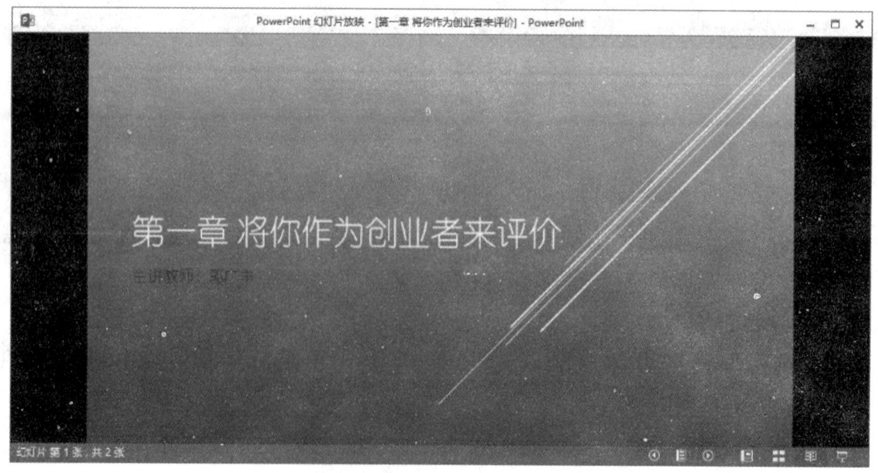

图 13-21 阅读视图

13.2　PowerPoint 2013 基本操作

13.2.1　幻灯片的基本操作

一个演示文稿由一张或多张幻灯片组成。想要制作出精美的演示文稿，一定要熟练掌握幻灯片的基本操作，主要包括选择幻灯片、插入幻灯片、移动与复制幻灯片以及删除幻灯片。

1. 选择幻灯片

要对幻灯片进行整体设置，首先要选择一张或多张幻灯片。以下是在幻灯片形式的普通视图下的操作方法。

(1) 选择单张幻灯片：在大纲/幻灯片浏览窗格中，单击需要的幻灯片，即可选中该幻灯片。选中的幻灯片在大纲/幻灯片浏览窗格的缩略图被红色线框圈住了(见图 13-22)，就表示该幻灯片被选中了。

(2) 选择编号相连的多张幻灯片：首先单击起始编号的幻灯片，然后在按住 Shift 键的同时，单击结束编号的幻灯片，此时两张幻灯片之间的多张幻灯片被同时选中了。

(3) 选择编号不连续的多张幻灯片：在按住 Ctrl 键的同时，依次单击需要选择的幻灯片，即可选中单击过的所有幻灯片。在按住 Ctrl 键的同时再单击已选中的幻灯片，则刚选中的幻灯片又取消选择了。

(4) 选择全部幻灯片：按下 Ctrl＋A 组合键，就可以选择当前演示文稿中的所有幻灯片。

图 13-22　选择幻灯片

2. 插入幻灯片

在启动 PowerPoint 2013 后，会自动建立一张新的幻灯片，随着制作过程的推进，就需要在当前演示文稿中插入更多的幻灯片，有以下几种方法。

(1) 通过单击功能区按钮插入：首先选择一张幻灯片，打开“插入”选项卡，在功能区的“新建幻灯片”按钮右下方的下拉箭头，在弹出的版式菜单选择一种版式，即可在选中的幻灯片后面插入一个该版式的幻灯片，如图 13-23 所示。

(2) 通过右击插入：如图 13-24 所示，首先选择一张幻灯片，右击该幻灯片，从弹出的快捷菜单中选择“新建幻灯片”命令，可以在选中的幻灯片后面插入一个新的幻灯片。

(3) 通过键盘操作插入：在大纲/幻灯片浏览窗格中，选择一张幻灯片，然后按 Enter 键，或按 Ctrl+M 组合键，可以在选中的幻灯片后面插入一个新的幻灯片。

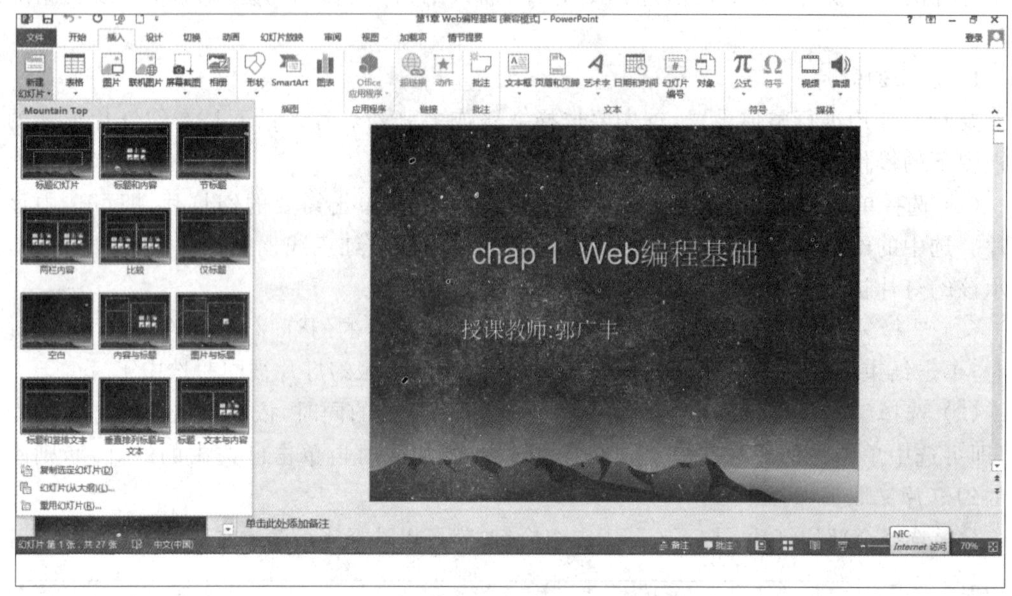

图 13-23　通过单击功能区按钮插入幻灯片

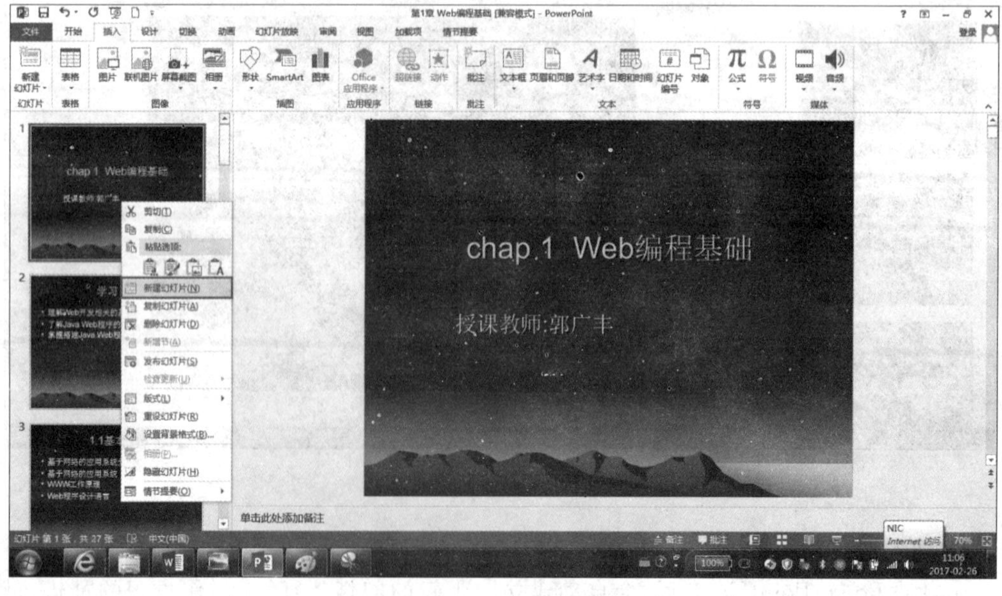

图 13-24　通过右击插入幻灯片

3. 移动幻灯片

多张幻灯片制作完成后，想调整幻灯片的顺序，有以下几种方法。

(1) 通过鼠标拖拽方式。在幻灯片形式的普通视图下，选择一张幻灯片，使用鼠标拖拽，在合适的位置松开鼠标。

(2) 通过剪贴板。在幻灯片形式的普通视图下，选择一张幻灯片，按下 Ctrl＋X 组合键，或单击“开始”选项卡的“剪切”按钮；在需要插入幻灯片的位置单击(如两张幻灯片之间)，按下 Ctrl＋V 组合键，或单击“开始”选项卡的“粘贴”按钮。

4. 复制幻灯片

在幻灯片形式的普通视图下，选择一张幻灯片，按下 Ctrl＋C 组合键，或单击“开始”选项卡的“复制”按钮；在需要插入幻灯片的位置单击(如两张幻灯片之间)，按下 Ctrl＋V 组合键，或单击“开始”选项卡的“粘贴”按钮。

5. 删除幻灯片

(1) 通过键盘操作方式。在幻灯片形式的普通视图下选择一张幻灯片，直接按 Delete 键。

(2) 通过鼠标右键方式。选择一张幻灯片，右击鼠标，从弹出的菜单中“删除幻灯片”命令。

13.2.2　在幻灯片中录入文字

文字是演示文稿中重要的组成部分，简洁的文字有助于听众把握演讲者的主要思路。在幻灯片中录入文字有以下两种方法。

(1) 在文本占位符输入文本。新建一个演示文稿或插入一张幻灯片时，在普通视图的幻灯片编辑窗格中，如图 13-25 和图 13-26 所示，单击“单击此处添加标题”占位符，进入编辑状态，就可以输入文本了。

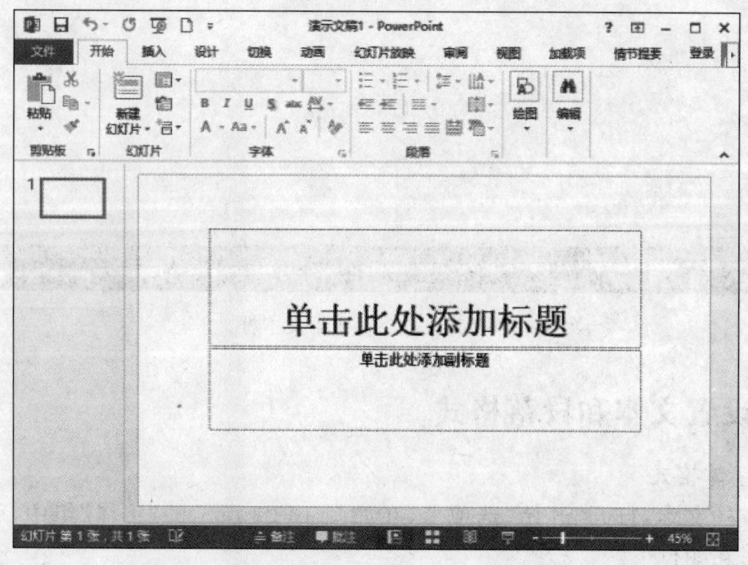

图 13-25　带占位符的幻灯片

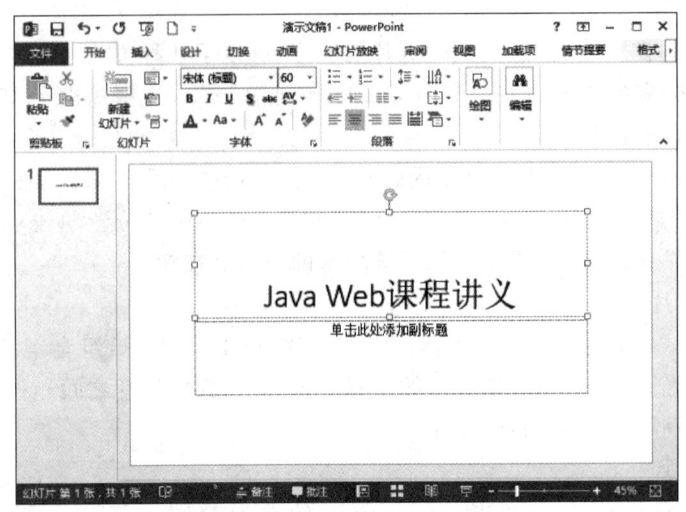

图 13-26　输入文字

(2) 使用文本框。打开“插入”选项卡，单击“文本框”的下拉箭头，在弹出的下拉菜单中选择“横排文本框”命令，移动鼠标指针到幻灯片的编辑窗口，当指针形状变为“↓”，按住鼠标左键并拖放，鼠标指针变成“+”。当拖放到合适大小后，释放鼠标，编辑窗口中就出现了一个文本框，如图 13-27 所示。在文本框中光标开始闪烁，输入文字就可以了。

图 13-27　绘制横排文本框

13.2.3　设置文本和段落格式

1. 设置字体格式

选择相应的文本，打开“开始”选项卡，在如图 13-28 所示的“字体”组中，就可以设置字体、字号、字形和颜色了。

2. 设置段落对齐方式

PowerPoint 提供了五种对齐方式。

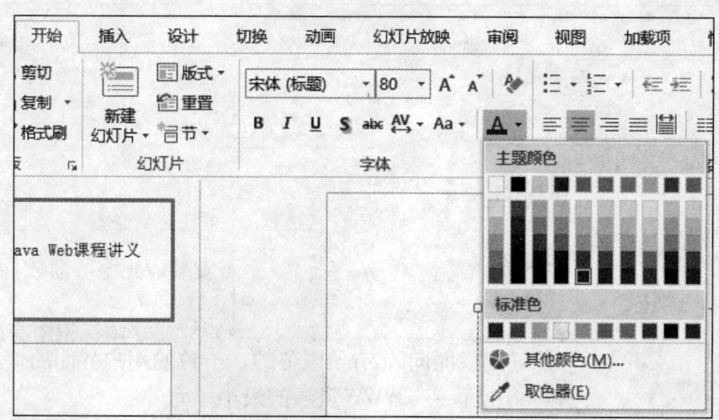

图 13-28　“字体”组

(1) 左对齐：段落左边对齐，右边会参差不齐。

(2) 右对齐：段落右边对齐，左边会参差不齐。

(3) 居中对齐：每一行居中对齐，左边、右边参差不齐。

(4) 两端对齐：段落左边和右边都对齐，但段落最后一行不满一行的文字右边不对齐。

(5) 分散对齐：段落左边和右边都对齐，但段落最后一行不满一行的文字时，将自动拉开间距保证占满整个行。

设置段落格式时，首先要选中一个或多个段落，然后打开“开始”选项卡，在如图 13-29 所示的“段落”组中，根据需要的对齐方式按下“左对齐”≡、“右对齐”≡、“居中”≡、“两端对齐”≡、“分散对齐”▤。

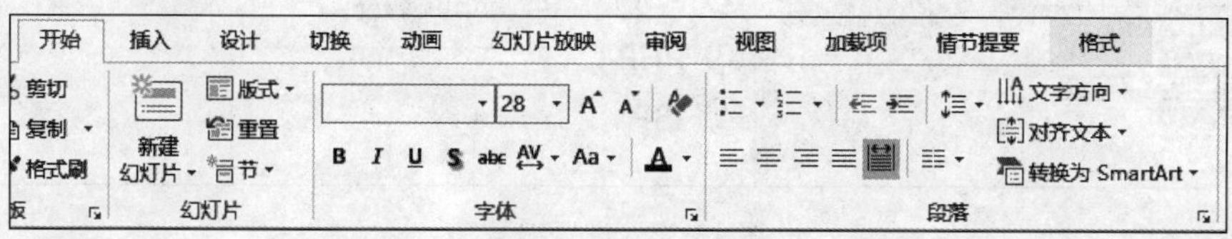

图 13-29　“段落”组

3. 设置项目符号

在演示文稿中，为了使某些内容更为醒目，需要设置项目符号，从而使主题更加美观。

设置项目符号，首先要选择一段或几段文字，如图 13-30 所示打开“开始”选项卡，单击“段落”组中的“项目符号”按钮 ☰ 右侧的下拉箭头，单击需要的样式就可以了。这样，在每一段的前面就加上了相应的样式符号。

4. 设置编号

在演示文稿中，为了使某些内容更为醒目、更具有条理性，需要设置编号，从而使主题更加分明。

设置项目符号，首先要选择一段或几段文字，如图 13-31 所示打开“开始”选项卡，单击“段落”组中的“编号”按钮 ☰ 右侧的下拉箭头，单击需要的样式就可以了。这样，在每一段的前面就加上了相应的样式符号。

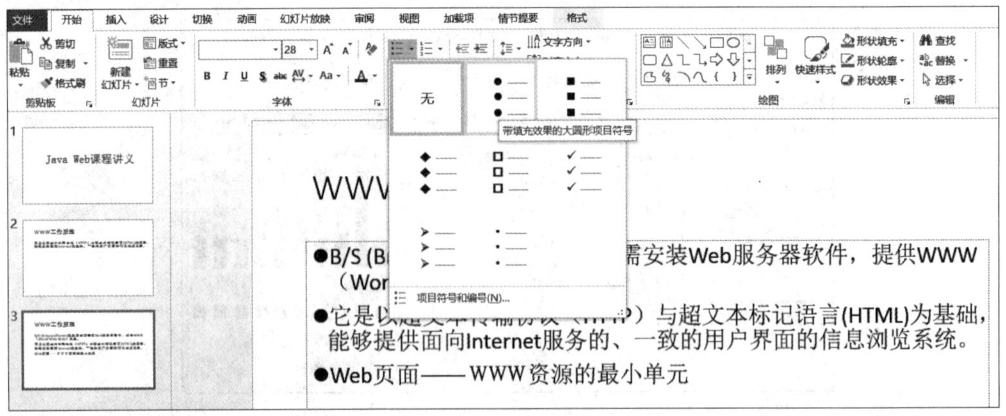

图 13-30　项目符号

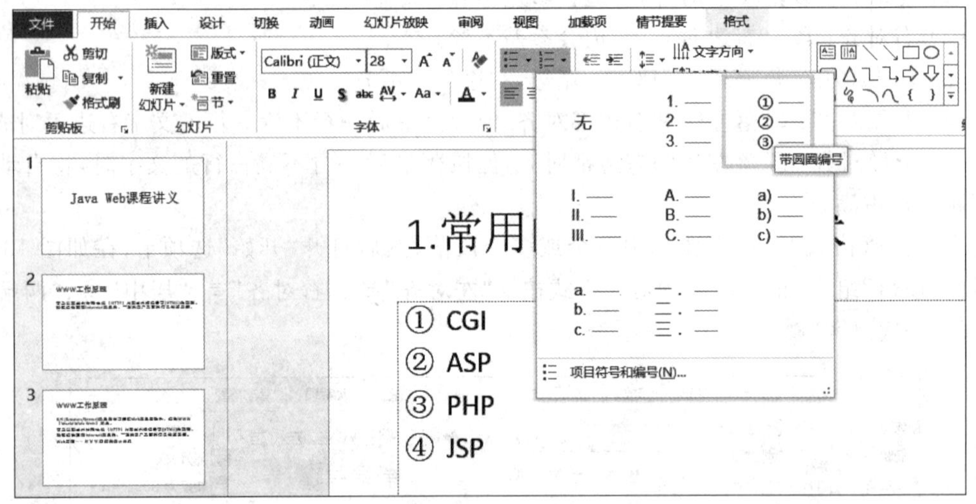

图 13-31　设置编号

13.3　丰富演示文稿内容

13.3.1　插入图片

1. 插入来自文件的图片

选择要插入图片的幻灯片，如图 13-32 所示，打开“插入”选项卡，单击“图片”按钮，打开“插入图片”对话框，先选择左侧的树状文件夹（即存放待插入图片的文件夹），从右侧的图片浏览图中选择要插入的图片，再单击“插入”按钮。如图 13-33 所示，图片已经插入到幻灯片中了。

2. 调整图片的大小和位置

（1）调整大小

选中幻灯片待调整的图片后，图片 4 个角上出现了 4 个小方框（即控制点），将鼠标指针

图 13-32　插入图片

图 13-33　插入图片效果

移动到左上角，出现"↘"，按下 Shift 键，拖拽到合适大小后，松开鼠标，如图 13-34 所示，调整图片大小的操作就完成了。

(2) 调整位置

在编辑窗口，选中幻灯片中要调整的图片，放到图片中间，鼠标形状变成双十字形，进行鼠标拖拽操作，拖拽到合适位置后松开鼠标左键，如图 13-35 所示，图片位置就调整好了。

图 13-34　调整图片的大小

图 13-35　调整图片的位置

3. 设置图片样式

在编辑窗口，选中幻灯片中要调整的图片，功能区就出现了上下文选项卡“图片工具”，选择“图片样式”中的某一样式，图片也呈现相应的效果，见图 13-36；更多的样式可单击图片样式右侧的下拉按钮。单击下拉按钮后，出现了更多的样式，如图 13-37 所示，单击需要的样式，图片也随之变化。

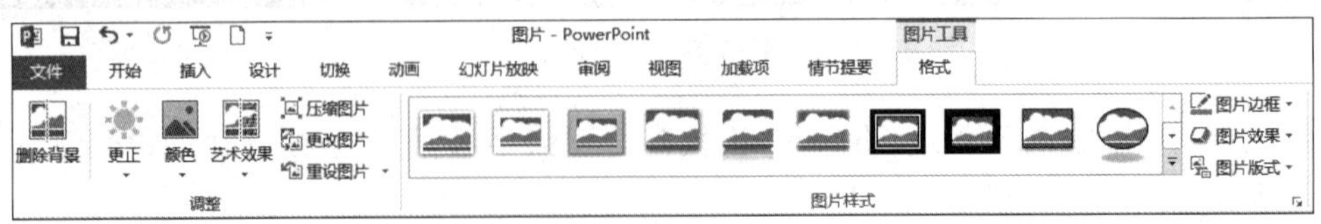

图 13-36　图片样式

图 13-37　更多图片样式

13.3.2　插入艺术字

选中要插入艺术字的幻灯片，打开“插入”选项卡，在“文本”选项组中单击“艺术字”，打开艺术字样式列表，如图 13-38 所示，选择一个合适的样式。

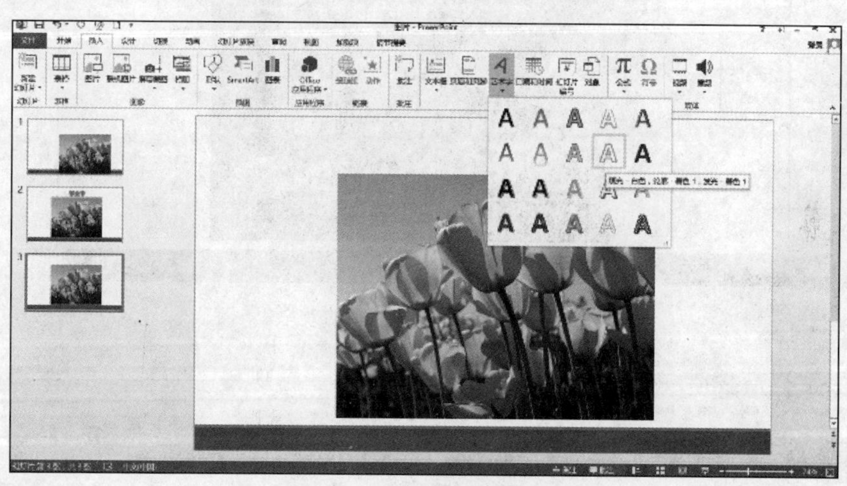

图 13-38　选择样式

如图 13-39 所示，将“请在此放置您的文字”占位符，使用鼠标拖拽操作，将占位符移动到合适位置，并输入文字“郁金香”，效果如图 13-40 所示。

13.3.3　插入表格

选中要插入表格的幻灯片，打开“插入”选项卡，单击“表格”下拉按钮，从弹出菜单的“插入表格”区域拖动鼠标选择列数和行数，如图 13-41 所示，在幻灯片编辑窗口就出现了相应样式的表格。

图 13-39　输入文字

图 13-40　插入艺术字的效果

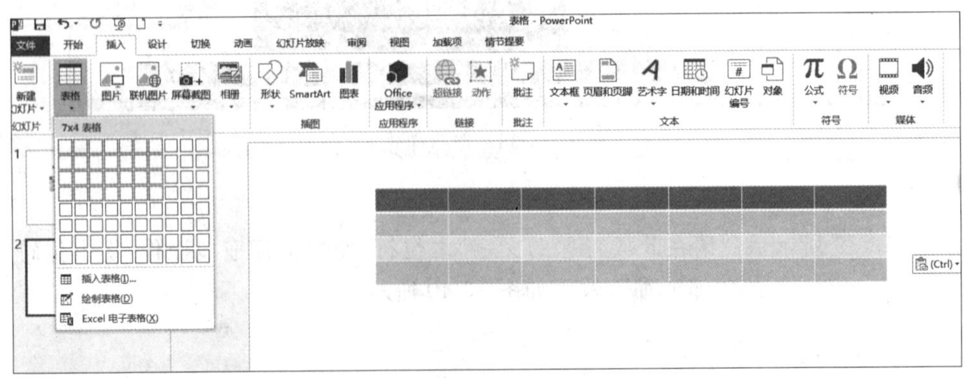

图 13-41　插入表格

插入后，使用鼠标拖放操作把表格放置到指定位置，并在单元中输入相应数据，再插入一个文本框作为标题，如图 13-42 所示，这样表格就成型了。

2016年前5个月销售额汇总表（单位：万元）

销售额	1月	2月	3月	4月	5月	小计
A产品						
B产品						
汇总						

图 13-42　完成的表格

如果想继续调整表格的样式，选中表格后，如图 13-43 所示，打开“表格工具”→“设计”选项卡，单击“表格样式”中的相应样式即可，一般只列出几种。如果需要从更多样式中选择，单击右侧的 按钮，如图 13-44 所示，可以呈现更多的样式。

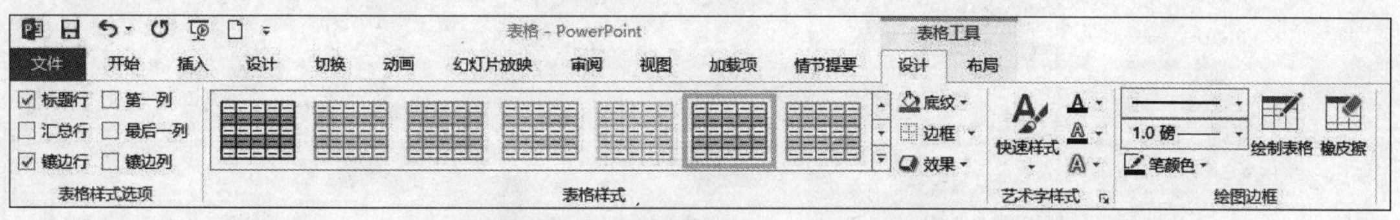

图 13-43　“表格工具”→“设计”功能区

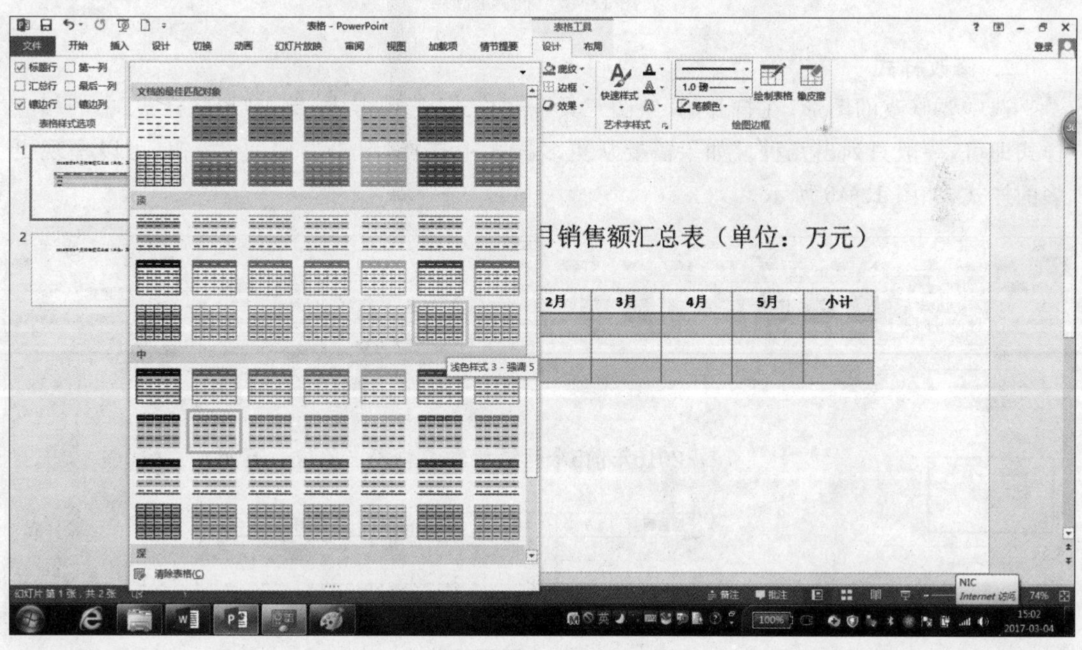

图 13-44　表格样式

13.3.4 插入基本形状

1. 插入形状

选中要插入形状的幻灯片，打开“插入”选项卡，单击“形状”的下拉按钮，从弹出菜单的各种形状中选择一种，然后在编辑窗口使用鼠标拖拽出一定大小，如图 13-45 所示。

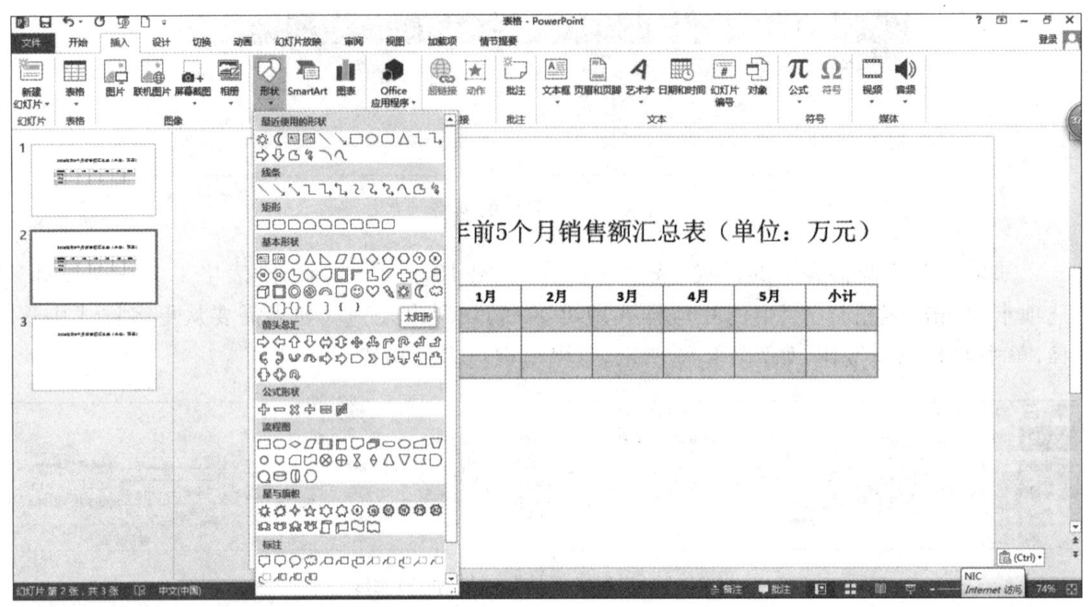

图 13-45 插入图形

2. 修改样式

选中要修改的图形，在打开的“绘图工具”→“格式”选项卡中，单击“形状样式”中的相应样式即可，一般只列出几种。如果需要从更多样式中选择，单击右侧的按钮，可以呈现更多的样式，如图 13-46 所示。

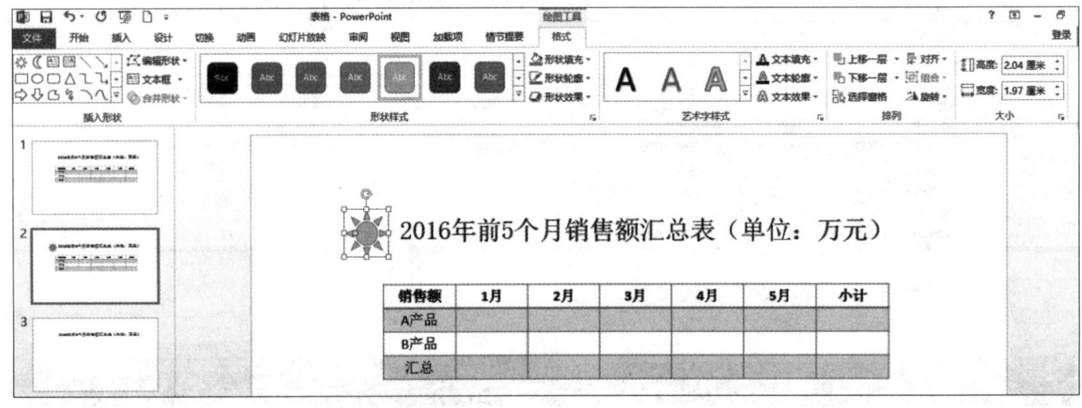

图 13-46 修改图形的样式

13.3.5 插入音频和视频

1. 插入声音

事先准备好一个音频文件。选择要插入的幻灯片，单击工具栏“插入”→“音频”→“PC 上的音频”，选择一个声音文件。再设置音频属性，如图 13-47 所示，开始方式选“自动”，选中“放映时隐藏”和“跨幻灯片播放”复选框。

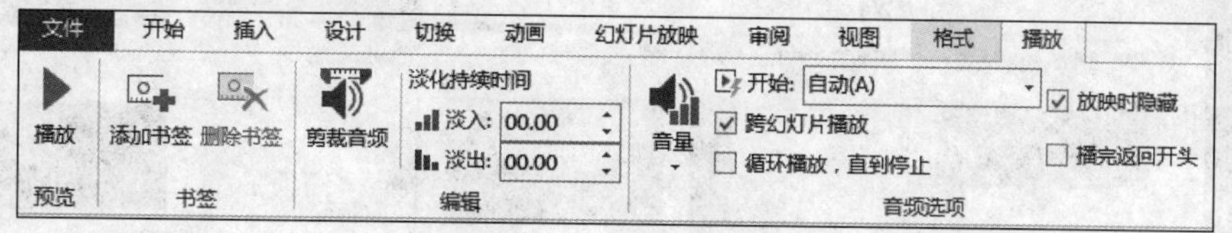

图 13-47 插入声音

2. 插入视频

在幻灯片的结尾，我们准备了一段有关海豚表演的视频。插入一个空白版式的新幻灯片，如图 13-48 所示，单击工具栏“插入”→“视频”→“PC 上的视频”，即可将视频插入幻灯片。

图 13-48 插入视频

13.4 格式化幻灯片

13.4.1 应用设计模板和主题颜色

一般情况下，一个演示文稿中的每一个幻灯片的样式应尽量保持一致，要求有一个统一的风格和一致的主体颜色。设置统一的设计模板有两种方法。

方法 1：在新建演示文稿时，就选择一种设计模板，如单击“丝状”，弹出如图 13-49 所示的窗口。

在窗口中，选择右侧的配色方案，左侧就以缩略图的形式显示出应用了该配色方案的样式，如图 13-50 所示，最后单击“创建”按钮。

方法 2：在新建幻灯片时，选择的是“空白演示文稿 ”，创建一个空白演示文稿，插入一个或多个幻灯片，待所有幻灯片的文字、图片等都插入完成后，再设置统一的样式。具体步骤如下。

如图 13-51 所示，打开“设计”选项卡，单击主题右侧的▾，出现如图 13-52 所示的全部主题。

从列出的主题中选择最下面的“丝状主题”，所有的幻灯片都变成了“丝状主题”样式。

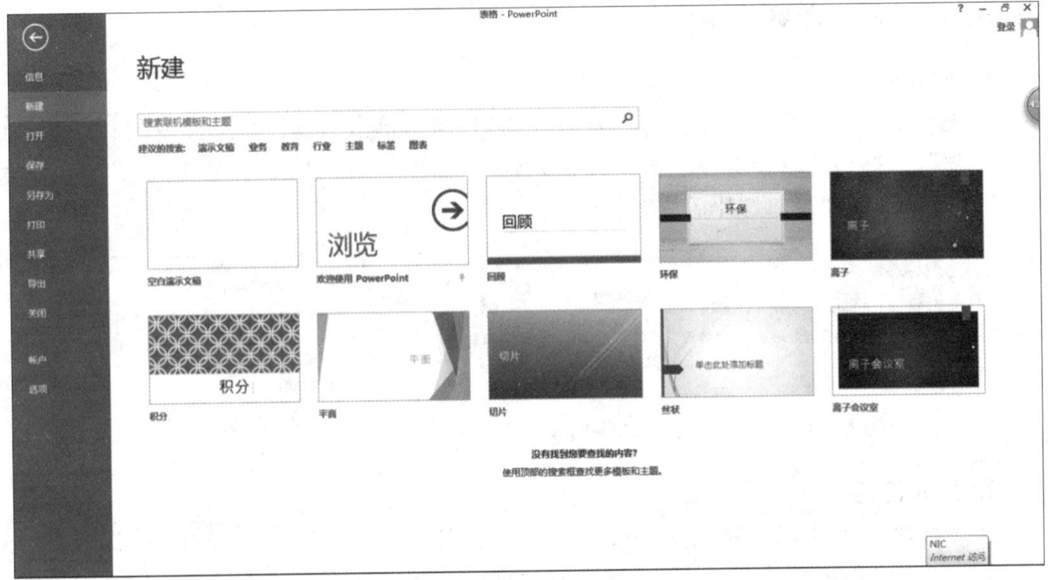

图 13-49　选择设计模板

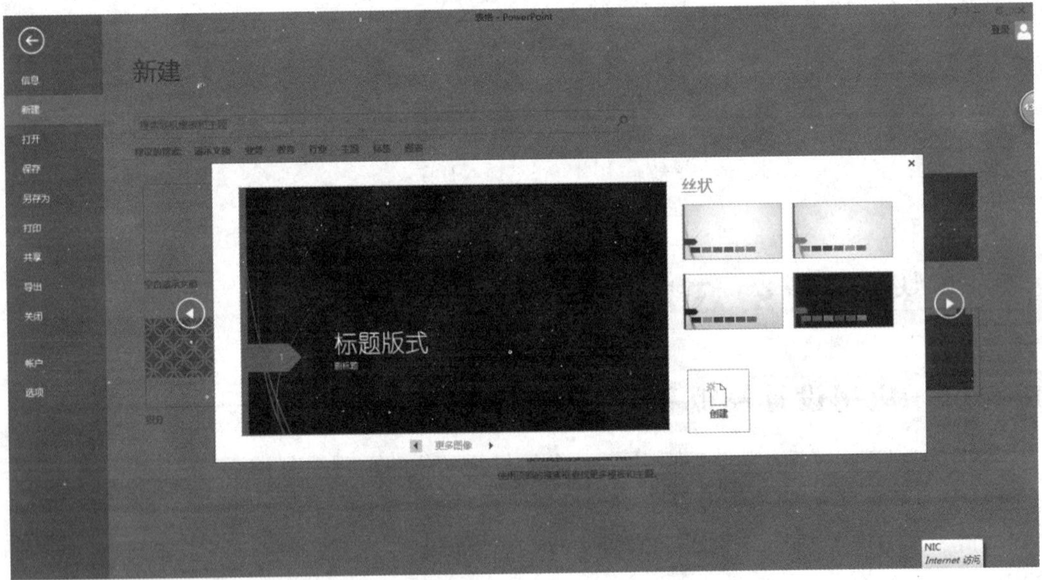

图 13-50　选择配色方案

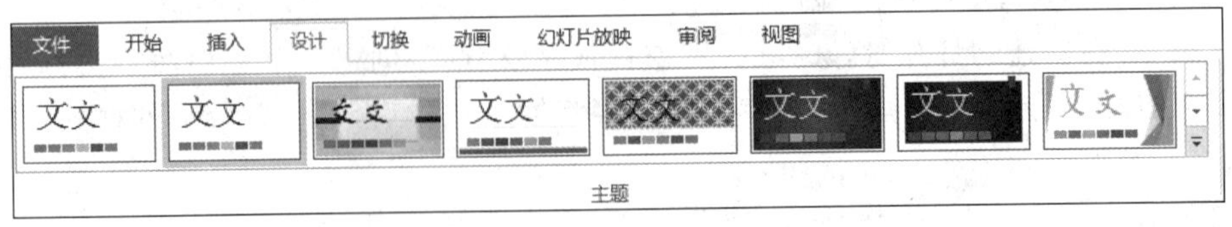

图 13-51　选择主题

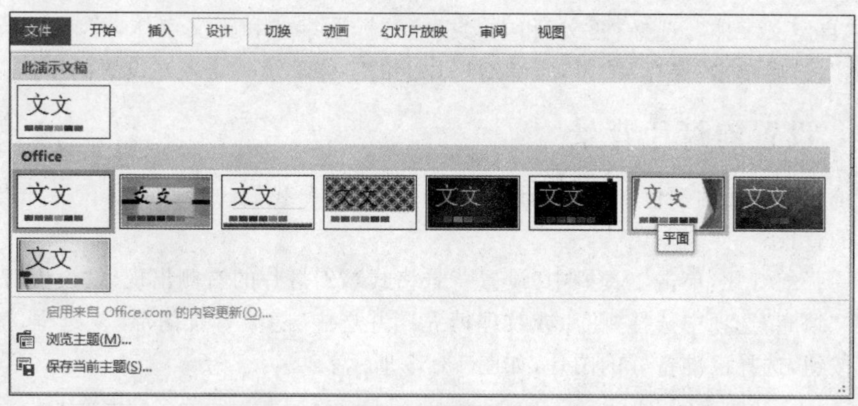

图 13-52 全部主题

如果觉得“丝状主题”样式有些地方不太符合要求，可以通过“主题变体”对其继续做一些调整，如图 13-53 所示，单击“变体”右侧的 ，出现有关颜色、字体、效果、背景样式的下拉列表。先调整颜色，单击颜色右侧的小三角，就出现如图 13-54 所示的多种配色方案，将鼠标移动到相应配色方案时，幻灯片自动按该配色方案显示，选择一种认为满意的，此处选择“黄色”。

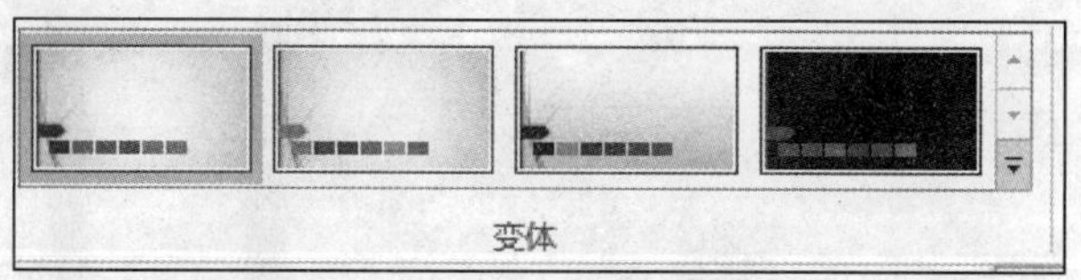

图 13-53 主题变体

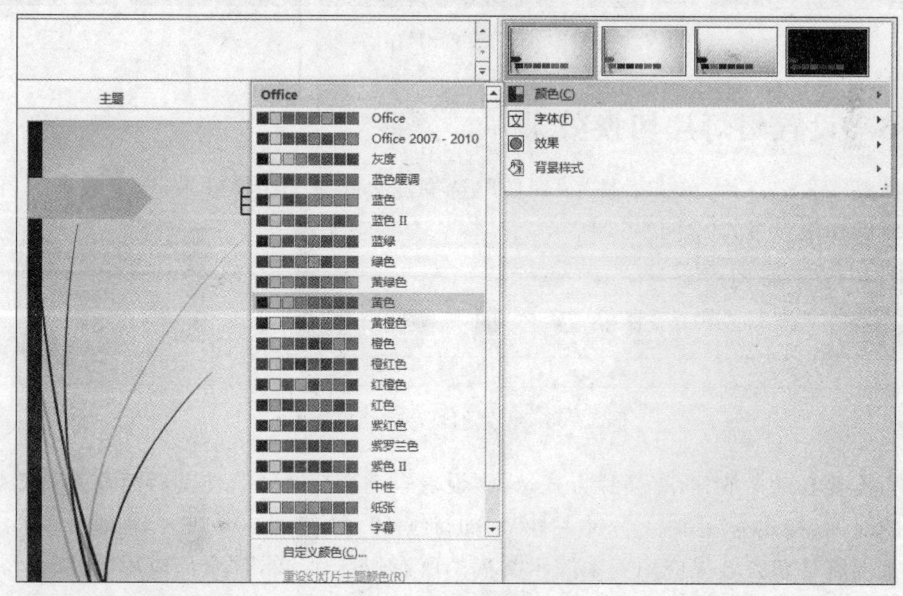

图 13-54 配色方案

再调整字体，单击“字体”，其右侧出现字体列表。

单击“自定义字体”，选择“西文”和中文相应的标题字体和正文字体，并起一个名称，如“我的字体”，最后单击“保存”按钮，所有幻灯片上的字体都统一为上述设置的字体。

13.4.2 设置幻灯片背景

以上统一了页面的颜色和字体，但显得有一些单调。我们想给某一页配一个与其他幻灯片不同的背景。

选择一张幻灯片，单击工具栏中“设置背景格式”，幻灯片的右侧出现了“设置背景格式”对话框，在“填充”选项中选择“图片或纹理填充”，并选中“隐藏背景图形”复选框，然后再单击“文件”按钮，选择已准备好的图片，如图 13-55 所示。

图 13-55 设置幻灯片背景

13.4.3 设置幻灯片切换效果

选择每一张幻灯片，单击工具栏“切换”，选择随机线条等切换效果，选定效果后，再通过效果选项做详细设置，如图 13-56 所示。

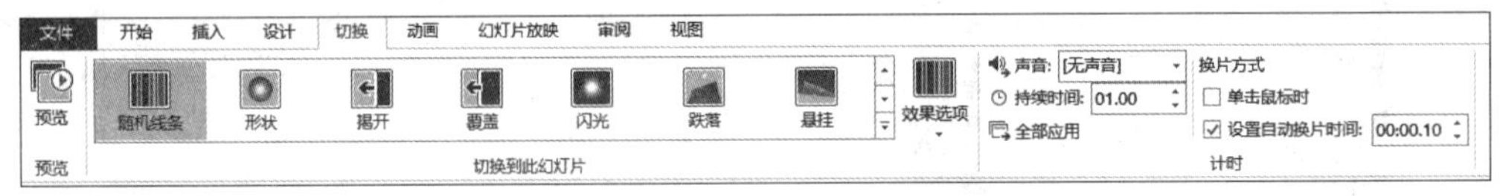

图 13-56 设置幻灯片的切换效果

因为需要自动播放，所有换片方式选择“设置自动换片时间”，在其后面输入该幻灯片播放持续的时间(格式为“小时：分钟：秒”)，如持续 10 秒，输入 00：00：10 即可。

如果要将该切换效果应用到本演示文稿的所有幻灯片，单击“全部应用”选项。

13.4.4 设置幻灯片动画效果

PPT 中的动画有其特殊的作用。动画有很强的视觉冲击力，可引起人们的注意；动画能展现事物发展的过程,演讲者可以把要陈述的某事物发展过程使用 PPT 中的动画形象地展现出来,听众更容易理解其含义;PPT 中的动画可逐步呈现一张幻灯片的内容,有效避免一次给听众推送的信息量过大,让听众把注意力集中到要讲的内容上。当然,动的内容不宜过多,是否需要动画呈现,要看讲什么内容,并不是动画用得越多越好。

PowerPoint 2013 提供了多种动画方式供用户选择。能够施加动画的对象可以是文本框、图片、各种图形。

具体的方法是选中要施加动画的对象后,打开“动画”选项卡,选择其中一种即可,如图 13-57 所示。

图 13-57　“动画”工具栏

动画效果列表里只列出常用的或最近使用的效果,大家可以通过单击▴或▾按钮翻页,浏览其他动画的效果。如果列表中没有需要的动画效果,可单击⊽按钮,可浏览更多的动画效果(见图 13-58)。

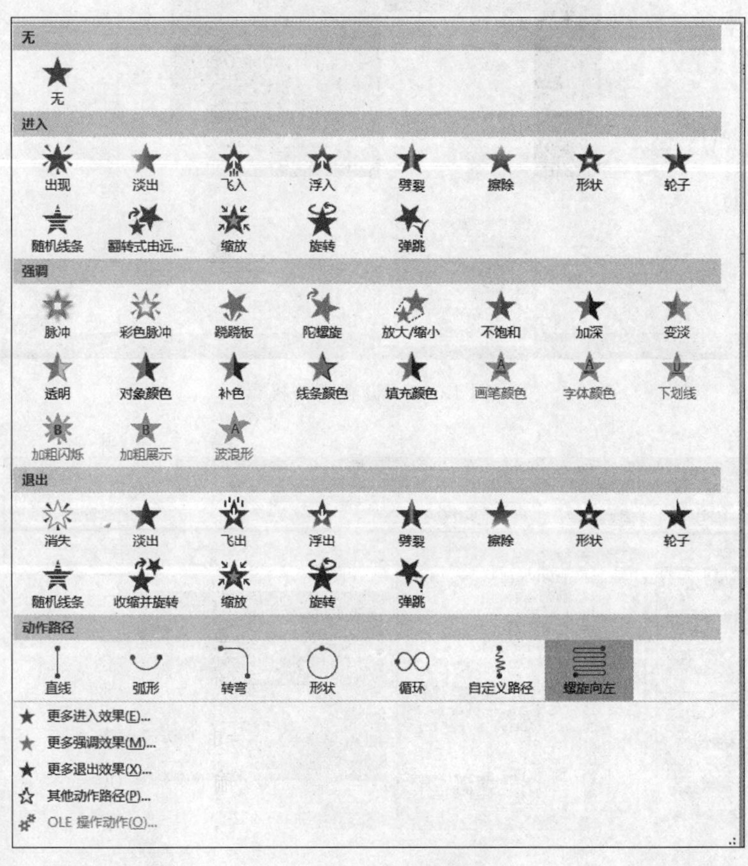

图 13-58　动画类型

PowerPoint 2013 提供了“进入”“强调”“退出”“动作路径”等 4 大类动画效果，每大类有许多具体的效果。图中每类中也只列出一部分。

13.5 演示文稿的放映及打印

13.5.1 添加超链接跳转

幻灯片放映中，一般是按照幻灯片的编号，依次呈现。如果需要单击某一文字或图片，直接跳转到文稿中的某一幻灯片，就需要使用超链接技术。具体操作方法如下。

选中一段文字或图片，右击，从弹出的快捷菜单中选择“超链接”菜单(图 13-59)，出现“插入超链接”对话框，如图 13-60 所示。

图 13-59　设置超链接

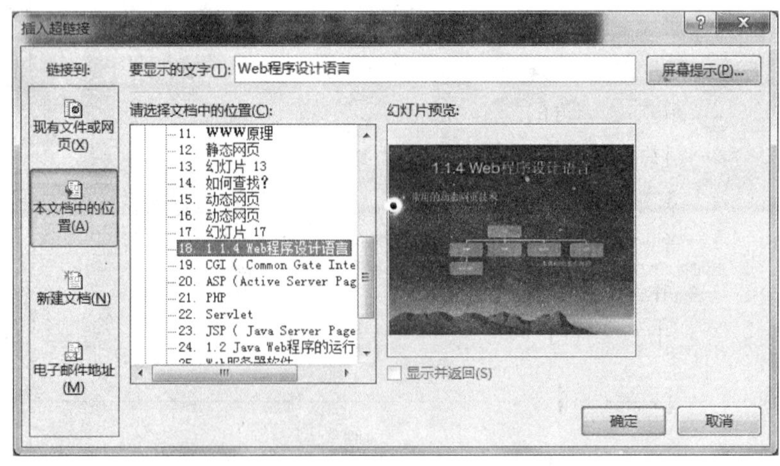

图 13-60　“插入超链接”对话框

在“插入超链接”对话框中，从左侧选择“本文档中的位置”，然后在其右侧的幻灯片树状目录中选择要跳转到的幻灯片，最后单击“确定”按钮。

13.5.2　演示文稿的放映

演示文稿制作完成后，演讲者要放映演示文稿，基本放映方式有两种，“从头开始”和“从当前幻灯片开始”。

1. 从头开始放映

无论当前选中哪一张幻灯片，幻灯片将从第一张开始放映。打开“幻灯片放映”选项卡，单击“从头开始”按钮，如图 13-61 所示。

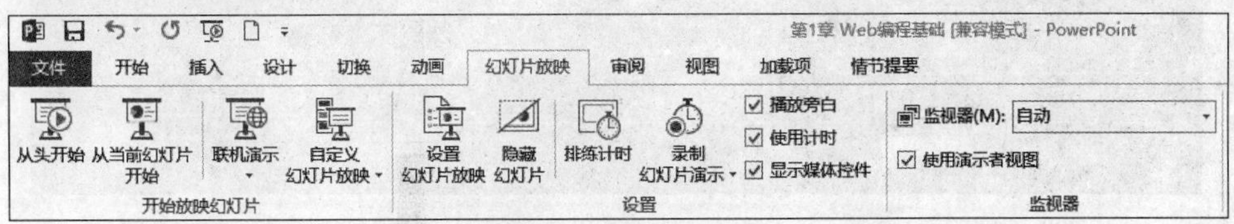

图 13-61　“幻灯片放映”选项卡

2. 从当前幻灯片开始放映

选中要起始放映的幻灯片，单击“从当前幻灯片开始”按钮或状态栏的“放映”按钮（图 13-62），选中的幻灯片将是本次放映的第一张幻灯片，其后的幻灯片将依次呈现。

图 13-62　状态栏

13.5.3　控制放映

1. 按编号依次放映幻灯片

方法 1：在放映屏幕下单击。

方法 2：在放映屏幕下，单击左下角的按钮。

方法 3：在放映屏幕下，单击鼠标，在弹出的快捷菜单中选择“下一张”命令。

2. 快速定位幻灯片

在放映屏幕下，单击左下角的按钮，出现所有幻灯片的缩略图（见图 13-63），单击其中一张，就可以直接跳转到这张幻灯片。

3. 添加墨迹注释

在放映时，讲演者如果想就像使用黑板一样在其上书写文字，或做重点标记。单击下方的按钮，选择一种颜色，再选“笔”，如图 13-64 所示，这样鼠标就变成了彩色笔，就可以像使用黑板一样在其上书写文字了。

13.5.4　打印演示文稿

(1) 使用 PowerPoint 软件打开要打印的演示文稿，“文件”→“打印”命令，如图 13-65 所示。

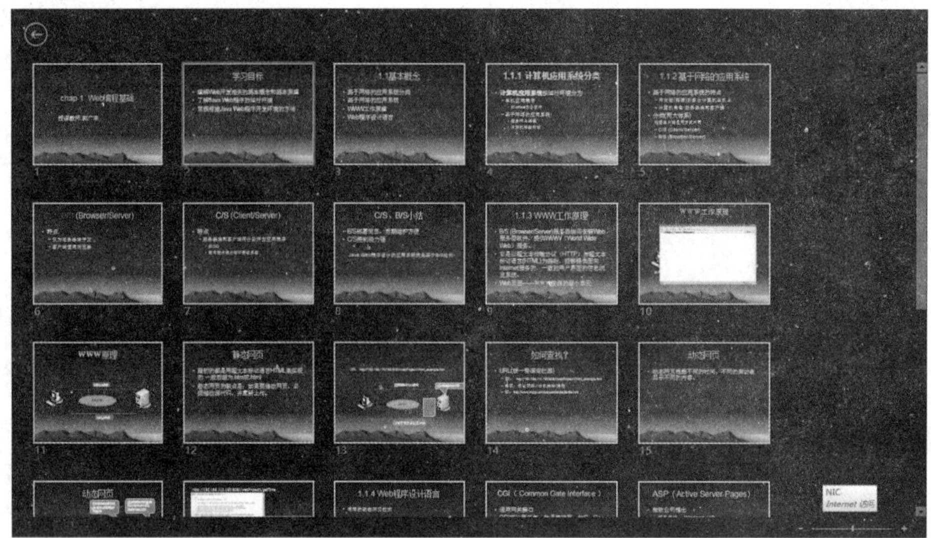

图 13-63　幻灯片的缩略图

图 13-64　“笔”工具

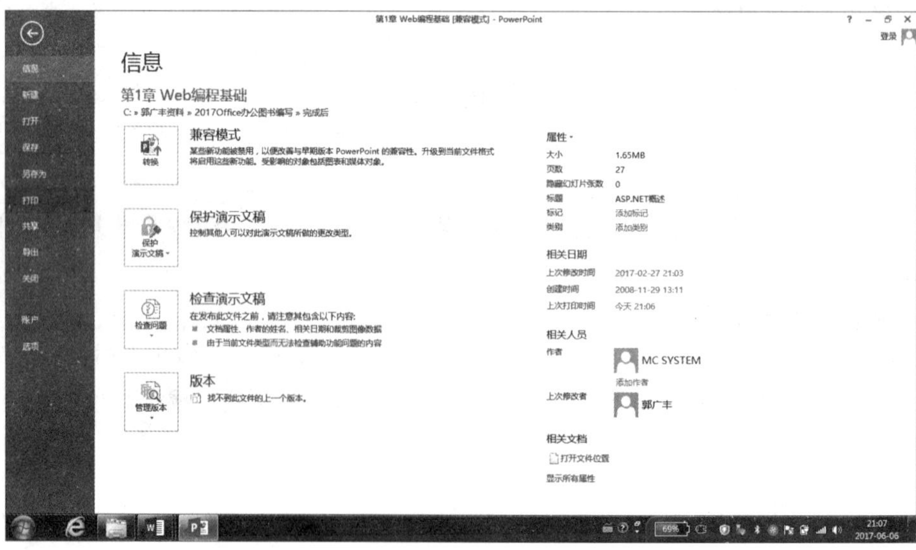

图 13-65　“打印”命令

（2）单击右侧“设置”选项下的“整页幻灯片”按钮，从列表中的“讲义”选项下选择“2 张幻灯片”选项，如图 13-66 所示。

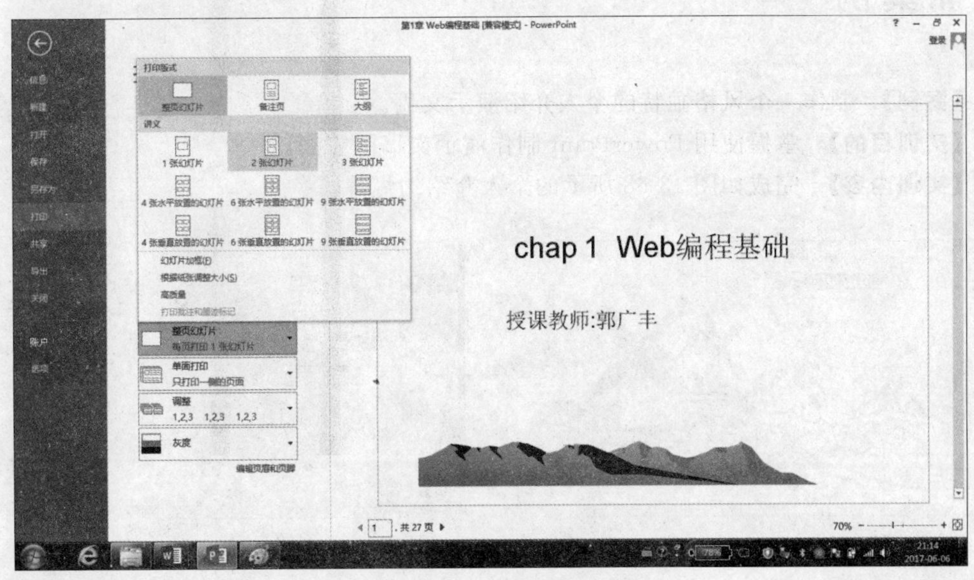

图 13-66 设置打印

（3）设置完成后，出现的界面如图 13-67 所示。在“打印机”下拉列表框中选择要输出的打印机，最后单击“打印”按钮，就开始打印了。

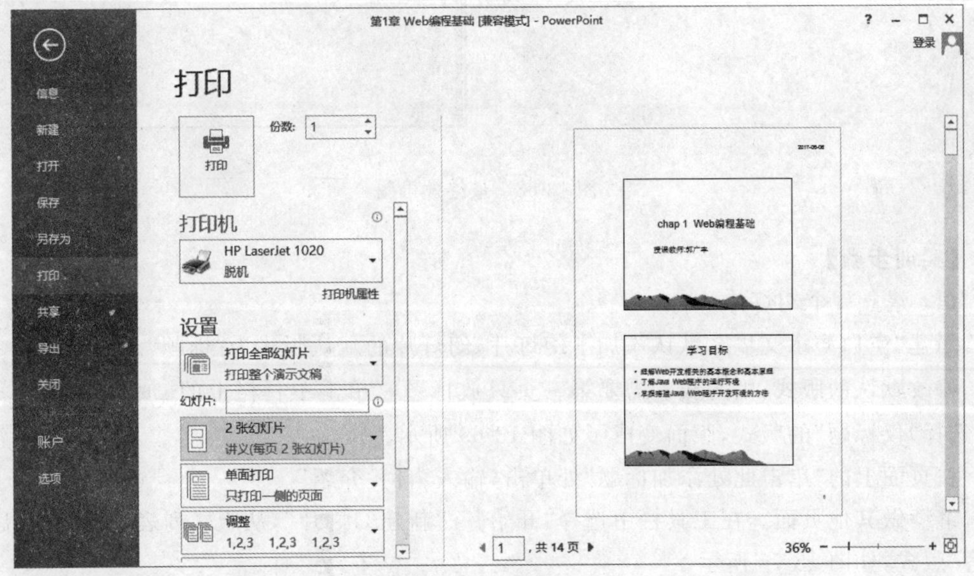

图 13-67 选择打印机

实训案例

【案例】 制作一个风格独特的个人介绍演示文稿。

【实训目的】 掌握使用 PowerPoint 制作演示文稿的方法。

【实训内容】 完成如图 13-68 所示的个人介绍幻灯片。

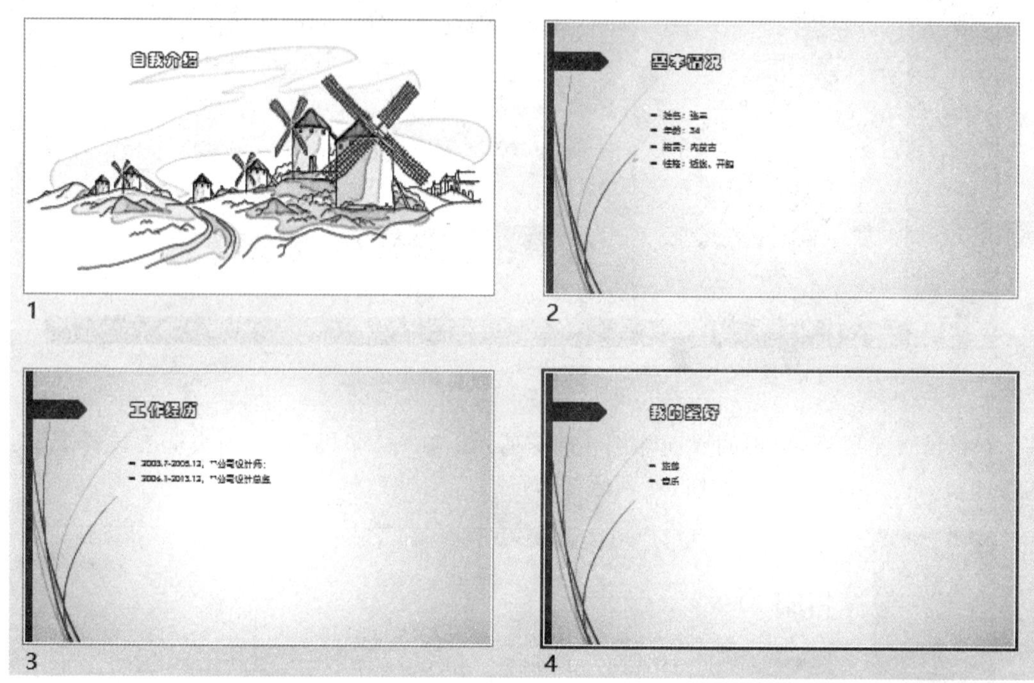

图 13-68　最终效果图

【实训步骤】

(1) 建立一个幻灯片

新建“空白演示文稿”，默认添加了幻灯片，幻灯片的默认版式为“标题”。

修改默认的版式，因为我们需要第一页只放标题。单击工具栏上的版式，出现版式列表，选择“仅标题”的版式，版面变成了如图 13-69 所示。

在页面上的“单击此处添加标题”处单击，输入“自我介绍”。

继续做其他页面。在工具栏中选择“开始”→“新建幻灯片”，从版式列表中选择“标题和内容”版式，如图 13-70 所示。

在第 2 页上输入标题“基本情况”和内容“姓名、年龄、籍贯、性格”，如图 13-71 所示。

重复上述插入幻灯片和输入文字的操作，依次制作第 3 张和第 4 张幻灯片。

(2) 统一格式

打开“设计”工具栏，单击主题右侧的，如图 13-72 所示。

从列出的主题中，选择最下面的“丝状主题”，所有的幻灯片都变成了“丝状主题”样式。

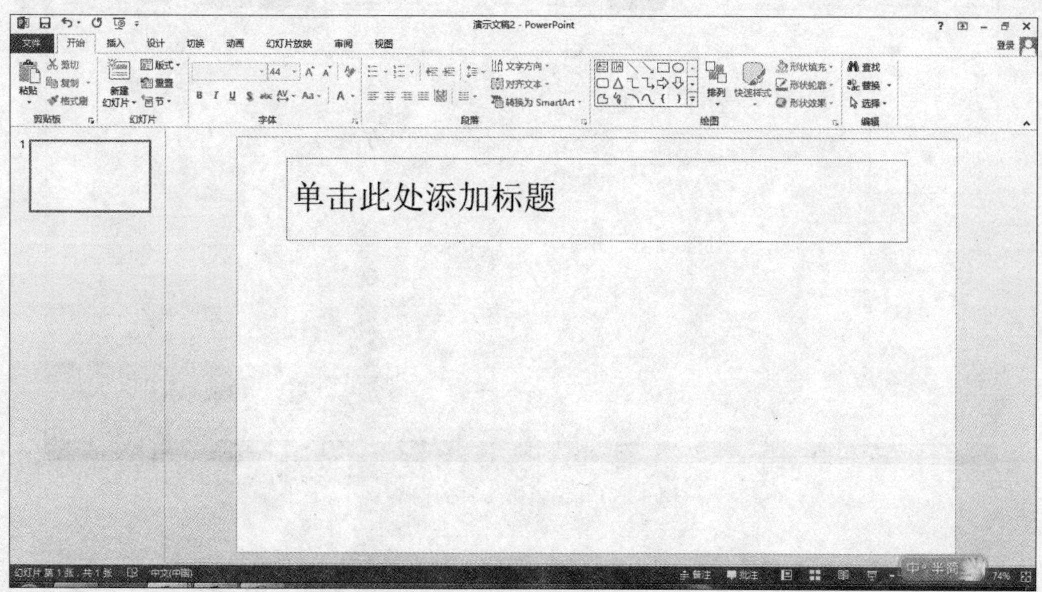

图 13-69　新建幻灯片

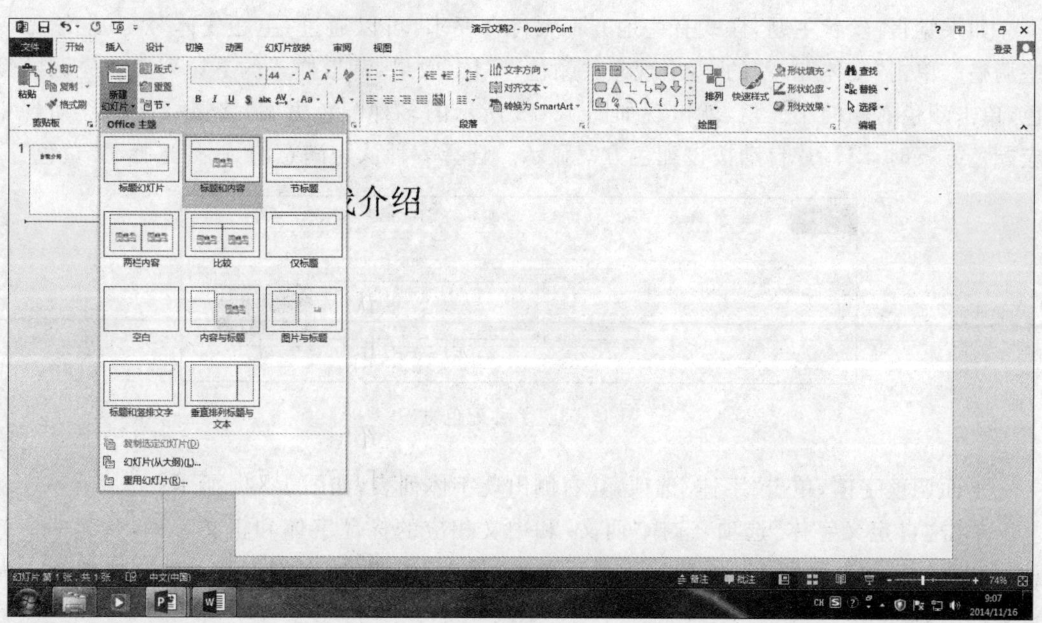

图 13-70　选择"标题和内容"版式

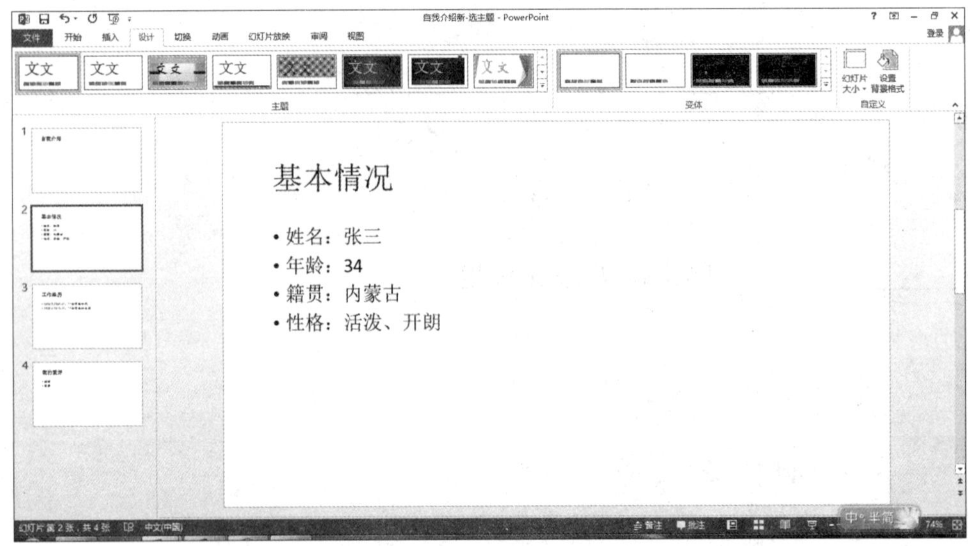

图 13-71　编辑第 2 页的幻灯片

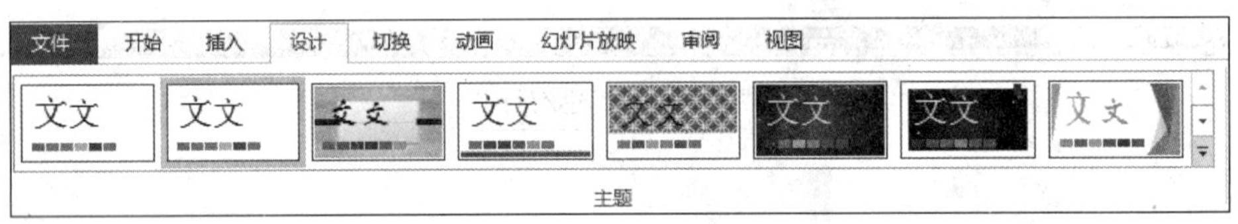

图 13-72　“设计”工具栏

如果觉得“丝状主题”样式有些地方不太符合要求，可以通过“主题变体”对其继续做一些调整。单击“变体”右侧的，出现有关颜色、字体、效果、背景样式的下拉列表。先调整颜色，单击颜色右侧的小三角，就出现如图 13-73 所示的多种配色方案，将鼠标光标移动到相应配色方案时，幻灯片自动按该配色方案显示。选择一种认为满意的，此处选择了“黄色”。

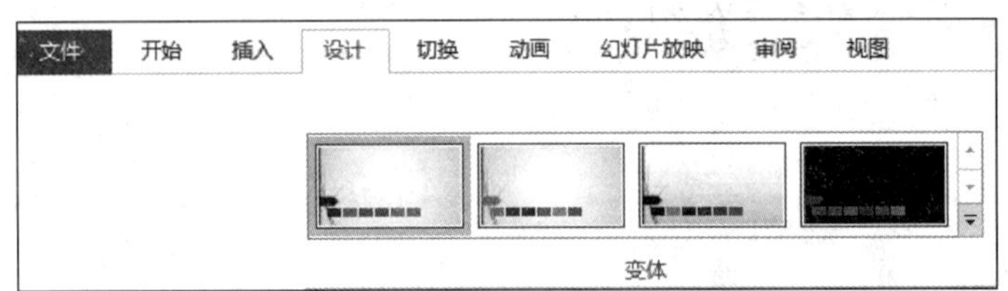

图 13-73　多种配色方案

下面调整字体，单击“字体”选项，其右侧出现字体列表，如图 13-74 所示。

单击“自定义字体”选项，选择“西文”和中文相应的标题字体和正文字体，并起一个名称，如“我的字体”，如图 13-75 所示。最后单击“保存”按钮，所有幻灯片上的字体都统一为设置的字体。

(3) 给幻灯片加背景

经过前面的操作，已经统一了页面的颜色和字体，但显得有一些单调。下面给第一页配一个与其他幻灯片不同的背景。

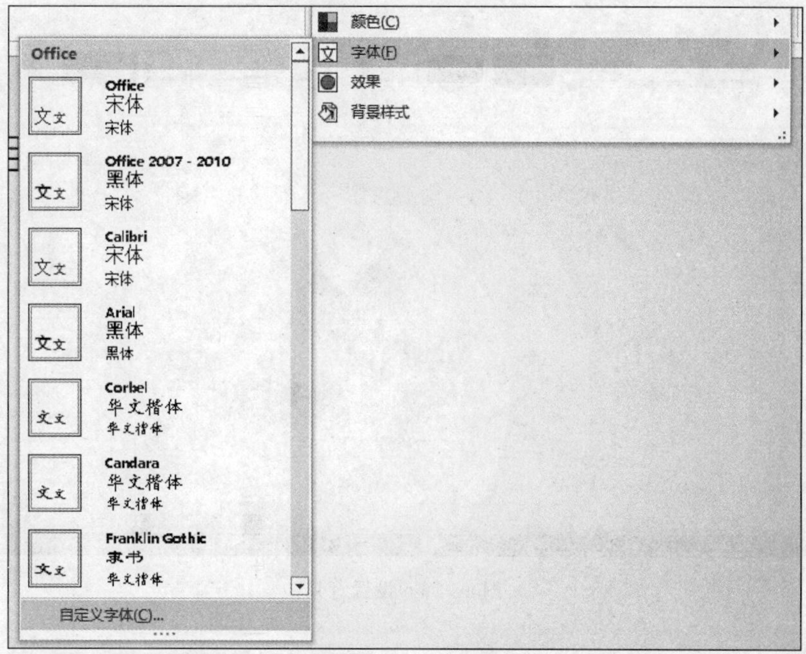

图 13-74　修改字体

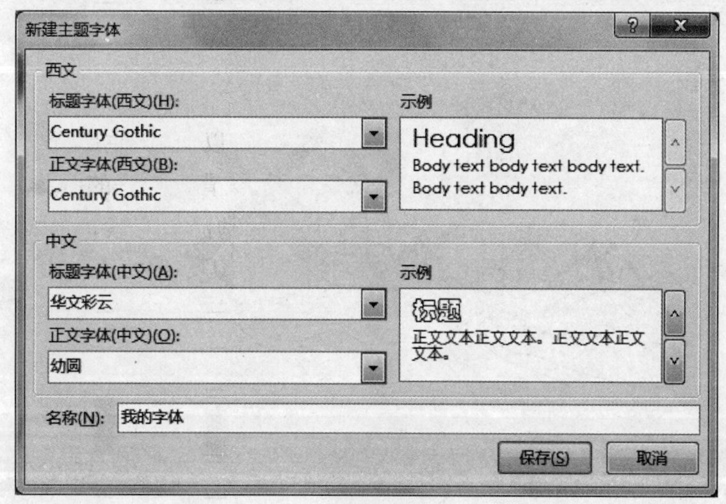

图 13-75　“新建主题字体”对话框

选择第一张幻灯片，单击工具栏中的“设置背景格式”，幻灯片的右侧出现了“设置背景格式对话框”，在“填充”选项中选择“图片或纹理填充”，并选中“隐藏背景图形”复选框，然后再单击“文件”按钮，选择已准备好的图片，如图 13-76 所示。

为了增加背景图片的艺术性，打开“设置背景格式”对话框，在“艺术效果”选项中选择“影印”，如图 13-77 所示。

(4) 放映

打开“幻灯片放映”选项卡，单击“从头开始”按钮，开始放映幻灯片。

图 13-76　设置背景

图 13-77　设置背景的格式

拓展练习

通过学习 PowerPoint 制作演示文稿的相关知识，自行设计制作班级宣传的演示文稿。

本章小结

本章为读者介绍了 PowerPoint 2013 的工作界面和文档视图、基本操作、插入图片及艺术字、插入表格、插入基本形状、插入音频和视频的方法，应用设计模板和主题颜色的方法，设置幻灯片背景、幻灯片切换效果、幻灯片动画效果的方法，以及演示文稿的放映和打印等操作。

思考与练习

1. 选择题

(1) PowerPoint 2013 默认生成演示文稿文件的扩展名为(　　)。

A. pptx　　B. ppt　　C. docx　　D. xlsx

(2) 在 PowerPoint 中，要在幻灯片中插入图片，应打开(　　)选项卡。

A. 模板　　B. 插入　　C. 版本　　D. 格式

(3) 一个演示文稿中的每一个幻灯片的样式应尽量保持一致，要求有一个统一的风格和一致的主体颜色，最快捷的方式是(　　)。

A. 设置幻灯片动画效果　　B. 全选，然后设置颜色

C. 设置幻灯片的背景　　D. 应用设计模板

(4) 幻灯片放映中，一般是按照幻灯片的编号依次呈现。如果需要单击某一文字或图片，直接跳转到文稿中的某一幻灯片，就需要使用(　　)技术。

A. 主题颜色　　B. 设计模板　　C. 超链接　　D. 控制放映

(5) PowerPoint 2013 可以施加动画的对象可以是(　　)(多选)。

A. 文本框　　B. 图片　　C. 各种图形　　D. 整张幻灯片

2. 思考题

(1) 什么是演示文稿？演示文稿和幻灯片有什么关系？

(2) PowerPoint 2013 的文档视图有哪几类？

(3) 在幻灯片中输入文字有哪几种方法？

(4) 在 PowerPoint 2013 中可以设置段落的对齐方式，分别有哪几种对齐方式？

参考文献

[1] 黄芳,郭燕. Office 2010 办公应用案例教程[M]. 北京：航空工业出版社. 2012.

[2] 文杰书院. Excel 2013 公式・函数・图表与数据分析[M]. 北京：清华大学出版社,2016.

[3] 郭新房,孙岩. Office 2013 办公应用从新手到高手[M]. 北京：清华大学出版社,2014.

[4] 启典文化,Office 2013 轻松办公：Word/Excel/PowerPoint 三合一超级应用大全(实战案例版)[M]. 北京：中国铁道出版社,2016.

[5] 廖承运,尚新闻. Office 2013 从入门到精通案例教程[M]. 镇江：江苏大学出版社,2015.